OEUVRES

COMPLÈTES

D'ÉTIENNE JOUY.

TOME XXVII.

ON SOUSCRIT A PARIS

Chez JULES DIDOT AÎNÉ, rue du Pont-de-Lodi, n° 6;
BOSSANGE père, rue de Richelieu, n° 60;
PILLET aîné, imprimeur-libraire, rue Christine, n° 5;
AIMÉ-ANDRÉ, quai des Augustins, n° 59;
Et chez L'AUTEUR, rue des Trois-Frères, n° 11.

ŒUVRES
COMPLÈTES
D'ÉTIENNE JOUY,

DE L'ACADÉMIE FRANÇAISE;

AVEC DES ÉCLAIRCISSEMENTS ET DES NOTES.

Table générale des Matières.
TOME XXVII.

PARIS
IMPRIMERIE DE JULES DIDOT AÎNÉ,
RUE DU PONT-DE-LODI, n° 6.
1828.

AVIS.

Les index et les tables des matières sont une des inventions les plus utiles de la littérature moderne; au moyen âge les savants de l'Allemagne passèrent la meilleure partie de leur temps à compiler des index: ce travail presque mécanique absorba plus d'une année de la vie des Juste-Lipse et des Gronovius.

Depuis que le bel-esprit a succédé à la science, et la littérature des Romains à l'érudition, les tables des matières ont été livrées à la bonne volonté du prote et aux soins de l'imprimeur; je crois cependant que dans l'intérêt bien entendu des libraires, et du moins pour la commodité des lecteurs, il serait bon que l'auteur fît ou du moins dirigeât la table des matières du livre qu'il publie: l'un des plus beaux génies de la France, Montesquieu, n'a pas dédaigné de se charger lui-même de ce travail pour l'*Esprit des Lois*, et il en est résulté un nouveau chef-d'œuvre. Peu de personnes, je dirai même peu de littérateurs, parmi ceux à qui cet ouvrage est le plus familier, ont eu la pensée d'en parcourir et encore moins d'en étudier l'index; c'est donc un service à leur rendre que de les prévenir que la table des matières de l'*Esprit des Lois*, rédigée par Montesquieu lui-même, en est un véritable appendice; qu'il y énonce clairement les hautes vérités renfermées dans son livre et qu'il s'était vu forcé de présenter avec ménagement dans le texte de ses chapitres : qui n'a point lu attentivement l'index de l'*Esprit des Lois* n'a pas une idée complète de cet immortel ouvrage.

Une bonne table des matières est sur-tout nécessaire aux recueils polygraphes, où il est difficile de trouver dans le grand nombre des matières traitées par l'auteur l'objet spécial que l'on y cherche. Si Voltaire, Rousseau, Montaigne, Diderot, d'Alembert, ont écrit, comme Pic de La Mirandole le disait d'Aristote, *de omnibus rebus et quibusdam aliis*, on conçoit de quelle immense utilité serait pour nous un excellent index de leurs œuvres.

L'époque si féconde en grands événements pendant laquelle j'ai écrit, la prodigieuse diversité des objets qui ont tour-à-tour fixé mon attention dans le premier quart du siècle qui s'écoule, ont dû remplir les vingt-six volumes dont se composent mes œuvres complètes de tant de noms propres, d'observations, de réflexions et de pensées diverses, qu'une table des matières en est devenue le complément indispensable, et m'a forcé d'accorder à ce compendium plus d'espace qu'on ne le fait ordinairement.

Mon édition était terminée, lorsque deux de mes souscripteurs m'ont fait observer que j'avais omis d'y comprendre trois de mes discours sur les mœurs et sur les arts, insérés dans les premières éditions du *Franc Parleur*; j'ai vérifié cette omission et je m'empresse de la réparer, en plaçant ces différents morceaux à la tête de ce volume supplémentaire.

SUPPLÉMENT.

12 juin 1813.

LE DÉPART DE LA CHAINE.

> *Mobilis et varia est fermè natura malorum;*
> *Cùm scelus admittunt, superest constantia: quid fas*
> *Atque nefas, tandem incipiunt sentire, peractis*
> *Criminibus; tamen ad mores natura recurrit*
> *Damnatos, fixa et mutari nescia.*
> JUVENAL., sat. 13.
>
> L'incertitude et l'hésitation sont les traits principaux du caractère des méchants; ils n'ont de fermeté qu'au moment de commettre un crime: est-il consommé, la conscience se fait entendre; mais bientôt l'habitude, qu'il n'est plus en leur pouvoir de surmonter, les rend à leurs inclinations perverses.

Il n'est peut-être pas de ville au monde, sans en excepter Pékin et Lahor, où les différentes classes de la population vivent dans un plus grand isolement qu'à Paris; et c'est principalement de cette différence de mœurs et d'habitudes, qui fait en quelque sorte de chaque quartier une nation à part, que se compose le caractère général des Parisiens et la physionomie particulière de cette grande cité. Le meilleur ou plutôt le seul moyen de parvenir à la bien connaître est donc d'en examiner, comme je le fais, chaque partie isolément; d'opposer sans cesse les mœurs de la Chaussée-d'Antin à celles de la Courtille, les habitudes du Marais à celles du faubourg Saint-Germain; de visiter alternativement le palais du grand seigneur, l'hôtel du financier, la maison du bourgeois et la masure du pauvre; d'apprendre aux uns ce qui se dit, ce qui se fait chez les autres; d'épier et de signaler les vices, les travers, les ridicules, les vertus même qui les distinguent; d'établir entre eux, dans mes discours, un point central de communication. Demandez à telle grande dame ce que c'est qu'une guinguette; à un habitué du café Tortoni où est situé l'Hôtel-Dieu; à un fort de la Halle le chemin pour aller au Conservatoire de Musique; à un *tailleur de trente-un* ce qu'il y a de curieux à voir aux Invalides; à un bourgeois de la rue Chapon quels sont les jours d'Opéra; à un courtier d'épicerie, où l'Institut tient ses séances; aucun d'eux, je le parie, ne vous répondra d'une manière satisfaisante; vous leur parlez d'objets qui n'entrent point dans leur sphère d'activité, et sur lesquels on n'a jamais appelé leur attention.

Un homme d'une naissance illustre et d'un esprit distingué, qui a fait vingt fois dans sa vie le voyage de Fontainebleau, me demandait sérieusement l'autre jour à qui appartient ce grand château qu'on voit à droite, sur la hauteur, en sortant de Paris par la barrière des Gobelins, et auquel on arrive par une longue et belle avenue couverte. Je lui répondis que ce château avait appartenu, il y a quelque cinq ou six cents ans, à un évêque anglais, qui l'avait fait bâtir; qu'il avait ensuite fait partie du domaine d'un prince de la famille royale, lequel en avait fait don au chapitre de Notre-Dame; que Louis XIII l'avait pris et transformé en hospice pour les militaires infirmes; que, depuis l'établissement du magnifique hôtel des Invalides, sous le règne suivant, le château en question était devenu, sous le nom de son premier possesseur, Wincester (et par corruption *Vincester, Bicestre*, et finalement *Bicêtre*), une maison de force à laquelle l'opinion attache une telle idée de honte et de flétrissure, qu'on peut avoir passé vingt ans de sa vie dans le grand monde sans l'avoir entendue nommer. Quelques détails dans lesquels j'entrai sur cette prison et ses nombreux habitants donnèrent à la personne à laquelle je parlais le desir de m'accompagner dans une visite que je me proposais d'y faire à l'époque du départ de la *chaîne*, qui devait avoir lieu le 30 du mois dernier. Ce triste et pénible spectacle, auquel on donne en d'autres pays une publicité qui n'est peut-être pas sans influence sur la morale publique, m'offrait une abondante récolte d'observations, dont le résultat le plus affligeant est de montrer ce qui reste de l'homme en qui toute idée d'honneur est détruite.

Munis d'une lettre de recommandation pour le concierge, nous montâmes en voiture à sept heures du matin avec M. de N***, en indiquant au cocher, par forme de périphrase, le village de Gentilly pour terme de notre voyage. Les immenses bâtiments malheureusement confondus sous la même dénomination de *Bicêtre* ne sont pas uniquement consacrés aux malfaiteurs ; une partie sert d'hospice à des insensés, et une autre de refuge à des vieillards indigents, distingués par le nom de *bons pauvres*. Peut-être serait-il à souhaiter que la même enceinte ne renfermât pas le crime et le malheur : la société a tant d'intérêt à ne les pas confondre ! Le moment où la prison pouvait nous être ouverte n'était pas arrivé ; nous nous arrêtâmes dans la première enceinte, où trois ou quatre cents de ces vieillards se promenaient paisiblement au soleil. C'est un hasard bien extraordinaire que celui qui me fit rencontrer là M. Larue, mon maître de danse, ancien danseur-figurant de l'Opéra, que je me rappelais avoir vu il y a cinquante ans, pour la dernière fois, dans le ballet des *Éléments,* où il représentait un *zéphyr,* et que je retrouvais parmi les *bons pauvres,* courbé sur un bâton dont il étayait ses pas chancelants. Quelques mots amenèrent notre reconnaissance, qui n'en fut que plus comique pour n'avoir été ni prévue ni préparée. Ce vieux zéphyr me raconta son histoire en peu de mots : c'est celle de beaucoup d'honnêtes libertins. La passion des femmes l'avait conduit à celle du jeu ; obligé par de bonnes raisons de renoncer à l'une et à l'autre, il avait cherché dans le vin une distraction dont il s'était fait une malheureuse habitude : lorsque l'âge ne lui permit plus de figurer au milieu des *Nymphes*, parmi les *Jeux*, les *Ris*, et les *Plaisirs*, on lui donna pour retraite un petit emploi d'inspecteur de contre-marques ; mais pour le remplir il fallait sortir du cabaret, et souvent il en avait encore le courage qu'il n'en avait plus la force : enfin il perdit sa place, et ne se plaindrait pas de celle qu'il a trouvée dans cet asile, s'il avait un crédit mieux établi chez le cantinier. C'était m'indiquer le dernier service qu'il attendait de moi ; je m'empressai de le lui rendre.

Tous les genres de défauts et de malheurs sont réunis dans cette première enceinte, qu'on peut regarder comme le vestibule de celle où nous allions entrer, dans laquelle sont entassés tous les genres de crimes et de misères. Nous nous présentâmes à la porte fatale ; elle nous fut ouverte. M. P*****, concierge de ce terrible château, est un fort bel homme, dont la physionomie mobile prend alternativement le caractère de la franchise, de la fermeté et de la rudesse. Il m'a paru posséder à un très haut degré toutes les qualités de sa place. Un bonnet de police de drap vert, décoré d'une broderie en argent, et placé avec intention sur l'oreille gauche, lui donne l'air imposant qui convient à son dur ministère : élevé dès l'enfance pour les fonctions qu'il remplit, il a contracté des manières qui tiennent à-la-fois du geôlier et de l'administrateur. L'accueil plein de cordialité qu'il nous fit semblait naître du plaisir qu'il éprouve à voir de temps en temps la figure d'un honnête homme. Deux guichetiers ouvrirent et refermèrent sur nous deux portes énormes, et nous entrâmes au greffe, où M. P***** nous pria d'attendre le moment où l'opération de river les fers allait commencer. « *Messieurs* (nous dit-il avec un air de satisfaction), *vous êtes venus au bon moment: nous n'en expédions aujourd'hui que soixante-dix-huit, mais ils sont tous* EXCELLENTS. » Je compris qu'*excellents* était là pour *exécrables*. Il y a dans tous les états un langage de convention qu'il faut d'abord entendre. Nous employâmes le temps que nous passâmes au greffe à faire l'achat de quelques petits ouvrages en paille exécutés par les détenus avec une rare perfection, et à examiner de nombreux registres rangés par ordre alphabétique, et sur lesquels étaient inscrits les écrous de tous les prisonniers depuis l'année 1778. La vue de ces tables de forfaits, de ces listes de tant de criminels, la honte et le rebut de la société, fit naître à mon compagnon de voyage l'idée d'un rapprochement ou plutôt d'un contraste bien philosophique entre ces hideuses annales et les brillantes archives de Chérin, où se trouvaient déposés, dans des registres semblables pour la forme et pour la distribution, tous les hauts faits de la noblesse et toute l'illustration de la nation française.

Un détachement de soldats qui traversa le greffe nous avertit que le *ferrement* allait commencer. Le concierge vint nous prévenir, et, après avoir passé les guichets des *cabanons*, nous entrâmes dans une vaste cour intérieure, où se trouvaient déjà réunis les officiers publics chargés par état de présider à cette triste exécution.

Je ne pus me défendre d'un mouvement de terreur en pénétrant dans cette cour, fermée de tous côtés par de hautes murailles percées de fenêtres grillées, où se pressait une foule de malheureux avides d'un spectacle qu'eux-mêmes, dans quelques jours peut-être, devaient offrir à d'autres. De lourdes chaînes, des piles de colliers de fer, des boulons, des marteaux, des enclumes, étaient disposés par tas au milieu de la cour : quatre ou cinq guichetiers, et autant d'argousins, les bras nus, attendaient les malheureux désignés pour la chaîne, et les regards curieux des assistants se tournaient vers la porte des cabanons par où ils devaient entrer. Le concierge, une liste à la main, donna l'ordre; et les forçats, sortant de leurs cachots, défilèrent devant lui et vinrent se placer, par rang de taille, sur deux lignes tracées par les chaînes qui les attendaient. Je ne sais si l'état d'abjection où ces misérables se trouvaient réduits, si les livrées de la misère dont la plupart étaient à demi vêtus, si la prévention dont il est si difficile de se défendre en pareil cas, n'ajoutaient pas beaucoup à l'impression que nous fit éprouver leur présence ; mais pendant quelques moments nos regards eurent de la peine à se familiariser avec des figures qui semblaient faites, à deux ou trois exceptions près, pour rassurer la conscience des juges les plus timorés. Ovide a eu raison de dire :

Heu! quam difficile est crimen non prodere vultu!

Une autre observation générale dont je fus subitement frappé, c'est que tous ces criminels, un seul excepté, étaient dans la fleur de l'âge, et que plusieurs sortaient à peine de l'adolescence. Je m'abstiens des réflexions amères dont cette remarque pourrait être la source. Celui de ces malheureux qui fixa le premier notre attention était un nommé *Jard,* dont le physique et le moral, également odieux, paraissaient être en harmonie parfaite : ce misérable, dont chaque geste, chaque expression de la figure, chaque mouvement du corps, trahissait le plus profond avilissement, avait paru dès son plus jeune âge sur les bancs des tribunaux, et se targuait hautement, aux yeux de ses compagnons, de l'ancienneté de son infamie.

Pendant qu'un des officiers chargés de conduire la chaîne me donnait quelques détails sur ce personnage, un autre me faisait remarquer, au milieu de la ligne, un assez bel homme, d'une trentaine d'années, dont le regard, armé d'impudence, annonçait une ame plus criminelle encore que dégradée. « Cet homme, me dit-il, est le fameux *Victor Desbois*, le plus célèbre des voleurs du premier ordre. Il appartient à une famille d'honnêtes marchands de Bordeaux. Arrivé à Paris, à l'âge de dix-huit ans, pour y prendre un état, il a d'abord été la dupe de quelques escrocs, dont il est ensuite devenu l'ami, c'est-à-dire le complice, et bientôt le modéle. Un premier vol l'a mis sous la main de la justice : perdu de réputation par une peine infamante, il a trouvé le moyen, en revenant à Paris, d'usurper pendant quelque temps une sorte de considération, à l'aide d'un faux nom et des ordres militaires dont il avait eu l'audace de se montrer décoré. Reconduit aux bagnes, dont il est parvenu quatre fois à s'échapper, un nouveau crime l'y raméne, enfin pour le reste de ses jours. Ce même homme, que vous voyez en ce moment réduit au dernier degré d'abjection, habitait, il y a quelques mois, un brillant hôtel, et plus d'une femme galante se disputait l'honneur de sa conquête.

« Son voisin de droite est un malheureux domestique, qu'une seule faute, après vingt ans d'une conduite irréprochable, a plongé dans cet abyme d'ignominie : son maître, qui l'a dénoncé pour vol dans un moment de colère, a vainement essayé depuis de faire fléchir en sa faveur l'inflexible sévérité des lois

« Plus loin, vous voyez un homme dont la figure porte du moins l'empreinte de la douleur et du remords. Impatient de faire fortune dans le commerce, il avait entrepris des spéculations au-dessus de ses forces, et se voyait au moment de faire faillite : croyant prévenir ce malheur, il a eu la fatale imprudence d'altérer des lettres-de-change, dans la seule intention d'en retarder le paiement; et, pour échapper au déshonneur, il s'est voué pour jamais à l'infamie.

« Celui qui vient après est ce jeune *Delzaive* que son adresse et son audace inconcevables ont mis en si grand renom dans sa bande. Ce malheureux, que la nature a si heureusement doué à quelques égards, et qui ne pouvait manquer de s'enrichir dans une profession honorable, va finir une vie si indignement commencée dans la misère et l'opprobre. »

« Celui-ci, continua mon guide en me montrant un autre jeune homme que le désordre de son vêtement et l'expression cruelle de son regard distinguaient de tous les autres, est peut-être le plus grand scélérat qui soit jamais entré dans les cachots de Bicêtre : trois fois le glaive de la loi s'est levé pour en faire justice, et toujours quelque circonstance atténuante à sauvé sa vie. C'est une véritable bête féroce; il se nourrirait volontiers de chair humaine : il n'est pas un prisonnier avec lequel il ait eu dispute qui ne porte l'empreinte de ses dents. Le dernier crime qui le reconduit aux galères est d'avoir dévoré le sein de sa maîtresse. »

J'allais demander quel était, à l'extrémité de la file, un très jeune homme d'une figure assez douce, des yeux duquel je voyais s'échapper de grosses larmes, et dont tous les muscles étaient agités de mouvements convulsifs[1]...; mais l'opération de river les fers était commencée, et celui à qui s'adressaient mes questions m'avait quitté pour exercer sa surveillance. Les forçats, assis par terre, dans l'ordre où ils avaient été disposés, présentaient successivement leur tête à un carcan de fer que l'on rivait

---

[1] Cet infortuné était le jeune R...., condamné comme complice dans la conspiration Mallet ; il n'avait point été flétri et fut amnistié lors de la première restauration : j'ai le bonheur de croire que je n'ai point été étranger à cet acte de clémence royal.

à froid par derrière, et qui faisait partie de la chaîne générale où ces misérables devaient rester attachés jusqu'au jour de leur arrivée à Brest. Spectacle terrible, dont on ne peut supporter la vue sans frémir, et dont la publicité, je persiste à le croire, imprimerait au crime naissant cette terreur salutaire qui suffit quelquefois pour en arrêter les progrès[1]

17 NOVEMBRE 1812.

LE SALON DE M. DCCC. XII.

PREMIÈRE PROMENADE.

Cuncti adsint, meritæque expectent præmia palmæ.
Virg., Æn., lib. V.

Qu'ils se présentent tous et reçoivent le prix qu'ils ont mérité.

C'était, comme chacun sait, un drôle de corps que le marquis de Villette. Voltaire le citait comme un des hommes les plus spirituels de France, et Saint-Georges comme une des plus fortes lames. Pour soutenir cette réputation, le marquis écrivait peu et ne se battait pas; madame de B*** prétendait que *c'était par méchanceté*. Quoi qu'il en soit, il avait une sorte de facilité à tourner quelques vers médiocres, et je me souviens qu'en 1777 on parlait avec éloge, dans le grand monde, de sa *Critique du Salon*. En voici le début:

Il est au Louvre un galetas
Où, dans un calme solitaire,

Les chauve-souris et les rats
 Tiennent leur cour plénière :
C'est là qu'Apollon, *sur leurs pas*,
Des beaux-arts ouvrant la barrière,
Tous les deux ans tient ses états,
Et vient placer son *sanctuaire*.

Il serait difficile de reconnaître à cette description ce palais brillant, ces portiques, ces galeries superbes que, de nos jours, la munificence du gouvernement s'est empressée d'ouvrir au génie des arts; mais peut-être quelques uns des traits suivants trouveraient-ils encore leur application :

. . . .
Des inutiles du haut rang,
Des importants de bas mérite,
Plus d'un Midas en marbre blanc,
Plus d'un grand homme en terre cuite,
Jeunes faquins bien vernissés,
Voilà les héros entassés
Sous l'*hangar*[1] de la renommée;
Et, malgré l'ordre et le bon sens,
Tout s'y trouve placé de sorte
Qu'on voit l'abbé Terray dedans
Et que Sully reste à la porte.

Une critique écrite tout entière sur ce ton ne pouvait être ni bien juste ni bien raisonnable; mais elle convenait à l'espèce de curieux qui visitaient

[1] Il fallait dire *le hangar*.

alors le *Salon*. Les expositions dont nous voyons tout Paris occupé, qu'assiége actuellement la foule des amateurs de toutes les classes, étaient jadis une affaire de mode, un moyen de distraction pour le grand monde et pour quelques oisifs qui allaient voir les tableaux après avoir été faire un tour aux Tuileries.

La grande salle, éclairée aujourd'hui par le haut, et qui l'était alors par des croisées latérales, suffisait aux anciennes expositions, dont la première eût lieu en 1673, et fut composée de cent cinq morceaux de peinture. Mansard, en 1699, obtint du roi que ces concours interrompus fussent repris avec plus de solennité; mais ce ne fut qu'en 1740 que M. Orry, directeur-général des bâtiments, en établit le retour périodique et en régla les conditions.

Le matin, jusqu'à dix heures, les salles sont ouvertes aux artistes et à quelques amateurs privilégiés; depuis dix heures jusqu'à quatre de l'après-midi tout le monde est admis indistinctement : un jour de la semaine est réservé à la plus brillante compagnie de la capitale; elle s'y rassemble le vendredi, depuis midi jusqu'à la chute du jour, pour y goûter le plaisir d'une promenade telle qu'on en chercherait vainement une semblable dans aucun autre pays du monde.

Il en est des expositions comme des premières

représentations théâtrales ; ce sont des jours de fête pour la critique : trop resserrée dans les bornes de la littérature, elle n'a pas dû perdre une si belle occasion d'étendre son domaine, et, quelques réclamations que les artistes aient pu faire, *le Salon* s'est vu forcé, sinon de reconnaître, du moins de subir ses lois. Il n'est pas inutile de remarquer que de quelques milliers de diatribes, de pamphlets, de satires en vers et en prose dont les expositions ont été l'objet depuis leur établissement, il ne reste aujourd'hui que les petits vers du marquis de Villette (qui auraient pu, sans inconvénient, disparaître avec les autres), et les *Observations sur le Salon de peinture de* 1766, *par Diderot*, très dignes de l'exception qu'on a faite en leur faveur. Ce petit ouvrage, où l'on retrouve toute l'imagination, toute l'originalité piquante de son auteur, est sur-tout remarquable par la délicatesse du goût et la finesse des aperçus. Ce ne sont point les scolies pédantesques d'un professeur qui disserte sur la grace et sur la beauté en termes techniques et d'après les seules règles de l'art, mais les observations d'un amateur éclairé qui voit bien ce qu'il regarde, qui ouvre son ame aux effets, s'en laisse pénétrer, et en rend compte à son ami, sans s'embarrasser des traités de peinture, des routines d'atelier et des préjugés d'académie.

L'éclat et la pompe dont les expositions sont

maintenant environnées, la magnificence du local, la richesse et la splendeur de notre école, aujourd'hui la première du monde, le goût des beaux-arts, universellement répandu, tout contribue à faire de l'ouverture du Salon un événement dans la capitale. Ce n'est pas seulement un plaisir de mode, c'est un goût prononcé pour la peinture qui doit servir à caractériser l'époque où nous vivons, comme l'amour des lettres a signalé le milieu du dernier siècle. Les monuments nouveaux dont chaque jour enrichit la capitale, les chefs-d'œuvre de Rome et de la Grèce dont nous sommes pour ainsi dire entourés, ont répandu jusque dans les dernières classes du peuple le goût du beau, l'amour et le sentiment des arts : de cette habitude de voir et de comparer est résultée une masse de connaissances acquises sans étude, dont l'effet, assez peu sensible dans chacun en particulier, se manifeste d'une manière incontestable dans les grandes réunions publiques. On a souvent comparé les Français aux Athéniens : les premiers ont maintenant avec ceux-ci ce trait de ressemblance de plus, de se passionner pour les productions des arts. Il ne manque à ce goût que d'être un peu moins stérile. On assiège les portes du Salon, on donne de plus grands éloges aux belles productions de notre école moderne, on accueille les artistes avec distinction; mais il est bien peu d'amateurs, je dis parmi les plus riches, qui poussent l'enthousiasme jusqu'à acheter le tableau ou la statue qu'ils admirent. Le gouvernement répare, il est vrai, les torts des particuliers, et protége d'une manière plus libérale ces arts qui doivent briller en France d'un éclat inconnu, s'il est vrai qu'ils soient, comme on l'a dit, le *luxe des grands règnes*. Cet empressement général, qui conduit tant de monde au Salon, ne pouvait manquer de m'y attirer souvent moi-même. J'y vais presque tous les jours braquer alternativement mes besicles sur les tableaux et sur les spectateurs. J'écoute au Salon plus encore que je ne regarde, et, à l'exemple de l'auteur des *Observations,* « je suis là pour recueillir la sentence du vieillard, la pensée de l'enfant, le jugement de l'homme de lettres, le mot de l'homme du monde, et les propos du peuple. »

Dimanche dernier, dès neuf heures du matin, les vastes avenues du Louvre étaient obstruées par une foule immense; c'était déja un spectacle que de la voir se presser sous ces élégants portiques que supportent de nombreuses colonnes en brèche violette, et sur ce magnifique escalier auquel il ne manque plus qu'un vestibule. Cette grande salle, que Villette appelait un *galetas*, est digne maintenant de sa destination et du palais dont elle fait partie. Dans ces jours de solennité, les grands maîtres de l'école italienne cèdent momentanément la place à leurs élèves, et quelquefois même à leurs rivaux. Si quelques uns voient à regret remplacer leurs chefs-d'œuvre par d'informes productions, les autres n'ont point à rougir de leurs successeurs; et, sans trop de partialité pour des talents contemporains et compatriotes, il est permis de croire que dans trois ou quatre cents ans les David, les Gérard, les Girodet, les Gros, et les Guérin, figureront encore dans ces mêmes galeries, à côté des Raphael, des Carrache, des Titien, et des Paul Véronèse.

Là, plus qu'ailleurs, j'étais curieux d'observer les premiers effets. Je vis que la multitude se portait d'abord autour des plus grandes compositions : je vis que les artistes (faciles à reconnaître à leur agitation, à l'inquiétude de leurs regards) parcouraient toutes les salles pour y découvrir leurs propres ouvrages. Je lisais sur la figure de chacun d'eux le sentiment dont il était agité. Que d'humeur exprimait la contenance de celui-ci, en voyant son *paysage* d'un effet si calme, si doux, éteint, pour ainsi dire, par deux compositions à grands fracas, au milieu desquelles il se trouvait placé! Et cet autre, quelle contraction risible j'observe dans les muscles de sa face au moment où il découvre son *Tableau de famille* au-dessous du plafond, dans l'angle de la galerie le plus mal éclairé!

Une espèce d'originaux, beaucoup plus plaisante à observer, est celle de ces honnêtes bourgeois dont la physionomie, un peu commune, mais pleine de bonhomie, laisse néanmoins percer un petit mouvement d'orgueil, bien pardonnable, lorsqu'ils songent qu'ils occupent un numéro dans le livret et une place dans la galerie d'Apollon. Aussi longtemps que durera l'exposition, entre une heure et deux, vous les trouverez debout, en face de leurs portraits, se souriant à eux-mêmes, et placés de manière à servir de point de comparaison entre la copie et l'original.

J'ai souvent remarqué (sans pouvoir m'en expliquer la cause d'une manière satisfaisante) cette rectitude de jugement, ce goût d'instinct, qui paraît être, du moins au théâtre, le partage de toute réunion d'hommes un peu considérable, à quelque classe inférieure de la société qu'ils appartiennent. Je me suis souvent et toujours inutilement demandé, en sortant d'une représentation *gratis*, comment il se fait que les beautés des tragédies de Corneille, de Racine, soient appréciées et senties par une multitude dont chacun des individus en particulier serait incapable d'en entendre un seul vers. Sans me permettre d'en conclure brusquement que ce tact de la multitude la sert aussi bien au Salon qu'au spectacle, je dirai qu'au premier jour de l'exposition les groupes les plus nombreux se formaient dans le Salon proprement dit, autour de trois tableaux de dimension et de sujets bien différents, dont l'un représente *Brutus condamnant ses fils*; l'autre, *Inès de*

Castro couronnée après sa mort; et le troisième, un *Portrait du roi de Rome couché parmi des fleurs.* Dans la grande galerie, *Charles-Quint dans l'église de Saint-Denis, Bajazet et un jeune pâtre jouant de la flûte, Virgile lisant son Énéide en présence d'Auguste,* attiraient les premiers regards. Dans la salle de sculpture, la foule se pressait autour d'une *Vénus génératrice,* d'un *Hyacinthe blessé,* et d'un modèle en plâtre d'*Ajax accusant les dieux.*

J'examinerai, dans ma seconde promenade, si l'enthousiasme populaire a changé d'objet, et s'il est d'accord avec le jugement des gens éclairés. Il serait possible que, sans m'astreindre à aucun ordre, sans prendre aucun engagement, je me permisse de temps en temps de dire mon avis sur quelques uns des tableaux qui auront fait sur moi, en bien ou en mal, l'impression la plus forte. Si je me trompe dans mes critiques, je prie d'avance les artistes mécontents de ne pas trop m'en vouloir; car je les préviens qu'après avoir étudié leur art, pendant cinq ou six ans dans ma jeunesse, je n'étais pas arrivé au point de mettre une tête *ensemble.*

DEUXIÈME PROMENADE.

> *Tu, quid ego et populus mecum desiderct, audi.*
> Hor., *Art poet:*
> Écoutez ce que le public et moi désirons de vous.

Depuis que certains professeurs m'ont appris que Voltaire n'entendait rien à la poésie, que Grétry ne savait pas la musique, et que Rubens dessinait très mal, je me défie du jugement ou plutôt de la bonne foi des gens du métier. Les beaux-arts, plus que toute autre chose, ont un charme indépendant des régles : la première de toutes les poétiques est de plaire. Les principes sont indispensables; il faut les étudier, les connaître, les donner pour base au talent et pour modérateurs à l'imagination : l'erreur est de croire qu'ils puissent jamais en tenir lieu. Combien de tragédies tout aussi régulières et tout aussi peu chanceuses que celle du pauvre abbé d'Aubignac! combien de tableaux irréprochables, à les juger le traité de Léonard à la main, dont la perfection ne séduira jamais personne! Je fais beaucoup de cas de l'avis des gens de l'art; mais j'en fais davantage de l'opinion populaire, et sur-tout de mes propres sensations. La peinture a pour but, et pour but unique, l'imitation de la nature; c'est là qu'elle doit chercher ses modèles.

Respicere exemplar vitæ morumque jubebo
Doctum imitatorem.

Ses effets doivent donc frapper la multitude ; et, si l'on excepte quelques parties de talent qui ne sont jamais bien senties que par l'artiste ou par l'amateur éclairé, l'aspect d'un tableau véritablement bon doit plaire également à l'ouvrier qui vient le dimanche se promener au Salon, au savant qu'on y trouve tous les jours à neuf heures, et à la femme du bon ton qui ne s'y montre que le vendredi. Dès qu'on a su que je me proposais d'avoir un avis imprimé sur la nouvelle exposition, plusieurs conseillers se sont offerts pour me servir de compagnons (ce qui voulait dire de guides) dans mes *promenades*. Chacun avait son système, auquel il espérait me convertir : celui-ci posait en principe que le dessin, le goût de l'antiquité, l'exactitude et la sévérité du costume devaient placer tel peintre à la tête de l'école française ; celui-là se chargeait de me prouver que la couleur seule *classe* un homme ; en d'autres mots, que Rubens l'emportait sur Raphael : un troisième se flattait de m'amener à croire que l'invention (ce mot, en peinture, s'entend de l'idée première, et de la composition) est tout le peintre (comme Buffon assure que le style est tout l'écrivain) ; et n'aurait pas manqué de me citer en preuve les Titien, les Dominiquin, les Paul Véronèse, qui ont pourtant bien quelques autres qualités ; d'autres enfin avaient leur raison pour chercher à me persuader que la perfection du portrait doit être le but et le terme de l'art, et que telle tête de Van-Dyck mérite autant d'estime que le Tableau de *la Transfiguration.* Pour éviter toute influence étrangère, toutes préventions d'école, je me suis décidé à me promener seul. Mon livret en main, ma lorgnette à l'œil, je veux essayer de me faire une opinion tout-à-fait indépendante, où l'on puisse être sûr de ne trouver que les erreurs de mon propre jugement, et les résultats, bons ou mauvais, de mes seules impressions. Je pourrais me dispenser de dire que j'ai fait cette seconde promenade, ainsi que la première, au milieu de la foule qui se porte au Salon les jours consacrés au public : on s'en apercevra sans doute ; et je ne réponds pas de manifester avec autant de franchise des sentiments aussi plébéiens, lorsqu'il sera question de rendre compte de mes *promenades* du vendredi.

L'ordre des lieux voudrait peut-être que je m'arrêtasse d'abord dans la salle d'entrée ; mais si j'en excepte *une Bataille au clair de la lune,* sur laquelle je reviendrai, je ne vois là que des portraits auxquels je suis tenté d'adresser la question que Fontenelle faisait aux sonates. J'ai pourtant jeté en passant un coup d'œil sur *M. Demidow* examinant un *échantillon de mine de fer* au milieu des montagnes couvertes de neige où il se promène. A sa place, et frileux comme je le suis, je serais très fâché de me trouver là nu-tête et sans cravate. Je traverse tout aussi vite la galerie d'Apollon, où je me propose de revenir; j'arrive dans la grande salle, et me voilà en face de *Brutus condamnant ses fils à mort*, ayant à ma droite un *Sacrifice d'Iphigénie*. C'étaient de terribles pères que ces Grecs et ces Romains. L'un fait égorger sa fille en Aulide pour avoir un vent d'ouest qui le conduise à Troie; l'autre condamne à Rome ses deux fils à la mort pour établir la république qu'un de ses descendants croira ressusciter, cinq cents ans après, en assassinant son père. Admire qui voudra! ces vertus féroces, ce barbare stoïcisme ne sont pas à ma portée,

« Et je rends grace aux dieux de n'être pas Romain,
« Pour conserver encor quelque chose d'humain. »

Ce tableau justifie le choix que le gouvernement a fait de son auteur pour diriger l'école des beaux-arts à Rome. On y reconnaît un talent sage, un goût sûr et formé par l'étude des grands modèles; les groupes sont bien distribués, les airs de tête d'un beau caractère, le ton de couleur bien ferme, bien vrai; et cependant le tout est sans mouvement, sans effet; on assiste froidement à cette scène effroyable. Dans le tableau, hors du tableau, les spectateurs sont impassibles comme Brutus; et son fils lui-même attend son sort avec tant d'indifférence, qu'il n'est pas étonnant qu'on la partage. Dans cette vaste composition, recommandable à beaucoup d'égards, la lumière me semble trop également répandue; l'œil hésite, et ne sait où se prendre. Le ton général de la couleur devrait être plus chaud, plus analogue au climat de Rome; je ne sais pourquoi on a l'air d'avoir froid sur cette place. L'architecture est bien locale, les fabriques sont bien choisies (car je ne pense pas que l'auteur doive tenir grand compte du reproche que lui font certains critiques minutieux, d'avoir introduit dans son tableau un temple avec péristyle, à une époque où ce genre d'édifice n'était point connu à Rome). L'analogie du sujet, et non pas celle du talent, me conduit à dire deux mots de ce grand tableau de M. Odevard, qui représente, non pas le *sacrifice*, comme je le disais tout-à-l'heure, mais l'*Arrivée d'Iphigénie en Aulide*. C'est une bien malheureuse composition que celle-là: Le désespoir du roi des rois se manifeste de la même manière que *le désespoir de Jocrisse;* il s'arrache une poignée de cheveux, et l'on doit croire qu'il ne tardera pas à se trouver mal, en observant que la jambe sur laquelle porte le poids de son corps, quelque arquée que le peintre l'ait faite, se trouve cependant beaucoup trop loin du centre de gravité. Le double mouvement d'Ulysse, qui serre d'une main celle d'Agamemnon, et qui lui fait je ne sais quel signe de l'autre, n'a ni intention ni noblesse. L'Achille, qui n'est pas tout-à-fait modelé sur celui d'Homère, tient si gauchement sa lance, qu'elle paraît entrer dans le poitrail d'un cheval dont on ne devine pas la position. Les autres figures (sans en excepter celle d'un guerrier qui cache sa tête sous son manteau, pour rappeler maladroitement le tableau de Timanthe) ne sont ni mieux dessinées ni mieux senties. Il est bon de faire observer que la scène se passe en Aulide, c'est-à-dire dans la Béotie, et que le fond du tableau représente le cap Sunium, à l'extrémité de l'Attique.

Aut famam sequere, aut sibi convenientia finge.

« Peignez d'après les idées reçues, ou du moins conservez les convenances du sujet. »

J'avais remarqué, le premier jour de l'ouverture du Salon, que l'on se pressait autour d'un tableau de chevalet, lequel représente *Inès de Castro exhumée et couronnée après sa mort;* je retrouve aujourd'hui la même affluence, et ce tableau me semble justifier l'empressement dont il est l'objet. Rien de plus touchant que le sujet: don Pédre, à son avénement au trône de Portugal, fait exhumer le corps de sa maîtresse, assassinée par ordre de son père, le couronne, et lui fait rendre les honneurs souverains. Les figures m'ont paru bien groupées, d'une expression vraie, sans la moindre trace d'affectation; mais je les voudrais plus arrêtées et plus finies. Je sais que cette manière d'indiquer les figures est celle de quelques grands maîtres; mais elle exige alors cette fermeté de la main, cette hardiesse de touche qui donne de l'expression à chaque coup de pinceau, et permet de négliger les détails. L'intérieur de l'abbaye où se passe cette cérémonie funèbre joint au mérite d'une exécution parfaite le charme qui résulte d'une composition simple et mélancolique au plus haut degré; l'architecture gothique, le bassin qui borde le cloître, et les orangers qu'on aperçoit à travers les portiques, sont d'un effet très pittoresque; peut-être les fabriques du fond ne se détachent-elles pas avec assez de vigueur. J'ai bien envie de faire une petite chicane chronologique, en soutenant à l'auteur qu'Inès ne fut pas enterrée d'abord dans l'abbaye d'Alcobaza, et que ce ne fut qu'après la mort de son assassin, Alphonse IV, que ses restes y furent déposés. J'ai été plus d'une fois distrait de l'attention que je donnais à ce tableau par les critiques pleines d'amertume que j'en entendais faire autour de moi par des personnes qui me paraissaient appartenir aux premières classes de la société, et à la dernière classe des artistes : j'ai eu d'abord quelque peine à m'expliquer cette malveillance, et j'ai fini par en trouver le secret. c'est celui de l'envie. L'auteur de ce tableau, M. de Forbin, est un homme du monde : son nom lui a ouvert la carrière brillante des honneurs, son talent lui ouvre celle des arts ; dans l'une et dans l'autre, il doit s'attendre à marcher entre deux rangs d'ennemi. J'aurai peut-être occasion, dans une de mes *promenades* subséquentes, de dire à ce sujet ma pensée tout entière, et de parler des obstacles particuliers que rencontrent sur leur chemin ceux qui cherchent en France, dans la culture des lettres et des arts, une autre illustration que celle où ils se trouvent appelés par leur rang ou par leur naissance. En attendant, j'engage M. de Forbin à répondre à ses détracteurs ce que La Motte, cet autre peintre d'*Inès*, répondit un jour aux siens : *Allons donc voir pour la vingtième fois ce mauvais ouvrage.*

Je m'étais promis de ne pas sortir de la grande salle ; mais il y a des tentations auxquelles je me dépêche de succomber, pour m'épargner la peine d'y résister en vain : je me laisse donc entraîner par la foule dans la grande galerie, et je m'arrête avec elle devant le tableau de *Charles-Quint visitant l'église de Saint-Denis;* c'est à mon avis, qui pourrait bien être celui du public, le morceau le plus parfait de cette exposition. Composition, dessin, expression, coloris, tout s'y trouve réuni à un degré supérieur. Il est aisé de voir que la pensée de l'artiste a été méditée long-temps avant d'être fixée sur la toile; qu'il s'est transporté au quinzième siècle, qu'il en a profondément étudié l'esprit, le goût et les mœurs. Ses personnages ne ressemblent pas seulement à leurs modèles par la figure, par cette démarche, par cette habitude de corps que l'histoire nous a conservées, on y retrouve jusqu'au caractère qu'elle leur donne. Toute la personne de François I*er* respire la loyauté, la grace, et la franchise. Charles-Quint répond à ses prévenances avec une sorte de réserve qui n'est pas exempte d'orgueil. Son geste, son attitude, son regard, portent un caractère de finesse et de fausseté où l'on reconnaît le monarque qui défendit les réjouissances publiques après la bataille de Pavie.

L'expression des deux jeunes princes, fils de François I*er*, est digne des plus grands éloges. La contenance de Henri II, fière et modeste comme il convient à son âge, annonce déjà cette bravoure et cette haine contre Charles-Quint, qui lui feront, dix ans plus tard, chercher ce prince à la bataille de Renti, pour se battre avec lui corps à corps. On croit l'entendre dire : « Si j'étais roi, Charles-Quint ne passerait pas impunément à travers mes états. »

Le jeune dauphin prend moins de part à l'action; son caractère doux et timide est bien indiqué : à sa langueur, à l'air de mélancolie répandu sur toute sa personne, on dirait qu'il a le pressentiment de sa fin prochaine.

C'est un des caractères du talent de M. Gros de savoir faire concourir les divers accessoires à l'intérêt et à l'explication du sujet principal : c'est ainsi que, dans le tableau que j'examine, il montre un coin du tableau de Louis XII, monument que François Iᵉʳ fit élever à son prédécesseur ; c'est ainsi qu'il introduit dans les tribunes cette dame Lise, surnommée la Joconde, qui eût été déplacée dans le cortége, mais qui devait être présente à cette cérémonie. Le sentiment le plus exquis des convenances se fait remarquer jusque dans la manière dont les deux rois portent les deux ordres dont ils sont décorés. François Iᵉʳ porte la Toison-d'Or au-dessus de l'ordre de Saint-Michel, et Charles-Quint, par une courtoisie réciproque, a placé sur sa poitrine l'ordre royal de France au-dessus de celui d'Espagne. C'est encore par suite de cet esprit d'observation qui met tout à profit, que l'auteur a su rappeler le lieu de la scène par une figure de saint Denis portant sa tête, brodée sur une chasuble. J'ai vu seul toutes les beautés de ce tableau ; pour en découvrir les défauts, j'ai eu besoin de m'aider des yeux d'un artiste. Je crois donc, mais seulement parceque j'ai entendu répéter autour de moi cette critique par des gens instruits, que la perspective du terrain n'est pas suffisamment observée; que certains détails ne sont pas assez finis pour un tableau de cette dimension, et qu'enfin le pilier du milieu de l'église n'est pas d'un ton assez ferme; ce qui n'empêchera pourtant pas ce beau tableau d'être mis au nombre de ceux qui font le plus d'honneur à notre école.

TROISIÈME PROMENADE.

> .... *Non ego paucis*
> *Offendar maculis.*
> Hor, *Art. poet.*
>
> Je ne m'attache pas à relever quelques fautes légères
> *Imit.*

Avec un talent si beau, si original, comment se fait-il que M. Girodet consente si rarement à être lui-même? L'intention d'imiter se fait sentir dans presque toutes ses productions. Je n'appliquerai pas à cet artiste distingué le mot connu de Chamfort: *On peut conduire l'esprit par-tout, quand le génie ne nous emporte nulle part*; mais je lui ferai le reproche d'avoir trop peu ou peut-être trop de confiance en lui-même. Il y a deux ans M. Girodet exposa au Salon un très beau portrait de madame la comtesse de ***, et ses amis crurent y reconnaître la finesse du modéle et du pinceau de Léonard de

Vinci. Cette année, pour établir une lutte plus directe, il expose, comme *Étude de Vierge*, une tête dans le genre de *la belle Feronnière*, où l'on retrouve non seulement les beautés, mais aussi les défauts du maître qu'il imite. C'est ainsi qu'il a donné aux ombres de sa figure ces teintes jaunes et noires qu'on reproche au peintre florentin quand on est las d'admirer ses beautés.

Ce tableau de M. Girodet mérite beaucoup d'éloges ; on les lui a prodigués sans restriction, voilà l'injustice : on a dit que cette tête d'étude *remplit tout le Salon*, voilà le ridicule. Cette figure est belle ; la bouche est d'une finesse admirable, les yeux d'une expression charmante ; mais la main est-elle d'une nature assez choisie ? le petit doigt de cette main-là n'est-il pas un peu maniéré ? les ombres, près du col sur-tout, sont-elles assez transparentes ? enfin, et je fais cette dernière question avec beaucoup de timidité, en songeant qu'elle s'adresse à l'un de nos plus grands dessinateurs), l'épaule gauche n'est-elle pas élevée au point de donner quelque inquiétude sur la taille de cette belle personne, à qui je ne contesterai pas son titre de *vierge*, bien qu'il y ait dans sa pose et dans sa physionomie quelque chose d'un peu mondain ?

Il en est, à mes yeux, d'un tableau d'histoire comme d'un ballet dramatique : je veux pouvoir m'en expliquer le sujet sans le secours du livret et du programme, et je commence à prendre un peu d'humeur contre le peintre quand je ne parviens pas à démêler sa pensée. C'est ce qui m'arrive après avoir bien examiné une grande composition sous le n° 101. Que font là ces quatre personnes? Elles semblent méditer sur ce qu'elles feront du cadavre d'une femme; car je la crois morte, bien morte, à en juger par ce teint livide, par cette roideur du corps, par l'action de ce jeune homme qui lui pose la main sur le cœur, sans que l'expression de sa figure laisse percer la moindre espérance. Ces figures-là sont bien drapées; mais à quel temps, à quel pays, à quel état appartiennent leurs costumes? Je fais vingt suppositions avant de consulter le livret; je l'ouvre enfin, et je lis : *Zénobie trouvée mourante sur les bords de l'Araxe.* Après avoir blâmé le choix ou du moins l'exposition du sujet, je reviens à l'exécution, où je découvre de très belles parties de talent. Prise séparément, chaque figure est d'un bel effet; la couleur est brillante, le dessin ferme et correct : il y a là beaucoup de mérite ; j'y voudrais plus d'inspiration.

Avec plus de défauts, peut-être, le tableau de *Pierre-le-Grand*, sous le n° 860, me plairait davantage. Je n'ai pu découvrir le sujet du tableau précédent, et j'ai bien de la peine à reconnaître l'auteur de celui-ci. Cette vigueur de ton, cette hardiesse de pinceau sembleraient indiquer M. Gros; mais il aurait conçu la scène plus fortement. Cette noble figure du czar, tout à-la-fois si sage et si énergique, n'est pas indigne du pinceau de M. Gérard ; mais il aurait mieux groupé, mieux dessiné sur-tout les deux figures accessoires ; le costume serait plus vrai, plus pittoresque ; on ne prendrait pas deux matelots russes pour deux esclaves grecs. M. Girodet n'aurait pas mieux choisi son action, n'aurait pas indiqué son sujet plus poétiquement ; mais il aurait fait contraster d'une manière plus frappante l'impassibilité du héros et la terreur des bateliers ; il aurait..... Cependant cette figure du czar est d'un grand maître ; elle est bien posée ; il y a de la domination dans cette tête, d'une beauté sauvage. On sent que cet homme a ses raisons pour compter sur sa fortune, et qu'il ne périra pas dans cette circonstance, quelque imminent que soit le danger. La barque (un peu trop petite par rapport à la figure principale) est portée bien légèrement sur les vagues qui la tourmentent ; le vent, la tempête se font sentir : en tout, ce tableau est d'un grand effet. M. Steube entre dans la carrière, et son premier pas annonce qu'il doit la parcourir.

Les Italiens, sur le chapitre des arts, ont un travers directement opposé à celui des Français ; les talents compatriotes sont les seuls objets de leur culte ; ils vivent dans un état d'extase continuel pour les productions de leurs artistes. Voyagez-vous

c.

chez eux, et leur parlez-vous de l'état florissant de
l'école française : « Vous ne connaissez donc pas,
vous répondent-ils avec une confiance tout-à-fait
risible, les ouvrages du divin C***? Personne ne l'é-
gale pour la grace et l'élégance; en fait de sujet religieux, Raphael lui-même a de la peine à soutenir
la comparaison : et, pour la sévérité, pour la pureté
du dessin, l'*illustrissimo* B.....i n'est-il pas le premier
homme de son siécle ? Quant à la couleur, *il cava-
liere* Landi rivalise avec tout ce que l'école vénitienne a de plus fier et de plus vigoureux. » Nous
pouvons en juger nous-mêmes; le signor Landi a
exposé, sous le n° 528, un tableau représentant
Mars désarmé par Vénus et par les Amours : j'aime
mieux l'explication de ce bon bourgeois qui croyait
y voir *l'Enfant prodigue au milieu de ses maîtresses.*
En effet qui pourrait reconnaître le fils de Jupiter
à cette figure de poupard si plate, si niaise, à ce
casque tout semblable à celui d'un comparse de
mélodrame, à cette carnation fade, à ces formes
équivoques qui font planer sur le dieu des combats
le plus ridicule des soupçons! Pourquoi le retenir?
il n'a point de mauvaises intentions ; je suis garant
qu'il ne sort pas pour ravager la terre; il est vrai
que s'il reste, je ne vois pas ce que peuvent en attendre ces trois grisettes qui ne ressemblent pas
plus à Vénus et aux graces qu'il ne ressemble lui-
même au dieu Mars, et que ces deux enfants à che-

velure rousse, qui se jouent sur le second plan, ne ressemblent à des amours. Cette composition, il faut le dire, est tout-à-fait malheureuse; elle décèle, à ce qu'on assure, un bon coloriste: mais c'est un défaut de plus que cette qualité, lorsqu'elle s'applique à un pareil ouvrage.

« Rien n'est beau que le vrai, le vrai seul est aimable. »

M. Granger paraît bien pénétré de ce principe, applicable à tous les arts : son *Ganymède*, dans la grande galerie, sous le n°. 434, est, à mes yeux du moins, un morceau très distingué. Les contours de la figure sont très fins, mais un peu trop découpés: le torse, d'une nature charmante, a un joli mouvement que l'on retrouve, il est vrai, dans plusieurs statues antiques; la tête est belle, quoique d'une forme un peu carrée; cet air modeste du jeune échanson dément les propos qu'on a tenus sur lui. J'ai entendu dire que la couleur de ce tableau n'était pas brillante; elle est mieux, à mon avis: elle est vraie; je vois un bel enfant qui n'est pas rose comme le *Mars* de M. Landi, qui n'est pas étiolé comme l'*Adonis* de M. Prudhon, dont le ton de couleur rappelle l'*Amour* du Caravage, et paraît avoir été étudié sur la nature. Quelque bien dessinée que soit cette figure, elle n'est pourtant pas, à cet égard même, exempte de tout reproche : les jambes sont grêles, les genoux lourds, et le pouce du pied droit d'un choix ignoble. Cette composition, d'ailleurs très recommandable, n'est peut-être pas tout-à-fait exempte de ce système d'école que, depuis quelques années, les pensionnaires de Rome cherchent à reproduire. On serait tenté de croire que l'art à sa naissance est pour eux à sa perfection, et qu'ils étudient le style naïf, mais sec et maigre, du Cimabué, du Giotto, du Masaccio, etc., de préférence à celui de Raphael, du Titien, et des Carrache.

Enfin je trouve une idée poétique : signalons-la ; car, depuis quelque temps, ces idées-là sont presque aussi rares dans la peinture que dans la poésie : Bajazet vient de perdre son fils, tombé sous le fer de Tamerlan ; sur le point de livrer une bataille qui doit combler sa ruine, il s'était éloigné un moment de ses troupes, et s'était arrêté près d'un berger qui jouait de la flûte

Sans songer si l'Asie avait changé de maître.

Voilà donc un tableau où je trouve autre chose que du métier : M. de Dreux n'est donc pas seulement un bon dessinateur, un bon coloriste ; c'est un artiste dans la force du mot, qui s'est dit qu'un tableau n'est pas seulement une toile couverte avec plus ou moins d'adresse d'un mélange de blanc, de rouge, de bleu, de clair. et d'ombre, mais qu'il faut encore que cette toile parle à l'imagination, qu'elle dise quelque chose à l'esprit ou au cœur. La pensée de ce tableau est grande et philosophique. La douleur du monarque contraste admirablement avec l'heureuse insouciance du berger. Quel profond désespoir! quel sinistre pressentiment dans la pose et dans le regard de Bajazet! Combien la vue de ce pâtre et les sons de sa flûte doivent ajouter à son supplice! Cette composition de deux figures, remarquable par sa simplicité, l'est aussi par une exécution correcte et brillante. La figure de Bajazet, quoiqu'un peu lourdement drapée, est bien sentie et largement peinte; les têtes sont d'un beau caractère et d'une expression juste : mais la manière du maître se fait peut-être trop sentir dans le parti qu'a pris M. de Dreux, de placer ses deux figures dans la demi-teinte. Cette manière de peindre offre beaucoup moins de difficultés, mais elle produit aussi moins d'effet, principalement dans les scènes qui se passent en plein air.

A quelques pas de là, je remarque un tableau qui ne me paraît pas sans mérite : c'est un des tableaux du Salon où l'empereur me paraît le plus dignement représenté.

On doit citer, pour le même genre de mérite, le tableau de M. Colson, dont le sujet est la *Clémence de S. M. envers une famille arabe.* Mais revenons à l'ouvrage dont nous parlions. Un groupe de grenadiers, sur la droite, est aussi bien dessiné que vigoureusement peint. Ce tableau est de M. Pajou, dont le nom est avantageusement connu dans les arts.

J'aime cette hérédité de talents; le Salon nous en offre plusieurs exemples, parmi lesquels celui des *Vernet* est sans doute le plus remarquable. Trois générations de bons peintres sont rares dans une même famille. Je citerai encore *Fragonard*, connu par la grace et la suavité de ses compositions, et dont le fils a poussé au plus haut degré de mérite les dessins lavés; *Lagrenée*, fils d'un peintre du roi, très estimé; et cultivant lui-même avec succès plusieurs branches de la peinture. J'ai vu de lui, à cette exposition, un tableau remarquable par la beauté des chevaux, et une miniature qui se soutient à côté des ouvrages de nos premiers artistes en ce genre.

Je trouve encore dans le livret un nom bien cher à la littérature, celui du patriarche de la poésie dramatique, du Shakespeare français, le nom de M. Ducis. Son neveu a exposé deux tableaux dont le sujet est un hommage rendu aux muses. Dans l'un, *le Tasse, échappé du couvent où il était retenu, se présente chez sa sœur sous les habits d'un berger;* dans l'autre, que j'ai maintenant sous les yeux, *Sapho, privée de l'usage de ses sens en apprenant l'infidélité de Phaon, est rappelée à la vie par le charme de la musique.*

Il y a beaucoup de charme dans ce dernier tableau; la composition est sage, les têtes ont de l'expression; les accessoires sont ajustés avec grace; en tout, la manière de peindre de l'auteur a quelque chose de la bonne école italienne. La figure de Sapho est on ne peut plus gracieuse; mais je crains qu'il n'y ait un peu de bigarrure dans les draperies dont elle est couverte. Les deux figures qui jouent de la lyre et celle qui joue de la flûte tyrienne sont bien posées; mais peut-être sont-elles de trop dans l'intérêt de l'action principale, de laquelle cette espèce de concert détourne l'attention : il me semble qu'un seul musicien eût exposé le sujet d'une manière à-la-fois plus forte et plus précise. J'ai bien envie encore de demander à M. Ducis d'où vient le jour brillant qui éclaire tout son tableau ? Ce n'est pas de la porte, qu'une draperie recouvre, et dont le haut ne laisse apercevoir qu'une petite partie d'un ciel obscur, indiquant les approches de la nuit. Je suis sûr que ce jeune peintre ne balancera pas à me répondre, avec cette franchise qui convient au talent, qu'il a trop éclairé son tableau pour son ciel, ou qu'il a fait un ciel trop noir pour son tableau.

En m'en allant par la galerie d'Apollon, je remarque que les tables du milieu, couvertes de bustes, ne ressemblent pas mal à un vaste sur-tout. Parmi ces bustes, je distingue celui de M. Ducis, exécuté par Taunay. Le ciseau de cet artiste a reproduit dans toute sa beauté patriarcale la figure de l'auteur d'*OEdipe* et d'*Abufar*. Le buste de Gresset, par M. Fortin, est digne de figurer dans le foyer de la Comédie-Française, où il doit être placé à côté de celui de Piron.

QUATRIEME ET DERNIERE PROMENADE.

Sua cuique quum sit cogitatio,
Colorque privus.
PHOED , Prol , lib. V.
Chacun a sa manière de penser et d'agir.

« Je viens vous chercher pour m'accompagner au Salon, me dit en entrant chez moi, vendredi dernier, madame D.... — Madame, je n'y vais plus que les jours publics. — Quelle horreur! il doit y avoir une cohue effroyable! — Beaucoup moins, je vous assure, qu'il n'y en a le jour privilégié, par la raison toute simple, que, la première curiosité une fois satisfaite, les personnes qui vont là pour voir sont bien moins nombreuses que celles qui vont pour être vues. — N'importe, je vous emmène; vous y trouverez beaucoup de gens de votre connaissance. — C'est justement ce que je voulais éviter. Chaque société n'a-t-elle pas son peintre d'affection, son tableau de choix, son amateur en titre? On sait que je m'occupe du Salon, je serai assiégé de reproches, de recommandations, d'observations intéressées : dans ce conflit d'intérêts ou de sentiments contradictoires, comment conserver une opinion à soi? — Voyez le grand malheur, quand vous feriez une fois par hasard un article de coterie! Dans le nombre de ceux dont nous sommes journellement inondés, un de plus ne se remarquera pas. — C'est du moins un tort que je suis sûr de ne jamais avoir. »

J'eus beau m'en défendre, il fallut suivre madame D.... Dès la rue Fromenteau, son cocher fut obligé de prendre la file, et nous ne mîmes pas moins d'une grande demi-heure à nous rendre au Muséum. Madame D...., qui se connaît en peinture, et qui aurait fort bien pu se donner, comme tant d'autres, les honneurs de l'exposition, s'arrêta dans la première salle. « J'aime ce tableau, me dit-elle, en me montrant l'*Arabe pleurant son coursier*; cet homme est profondément affligé, ce cheval est bien mort. — Mais il est mal tombé; ce raccourci n'est pas heureux. — Ne trouvez-vous pas qu'il y a là un sentiment bien vrai de la couleur locale? — Écoutez cet enfant qui prend le désert pour une terrasse de jardin bien sablé; il n'est pas de votre avis, madame, et j'ai honte de vous dire que je suis un peu du sien; ce qui ne m'empêche pas de trouver, comme vous, que ce tableau de M. Mauzaisse est le début d'un très beau talent.

« J'aurais plus d'une querelle à vous faire, me dit ma compagne en entrant dans le Salon, sur quelques uns des jugements que vous avez déja portés; mais, à tout prendre, vos opinions se rapprochent assez des miennes pour que nous puissions en faire un échange dans l'examen de quelques tableaux dont vous n'avez encore rien dit: de ce *Caïn*, par exemple, *fuyant avec sa famille après le meurtre d'Abel.* Malgré quelques défauts de correction, quelques attitudes forcées; malgré l'exagération de la couleur d'un ciel qu'il ne tient qu'à vous de trouver ridicule, il y a dans toute cette composition je ne sais quoi de fier, de hardi, dont l'esprit et les yeux mêmes sont plus satisfaits qu'ils ne le seraient peut-être d'une production plus régulière. — L'auteur de ce tableau, M. Paul Guérin, a fait preuve dans cet ouvrage des deux qualités dont je fais le plus de cas dans un peintre : l'imagination et la couleur; mais il en est une troisième qui les met en valeur en les retenant dans les bornes de la nature et de la vérité : c'est le goût; et je le trouve, à dire vrai, trop étranger aux beautés de ce tableau. M. Guérin a passé le but : dans les arts, le grand talent est de s'y arrêter, comme la plus grande preuve de vigueur et de souplesse dans un cheval lancé au galop est de former et d'arrondir un temps d'arrêt. »

J'avais pris la note des tableaux que je voulais examiner, et je la consultais. « Vous êtes à ma disposition, me dit madame D...., et vous n'irez aujourd'hui qu'où je vous conduirai. Connaissez-vous, continua-t-elle, quelque chose de plus aimable, de plus élégant, si j'ose parler ainsi, que cette *Lecture de l'Énéide?* Il me semble qu'on ne rend pas à ce beau tableau toute la justice qu'il mérite. Quelle finesse! quelle légèreté de pinceau! quel choix d'expression dans toutes les têtes! La figure d'Octavie tout entière est peinte avec un charme exquis; les chairs de la poitrine et des bras sont du ton le plus fin et le plus suave : eh bien! voyons, qu'en dites-vous? — Je ne trouve pas un mot à ajouter à vos éloges; mais si vous me permettez de faire la part de la critique, je suis sûr que vous conviendrez que le sujet, d'ailleurs très bien choisi, était susceptible d'un plus haut degré d'intérêt; que le spectateur ne voit qu'Octavie, sur qui toute la lumière est concentrée, tandis que les têtes d'Auguste et de Virgile, placées dans l'ombre, se confondent avec la teinte grisâtre de l'architecture du tableau; que la figure de Virgile est trop éloignée, ou du moins qu'elle n'est pas suffisamment rattachée à la composition par la table interposée entre les deux groupes (laquelle, par parenthèse, donne à Virgile un peu trop l'air d'un lecteur de l'Athénée). — Il y a quelque chose de vrai dans tout cela; mais laissons là les grandes compositions, et voyons les portraits. — Faites-nous grâce au moins des neuf dixièmes. Que fait, je vous prie, à la splendeur du Salon, cette foule de portraits dont les peintres et les modèles rivalisent d'obscurité? Il me semble que, dans une exposition comme celle-ci, on ne devrait admettre.... — Que des chefs-d'œuvre, à vous entendre? — Oui, madame, que des chefs-d'œuvre dans un genre où il n'y a véritablement pas de degré du médiocre au pire. — C'est-à-dire que vous auriez voulu ne voir ici que des portraits dont on ne nous a encore montré que les cadres; le portrait de *madame de La Salle*, par M. Gros, et probablement ceux du *prince architrésorier* et du *Magistrat en simarre*, par M. Robert-Lefèvre? — En me montrant un peu moins exclusif, je conserverais encore celui de *Sa majesté l'impératrice*, par madame Benoist, en lui tenant compte de son joli tableau de *la Diseuse de bonne aventure,* sous le n° 44; celui de *Sa majesté la reine Hortense avec les princes ses enfants*, par madame Godefroi, et quelques autres qui ne se présentent pas à ma mémoire. — C'est un blasphème de mettre ce chef-d'œuvre au nombre des portraits, reprit madame D.... en s'arrêtant devant celui de madame la comtesse de La Salle : c'est un tableau dans lequel il y a plus d'invention que dans vingt tableaux historiques que je pourrais citer. — Voulez-vous faire votre compliment à l'auteur? le voilà, qui cause dans l'embrasure d'une croisée avec une femme de votre connaissance. — Ma harangue serait courte, je lui dirais : Monsieur Gros, vous avez fait les deux plus beaux tableaux du Salon. — Ce à quoi j'ajouterais : Monsieur Gros, vous êtes resté au-dessous de vous-même dans votre portrait du *général Fournier*, dont l'attitude est on ne peut plus désagréable ; et encore plus dans celui du *roi de Naples*, où je ne vois qu'un homme à cheval : il est à l'armée ou à la parade ; il regarde, ou il donne des ordres ; le cheval piaffe ou galope : rien ne spécifie l'action, rien n'explique votre pensée. La magie même de votre palette est ici sans effet ; vous êtes cru sans être brillant : donnez seulement un peu de votre couleur à ce jeune homme à qui l'on doit le *Portrait équestre d'un colonel de chasseurs ;* enseignez-lui le moyen de faire disparaître ce ton sale qui ternit sa composition, de donner plus de relief et plus d'expression à la figure du cavalier, et vous verrez que le tableau de M. Géricault se soutiendra avantageusement près du vôtre. »

Parmi les *paysages*, que nous passâmes rapidement en revue, ceux d'Ommenganck attirèrent plus particulièrement notre attention : c'est le Paul Potter de notre âge ; mais madame D.... a raison, *il en revient trop souvent à ses moutons;* ses bergeries rappellent celles de Florian, où Chamfort se plaignait *de ne pas voir quelques loups.* Le Salon est si riche en paysages, que l'espace me manque pour indiquer ceux qui m'ont paru mériter une distinction particulière : de ce nombre sont presque tous ceux de M. Bidault, parmi lesquels on remarque plusieurs *vues des jardins d'Ermenonville.* Le maître de cette délicieuse habitation, M. de Girardin, a exposé dans la galerie d'Apollon une vue de ces mêmes jardins peinte par lui-même avec une vérité parfaite et un talent très distingué.

« Quelle singulière couleur! » me dit madame D.... en s'approchant du tableau de M. Bouton, représentant la *Salle du treizième siècle au musée des Petits-Augustins.* Je l'engageai à regarder quelques instants ce tableau avant de porter un jugement sur son mérite : « En effet, continua-t-elle, l'illusion est complète; et je ne pense pas qu'on puisse pousser plus loin la magie des effets de lumière, la science des raccourcis, et la connaissance de la perspective linéaire : Richard n'a rien fait de plus piquant. »

On parlait, à côté de nous, du tableau du jeune Horace Vernet, de manière à piquer la curiosité de madame de M***; je le lui montrai. Cette scène de nuit est éclairée de trois manières : par les rayons de la lune, par le feu d'une redoute dans le lointain, et sur le premier plan par l'éclat d'un obus. Il y a dans ce tableau des parties de talent remarquables, avec des défauts que l'étude et l'expérience feront disparaître. Le ciel, le terrain, les arbres sont trop noirs. Il n'est donné qu'à bien peu de peintres de rendre cette obscurité de la nuit, dont le Poussin possédait le secret. Quant à la magie du clair de lune et des oppositions de lumière, M. Horace Vernet en trouvera le secret dans sa famille. Ce jeune artiste se montre déja digne du beau nom qu'il porte : il a, comme son père, un talent particulier pour peindre les chevaux et pour ajuster les habillements modernes.

Les tableaux de genre ont un attrait particulier; ils délassent les yeux du fracas des grandes compositions : ces petites scènes villageoises, historiques, ou romanesques, font l'effet d'un épisode attachant dans un ouvrage de longue haleine. Les morceaux de ce genre sont en très grand nombre au Salon; quelques uns sont d'un ordre supérieur, et la plupart ne sont pas sans mérite; mais, en général, je suis plus content de l'exécution que du choix des sujets : je trouve qu'on a trop abusé du costume chevaleresque, des vitraux et des châteaux gothiques. Souvent l'action me plaît, mais je voudrais qu'elle se rattachât à des personnages plus connus. C'est ainsi qu'en examinant le joli tableau de madame de Manne, qui représente *Jeanne, princesse de Toulouse, faisant ses adieux aux tombeaux de ses ancêtres,* je regrette que l'auteur n'ait pas fait choix de personnages qui réveillent en moi un intérêt plus vif; qu'il ne nous ait pas montré dans une situation semblable Marie Stuart, par exemple, visitant le tombeau de son époux au moment de quitter la France. On sent tout ce que cette idée mélancolique gagnerait en s'associant à celle que le nom de cette reine infortunée fait naître. Cette réflexion, qui peut s'appliquer à une foule d'autres tableaux, n'empêche pas que celui qui me la suggère ne mérite beaucoup d'éloges.

Pendant que j'étais occupé à regarder ce tableau madame D.... aperçut sa mère, qui se promenait avec une nombreuse société; elle courut à elle; et je profitai de la liberté qu'on me rendit pour descendre seul dans la salle où sont exposés les morceaux de sculpture. Cette promenade étant la dernière, que je me propose de faire au Salon, j'emploierai le peu d'espace qui me reste à rendre compte de l'impression qu'ont faite sur moi les ouvrages qui ont plus particulièrement attiré mon attention.

L'*Ajax* de M. Charles Dupaty a d'abord fixé mes regards. Cette figure, *pensée* avec beaucoup d'énergie, est exécutée avec une extrême chaleur. C'est bien là ce farouche Locrien, ce fils d'Oilée, qui, sauvé du naufrage, s'écrie en s'élançant sur un rocher: *J'échapperai malgré les dieux.*

Cet ouvrage est évidemment le fruit d'une imagination forte et d'un talent nourri d'excellentes études; je ne doute pas que l'exécution de cette statue en marbre ne mette le sceau à la réputation de son auteur. Rien n'est moins fondé, à mon avis, que le reproche que j'ai entendu faire à M. Dupaty, d'avoir emprunté à la sculpture antique la tête de son *Ajax :* elle est de tradition, et appartient de droit à tous les artistes qui représenteront ce héros sur le marbre ou sur la toile.

J'ai entendu un homme de l'art faire auprès de moi l'observation que, dans cette statue, la jambe ployée était beaucoup plus courte que l'autre : mais la belle figure du *Gladiateur,* dans une pose qui a quelque analogie avec celle de l'*Ajax,* a donné lieu à la même remarque ; ce qui me porterait à croire que cette inexactitude n'est point une incorrection.

La *Vénus génitrice,* du même auteur, brille par un mérite tout différent ; on y reconnaît la chaleur voluptueuse et l'inspiration des beaux vers de Lucrèce : je puis me tromper, mais il me semble que les jambes n'en sont pas d'une nature aussi choisie que le reste. Quoi qu'il en soit, cette statue, l'une des plus belles de cette exposition, prendra rang parmi les ouvrages dont s'honore la sculpture moderne.

Depuis le *Cyparisse* de Chaudet, on n'a rien fait de plus gracieux que l'*Hyacinthe blessé* de M. Callamar. Le mouvement du torse est charmant : on y remarque cette *ligne serpentine* pour laquelle se passionnait Hogarth, et qu'on retrouve en effet dans presque toutes les belles statues antiques. Tous les membres souffrent, mais sans irritation ; l'expression de la tête est pleine de sentiment et de douleur. C'est, pour me servir d'une comparaison de Virgile, une fleur dont la charrue vient d'effleurer la tige, et qui se penche en mourant vers la terre.

Le *Philoctète* de M. Gois rappelle l'auteur du groupe des *Horaces* exposé il y a douze ans, si j'ai bonne mémoire. La tête du héros est d'un grand caractère : la poitrine paraît un peu renflée (défaut qu'augmente encore l'aplatissement du ventre, que la pose nécessite) : les cuisses et les jambes sont étudiées avec le plus grand soin ; et si l'ensemble de cette figure ne produit pas l'effet que l'auteur avait droit d'attendre du talent qu'il y a déployé, il faut en chercher la cause dans le choix de son sujet ou du moins dans la manière dont il a cru devoir le traiter.

TABLE GÉNÉRALE
DES MATIÈRES.

TOME XXVII.

TABLE GÉNÉRALE

DES MATIÈRES.

(Les chiffres romains indiquent le volume, et les chiffres arabes la page.)

A.

ABADIE, théologien, né dans le Béarn, VIII, 196.

ABAINVILLE, village du département de la Meuse, qui possède de belles forges, XI, 427.

ABALBALD, maire du palais de Neustrie, qui rebâtit et fortifia, au septième siècle, le château qui fut le principe de la ville de Douai, XII, 187.

ABANCOURT (le président d'), personnage frondeur, III, 68.

ABATTUCCI, qui défendit courageusement, en 1797, la place d'Huningue, où il trouva son tombeau, XI, 228; XXII, 215.

ABAUZIT, qu'immortalisa Jean-Jacques, IX, 205.

ABBADIE. Comparaison qu'il fait de l'ingratitude, IV, 138.

ABBADIE (M. d'), professeur de mathématiques au Port-Louis, XXII, 466.

ABBEVILLE, situé en Picardie, et remarquable par l'irrégularité de ses constructions, XXVI, 90.

ABDALIS (les). Leur pays est un démembrement de la Perse, XVIII, 91.

ABDÉRAME, à la tête des Maures, se précipite sur la France, XXVI, 154. Ruine Mâcon, Tournus, et Châlons-sur-Saône, 401.

ABDHALA. *Voyez* MENOU.

ABDUL-HAMED, sultan. Douleur que lui cause la mort de Katsmé, sa femme, XIII, 296. Il va chercher des consolations auprès d'Adeline, nouvellement installée dans son harem, 297. Il rachète le frère de cette dernière qu'il épouse, et dont il a un fils appelé à lui succéder au trône de Constantinople, 298.

ABÉLARD (Pierre), plus célèbre par ses amours et ses malheurs que par ses travaux théologiques, VII, 244; XII, 473, 592; XXVI, 527.

ABENCERAGES (les), formant une tribu des Maures de Grenade, XIX, 236.

ABLOVILLE (le hameau d'), que l'on aperçoit un peu avant d'entrer à Gaillon, XIII, 23.

ABONDANT, village à quelque distance de Dreux, XXVI, 76.

ABORIGÈNES (les) ou Bédas. *Voyez* BEDAS.

ABRIAC (M.), *cicerone* de Pageville à Bordeaux. Renseignements qu'il lui donne sur les cercles, les usages, et la gloire littéraire et scientifique de cette ville, VIII, 20.

ABRIES, village situé dans la vallée du Queyras, X, 190.

ABSALON, moine de Montglonne. Ruse qu'il emploie pour retrouver les reliques de saint Florent, et les rapporter dans son monastère, XXV, 416.

ABUS (les). On peut les diviser en quatre classes : abus de pouvoir, abus de l'esprit, abus dans les professions, abus dans les usages, V, 245 et suiv. Difficultés que l'on rencontre lorsqu'on veut les détruire, VI, 386. Abus que l'on autorise : la mendicité, 388 ; les courtisanes en plein vent, 389 ; travaux pénibles auxquels sont employées les femmes d'une certaine classe, 392 ; les revendeurs encombrant la voie publique, ibid. ; l'apposition de quelques affiches inconvenantes, 393 ; la malpropreté des rues à Paris, 394.

ACCUSATION (l'), qui est assez communément un cri de proscription et de mort, et qui ne se renferme que dans des faits généraux, devrait s'attacher à prouver si l'accusé est véritablement coupable, XIV, 336.

ACHARD (M.), officier de la garde nationale de Marseille, qui montra beaucoup de fermeté dans les scènes sanglantes de 1815, IX, 346.

ACHARD (M.), qui forma des cristaux opaques, XXII, 400.

ACHARD, évêque de Séez, auteur de plusieurs écrits ascétiques, XXV, 158.

ACHILLÉE (l'île d'), où les Amazones formèrent un établissement, XIX, 181.

ACHMET, marchand arménien, qui acheta Aline à Alger, et la revendit en Arménie, XIII, 288.

ACHMET-PACHA, bey d'Alger. Langage insultant qu'il tint à l'envoyé d'Angleterre, V, 334.

ACTEURS (les). Voyez COMÉDIENS.

ACTON, Bizontin, qui devint premier ministre du roi de Naples, et favori du roi Ferdinand Ier, XI, 125 ; XIV, 557, 565.

ADALONDE, fille de saint Romaric, XI, 338.

ADALSINDE, femme de Vulfoade, XI, 437.

ADAM, abbé de Saint-Denis. Manière dont il recouvre une somme considérable que lui devait Bouchard de Montmorency, II, 233.

ADAM, fabricant de meubles renommé, II, 342.

ADAM (le Père), l'un des amis de Voltaire, X, 441.

ADAM, qui introduisit de grands perfectionnements dans la fabrication de l'esprit-de-vin, IX, 86.

ADAM (les frères), sculpteurs distingués, nés à Nancy, XI, 319.

ADAM (Edouard), chimiste célèbre par ses travaux, XIII, 200.

ADAM. Caractère de ses chansons. XVII, 34.

ADAM, sculpteur de quelque talent, né à Vire, XXV, 182.

ADAM (maitre), poete et menuisier de Nevers, XXVI, 364.

ADAM FITZ-ADAM, écrivain anglais. Ce qu'il dit du cheval, III, 269.

ADAMS (John), l'un des fondateurs de la liberté américaine, donne aux jeunes élèves de l'école militaire des états de l'Union une définition de la véritable gloire des armes, XIV, 546.

ADANSON, naturaliste, né à Aix, IX, 307.

ADANSON, académicien qui traîna sa vieillesse dans une profonde misère, XV, 53.

ADDISON, écrivain moraliste observateur, I, 24. Plaisanterie qu'il fait au sujet de l'ajustement des paniers, III, 22. Son éloge de la propreté, IV, 157. Il peint les effets de l'imagination, XV, 304.

ADÈLE, personnage du Roman de Cécile. *Voyez* LAMBERT.

ADELER (M.), ancien chambellan du roi de Danemarck, propriétaire de Gromelle, où il répandit de nombreux bienfaits, et qui fut pillé pendant les réactions de 1815, IX, 263.

ADELIN (saint), évêque de Séez, et de plus historien, qui a écrit la vie et les miracles de sainte Opportune, sœur d'un des prélats auquel il succédait, XXV, 94.

ADELINE (M.), fabricant de Rouen, XIII, 184.

ADÉMATUS, moine, X, 290.

ADOLPHE d'Angleterre (le prince), qui assiégea Furnes en 1793, XII, 298.

ADOUR (l'), rivière qui traverse le département des Landes, et va se jeter dans la mer à Bayonne, VIII, 47. Aspect riant des campagnes situées sur ses bords du côté du Béarn, 161.

ADRAMAN, nom que prit le fils d'un boucher de Marseille après avoir embrassé l'islamisme, et sous lequel il devint successivement pacha de Rhodes et grand-amiral de l'empire ottoman, IX, 335.

ADRIEN, empereur, qui fit élever un temple à Antinoüs, régna par la justice et les lois, et cultivait tous les genres de littérature, IV, 278, XIV, 81, 408.

ÆNOBARBUS bat le roi Bituitus, XXVI, 337.

ÆSOPUS, comédien qui laissa en mourant une fortune prodigieuse, III, 208.

ÆTRIA, ancienne position qu'Annibal occupa lorsqu'il eut passé le Rhône, IX, 217.

AFFAIRES. Ce que l'on entend aujourd'hui par *faire des affaires*, VII, 268.

AGAMEMNON, roi d'Argos, attire sur son camp une peste affreuse par le refus qu'il fait de rendre Chryséis à son père, XIV, 34.

AGAN (M.), agronome distingué, VIII, 284.

AGAY (le comte d'), ancien intendant de la province de Vermandois, XII, 34.

AGDE, ville du département de l'Hérault, VIII, 462. Matériaux qui ont servi à la construction de la plupart de ses bâtiments et de ses quais, 463.

AGEDICUM, nom que portait primitivement la ville de Sens, XXVI, 488.

AGEN. Aspect de cette ville; la promenade des Graviers, VIII, 260. Celle des Ormeaux; les édifices publics, 261. Les bains, 262. Les réunions d'où sont exclues les femmes, 263. L'ancienne cathédrale de Saint-Étienne, 264. L'église collégiale de Saint-Caprais, 265. La salle de spectacle, 266. Esprit de la société dite le *Cercle des amis du roi*, 267. Esquisse morale et politique de plusieurs de ses membres, 268. Les réunions particulières pour toutes les classes;

différentes heures des repas, 273. Fureur des Agénois pour le jeu; galanterie, dévotion, et beauté des femmes agénoises, 274. Effet que produisirent les missions dans la ville, *ibid.* Les confréries des pénitents, 275. Services qu'elles rendent aux indigents, 276. Esprit politique des Agénois; leur fidelité à l'honneur et leur respect pour la loi, 276. Indifférence de la jeunesse agénoise pour l'étude des sciences et de la littérature, 277. Penchant des habitants pour la satire, *ibid.* La Société d'agriculture, 278. La manufacture de toiles à voiles créée par M. Gounon, 293. Personnages distingués dont s'honore Agen, 300.

AGÉRIUS, célèbre botaniste, né à Strasbourg, XI, 270.

AGÉSILAS regarde la justice comme la première de toutes les vertus, XIV, 283.

AGÉSIPPE, personnage qui se dit homme de lettres, au moyen de l'esprit qu'il emprunte d'autres écrivains, et qu'il débite à tout venant, VI, 305.

AGIS, Spartiate qui tenta de rendre à sa patrie l'égalité qu'avaient établie les lois de Lycurgue, XIV, 439.

AGNIÈRES, commune du Dévouly, dont les habitants sont insouciants et peu fidèles à leurs promesses, X, 181.

AGOBARD, archevêque de Lyon, prend parti contre Louis-le-Débonnaire, fait l'apologie de la révolte des fils de ce prince, est dépossédé canoniquement au concile de Thionville, remonte sur son siège, et obtient, après sa mort, les honneurs de la canonisation, X, 310.

AGRAULT (la famille des), composée du père, savant jurisconsulte, de son fils, aussi jurisconsulte, et de ses filles, qui firent d'assez mauvais vers, XXV, 406.

AGRIPPA (Marcus), homme de naissance obscure, mais bon capitaine, et qui fut deux fois consul, X, 348.

AGRIPPA (Cornélius), XXIV, 185.

AGRIPPINE, mère de Néron, est tuée par ce dernier, XIV, 83.

AGRIPPINE, dame romaine, fameuse par la dissolution de ses mœurs, XIV, 482.

AGRIPPINE, femme de Gondebaud, roi de Bourgogne, est précipitée dans le Rhône par les ordres de son mari, XXVI, 446.

AGRIUS (Marcus). Un de ses esclaves, soupçonné d'un crime, en fait l'aveu au milieu des tortures, et meurt comme s'il eût été véritablement coupable, XIV, 266.

AGUESSEAU (le chancelier d') prétend qu'un juge qui n'est pas un modèle de probité n'est pas un honnête homme, XIV, 305. Son zèle à défendre les libertés gallicanes, XXVI, 270. Sa noble résistance à Louis XV, qui finit par lui rendre ses faveurs après l'avoir éprouvé par de fréquentes disgraces; exemples qu'il a laissés aux hommes d'état, 271.

AICHOEDRE (saint), chef de l'abbaye de Jumièges, et qui eut sous sa conduite un grand nombre de moines, XIII, 216.

AIGNAN (Etienne), membre de l'Académie française, homme instruit, poète correct, versé dans l'étude des antiquités, auteur de quelques écrits politiques, et l'un de ceux qui, en 1787, se déclarèrent en faveur des protestants, I, 12; XVI, 132; XXVI, 133.

AIGUE-PERSE. La source appelée jadis la *Fontaine empoisonnée*; population de cette ville, XXVI, 320.

AIGUES-MORTES, ancien port où saint Louis s'embarqua, IX, 95. Tour qu'y fit élever l'empereur Constance Chlore, *ibid*. Traitement que ses habitants firent essuyer à la garnison bourguignonne dont ils avaient égorgé la plus grande partie, X, 103.

AIGUILLETTE (le fort de l'), en avant de Toulon, IX, 386.

AIGUILLON, renommé pour ses vignobles, VIII, 292.

AIGUILLON (le duc d'), gouverneur de la Bretagne. Sa conduite lors de la descente des Anglais à Saint-Cast, XII, 415. Sa vengeance contre La Châlotais, qui l'avait raillé dans cette rencontre, 416.

AILLAUD (l'abbé), poète et littérateur montalbanais, VIII, 347.

AIME (M.), conservateur à l'école d'artillerie et du génie à Metz, XI, 474.

AIMERY DE SARLAT, troubadour, né dans le Périgord, IX, 20; XXVI, 241. Singulier défi poétique qu'il soutint contre Arnauld Daniel, en présence de Richard Cœur-de-Lion, *ibid*.

AIN (l'), dont la source est dans le Jura, à deux lieues de Nozeroy, XI, 8, 40.

AINHOUE, village des Basses-Pyrénées, VIII, 101. Sites pittoresques que l'on découvre de ses hauteurs, 105, 116.

AIX. Perspective qu'offrent cette ville et ses environs, IX, 289. Son origine, 291. Restes de monuments antiques qu'elle possède, 292. Ses fontaines publiques, 293. L'Hôtel-Dieu; la prison; régime intérieur de cette maison, 294. La bibliothèque, 296. Indépendance d'opinions parmi les habitants d'Aix; leur division politique, 299. Leur attachement au régime constitutionnel; leur allure tranquille en 1815, 300. Leur caractère, 302. La société des Amis des Lettres; l'école de droit; le séminaire; situation topographique de la ville, 303. Les diverses branches de son commerce et de son industrie; la société des Agathophiles, 304. Curiosités que l'on remarque chez plusieurs habitants, 305. Ancienne résidence des comtes de Provence, 306. Prospérité de cette contrée sous le roi René, *ibid*. Hommes illustres nés à Aix et dans son territoire, 307. Le barreau de cette ville, 310.

AJOU (le val d'), près Plombières; promenades qui se font dans ce lieu agréable et pittoresque, III, 237. Instinct chirurgical dont sont doués les habitants de ce vallon, *ibid*. Aspects variés que présente le site de ce lieu; sa fertilité; caractère de ses habitants, XI, 361, 363.

AKMED-ABDALA, fondateur de l'empire des Abdalis, XVIII, 91.

ALAIN, Lillois d'une vaste science, et dont l'on n'a que quelques poésies latines assez médiocres, XII, 278.

ALAIN, surnommé le Grand,

prend le premier la qualité de duc de Bretagne, XII, 366. Ses tentatives pour adoucir le sort de la ville de Nantes, 577.

ALAIN-BARBE-TORSE, duc de Bretagne, secondé par les Anglais, chasse les Normands, qui s'étaient emparés de tout le duché, XII, 366.

ALAIN-CHARTIER, fameux par ses talents littéraires, XXV, 254.

ALAIS, ville qui, depuis la restauration, a été pendant quelques mois le théâtre de tristes événements, IX, 199. Esprit de secte qui en divise les habitants; créatures qu'un comité formé à Beaucaire eut soin de se former parmi eux, 200. Insurrection que l'on avait complotée dans la garde nationale, 201; efforts tentés pour comprimer les excès de ces furieux, qui se portèrent chez un brave grenadier que l'autorité fit mettre en prison, et qui aurait été égorgé sans l'arrivée d'un bataillon suisse, 202.

ALARA, divinité à laquelle les Koréishites sacrifiaient de jeunes filles, XIV, 37.

ALARIC, roi des Visigoths. Sa mort termine la guerre que Clovis lui avait déclarée, XXVI, 446.

ALARY (le docteur), médecin de Narbonne, IX, 279.

ALAUNA, ancienne ville qui fut le berceau de Valognes, XXV, 267.

ALAVA (l'), province d'Espagne dont la population se compose en grande partie de Basques, VIII, 95.

ALBANAIS (les) trafiquent de troupes mercenaires, XIV, 197.

ALBANE (l'), peintre distingué, X, 384.

ALBE (le baron Fornier d'), guerrier distingué, IX, 192.

ALBE (le duc d'), après avoir fait périr, de concert avec la cour d'Espagne, un grand nombre des habitants des provinces belgiques, publie une amnistie contenant des articles dont les dispositions tendaient à assouvir complètement sa fureur, XIV, 278.

ALBENAS (M. d'), chef d'escadron d'état-major, et auteur des *Ephémérides militaires*, IX, 155.

ALBÉPAR, l'un des principaux personnages du pays situé entre les monts Galphas et Garamantes, XVI, 408.

ALBERMARLE (le général) qui fut fait prisonnier à la bataille de Denain, XII, 144.

ALBERT, archiduc, s'empare d'Ostende après un siège de trois ans et 78 jours, III, 19.

ALBERT, danseur, né a Bordeaux, VIII, 23.

ALBERT (le général), guerrier célèbre par son rare courage et son patriotisme, X, 254.

ALBERTAS (le marquis d'), pair de France, jadis seigneur du village de Bouc, IX, 314.

ALBERY, littérateur, secrétaire de Charles III, né à Charmes, XI, 422.

ALBI, ville fameuse par le concile qui s'y tint en 1175, et dont tant de massacres furent le résultat, VIII, 6. La tour de Sainte-Cécile élevée en mémoire de la conversion des Albigeois, 7. Curiosités que renferme Albi; hommes célèbres qui y sont nés, 8.

ALBIGNAC (les deux généraux), guerriers distingués, IX, 210.

ALBIN est proclamé empereur par les légions de Bretagne, et Lyon se déclare en sa faveur, X, 306.

ALBION (les barons d'), formant la petite monarchie connue sous le nom de Dauphiné, X, 45.

ALLISSON, conseiller d'état, homme profond dans la science des lois municipales, IX, 132.

ALBON (les princes d'), anciens habitants de Lyon, X, 417.

ALBON (M. Camille d'), auteur d'*Essais politiques sur la Hollande et la Suisse*, XIII, 248.

ALBRET (Jeanne d'), mère de Henri IV. Maison où elle mourut, et qui a été convertie en *Tivoli d'hiver*, II, 400; XIV, 489.

ALBRET (Alain d'), qui livra Nantes lors de la Ligue, XII, 579.

ALBUM (les). Leur introduction au Marais, I, 128. Leur nature, 129 Morceaux inscrits sur celui d'une élégante, 130. Préjudices causés par ces *album* à plus d'un genre d'entreprises, 133. Décisions à prendre au sujet des *album*, 134. Les différentes sortes d'*album*, 166. Origine de l'*album* connu dans les salons, 168. Espèce d'*album*, dite *chiffonnier sentimental*, 171.

ALBYN, personnage du roman de Cécile, Ecossais, qui fut l'un des premiers membres de la colonie de Beauvoir, fondée par Anatole de Césane, sur les rives de la Susquehanna. Il entraîne les colons dans des excursions contre les tribus voisines, et livre à ces dernières un combat dont le résultat fut la prise d'un seul Indien, XXIV, 307.

ALCÉE, poète lyrique de la Grèce, XVII, 17.

ALCHIMIE (l'). C'est de ses combinaisons qu'est né le secret de la poudre à canon, XXII, 295.

ALCIAT, historien romain, XVIII, 131.

ALCOBAZA (l'abbaye d'); où les restes d'Inès de Castro furent déposés après la mort de son assassin, XXVII, 28.

ALDÉRÈTE, personnage qui exerça un barbare traitement envers l'infortuné Guatimozin, XIX, 62.

ALDOMAR ou Odomar, chef d'une partie de la Gaule, dont on assure que Pont-Audemer tire son nom, XIII, 120.

ALEMAN (Louis-Augustin), auteur d'un *Journal historique de l'Europe*, X, 98.

ALEMBERT (d'). Son opinion sur l'hypocrisie, I, 54. Lieu où il demeurait à Paris, VII, 247. Il est un de ceux qui ont découvert l'identité existant entre la morale des individus et celle des peuples, XIV, 6.

ALENÇON, XXII, 397. La croix que les missionnaires y ont plantée, XXV, 105. L'hôtel de la préfecture, 106. La bibliothèque publique, 109. Points de vue du côté du nord que l'on découvre de l'observatoire, 111. Introduction de la fabrication de la dentelle, 112. L'église Notre-Dame, 113. La place qui avoisine cette église, et dans la partie la plus basse de laquelle se trouve une maison que l'on dit avoir été habitée par Henri IV, 114. Perspectives du côté de l'est, 115. L'hôtel de la sénatorerie, 116. Principales manufactures de mousselines, 117. Le camp du roi; l'hôpital ; insalubrité du quartier Saint-Léonard, 118. La halle au blé; construction d'une salle de spectacle, 119. Particularités sur l'origine et la fondation d'Alençon, 120. L'ancien château, *ibid.* Lieu des séances des tribunaux ; personnages qui ont habité le palais des ducs d'Alençon, 121. L'hôtel-de-ville; les promenades publiques, 122. La maison de Bicêtre, 123. Le collège; paysages et campagnes situés au sud de la ville, 124. Personnages célèbres nés à Alençon, 127.

ALEXANDRE, roi de Macédoine. Flatterie dont il fut l'objet de la part de ses courtisans, IV, 270. Il exerce des cruautés inouies contre Bétis, et les habitants de Tyr, XIV, 169. Il réduit Persépolis en cendres, 170.

ALEXANDRE III, pape. Son passage à Chartres, en 1163, XXVI, 117.

ALEXANDRE VI, pape, protège et récompense les délateurs, XIV, 335.

ALEXANDRE (M.), banquier de Rouen, XIII, 184.

ALEXANDRE, empereur de Russie. Sa réponse à ceux qui lui demandaient le rétablissement du trône royal, XXVI, 494.

ALGAROTTI, l'un des amis de Voltaire, X, 460.

ALHAMA (l'), ville sous la domination des Maures, qui fut assiégée et conquise. Complainte sur cet évènement, XIX, 239.

ALIBERT (M.), professeur de médecine à l'Hôtel-Dieu, III, 316. Son ouvrage sur *les Maladies de la peau,* IV, 137. Reconnaissance que lui doivent les dames pour ses succès dans la guérison de ces maladies, 160. Son pays natal, IX, 36.

ALIBOUR, gouverneur du calife Moti-Lillah. Conseils qu'il lui donne pour connaître les courtisans, IV, 267.

ALINE DUBUC, jeune fille qui, ayant été prise avec son frère, sur un vaisseau capturé par un corsaire algérien, fut vendue et emmenée en Arménie, et de là passa à Constantinople, où on la présenta au sultan qui, ravi de sa beauté, de ses graces, et de son talent comme musicienne, l'épousa, parcequ'il avait racheté le frère de cette jeune personne; elle devient sultane et prend le nom de Validé ; elle a un fils qu'elle élève dans le harem ; détails qu'elle donne elle-même à une de ses amies sur ses destinées si étranges, XIII, 284 *et suiv.*

ALIX, fille du sire de Neuville. Elle fait naître un tendre amour dans le cœur de Bérenger de Presles, III, 129. Ses rendez-vous avec son amant auprès de la fontaine de Fresnes, 130. Elle l'engage à ne point rentrer au château de Neuville, lorsqu'il revient de Fontainebleau, 132. Sa réponse à son amant lorsqu'elle était à la cour du duc de Bourgogne, 139. Elle donne l'écharpe à Bérenger vainqueur dans un tournois, 143. Elle lui fait serment qu'elle n'aura point d'autre époux que lui, 145. Elle se retire à l'abbaye de Maubuisson après l'assassinat de Bérenger, et y meurt quelques mois après, 146.

ALIX, fille de Guy Thomas, duc

de Bretagne, épouse Pierre de Dreux, XII, 367.

ALIX, nourrice de Mathilde, fille du seigneur d'Anfreville-les-Monts, XIII, 61 *et suiv.*

ALLAINVAL (d'), auteur de plusieurs comédies très gaies, XXVI, 102.

ALLAN, village où l'on prétend qu'a été planté le premier mûrier, IX, 434.

ALLARD, actrice qui fit les délices de l'Opéra et celles du marquis de Bressac, III, 61.

ALLEGRAIN, statuaire qui exécuta en marbre le tombeau de M. de Polinchove, que l'on voit dans l'église de Saint-Pierre à Douai, XII, 172.

ALLEMAGNE (l') fut sauvée en 1813, par des troupes habituées depuis long-temps aux exercices militaires, XIV, 200. Ses habitants admirent tout ce qu'ils aiment, XVI, 166. Sacrifices qu'ils ont faits à l'harmonie musicale, XXII, 263. Leur industrie n'a reçu d'abord que des développements bien faibles, 301.

ALLEMAGNE, village situé près Caen, et remarquable par des carrières de belles pierres, XXV, 195.

ALLÉNT, maître des requêtes, auteur d'un *Précis sur l'histoire des arts et des institutions militaires en France depuis les Romains*, XII, 342.

ALLERY (la famille d'), à laquelle appartint pendant long-temps le vieux château féodal dont on voit les débris à Launoy, XII, 286.

ALLIER (l'), rivière qui traverse les plaines riantes et fertiles de la Limagne, XXVI, 273.

ALLIOT (les médecins), nés à Bar-le-Duc, XI, 444.

ALLOUVILLE, petit village de Normandie, remarquable par un chêne très vieux, dans lequel on a pratiqué un ermitage, XIII, 248.

ALMAGRE, personnage qui partagea avec Pizarre le commandement de son expédition au Pérou, XIX, 63.

ALMANACHS (les). Leur grande multiplicité, I, 389. Quels sont ceux le plus en vogue, 392. Celui de Gotha, 393 Celui des Muses, 394. Le Caveau moderne, *ibid.* Recette pour faire un bon et bel almanach, 396.

ALMENÊCHES, lieu où l'on voyait un monastère dont sainte Opportune était abbesse, XXV, 97.

ALPES (les Hautes-). La chasse aux vipères dans ces montagnes, X, 173 La fête d'un village, 183. Jeux en usage parmi les paysans de cette contrée, 186. La cérémonie d'un baptême, 190. Les fiançailles, 197. Croyance des villageois des Alpes aux sorciers, 199. Valeur des propriétés territoriales du département des Hautes-Alpes, 205. Caractère de la civilisation dans cette partie de la France, 224. Patriotisme de ses habitants, 225 Ils repoussent en 1693 les troupes du roi Victor-Amédée, qui avaient pénétré jusqu'au col de Cabre; ils défendent, sous Charles VII, leur pays contre l'invasion de l'étranger; ils se chargent de garder les défilés pendant l'expédition de François Ier en Italie; ils conservent libre la route par laquelle 40,000 Français, abandonnés sur les rives du Mincio, rentrèrent dans leur patrie en 1814, 226. Bienfaisance des paysans des Hautes-Alpes; exemples de cette vertu, 227. Préférence que la plupart des villageois accordent au commerce sur l'instruction, 234. État de l'agriculture dans ce département, 243. Habitations et misère des laboureurs; leur costume, 245. Les chèvres des Alpes; caractère des habitants de cette contrée, 249. Les greniers de réserve et d'abondance, 270. Améliorations introduites dans l'agriculture, 271. La culture des vers à soie; les anciennes fontaines salées, 272. Le cimetière d'un village dans ce pays, I, 246. Respect des habitants pour les morts, 247.

ALPHONSE, comte de Toulouse, offre un asile aux Montalbanais qui voulaient se soustraire à la prérogative monacale, dite droit de *prélibation*, VIII, 324.

ALPHONSE (le duc), frère de saint Louis, construit la nouvelle ville d'Eysses, VIII, 354.

ALPHONSE (M. d'), ancien préfet de Nimes, qui tenta de s'opposer aux courses de taureaux pour lesquelles les Nimois sont passionnés, IX, 175.

ALPHONSE II, comte de Provence, IX, 306.

ALPHONSE, roi de Naples, adresse aux évêques de son royaume une circulaire pour engager les prêtres qui avaient des concubines, à payer l'impôt auquel avaient été taxés les autres citoyens, XIV, 512.

ALPHONSE de Portugal. Jugement qu'il portait des flatteurs, IV, 272.

ALPHONSE, duc de Biscaye, soulève plusieurs provinces espagnoles en faveur de don Pélage, exilé depuis long-temps, et dont il avait épousé la nièce, XIX, 292.

ALPINULA (Julia), dont le tombeau est célèbre en Suisse, XXV, 410.

ALSACE (l'). Anciens peuples de cette contrée; leur portrait, leur bravoure, leur superstition, XI, 180. L'Alsace devient province romaine; vicissitudes qu'elle essuya depuis sa conquête par Jules César, 181. Elle devient chrétienne et se trouve affranchie du joug des Romains; Attila la ravage; 182. Bienfaits dont elle est comblée par Charlemagne, 183. Elle gémit sous le joug de la féodalité; reste 700 ans au pouvoir de l'Autriche; désastres qu'elle essuya de la part des Hongrois; sa réunion à la Souabe; domination des descendants de Frédéric de Hohenstauffen, 184. Nouveaux ravages qui désolèrent cette province lorsqu'elle faisait partie de l'empire; introduction de la réforme, de la littérature et des sciences; l'Alsace est cédée à la France, après la guerre de trente ans, 185. Influence de la domination française sur la prospérité de cette province, 186. Sa division en haute et basse Alsace, d'où les jésuites furent expulsés, 187. Introduction du commerce de rubannerie, 191. Louis XIV exige que les habitants de la plupart des villes de cette province ne parlent que français, 247. Costume alsacien, 277. Caractère des anabaptistes de l'Alsace, 284.

Alsace (le comte d'), constitutionnel zélé, XI, 414.
Altkirch. Situation et origine de cette ville; incendie à la suite duquel elle fut reconstruite et reçut le nom qu'elle porte aujourd'hui, XI, 190. Industrie de la rubannerie établie dans son voisinage, 191.
Aly-Mongoul, négociant turc qui donna à l'Ermite une lunette au moyen de laquelle on pouvait, la nuit même, voir à travers des corps opaques, III, 384.
Amalberge, première femme de Sigismond, roi de Bourgogne, XXVI, 448.
Amalric, légat du pape, qui encourageait le massacre des Albigeois, XXVI, 453.
Amama (Sixtinus), XXIV, 182.
Amand (saint), évêque de Tongres, établit une abbaye de bénédictins à Elnom, qui, depuis cette époque, fut appelé Saint-Amand, XII, 213.
Amanton, écrivain qui s'est occupé de recherches sur la Bourgogne, XXVI, 422.
Amazones (les). Rien de si fabuleux que l'existence de leur constitution politique, XIX, 177; origine et durée de leur monarchie, 179; emmenées par les Scythes, elles les égorgent, se réfugient aux environs du mont Caucase, et appuient leur empire sur des lois immuables; caractère de leur chasteté, 180 Après plusieurs conquêtes, elles séparent leur empire en trois royaumes; défaites par Hercule Thébain, elles se répandent dans l'Attique, la ravagent, et sont battues de nouveau par Thésée; elles se retirent dans la Thrace où elles forment un établissement, et, vingt ans après la prise de Troie, leur puissance fut détruite, 181. Leurs exploits dans l'Attique; elles fondèrent la ville d'Éphèse; danse qui leur était particulière; leur costume et leur armure, 182.
Ambassadeurs (les) Importance pédantesque que se donnent les aspirants à ce titre diplomatique; ils prétendent que les raisons ne manquent jamais à un prince habile pour excuser ses parjures, XIV, 165. Attributions que le publiciste Mably assigne aux ambassadeurs, 166.
Ambert (le lieutenant-général), guerrier célèbre, VIII, 280.
Ambert. Beauté de ses rues et industrie de ses habitants, dues au zèle de l'intendant Madur-Dulac, XXVI, 310. Douceur et sociabilité de ses habitants, 346.
Ambition (l'), est l'ennemie la plus irréconciliable du bonheur de l'homme, VI, 178. Exemple à l'appui de cette vérité, 179 et suiv. Sacrifice qu'elle exige des gens de toutes les classes qui s'y laissent entraîner, VII, 267. Exemples d'ambition chez plusieurs papes, XIV, 46.
Amblemont (madame d'), convive de madame Guillaume. Ses manières un peu trop franches sont ennoblies par un esprit cultivé, une belle ame, et un noble caractère, V, 167.
Amblère (M. d'), prototype des hommes qui s'estiment beaucoup eux-mêmes, VII, 225.
Amblerieux (le seigneur d'), trésorier de la province du Dauphiné; voyez la Lhauda.

AMBOISE (Charles d') s'empare de la ville de Dôle et la détruit de fond en comble, XI, 89; il fait essuyer le même sort à Vesoul, 159.
AMBOISE (Françoise d'), épouse de Pierre II, duc de Bretagne, XII, 379.
AMBOISE (Bussi d'), personnage qui se distinguait par un faste de simplicité, XVI, 195.
AMBOISE (le cardinal d'), ministre qui s'est distingué par ses talents et sa probité XXV, 444.
AMBOISE, ville remarquable par sa position pittoresque, et l'irrégularité de ses constructions, XXVI, 134.
AMBRONS (les), barbares qui furent vaincus par Marius, IX, 291.
AME (l'). Le dogme de son immortalité se retrouve dans presque toutes les religions, XIV, 34. C'est dans l'isolement qu'elle apprend à connaître toute sa puissance, XV, 197.
AMÉ (Saint), l'un des principaux seigneurs de la maison de Saint-Romaric, XI, 338.
AMÉDÉE (M), ancien soldat qui, rendu à la vie paisible, se livre à l'étude. Détails qu'il donne à Pageville sur le commerce de Saint-Quentin, XII, 11 et suiv.
AMEIRIC de Peiguilhan, troubadour toulousain, VIII, 424.
AMERBACH, célèbre typographe, XXII, 374.
AMERCOUR (le président d') Son caractère; il donne une fête dans son château de Montfleury, XXIII, 154 et suiv.
AMERCOUR (Pauline d'), personnage du roman de Cécile; elle annonce à Cécile qu'une de leurs compagnes vient de prendre le voile; aversion qu'elle manifeste pour le cloitre, XXIII, 51; demande ce qu'elle pense de son oncle, 52. Plaisir que lui procure la visite du frère de Cécile, 53. Elle envoie à cette dernière l'histoire d'Adine, 113; cherche à dissiper le chagrin et la mélancolie de Cécile, en l'engageant de déclarer à son père qu'elle ne veut point du comte de Montfort pour époux; elle l'invite à revenir à ses idées de bonheur, puisqu'elle en trouve autour d'elle tous les éléments, 180. Blâme la sévérité de ses remarques sur les attentions qu'Albert avait pour elle à la fête donnée par son père, 181. Parle de l'empressement dont Anatole de Césane était l'objet; engage de nouveau Cecile à bannir les pensées tristes auxquelles elle se laisse aller, 182; lui révèle qu'elle a entendu son entretien avec Anatole, entretien qui l'a confirmée dans ses conjectures sur la cause de la maladie de son amie, 277; lui reproche de s'être laissé trop abattre par son amour; 280; lui offre ses secours pour le combattre, *ib.*; l'avertit de se mettre en garde contre son découragement, 302; rapporte les parties de chasse d'Albert, et annonce à Cécile la mort de leur ancienne amie Adine, 304. Consolations qu'elle lui donne au sujet de sa chute, XXIV, 5; elle parle de sa correspondance avec Albert, parti pour Brest, et des réponses équivoques qu'elle fit au sujet des prétentions de Montfort à la main de Cécile, 130; reproche à cette dernière de l'abandonner, et

lui proteste que jamais elles ne seront séparées, 131. (*Voyez* Cécile de Clénord, le comte de Montfort, Charles d'Epival, madame de Neuville.)

AMÉRIQUE (l'). Manière dont s'exécute la justice criminelle dans la partie septentrionale de cette contrée, XIV, 276. La liberté des citoyens n'y est pas à la merci d'un officier de justice, 307. Les Etats-Unis d'Amérique ont une maison de punition où chaque condamné est ramené à la vertu par des exhortations et par des habitudes régénératrices, 374. Vengeance que l'Amérique exerça envers ses conquérants, XXII, 312.

AMÉSIUS (d'), auteur d'un écrit sur le jeu, V, 81.

AMIENS, ville de Picardie, dont les constructions sont irrégulières, XXVI, 90.

AMIO, lac qui se trouve en Amérique, VI, 72.

AMIOIA, jeune fille que la tribu des Zangaïs donna pour épouse au chevalier de Pageville, VI, 73. Elle prodigue des consolations à Ottaly qui s'était réfugiée dans sa barque, 78. Son portrait, 339. Facilité avec laquelle elle profitait des leçons de son mari, 341. Tendresse qu'elle avait pour lui, 342. Elle donne le jour à un fils que bientôt la mort lui enlève, 343. Son dévouement à son époux, 344. Elle meurt, en mettant une fille au monde, des suites d'un fruit vénéneux qu'elle avait mangé, 346.

AMIOT (Clément), ancien échevin de Lyon, X, 343.

AMIRAULT, l'un des professeurs que Duplessis-Mornay appela à Saumur, XXV, 420.

AMITIÉ (l'). Ses diverses définitions, I, 322. Ses espèces différentes; exemple de chacune, 323 *et suiv*. Caractère de l'amitié qui doit exister entre un père et ses enfants, 368.

AMMAN, médecin de Harlem, l'un des premiers qui tentèrent des essais pour l'éducation des sourds-muets, II, 390.

AMNISTIES (les) sont presque toujours un moyen d'assouvir la colère de celui qui les prononce, XIV, 278. Exemples de ces amnisties hostiles, *ibid.*, et 279. L'amnistie est un pardon général, un oubli du passé, 281.

AMOUDRU (la sœur), religieuse hospitalière qui s'est fait remarquer à Dôle par ses touchantes vertus et sa modestie, XI, 91.

AMOUDRU (Louis-Nicolas), adjudant du génie, qui partagea à Moscou les périls et la gloire du capitaine d'artillerie Devaux, XI, 100.

AMOUR (l') de soi n'a rien de commun avec cet odieux égoïsme qui exclut les plus beaux sentiments de l'humanité, XIV, 15. Principe de la morale universelle, il est ce sentiment qui ramène sans cesse l'homme sur lui-même, 16. En France, l'amour semble avoir été imposé par la nature aux hommes supérieurs comme une des conditions de leur supériorité, XVI, 16. Il jouit aussi, dans ce pays, du privilège de faire naître les vertus, d'enflammer le courage, et de féconder les talents, *ibid.*

AMPÈRE (M.), académicien né à Lyon, X, 417.

AMPHION, fils de l'Amazone Antiope, XIX, 183.

AMPUIS. Etymologie de son nom, X, 290. Ses vignobles, 291.

AMPUSIO (Gérard de), qui possédala ville d'Ampuis, X, 290.

AMUCAK, chef de la tribu des Otomacas, VI, 359.

AMYOT (Jacques), évêque d'Auxerre, traducteur de Plutarque, XXVI, 480.

ANACRÉON. Caractère de ses poésies, XVII, 4. Ses chansons ne sont guère que des chansons de table, 33.

ANAXAGOREest mis en prison pour avoir prétendu qu'il y avait un dieu, XV, 48.

ANCELLE (le torrent d'), dont on a projeté plusieurs fois de faire dévier les eaux pour les amener dans la plaine de Gap, X, 202.

ANCENEY (M. d'), notaire des plus considérés de Paris, II, 348.

ANCENEY (M. le Prevost d'), ancien notaire. Intérieur de sa famille le jour de sa fête, II, 348.

ANCIENS (les). Leur empressement à tout exagérer, les vices et les vertus, I, 53. Leur tolérance à l'égard des cultes différents de celui qu'ils professaient, XIV, 43. Ils n'avaient aucune loi qui ne portât quelque empreinte de courage, de grandeur et de patriotisme, 153. C'était un droit pour eux de faire périr après la bataille ceux qui avaient été vaincus, 184. Chez eux la conquête donnait la terre et les habitants, 185. L'éducation de la plupart des peuples anciens n'était jamais démentie, 431.

ANCILLON (David), apologiste de Luther, XI, 506.

ANCILLON (Joseph), jurisconsulte profond, XI, 506.

ANDELINNE (la forêt d'), située dans le Bocage, XXV, 153.

ANDELAW (le comte d'), colonel des cuirassiers d'Angoulême, dont le régiment laissa des souvenirs flatteurs parmi les Montalbanais, VIII, 338.

ANDELLE (l'), rivière qui arrose les vallons de Charleval, XIII, 80.

ANDELYS (les), ville qui doit son origine à une abbaye de filles établie par sainte Clotide; activité industrielle de ses habitants, XIII, 46. Leur dévotion pour sainte Clotide; pratique ridicule et inconvenante qu'ils observaient en l'honneur de cette sainte; 47. Leurs immersions annuelles dans la fontaine de Sainte-Clotide; culte superstitieux qu'ils rendent à saint Main, 48. Maison que l'on dit avoir été habitée par Thomas Corneille, 49. Hommes célèbres nés aux Andelys, 50.

ANDES (les), nom que portaient primitivement les habitants de l'Anjou (voyez ANJOU.)

ANDLAU (le château d'), dont il ne reste plus que des ruines, XI, 279.

ANDILLY (les coteaux d'), qui bordent la forêt du côté de Montmorency, III, 184.

ANDOCHE, l'un des disciples de saint Polycarpe qui prêchèrent le christianisme dans la Bourgogne, XXVI, 444.

ANDRÉ (le P.), fameux par ses jeux de mots, V, 311 et suiv.

ANDRÉ (le P.), avantageusement connu dans les lettres par un Essai sur le beau, et un Traité de l'Homme, XII, 531.

ANDRÉ (M.), philosophe habitant la maison de M. de Mérange, VI, 321. Plan d'éducation dont il est l'inventeur,

323. Son opinion sur la supériorité du dix-huitième siècle, 325; sur le théâtre, 326; sur les sots dont il fait l'éloge jusqu'à un certain degré, 350; sur quelques abus autorisés en France, 386 *et suiv.* Son caractère social, VII, 13. Ce qu'il dit des noirceurs, 45; des imitateurs en tout genre, 63; de l'excellence de la magistrature, 92; des fonctions d'électeur, 135. Son opinion sur le discours de Walker relativement à la corruption des mœurs, 193. Jugement qu'il porte des différentes opinions des convives de madame de Lorys sur l'état actuel des mœurs, 199. Ce qu'il dit des voyages, 330.

ANDRÉOSSY, ambassadeur, né à Castelnaudary, VIII, 438.

ANDRIEUX (M.), écrivain plein de grace, de finesse et de malice, I, 6; XI, 72; XX, 5.

ANDRIEUX, graveur célèbre, né à Bordeaux, VIII, 22.

ANDRIEUX (les), village des Hautes-Alpes, qui est privé pendant cent jours des rayons du soleil, et où le retour de cet astre est célébré par tous les habitants, dans une solennité singulière que préside le plus âgé, X, 223.

ANE-CUIT (l'), bourgade de la Saintonge, XXVI, 221.

ANET, bourg remarquable par un château magnifique que Henri II fit construire pour Diane de Poitiers, XXVI, 79. La terre et le château d'Anet deviennent le douaire de la fille du duc de Mercœur, 82. Le duc de Vendôme en a la propriété, 83.

ANETTE, amante de Lubin, née à Spa, III, 234.

ANFREVILLE-LES-MONTS (le seigneur d') *Voyez* RAOUL.

ANGE (l'), sculpteur toulousain, VIII, 434.

ANGENNES (Julie d'), femme célèbre par sa beauté, et chez qui se réunissaient les beaux-esprits du temps, sa guirlande, VII, 249.

ANGEVILLE (madame d'), amie de madame de Cormeil, III, 169.

ANGEVILLE (d'), vieil encyclopédiste. Ses opinions sur les différentes classes d'intrigants, V, 221.

ANGERS. Paysages pittoresques qui l'environnent, XXV, 376. Aspect intérieur de cette ville, 377. Elle est conquise par un lieutenant de César, 378. Vexations qu'y commet Hastings, 380. Angers prend le parti de la Ligue, 384. Cette ville ouvre ses portes à Henri IV; durant les guerres de la Fronde, elle se rend aux assiégeants; les Vendéens s'en emparent et y sont bientôt immolés, 385. Colonne élevée en mémoire d'Isidore Fretteau et d'Agnès de Beaupréau, 399. La cathédrale, 401. La bibliothèque publique; la galerie de peinture; le cabinet d'histoire naturelle, 402. Le jardin botanique; les hospices; l'académie d'équitation, 403. Ancien manoir des comtes d'Anjou, *ibid.* Les promenades publiques; l'école des arts et métiers; anciens établissements religieux que possédait Angers; amour des habitants de cette ville pour l'industrie et les sciences, 404. Ses hommes célèbres, 405.

ANGLAIS (les). Prix qu'ils attachent aux *fac simile*, I, 169. Leur penchant à se faire centre et à tout rapporter à leur pays,

287. Leur goût pour les lettres autographes, II, 8. Leur admiration exclusive pour les artistes, les productions industrielles et les divertissements de leur pays, 27. Soins qu'ils portent à l'éducation des chevaux, III, 270. Leur supériorité dans la caricature politique, IV, 166. Guerre que leurs journalistes ont suscitée pour maintenir l'opinion chez eux, 193. Non succès de leurs boxeurs à Paris, 195. Sous Edouard II, les Anglais font la conquête de Bayonne, et perdent cette ville bientôt après, VIII, 88. Parallèle entre les Français et les Anglais, 452. Incendies, pillages, massacres dont ces derniers sont auteurs à Toulon en 1793, IX, 369 et suiv. Ils perdent la bataille des Dunes, XII, 309. S'établissent à Calais, 336. En sont chassés, 337. Sont battus à plusieurs reprises par les flottilles boulonnaises, 345. Pénètrent à Dol et l'évacuent le lendemain, 358 Assiègent Vannes en 1343, 373. Gagnent la bataille d'Azincourt, 377. Combat naval qu'ils soutiennent contre les Français sur les côtes de Bretagne, 383. Ils sont forcés de lever le siége qu'ils avaient mis devant Saint-Malo, 422. Bombardent cette ville à plusieurs reprises, mais sans succès, 424. Assiègent Rennes et sont repoussés par Duguesclin, 444. Ravagent Morlaix, 498. Désastres qu'ils causèrent à la ville de Louviers, XIII, 84. Barbarie avec laquelle ils traitèrent les habitants d'Harfleur en 1415, sous Henri V, 252. Ils occupent le Havre sous la reine Elisabeth, et en sont repoussés par le prince de Condé, 263. Ils bombardent cette ville en 1694 et 1759, 264. Les Anglais ont les premiers senti l'importance de la responsabilité des ministres; chez eux le monarque n'est que le premier magistrat; il doit diriger sa conduite d'après les lois, XIV, 130. Leur chambre des communes peut mettre en accusation les ministres et tous les fonctionnaires publics, 132. Exemples de probité et de bonne foi qu'ils donnèrent en différentes occasions, 134. Limite qu'ils donnent au bien et au mal que les nations doivent se faire dans la guerre et dans la paix, 137. La monarchie constitutionnelle dont ils sont les fondateurs compense les maux qu'ils ont versés sur l'Europe, 140. Leur politique au sujet des esclaves, 150. Injustices cruelles que leur fit commettre l'envie qu'ils portaient à leurs rivaux, 177. Mauvais traitements qu'ils ont fait essuyer aux prisonniers français, 185 Leurs milices locales, 200. Ils font la guerre avant de la déclarer, 210. Système de gouvernement qu'ils adoptèrent à l'égard des catholiques d'Irlande, 224. Genre de torture qu'ils conservent, 268. Chez eux, nul arrêt de mort ne reçoit son exécution avant d'être sanctionné par le roi, 277. La liberté des citoyens n'est pas à la merci d'un officier de justice, 307. Ils ont deux jurys, dont l'un prononce si le prévenu est coupable, et l'autre, s'il y a motif suffisant pour l'accuser; les jurés sont nommés par le shérif, 308. La

liste des citoyens qui ont les qualités requises pour être jurés est affichée, afin que chacun puisse s'assurer que le gouvernement ne crée pas des jurés de circonstance, 309. Le jury fut totalement corrompu sous les règnes de Charles II et de son frère Jacques II, 311. Après l'expulsion des Stuarts, la morale, bannie de toutes les institutions, s'était réfugiée dans les tribunaux, 312 Publicité que les Anglais donnent aux procédures, *ibid.* Moyens en usage parmi eux pour faciliter la délivrance des accusés; secours dont on les environne lorsqu'ils sont condamnés, 313. Caractère des espions et des délateurs que Charles II protégeait, 333. Les Anglais ont seuls connu tout le respect que l'on doit à la sainteté des lois, 338. Degrés par lesquels leurs colonies du nord de l'Amérique arrivèrent peu à peu à opérer une révolution; courage que les colons et leurs femmes déployèrent dans l'acte de leur affranchisment, 457. Leur politique à l'égard de la France durant la révolution de ce pays, 529. Leur jalousie politique lorsque la Russie faisait, en 1821, des préparatifs de guerre pour aller secourir les Grecs, 531. Description de leurs prisons militaires, dites *pontons;* traitements barbares exercés envers les prisonniers, 539 et suiv. Bases que les Anglais assignent à la liberté, XV. 43. Prétentions ambitieuses qu'ils affichèrent après la bataille de Waterloo; ils briguent l'honneur de donner des fers à Napoléon et de le tenir sous leur surveillance, XVI, 412. Ils exigent de Tippô-Saeb la cession de toutes ses provinces maritimes; forment contre lui une ligue secrète; éprouvent quelques échecs, XVIII, xvij. Ils le défont entièrement, xviij. Le font assassiner, xix. Traitement qu'ils exercent envers le souverain de Mysore, fils de celui que Hyder-Aly detrôna, 95. Conditions qu'ils proposèrent au sultan Tippô, *ibid* Développements successifs et rapides qu'ils ont donnés à leur industrie, XXII, 303. C'est à leur liberté politique qu'ils sont redevables de leur puissance industrielle et commerciale, 306. Inconvénients nés de leurs avantages, *ibid.* Perfectionnement qu'ils donnèrent à l'impression sur toile, 368. Ils ont dérobé a la France la plupart de ses découvertes, et lui en font payer bien cher la réimportation, 373. Ils sont restés long-temps dans la possession de fournir à l'Europe tous les instruments d'optique et de marine dans lesquels entrait le *flint-glass,* 380. Ils s'étaient réservé le secret du plaqué, 383. Ils avaient celui de fabriquer des tiges de bottes, 388. Ils possèdent un mode de tannerie qu'ils ont trouvé chez les Indiens, 390. Leurs efforts pour introduire et fixer parmi eux l'art de préparer le lin, 393. Leur supériorité momentanée sur les Français dans l'art de l'horlogerie, 429. Dans l'orfèvrerie, 439. Leur compagnie des Indes forme le projet de s'emparer de l'Ile-de-France, et leur gouvernement encourage ce dessein, 450. Ils occupent et perdent tour-à-tour l'île Sainte-Hélène, et en demeurent enfin possesseurs, 451. S'emparent du cap de Bonne-Espérance, et s'en font assurer la possession, 452. Restitutions qu'ils imposèrent a la France; concessions qu'ils lui firent, 453. Ils s'emparent de l'Ile-de-France et lui imposent des taxes accablantes, 456 Cruautés de toute espèce qu'ils ont exercées dans les îles, 463. Causes qui concoururent chez eux au développement rapide du roman, XXIII, 14. Caractère de leurs productions dans ce genre, 15 Ils bombardent Dieppe en 1694, XXV, 24. Prennent Lisieux en 1417, 53. Se rendent maîtres de Vire, 188. Avantages qu'ils tirèrent en 1762 de la station de la baie de Colleville, 209 Ils brûlent Cherbourg en 1295, 286. En sont chassés en 1450, 287. Occupent Avranches, 319. Assiègent, mais sans succès, le mont Saint Michel, 327. Assiègent Romorantin en 1356, sous la conduite du prince de Galles, XXVI, 55. Leur domination sur le Poitou, 165. Ils sont battus à Taillebourg, 203. Leur domination sur la ville d'Angoulême, 227; dans le Limousin, 260. Ils brûlent une partie d'Autun en 1379, 420. Parcourent et dévastent la Bourgogne, qu'ils sont forcés de quitter bientôt, 456.

ANGLÈS CAPEFIGUE (M.), citoyen estimé de Marseille, qui fut assassiné dans les scènes horribles de 1815, IX, 344.

ANGLET, bourgade du pays basque, aux environs de laquelle on va prendre des bains de mer dans des trous de rochers qu'on appelle *bains d'amour*, VIII, 109.

ANGO, armateur dieppois, qui couvrait les mers de ses vaisseaux marchands, envoyait des escadres, armées à ses frais, pour châtier les rois qui insultaient son pavillon, et qui traitait d'égal à égal avec leurs ambassadeurs. Magnificence avec laquelle il reçut et traita François Ier, lorsque ce prince vint à Dieppe, XXV, 17.

ANGOULÊME. Sa situation, XXVI, 226. Cette ville fut possédée successivement par les Romains, les Visigoths, les Normands, la couronne de France, les Anglais, et retomba au pouvoir de la France; François Ier en fit cadeau à sa mère; climat et fertilité de l'Angoumois, 227. Ses mines de fer et d'antimoine; population d'Angoulême; son industrie; son ancien nom; son aspect intérieur, 228. La cathédrale, la bibliothèque, et le jardin botanique, 229.

ANGRAND (M.), fabricant à Rouen, XIII, 184.

ANGRIVARIENS (les). Leur caractère féroce, XVI, 424.

ANGRONNE (l'), rivière sur laquelle est située la petite ville de Saint-Loup, XI, 164. Elle baigne aussi la ville de Plombières, 347.

ANIANE, ville remarquable par la fertilité des montagnes qui l'environnent, et par un ancien couvent de bénédictins où se trouve maintenant une belle filature, IX, 138.

ANICHE, village important par l'exploitation des mines de charbon qu'on y a ouvertes depuis trente à quarante ans, XII, 154.

ANISSON, libraire distingué par ses connaissances en littérature, VI, 102.

ANISY (M. Léchaudé d'), traducteur des *Antiquités anglonormandes* de Ducarel, XXV, 238.

ANJOU (l'). Ses premiers habitants appelés Andes; domination des Romains dans cette province qu'ils civilisent, XXV, 378. Les Andes échappent à la tyrannie de ces derniers, *ibid.* Odoacre s'empare à deux reprises différentes de l'Anjou, qui, laissé à Clovis, est réuni au royaume d'Orléans; divisions du comté d'Anjou par Charles-le-Chauve, 379. Troubles qui le désolèrent, *ibid.* Il passe sous la domination des princes d'Angleterre; il est cédé à Charles de Provence par Louis XI, qui en redevient le maître, 383. Cette province est en proie aux guerres religieuses; elle embrasse le parti de la Ligue, 384.

ANLHON (Jean d'), ancien échevin de Lyon, X, 343.

ANOT (M. Cyprien), littérateur distingué, XII, 68.

ANNAPES, village de la Flandre française, XII, 285.

ANNE, femme qui régna quelque temps sur le Dauphiné, et en fit passer la souveraineté dans la maison de La Tour-du-Pin, X, 105.

ANNE d'Autriche, épouse de Louis XIII, visite l'ermitage de Moncrabeau, pour obtenir un terme à sa stérilité, VIII, 295.

ANNE de Bretagne, dont plusieurs compétiteurs briguaient la main, épouse d'abord par procuration Maximilien d'Autriche; mais bientôt Charles VIII demande et obtient la main de la duchesse, et cette union assure à la France la conservation de la Bretagne, XII, 382. A la mort de Charles VIII, elle épouse le duc d'Orléans, 383; elle meurt à Blois, jeune encore, 384. Regrets qui l'accompagnèrent à sa mort, XIV, 489.

ANNÉE (M.), ancien commissaire des guerres, l'un des citoyens et des littérateurs les plus recommandables, XIII, 125.

ANRÈS (M.), poete aimable de Carpentras, à qui cette ville doit la conservation de sa bibliothèque, IX, 257.

ANSEAUME, auteur d'opéras-comiques, XXI, xj.

ANSELME (saint) introduit à Lyon la fête de la Conception immaculée, X, 313.

ANSIAUX (M.), peintre distingué. Son tableau d'*Armide*, XXII, 37; celui du *Cardinal de Richelieu, présentant le Poussin à Louis XIII*, 47.

ANTHOINE (M.), baron de Saint-Joseph, l'un des Marseillais dont la fortune s'est conservée pendant la révolution, IX, 360.

ANTIFER (le cap d'), situé à quelque distance de Dieppe, et que l'on double en se rendant à Honfleur, XXV, 44.

ANTHIMÈNES, fameux navigateur de l'antiquité, IX, 328.

ANTIOCHE (l'île d'), sur les côtes de la Sardaigne. Traitements qu'elle essuyait de la part des corsaires algériens, V, 235.

ANTIOPE, Amazone, XIX 178.

ANTIPHON, qui fut mis à mort par les tyrans d'Athènes, XIV, 568.

ANTONIN, danseur célèbre né à Bordeaux, VIII, 23.

ANTONIN, empereur, qui régna par la justice et les lois et avait un esprit très cultivé, XIV, 81, 409.

ANTONINE, qui, au moment de la disgrace de Bélisaire, son époux, se réfugia dans le fond de la Thrace, avec Eudoxe sa fille, XVIII, 121.

ANTORPE, village limitrophe du département du Doubs, XI, 112.

ANVERS, ville industrieuse qui devint la banque de commerce du continent et l'entrepôt de toutes les productions du globe, XXII, 292.

ANYTUS, l'un des chefs de la cabale qui fit mourir Socrate, II, 120. Reproche qu'il lui adressa d'affaiblir dans l'esprit de la jeunesse le respect des dieux et des lois, XIV, 406,

ANZIN, village situé sur les hauteurs qui dominent Bavai Aspect que présentait son territoire en 1717, XII, 103 Prospérité qu'il doit à la découverte et à l'exploitation des houilles, 104. Rétablissement des houillères, 109. Description de l'intérieur de ces mines, 111.

AOUST (le marquis d'), qui cultiva les lettres et les arts avec succès, et les encouragea de tous les moyens que lui donnait sa fortune, XII, 180.

AOUST (le général d'), fils du précédent, guerrier distingué, qui périt sur l'échafaud, XII, 180.

APACH, ville de la Lorraine, au-dessous de laquelle sort la rivière de la Moselle, XI, 468.

APCHIER (la famille baroniale d'), admise aux états du Languedoc, IX, 97.

APELLES, peintre de l'antiquité, XXII, 68.

APPIUS, magistrat romain qui fit exécuter des travaux publics à Grenoble, X, 76.

APRÈS DE MANNEVILLETTE (d'), célèbre hydrographe, né au Havre, XIII, 276.

APREVILLE (le baron d'), gentilhomme du Bigorre. Son ignorance des usages et des manières de Paris devient pour lui une source de contrariétés et de désappointements continuels ; par cette ignorance volontaire, il manque plusieurs dîners, plusieurs affaires, et plusieurs parties de plaisir, IV, 317 et suiv. Ses préjugés en faveur des anciens usages, des anciennes institutions, lui font oublier tout ce qui s'est passé depuis 1788, et lui font commettre des bévues, des méprises sans nombre, 348 et suiv.

APULÉE peut être regardé comme l'un des premiers romanciers latins, XXIII, 10.

AQUILIA SEVERA, vestale qui devint l'épouse d'Héliogabale, XIX, 7.

ARABES (les). Chez eux, le sacerdoce, apanage de la vieillesse, était la récompense de la vertu, et ne donnait aucun privilège, XIV, 67.

ARAGO (M.), membre du bureau des longitudes, XXII, 434.

ARAMON, ville du département de Vaucluse, IX, 283.

ARBETIO, général romain sous les ordres duquel les Allemands s'emparèrent de Lyon, X, 307.

ARBOFLÈDE, l'une des sœurs de

Clovis qui préparèrent dans la Gaule le triomphe du christianisme, XIV, 484.

ARBOGAST, célèbre professeur de mathématiques à Strasbourg, XI, 260, 271.

ARBOIS. Sa position, XI, 51. Fertilité de ses coteaux, 53. Hommes célèbres dont cette ville s'honore, 56 Vexations et violences exercées contre les habitants durant la réaction de 1815, 58.

ARBOISE (le chevalier d'), parasite infatigable, II, 76.

ARBOISE (M. d'), ancien conseiller au parlement, IV, 323.

ARBONE, commune peu remarquable du pays basque, VIII, 141.

ARBRISSEAU, village d'où l'on découvre la vaste plaine autrefois connue sous le nom de *Mannée de Lille*, XII, 224.

ARC, à quelque distance de Salins, et où l'on remarque une belle saline construite en 1777, XI, 69.

ARCANGUES, commune peu remarquable du pays basque, VIII, 141.

ARCAS, prototype de ces ministres sans moyens, sans talent, qui n'ont pour appui que leur dissimulation, leur intrigue, la servilité de leurs protégés, et se trouvent supplantés par ces espions domestiques qui s'insinuent dans le cabinet par la porte du boudoir, XV, 280

ARCÈNE (le Père), oratorien, auteur d'une histoire de La Rochelle, XXVI, 175.

ARCHAMBAUD (les), seigneurs du Bourbonnais, XXVI, 356.

ARCHAMBAULT DE PÉRIGORD (M.), ancien propriétaire du château de Rosny, XIII, 17.

ARCHES, village remarquable par de belles papeteries, XI, 377.

ARCIS (le chevalier d'), parleur ridicule, II, 249.

ARCIS (madame d'), personnage cité, III, 168.

ARCIS, sculpteur toulousain, VIII, 428.

ARCIS-SUR-AUBE, ville de Champagne, théâtre de la valeur française en 1814, XXVI, 496.

ARCOTE (la nababie d'), dont l'Angleterre se réserva la possession, XXII, 453.

ARDEVON (la commune d'), située à quelque distance du Mont-Saint-Michel, XXV, 324.

ARDIER (MM.), seigneurs de Beauregard, XXVI, 22.

AREMBERG (le prince Ernest d'), l'un des régisseurs des houillères d'Anzin, XII, 104.

ARÉTIN. Caractère de ses bouffonneries par rapport à la morale, XIV, 11.

ARGELLIES, grand village remarquable par ses vignobles, VIII, 461.

ARGENCE (madame la marquise d'), fabricante de dentelles. Produits de ses ateliers, XXII, 415.

ARGENS, ville située sur une montagne pelée, VIII, 460.

ARGENS (le marquis d'), ami du grand Frédéric, IX, 308.

ARGENSON (le marquis d'). Faveur non méritée qu'il accorde à un de ses neveux, II, 225; V, 209.

ARGENSON (Le Voyer d'), diplomate, littérateur, et savant distingué, XII, 130; XIV, 568. Son château des Ormes, XXVI, 141.

ARGENSON, situé dans le Berri, XXVI, 377.

ARGENT-DOUBLE (la rivière d'), qui prend sa source au pied du rocher de Peyramous, et va se jeter dans l'Aude, VIII, 445.

ARGENTAL (d'), l'un des amis de Voltaire, X, 460.

ARGLNTAN, ville sans industrie, bâtie sur une éminence qui s'élève au milieu d'une plaine fertile, arrosée par l'Orne, XXV, 89.

ARGENTRÉ (d'), auteur de chroniques sur l'histoire de la Bretagne, XII, 366, 461. Avis qu'il donne aux plaideurs, XV, cviij.

ARGEVILLE (M. d'), officier de dragons, égoïste par système, IV, 58.

ARGOSIE, sorcière auvergnate, qui révéla à Henri de Savoli la splendeur de son origine, XXVI, 283, 288.

ARGOULES (Jean d'), seigneur de Graton, auquel Philippe-Auguste céda gratuitement le terrain sur lequel repose Granville, et qui, à son tour, le céda à un seigneur anglais, XXV, 315.

ARGOUT (M. d'), préfet de Nimes Esprit de conciliation qu'il apporta dans son administration, IX, 169.

ARGYLE, l'un des vieux soutiens de la liberté britannique, XIV, 440.

ARHORIUS, rhéteur, né à Toulouse, VIII, 422.

ARIA, femme qui se frappa d'un poignard pour encourager son mari Pétus, XV, 142.

ARIBERT, guerrier auquel Clovis céda la Saintonge, XXVI, 202.

ARINGHI, qui traduisit en latin la description italienne des catacombes de Rome, par Bosio, II, 429..

ARINTHOD, commune du Jura, dans les environs de laquelle les paysans se livrent à de singulières momeries superstitieuses, XI, 19.

ARIORIQUUM, nom que portait anciennement la ville de Vannes, XII, 557.

ARIOVISTE, chef des Germains, trouble le premier la tranquillité des Alsaciens; et, après quatorze ans d'une domination usurpée, il est vaincu par Jules César, XI, 181.

ARISTIDE, le Juste, est exilé malgré l'estime que ses compatriotes avaient pour la justice, XIV, 10. Rejette la proposition par laquelle Thémistocle voulait assurer à Athènes la supériorité sur la Grèce, 287. Témoignage que ses concitoyens rendirent à sa justice, 300; XV, 48.

ARISTOCITON, l'un des littérateurs d'Athènes. Son hymne de la délivrance, XVII, 8.

ARISTOPHANE, l'un des chefs de la cabale qui fit mourir Socrate, II, 120. Il livrait aux risées de ses compatriotes les divinités qu'ils adoraient, XIV, 31. Figure sous laquelle il représente la guerre, 172. Accusation d'impiété qu'il intente à Socrate, XV, 48.

ARISTOTE. Qualification qu'il donne à la propreté, IV, 157. Dans sa Politique il a fait ressortir la nécessité de la justice, XIV, 10. Il prétend que nulle vertu n'est propre aux esclaves, 426. Ce qu'il dit des femmes, 492. Explication qu'il donne de la création de la femme, XV, 129. Il prétend que les lois ne sont que des chansons, XVII, 5. Chanson philosophique qu'il composa après la mort de son ami Hermias, 23.

ARLANDES (le marquis d') exécute une ascension dans une montgolfière, VI, 117.

ARLAY (Béatrix de Viennais, dame d'). Manière dont elle rendit hommage au dauphin Humbert II, X, 104.

Arlay, ville de la Franche-Comté, XI, 39.

Arleux, village situé à trois lieues de Cambrai, XII, 67.

Armagnac (le général d'), guerrier distingué, VIII, 430.

Armaillac, fameux professeur d'escrime, XXV, 222.

Armançon (l'), petite rivière qui arrose la ville de Semur, XXVI, 473.

Armand, ancien acteur de la Comédie française, V, 151.

Armand (M.), acteur de l'Odéon. Ses efforts pour contribuer au succès de la comédie de l'*Avide Héritier*, XX, 289.

Armand-Gouffe (M.), chansonnier distingué, VI, 313; XVII, 25.

Armentières, ville commerçante, autrefois renommée par ses fabriques d'étoffes. Vains efforts de Charles-Quint, qui tenta d'y faire fleurir le commerce en lui créant des privilèges, XII, 290. Violences exercées contre les protestants de cette ville, 291. Prospérité actuelle du commerce d'Armentières; fanatisme politique de ses habitants en 1815 et 1816, 294; XXII, 396.

Armées (les). L'existence des armées permanentes a donné naissance à cet esprit destructif des garanties sociales, qui se forme et s'alimente en temps de paix, XIV, 188. L'invasion des armées de deux ou trois puissances peut replonger l'Europe dans la barbarie, 189. Les armées gigantesques sont contraires à la dignité morale de l'homme, 190. Effets de la prospérité des armes, 191. La permanence des troupes affaiblit la confiance réciproque entre les gouvernements et les peuples, 192. L'infidélité des troupes alliées ou auxiliaires entraîne des conséquences terribles, 193. Il y a plus d'honneur, de sûreté, et de gain à se passer d'un tel secours, 194. De la part des troupes mercenaires la trahison est plus facile; leur foi n'est pas sûre, 195. Elles deviennent promptement ingrates, 196. Plusieurs nations se sont vouées au trafic de soldats mercenaires, 197. Tout guerrier mercenaire n'est qu'un gladiateur aux ordres du maître qui le paie, 198. Avantages qu'offrent les troupes composées de soldats redevenus citoyens, 201. Les troupes nationales oppriment plus difficilement les citoyens, 202. Il est des circonstances où les soldats doivent s'abstenir de l'obéissance, 207.

Armorique (l'), nom que portait jadis la Bretagne, XII, 362.

Arnaud (l'abbé), membre de l'académie française, VIII, 168; IX, 219, 258.

Arnaud (M.), avocat connu par son enthousiasme pour la littérature et les arts, IX, 350.

Arnaud d'Andilly, membre de l'Académie française, XXVI, 349.

Arnaud-Bacclard, écrivain qui, pour donner à son style une couleur passionnée, employa force interjections typographiques, XXVI, 171.

Arnaud-Garcie de La Mothe, à qui le chapitre de Bordeaux avait, à certaines conditions gastronomiques, cédé un droit sur la ville de Langon, VIII, 46.

ARNAULD, écrivain de Port-Royal. Sa modestie dans ses jugements, IV, 57. Ses écrits et son attitude fière et indépendante ont contribué au développement du patriotisme en France, XXVI, 192.
ARNAULD DANIEL, troubadour, né dans le Périgord, XXVI, 241. *Voyez* AIMERY DE SARLAT.
ARNAULT (M.), poete tragique et fabuliste distingué, I, 7. Le tombeau d'un de ses enfants, 161. Caractère de ses fables, III, 336. Sa fable du *Colimaçon*, où se trouve le portrait fidèle d'un égoïste, IV, 63. Son opinion sur l'indifférence avec laquelle les gens de lettres traitent leurs intérêts de fortune, VI, 209 Mérite de ses œuvres dramatiques, 211. Fable qu'il composa en 1815, à l'occasion de son exil, 236.
ARNAULT, (M. Lucien), fils du précédent, poete tragique distingué, I, 8.
ARNAULT DE MARFUILLES, troubadour périgourdin, amoureux d'Adélaïde de Duilat; XXVI, 242.
ARNAULT DE VILLENEUVE, médecin de Montpellier, à qui l'on doit la fabrication de l'esprit-de-vin, IX, 86, 125.
ARNEVILLE, situé dans le département de la Meurthe, et renommé par ses vins, XI, 318.
ARNIAUD (Vincent), marseillais qui, étant capitaine de port à Malte, racheta Topal Osman, l'un des plus habiles ministres et des plus grands capitaines de l'empire ottoman, et en reçut des marques de reconnaissance lorsqu'il fut parvenu aux plus hautes dignités, IX, 350.
ARNOLD, poete alsacien, XI, 273.

ARNON (l'), rivière qui arrose le bas Berri, XXVI, 367.
ARNOUL, évêque qui a écrit dans le douzième siècle des *Epitres* qui furent jugées dignes d'être placées au nombre des manuscrits du Vatican, XXV, 60.
ARNOULD (mademoiselle), cantatrice de l'Opéra, célèbre par son talent, sa beauté et son esprit, II, 313; III, 62.
ARNOULD-TISON (M.), fabricant à Rouen, XIII, 184.
ARNOUX (Paul), invalide habitant Toulon, et qui accompagne l'ageville dans ses courses à travers cette ville, IX, 393.
ARPENAY (le vicomte d'), personnage qui adopta deux masques pendant la révolution, IV, 374.
ARPIN (père M.), le premier qui entreprit à Saint-Quentin la construction d'une filature en grand, XII, 11, 14.
ARPIN (M. Emile), commerçant de Saint-Quentin, XII, 16.
ARQUES, village qui a été le berceau de Dieppe, et qui n'a plus aujourd'hui que ses souvenirs, une église assez remarquable, et les ruines de son château, XXV, 38. Le champ de bataille où Henri IV défit Mayenne; ancienne juridiction des archevéques de Rouen sur le village d'Arques, 39.
ARRACHART (M.), commerçant de Douai, XII, 191.
ARRAGHO, savant distingué, I, 13.
ARRAUNTZ, l'une des bourgades formant le village d'Ustaritz, VIII, 142.
ARRFILHET (M. l'), à qui les Landes durent la création de plusieurs forges, VIII, 52.
ARREZO (Guy d'), auteur d'un

Traité de Plain-Chant, XXV, 110.

Abrichi (M.), membre de la société de la Table ovale au Port-Louis, XXII, 467.

Anrigius, archevêque de Lyon, à l'instigation duquel la reine Brunehaut fait massacrer saint Didier, archevêque de Vienne, X, 308.

Arripe (Octave), prototype des envieux, chez qui l'envie est devenue une maladie incurable, XV, 244.

Arroux (l'), rivière qui n'est pas navigable, mais dont le cours sinueux offre des accidents pittoresques, et arrose la ville d'Autun, XXVI. 414

Arsonnai, lieu par lequel la route du Mans à Alençon était jadis impraticable, XXV, 116.

Ars-sur-Moselle, où l'on voit une belle papeterie, XI, 504.

Artaban, roi des Parthes, qui n'était environné que de soldats étrangers, XIV, 196.

Artaud (M.), directeur du musée de Lyon, où il a réuni, avec un zèle infatigable, une foule de débris de monuments romains, X, 382. Le cabinet d'antiquités appartenant à ce savant, 388.

Arteuil (M. d'), personnage pauvre et honnête auquel on ne fait pas attention dans le monde, VI, 253.

Arthur, fils de Geoffroi d'Angleterre, duc de Bretagne, est assassiné par son oncle Jean-sans-Terre, XII, 367.

Arthur II, duc de Bretagne, introduit le calme dans cette province, et convoque le peuple aux états, XII, 369.

Arthur III, comte de Richemont, s'assied sur le trône de Bretagne, et meurt bientôt sans laisser d'héritier direct, XII, 380.

Artigny (Antoine Gachet d'), auteur de *Mémoires d'histoire, de critique, et de littérature*, X, 98.

Artigue (le fort de l'), en avant de Toulon, IX, 386

Arvieux, né à Marseille, IX, 334.

Arvieux (le général d'), personnage cité dans le roman de *Cécile*, XXIII, 275.

Arzac (les grottes d'), dont l'une est remarquable par des ornements pittoresques, et renferme une carrière d'albâtre, XXVI, 247.

Asfeld (d'), ingénieur qui construisit, en 1750, le pont de Briançon, X, 261.

Aspach, village de l'Alsace auquel les eaux minérales de son voisinage donnent une certaine réputation, XI, 191

Aspasie, fameuse courtisane grecque. Luxe de ses habits et de son logement, XXII, 289.

Assas (Louis d'), immortalisé par son dévouement à Clostercamp, IX, 191; XXVI, 277.

Asselin (M. A), ancien sous-préfet de Vire, qui a publié une édition des poésies d'Olivier Basselin, XXV, 175.

Assyriens (les). Chez eux la famille entière du condamné subissait la même peine que lui, XIV, 264. Leurs rois imposaient des taxes d'hommes et de femmes, pour rétablir la population dans les provinces que la guerre avait rendues désertes, 385

Astruc (le docteur), chirurgien qui possède le fauteuil dont Molière se servait chez le barbier Gély à Pézénas, IX, 67; 186.

ATALÉGO, vieillard appelé l'ancien de la tribu des Zangaïs, VI, 26. Manière dont il procède à l'admission du chevalier de Pageville au sein de la tribu, 73. Sagesse et équité avec lesquelles il juge les différents des Zangaïs, 76.

ATHANARIC, premier chef des Goths, préfère le titre de juge à celui de roi, XIV, 294.

ATHÉNÉE accuse Socrate d'envie, XV, 48.

ATHÉNIENS (les) pouvaient, pour un intérêt de famille, exposer leurs enfants, IV, 362. Leur supériorité dans les rondes, espèce de chansons, VI, 312. Limite qu'ils donnaient au bien et au mal que les nations doivent se faire dans la guerre et dans la paix, XIV, 138. Ils faisaient périr dans un siège tous les gens inutiles, 153. Leur ville est ruinée pendant la guerre du Péloponèse, 171. Douleur qu'ils manifestent publiquement au souvenir de Socrate; ils vouent ses juges aux dieux infernaux, 319.

ARIBOÉ, fils d'un vieillard de la tribu des Zangaïs, accusé d'avoir mis son père hors de sa cabane, VI, 76.

ATTHALIN (M.), aide-de-camp du duc d'Orléans, XXII, 223.

ATTICHES, village de la Flandre française, XII, 220. Aspect pittoresque des campagnes environnantes, 221.

ATTICHUS, duc d'Alsace, qui dévoua sa fille Odille à la mort parcequ'elle était aveugle, et plus tard alla pleurer dans un monastère fondé par cette dernière le crime dont il s'était souillé en tuant son fils Hermand, XI, 280.

ATTILA détruit la ville de Luxeuil, XI, 162; ravage l'Alsace, 182; détruit Strasbourg et est bientôt défait par Mérovée, 240; ruine Verdun, 448; réduit Metz en cendres, 461. Son passage fut annoncé par des lueurs sinistres, XIV, 170. Il cède à la voix de Geneviéve, 484; est défait dans les champs catalauniques après avoir ravagé la Bourgogne, XXVI, 446.

ATTIRET, habile statuaire, qui exécuta la fontaine de la place de la cathédrale de Dôle, et la statue de Louis XVI dont elle était surmontée, XI, 88.

AUBER, l'un des navigateurs dieppois auxquels la France dut ses premiers établissements dans le Canada, XXV, 19.

AUBERCHICOURT, village situé près de Douai, XII, 31.

AUBERS (d'), magistrat distingué de Douai, XII, 174.

AUBERT, architecte, qui construisit le pont Saint-Vincent à Lyon, X, 364.

AUBERT, jésuite, qui, faisant une mission à Colmar, obligea l'avocat-général du conseil souverain de brûler son *Bayle*, XVI, 210.

AUBERT (saint), douzième évêque d'Avranches, qui disait avoir reçu des visites de l'archange saint Michel, et fonda un couvent sur le mont de ce nom, XXV, 325.

AUBESSAGNE, commune du département des Hautes-Alpes, où l'on voit un canal d'irrigation, X, 204.

AUBIGNAC (M. d'), personnage ridicule et qui fait l'important, VI, 380.

AUBIGNÉ (Agrippa d'), politique, satirique, historien, qui passait sa vie à dire des méchancetés, à les expier en prison, à les soutenir à la pointe de l'épée, et a recommencer pour être puni de même, XXVI, 216.

AUBIN, l'un des malheureux que M. Dupont, député de l'Eure, et ancien président de la cour spéciale d'Evreux, parvint à rendre à la liberté et à la vie, XIII, 109.

AUBRY, (M.), peintre, XXII, 148.

AUCH. Sa cathédrale qui se distingue par son architecture gothique, VIII, 258. Particularités sur la fondation du collége de cette ville, 285. Sur la prise de possession des anciens archevêques de ce diocèse, 286.

AUDEBERT (J. R.), naturaliste distingué né à Rochefort, XXVI, 190.

AUDIN-ROUVIÈRE (le docteur), médecin distingué, auteur de la *Topographie médicale* de Paris, IX, 260.

AUDOUIN, évêque d'Evreux, encourage Henry Ier, duc de Normandie, dans le dessein qu'il avait d'incendier cette ville, XIII, 96.

AUDREIN (M.), évêque de Quimper, qui fut assassiné sur la route de Brest, XII, 556.

AUDRIN (M.), personnage distingué par son patriotisme, qui accompagne Pageville dans sa course à Carpentras, IX, 248. et suiv.

AUGE (la vallée d'), fameuse par de gras pâturages, couverts d'innombrables troupeaux, XXV, 63.

AUGER (l'abbé), vicaire-général de l'ancien évêque de Lescar, et traducteur de *Démosthènes*, VIII, 167.

AUGER (M.), habile dessinateur. Son *Saint-Jean-Baptiste prêchant dans le désert*, XXII, 150.

AUGIER (M. Victor), avocat à Valence, et gendre de M. Pigault-Lebrun Ses liaisons étroites avec M. Dominique Magallon ; il concourt avec lui à la fondation de la *Société des Troubadours réunis de Vaucluse*, XV, 65.

AUGUSTE. Flatterie dont il devint l'objet de la part des Romains, IV, 171. Il menait une vie simple et modeste, résultat du sentiment qu'il avait de la dignité de la couronne et de la splendeur de son trône, XIV, 391. Il visite Châlons-sur-Saone, vers l'an de Rome 727, XXVI, 399 ; s'arrête à Bibracte, maintenant Autun, 418.

AUGUSTIN (saint). Recommandation qu'il fait aux vieillards, III, 206.

AUGUSTIN (M.), peintre, XXII, 148.

AULNE (l'), rivière sur laquelle est située la ville de Châteaulin, et dont les eaux fertilisent de belles prairies, XII, 531,

AULNET (l'antique chapelle d'), sur les ruines de laquelle fut construite l'abbaye de Maubuisson, III, 192.

AULNOIE, remarquable par une houillère XII, 81.

AULU-GELLE accuse Socrate de vol, XV, 48.

AUMALE (le duc d'). Chanson où l'on plaisante sur sa fuite après la bataille d'Ivri, et sur sa mort, XVII, 10.

AUMONT (le maréchal d'), qui fut blessé au siége de Comper, et dont le corps a été déposé dans la cathédrale de Rennes, XII, 453.

AUMONT (le château d'), dans les

caves duquel on conserve encore les moulins à bras au moyen desquels les ligueurs subvenaient à leurs besoins les plus pressants, XXVI, 84.

AUNEAU, ville située à quelque distance de Chartres, XXVI, 84.

AURAI. Stérilité du sol qui l'environne; ses édifices publics; son ancienne prospérité, XII, 566. Sa population et son commerce; établissements de bienfaisance et d'éducation que l'on y avait fondés pour les indigents et les enfants, 567.

AUBE (l'), rivière qui arrose le pays fertile au milieu duquel est située la ville de Bayeux, XXV, 258.

AUREILLAN (l'étang d'), qui refluait sur les terres supérieures, dans les Landes, et dont les ravages furent arrêtés par des semis, VIII, 50.

AURENG-ZEB, empire d'Asie, dont Hyder-Aly-Kan avait formé le projet de rassembler les débris dispersés, XVIII, xij.

AURÉLIEN, le premier qui prit le titre d'archevêque de Lyon, concourt à l'élection de Boson, X, 311.

AURÉLIUS FULVIUS (les deux), nés à Nîmes, IX, 183

AURÈS (les deux sœurs), qui furent égorgées à Nîmes, durant les massacres de 1814, IX, 164.

AURILLAC. Sa situation; personnages célèbres nés dans ses murs, XXVI, 298 Intérieur de cette ville; commerce de ses habitants; leur manie pour les procès, 299. Finesse et vivacité d'esprit des habitants de son territoire, 346.

AURIOL (la famille), de Lyon, qui fut dispersée par la révolution, et perdit son chef durant les massacres de cette ville, X, 378.

AUSONE, consul romain, né à Bordeaux, VIII, 37. Nom qu'il donne à la Charente, XXVI, 209

AUSSY (Le Grand d'), auteur d'une histoire de la vie privée des Français, XIII, 196.

AUTEUR (l'), I, 39. Ses voyages lointains, 40. Plan de conduite qu'il s'est tracé pour satisfaire à l'instinct de curiosité qui le porte à tout observer, 41. Il expose l'esprit et le but dans lequel sont faites ses observations, II, 3. Ses remarques sur le succès de ses tableaux, sur le soin qu'il y met à éviter les personnalités, et sur la ressemblance générale des portraits, VI, 1. Ses réflexions sur les motifs qui l'ont porté à parcourir la France, et à tracer une esquisse des mœurs et des usages des provinces, VIII, 3. Considérations importantes qui l'ont engagé à écrire son livre de la *Morale appliquée à la politique*, XIV; 1 *et suiv*. Sa profession de foi politique, 7. Ses réflexions au sujet de l'influence de notre position primitive sur celle où nous entrons, *ibid*. Esprit de son ouvrage sur la Morale, 24. Rapports qu'il eut avec les Bédas, peuplade de l'île de Ceylan, 289. Les temps ni les lieux n'ont pas été un obstacle à la composition de cet ouvrage, 495. Motifs qui l'ont soutenu dans ce travail, 496. Ses réflexions sur les écrivains qui n'ont en vue que l'utilité et le bonheur des hommes; parallèle qu'il établit entre notre ancienne situation morale et nos mœurs actuelles, 497. Invitation qu'il fait à tous ceux dont les talents influent sur l'esprit de leurs semblables, pour consolider le règne de la justice, de la morale, des lois, et de la liberté, 499. Ce qu'il lui en coûta de ne jamais trahir sa pensée; il peint le caractère de la justice en France à toutes les époques de nos annales, XV, iv; échappe par la fuite à une sentence du tribunal révolutionnaire de Paris, v; est exilé à Lille comme complice de Pitt et de Cobourg, vj. Soupçons qui s'élevèrent contre lui à propos d'une chanson satirique sur la naissance du roi de Rome, vij. Il est traduit devant une cour d'assises par la municipalité de Toulon, qui crut son patriotisme outragé, viij; coopère à la fondation d'un journal qui fut aboli parceque le ministère prit pour lui tous les ridicules qu'on y attaquait; est condamné à un mois de prison à propos d'une notice biographique sur les frères Faucher, ix. Procès qui lui est intenté par les municipaux de Toulon, xj et suiv. Détails de ce premier procès: extraits du réquisitoire de l'avocat du roi, M. de Vatimesnil, xix; plaidoyer de M. Dupin, xxj; discours que l'auteur prononça lorsque l'avocat du roi eut repris la parole; il est acquitté d'après la déclaration du jury, lxxxvj. Jugement rendu contre lui relativement à l'article biographique sur les frères Faucher, xciv. Son discours devant la cour royale: il y expose l'esprit de la *Biographie des contemporains*, et rappelle tous les titres qui l'ont porté à louer les frères Faucher, louange qui n'entraîne aucune diffamation envers le gouvernement du roi; il s'y plaint aussi de l'inexplicable persécution dont il est l'objet depuis longtemps, cx et suiv. Émotion qu'il éprouve en se voyant à Sainte-Pélagie, 1. Motifs de consolation qu'il trouve dans sa conscience, dans ses succès littéraires, dans l'approche du printemps, dans l'estime de ses amis et la considération publique, 2 et suiv. Il revient sur les tristes impressions que lui cause la prison, 7 Ses plaintes contre le système qui pèse sur l'état social, 9. De concert avec un compagnon de captivité, il se détermine à poursuivre son rôle d'observateur, après avoir choisi d'abord différents sujets de distraction, 11. Il fait la description de sa chambre, et rapporte quelques détails historiques relatifs à plusieurs personnages qui l'ont occupée avant lui, 13 et suiv. Prosopopée au moyen de laquelle il fait paraître dans sa chambre l'impératrice Joséphine, le général Mina, le général Bonnaire, le colonel Duvergier, qui s'entretiennent de leur fortune passée et de leurs disgraces présentes, 29 et suiv. Il propose pour les gens de lettres et les philosophes des prisons spéciales, 47, 48, 51. Ses réflexions sur leurs délits politiques et les peines arbitraires qu'on leur inflige, 59. Description qu'il fait du corridor Rouge de Sainte-Pélagie, 61. Même dans la captivité, il se trouve beaucoup plus libre que le roi, 81. Ce qu'il dit de la versatilité des opinions des hommes, et des avantages de la solitude, 83. Il fait la description du parloir de Sainte-Pélagie, 84. Visites académiques qu'il reçut, 85. Il raconte tout le charme que répandent dans cette triste solitude les femmes qui vont voir les prisonniers, et le contraste qu'elles y trouvent avec leurs habitudes de luxe et de mollesse, 86. Il remarque quelques femmes au *salon* (parloir des prisonniers): une jeune villageoise qui vient visiter son ami; une mère qui embrasse son fils, 92. Il parle du suicide d'une jeune dame qui venait voir son époux, 94. Ses observations sur l'intérieur d'une maison où il assiste à un bal, et sur les femmes qu'il y rencontre, 102 *et suiv*. Il se représente les femmes réunies, pour le jugement dernier, dans un *pandémonium*, où il a la facilité de les connaître toutes, et de les juger ce qu'elles sont, 129 *et suiv*. Contraste qu'il remarque entre une séance de l'Athénée et une séance de la société des Bonnes-Lettres, 180; entre le mode d'éducation adopté par les frères de la Doctrine chrétienne et l'enseignement mutuel, 182. Il va rendre visite à un vieux physicien qui a consumé sa vie à interroger toutes les parties des connaissances humaines, et qui, dans aucune, n'a trouvé de réponse satisfaisante aux questions fondamentales qu'il posait, 185 *et suiv*. Il consulte à son tour chacun de ses souvenirs, et aux demandes qu'il se fait il ne trouve qu'une réponse insuffisante, 193. Quelques unes de ses boutades philosophiques, 196 *et suiv*. Nouvelle émotion qu'il ressent en songeant aux rigueurs dont on accable les prisonniers, 211. Rêve pendant lequel il croit voir toutes les nations conclure un traité de paix générale, à l'abri de la constitution, de la justice, et de la liberté, 213. Il découvre un vieux manuscrit contenant une scène de la Ligue, 217. Ses efforts pour ramener dans la droite voie un écrivain anglais qui se perd dans les sentiers du romantisme, 228. Ses observations sur les maladies morales incurables, 243, 248. Il reçoit la visite d'un Gascon qui lui propose d'établir un cours de théurgie morale, et lui donne des notes sur ce système, le seul qui conduise rapidement à la fortune, 287. Jouissances que lui procure son imagination; creations qu'elle lui inspire, 305. Il réalise dans son esprit un monument qu'un architecte voulait élever à la gloire de la France guerrière; description qu'il en donne, 306. Émotions qu'il éprouve à l'idée de ce monument fantastique, 309 Réflexions qu'il fait sur la dernière guerre d'Espagne en jouant une partie d'échecs, 311 *et suiv*. Ce qu'il dit de ses divers emprisonnements, 315; de sa manière de vivre à Sainte-Pélagie, 317. Il est mis en liberté, 321. Ses réflexions sur l'avantage qu'il y aurait à réunir en plusieurs volumes les meilleurs articles politiques insérés dans les journaux par de célèbres publicistes, XVI, 4. Ce qu'il dit de ses efforts dans cette branche de la littérature, 5. Plan qu'il a suivi pour ses *Mélanges*, 7. Sa rencontre avec Parny, à Pondichéry; leçons de poésie qu'il en reçut, 13. Ses réflexions à propos de *l'Essai sur la vie, les écrits, et les opinions de M. de Malesherbes*, par M Boissy-d'Anglas, 129 à 152; sur une nouvelle édition des OEuvres de Voltaire, 153 à 162. Ce qu'il dit des différentes manières de voyager outre-monde, 168. Fiction à la faveur de laquelle, revêtu du pouvoir d'un dieu, il opère un bouleversement général sur la terre, et remet chacun à sa place, 381 à 386. Motifs qui excitent quelquefois son humeur, 393. Ses réflexions sur la captivité de Napoléon à Sainte-Hélène, et sur ses détracteurs, 410 à 415. Plusieurs de ses notes pour la composition d'une histoire où il examinerait les hommes, les écrits, et les événements de son temps, 419 à 428. Rêverie à la faveur de laquelle, se trouvant au foyer des Français, il assiste à un entretien des principaux auteurs dramatiques, qui conversent sur leur mérite respectif, et se décernent réciproquement quelques éloges, 429 à 436. Epitre par laquelle il dédie à M. de Longchamps sa tragédie de *Tippô-Saeb*, XVIII, iij. Motifs qui l'ont engagé à traiter ce sujet, dont le héros est un personnage contemporain, v. Réponses qu'il fait à certains reproches dont cette composition a été l'objet, viij. Ses réflexions sur les préjugés auxquels se sont laissé aller des auteurs qui ont écrit sur le Myzore, xj; sur les circonstances politiques pendant lesquelles fut représentée la tragédie de *Tippô-Saeb*, 97. Epitre par laquelle il dédie à M. Arnault, ancien membre de l'Institut, sa tragédie de *Bélisaire*, 107. Ses remarques sur l'injustice et l'absurdité de la censure dramatique, exercée par l'arbitraire d'un seul homme en place, 119. Motifs qui l'ont engagé à faire imprimer sa tragédie de *Bélisaire*, quoiqu'elle n'eût pas encore été représentée, 121. Obstacles réitérés que la censure mit à la représentation de cette pièce, 126. Explications sur quelques parties de cette composition, 130. Epitre par laquelle il dédie à M. Lacretelle ainé sa tragédie de *Sylla*, 217. Quelques détails sur le plan et le caractère de cette pièce, 229 Réflexions sur le succès de cette composition et sur quelques critiques dont elle fut l'objet, 313; sur sa première représentation, 315. Explications sur la tragédie de *Julien*, et le caractère que l'auteur donne à son héros, 324. Ses remarques sur le plan et le fonds de son opéra de *la Vestale*, XIX, 6; sur les circonstances qui en précédèrent et en accompagnèrent la représentation, 52; sur l'opéra de *Fernand-Cortez*, 61; sur quelques changements que la censure exigea pour cette pièce, 105; sur ceux que l'auteur y fit plus tard, 106; sur la mise en scène et le succès de cet opéra, 107; sur le succès des *Bayadères*, 170; sur une représentation à laquelle Napoléon assista, 171; sur quelques circonstances qui semblaient devoir arrêter le succès des *Amazones*, 229. Observations sur les fondements de l'opéra des *Abencérages*, 235 ; sur le succès de cette composition, 287 ; sur les motifs qui l'ont porté à composer l'opéra de *Pélage*, 291 ; sur la fable de *Zirphile et Fleur de myrte*, 318 ; sur l'opéra de ce nom, 350 ; sur celui de *Velleda*, 356 ; sur les entraves ministérielles par suite desquelles cette pièce ne fut point représentée, 408. Epître par laquelle il dédie à M. le comte de Pontécoulant sa comédie de *l'Héritage, ou les Mœurs du temps*, XX, 9. Ses remarques sur le sujet de cette pièce, et l'opposition que la censure mit à sa représentation, 11 ; sur le sujet de sa comédie de *M. Beaufils, ou la Conversation faite d'avance*, 141 ; sur le succès de cette pièce, et l'indifférence avec laquelle le public accueillit celle du *Mariage de M. Beaufils*, 191 ; sur le sujet de *l'Homme aux convenances*, son succès à la lecture, et son peu d'effet au théâtre, 235 ; sur les caractères d'exception à propos de *l'Avide Héritier*, 287 ; sur l'empêchement que la censure mit à la représentation des *Intrigues de cour*, 363 ; sur le tableau qu'il présente dans cette pièce, 367. Epître par laquelle il dédie à M. Emmanuel Dupaty son volume d'opéras-comiques et de vaudevilles, XXI, v. Ses remarques sur ses parodies, xvj ; sur le sujet de son opéra de *Milton*, 6 ; sur le succès des *Aubergistes de qualité*, 147 ; sur le but et le succès du vaudeville de *Comment faire ?* parodie du drame de *Misanthropie et Repentir*, 268 ; sur le *Vaudeville au Caire*, 317 ; sur le but de la pièce *Dans quel siècle sommes-nous ?* 362 ; sur le *Tableau des Sabines*, pour payer un tribut solennel d'admiration à l'œuvre de David, 418 ; sur la *Marchande de modes*, parodie de l'opéra de la *Vestale*, 479. Réflexions de l'auteur sur son goût pour la peinture, XXII, 3. Ce qu'il dit d'une église de la Basse-Normandie, pour laquelle il avait commandé un tableau, 79. Ses remarques sur l'industrie, 285 à 336 ; sur les motifs politiques qui l'ont déterminé à publier le roman de *Cécile*, XXIII, 3, 37.

Autichamp (d'), général vendéen, combattant sous les ordres de Cathelineau, XII, 582. Il enlève le village de Noit, *ibid.*

Autreau, auteur d'opéra-comiques, XXI, xj.

Autriche (l'). Causes qui ont entravé les progrès de son industrie, XXII, 301.

Autrichiens (les), sous la conduite du prince de Schwartzemberg, quittent les Vosges et se dirigent sur la Champagne, XXVI, 493. Leurs autres opérations en 1814, 501, 510.

Autun. Antiquité des monuments que cette ville renferme, XXVI, 412. L'arc de triomphe de la porte d'Arroux, le temple de Janus, les débris de celui de Pluton, *ibid.* Un tombeau pyramidal, les débris de l'amphithéâtre, 413. Division de la ville en trois parties ; les deux cathédrales ; chapelle où le prince de Talleyrand disait la messe, 414. Personnages célèbres nés à Autun, 415. L'église Saint-Martin ; fontaine si-

tuée sur la place des Terraux;
le clocher de la cathédrale,
416. Antiquité de la ville; nom
qu'elle portait primitivement;
l'empereur Auguste la visite,
418. Elle est ruinée par Tétricas, et ne se relève que sous
Constance Chlore; accroissement donné à sa splendeur,
419. Elle est prise d'abord par
les Bourguignons, ensuite par
les monarques mérovingiens,
puis par les Normands; les
Anglais en brûlent une partie
en 1379, 420. Résistance que
ses habitants opposèrent, durant la Ligue, au maréchal
d'Aumont; désastres qu'elle
essuya de la part des alliés en
1814 et 1815, 421.

AUTUN (le comte d'), l'un des
seigneurs français qui demeurèrent fidèles à Louis-le-Débonnaire, XXVI, 449.

AUVERGNE (l'). Aspect de ses
montagnes et de son territoire, XXVI, 295. Volcans
qu'elle renferme, 330. Mines
abondantes que l'on y remarque; aversion des paysans auvergnats pour les travaux des
houilles, 331. Défaut de communication dans cette province; ses eaux minérales; désastres que cette ville essuya
sur différents points, 332.
Prétentions des Auvergnats
sur leur origine; leur province
devient vassale des ducs d'Aquitaine, 337. Elle passe à la
maison de Bourgogne, est léguée aux Médicis, et revient à
la couronne de France; avantages qu'elle retira, contre la
féodalité, de la croisade prêchée par saint Bernard à Clermont; les barons auvergnats
voient leurs rapines réprimées
par des commissaires qu'envoya Louis XIV; résultat des informations dirigées contre ces
barons, 338. Excès de l'ancien
clergé auvergnat, 339. Qualités et défauts des auvergnats;
danse voluptueuse et lascive
en usage parmi eux, 341. Leur
fidélité conjugale; beauté de
leurs femmes, 343. Leur ignorance et leur attachement à la
routine; leur penchant pour la
boisson, 344. Jugements divers sur leur plus ou moins de
dispositions pour les arts, 345.
Hommes célèbres qu'ils s'honorent d'avoir eu pour compatriotes, 346. Caractère de
leur esprit, 347.

AUXELLE-LE-HAUT (la commune
d'), remarquable par ses mines,
XI, 175.

AUXERRE. Sa situation; son origine; revers que cette ville a
essuyés de différents peuples,
XXVI, 478. Ses calamités sous
ses seigneurs particuliers et
sous la loi gombette; bonheur
qu'elle goûta sous Henri IV;
l'église de Saint-Pierre; l'abbaye de Saint-Germain qui
renfermait les reliques d'un
grand nombre de saints, 479.
La cathédrale, 480. L'athénée
de l'Yonne, 481. Commerce
d'Auxerre, 482.

AVALON, ville où l'on fabrique
les tonneaux nécessaires aux
vignerons de la Bourgogne,
XXVI, 477.

AVEJEAN (la famille baroniale
d'), admise aux états de Languedoc, IX, 97.

AVESNES, ville peu remarquable,
si ce n'est par son arsenal;
hommes distingués qu'elle a
vus naître, XII, 82.

AVEYRON (le département de l').
Portrait et caractère de ses habitants, IX, 14. Hommes dis-

tingués dont il s'honore, 15. La vallée dite *las canals dé Mourthou*, 38. Le jardin Royal sur la rive gauche de l'Aveyron, 39.

AVIGNON. Situation de l'esprit politique de ses habitants, IX, 213. Exemple du fanatisme religieux qui domine dans ce pays, 215. Aspect intérieur de la ville; perspective que l'œil embrasse du haut d'un rocher du côté du Rhône, 216. Transaction opérée pour la réunion d'Avignon et du comtat Venaissin, 265. Une procession de mission, 267. Le palais papal, 268. La glacière, 269. L'église métropolitaine; la succursale de l'hôtel des Invalides, 270. Le cercle de la noblesse; celui du commerce, 272. La synagogue, 273. Caractère moral des Juifs avignonais, 274.

AVOCATS (les). Etudes auxquelles se livre celui qui est au stage et qui aspire avant tout à la réputation d'orateur éloquent et d'homme de lettres, I, 86.

AVRANCHES. Perspective dont on jouit de l'emplacement de l'ancienne cathédrale, XXV, 316. Particularités sur l'origine et l'histoire de cette ville, 318. Elle est réunie à la couronne, et fortifiée par saint Louis; ses vicissitudes depuis cette époque; son aspect intérieur, 319. Hommes célèbres nés dans ses murs, 320.

AVRANCHIN (l'), formant l'une des anciennes subdivisions de la Basse-Normandie, XXV, 150.

AYELLE (mademoiselle d'), qui fut la maîtresse de Henri IV, VIII, 307.

AYEN (le duc d') favorise la nomination de Turgot à la dignité de ministre, XIII, 78.

AYMON (M.), compositeur. Mérite de sa musique dans l'opéra de *Velleda*, XIX, 408.

AYMOYN, historien de la Bourgogne, qui s'est montré écrivain servile, XXVI, 442.

AYRAULT (d'), lieutenant-criminel au présidial d'Angers, sous Charles IX. Ce qu'il dit des accusations politiques intentées dans le feu des réactions, XV, cvij.

AZAÏS (M.), auteur du Système des compensations, VIII, 478.

AZEMAR (M. d'), ex-préfet du Var, retiré à Massillargues, où il exerce la plus grande bienfaisance envers les malheureux, IX, 153.

AZEROLES (d'), prototype des intrigants de cour. Il est fidèle aux Tuileries, et arbore les couleurs des différents gouvernements, V, 224.

AZILLE, petite ville du département de l'Aude, VIII, 447.

B.

BABELMANDEL (le détroit de), XVIII, 94.

BABIN, théologien, né à Angers, XXV, 406.

BABLER (M.), le plus affairé des désœuvrés, VI, 223.

BABOIS (madame), auteur de poésies gracieuses, I, 23,

BABOUC, Scythe qui fut chargé d'une mission à Persépolis, IV, 124.

BABYLONE. Loi de prostitution qui était en vigueur dans cette ville, XIV, 503. Habileté de ses habitants à teindre la pourpre, XXII, 288.

BACHELIER, sculpteur toulousain, VIII, 428.

BACHELU (le général), guerrier célèbre, qui vit tranquille et heureux sur la terre natale, XI, 64.
BACHELET-DANVILLE (le général), né à Elbeuf, XIII, 134.
BACHET, village à quelque distance de Grenoble, X, 107.
BACO, qui se distingua par sa bravoure, lorsque les Vendéens attaquaient la ville de Nantes, XII, 583.
BACON, chancelier d'Angleterre. Son opinion sur le mariage, I, 332. Ce qu'il dit de l'égalité dans l'ordre moral, IV, 333. Il pense que les connaissances humaines n'ont rien à craindre des tempêtes politiques, VI, 208. Son opinion sur l'exercice des dogmes de la religion, 396. Culte qu'il rendit à la politique lorsqu'il était dans la retraite, XIV, 5. Ce qu'il dit de l'homme marié, 66. Influence presque nulle qu'exerça son système politique, 102. Il assure qu'il n'y a point de fortune possible sans persécution, XV, 57. Avertit qu'il faut se défier de ces protégés orgueilleux qui trafiquent des éloges, 285. Regarde l'histoire au miroir magique des siècles passés, XVI, 360. Ce qu'il dit de la bonté, XXVI, 561.
BADUREAU (madame), portière, citée par madame Choquet, III, 90.
BAFFA, Napolitain condamné à mort, et que sa femme recommanda vainement à Speziale, dont elle n'obtint qu'une ironie sanglante, XIV, 564.
BAGNÈRES-DE-LUCHON, bourg célèbre par ses eaux thermales. Sa situation et sa beauté; coutume observée par une troupe de musiciens envers les étrangers qui arrivent dans ce lieu; observations sur l'esprit et le caractère de divers voyageurs qui se trouvent aux eaux de Bagnères, VIII, 204. Aspect et activité des rues de cet endroit dans la matinée, 212. Les *bains de la Reine*, 213. La *fontaine de Salut*, 214. Les cascades formées par le gave de Bagnères, 271.
BAGNEROT (le), ruisseau qui arrose le vallon au milieu duquel est située la ville de Bains, XI, 342.
BAGNES. *Voyez* FORÇATS.
BAGNOLES, village de Normandie, fameux par ses eaux thermales, XXV, 133. Action de ses eaux, 134. Anecdote relative à la découverte de la fontaine de Bagnoles, 136. Construction de ses bains, 137. Le parc, 138. Intérieur de l'établissement, 139. Portrait de quelques baigneurs qui s'y trouvent rassemblés, 141. Air de famille et bonne intelligence qui régnent entre eux, 144. Intérieur du parc; l'hôpital militaire, 145.
BAGNOLS, ville du département du Gard, IX, 210.
BAGUENET (l'abbé), auteur de l'*Histoire de Turenne*, et d'une *Description des monuments de Rome*, XIII, 196.
BAINS (les). Luxe que l'on remarquait dans ces sortes d'établissements chez les Grecs et les Romains; ce qu'ils ont été, ce qu'ils sont maintenant en France, IV, 156. Progrès de la chimie moderne favorables aux bains d'eaux minérales, 159.
BAINS, petite ville remarquable par sa position, ses promenades charmantes, et sept sources

d'eaux minérales dont trois sont renfermées dans un vaste bâtiment, situé au milieu de ce bourg, XI, 342. Fabrique de fer-blanc et tirerie de fil-de-fer qui se trouvent aux environs de Bains, *ibid.*

Baitron (la Butte du), ancien emplacement d'un château fort qui n'existe plus, XXV, 112.

Bajane (la famille de), dont tous les membres émigrèrent au commencement de la révolution, IX, 447.

Bajazet. Son passage fut annoncé par des lueurs stériles, XIV, 170.

Bailleul, ville de la Flandre française, dont les constructions sont régulières et les rues bien percées, XII, 296. Ornements bizarres que l'on remarque au-dessus des portes des maisons; fertilité des prairies environnantes, 297.

Balac, l'un des principaux personnages du pays situé entre les monts Calphas et Garamantes, XVI, 407.

Balaguier (le fort de), en avant de Toulouse, IX, 386.

Balainvilliers (M. de), ancien intendant du Languedoc. Ses tentatives pour élever un tombeau à la fille du poète Young, IX, 109.

Balainvilliers (le comte de), l'un des chefs des *chouans*, XII, 554.

Balarue, jadis renommé par ses eaux thermales, IX, 88.

Balbe (Constance de), nièce et pupille d'un vieux châtelain avare, qui ne voulait pas la marier de son vivant, afin de ne pas restituer la dot; ses amours avec Bertrand, jeune guerrier qui s'était distingué dans plusieurs combats. Lorsque ce dernier fut parti pour une nouvelle expédition, Constance est enlevée par le seigneur don Juan, aux désirs duquel elle résiste; elle est enfermée au château de ce baron jusqu'au retour de son amant, qui la délivre après avoir tué le ravisseur; ils goûtent, pendant quelque temps, dans les bras l'un de l'autre les plus doux plaisirs de l'amour, et touchés enfin de repentir, se retirent chacun dans un couvent, XI, 141 à 147.

Balchoux, habile graveur avignonais, IX, 277.

Balde (Jean), l'un des poètes les plus distingués de l'Allemagne, XI, 202.

Balde (Jacques), XI, 272.

Balerne (les grottes de), dans le Jura, près de Salins, X, 8.

Baleskinski (le chevalier), vieillard octogénaire qui vint à la cour de Stanislas, duc de Lorraine, avec les enfants même d'Auguste, roi de Pologne, lorsque celui-ci, accablé par le malheur, crut devoir les confier à son rival. Il donne a Pageville quelques détails sur l'histoire de la Lorraine, et en particulier sur Stanislas, XI, 299 *et suiv.*

Balguerie (M.), négociant du Havre, XIII, 272.

Balincour (la famille baroniale), admise aux états de Languedoc, IX, 97.

Ballet (Charles), littérateur recommandable, né à Montauban, VIII, 345.

Ballon (le), l'une des montagnes des Vosges, XI, 328.

BALTHAZAR, sculpteur, né à Cambrai, XII, 69.
BALTUS, jésuite, qui fit une réponse à l'*Histoire des Oracles de Fontenelle*, XI, 507.
BALTUS (Jacques), notaire, auteur des Annales de Metz, XI, 507.
BALZAC, membre de l'Académie française, écrivain distingué par son esprit, et dont le style présente des tours élégants, une harmonie continue, et des phrases pleines et sonores; il consacra ses derniers jours à la bienfaisance, XXVI, 232.
BALZE, poete et auteur dramatique, IX, 219.
BANCAL, un des complices dans l'affaire Fualdès, IX, 3.
BANCAL, l'un des commissaires de la convention qui furent échangés contre la duchesse d'Angoulême, XII, 216.
BANCELIN, restaurateur chez qui certains bourgeois du Marais vont faire leurs petites débauches, I, 77.
BAN-DE-LA-ROCHE (le). Sa situation, son étendue; villages qui le composent; sa température, XI, 381. Ses anciens seigneurs; pauvreté et mœurs rustiques de ses premiers habitants; les ducs de Weldeuz introduisent dans cette contrée la confession d'Ausbourg, 382. Prospérité actuelle de sa population, due au zèle infatigable et à la tendre sollicitude du pasteur Oberlin, 383. Etat moral du Ban-de-la-Roche lorsqu'Oberlin s'y installa, 390; ce qu'il est aujourd'hui, 391 et *suiv.*
BANQUEROUTES (les). Degrés qui varient leurs qualifications parmi les commerçants, XIV, 397. Il est peu de gouvernements de l'Europe qui n'aient fait quelque banqueroute, *ibid.* Banqueroute du Trésor de France, dans la révolution; délais pour les paiements, 398. Autorisation que les banqueroutiers reçoivent de l'exemple du souverain, *ibid.*
BAOUR-LORMIAN (M.), poete distingué, I, 4 Sa traduction de l'*Aminte* du Tasse, III, 336. Son pays natal, VIII, 432.
BAPAUME (la vallée de), tout près de Rouen, et remarquable par les richesses que la nature y a réunies à celles de l'industrie, XIII, 190.
BAPST, fameux écuyer qui se trouve à une fête de Mont-de-Marsan, VIII, 76
BAPTÊME. Emplettes qu'un parrain généreux doit faire à l'occasion de cette cérémonie, dans une maison de haut parage, I, 47.
BAPTISTE aîné, comédien distingué. Ses premiers essais sur le théâtre de Toulouse, VIII, 406.
BAR (Sophie, comtesse de), qui avait fait construire un château sur l'une des montagnes au milieu desquelles est située la ville de Saint-Mihiel, XI, 437.
BAR-LE-DUC. Sa fondation; origine de sa partie haute, état particulier dont elle était la capitale, XI, 440. Le collège; le château, 441. L'église de Saint-Pierre, *ibid.* Le Palais-de-Justice; commerce et industrie de la ville, 442. Confitures que l'on y prépare, 443. Vignes et vergers des environs, *ibid.* Hommes distingués dont Bar s'honore, 444.
BAR-SUR-AUBE, ville de la Champagne, qui fut le théâtre d'o-

pérations militaires en 1814, XXVI, 493, 507.

BARABÉ (M.), habile escrimeur, XXV, 222.

BARAGNON, cordonnier toulousain, qui périt sur l'échafaud, accusé d'avoir assassiné un de ses amis, mais dont l'innocence fut proclamée par le véritable auteur du crime, au moment que celui-ci allait être exécuté; espèce d'hommage rendu à sa mémoire, VIII, 383.

BARAGUAY-D'HILLIERS, chef d'état-major du général de Custines, XI, 494.

BARAGUÉ, auteur, d'un talent qu'il n'eut pas le temps de développer, XIII, 194.

BARAICTAR (Mustapha), qui suscita une révolution en Turquie, XIII, 302.

BARANTE (le baron de), homme instruit, qui a voulu porter le roman dans l'histoire, XXVI, 352.

BARATCHAR (M.), curé du village d'Ustaritz, personnage remarquable par ses connaissances variées et étendues, et par une grande tolérance, VIII, 147.

BARBANÈGHE (le général), qui, renfermé avec cinquante hommes dans la forteresse d'Huningue, opposa une longue résistance aux troupes de l'archiduc Jean, et consentit enfin à signer une capitulation à laquelle il avait mis pour condition expresse que la garnison sortirait avec armes et bagages, et tous les honneurs de la guerre, XI, 228; XII, 214.

BARBAROUX, jeune homme qui, atteint d'une grave maladie, fut soigné à Quimper avec l'intérêt dû à ses talents et à son malheur, XII, 546.

BARBAROUX (M.), l'un des premiers membres de la *société des Troubadours réunis de Vaucluse*, XV, 66.

BARBÉ-MARBOIS (le comte de), auteur d'excellents ouvrages politiques, XI, 508.

BARBEDOR (M.), ancien maître de pension, III, 148.

BARBENTONNE, situé dans le département de Vaucluse du côté de la Provence, IX, 283.

BARBET (M.), fabricant de Rouen, XIII, 184.

BARBEYRAC (Jean), professeur de de droit à Lausanne et auteur d'un *Traité du Jeu*, V, 81.

BARBIER d'AUCOURT, né à Langres, XXVI, 506.

BARBIN, libraire de Paris, au dix-septième siècle, dont la boutique était fréquentée par les érudits, VI, 104.

BARBOTIN (madame), portière citée par madame Choquet, III, 90.

BARBOU, imprimeur à qui l'on doit de bonnes éditions, VI, 106.

BARCLAI. Caractère et inutilité de ses bouffonneries par rapport à la morale, XIV, 11; XXIV, 188.

BARDELIÈRE (Michel Fortet de La), l'un des Malouins qui, à l'époque de la Ligue, concoururent à l'indépendance de Saint-Malo, XII, 423.

BARDENET (le père), directeur de la maison des missionnaires de la Franche-Comté, située dans le village d'École, XI, 145.

BARDIN (M.), marchand mercier, dont l'Ermite observe l'allure nocturne, III, 387.

BARDIN (Pierre), membre de

l'Académie française, XIII, 197.

BARDOS (la sainte de), vierge de quinze ans qui, faisant croire qu'elle ne vivait que par un miracle continuel de la grâce, était l'objet d'une profonde vénération, mais dont l'imposture fut découverte par le père Clément, VIII, 127.

BARÈGES. Sa situation; son aspect intérieur; efficacité de ses eaux, VIII, 236.

BARETTH (la princesse de), citée à propos de ses Mémoires, II, 92. On la compte au nombre des amis de Voltaire, X, 460.

BARFLEUR, remarquable par un port important jadis, et insignifiant aujourd'hui, XXV, 278. Détails sur le naufrage du bâtiment *la Blanche-Nef*, parti de ce point en 1120, 279.

BARGINET (Alexandre), Grenoblois qui se distingua de bonne heure dans la carrière des lettres. Napoléon, à qui il avait donné des renseignements topographiques à son retour de l'île d'Elbe, l'admet à l'école militaire de Saint-Cyr; il fait la campagne de Waterloo; revient à Paris pour y reprendre le cours de ses études, et publie plusieurs ouvrages, XV, 70. Détention qu'il subit à Sainte-Pélagie, pour une satire allégorique; travail auquel il s'y occupe, 71.

BARILLI (madame), actrice distinguée de l'*Opéra-Buffa*, III, 346.

BARILLON (M.), Briançonnais qui fonda un prix pour l'auteur du meilleur mémoire sur la suppression des jachères, X, 271.

BARITEL (les), l'une des familles qui ont fondé en Auvergne des associations volontaires où l'égalité de chacun est soumise à une loi commune, XXVI, 314.

BARLAIMONT, situé à deux lieues de Landrecies, XII, 81.

BARNAVE, orateur distingué de l'assemblée constituante, qui mourut sur l'échafaud, X, 99; XIV, 568.

BARNETT, écrivain Anglais. Ce qu'il dit des partis opposés qui se servent tour-à-tour des armes dont ils reprochaient l'usage à leurs adversaires, XIV, 337.

BARNEVELDT, avocat-général des états de Hollande, périt injustement sur l'échafaud, XIV, 317.

BAROCHE (le territoire de), dont l'Angleterre se réserva la possession, XXII, 453.

BARON, acteur distingué, VII, 353. Il se trouve à une assemblée des principaux auteurs dramatiques discutant sur leur mérite respectif, XVI, 431.

BARONNET (Claude), échevin de Lyon, X, 343.

BARONNET (Geoffroy), échevin de Lyon, X, 343.

BARRAL (le vicomte de), qui vit retiré à quelques lieues de Grenoble, X, 128.

BARRAS (Alphonse de), personnage cité dans le roman de *Gusman d'Alfarache*, IV, 247.

BARRAU (M. de) qui a des connaissances positives sur la religion, le commerce et les mœurs des habitants de la côte de Coromandel, où il a séjourné longtemps, VIII, 477.

BARRÉ (M.), commerçant de Douai, XII, 191.

BARRE (la), rivière dont les eaux produisent des effets redoutables au temps de marée, lorsqu'elles se jettent dans la Seine, XIII, 226.

BARRÉ (M.), l'un des fondateurs du théâtre du Vaudeville, XXI, xiv.

BARREAU (le). Moyens à employer pour y acquérir la gloire d'un orateur et d'un avocat distingué, I, 90. Parallèle entre la compétence et la juridiction du barreau et celles d'un commissaire de police, V, 46.

BARRIÈRE (Pierre) est engagé au meurtre de Henri-le-Grand par des moines et des jésuites, XIV, 62; XVI, 125, 308.

BARRIGUE DE FONTAINIEU (M.), peintre-paysagiste. Son tableau d'une *Vue de la ville de la Cava dans le royaume de Naples*, XXII, 57.

BARROIS (le), petit état particulier dont Bar-le-Duc était la capitale, XI, 440.

BARROIS (le général), né à Ligny, XI, 446.

BARROIS frères (MM.), fabricants à Lille, XII, 267.

BARRY, jurisconsulte célèbre né à Sarlat, IX, 21.

BARSALON (M.), commerçant considéré d'Agen, VIII, 294.

BARSALON jeune (M.), propriétaire de l'ermitage de Moncrabeau, où il ajoute chaque année de nouveaux embellissements, VIII, 294.

BART (Jean), célèbre marin, né à Dunkerque. Quelques uns de ses exploits, XII, 317, 328.

BART (le vice-amiral), fils aîné du précédent, XII, 328.

BARTHE (M), avocat distingué, I, 17; XIV. 415.

BARTHE, auteur d'un règlement qui fit beaucoup de bruit dans les coulisses, III, 64. Il a flétri l'égoïsme dans une comédie médiocre, IV, 56. Son pays natal, IX, 336.

BARTHÉLEMY (le général), ne à Gray, XI, 147.

BARTHÉLEMY (l'abbé). Son *Anacharsis* peut être regardé comme un véritable roman historique, XXIII, 30.

BARTHEZ (M. de), premier médecin du duc d'Orléans, chancelier de l'université de médecine de Montpellier, IX, 25, 125.

BARTHEZ père, auteur de mémoires d'économie rurale, IX, 25.

BARTHUIS (Gaspard), érudit obscur, XXIV, 182, 187.

BASCOU fils et BOUME (MM.), commerçants de Montpellier, IX, 112.

BASIGNAC (Pierre de), troubadour périgourdin, XXVI, 243.

BASKERVILLE, imprimeur renommé pour ses éditions, VI, 106.

BASNAGES (Benjamin), qui se fit une réputation contemporaine par ses plaidoyers; il est auteur d'un *Commentaire sur la coutume de Normandie*, XIII, 194; XXV, 265.

BASNAGES (Jacques), que ses coreligionnaires choisirent pour répondre à l'*Histoire des variations* de Bossuet, XIII, 194.

BASNAGES (Henri), auteur d'une *Histoire sur les ouvrages des savants*, et d'un *Traité sur la tolérance des religions*, XIII, 194.

BASSANO (le duc de), XI, 152. Caractère qu'il déploie dans sa retraite, *ibid*. Il fut un de ceux qui insistèrent sur la nécessité de se résigner aux délibérations du congrès de Châtillon, XXVI, 522.

BASSANO, peintre dont le musée

de Lille possède quelques ouvrages, XII, 246.
BASSÉE (la), petite ville de la Flandre française, XII, 296.
BASSET, sculpteur, né à Saint-Claude, XI, 10.
BASSOMPIERRE (le maréchal de), né à Nanci, XI, 318. Réponse qu'il fit à Marie de Médicis, au sujet de la prédilection de cette reine pour la résidence de Saint-Germain, XIII, 13. Marguerite de Valois lui recommande Henri de Savoli, XXVI, 287.
BASSUSSARRY, commune peu remarquable du pays basque, VIII, 141.
BASTARD frères (MM.), propriétaires d'une belle filature de coton au métier, située à Colmar, XI, 218.
BASTERRÈCHE (M.), négociant de Bayonne, VIII, 88.
BASQUES (les). Leur isolement, VIII, 92. Antiquité de leur origine; leur ancienne dépendance des Romains, 94. Territoire des Basques français; leur portrait et leur caractère; leur langue, 95. Mœurs et esprit de la noblesse basque, 97. Préjugés de la nation contre les descendants des Goths; caractère d'une race étrangère qui s'introduisit dans leur pays sous le nom de Bohémiens, 98. Charmes que présente le pays des Basques, 103. Systèmes d'agriculture en vigueur dans cette région, ibid. Anciens marins basques; présomptions en faveur des Basques relativement à la découverte du Nouveau-Monde, 105. Moyens d'éclaircir les conjectures a ce sujet, 106. Exercices gymnastiques et amusements des Basques; leurs chasses aux palombes, 130. Leur jeu de paume; leur ardeur pour ce dernier plaisir, 132. Leurs danses autour des tombeaux, 135. La danse du *mouchico*, dont l'on tenta vainement de donner une idée sur le théâtre de l'Opéra, 136. Les chants des Basques, 137. Courage de leurs soldats et leur amour de l'indépendance, 138. Propreté des Basques dans leurs vêtements; beauté des Basquèses; religion des Basques, leur respect des morts et usage qu'ils observaient aux funérailles, 139. Leur penchant pour le brigandage, 149. Nature des querelles parmi la jeunesse, 150. Caractère vindicatif des Basques, 151. Parallèle entre ces derniers et les Béarnais, 164.
BASVILLE (M. de), auteur de mémoires sur la ville de Montpellier, IX, 92.
BATAVIA, île que les Anglais occupèrent, et dont ils soulevèrent, contre le joug européen, la population indigène, XXII, 453.
BATBÉBAT (MM. Léon et Jean), négociants de Bayonne, VIII, 88.
BATHILDE (sainte), femme de Clovis II, à qui l'on attribue la fondation de l'abbaye de Jumièges, XIII, 216; XIV, 485.
BATON, fameux marchand de fleurs, VI, 293.
BATTISTESSA, napolitain condamné par Speziale, XIV, 556.
BAUDE (M.), négociant distingué de Gravelines, XII, 331.
BAUDEAU (l'abbé), né à Tours, XXVI, 136.
BAUDIER (Dominique), auteur de harangues, de lettres familières, et de plusieurs poésies

latines et françaises, XII, 279.
BAUDIUS, cité, XXIV, 182.
BAUDONVILLE, situé près de Nancy, et renommé pour ses vins, XI, 318.
BAUDOT (madame), habitante de Bar-le Duc, renommée par les confitures qu'elle prépare, XI, 443.
BAUDRAND (le général), né dans le département du Doubs, XI, 127.
BAUDREUIL (M. de), maire de Saint-Quentin à qui les habitants doivent beaucoup pour l'ordre, la paix et l'union qu'il sait maintenir dans cette cité commerçante, XII, 13.
BAUDRI, chanoine, auteur du *Chronicon Cameracense*, publié au onzième siècle, XII, 69.
BAUDRON (M.), écrivain dramatique, XVI, 431.
BAUDUIN IV, comte de Flandre, agrandit Lille, XII, 229.
BAUDUIN V est obligé d'étendre l'enceinte de Lille, XII, 229.
BAUDUIN III, comte de Flandre, ferme de murailles la ville de Dunkerque, XII, 308.
BAUDUIN IX, comte de Flandre, empereur de Constantinople, né à Valenciennes, XII, 128; XXVI, 453.
BAUER, peintre et sculpteur distingué, XI, 273.
BAULAY-THIERRY, village à quelque distance de Dreux, XXVI, 77.
BAUME (la), campagne du département de l'Hérault, IX, 54.
BAUME (la marquise de La), fameuse par sa beauté et son inconstance, XXVI, 475.
BAUME-LES-DAMES, remarquable par ses pâtes de coing, que préparent les dames de cette ville; caractère des Baumois, XI, 133. Ancienne abbaye de religieuses que l'on remarquait dans ce lieu, 134 Hommes célèbres nés à Baume, *ibid*.
BAUMES, médecin sorti de l'école de Montpellier, IX, 125.
BAUSSET (M. de), auteur d'une *Vie de Bossuet*, V, 10.
BAUSSET (M. le comte de), qui vit retiré dans une de ses terres, à quelques lieues de Béziers, IX, 282.
BAVAI, l'une des plus anciennes villes de la Gaule-Belgique, remarquable par les embellissements qu'y fit exécuter l'empereur Auguste, par les ruines d'un cirque, et les restes d'un aqueduc, XII, 95. Colonne septangulaire que l'on remarque sur le milieu de la place, 96. Les chaussées Brunehaut, 97.
BAVAROIS (les). Leurs mouvements militaires en 1814, XXVI, 501, 521, 540.
BAVIÈRE (Henri de), qui commit des assassinats sur les membres de la diète de Mayence, XI, 470.
BAVILLE (M. de), ancien intendant de la province du Languedoc, qui s'acharna contre les protestants lors de la révocation de l'édit de Nantes, XVI, 132.
BAVOUX (M.), professeur de droit civil à l'École de droit, XI, 10. Base de son système d'enseignement; talent qu'il déployait dans ses leçons; injustice dont il fut payé, XIV, 428.
BAWINCHOVE, lieu où s'appuyait la gauche de l'armée française en 1793, XII, 300.
BAWLER (M.), avocat, dont la plaisanterie est le genre d'escrime favori, VI, 191. Son plaidoyer contre Pageville, 194.
BAWR (madame de), auteur d'une

comédie intitulée *la Suite d'un bal masqué*, III, 344.

BAYADÈRES (les). Rapprochement entre ces prêtresses des Indes et les vestales de Rome; elles n'en différaient que par leurs mœurs licencieuses, XIX, 111. Cérémonie de leur consécration; mode de leur éducation; une fois consacrées, elles appartiennent au temple pendant leur vie entière, 112. Origine de la considération dont elles jouissent dans l'Indoustan, 113. Bien qu'elle soit un privilège de la classe des artisans, la profession de bayadère peut être aussi embrassée par les castes supérieures, 114. Conditions à remplir par les jeunes filles destinées au service des pagodes; jugements divers qu'on a portés de ces prêtresses, 115. Caractère de leur danse, 116; de leur chant et de leur musique instrumentale; privilèges honorifiques dont elles jouissent, 117.

BAYARD, célèbre par sa bravoure et sa galanterie, II, 189; XV, 307.

BAYE, endroit où l'on remarque beaucoup de maisons de campagne que les Romains de distinction habitaient à certaines saisons de l'année, IV, 159.

BAYEUX. Origine de sa suprématie religieuse, XXV, 245. Débris attestant l'antiquité et l'importance primitive de cette ville; ses anciens monuments romains, 246. Troubles qui la désolèrent, 248. Calme dont elle jouit maintenant; esprit de la société à Bayeux, 249. Ses fabriques de dentelle; la cathédrale, 250. Chapelle souterraine de cette basilique; la tapisserie de la reine Mathilde, 252. La bibliothèque du chapitre, 253. Personnages célèbres nés à Bayeux, 254. Aspect pittoresque de la position de cette ville, 258.

BAYEUX (Jean de), archevêque de Rouen, qui fut assassiné par les moines de Saint-Ouen, XXV, 254.

BAYLAY et compagnie (MM.), fabricants de tulles à Douai, XII, 191.

BAYLE, critique distingué, auteur des *Nouvelles de la République des lettres*, I, 356. Il néglige de donner la morale pour base à la politique, XIV, 11. Son étonnement sur ce que les vestales ont cédé quelquefois à l'esprit d'incontinence, XIX, 5. Il vérifie les expériences de Pascal, de Toricelli, et de Harvey, XXII, 295.

BAYLE (Pierre), député, qui fut étranglé dans le cachot du fort de Lamalgue, près de Toulon, IX, 387.

BAYONNE. Entrée de son port, et sa population, VIII, 85. Sa situation; ses environs; son commerce; la promenade des *Allées maritimes*; célébrité acquise à la ville par l'invention des bayonnettes, 86. Mœurs des Bayonnais; leur indifférence pour les arts; personnages distingués dans les finances et le commerce, 87. Patriotisme des Bayonnais; leur courage contre les Anglais, qui avaient conquis leur ville; contenance de leur garde nationale en présence des Espagnols en 1815, 88. Qualités des marins de Bayonne; célèbres capitaines de vaisseau dont s'honore cette ville; vie privée des habitants; éducation des femmes; la salle de spectacle; indifférence des Bayonnais pour les jeux du théâtre; leur ardeur pour la danse, 89. Caractère de la danse dite *pamperruque*; les superstitions du pays, 90. Fièvre contagieuse à laquelle la ville fut en proie, 120.

BAZAS, ville remarquable par sa situation au haut d'un rocher, VIII, 46.

BAZIN (l'abbé), sous le nom duquel Voltaire publia plusieurs de ses ouvrages, VIII, 465.

BAZIRE, fameux révolutionnaire, IV, 341.

BAZOCHE (M. de), habitant de Falaise, ami des lettres, XXV, 87.

BAZOCHE (La), située dans la Beauce, XXVI, 96.

BAZOILLES, village situé à peu de distance de Neufchâteau, XI, 417.

BAZVALAIS (Jehan de) reçoit l'ordre de tuer le connétable de Clisson; mais il l'élude, et épargne ainsi au duc de Bretagne, Jean IV, un crime sans motif comme sans utilité pour lui, XII, 561.

BÉARNAIS (les). Parallèle entre les Basques et les Béarnais, VIII, 164. Ardeur de ces derniers pour le travail, 176. Etablissements que plusieurs Béarnais formèrent autrefois en Espagne ou dans les colonies espagnoles, 195. Le patois béarnais, *ibid.* Leur indifférence pour les lettres, 196.

BÉATRIX, épouse de Bérenger IV, comte de Provence, IX, 306.

BEATRIX, fille de Guignes IV, porte la souveraineté du Dauphiné dans la maison de Bourgogne, X, 105.

BÉATRIX. Par son mariage avec Robert, sixième fils de Louis IX, le Bourbonnais entre dans la maison de France, XXVI, 357.

BEAUBOIS (M.), personnage cité par madame Choquet, III, 90.

BEAUCAIRE. Aspect d'une prairie voisine dans le temps de la foire, IX, 283. Privilège accordé jadis à cette foire; le château de Beaucaire, 284. La Tour carrée, 285. Ancienne importance de la ville; l'église de Notre-Dame-des-Pommiers, *ibid.* Le canal de Beaucaire, 286. L'écluse de prise d'eau, *ibid.* Marais entre Saint-Gilles et Aigues-Mortes, 287.

BEAUCE (la). Monotonie des paysages et des sites dans une partie de cette contrée, XXVI, 85. Aspect des moissons qui en couvrent la surface, 88. Luxe en usage chez les jeunes mariées, 89. Vestiges de la foi des druides que l'on retrouve dans cette contrée, 96.

BEAUCHAMP (M. Alphonse), apologiste emphatique des guerres de la Vendée, XII, 556.

BEAUCHÊNE-BOUIN, marin de Saint-Malo, à qui l'on doit la connaissance du canal de Horn pour pénétrer dans la mer du Sud, XII, 409.

BEAUCOURT, village situé au midi de Béfort, et où l'on confectionne une grande quantité de mouvements de montre, XI, 177.

BEAUFEU, où Philippe-Auguste, après une bataille gagnée par les Anglais, perdit son sceau et tous les actes de sa chancellerie, XXVI, 26.

BEAUFONT, village où se donna, en 1793, le combat de ce nom, entre les Français et les Autrichiens, XII, 89.

BEAUFORT (la duchesse de). Ses amours avec Henri IV, II, 189.

BEAUFORT (M. de), directeur de la verrerie de Muntzhall, où il parvint à faire du cristal imitant le *flint-glass* des Anglais, XI, 503.

BEAUGENCY, situé au bord de la Loire, et remarquable par les fertiles vignobles qui l'environnent, XXVI, 133.

BEAUHARNAIS (Hortense de), reine de Hollande, aujourd'hui duchesse de Saint-Leu, dont les habitants de la vallée de Montmorency ont gardé le souvenir, III, 185.

BEAUHARNAIS-MIRAMION (madame de), fondatrice d'une maison de pénitence sous l'invocation de Sainte-Pélagie, retraite qui sert maintenant de prison, XV, 301.

BEAUJEU (la tour de). Son antiquité; détails relatifs à sa longévité, XI, 150. Sorte de superstition à laquelle cette longue existence a donné lieu; extinction de la dernière branche qui posséda la terre de Beaujeu, 151. Architecture de ce château, 152. Embellissements qu'y a fait exécuter le propriétaire actuel, 153.

BEAUJEU (Madame de) obtient la régence à la mort de Louis XI; jalousie des grands seigneurs du royaume à cette occasion, XII, 381.

BEAUJEUX (les), l'une des familles qui ont fondé en Auvergne des associations volontaires où l'égalité de chacun est soumise à une loi commune, XXVI, 314.

BEAUMANOIR, ami de Clisson. Ses prières inutiles pour obtenir la liberté de ce dernier, XII, 561.

BEAUMARCHAIS, auteur comique qui s'attacha à flétrir les ridicules, II, 245. Son procès contre les héritiers de Pâris-Duverney, III, 286. Il assiste à une réunion des principaux écrivains dramatiques discutant sur leur mérite respectif, XVI, 432. Il fut pour ainsi dire le créateur d'une comédie nouvelle où les ridicules et les vices des plus hautes classes furent signalés avec autant de gaieté que d'amertume; son *Mariage de Figaro*, XX, 4. Cette comédie est la plus forte des pièces d'intrigue, 369.

BEAUME (Amaury, sire de La), confident du duc de Berri. Celui-ci lui communique son dessein de vengeance contre Bérenger de Presles, III, 144.

BEAUME (M.), peintre distingué, XII, 201.

BEAUME (Pierre et Claude de La), cardinaux, nés à Arbois, XI, 56.

BEAUMÉ, jeune Alençonnais, qui est parvenu à dérober aux manufactures de Tarare le secret de la fabrication de leurs belles mousselines, XXV, 117.

BEAUME-LES-MESSIEURS, village de la Franche-Comté, où se trouve un ancien monastère qui a donné son nom à cet endroit, XI, 30.

BEAUMES (la famille), une des plus anciennes de la ville de Lunel, dont la branche aînée y exerce depuis plus de trois cents ans la profession de notaire, IX, 151.

BEAUMETZ, magistrat distingué de Douai, XII, 174.

BEAUMONT (François de), baron des Adrets, exerce des fureurs dans la ville de Vienne, X, 281.

BEAUMONT (Élie de), l'un des

amis de Voltaire, X, 459.
BEAUMONT (l'abbé de), ancien évêque de Gand et de Plaisance, IX, 219.
BEAUMONT, bourg du département de la Drôme, IX, 446.
BEAUMONT (M.), maire actuel et ancien sous-préfet de Morlaix, où il s'est distingué par son active surveillance, par sa modération et sa sollicitude pour les malheureux, XII, 501.
BEAUMONT, petit bourg non loin des bords de la grande rue qui mène à Caen par Donzullé, XXV, 50.
BEAUMONT-LE-ROGER, situé dans le département de l'Eure, et remarquable par les forêts qui l'avoisinent, et les fabriques qu'on y trouve, XIII, 106, 113.
BEAUNE. Usage que suivaient le maire et les échevins, la nuit de Noel, XXVI, 425. Ses vignobles, sa situation, ses principaux établissements publics; l'hôpital qu'y fonda le chancelier Rollin, 428. Origine de la ville; noms qu'elle porta, 429. Dominations qu'elle subit successivement avant d'avoir ses comtes particuliers; elle tombe au pouvoir des ducs de Bourgogne, sous lesquels elle devint florissante, et posséda une manufacture d'étoffes; les armoiries de Beaune, 430.
BEAUPLAN (M. Amédée de), figurant dans l'atelier d'Horace Vernet, XXII, 223.
BEAUPRE, remarquable par une maison de mission qui fut autorisée par les bulles du pape Innocent XI, et par lettres-patentes du roi, XI, 146.
BEAUPRÉAU (Agnès de), dite la belle Angevine. Ses amours avec le chanoine Joachim-Isidore Fretteau, dont elle punit l'inconstance, à l'instigation de son oncle, par d'horribles mutilations; elle est brûlée vive, et une colonne fut érigée sur l'emplacement de son bûcher, XXV, 390 et suiv.
BEAUREGARD (le château de), aux environs de Carpentras, IX, 261.
BEAUREGARD (madame Dubois de), célèbre par un don considérable qu'elle fit aux Trapistes pour aider à leur établissement, XXV, 145.
BEAUREGARD (le château de), situé à quelque distance de Blois, XXVI, 21. Propriétaires auxquels appartint ce domaine, 22.
BEAUREGARD, ville d'Auvergne, où l'on récolte beaucoup de vin et de chanvre, XXVI, 324.
BEAUREPAIRE, qui, ne voulant pas survivre à la prise d'une forteresse confiée à sa valeur, se brûla la cervelle à Verdun, XI, 448.
BEAUSÉJOUR, situé à quelque distance d'Alençon, et remarquable par des carrières granitiques, XXV, 125.
BEAUSSE (Jean de), architecte qui a reconstruit le clocher de la cathédrale de Chartres, XXVI, 99.
BEAUSSET (le rocher de), IX, 431.
BEAUVAIS (Vincent de), auteur d'un ouvrage intitulé; *Speculum historiæ*, X, 98; XII, 528.
BEAUVAIS, évêque de Senez, est déposédé par l'effet des intrigues d'un ambitieux qui briguait le chapeau de cardinal, XIV, 56. Son pays natal, XXV, 302.
BEAUVAIS, sculpteur, élève de Couston, XXVI, 487.

BEAUVAIS DE PREAU, député, qui languissait dans un cachot de l'un des forts de Toulon, IX, 387.

BEAUVAL (M.), sous-chef aux impositions indirectes, qui remplit les fonctions de juré dans le premier procès de l'auteur, XV, lxxxvij.

BEAUVALLET, sculpteur, né au Havre, et dont le ciseau a enrichi le palais de Compiègne d'un grand nombre de morceaux très remarquables, XIII, 277. Son *Narcisse*, XXII, 73.

BEAUVAU (le maréchal de) visite la tour de Constance à Aigues-Mortes, XVI, 133.

BEAUVEAU (le prince de), l'un des amis de Voltaire, X, 461.

BEAUVERLET (madame). Entretien où elle montre que, par les hautes opérations dont elle s'est chargée, elle est la maîtresse au logis, tandis que, aux yeux de la société, elle parait être une bonne bourgeoise, XV, 113.

BEAUVOIR, village où l'on voit les ruines d'un château des anciens dauphins, X, 41.

BEAUVOIR (la colonie de), fondée par Anatole de Césane, sur les bords de la Susquehannah, en Pensylvanie. *Voyez* ANATOLE DE CÉSANE.

BEAUZÉE (Nicolas), savant grammairien, membre de l'Académie française, XI, 451.

BEC (le baron de) surprend le duc de Grammont au village d'Honnecourt, XII, 39.

BEC (l'abbaye du), convertie aujourd'hui en haras. Style de son architecture, XIII, 115. Son origine; école célèbre qu'y établit Lanfranc, 116. Ancienne stérilité des terres qui environnent cette abbaye, 118.

BECCARIA dit que l'horreur que les bourreaux inspirent fait assez connaître ce que les peuples pensent de la peine de mort, XIV, 275.

BÉCHET (M.), secrétaire perpétuel de l'académie de Besançon, XI, 72.

BECKER (le général), né à Aigue-Perse, dont les propriétés furent respectées en 1815 par les troupes alliées, et le dernier Français qui reçut l'accolade de Napoléon, XXVI, 321.

BECQUET DE MÉGILLE (M.), maire de Douai, qui a concouru à former les collections d'antiquités que l'on remarque au musée de cette ville, XII, 176.

BECQUEY (M. le conseiller d'état). Efforts de son zèle pour améliorer la navigation dans les départements du midi, IX, 288.

BECTOZ (Claudine de), abbesse de Saint-Honoré de Tarascon, X, 105.

BÉDARIDES, village du département de Vaucluse, IX, 263.

BÉDAS (les), peuplade aborigène de l'île de Ceylan, n'ayant d'autre lien social qu'un sentiment inné de justice; trait prouvant cette justice naturelle, XIV, 288.

BEDFORT (Jean, duc de), régent. Ancien palais où il suscitait les troubles des Armagnacs et des Bourguignons, VII, 242. Son tombeau dans la cathédrale de Rouen, XIII, 163.

BÉDUGUE (la), faubourg qui mène à la ville de Dôle, XI, 83.

BÉFORT. Son antiquité; ses premiers souverains, XI, 172. Sa dépendance de l'Autriche; de la France; ses fortifications, 173. La principale usine de

Béfort; qualité du minerai qu'on y élabore, 176. Aspect intérieur de la ville; ses édifices publics; son importance commerciale; la tour dite *la Pierre-Motte*, 179. Plaine où le général Lecourbe attaqua l'armée des alliés en 1815, 180.

BÉGAT, jurisconsulte habile, qui contribua à éclaircir l'ancienne histoire de Bourgogne, XXVI, 443.

BÉGHIN-DUFLOT (M.), commerçant d'Armentières, XII, 294.

BEGOUIN (M.), négociant du Havre, XIII, 272.

BEGUILLET (M.), qui a composé une histoire de la Bourgogne, XXVI, 443.

BEIN, graveur célèbre, né à Strasbourg, XI, 274.

BEISSON, graveur, né à Aix, IX, 310.

BEJUIN, maison de campagne dans la Sologne, qui a été pendant vingt-cinq ans l'asile de madame de Boudonville, XXVI, 27.

BELAMI (M.), fabricant de la ville de Caen, XXV, 211.

BELCORIE, un des meilleurs minéralogistes des temps modernes, XXVI, 174.

BELÊME, ville peu remarquable du département de l'Orne, XXV, 98.

BELFAST, situé en Irlande, II, 226.

BELGIQUE (la). Tranquillité, prospérité commerciale dont elle jouit sous le roi Guillaume, XII, 205. Heureux effets que doit produire l'établissement du collége philosophique, 206. Ses habitants furent les plus industrieux de toutes les Gaules, XXII, 291. Soins qu'ils donnaient à la culture de leurs troupeaux, 357.

BÉLIDOR, auteur qui a écrit sur la théorie de l'hydraulique, XXII, 348.

BELIN (l'ancien fort), dont les ruines se trouvent sur l'une des montagnes qui couronnent Salins, XI, 69.

BÉLISAIRE, général, qui, par une intrigue du palais, s'est vu dépouillé de ses honneurs et jeté dans les fers, XVIII, 121. Il est chassé de Byzance par Théodora qui lui a fait bruler les yeux, 122. Il s'oppose aux projets de vengeance que poursuit sa femme Antonine, 123. Envoie à Justinien un avis secret qui lui indique un moyen de salut; renvoie sous leurs drapeaux les Romains qui allaient se joindre aux ennemis de son pays, *ibid.*

BELLAING (le comte de) veut favoriser les établissements formés pour le blanchiment des toiles, et ne trouve que des persécutions, XXII, 394.

BELLANGÉ, peintre distingué sorti de l'école normande, XIII, 203.

BELLARMIN (le cardinal). Son opinion touchant le pouvoir absolu des papes sur les couronnes et la vie des rois, XIV, 45. Il prétend dans un de ses ouvrages que tous les prélats de son temps seraient damnés, 52.

BELLART (M.), célèbre avocat, XIV, 415.

BELLAY (Martin du), seigneur d'Yvetot, qui assista au couronnement de Marie de Médicis, XIII, 246.

BELLAY (Guillaume de), seigneur de Langey, diplomate habile, bon capitaine, et auteur de plusieurs ouvrages estimés. Mausolée qu'on lui a élevé

dans la cathédrale du Mans, XXV, 364.
BELLAY (Martin de), frère du précédent, évêque du Mans, XXV, 364.
BELLECOUR, comédien distingué, commença sa réputation sur le théâtre des Variétés de Bordeaux, VIII, 43.
BELLEFONTAINE, village où règne une industrie florissante due en grande partie au commerce de la coutellerie, XI, 341.
BELLE-FOREST, cité, XXV, 174.
BELLEFOSSE, l'un des villages composant la paroisse du Ban-de-la-Roche, XI, 381.
BELLEGAMBE (Jean de), peintre d'un mérite supérieur, XII, 179.
BELLE-ISLE (le maréchal de), fils de l'intendant Touquet, également habile aux travaux des négociations de la guerre et du cabinet, IX, 36.
BELLEMONT, l'un des villages composant la paroisse du Ban-de-la-Roche, XI, 381.
BELLENGER (François), docteur de Sorbonne, qui a critiqué plusieurs ouvrages, entre autres les écrits de Rollin, XXV, 60.
BELLESME (Jean de), archevêque de Lyon, veut imposer silence à de nouveaux apôtres qui prêchaient dans le district soumis à sa juridiction, X, 315.
BELLEVAL (M. Charles), auteur d'une notice sur la ville de Montpellier, IX, 92.
BELLIARD (le général), XXVI, 515.
BELLIÈVRE (Jehan), ancien notaire royal à Lyon, X, 417.
BELLIN, auteur d'une tragédie de *Mustapha*, IX, 335.
BELLOCQ, village du Béarn, VIII, 154.

BELLOI (du), savant jurisconsulte, né à Montauban, qui défendit avec zèle les intérêts de Henri III et ceux de Henri IV, VIII, 345, 425.
BELLONI (M.), musicien distingué, II, 158.
BELLOVÈSE, prince gaulois, XII, 558.
BELLUGON (M.), ancien directeur du collége de Lodève, IX, 60.
BELMAS (M. de), évêque de Cambrai, homme simple dans ses mœurs et dans ses manières, d'une grande fermeté de caractère et de principes, d'une instruction solide, et d'une piété aussi vive que franche, et exempte d'ostentation, XII, 65.
BELMONT (M. le comte de), propriétaire de La Ferté-Humbault, XXVI, 28.
BÉNARD, prédicateur, cité dans le roman de *Cécile*, XXIII, 245.
BÉNARD-LOISEL (M.), commerçant de Pont-Audemer, XIII, 121.
BENEZECH (M.), ministre du directoire, IX, 136.
BENGALE (le), province d'Asie, où le gouverneur Hastings organisa une famine cruelle, XVIII, xv.
BÉNI (le), érudit obscur, XXIV, 184.
BÉNIGNE, l'un des disciples de saint Polycarpe qui prêchèrent le christianisme dans la Bourgogne, XXVI, 444.
BENJAMIN, rabbin qui parle de la ville de Lunel, dans son *Itinéraire*, IX, 150.
BENOIST (madame), peintre. Son portrait de l'impératrice Marie-Louise, XXVI, 46.
BENOIST (MM.), d'Orléans, fa-

4.

bricants de bonnets destinés à la Turquie, XXII, 384.

BENOÎT XIII, pape, qui régnait à Avignon, tandis que Boniface IX régnait à Rome, XXVI, 457.

BENOÎT XIV, l'un des amis de Voltaire, X, 459. Ce qu'il dit des Jésuites, XVI, 309.

BENOÎT, archevêque d'Embrun, qui fut massacré par les Maures en 966, X, 248.

BENOÎT, ancien secrétaire du duc de Bassano, XI, 102.

BENOÎT (le père), historien estimable, né à Toul, XI, 430.

BENOIT, de Saint-Pétesbourg, savant, XXIV, 189.

BENSERADE, né à Lions, XIII, 80; XXIV, 186.

BENTINCK (lord William), général anglais qui, en 1814, fit aux Italiens et aux Génois de fausses promesses, et engagea l'honneur de l'Angleterre, XIV, 230.

BENVENUTO CELLINI, fameux sculpteur, qui tua le connétable de Bourbon sous les murs de Rome, XXVI, 359.

BENAIN, dessinateur célèbre, né à Saint-Mihiel, XI, 439.

BÉRANGER (M de), poete lyrique, auteur de chants patriotiques remarquables, I, 11. Caractère de ses compositions, et leur supériorité sur celles de tous ses rivaux, VI, 315. Ses chansons citées: *Louis XI*, XVII, 14; *le Champ d'Asile*, 18; la *Vivandière*, 20; le *Dieu des bonnes gens*, 25; le *Roi d'Yvetot*, 30; la *grande Orgie*, 34; la *bonne Vieille*, 41; la *Paillasse*, 48; le *vieux Ménétrier*, 52; *les Gaulois et les Francs*, 54; *Plus de politique*, 60.

BÉRANGER (M), jurisconsulte distingué, IX, 440. Son pays natal, X, 48. Son opinion sur les intrigues que le Gouvernement emploie pour s'assurer des jurés selon ses vues, XIV, 309. Il soutient que les principes qui substituent des juges forcés aux organes ordinaires de la loi, annoncent le besoin de satisfaire des vengeances, 315.

BÉRARD (M.), à qui l'on doit des innovations avantageuses dans la fabrication de l'esprit-de-vin, IX, 86.

BÉRAUD (Philippe), érudit, XXIV, 187.

BERBIER, libraire de Paris au dix-septième siècle, dont la boutique était fréquentée par les poetes, VI, 104.

BÉRENGER IV, comte de Provence, IX, 306.

BÉRENGER, théologien. Sa doctrine sur l'Eucharistie est condamnée à Brionne, en 1040, dans une conference solennelle, XIII, 114.

BÉRENGER DE PRESLES, fils d'un gentilhomme attaché à la cour de Charles V. Il reçoit pour parrain Jean, sire de Neuville, et est admis au château de ce dernier pour s'instruire dans les trois métiers des armes, III, 127. Il copie les vers satiriques composés par le prieur de Rieux, 129. Ses progrès dans son éducation militaire, 130. Il soupire pour Alix, fille du sire de Neuville, 131. Il transcrit, pour le prieur de Rieux, une satire que ce dernier avait faite contre le duc de Berri, qui venait de manquer une expédition militaire, *ibid*. Il est chargé de porter une dépêche au roi, qui l'accueille avec bonté, *ibid*. De retour au château de Neuville, où il avait pénétré malgré les instances d'Alix, qui l'avait engagé à fuir, il est reçu comme un coupable, et chassé aussitôt, comme étant l'auteur de la satire contre le duc de Berri, 132. Il se rend au château de Presles, apprend la mort de sa mère, et va pleurer sur son tombeau, 135. Il remet l'administration de ses biens au chapelain du château, et, se dirigeant vers la cour du duc de Bourgogne, il délivre, à quelques lieues d'Auxerre, le maréchal de Loigny, près d'être assassiné, 136. Il repousse les conseils que lui donnait ce dernier de se justifier, 138. Il arrive à la cour du duc de Bourgogne, 139. Il se couvre de gloire dans la bataille contre le duc de Gueldres, 140. Il obtient l'amarante d'or aux Jeux floraux, et est armé chevalier, 141. Il est vainqueur dans un tournois, et reçoit l'écharpe des mains d'Alix, 143. Il vole au rendez-vous que lui avait donné son amie, 144. Il en reçoit le serment d'un amour éternel, 145. Il obtient le consentement du roi pour son mariage; il est assassiné au pied de la colline de Fresnes, 146.

BÉRENGÈRE, amante de Philippe, que Louis XI fit précipiter dans les oubliettes des Bruyères. *Voyez* PHILIPPE.

BERENKOPF (le ballon de), remarquable par sa hauteur, XI, 174.

BÉRÉSHINDE, mère de la jeune Odile, que son père avait dévouée à la mort parcequ'elle était aveugle, XI, 280.

BERGAME (Gasparini de), orateur italien, dont les épîtres furent imprimées par les deux premiers imprimeurs-libraires qui s'établirent à Paris, VI, 103.

BERGERAC (Pierre de), troubadour périgourdin, XXV, 243.

BERGERET, peintre célèbre, né à Bordeaux, VIII, 22.

BERGERET, célèbre capitaine de vaisseau, VIII, 89.

BERGERY (M.), officier d'artillerie, qui concourut, à Metz, à l'ouverture d'un cours gratuit de géométrie et de mécanique appliquée aux arts et métiers, XI, 498.

BERGEVIN (M.), ancien député du Finistère, XII, 516.

BERGIER (l'abbé), l'un des ennemis de Voltaire, X, 459. Son pays natal, XI, 170.

BERGOGNIÉ (M.), jurisconsulte et magistrat distingué, VIII, 302.

BERGUES, jolie petite ville, renommée par ses fromages et son marché de grains et de bestiaux, XII, 307.

BERGUILLER (M.), inventeur d'une montre astronomique, XXII, 432.

BERMONDIÈRE (le château de La), situé à quelque distance de Bagnoles, XXV, 138.

BERNAI (Alexandre de), poète virais, qui le premier a déterminé le rhythme du vers alexandrin, XXV, 172.

BERNARD (M.), gendre de M. Moussinot. Il assiste à la fête de son beau-père, et le lendemain il lui notifie un jugement qu'il avait obtenu la veille contre lui, IV, 212, 217.

BERNARD (M.), officier de la garde nationale de Marseille, qui montra beaucoup de fermeté dans les scènes sanglantes de 1815, IX, 346.

BERNARD (M.), procureur-général à Nimes, cherche à disculper le général Marchand, X, 129.
BERNARD (saint). Son opinion au sujet de la fête de la Conception immaculée, X, 313. Ses plaintes à l'empereur Henri VI, sur les désordres du clergé de Toul, XI, 429. Termes dans lesquels il parlait du théologien Abélard, XIV, 59. Il prêche la croisade dans la cathédrale de Chartres, XXVI, 116. Son pays natal, 436.
BERNARD (le général), ingénieur militaire profondément instruit, qui, abreuvé de dégoûts sous le ministère du général Dupont, fut forcé de s'expatrier, XI, 98.
BERNARD, duc de Saxe, s'empare de l'Alsace, XI, 186.
BERNARD (mademoiselle), membre de la famille Corneille, et auteur de plusieurs tragédies, XIII, 200.
BERNARD (M.), sous-proviseur du lycée, et colonel de cavalerie au Port-Louis, XXII, 466.
BERNARD (M.), l'un des négociants les plus estimables du Mans, XXV, 372.
BERNARD (M.), peintre, architecte, et sculpteur, qui a dirigé les constructions des halles de Niort, XXVI, 162.
BERNARD DE SAINT-AFFRIQUE, membre de la convention nationale, et dont la mémoire est chère à tout bon citoyen, VIII, 481.
BERNARDI, faiseur de tours de gibecière, III, 281.
BERNAY, ville remarquable par une ancienne abbaye de bénédictines, fondée par Judith, femme de Richard II, duc de Normandie, XIII, 115. Commerce et industrie de cette ville, *ibid.* État de ses fabriques de toiles, XXII, 396.

BERNIER, homme instruit, qui parcourut toute l'Asie, et dont les observations ont encore quelque valeur, XXV, 406.
BERNIER, curé de Saint-Laud, qui opéra en grande partie la pacification de la Vendée, et obtint l'évêché d'Orléans, XXV, 406.
BERNIER, médecin, auteur d'une histoire de Blois, sa ville natale, XXVI, 69.
BERNINI (le), sculpteur italien, qui fut appelé en France, XXII, 70.
BERNIS (le cardinal de). Son séjour à Paulhan, IX, 64. Il était au nombre des amis de Voltaire, X, 459. Son pays natal, XIV, 64. Fadeur et afféterie dont il a empreint ses chansons érotiques, XVII, 39. Sa réponse à madame de Pompadour, qui se prévalait de la protection qu'elle lui avait accordée, XXVI, 305.
BERNIS (la famille baroniale de Pierre de), admise aux états de Languedoc, IX, 97.
BERQUIN, écrivain moraliste, né à Bordeaux, VIII, 37.
BERQUIN, traducteur de la Complainte de la Paix, est brûlé vif pour certaine proposition que l'on taxa d'hérésie, XIV, 505.
BEHR (M.), professeur de littérature allemande à l'Athénée de Paris, IX, 275.
BEHRE (les étangs de), qui sont presque toujours couverts de barques de pêcheurs, IX, 290.
BEDRÉ (M.), peintre distingué, XII, 201.
BERRI (la duchesse de), célèbre par ses galanteries, II, 183.

Son séjour au Luxembourg, III, 26.

Berri (le duc de). Il trouve une satire écrite de la main de Bérenger de Presles, l'envoie au sire de Neuville, en lui abandonnant la punition du coupable, III, 134. Vengeance qu'il exerce contre ce jeune chevalier, 143.

Berri (le) est soumis d'abord à la juridiction de ducs et de gouverneurs ; passe ensuite sous la domination du roi de France, XXVI, 366 ; est donné en apanage par Charles V à l'un de ses fils, qui le ruine ; fécondité de son territoire ; ses vins, ses pâturages ; son commerce de laines ; ses mines, ses bois, ses manufactures, ses usines, ses coquillages fossiles, 367.

Berriat de Saint-Prix (M.), professeur de législation criminelle, auteur de plusieurs écrits estimés, et des *Annuaires de l'Isère*, X, 72.

Berriays (Le), auteur du *Nouveau Laquintinye*, XXV, 321.

Berrier, premier commis de Colbert, né à Domfront, XXV, 158.

Berruyer, auteur de l'*Histoire du peuple de Dieu*, XIII, 195.

Bertaud (Jean), évêque de Séez, poète, qui transporta dans des sentiments de piété l'expression de sentiments plus tendres et plus mondains, XXV, 96.

Bertaut (mademoiselle), directrice de l'hôpital d'Elbeuf, et fondatrice d'un établissement pour les orphelins des deux sexes, XIII, 136.

Bertaut, auteur de poésies légères, entre autres, de quelques madrigaux charmants, XVII, 64

Berteau (Le), campagne près de laquelle est la fontaine minérale de Saint-Barthélemi, XXV, 125.

Berthe, suivante d'Alix de Neuville, III, 133.

Berthfiot, savant professeur de droit romain, I, 386.

Berthellemot, confiseur renommé de Paris, 1, 401.

Bertheville, village du département de la Meuse, qui possède de belles forges, XI, 427.

Berthezène (le général), IX, 134.

Berthier (l'abbé), l'un des ennemis de Voltaire, X, 459.

Berthier (le maréchal), prince de Wagram, obtient de Napoléon le domaine de Chambord, à condition d'en achever la construction en quatre années, XXVI, 50.

Berthault, acteur estimé de Toulouse, VIII, 406.

Berthois, colonel de génie, qui fut pendu par des soldats, en 1792, après l'affaire de Baisieux, XII, 282.

Berthol de Bruhech, évêque, qui fit brûler à Rouffach un grand nombre de juifs, XI, 214.

Bertholet, savant célèbre, I, 13. Il fut l'un de ceux qui achevèrent la révolution commencée dans la doctrine chimique, XXII, 352 Entraves qu'il rencontre dans l'association qu'il avait formée à Valenciennes pour le blanchiment des toiles, 394. Sa méthode s'applique avec moins de succès aux toiles de chanvre et de lin qu'aux tissus de coton, *ibid*. Il prononça quelques touchantes paroles sur la tombe solitaire de Gaspard Monge, XXVI, 431.

Bertholon (Etienne), ancien

échevin de Lyon. X, 343.
BERTHON (M.), peintre distingué dans le portrait, XXII, 138. Son pays natal, XXV, 228.
BERTHOUD (Ferdinand), horloger. Il publia, en 1773, les principes constitutifs, les moyens d'exécutions et d'épreuves des horloges marines, XXII, 429.
BERTHOUD (Louis), neveu du précédent, inventeur des montres marines portatives, XXII, 429
BERTHOUD, frères (MM.), horlogers distingués, XXII, 433.
BERTIN, ami de Parny. Parallèle établi entre eux deux, XVI, 10. Caractère des poésies du premier, 22.
BERTIN, acteur de l'Opéra. XIX, 230.
BERTIN (M.), peintre paysagiste. Son tableau d'une *forêt*, XXII, 57.
BERTIN (M), ancien militaire qui se trouvait à la défense de la barrière de Clichy, XXII, 183
BERTON, célèbre compositeur, I, 15; XXII, 265.
BERTON (le général) se distingua à la bataille de Toulouse, VIII, 388.
BERTON (MM), de Grenoble, l'un, professeur de Chimie, et l'autre, pharmacien habile, X, 92.
BERTRAND, comte de Toulouse, qui se distingua par ses exploits et la protection qu'il accorda aux troubadours, VIII, 424.
BERTRAND (M.), agriculteur renommé, X, 92.
BERTRAND (le Père), oratorien, auteur d'un livre intitulé *de arâ liber singularis*, XII, 592.
BERTRAND (M.), notaire, qui remplit les fonctions de juré dans le premier procès de l'auteur, XV, LXXXIJ.
BERTRAND, ami de collége du portier Groumann. A la révolution, il devient chef de section, et concourt, avec son ami, à sauver plusieurs personnes recommandables, XV, 147, et *suiv*.
BERTRAND (le général), XXVI, 518.
BERTRAND, amant de Constance de Balbe. *Voyez* cette dernière.
BERVILLE (M.), avocat distingué, I, 17.
BERVILLE, directeur de théatre, cherchant des sujets au café Touchard, II, 171.
BERWICK, graveur célèbre, I, 14.
BERWICK (le maréchal de), guerrier célèbre, né à Moulins, XXVI, 363.
BÉRY-AU-BAC, lieu qui fut le théatre de quelques mouvements militaires en 1814, XXVI, 514.
BÈS (François), Gapençais qui se distingua par un trait d'une rare générosité, X, 225.
BESANÇON. Régularité de ses constructions; ses édifices publics, XI, 118. L'église de la Madeleine; celle de Saint-Pierre, 119 Le palais Grandvelle; la Bibliothèque publique; la place Saint-Jean où l'on a érigé un calvaire près des ruines d'un arc de triomphe élevé en l'honneur de Crispus, 120. La cathédrale de Saint-Jean, 121. La citadelle; le cabinet d'histoire naturelle; la salle de spectacle, 122. Le collége Royal; activité industrielle des habitants, 123. Établissement d'horlogerie, *ibid*. Caractère des *Bousbots*, vignerons qui demeurent dans le quartier le plus populeux de Besançon;

manière dont ils célèbrent la fête de Saint-Verin; ancien nom que portait la ville, 124. Hommes célèbres dont elle s'honore, 125. Caractère des Bizontins dans leurs relations sociales, 130. Aspect pittoresque de la position de Besançon et des campagnes qui l'environnent, 138.

BESLEY (M.), député qui a été porté aux chambres législatives, titre qu'il n'a cessé de justifier, XII, 439.

BESLIÈRE (l'abbaye de), dont les religieuses voulaient avoir chacune un confesseur particulier, XXV, 165.

BESSIÈRES (le maréchal), duc d'Istrie, VIII, 279.

BESSIN (la côte de), renommée pour ses vins, X, 22.

BESSIN (M.), confiseur à Rouen, XIII, 165.

BESSIN (le), formant une subdivision de la Basse Normandie, XXV, 150.

BETBEDER (M.), négociant de Bayonne, VIII, 88.

BETHAIRE, évêque de Chartres, qui, lors du pillage de cette ville par Thierry, roi de Bourgogne, s'offrit pour ôtage de ses peuples, et se dépouilla de ses biens pour eux, XXVI, 113.

BÉTHANCOURT (Jean de), navigateur rouennais honorablement cité dans les annales de la marine, XIII, 180.

BETHFORT (M.), commerçant de Saint-Quentin, XII, 16.

BETHSABÉE est ravie par David, XIV, 34.

BÉTHUNE-HOURIEZ (M), maire de la ville de Cambrai, qui se distingue par la protection qu'il accorde aux lettres, XII, 69.

BÉTIS, guerrier brave et malheureux, qui fut traîné attaché au char d'Alexandre, roi de Macédoine, autour les murailles de Gaza, XIV 169.

BETTING, où l'on remarque une belle papeterie, XI, 504.

BETUSSI (Pierre), XXIV, 184.

BEURNONVILLE, l'un des commissaires de la convention qui furent échangés contre la duchesse d'Angoulême, XII, 216. Produits de la laine de ses troupeaux, XXII, 359.

BEURRE, village situé à une lieue de Besançon, et renommé pour la beauté de ses vergers, XI, 140. L'église de ce village; site curieux que l'on nomme *le bout du monde*, 141.

BEURRIER (l'abbé Paul), né à Chartres, XXVI, 100.

BEUVRON (le), rivière sur laquelle est jeté un vieux pont de pierre, nommé le pont d'Arriant, et qui baigne les murs du château de Ville-Savin, XXVI, 23.

BEXON, digne collaborateur de Buffon, XI, 422.

BEISSON (le général). Il concourt à la défense de Nantes contre l'armée des Vendéens, XII, 583.

BEZARD (M.), savant chimiste qui reconnut l'ancien cratère du volcan situé près d'Agde, VIII, 463.

BÈZE (Théodore de), homme éloquent, et poète aimable, XXVI, 471.

BÉZIERS. Sa situation; beauté et fertilité du pays, VIII, 461. Horreurs qu'y commit Simon de Montfort; vicissitudes que cette ville essuya de différents barbares, 462. Portrait des habitants du pays situé entre Toulouse et Béziers,

463. Hommes célèbres nés dans cette dernière ville, 466.

BIAGRASSA, lieu illustré par les victoires du connétable de Bourbon, XXVI, 359.

BIANCHI (le général) s'avance sur Montereau avec une forte colonne autrichienne, XXVI, 537.

BIARRITS, village situé sur le bord de la mer, et où les Bayonnais vont se livrer aux plaisirs du bain et de la danse, VIII, 90. Source de son aisance et de son bien-être, 108. Spectacle des caravanes qui se rendent aux bains, 109.

BIAUDOS (le château de), situé dans le pays de ce nom, et appartenant à M. Basterrèche, VIII, 161.

BIBRACTE, nom que portait primitivement la ville d'Autun, XXVI, 418.

BICÊTRE (la maison de), château bâti par un évêque anglais, et qui, plus tard ayant d'abord fait partie du domaine royal et ayant été ensuite transformé en hospice pour les militaires infirmes, est devenu une maison de force, XXVII, 3. Bâtiment destiné *aux bons pauvres*, 4. Enceinte consacrée aux criminels, 5. Portrait du concierge de cette prison; intérieur du greffe, 6. Spectacle dont on est témoin dans ce lieu au moment du départ de la chaîne, 7. Détails sur quelques uns des criminels que l'on va diriger vers les bagnes, 9.

BICHAT (le docteur) a fait faire des progrès considérables à la science anatomique, XI, 157; XXVI, 471.

BIDACHE (le château de), ancienne propriété de messieurs de Grammont, VIII, 162

BIDART, bourgade du pays basque, VIII, 105.

BIDAULT (M.), peintre paysagiste, IX, 260. Son tableau de la *vallée de Ronciglione*, XXII, 57; XXVII, 47.

BIDOUZE (la), rivière qui se perd dans l'Adour, VIII, 47.

BIÉ (M.), commerçant de Mont-de-Marsan, VIII, 73.

BIELFELD, anglais, auteur d'un ouvrage où il prouve que les dettes nationales sont une marque certaine de la prospérité des états, II, 235.

BIENNE (le lac de), le plus considérable de l'Alsace, et au milieu duquel se trouvent deux iles, dont l'une, l'île de Saint-Pierre, fut habitée par J. J. Rousseau, XI, 188.

BIÈRES (le hameau de), voisin du camp du Châtellier, XXV, 97.

BIÈVRE (M. de), célèbre par ses calembourgs, III, 114.

BIFFLER, fondateur d'une fabrique d'indiennes à Mulhausen, XI, 196.

BIGAIL-ROMAGNAC (M.), commerçant de Montauban, VIII, 348.

BIGLAND (John), auteur d'un *Précis de l'histoire politique et militaire de l'Europe*. Ce qu'il dit de la trahison qui livra la ville de Toulon en 1793, XV, xxxix.

BIGNAN (M.), littérateur distingué, XII, 68.

BIGNE (le docteur de La), premier compilateur de la bibliothèque des pères, XXV, 182, 255.

BIGNON (M.), député, l'un des plus courageux défenseurs des droits constitutionnels, I, 16; XIII, 79, 99, 125.

BIGNON, ancien conservateur de

la bibliothèque royale de Paris, II, 301.

Bignon (la sœur), supérieure des religieuses de la Charité, IV, 367.

Bignon (M), secrétaire de l'académie de Rouen, pour les belles-lettres, XIII, 206.

Bigore, moine, qui fit l'éloge de la reine Blanche, XIV, 485.

Bigorre (la), plaine vaste et fertile, VIII, 203.

Bigot (G.), philosophe, XXIV, 188.

Bigottini (mademoiselle), danseuse de l'opéra, remarquable par sa grace exquise, III, 65. Ses succès dans le ballet de *Nina*, 343.

Bijude (la), à quelque distance des remparts de Toulon, et où les habitants de cette ville vont faire des parties de campagne, IX, 407.

Bilçar (le), assemblée des propriétaires, des chefs de famille du canton de Labour. *Voyez* Ustaritz.

Biliotti (M. de), propriétaire du château de Beauregard, aux environs de Carpentras, IX, 261.

Billard, habile chirurgien, né à Brest, XII, 520.

Billard (Jean), oratorien, qui lança un pamphlet contre les jésuites, et que ceux-ci firent enfermer, XXV, 369.

Billi-la-Basme, château où l'on a établi de nouveaux procédés d'agriculture qui pourraient, en peu de temps, régénérer la Sologne, XXVI, 30.

Billom, ville d'Auvergne, autrefois fameuse par une maison centrale de jésuites, XXVI, 323. Richesses de son territoir, 324.

Bilnababie, écrivain qui s'est occupé de recherches sur l'histoire des Maures, XIX, 235.

Bing (M.), israélite de Metz, s'est fait connaître dans la littérature française par une apologie de ses co-religionnaires, IX, 275.

Binnecourt épargna la ville de Thérouane, en mémoire de la conduite généreuse du duc de Guise envers les troupes impériales, XI, 479.

Binôme (M.), philosophe encyclopédiste qui montre au chevalier de Pageville ce que la France offre encore de ressources sous le rapport de la politique, des finances, de la littérature, des sciences et des arts, VI, 199 *et suiv*. Moment de la signature du contrat de mariage de sa fille, 289. Luxe et vanité que sa femme veut déployer dans les articles du trousseau, 290. Détails de ce trousseau, 293. Sa morgue contre les gens qui font de la littérature un vil métier; sa colère causée par l'empressement de son fils à se ranger au milieu de cette classe d'hommes, 198 *et suiv*. Son caractère social, VII, 14. Son opinion sur les noirceurs, 50. Ce qu'il dit de l'excellence de l'agriculture, 92. Enthousiasme de sa femme sur les succès que son fils obtient dans ses études, 110. Il cherche à modérer cet enthousiasme en signalant quelques défauts dans l'éducation de Jules, 111. Vive émotion qu'éprouve madame Binôme à la distribution des prix où son fils est couronné, 118. M. Binôme se dispose à partir pour le collège électoral de son département; lettres qu'il reçoit au sujet des candidats à l'élection, 130. Ce qu'il dit des soupçons que l'on dirige quelquefois contre des hommes occupés de recherches scientifiques, 196; des voyages, 331.

BIRON (le maréchal de). Ce qu'il dit lorsqu'il fut reçu chevalier, IV, 196. Rue où il demeurait à Paris, VII, 245. Il fait pendre Morel, commandant de la ville d'Arbois, qui, retranché dans une place peu fortifiée, avait opposé à ses troupes une longue et courageuse résistance, XI, 54. Son attitude dans le cortège de Henri IV, lorsque ce prince fit son entrée à Paris, XXII, 17.

BIRON, prédicateur, né à Bordeaux, VIII, 37.

BIS (M. Hippolyte), auteur tragique distingué, I, 18; XII, 183.

BISCAROSSE (l'étang de), qui refluait sur les terres supérieures dans les Landes, et dont les ravages furent arrêtés par des semis, VIII, 50.

BISCAYE (la), contrée d'Espagne, dont la population se compose en grande partie de Basques, VIII, 95.

BISSARDON (M.), l'un des principaux commerçants de Lyon, député en 1815; il essuya de cruelles vexations, taxé de conspiration, X, 371.

BISSENDORF, pasteur, brûlé vif pour son ouvrage intitulé: *Nodi Gordii resoluti*, XIV, 506.

BISSIÈRES, village dans les environs duquel se trouvent des bruyères isolées, où vit retiré, depuis longues années, un curé qui a fui la société des hommes; aspect de la demeure de cet anachorète; quelques unes de ses réflexions sur sa solitude; maison que l'on avait fait construire pour lui, XXV, 65 *et suiv.*

BISSON (le comte), mort lieutenant-général, après s'être distingué dans plusieurs campagnes, XII, 328.

BITSCHE, petite ville située à l'extrémité de la Moselle, XI, 483. Château-fort qu'y fit construire Evrard, comte de Deux-Ponts; courage de la garnison contre les Prussiens en 1803, 484. Qualités du territoire de ses environs, 486. Productions territoriales de son arrondissement, 489. Usines que l'on y remarque, 501. Mœurs, ignorance, nourriture des villageois du pays de Bitsche, 505.

BITSCHWILLER, village où l'on remarque un haut fourneau qui tire son minerai du pays, XI, 209.

BITUITUS, roi des Auvergnats, s'unit aux Allobroges pour repousser les armées romaines, est battu par Ænobarbus et exilé à Albe, où il mourut, XXVI, 337.

BITURIGEN, nom que portait anciennement la ville de Bordeaux, VIII, 12.

BIZI (le château de), célèbre par ses jardins, ses bois et ses cascades, XIII, 21.

BIZIER (M D.), maire de Saint-Malo, qui, par son administration juste et douce a mérité la confiance des habitants, XII, 402.

BLACK fils et compagnie (MM.), fabricants de tulles à Douai, XII, 191.

BLACKSTONE. Définition qu'il fait de la loi, XIV, 242.

BLAINVILLE, cité comme un écrivain habile à prouver ce qui est connu, III, 401.

BLAISE, ingénieux et savant mathématicien, XI, 422.

BLAISE (M.), doyen des négociants de Saint-Malo, XII, 409.

BLAMONT (Errard de) soutint une guerre contre le sire d'Oiselay, XI, 151.

BLAMONT, petite ville arrosée par la Vezouze, XI, 286.

BLANCARD (le général), retiré maintenant à Loriol, et dont le père se conciliait la vénération de tous les habitants, pendant qu'il exerçait les fonctions de juge-de-paix, IX, 434.

BLANC (Vincent Le), né à Marseille, IX, 334.

BLANC, situé dans le Berri, XXVI, 377.

BLANCHARD (M.), libraire de Paris, dont les soins et les efforts tendent à l'instruction et à l'amusement de l'enfance, I, 395.

BLANCHARD (M.), célèbre aéronaute, répète l'expérience de M. Charles, VI, 117. Traverse la Manche et descend à Calais, 118. Expérience périlleuse qu'il fit à Berlin, ibid. Quelques détails sur les développements progressifs de son génie, sur plusieurs machines qu'il inventa, et sa première expérience à Paris, XIII, 51.

BLANCHARD (madame), célèbre aéronaute, VI, 120.

BLANCHARD (l'abbé), patriarche de la petite église qui a établi son siège à Londres, XVI, 248.

BLANCHE, reine. Ses amours avec Thibaud, comte de Champagne, II, 185. Elle se marie à Louis VIII à Port-Mort, XIII,

44. Influence douce et aimable qu'elle exerça sur son siècle, XIV, 485.

BLANCHE DE BOURGOGNE. Sa détention au château Gaillard, XIII, 45.

BLANCHE DE CASTILLE, mère de saint Louis. Elle fonde l'abbaye de Maubuisson, III, 192.

BLANCHELANDE, ancien gouverneur de Saint-Domingue, XIV, 337.

BLANCHET, artiste distingué qui orna l'intérieur de l'hôtel-de-ville de Lyon de plusieurs peintures estimées, X, 380.

BLANDÉ (madame de), chez laquelle Pierre II allait faire de douces retraites, XXV, 122.

BLANVILLAIN (M.), instituteur à Pontoise, personnage qui a conservé les traditions et les principes des anciens maîtres de l'université, III, 194. Son système d'éducation, 195.

BLAVET, musicien et compositeur célèbre, né à Besançon, XI, 125.

BLAVET (le), rivière qui coule à la base de coteaux sur lesquels s'élève la ville d'Hennebon, XII, 568.

BLAYE. Son ancien nom, XXVI, 217. Horreurs que cette ville essuya des calvinistes lorsqu'ils s'en furent emparés; elle tombe au pouvoir des ligueurs; son port; la forteresse dit le *Pâté de Blaye*; ancienne abbaye que possédait cette ville, 218. Son aspect intérieur; beauté et fertilité des campagnes environnantes, 219.

BLAYE (Roland, comte de), dont le corps fut, dit-on, transporté dans la cathédrale de Blaye, après la bataille de Roncevaux, XXVI, 218.

BLECH-FRIES (MM.), fabricants distingués de Mulhausen, XXII 371.

BLÉNOD, village où les évêques de Toul avaient le chef-lieu de leur seigneurie temporelle, XI, 320.

BLESSEBOIS, né à Alençon, XXV, 130.

BLESSIG, célèbre professeur de théologie, XI, 270.

BLETTERIE (l'abbé de La), auteur de la *Vie de Julien*, et l'un des traducteurs de *Tacite*, XII, 474.

BLETTON, aventurier qui fit des dupes en débitant des eaux de source comme une panacée universelle, III, 80.

BLINAIS (Jean Pepin de La), l'un des Malouins qui, à l'époque de la Ligue, concoururent à l'indépendance de Saint-Malo, XII, 423.

BLINDLEY, imprimeur renommé par ses éditions, VI, 106.

BLOIS. Aspect qu'offre cette ville à son approche. XXVI, 57. Quelques détails historiques y relatifs, 58. Irrégularité de Blois à l'intérieur, 61. Le château, 62. Ce domaine est vendu par Guy-de-Châtillon, 63 Personnages qui l'occupèrent, 64. L'église collégiale de Saint-Sauveur; architecture du château, 65. Cour voluptueuse qui s'y réunissait sous Catherine de Médicis, *ibid.* Statues sculptées par les ordres de Mansard, 66. Evènement politique dont Blois fut témoin en 1587, 67. Population de cette ville, ses édifices, son industrie, ses hommes célèbres, 60.

BLONDEAU, intrigant, faisant métier de protections et de protecteurs, II, 72.

BLONDEAU (Charles), auteur des *Hommes illustres du Maine*, XXV, 369.

BLONDEL (Antoine), baron de Cuincy, poete et fondateur d'une société littéraire, XII, 178.

BLONDEL (M.), peintre. Son tableau de l'*Assomption*, XXII, 103.

BLONDEL, érudit, XXIV, 183.

BLONDEL, architecte qui dirigea les travaux du port de Rochefort, XXVI, 184.

BLONDELLUS, XXIV, 183.

BLONDUS (Flaccus), cité, XXIV, 182.

BLÜCHER. Un corps de son armée heurte à Méry la division Boyer, XXVI, 496. S'avance du côté d'Arcis, 497. Occupe la colline de Brienne, 499. Fuit précipitamment pour éviter d'être prisonnier, *ibid.* Sépare le corps du maréchal duc de Raguse près de Craone, 515. Ses autres opérations militaires, 518, 524.

BOADICÉE, femme qui sauva l'Angleterre, XV, 143.

BOUABILLA (Nicolas), espagnol, l'un de ceux qui concoururent à la fondation de l'ordre des Jésuites, XVI, 306.

BOBINET (mademoiselle), locataire de l'Ermite, dans la rue des Arcis, II, 407.

BOCAGE (le), l'une des anciennes subdivisions de la Basse-Normandie. Edifices qu'il faudrait y construire pour son embellissement; chemin de communication à y établir, I, 60. Etendue et uniformité des campagnes composant cette contrée, XXV, 150. Motifs qui ont pu attirer dans les forêts du Bocage les premiers Neustriens qui s'y sont réfugiés, 151. Caractère énergique et esprit national des Bocains; statistique de leur pays, 152. Prosperité de l'agriculture sur ce territoire, 153. Cause du malaise des habitants, 154. Détérioration des chemins du Bocage, 160. Canaux à pratiquer dans ce pays, 161. Désordres de l'ancien clergé de cette contrée, 164. Lois qui protégeaient la vertu des femmes, 166. Tarif d'après lequel on prisait cette même vertu, 167. Le décret de la trève de Dieu, 168.

BOCAGE (madame du), au nombre des amis de Voltaire, X, 461; XVI, 19.

BOCCALINI donne aux gouvernements des leçons fortes mais détournées, XIV, 11.

BOCHARD, rouennais, fut une des lumières de l'Eglise réformée, XIII, 194.

BOCHIUS, cité, XXIV, 182.

BOCQUET (M.), commerçant de Pont-Audemer, XIII, 121.

BODARD (Félix) personnage diplomatique, et littérateur distingué, XXV, 256.

BODILLE, gentilhomme qui tua le tyran Childéric, XV, 216.

BODIN (M.), publiciste distingué. Ce qu'il dit de l'indifférence des Saumurois pour la mémoire de madame Dacier, leur compatriote, IX, 26. Ses réclamations en faveur de la tolérance, XIV, 11. Détails qu'il donne à l'Ermite sur l'histoire de Saumur, XXV, 409, 427.

BODIN (M. Félix), fils du précédent, écrivain élégant et bon citoyen, auquel on doit une *Histoire de France*, I, 20; XXV, 428.

BODIN, auteur d'un ouvrage bizarre traitant de la démonomanie, et remarquable par la classification des sorciers, XV, 286.

BODIN (Jean), érudit, défenseur zélé des droits nationaux, et qui, dans les Etats-Généraux de 1576, déploya autant de courage que d'éloquence, XXIV, 189; XXV, 405.

BOLOSQUET (madame de), jeune provinciale attendue à Paris, chez madame de Mérange, et sur laquelle on plaisantait à l'avance, XV, 166. Elle est accueillie avec certaines préventions qui portaient à la tourner en ridicule, 167. Sa réponse sur la cour du roi Stanislas commence à rompre la ligue formée contre cette dame, 168. Elle achève son triomphe par ses talents et son esprit, et l'exposition des bases sur lesquelles peut reposer le bonheur des provinciaux de haut parage, 169 *et suiv*.

BODONI, imprimeur étranger, renommé pour ses belles éditions, VI, 111, XXII, 374.

BODOU, dieu des Chingulais, XXIII, 84.

BOE (M.), le marchand le plus ancien et le mieux assorti de Bagnères, VIII, 248.

BOECE est mis en prison pour avoir été bon ministre, XV, 48.

BOEHEMER, l'un des joailliers desquels le cardinal de Rohan acheta le fameux collier, XIV, 511.

BOENENTHAL, remarquable par de belles forges, XI, 501.

BOERHAAVE. Son sentiment sur la médecine, VI, 125.

BOETIE (la), ami de Montaigne, le premier qui osa défendre

les droits de l'homme en société, IX, 18, 20.

BOGUET, grand-juge de l'abbaye de Saint-Claude, qui se vantait d'avoir fait brûler 1,500 sorciers, XI, 11.

BOHEMIENS (les), race qui s'introduisit sur le territoire basque, VIII, 98. Leurs brigandages dans les Pyrénées; leurs mœurs grossières, 99. Leur déportation à la côte d'Afrique; anecdote d'une bohémienne chef d'une troupe de contrebandiers, 100.

BOILEAU. Son opinion sur la censure de l'hypocrisie, I, 54. Son jugement sur le *Britannicus* de Racine, à la première représentation duquel il assista, II, 13. Maison où il demeurait pendant sa jeunesse, 400. Sa maison d'Auteuil, VII, 239. Vers sanglants dont il fouette le préjugé de la naissance, XVI, 49.

BOILLY (M.), peintre distingué. Son *Entrée du théâtre de l'Ambigu-Comique, un jour de représentation gratis*, XXII, 123.

BOINDIN, habitué de la *Croix de Malthe*, où il disputait contre Marmontel, II, 254.

BOISAT (Pierre de), auteur d'ouvrages en prose et en vers, X, 99.

BOISBELLE, nom que portait primitivement la ville d'Henrichemont, XXVI, 376

BOIS-BOURBON, qui paya de sa vie l'imprudence de ses bonnes fortunes, II, 186.

BOIS-DAUPHIN (le maréchal de). Désastres qu'il cause dans la ville du Mans, dont il donne enfin les clés à Henri IV, XXV, 366.

BOIS-GUILLAUME (le), situé à quelque distance de Rouen, XIII, 151.

BOISGUY (Aimé de), chef de Chouans, XII, 554.

BOISHARDY (le chevalier de), chef de Chouans, XII, 554.

BOISJOLIN (M. de), sous-préfet de Louviers, et auteur du joli poème des *Fleurs*, XIII, 87; XXV, 128.

BOIS-LANDRY (le), situé près d'Elbeuf, XIII, 137.

BOIS-ROBERT, courtisan littérateur, qui concourut à la fondation de l'Académie française, XXV, 236.

BOISROSÉ s'empare, au nom de Henri IV, du fort que les habitants de Fécamp, partisans de la Ligue, avaient élevé à l'endroit le plus escarpé des falaises qui dominent leur port, XXV, 11.

BOISROUSSEL (le château de), situé tout près d'Essey, et occupé par M. Rœderer, XXV, 112.

BOISSEROLES, maréchal-de-camp, né à Sumènes, IX, 210.

BOISSET (le vicomte de), maréchal de camp, directeur de l'école des arts et métiers de Châlons-sur-Marne, XXVI, 511.

BOISSY (Laus de), vaudevilliste qui ne manque ni de trait, ni de grace, mais bien de profondeur et de vrai comique, XXVI, 350.

BOISSY-D'ANGLAS (M.), pair de France, orateur distingué, I, 17. Eloges mérités que lui décerne l'auteur dans l'épitre dédicatoire placée en tête de sa *Morale appliquée à la politique*, XIV, iij. Ses droits et ses titres à louer M. de Malesher-

bes, XVI, 131. Réflexions à
propos de son *Essai sur la vie,
les écrits et les opinions* de ce
dernier, *ibid.* Ce qu'il dit de la
tour de Constance à Aigues-
Mortes, 134. Ses droits au
fauteuil académique, 148.
BOIVIN (M.), distributeur de di-
plômes, III, 148.
BOIVIN (Jean et Louis), savants
nés à Bernay, XIII, 113.
BOIVIN, graveur, né à Angers,
XXV, 406.
BOIVRE (la), rivière sur laquelle
est située la ville de Poitiers,
XXVI, 156.
BOLBEC. Aspect intérieur de cette
ville, XIII, 234. Désastres
auxquels elle doit son air de
jeunesse, son industrie et son
activité commerciale; rare
exemple de probité donné par
ses commerçants, 235. Bonne
intelligence qui règne entre
les catholiques et les protestants de Bolbec; beauté des
Bolbécaises, 236.
BOLINGBROKE, l'un des amis de
Voltaire, X, 461.
BOLIVAR, fondateur de la république de Colombie, l'un des plus
célèbres généraux des temps
modernes, XIV, 207.
BOLLANDUS, chroniqueur peu véridique, XXVI, 202.
BOLLWILLER (les seigneurs de),
auxquels on attribue la construction du château de Wildenstein, XI, 207.
BOLMANN (M. J. J.), manufacturier considéré de Colmar,
XI, 219.
BOLOGNE (Jean de), illustre sta-
tuaire, né à Douai, XII, 179.
BON (le général), tué en Égypte,
IX, 459.
BONALD (M. de), né dans le dé-
partement de l'Aveyron, IX, 15.
BONAMI-DEFRESNE (M.), fabri-

cant de Roubaix, XII, 288.
BONAPARTE. *Voyez* NAPOLÉON.
BONAPARTE (Lucien). Caractère
de son épopée de *Charlemagne*, V, 10.
BONAVIS, ville située sur le point
le plus élevé du département
du Nord, XII, 40.
BONCHAMP, général vendéen, XII,
581.
BONGARS Peinture qu'il fait de
l'état de la France à la mort
de Louis-le-Grand, XIV, 170.
BONHEUR (le). Ce en quoi il consiste pour certains bourgeois
rentés a 10,000 fr., I, 69. A
quelle condition paroit-il le
moins étranger, II, 417.
BONHOMIE (la fausse) est un
voile sous lequel on cache
tous les vices de l'ame, la méchanceté, l'ambition, la trahison, la perfidie, l'imposture,
XV, 160.
BONIFACE VII, pape, est qualifié
des noms les plus irrévérents
dans l'assemblée convoquée
par Philippe-le-Bel; il est pris
par Nogaret, V, 256.
BONIFACE VIII, pape, envoie à
Philippe-le-Bel une bulle par
laquelle il lui enjoint d'obéir
à l'ordre qu'il lui avait intimé
de faire le voyage de la Terre-
Sainte, XIV, 507.
BONIFACE IX, pape, qui régnait à
Rome, tandis que Benoît XIII
régnait à Avignon, XXVI, 457.
BONIFACE (M. Alex.), savant
lexicographe, XII, 68.
BONIFACE (Balthazar), cité,
XXIV, 182.
BONIVET (l'amiral), qui fut char-
gé d'examiner les parages où
l'on voulait construire le Ha-
vre, XIII, 261.
BONJARS, savant né à Orléans,
XXVI, 128.
BONNAIRE (le général), condam-

né à la déportation, meurt de douleur à Sainte-Pélagie où il avait été renfermé provisoirement, XV, 21. Il rappelle ses titres de gloire et la manière horrible dont il fut dégradé, 35.

BONNAIRE (M.), ancien préfet des Hautes-Alpes, qui seconda dans ce département toutes les entreprises utiles, X, 203.

BONNAIRE (M.), fabricant de la ville de Caen, XXV, 211.

BONNAIRE, fondateur de la manufacture royale des toiles à voiles pour la marine, le plus grand établissement industriel que possède la ville d'Angers, XXV, 406.

BONNARIC (M.), l'un des principaux négociants de Cette, IX, 88.

BONNE-AVENTURE (la), château antique qui tombe en ruine, XXVI, 28.

BONNECORSE, connu sur-tout par l'épigramme de Boileau, IX, 335.

BONNE-ESPÉRANCE (le cap de). Sa situation et son importance pour la navigation; occupé par les Hollandais, XXII, 451. Les Anglais s'en emparent et s'en font assurer la possession, 452.

BONNEFOI (M.), bourgeois qui acquit une fortune honnête dans le commerce de bonneterie; son amitié avec l'Ermite, II, 129.

BONNEL (M.), acteur du grand Opéra, IX, 16.

BONNEL et DUBOS (MM.), commerçants de Lille, qui ont trouvé le moyen de teindre les fils de lin comme à Lyon, et les fils de coton aussi bien qu'à Rouen, XII, 271.

BONNELLE (M. de), officier français au service de la Hollande, commandant à Sourabaya, XXIII, 90.

BONNET, village du département de la Meuse, qui, depuis des siècles, a la réputation de guérir les aliénés, XI, 455.

BONNET, lieutenant-général, né à Alençon, XXV, 129, 135.

BONNEVAL. Ses anciennes fortifications et son peu d'importance actuelle, XXVI, 75, 95.

BONNEVILLE (Nicolas), auteur d'un recueil de poésies, et traducteur des chefs d'œuvre du théâtre allemand, XIII, 98.

BONNEVILLE (M. de), membre de la société d'agriculture et de commerce de Caen, XXV, 224

BONNIER (M.), qui a établi les procédés de la fabrique d'acier de M. Milleret, XXII, 438.

BONNIN (J. B.), publiciste distingué, auteur de plusieurs ouvrages de politique et d'administration, qui fut détenu à Sainte-Pélagie par suite d'une accusation d'outrage à la morale religieuse, XV, 72.

BONPORT (l'abbaye de), fondée par Richard Cœur-de-Lion; l'abbé de Polignac y composa son anti-Lucrèce, XIII, 82.

BON-SECOURS, village qui sert de promenade aux Rouennais, XIII, 151.

BONTE (M.), fabricant d'huile à Lille, XII, 269.

BONTE-POLLET (M.), fabricant d'huiles à Lille, XII, 269.

BONTEVILLE (M. de), ancien évêque de Grenoble, qui, ayant été obligé de se retirer dans son château, se livra à toutes sortes de plaisirs, et finit par se suicider, X, 86.

BONTIÈRE (Jean de La), médiocre traducteur, né à Autun, XXVI, 415.

Bontoux (M.), personnage qui a consumé sa vie à écrire de nombreux volumes et qui desire les vendre à un homme riche, curieux de trouver de l'esprit tout fait, V, 388.

Bonvallet, ancien propriétaire de la fabrique de Saint-Ouen, XXII, 361.

Bonvanten (la vallée de), remarquable par ses prairies et ses fleurs, IX, 453. Sécurité dont jouissent ses habitants, 454.

Bonvollom (la tour de), située au milieu de la forêt d'Andeinne, et dont l'aspect est très pittoresque, XXV, 146.

Bonvoust, général d'artillerie, proclame l'impossibilité de défendre Nantes, lorsque cette ville était attaquée par les Vendéens, XII, 582.

Boquille, avoué qui, en 1797, donna l'hospitalité à l'auteur, et le sauva ainsi de la mort qui le menaçait, III, 37.

Borda (le chevalier de), chef d'escadre, célèbre par ses connaissances, et une invention qui porte son nom, VIII, 78.

Borda d'Oro (M), naturaliste célèbre, VIII, 78.

Bordeaux. Sa position, VIII, 11. Ses anciens habitants, 12. Prédilection des Romains pour cette ville, où ils bâtirent un temple aux dieux tutélaires; le palais Gallien, 12. Le moulin du Chartron; le palais de l'archevêché; le pont de la Bastide, 13. Les promenades publiques; le jardin appelé le Champ-de-Mars; les allées de Tourny; les environs de la ville, 14. Le quartier du Chapeau-Rouge; celui du Chartron; anciennes maisons dites du *haut commerce*; rivalité d'amour propre entre ces deux quartiers; le quartier des Juifs; caractère des Juifs bordelais, 15. Familles juives remarquables par leurs richesses, leur probité et leur instruction; le langage de la classe inférieure du peuple et celui des classes élevées, 16. Caractère et esprit naturel des Bordelais; leur penchant à la raillerie, 20. La garde nationale de Bordeaux, 21. Personnages célèbres nés dans cette ville, 22. Urbanité des mœurs des Bordelais; réunions de jeu : les cercles Gombault, Séguinaud, Bonaffé, 23. Galanterie des Bordelais, leur probité commerciale; graces et costume des grisettes, 24. La gastronomie bordelaise; esprit de la conversation des habitants pendant le dîner, 26. Leurs soirées au Salon, 28. Usage qui s'observait autrefois aux jeux des négociants riches, *ibid*. La maison de Montaigne, 34. Les sociétés savantes de Bordeaux; ses littérateurs célèbres, 37. La Bourse, 39. Le grand-théâtre; celui du Lycée, 42. Le théâtre Molière; le théâtre Français; celui des allées de Tourny; goût des Bordelais pour l'opera-comique et les ballets, 43.

Bondeu, médecin distingué né à Pau, qui étudia son art principalement dans les hôpitaux et publia des ouvrages fort curieux, VIII, 196.

Bordier (M.), banquier à Lille, XII, 268.

Bordier (M.), horloger distingué, XXII, 431.

5.

Bordoné (l'abbé), l'un des ennemis de Voltaire, X, 459.
Borel, physicien et ventriloque, V, 42.
Borel (M.), qui fit des efforts généreux à Marseille pendant l'anarchie de 1815, IX, 347.
Borel (M.), fabricant de draps à Crest, IX, 438.
Borel (M.), libraire de Valence, IX, 442.
Borel (Antonin), auteur de traités de géométrie, X, 99.
Borelly (M.), colonel de la garde nationale de Marseille, IX, 356.
Boresky, Polonais, fameux par son originalité, I, 230.
Born (Bertrand de), vicomte d'Hautefond, guerrier du douzième siècle, bon poète, politique habile, qui employa toutes les ressources de son esprit à brouiller les rois de France et d'Angleterre, XXVI, 242.
Born (Bertrand de), fils du précédent, plus paisible dans ses penchants et dans ses goûts, XXVI, 243.
Bornèque (M.), propriétaire de fourneaux et de forges au village de Bitschwiller, XI, 209.
Boromini (le), statuaire italien, XXII, 70.
Bosio, sculpteur célèbre, I, 14. Son buste de M. le comte Decazes, XXII, 159.
Bosio, auteur d'une description des Catacombes de Rome, II, 429.
Boson s'empare du gouvernement du Dauphiné, X, 44; usurpe la souveraineté de Lyon, 310, 311; se fait proclamer roi de Provence, XXVI, 449.
Boson, cousin et amant de la jeune villageoise Emme. V. Emine.
Bossange, l'un des joailliers desquels le cardinal de Rohan acheta le fameux collier, XIV, 511.
Bossu (M.), directeur de la saline royale, à Salins, XI, 67.
Bossuet, évêque de Meaux, XXVI, 470. Son tombeau, 521.
Botta (M. Charles), auteur d'une *Histoire de l'indépendance américaine*, et d'une *Histoire des révolutions d'Italie*, XIII, 206.
Botteau (M. Remy), propriétaire d'un hôtel à Valenciennes, et renommé pour les pieds de cochon qu'il prépare, XII, 128.
Bottin (M.), ancien secrétaire-général de la préfecture du Nord, et rédacteur de la feuille administrative *le Journal du département du Nord*, XII, 263, 281.
Bouc, village qui avait autrefois pour seigneur le marquis d'Albertas, IX, 314.
Bouchain, petite ville bien fortifiée. Sa position; accroissements qu'elle dut aux châtelains de Valenciennes, XII, 149. Gouvernée d'abord par les comtes de Hainaut et les ducs de Bourgogne, elle est assiégée et prise, en 1477, par Louis XI, qui la cède ensuite à l'archiduc Maximilien; après plusieurs autres sièges, elle est réunie définitivement à la France en 1712, lorsque Villars l'eut reprise sur les alliés, 150.
Bouché père et fils (MM.), propriétaires d'une belle filature à quelque distance de Thann, XI, 209.

BOUCHEPORN (M. de), intendant de la province du Bigorre, IV, 321.

BOUCHER, artiste qui a fait fortune à peindre des dessus de portes, I, 92. Son influence sur les modes de son temps, III, 26. Il faillit à précipiter l'art dans la barbarie, XXII, 8.

BOUCHER (Jean), curé qui se fit l'apologiste du régicide Jean Châtel, XIV, 62.

BOUCHET (Dom), né à Poitiers, XXVI, 159.

BOUCHS (Valentin), habitant de Metz qui exécuta la peinture des vitraux de la cathédrale de cette ville, XI, 471.

BOUCONVILLE (l'étang de), remarquable par son étendue et la prédilection que Stanislas avait pour ses morelles, XI, 440.

BOUDIER (René), né à Coutances, XXV, 313.

BOUDIN et fils (MM), commerçants de Dunkerque, XII, 324.

BOUDONNEAU (madame), hôtesse de l'Ermite à Lyon, X, 373.

BOUDONVILLE (madame). Son séjour à Bejun, où elle a laissé d'impérissables souvenirs de bienfaisance, XXVI, 27.

BOUFFLERS (le maréchal de) fait exécuter, à Saint-Amand, le pavillon des fontaines, XII, 216. Sa valeur au siège de Lille, en 1708, 230.

BOUFFLERS (le marquis de), l'un des amis de Voltaire, X, 459. Détails qu'il donne sur des femmes renfermées dans les cachots de la tour de Constance, à Aigues-Mortes, XVI, 133. Mérite de quelques unes de ses chansons érotiques qui peuvent être citées comme modèles, XVII, 41.

BOUFFLERS (la marquise de), née à Angers, XXV, 406.

BOUGEANT (le Père), auteur de l'histoire du *Traité de Westphalie*, et d'un *Amusement philosophique*, sur l'âme des bêtes, XII, 543.

BOUGEOL (M.), l'un des principaux manufacturiers d'Héricourt, XI, 163.

BOUGON (le docteur), médecin né à Alençon, XXVI, 130.

BOUGUER, auteur d'un *Traité de Navigation*, IV, 8.

BOUGUER (Pierre), mathématicien né au Croisic, XII, 593.

BOUHFZ (M.), commerçant de Douai, XII, 191.

BOUHIER (le président), distingué par son esprit, XXVI, 471.

BOUHOT (M.), peintre. Ses tableaux : une *vue de la place et de l'église de Pantin le jour de la Fête-Dieu*, et la *Prière pendant l'orage*, XXII, 58.

BONJU (Jean), écrivain du temps de la Ligue, loue le régicide Jacques Clément, XV, 221.

BOUJU, philosophe, poete, jurisconsulte, né à Angers, XXV, 406.

BOUILLE (La), village fameux par ses bateaux qui servent de communication entre Rouen et la Basse-Normandie, XIII, 126.

BOUILLÉ (M. le marquis de), gouverneur de la Martinique, fait obtenir à M. Dub*** la croix de saint Louis, XII, 282.

BOUILLON (Godefroy de), né dans le Boulonnais, XIII, 350.

BOUILLON (M), peintre distingué. Son tableau de la *Résurrection du fils de la veuve de Naïm*, XXII, 116.

BOUILLON (le duc de) est investi par Louis XIV de la duché-pairie d'Angoulême, XXVI, 227.

BOUILLY (M.), auteur distingué d'opéra-comiques, et de contes célèbres dans la littérature enfantine, XXI, xj; XXV, 445.

BOUISSE (M. Auguste de La), auteur d'élégies conjugales, VIII, 346. Son séjour à Castelnaudary, où il affiche des prétentions à l'éligibilité, 438. Son désintéressement dans la publication des poésies du père Venance, qu'il fit imprimer à ses frais, et dont il donna le produit à la mère de ce malheureux, 464.

BOUISSÉS (M.), agronome distingué, VIII, 284.

BOULAGE (M.), professeur de droit, I, 386.

BOULAINVILLIERS (M. de), l'un des intendants de la Flandre, XII, 46. Ce qu'il dit des habitants de la ville d'Issoire, XXVI, 280.

BOULANGER (madame), actrice de l'Opéra-Comique, III, 296.

BOULANGER (M.), magistrat distingué de Rouen, X, 459; XIII, 207.

BOULAY, ville du département de la Moselle, XI, 483.

BOULAY de la Meurthe, ancien conseiller d'état, et auteur du *Tableau politique des règnes des derniers rois de la maison des Stuart*, XI, 422. Il regarde comme une des principales causes de la révolution d'Angleterre, en 1649, l'influence de la cour sur les juges et les jurés, XIV, 315.

BOULOGNE (l'abbé de), né dans le département de Vaucluse, IX, 219.

BOULOGNE. Prétentions de ses habitants sur leur origine ; phare construit par les ordres de Caligula, XII, 343. Point où se réunissaient les empereurs romains pour leurs expéditions maritimes en Angleterre, 344. Améliorations et activité que Bonaparte introduisit dans la marine de cette place; travaux exécutés dans le port de Boulogne, 345. Succès des chaloupes boulonnaises contre les vaisseaux anglais, 346. Monument élevé en mémoire des fréquents voyages que l'empereur fit à Boulogne, 348 Ancien évêché de cette ville; hommes célèbres qu'elle a produits, 349.

BOULTON, mécanicien. Sa réponse au roi d'Angleterre qui lui demandait compte de ses occupations, XXII, 293.

BOURBE, rivière qui se jette dans le Rhône, X, 14.

BOURBON (l'île). Nouvelle organisation des autorités qui la régissaient, XXII, 450. Son peu d'importance une fois qu'elle est séparée de l'île de France, 453.

BOURBON (Jacques de) meurt des blessures qu'il avait reçues à la bataille de Brignais, X, 320; XI, 127.

BOURBON (Louis, duc de), comte de La Marche et de Clermont, élève, le premier, au dessus des suzerains de France, la branche à laquelle il appartenait ; pour lui le Bourbonnais est érigé en duché-pairie, XXVI, 357.

BOURBON (Louis II, duc de), l'un des héros qui chassèrent les Anglais de France, XXVI, 357. Principes qu'il inculqua dans l'esprit de Charles VI, dont l'éducation lui avait été confiée, XXVI, 357.

BOURBON (le connétable de) est vainqueur à Marignan; met la France à deux doigts de sa perte; sa fureur lorsqu'il céda sa place à son frère; sa conspiration contre le trône; il triomphe à Pavie des troupes conduites par François I*er*; mépris, haine dont il est accablé en Espagne; il est tué sous les murs de Rome, XXVI, 358.

BOURBON (Jean de), fils de Robert de France, laisse le Charolais à Béatrix, sa fille, qui épousa Jean I*er*, comte d'Armagnac, XXVI, 382.

BOURBON (le bâtard de) suscite une révolte, XVI, 299.

BOURBON-LANCY, ville fameuse par les bains que Henri III commença, et qu'achevèrent Henri IV et le cardinal de Richelieu, XXVI, 378. Description de ces bains, *ibid.*

BOURBONNAIS (le) est gouverné d'abord par les Archambaud, puis par les comtes de Clermont; entre ensuite dans la maison de France; est érigé en duché-pairie, XXVI, 357. Armes primitives de la maison de Bourbon, 360.

BOURCIER (le baron), que la Lorraine regarde comme l'un de ses plus grands magistrats, XI, 431.

BOURCY (M.), commerçant de Pont-Audemer, XIII, 121.

BOURDALOUE s'est abstenu de prêcher contre les horreurs de la guerre, XIV, 173. Son pays natal, XXVI, 370.

BOURDARD (Xav.), personnage qui se plaint de cette foule de mendiants de toute sorte qui assiègent le public dans les promenades, VII, 348.

BOURDIER, né à Alençon, XXV, 130.

BOURDON (Sébastien), peintre distingué, IX, 133.

BOURDON (M.), membre de l'Université, auteur estimé de plusieurs ouvrages de mathématiques, XXV, 129.

BOURÉ (les carrières de), situées sur la rivière du Cher, et qui fournissent des pierres dont le temps n'altère pas la blancheur, XXVI, 45.

BOURGADES (les), l'une des familles qui ont fondé en Auvergne des associations volontaires où l'égalité de chacun est soumise à une loi commune, XXVI, 314.

BOURGELAT, fondateur de l'école vétérinaire de Lyon, X, 362.

BOURGEOIS (les). Éléments dans lesquels quelques uns des rentiers du Marais font consister leur bonheur, I, 68.

BOURGEOIS, célèbre paysagiste, né à Harfleur, XIII, 254.

BOURGES, dont la principale illustration repose sur les sept conciles qui y furent tenus. Son aspect intérieur; ses promenades, XXVI, 368. Sa cathédrale, 369. Hommes célèbres nés dans ses murs, 370. Origine du dicton sur les armes de Bourges, *un âne dans un fauteuil*, 371.

BOURGOGNE (la). Chariots en usage dans cette province, XXVI, 409. Impôts nombreux auxquels elle était assujettie dans le onzième siècle, 423. Résultats absurdes qu'y produisit la religion alliée à l'ignorance, 424. Usages ridicules qui étaient observés dans plusieurs anciennes villes de cette province, 425. Usage encore en vigueur à la fête de Noel, 426. Peuples qui composaient autrefois la Bourgogne, 443. Elle fit partie de la province lyonnaise; le christianisme y est introduit. Tranquillité dont elle a joui depuis le règne de Constantin, 444. Lors des ravages causés par les barbares, ses habitants prennent part au pillage universel; ils sont battus et chassés du Rhin par l'empereur Probus; ils rentrent dans la lyonnaise; leurs mœurs s'adoucissent; ils deviennent tributaires de Rome, 445. Ils secondent puissamment les Romains dans la défaite d'Attila qui ravageoit la Bourgogne; division qui s'élève parmi le peuple sous Gondebaud, 446. Le royaume de Bourgogne perd la Provence, 447. La Bourgogne est soumise au sceptre des rois de France; nouveaux royaumes qui se forment sur les débris de l'ancienne Bourgogne, 449. La Bourgogne proprement dite passe sous l'autorité des ducs; ce duché est réuni à la couronne; est désolé par la famine, 450. Usages extravagants observés sous Eudes III, 452. La Bourgogne est dévastée par les Anglais, 455; par un ramas de bandits, de soldats, et de chevaliers, 456. Les états de Bourgogne refusent de passer sous la loi de Charles-Quint, 467. Horreurs qui désolèrent la province durant la Ligue, 468. Quelques uns des hommes célèbres dont elle s'honore, 470.

BOURGOIN (les marais de), dont le dessèchement, si nécessaire à la salubrité du pays où ils sont situés, si avantageux à l'agriculture, a été entrepris plusieurs fois sans de grands résultats, X, 14.

BOURGUEVILLE (Charles de), plus connu sous le nom de M. Debras, auteur des antiquités de Caen, XXV, 235.

BOURGUIGNON (M.), habitant d'Aix, qui possède une belle collection de curiosités, IX, 305.

BOURIGNON (M.), antiquaire très savant auquel on doit un travail estimable sur les antiquités que Saintes renferme, XXVI, 215.

BOURMONT (le général) dispute le passage de la Seine a Schwartzemberg, XXVI, 541.

BOURNONVILLE (M. Esmangard de), auteur de Commentaires estimés sur Rabelais, XII, 21.

BOURRELET (le père), moine qui prit les armes du temps de la Ligue, XV, 220.

BOURSAULT, auteur dramatique qui se plaisait à mettre en scène les journalistes, II, 39. Sa comédie, *les Mots à la mode*, III, 201.

BOURSE (la). Avantages qu'offrent ses opérations pour l'accroissement des capitaux, VI, 51. Quelques secrets de l'agiotage, 52. Moment des opérations; influence des nouvelles les moins fondées sur la hausse ou la baisse des fonds, 53. Jeux du cours après la bourse, 55. Les agioteurs emploient la ruse et le mensonge pour amener des opérations plus ou moins avantageuses, XIV, 359. Influence des bruits politiques sur la hausse ou la baisse des fonds, 360. Altérations que l'agiotage a apportées dans la langue; stratagèmes des spéculateurs. 362. Spectacle que la bourse offre aujourd'hui, 363.

BOUSMARD, capitaine de génie, employé dans la place de Verdun 1792, XI, 448.

BOUSQUET (M.), négociant distingué du Port-Louis, XXII, 466.

BOUSSARD, matelot de Boulogne, qui arracha dans une seule nuit, en 1777, seize personnes à la fureur des flots, et auquel Louis XVI, pour reconnaître ce dévouement héroïque, fit élever une maison, XXV, 25.

BOUTARD (M.), passementier de la rue des Bourdonnais, III, 378

BOUTILLE (Jean), habitant d'Evreux, qui fit une fondation pour encourager les orgies qui avaient lieu dans cette ville à la fête de saint Vital, XIII, 93.

BOUTEILLIER (mademoiselle), artiste peintre de portraits, XXIII, 137.

BOUTON (M.), peintre distingué. Ses tableaux de la *Salle du quatorzième siècle*, et de la *chapelle du Calvaire*, XXII, 52. Celui d'un *fils pleurant sur la tombe de sa mère*, 119. Celui de *Charles Edouard en Ecosse*, 120. Celui de la *Salle du treizième siècle au Musée des Petits-Augustins*, XXVII, 48.

BOURNOUX, personnage qui adresse à l'Ermite une lettre sur les plaisirs auxquels se livrent la plupart des écrivains, VII, 344.

BOUVARD (M.), membre du bureau des longitudes, XXII, 434.

BOUVENOT (M.), président du tribunal de Lons-le-Saulnier, magistrat qui se fait remarquer par ses bons principes et son attachement à la liberté constitutionnelle, XI, 64.

BOUVET (M. P.), contre-amiral en retraite, célèbre par ses glorieux travaux, XII, 402.

BOUVET (P.), capitaine de vaisseau qui se distingua au combat de la *Belle-Poule*, en 1778, XII, 402.

BOUVIER, ancien médecin de la mère de l'empereur Napoléon, XI, 102.

BOUVIER (M.), ancien maire de Dôle, aussi distingué par ses longs services dans l'administration et la magistrature, que par son dévouement à son pays, et les embellissements qu'il fit exécuter dans sa ville natale, XI, 103.

BOUVILLE (M. de), député de la Seine - Inférieure, XIII, 170.

BOUVINES, lieu célèbre par la victoire que Philippe-Auguste y gagna sur l'empereur Othon IV, le comte de Flandre et leurs alliés, XII, 220.

BOUZONVILLE, cité opulente qui dut sa ruine à Louis XIV, XI, 482.

BOVET-ROBERT (MM.), propriétaires d'une belle manufacture de toiles peintes à Thann, XI, 209; XXII, 372.

BOID (M. et madame), Anglais qu'Anatole de Césane accompagne dans leur promenade à Chambord, et auxquels il sert de *cicérone*, XXIII, 289.

BOYELDIEU, célèbre compositeur, I, 15; XXII, 265.

BOYER (l'abbé), ecclésiastique d'Avignon auquel un jésuite

administra singulièrement les sacrements, parcequ'il était janséniste, IX, 215.
BOYER (le général), XXII, 223. Sa division est heurtée à Méry par le général Blucher, XXVI, 496.
BOYER-FONFRÈDE (M.), à qui Toulouse est redevable des premiers efforts qui aient eu pour objet le développement de son industrie commerciale, VIII, 410.
BOYER DE PEYRELEAU (le colonel), guerrier distingué, IX, 211.
BOYLE, l'un de ceux qui préparèrent la grande révolution qui s'est opérée dans la doctrine chimique, XXII, 352.
BOZERIAN, relieur célèbre, VI, 106.
BRA (M. Théophile), sculpteur distingué, né à Douai, XII, 183, 247. Son *Aristodème au tombeau de sa fille*, XXII, 165.
BRACIEUX, situé dans la Touraine, XXVI, 23.
BRAI (le pays de). Etat de ses campagnes depuis les bords de la Seine jusqu'aux confins de cette contrée, XIII, 238.
BRAMA, divinité indienne, XIV, 37.
BRADAMANTE, personnage qui fut jeté dans un précipice, VIII, 242.
BRANCHU (madame), actrice célèbre de l'Opéra, I, 405; III, 66. Talent qu'elle déploya dans l'opéra de la *Vestale*, XIX, 54; dans Amazily de *Fernand - Cortez*, 107 ; dans Antiope des *Amazones*, 231.
BRANT (Sébastien), orateur, poete, professeur de législation, né à Strasbourg, XI, 270.
BRAKEMHOFFEN, ancien professeur à l'école d'artillerie de Strasbourg, XI, 260.
BRANTÔME. Duel qu'il rapporte, et où l'inégalité des armes entraîna la mort d'un des combattants, II, 371. Ce qu'il dit de Diane de Poitiers, XXVI, 81.
BRARD (M.), directeur de l'exploitation des mines de houille du Périgord, et auteur de plusieurs ouvrages de minéralogie, XXVI, 237. Accueil qu'il fait à l'Ermite ; intérieur de sa maison, 249. Effets de sa solitude à l'égard des habitants de la vallée de la Vésère, 250. Ses Cours de métallurgie, 251. Il accompagne l'Ermite dans sa course à Cahors, 252.
BRAS-DE-FER (Lanoue), né à Nantes, XII, 593.
BRASSART (Joseph), menuisier ébéniste auquel l'Ermite va commander des meubles. Intérieur de sa maison, et de sa famille, VII, 5. Tendresse réciproque que l'on remarque dans son ménage, 8. Grande intelligence dont cet artisan est doué, 9. Propositions que lui fait l'Ermite pour un établissement, 11.
BRASSART-SPIE (M.), commerçant d'Armentières, XII, 294.
BRASSEUR (Charles le), rouennais, qui subit la peine de mort pour un crime dont il était innocent, XIII, 164.
BRASSIEUX, petite ville de l'Orléanais, VI, 243.
BRAULT ((M.) poete énergique et bon citoyen, XXVI, 96.
BRAY (M.), commerçant de Dunkerque, XII, 324.
BRAY, où Napoléon déjeuna le 19 février 1814, après avoir quitté Montereau, XXVI, 541.

Brazier (M.), auteur dramatique qui s'est distingué dans le genre trivial, XX, xv.
Bréande (M. de) concourut en 1745 à la prise de Tournay, XII, 160.
Brebisson (M. de), personnage ami des lettres, XXI, 87.
Brebeuf, traducteur de Lucain, XXV, 255.
Brecheviller, petite ville des Vosges, où l'on remarque une forge, XI, 289.
Brécy (M. Gautier de), maire de Toulon en 1793, et auteur d'une histoire de la révolution de cette ville, XV, xxiv, xxvj, lxxvij.
Brède (le château de la), à quatre lieues de Bordeaux, ancienne propriété et séjour de Montesquieu, VIII, 34. Intérieur de cet édifice, 35.
Breffort (madame de), personnage qui se débarrasse du temps par la lecture des romans, et qui abandonne les soins de sa famille, VII, 31. Autres ressources que l'Ermite lui indique pour l'emploi de son temps, 32.
Brégille (la montagne de), à quelque distance de Besançon, XI, 112.
Breguet (M.), horloger célèbre, qui a introduit beaucoup de perfectionnements dans son art, XXII, 433.
Brelandière (la), bourgade de la Saintonge, XXVI, 221.
Brémont (M. le général), dont le château est devenu la propriété de M. Casimir Delavigne, XIII, 21.
Brems (la), rivière sur laquelle est établi le bel établissement de Dilling, XI, 501.
Brémulle (la plaine de), célèbre par la victoire que Henri I*er*, duc de Normandie et roi d'Angleterre, remporta sur Louis-le-Gros, XIII, 80.
Brennus. Les peuples de la Gaule formaient la principale force de son armée lorsqu'il assiégea et prit Rome, XXVI, 443.
Bressac (le marquis de), passionné pour l'opéra français. Sa querelle avec le chevalier de Marency, au sujet des *bouffes*, III, 58. Son enthousiasme pour quelques anciens acteurs de l'Opéra, 62.
Bresson (M.), riche négociant de Mirecourt, XI, 414.
Bresson (M.), avocat, homme de talent, et attaché aux doctrines de la Charte, XI, 416.
Brest. Aspect imposant qu'offre cette ville; origine de son nom; son importance comme place forte, XII, 510. Diverses dominations qu'elle subit; la tour de César; magasins qu'y fit construire le cardinal de Richelieu; la rade de Brest; le bourg de la Recouvrance, 511. Vue dont on jouit dans le château, 512. État intérieur du port; vivacité naturelle des Brestois, 513. Usage qu'observaient autrefois les jeunes mariés, 514. Escaliers à pic pratiqués dans la partie de Brest située sur la montagne; portrait des gens du peuple; mœurs et patriotisme des Brestois, 515. Leur attachement au régime constitutionnel, 516. Caractère des femmes et des commerçants de cette ville, 517. Hommes célèbres dont s'honorent Brest et la marine française, 518.
Bretagne (la). Ses anciens États, et sa dépendance des princes gaulois, XII, 362. Souveraineté

des comtes de Bretagne, 363.
Simonie à laquelle se livrait
le clergé de ce pays, 365. Domination des anciens ducs de
Bretagne, 366. Les nouveaux
ducs, 367. Ignorance des prêtres bretons au quinzième siècle; le clergé et la noblesse de
cette province sont contenus
par Pierre de Dreux, 368.
Nouvelles intrigues du clergé,
ibid. Massacre général des
Juifs de cette contrée, en 1240;
la Bretagne est érigée en duché-pairie; Arthur II convoque le peuple aux Etats et pa-
cifie la province, 369. État
des lettres en Bretagne en
1314; législation bretonne recueillie par Jean III, dit *le
Bon*, 370. A la mort de ce
dernier, la tranquillité de la
province est troublée, 371.
Le duché de Bretagne tombe
au pouvoir de Charles de
Blois, 372. Courage des Bretons contre Charles V, qui voulait réunir leur pays à la couronne de France, 376. Toute
la Bretagne se lève pour punir
l'attentat de Marguerite de
Clisson, comtesse de Penthièvre, qui avait arrêté Jean V,
sous lequel la province jouit
de la plus complète tranquillité, 378. Le parlement des
grands jours fondé par Charles VIII; calme de la Bretagne,
sous ce prince; combat naval
des Français contre les Anglais sur les côtes de Bretagne, 383. Le duché de Bretagne est réuni à la France; les
Bretons se cotisent pour la
rançon du roi François Ier,
384. Querelles de parti qui
désolèrent la Bretagne; cette
province déclare la guerre aux
religionnaires, 385. Tranquillité de ce pays sous Louis XIII,
et ses successeurs, 387. Personnages célèbres dont il
s'honore, 473. Les fiançailles
et la cérémonie du mariage
chez les paysans bretons, 481.
Leurs préjugés relatifs a la
naissance et à la mort, 484.
Leurs autres croyances superstitieuses, 485. Pouvoir
sans bornes des prêtres sur
ces villageois; influence du
gouvernement théocratique
dans ces contrées, 488. Costume des paysans bas-bretons,
489; leurs jeux, *ibid* Leur
amour pour la danse; leur
musique; leur adresse dans
les exercices du corps, 490
Divertissements dont ils accompagnent leurs fêtes solennelles, *ibid.* Vanité ridicule
de quelques membres de la
noblesse bretonne, 492. Coutume en faveur des gentilshommes bretons dont la fortune avait éprouvé quelques
revers, 495. Leurs préventions dédaigneuses contre les
gens du peuple, *ibid.* Parallèle
entre les marins bretons et
ceux de la Provence, 547. Priviléges dont jouissaient les
poètes bretons, 564.

BRETEUIL, ville du département
de l'Eure, où l'on trouve des
forges et des fonderies, XIII,
107.

BRETEUIL (le baron de), apprend
au cardinal de Rohan qu'il
est libre et peut sortir de la
Bastille, XIV, 512.

BRETIGNY, village situé près
Chartres, et où fut conclue la
paix qui rendit la liberté au
roi Jean, XXVI, 120.

BRETON (M.), habile fabricant
de violons à Mirecourt, XI,
416.

BALTONS (M. Martin-Antoine), ancien négociant de Bayonne, VIII, 88.

BRETONNERIE (M. de La). Son concours à la construction du port de Cherbourg, XXV, 290. Travail immense dont il avait conçu le projet pour cette ville, 293.

BRETTEVILLE-L'ORGUEILLEUSE, village remarquable par son étendue et sa beauté, XXV, 244.

BREUGHEL, peintre, cité à propos des environs de Brives-la-Gaillarde, XXVI, 257.

BREZÉ (Louis de), grand-sénéchal de Normandie. Tombeau que son épouse, Diane de Poitiers, lui fit élever dans la cathédrale de Rouen, XIII, 162.

BREZENS (le coteau de), renommé pour ses vins, IX, 436.

BRIANÇON. Aspect de son territoire, X, 257. Condition dure et humiliante des villageoises pauvres de cette contrée, 258. Aspect intérieur de la ville, 259. Sa population et son commerce industriel, 260. Les forts et les galeries souterraines, 261. Le pont d'Asfeld, *ibid*. Amour des Briançonnais pour la liberté, 263. Leur affranchissement de la féodalité, *ibid*. Privileges auxquels ils renoncèrent lorsque la révolution française éclata, 264. Instruction des paysans, 265. Sorte de danse pyrrhique en usage parmi quelques villageois du Briançonnais, 266. Personnages distingués nés à Briançon, 268.

BRIANÇON (Laurent de), auteur d'un poème intitulé le *Banquet de La Faye*, X, 268.

BRIDAN (M.), statuaire distingué.

Son *Épaminondas*, XXII, 162.

BRIDAYNE (le père). Concours d'auditeurs que ses sermons attiraient à Saint-Roch, II, 31.

BRIENNE, ville de Champagne, où Bonaparte commença son éducation militaire; combat qui s'y livra en 1814, III, 464; XXVI, 498.

BRIENNE (M. de). Il passa pour acheter des voix dans l'assemblée des notables, IV, 341.

BRIET (l'abbé), l'un des ennemis de Voltaire, X, 459.

BRIEY, bourg du département de la Moselle, XI, 483.

BRIFFE (le comte de La), chambellan de l'empereur, XXVI, 497.

BRIGAND (Le), grammairien, né en Bretagne, XII, 527.

BRIGODE (M. de), retiré au village d'Annapes, ancien député du département du Nord, XII, 285.

BRIGODE (M. le comte de), frère du précédent, ancien maire de Lille, et aujourd'hui pair de France, XII, 285.

BRILHAC (le conseiller), l'un des fondateurs d'un dîner hebdomadaire, *à la Pomme-de-Pin*, III, 107.

BRILLANTAIS (la), belle campagne située sur les bords de la Rance, et appartenant à M. d'Hauterive, XII, 396.

BRION (madame de), femme aimable moissonnée à la fleur de l'âge, VII, 82.

BRION (l'amiral), qui commande les forces navales de Colombie, XIII. 98.

BRIONNE, petite ville du département de l'Eure, sur les hauteurs de laquelle on voit les restes d'un vieux château,

XIII, 114. Son ancienne importance; la doctrine de Bérenger, sur l'Eucharistie, y est condamnée, en 1040, dans une conférence solennelle, *ib.* État actuel de cette ville, *ibid.* Etablissements industriels qu'elle possède, 115.
BRIOT, médecin distingué, XI, 170.
BRIOUDE. Insalubrité de son climat, XXVI, 304. Malpropreté de ses rues; prétentions nobiliaires de l'ancien chapitre de Brioude, 305. Système de dévastation forestière adopté par les habitants; le pont de Vieille-Brioude, 306.
BRIOVERA, nom que portait primitivement la ville de Saint-Lô, XXV, 303.
BRIQUEBEC, bourg situé dans le département de la Manche, sur la route de Saint-Lô, XXV, 301.
BRIQUET (M.), auteur d'un éloge de Jules César Scaliger, VIII, 297.
BRIQUEVILLE (François), capitaine distingué du parti calviniste, XXV, 269, 308.
BRIS (M. Arthur), fabricant de Douai, XII, 191.
BRISSAC (le duc de), personnage aimable, que Chapelle accompagna jusqu'à Angers, et qu'il quitta dans la crainte de devenir *serf* en suivant un grand seigneur, XVI, 45.
BRISSAC (le duc de), gouverneur de Paris, présente à Henri IV, les officiers municipaux de cette ville, XXII, 18.
BRISSAC (le château de), situé à quelque distance de Saumur, XXV, 423.
BRISSEUX, célèbre architecte du dix-septième siècle, XI, 134.
BRISSON, ancien professeur à l'École de droit de Poitiers, XXVI, 155.
BRISSON (M.), maire de Niort, à la sollicitude duquel cette ville doit les belles constructions des halles, XXVI, 162.
BRISSOT, Girondin, né à Chartres, XXVI, 103.
BRITANNICUS mis à mort par Néron, XIV, 83.
BRIVE (madame de La), citée comme habile à monter un cheval, III, 169.
BRIVES-LA-GAILLARDE. Variété pittoresque des paysages qui l'environnent, XXVI, 257. Elégance de ses édifices; esprit et amabilité de plusieurs de ses habitants, 258.
BRO (le colonel), XXII, 223.
BROC (madame de), remarquable par la grande bonté de son cœur. Ses obsèques au château de Saint-Leu, III, 186.
BROÉ (M. de), avocat-général. Importance qu'il assigne aux faits de l'histoire contemporaine, XV, lxx.
BROGLIE (M. de), pair de France, orateur distingué, I, 17. Il expose à Mme de Staël, dans une nocturne apparition, son changement d'opinions politiques, et la marche que suit le ministère pour éluder d'abord et renverser ensuite la Charte, XVI, 99 à 116.
BRONDES établit en 1761, au bourg de Saint-Dié, la première manufacture d'étoffes de molleton de coton, XXVI, 42.
BRONGNIARD, architecte célèbre à qui l'on doit l'édifice de la Bourse de Paris, I, 14.
BROTIIER, traducteur de Tacite, VI, 108.

Broussier (le lieutenant-général), né à Bar-le-Duc, XI, 444.

Broussin (les frères), connus par leur amour pour la bonne chère, et fondateurs d'un dîner hebdomadaire, III, 107.

Broussonnet (Auguste), médecin sorti de l'école de Montpellier, IX, 125.

Brown et Pounder (MM), fabricants de tulles à Douai, XII, 191.

Brubow (Gaspard), Strasbourgeois connu par plusieurs drames latins, XI, 272.

Bruce (Robert), gentilhomme écossais, XVI, 125.

Bruck, guerrier écossais, qui, en menant ses compatriotes au combat contre l'Angleterre, fit entendre un des plus beaux chants nationaux que l'on connaisse, XVII, 11.

Brucourt (le chevalier de), auteur d'un ouvrage estimé sur l'éducation de la noblesse, XXV, 269.

Brucy (mademoiselle), artiste peintre. Son tableau de l'*Israélite à la fontaine*, XXII, 56. Celui d'*une petite fille tenant une grappe de raisin*, 148.

Brueys, auteur dramatique, IX, 132, 308.

Bruges, ville de la Belgique, dont quelques négociants surpassèrent le faste des rois, XXII, 291.

Bruges (Jean de) trouve dans Philippe-le-Bon un protecteur auteur de la découverte de la peinture à l'huile, XXVI, 465.

Bruguière, maréchal de camp, mort à la bataille de Lutzen, IX, 210.

Bruix (l'amiral), qui se trouvait à Boulogne lorsque la flotte anglaise attaquait la flottille boulonnaise, XII, 347.

Brulard (Noel), procureur-général, représente à la cour les dangers dont menace l'institution des jésuites, XVI, 306.

Brulé (M), maître de l'hôtel de la Madelaine, à Besançon, XI, 159.

Brule-Maison, surnom d'un troubadour de marché et de foire, dont les œuvres ont été recueillies en 2 volumes in-32, XII, 289.

Brumoi, traducteur du Théâtre des Grecs, XIII, 196.

Brun (M Eugène), qui, jeune encore, s'est distingué dans la carrière militaire, et qui maintenant oublie la gloire au sein d'une famille aimable, IX, 58.

Brun (le cap), en avant de Toulon, IX, 386.

Brun fils (M), qui fut chargé de restaurer les cariatides de l'Hôtel-de-Ville de Toulon sculptées par le Puget, IX, 399.

Brun, savant diplomate, XI, 101.

Brun (M.), armateur de Saint-Malo, XII, 411.

Brunck, savant helléniste, né à Strasbourg, XI, 271.

Brune (le maréchal), guerrier célèbre, quitte le commandement de Marseille et de la huitième division militaire, traverse la Provence, s'arrête à Avignon, où il est reconnu au moment où il allait en sortir, des furieux le ramènent à l'hôtel où il était descendu, et résistent aux efforts de l'autorité qui cherchait à les contenir; des assassins, après avoir escaladé les murailles, pénètrent dans sa chambre, lui reprochent d'avoir été un des bourreaux de la princesse Lamballe, tirent plusieurs fois sur lui et l'étendent à leurs pieds d'un coup de carabine; les restes de Brune sont abandonnés à la rage des cannibales, qui le traînèrent jusqu'au pont d'où ils le précipitèrent dans le Rhône, après l'avoir outragé indignement; résolution que prennent alors les aides-de-camp du maréchal de ne lui pas survivre; le corps du héros, poussé sur la grève, fut recueilli par un citoyen qui en fit à sa famille un douloureux hommage, IX, 222 à 230.

BRUNE de *Souvans* (M.), habile agronome qui améliora le système des prairies artificielles dans la Franche-Comté, XI, 71.

BRUNEAU (Mathurin), le dernier des faux dauphins qui fut renfermé au mont Saint-Michel, XXV, 332.

BRUNEHAUT fonde des monastères à Lyon, et fait massacrer saint Didier, archevêque de Vienne, X, 308. Elle persécute saint Romaric, et lui ravit son héritage, XI, 337. Sa prédilection pour la ville de Châlons-sur-Saône, XXVI, 400. Épitaphe qui se trouvait sur sa pierre tumulaire dans l'église Saint-Martin d'Autun, 417.

BRUNEL (M.), avocat de Carpentras, qui fut emprisonné par les factieux de 1815, IX, 253.

BRUNEL (M.), savant ingénieur qui entreprit de construire à Londres un pont sous la Tamise, XIII, 52.

BRUNET (madame), propriétaire de la Vérune, où elle a fait élever un tombeau à son fils unique, mort à la suite d'un événement fatal, IX, 150.

BRUNET, auteur d'un mémoire sur les dîmes, X, 268.

BRUNET-VILLENEUVE (la famille baronniale), admise aux états du Languedoc, IX, 97.

BRUNO (M.), vieux camarade de l'Ermite, chez lequel ce dernier va célébrer la fête des rois, III, 377.

BRUNO (Charles), fils du précédent, III, 378.

BRUNO (Melchior), allié du précédent, capitaine de vétérans, III, 379.

BRUNO (saint), fondateur de l'ordre des Chartreux. Aspect de la cellule qu'il habitait, X, 166.

BRUNOY, situé à quelque distance de Paris, XXVI, 543.

BRUNUS, brûlé vif pour son ouvrage *della Spaccia della Bestia trionfante*, XIV, 506.

BRUYÈRE (le général), guerrier distingué, né au bourg de Sommières, IX, 155.

BRUYÈRE, petite ville à cinq lieues d'Épinal, XI, 328.

BRYAN, habitant de Lille, qui en commandait la garde nationale, lorsque cette ville fut assiégée en 1792, XII, 232.

BUCASSE (M.), médecin distingué, VIII, 432.

BUCER (Martin), théologien qui concourut à l'introduction de la réforme en Alsace, XI, 185.

BUCHANAN, auteur d'un *Traité de la royauté chez les Écossais*, est le premier écrivain qui se soit occupé sérieusement de politique, XIV, 102. Il est mis en prison pour avoir dit la vérité, XV, 48.

BUCHARD, archevêque de Lyon,

retient pour lui cette ville et une partie du Lyonnais, X, 312.

BUCHOLCERUS (Magirus), cité XXIV, 182.

BUCHON (M.), homme de lettres, qui a publié une édition des chroniques de Jean Froissart, I, 20; XII, 129.

BUCROZ, médecin, auteur laborieux, qui écrivit beaucoup sur la botanique, XI, 507.

BUDIC, roi de la Bretagne, que Clovis fit périr, pour s'emparer de cette province, XII, 364.

BUFET (M.), l'un des propriétaires de la tannerie que possède la ville de Blois, XXVI, 69.

BUFFON. Son opinion sur la chasse, III, 266. Comment il représente le cheval, 269. Caractère de son style, XXVI, 471. Monument que lui a érigé son fils dans son château, 472.

BUFLE (Romain Le), courtisan boxeur qui porte envie à la force des autres qu'il ne peut plus égaler à cause de sa vieillesse, XV, 246.

BUKEL (G.), qui trouva le secret de saler et d'encaquer les harengs, XXII, 294.

BULCET (Antoine), Gapençais, se distingua par un trait d'une rare générosité, X, 225.

BULKER (John), personnage qui se ruina en essayant de payer ses dettes par le moyen d'un fonds d'amortissement, XVI, 332.

BULLART (Jean), cité, XXIV, 182.

BULLER, écrivain, s'est occupé de recherches sur la Bourgogne, XXVI, 422.

BUNEL (M.), commerçant de Pont-Audemer, XIII, 121.

BUNEL (Pierre), peintre né à Blois, XXVI, 69.

BUON, célèbre marin né à Rochefort, XXVI, 190.

BUOZ, célèbre marin, né dans le Poitou, XXVI, 166.

BUQUET (le lieutenant-général), membre de la chambre des députés, XI, 414.

BURBILLY (le château de), qu'aimait la marquise de Sévigné, XXVI, 477.

BURCK (le cardinal de), né à La Rochelle, XXVI, 176.

BURDIGALA, nom que les Romains donnaient à la ville de Bordeaux, VIII, 12.

BURE, fameux professeur d'escrime à Caen, XXV, 222.

BUREAU, conventionnel qui rétablit la paix à Nantes, troublée par les Vendéens et les républicains, XII, 586.

BUREAUX DE PUSY (M), ancien préfet du Rhône et président de la société d'encouragement de Lyon, X, 388.

BURETTE (M.), inventeur de plusieurs machines pour l'économie agricole et domestique, XXII, 345.

BURGOYNE, général anglais, qui fut défait à Saratoga et qui se consolait à Londres, en se livrant à des compositions dramatiques, XX, 12.

BURGUNWALTER (M.), propriétaire de la verrerie située à Goetzembruch, XI, 502.

BURHAM (Siméon de), écrivain, XXIV, 189.

BURKE (W), médecin de l'île Maurice, XXII, 460.

BURKHART (M.), membre de l'Institut de France, I, 216.

BURLAQUE, peintre de l'antiquité, XXII, 68.

BURNIN (Jean de), archevêque

de Vienne, favorise les Cordeliers, X, 284.
BUSEMBAUM, jésuite qui soutint la doctrine du régicide, XIV, 63.
BUSSANG, situé à l'extrémité sud-est du département des Vosges, et renommé par ses eaux thermales, XI, 329, 368.
BUSSIER (l'abbé), l'un des ennemis de Voltaire, X, 459.
BUSSY (le cardinal de), qui, dit-on, avait fait de l'arc de Marius, à Carpentras, le mur d'appui d'une superbe cuisine, IX, 257.
BUSSY (le comte de) fut honoré de l'amitié d'Hyder-Aly-Kan, dont il avait été le compagnon d'armes, XVIII, xij.
BUSSY-LE-CLERC, gouverneur de la Bastille, y conduit le parlement et le condamne à un régime odieux, XV, 56.
BUSSY-RABUTIN. Portrait qu'il fait de madame de Sévigné, XII, 468. Il refuse de s'engager dans la lutte que le roi lui prescrivait contre Pascal, XXVI, 348. Description de son château, 473. Tableaux qu'on y remarque, 474.
BUTHIER, secrétaire-d'état, ancien propriétaire du château de Ménars, XXVI, 19.
BUZELIN, jésuite, bon historien et poete agréable, XII, 69. Ce qu'il dit de la fête de Gayant qui se célèbre à Douai, 165.
BUZET, renommé pour ses vignobles, VIII, 292.
BYNG (l'amiral), dont Voltaire prit la défense, X, 457.

C.

CABALES (les). Nombreux matériaux qu'offrirait leur histoire, II, 119. L'esprit de cabale est plus fort en France que partout ailleurs, 120. Objets qu'embrasse la cabale, 121. Son influence sur les réputations littéraires, 122. La cabale des coteries, 125; celle dite du *Salon vert* où l'on tenait école de satire, de médisance et de noirceur, *ibid*. Secret des cabales, 126.
CABANON (M), député de la Seine-Inférieure, XIII, 170, 184.
CABARUS (M.), Bayonnais qui régit avec distinction les finances d'un royaume voisin, VIII, 88.
CABASSOLES (le cardinal), protecteur et ami de Pétrarque, IX, 277.
CABIEUX, sergent garde-côtes de Caen, seul et par son intrépidité, repoussa les Anglais qui s'approchaient de la ville, XXV, 210.
CABRIÈRES, village situé au sein de la montagne du Luberon, IX, 217.
CACHEMIRES (les). Leur introduction en France, I, 346.
CACHEUX (M.), membre distingué du barreau de Cambrai, XII, 69.
CADET (M.), pharmacien de Paris, V, 189.
CADET-DEVAUX (MM.), fabricants de porcelaines, XXII, 411.
CADILHON (M.), commerçant de Mont-de-Marsan, VIII, 73.
CADMEN (le sire de), amant de la dame de Clérou, XI, 77.
CADOT-ANQUETIN (M), confiseur à Rouen, XIII, 165.
CADOUDAL (Guillaume), obtient le commandement de Rennes, XII, 444.
CAEN. Son aspect intérieur; carrières de pierres qui l'avoisinent, XXV, 195. Colonies

de tailleurs de pierres qui sortent de ce pays et se dirigent vers les divers points où l'on se livre à de grandes constructions; carrières de marbre que l'on trouve dans ses environs, 196. La promenade du Grand-Cours; antiquité et origine de la ville, 197. Particularités relatives à son histoire, 200. L'abbaye de Saint Etienne; celle de la Trinité, 201. L'ancienne église de Saint-Etienne-le-Vieux, 202. L'église de Notre-Dame, dite de *Froide-Rue*; lieu où des savans placent le berceau de Caen; le château, 203. Anciennes fortifications de la ville; l'église Saint-Pierre, 204. Le faubourg Saint-Gilles; l'église Saint-Jean, 205. L'ancien pont de Vaucluse, 206. Le cours de Cafarelli; les ruines de Calix, ou la Cour des gendarmes, antique monument orné de médaillons et de figures en bas-relief, 207. Le port; travaux à exécuter pour donner quelque importance à cette place, et étendre la navigation intérieure de la France, 208. Les fabriques de Caen, 211. Son commerce de chevaux, 212. L'hôtel de la préfecture, 213. L'hôtel-de-Ville; le palais de justice, 214. Caractère politique des Caenais, avant, pendant et après la révolution, 217. Leur caractère particulier; leur amour des sciences et des arts, 219. Avantages que la ville de Caen peut offrir aux littérateurs qui séjourneraient dans ses murs, 220. L'académie universitaire, 221. L'académie royale des sciences, arts et belles-lettres, 222. La société d'agriculture et de commerce, 224. La société Linnéenne, 225. La société des Antiquaires de Normandie, *ibid*. Le musée, 226. La bibliothèque publique, 228. Hommes célèbres de Caen, 234. La librairie Mancel, 238. L'ancien café Longuet, 239. La maison où naquit Malherbe, 240.

CAFFARELLI, guerrier célèbre, VIII, 430.

CAGLIOSTRO, charlatan fameux par les dupes qu'il a faites, III, 79.

CAHAGNES (Jean de), poète virois qui donna une traduction de l'*Avare* de Plaute, et une tragédie de *Joseph*, XXV, 180.

CAHIER DE GERVILLE, ministre de l'intérieur, provoqua les améliorations qu'ont subies nos lois sur l'état civil, XXV, 255, 267, 301.

CAHORS. Activité de ses habitans pour le travail; leur caractère; promenades et ruines d'anciens monumens; la cathédrale et les trois ponts; la maison où descendit Henri IV, VIII, 281. La tour du pape Jean; quelques hommes célèbres nés dans cette ville, 282. Le collège royal où fut élevé Fénélon, 283. Peuple qui habitait jadis son territoire; différents maîtres sous lesquels passa Cahors, XXVI, 252. Cette ville devint la capitale du Quercy, et se retrouva sous la domination de Charles V; elle est enlevée de vive force par Henri IV; privilège dont jouissait l'évêque de Cahors à sa prise de possession, 253. Antiquités romaines que l'on remarque dans la ville; sa situation et sa cathédrale, 254.

Sa population; ses établissements publics; fertilité et aspect pittoresque de son territoire, 255.

CHAUZAC, poete, auteur d'opéras, III, 47.

CAIGNARD DE LA TOUR (M. le baron), qui a tiré un parti fort ingenieux de la vis d'Archimède, XXII, 347.

CAIGNEZ (M.), homme de lettres. Sa chanson des *Pensers d'amour*, XVII, 40.

CAILHAVA, poete dramatique, de l'académie française. Buste de Molière qu'il a placé sur le lieu où mourut ce grand poete, II, 401. Flétrissure dont il a empreint l'égoisme, IV, 56. Son pays natal, VIII, 427.

CAILLAUX (le général), qui s'est adonné à la recherche des antiquités égyptiennes, XII, 590.

CAILLÈRE (les deux frères de), l'un membre de l'académie française, et plénipotentiaire à Riswick, l'autre, gouverneur-général à la Nouvelle-Orléans, XXV, 302.

CAILLON (M.), mécanicien, inventeur d'une machine propre à dresser et à faire les languettes, les rainures et les mordures sur les métaux, XXII, 345.

CAILLOT, ancien acteur de l'Opéra-Comique, XXI, xj.

CAIRE (le), ville d'Egypte, III, 384.

CAIRELS (Elias), Périgourdin, qui d'orfèvre se fit jongleur, et que la licence de ses satires éloigna de la cour, XXVI, 243.

CAISERGUES (M), avocat distingué de Montpellier, IX, 136.

CALAGES (mademoiselle de Pech de), Toulousaine célèbre par ses vers, VIII, 427.

CALAIS. Son origine et sa fondation; son accroissement successif; ses différents maîtres; elle entre dans la ligue des villes anséatiques; différents sièges qu'elle subit, XII, 335. Sa courageuse résistance contre Edouard III, roi d'Angleterre, qui en chasse les habitants, 336. Empressement des Calésiens à reconnaître Henri IV; monument élevé à l'endroit où Louis XVIII débarqua en France en 1814; la ville proprement dite, 338. L'église de Saint-Pierre dans la ville basse; la chapelle du Saint Sépulcre, 339. Colonne de granit qui avait été élevée au cardinal de Richelieu; monument élevé à plusieurs matelots célèbres par leur devouement; la tour de l'Hotel-de Ville, 340. Personnages renommés qu'a produits Calais, 341. Le pont Sans-Pareil, 342.

CALAS, négociant de Toulouse, dont Voltaire réhabilita la mémoire, X, 457.

CALDERARY (M.), statuaire distingué. Son *Androclès*, XXII, 74, 164.

CALIBALOU, savant de l'académie d'Adra, voyage afin de trafiquer des blancs et de les emmener dans son pays. Rapport qu'il adresse a son prince à ce sujet, XVI, 342.

CALIBAN, l'un des principaux habitants du pays situé entre les monts Calphas et Garamantes, XVI, 408.

CALIGULA (Caius), sous prétexte d'aller combattre les Germains, se retire à Lyon dont il accable les habitants de vexations arbitraires, X, 303. Cruautés dont il s'est souillé, 304. Il conduit une armée nombreuse sur les bords de la mer près de Boulogne, et envoie à Rome, pour être déposés dans le temple de Jupiter, les coquillages qu'il avait fait ramasser sur la grève; phare qu'il ordonna de construire à Boulogne, XII, 343.

CALIXTE II, pape, né à Quingey, XI, 135.

CALIXTE IV, pape, qui sut apprécier et protéger Jacques Cœur, XXVI, 369.

CALLIMAR (M), statuaire. Son *Hyacinthe blessé*, XXVII, 51.

CALLOT, célèbre peintre de caricatures, IV, 164.

CALLOT, graveur célèbre par ses talents et son patriotisme, XI, 319.

CALMET (dom), bénédictin qui dirigeait la bibliothèque de Sénones. Il composa un *Traité des apparitions, des revenants, des vampires*, etc., V, 40; XI, 422, 436.

CALOMNIE (la). Peinture qu'en fait Massillon, II, 83. Ses effets lorsqu'elle opère par des lettres anonymes, 84. Lâcheté de ceux qui ont recours à ce moyen, 85. Sous le nom plus modeste de médisance, elle exerce son empire dans les salons, où elle s'occupe à flétrir les vertus, à dénaturer les actions les plus honorables, etc., XV, 163.

CALONNE (M. de), ancien ministre. Flatterie qu'il fit entendre à la reine Marie Antoinette, IV, 283. Il préside la commission chargée de condamner La Chalotais, XII, 416. Pour soutenir son crédit chancelant, il imagine de créer une nouvelle compagnie des Indes à Lorient, 572. *Voyez* NECKER.

CALVADOS (le rocher du) qui a donné son nom à l'un des départements de la France; origine de sa dénomination, XXV, 242.

CALVAIRE, petite montagne du département du Doubs, qui a beaucoup de ressemblance avec le calvaire de Jérusalem, XI, 140.

CALVERIUS (Caius Sextius), proconsul romain qui fonda la ville d'Aix, IX, 291.

CALVET DE LA PALUN (M.), riche célibataire d'Avignon, et ami très éclairé des arts, IX, 271.

CALVISSON (la famille baroniale de), admise aux états de Languedoc, IX, 97.

CALVISSON, gros bourg situé dans la Vaunages, IX, 154.

CAMAREZ (le pont de), ville dont les environs sont renommés pour leurs grives, VIII, 480.

CAMARGUE (les marais de) renommés pour les bœufs sauvages et les chevaux qu'on y nourrit, IX, 174.

CAMAS (M. Filhiol de), général, commandant de l'école d'artillerie de Douai, XII, 193.

CAMBACÉRÈS (M.), ministre de la justice, IX, 133, 136.

CAMBER, roi des Sicambres, qu'un auteur regarde comme le fondateur de Cambrai, XII, 50.

CAMBERT, organiste, auteur de parodies lyriques, XXII, 229.

CAMBO, village du pays basque, remarquable par des eaux minérales, où se rend vers la fin de l'été une grande affluence, VIII, 130.

CAMBOLAS, savant jurisconsulte Toulousain, VIII, 427.

CAMBRAI. La porte du Saint-Sépulcre, XII, 41. Fondation de la ville, 50. Les Romains la choisissent pour centre de leurs établissements; Clodion-le-Chevelu y jette les fondements de la monarchie française; elle tombe en partage à Regnacaire; elle passe dans le domaine de Clovis, 51. Après avoir subi différentes dominations, elle est réunie à la France par le traité de Nimègue; la citadelle, 52. La bibliothèque publique, 53. Le cabinet des manuscrits, 54. La cathédrale, *ibid.* Monument élevé à Fénélon, 55. Le tombeau de l'archevêque François de Vanderburck, 58. Ruines de l'ancien palais archiépiscopal, 61. L'ancienne métropole; réputation et privilége dont jouissait son chapitre, 62. Hotel où logea Louis XVIII en 1815, *ibid.* L'hôtel-de-ville; conférences qui ont eu lieu à Cambrai; traités qui y furent conclus, 63. L'allée de Fénélon, 65. Littérateurs distingués dont s'honore cette ville, 66. Son commerce et son industrie, 69. Le beffroi, 70. Détails de la fête communale à Cambrai, 71.

CAMBRAI (Baptiste), le premier qui ait fabriqué des tissus appelés *batistes*, XII, 118.

CAMBRAI (le général), XII, 181.

CAMBRENSIS, savant anglais, XXIV, 188.

CAMBRY (M.), administrateur de collège, auteur de plusieurs écrits estimés, XII, 551.

CAMBYSE, roi de Perse, ravage l'Égypte, et remporte à Persépolis les trésors qu'il trouva dans les temples, XIV, 169.

CAMELFORD (lord). Ses tentatives pour élever un tombeau à la fille du poëte Young, IX, 109.

CAMÉRARIUS, poëte philosophe, a fait la description des bains de Plombières où il était allé chercher un secours salutaire aux fâcheux résultats d'une chute dangereuse, XI, 350.

CAMERAN (le comte de), qui perdit au jeu des sommes considérables, V, 84.

CAMÉRARIUS (Jean), XXIV, 188.

CAMERON, l'un des professeurs que Duplessis-Mornay appela à Saumur, XXV, 420.

CAMET (Pierre), ancien échevin, de Lyon, X, 343.

CAMILLE, consul, réfère au sénat de la conduite d'un maître d'école des Falisques qui avait introduit dans le camp des Romains les enfants des principales familles de la ville, XIV, 286.

CAMILLE-DESMOULINS (madame), qui fut détenue à la Conciergerie, et mourut sur l'échafaud révolutionnaire, VII, 216.

CAMINA, chaste Gauloise, qui vengea l'honneur de son époux par son courage, XIV, 483.

CAMOENS (le) meurt de faim dans la rue, IV, 203; XV, 52.

CAMOINS frères (MM.), libraires de Marseille, IX, 337.

CAMPAGNE (la). Délices que l'on y goûte, I, 60. Plaisirs et ennuis que s'y créent certains Parisiens; emploi de leur journée aux champs, 173. Le goût de la campagne devenu comme une manie parmi les Parisiens, II, 137. Partie de campagne faite par plusieurs bourgeois, et leur déconvenue dans cette rencontre, 138.

CAMPAN (la vallée de). Sa situation et sa fertilité; son aspect riant, VIII, 228. Rapprochement entre les habitants de quelques villages des Alpes et ceux de la vallée de Campan, 229.

CAMPANELLA, XXIV, 183.

CAMPENON (M.), poëte, membre de l'académie française, I, 4.

CAMPISTRON, littérateur distingué, né à Toulouse, VIII, 427.

CAMPRA, compositeur dont la musique a eu plus de réputation qu'elle n'en a conservé, IX, 309.

CAMPREDON (le général), IX, 134.

CAMUS, l'un des commissaires de la Convention qui furent échangés contre la duchesse d'Angoulême, XII, 216.

CANANOR, grande ville maritime sur la côte de Malabar, XVIII, 94.

CANARA (la province de) dont l'Angleterre se réserva la possession, XXII, 453.

CANCALE, ville maritime; le fort des Romains destiné à protéger la côte, XII, 392. Curiosités que l'on remarque à Cancale, 393.

CANCLAUX (le général); commandant du département de la Loire-Inférieure lors de l'attaque de Nantes par les Vendéens; ses opérations pour défendre cette ville, XII, 582.

CANDELLIER (M.), fabricant d'huiles à Lille, XII, 270.

CANDIE, capitale d'un royaume de ce nom, XXIII, 84.

CANDOLLE (M. de), botaniste célèbre, ancien directeur du Jardin des Plantes de Montpellier, qu'une faction politique força de quitter une place qu'il remplissait aux applaudissements de toute la population, IX, 109. Genève l'attire dans ses murs; mais il revient terminer son cours à Montpellier, 111.

CANNIBALES (les). Leur législation, s'ils en ont une, ne doit pas renfermer des dispositions plus atroces et plus immorales que celles de la plupart des peuples civilisés de l'Europe, XIV, 272.

CANON, village de Normandie, près la route de Falaise, en sortant de Lisieux, XXV, 71.

CANONHERI (Philippe), XXIV, 183.

CANTABRES (les), nom que portait la nation basque lorsqu'elle entra sous la domination des Romains, VIII, 94. La préférence qu'ils accordèrent à leurs rochers sur toute la splendeur romaine est une des causes qui contribuèrent à maintenir la langue basque dans son état primitif, 97.

CANTAL (le), haute montagne d'Auvergne, qui a donné son nom à l'un des départements dont se compose la France, XXVI, 333.

CANTELEU, situé à quelque distance de Rouen, XIII, 152.

CANTELIUS, écrivain cité, XIX, 4.

CANTIS (le chevalier), joueur habile, et plein de fanfaronnade et de prétentions, III, 231.

CANTIUNCULA, jurisconsulte célèbre, qui travailla à la réunion des Eglises catholique et protestante, XI, 507.

CASTONS (les), village des Landes, VIII, 78.

CANY, gros bourg assez bien bâti, et dont on remarque le château et le parc appartenant à M. de Cany, XXV, 15.

CAP, ville du cap de Bonne-Espérance; sa population; secours qu'elle offre à la navigation, XXII, 451.
CAPARENIA, vestale qui périt victime de l'amour, XIX, 5.
CAPIAT (M.), jurisconsulte distingué de Montpellier, IX, 136.
CAPPERONIER, conservateur de la Bibliothèque royale de Paris, II, 301; X, 461.
CAQUETS (les). Exemple de ce besoin de parler chez les femmes, III, 87 *et suiv.*
CARACALLA refuse de séjourner à Lyon, lorsque cette ville eut été détruite par les troupes de Sévère, X, 307.
CARACTÈRE (le) était autrefois la physionomie de l'esprit ; c'en est aujourd'hui la grimace, VII, 268.
CARADEUC (le président de), fils de La Chalotais, est enveloppé dans la condamnation de son père, XII, 416.
CARAITES (les), secte israélite qui n'admet aucune des traditions modernes des Juifs, IX, 274.
CARAMAN (de), officier d'ordonnance, reçoit l'ordre d'aller reconnaître les défilés de Craone, XXVI, 514.
CARAVAGE (le), peintre qui s'attachait à peindre la nature, XXVII, 37.
CARBONNEILF (M.), musicien de société, habile accompagnateur, III, 75.
CARCASSONNE. Obscurité de son antique origine, VIII, 438. Sa construction régulière ; son commerce de draps ; refus que firent ses habitants de donner la somme que leur demandait Riquet pour faire passer le canal du Languedoc au pied de leurs murs, refus qui leur est devenu onéreux, 439. Leur esprit politique, 446. Éducation des diverses classes ; les réunions, 442. Remarques sur les guérisons opérées par les *imposeurs* de Carcassonne, 459. Hommes célèbres nés dans cette ville, 463.
CARCASSONNE (Moïse), Israélite à qui les missionnaires ravirent ses deux filles, XVI, 225.
CARDAN (Jérôme). Ce qu'il dit de son démon familier, V, 58.
CARDURES (les), peuple qui habitait jadis le territoire de Cahors, XXVI, 252.
CARENTAN. Système adopté pour la grande route de Bayeux à cette ville ; situation de Carentan, XXV, 264. Son origine et son ancienne industrie ; ses hommes célèbres, 265.
CAREZ (M.), imprimeur à Toul, et frère de l'inventeur de la stéréotypie, XI, 430.
CARHAIX, petite ville dont le territoire possède de grandes sources de prospérité, et qui languit néanmoins dans la misère, par l'ignorance de ses habitants, par le défaut d'industrie et de débouchés, XII, 536.
CARICATURES (les). Leur antiquité prouvée par des dessins et des peintures trouvés dans des debris de monuments, IV, 162. En quoi consiste le talent de la caricature, 164. Ce genre a été tenté avec succès par plusieurs grands peintres, *ibid.* Ce qu'il était sous le régent et sous Louis XV, 165. Quelle est la collection la plus complète de caricatures, 167. Etat de la caricature sous Napoléon, 168. Abus que certains dessinateurs font de ce genre, 170.
CARISTIE (M.), ingénieur des

ponts et chaussées, qui construisit le pont sur l'Ouvèze, IX, 261.

CARITIDÈS, personnage qui court à la réputation à l'aide d'un volumineux commentaire sur une ode d'Anacréon, III, 204.

CARLIER (M.), curé de Bavai, homme recommandable par ses mœurs douces et tolérantes, par son savoir et son goût pour les sciences, XII, 95.

CARMONTEL, auteur de proverbes, I, 391.

CARNATE, royaume d'Asie, est envahi par Hyder-Aly-Kan, XVIII, xiij.

CARNAVAL (le). Etymologie qu'on donne a ce mot, ainsi qu'à celui de *mascarade*, II, 48. Promenades des masques, 50. Bal masqué dans une gargote, 51. Les réunions *bourgeoises* de ce temps de plaisirs, 52.

CARNAVAL, jolie campagne que l'on découvre à l'opposite de La Brillantais, XII, 398.

CARNOT, républicain savant dans la théorie de la guerre, XXVI, 470.

CARNUTES (les), nom des anciens habitants du pays chartrain. *Voyez* CHARTRES.

CAROLINE, maîtresse de Raymond de Lavagnac, IV, 48.

CARON frères (MM.), propriétaires de quatre des hauts fourneaux qui se trouvent dans le Jura, XI, 105.

CARONGE (de), qui refusa d'exécuter l'ordre donné par Charles IX de massacrer les huguenots, XIV, 208.

CARPENTIER (M.), l'un des premiers filateurs de Saint-Quentin, XII, 15.

CARPENTIER (Jean Le), auteur d'une histoire de Cambrai et du Cambrésis, XII, 69.

CARPENTIER (mademoiselle Julie), habile dans la sculpture. Son modèle en plâtre d'un basrelief où *la chirurgie est représentée par le centaure Chiron*, XXII, 163.

CARPENTIER (madame), fabricante de dentelle à Bayeux, XXV, 250.

CARPENTRAS. Haine réciproque entre ses habitants et les Avignonais, IX, 248. Aspect des rues de cette ville ; productions qui se vendent au marché hebdomadaire, 249. Troubles politiques qui la désolèrent en 1815, 251. Victimes de ces désordres, 252. Privilèges exclusifs en faveur des nobles, 255. Le conclave de 1314 tenu à Carpentras ; la bibliothèque, 256. L'ancien évêché, 257. L'arc de Marius, *ibid*. L'hôpital, 258. Hommes célèbres nés à Carpentras, *ibid*. Son commerce de vers à soie, 260. Ses environs, *ibid*.

CARRACHE, peintre célèbre, dont le musée de Lyon possède un beau *portrait d'un chanoine de Cologne*, X, 384.

CARRACCIOLO, amiral napolitain, qui montra la plus grande intrépidité dans ses derniers moments, XIV, 565.

CARRÉ (M.), maître des jeux floraux, VIII, 433.

CARRÉ (M.), propriétaire de forges aux environs de Dinan, et membre de la chambre des députés, XII, 439.

CARRÉ (M.), célèbre jurisconsulte du barreau de Rennes, XII, 477.

CARRÈRE ainé (M.), propriétaire à Redon, dans le canton de Puy-Mirol, qui a introduit des perfectionnements dans plusieurs instruments d'agriculture, et à qui l'on doit plusieurs pratiques favorables à l'économie rurale, VIII, 291.

CARRICABURRU, ancien commerçant béarnais, VIII, 195.

CARRICK-FERGUS, ville d'Irlande, II, 236.

CARRIER arrive à Nantes, et confirme la compagnie révolutionnaire de Marat, XII, 583. Il organise les noyades dans cette ville, 584. Il est rappelé par Robespierre, et, pour prix de ses forfaits, il est décapité, 585. Traitements qu'il a fait endurer à Isidore de Josselin et à Hortense de Rochemaure, 612.

CARRION-NISAS (le colonel), écrivain et militaire distingué, IX, 74.

CARRION-NISAS (la famille baroniale de) admise aux états du Languedoc, IX, 97.

CARTELIER, sculpteur I, 14. Sa *Minerve*, XXII, 165.

CARTHAGE. On y égorgeait des enfants en l'honneur de Saturne, XIV, 37.

CARTIER, joueur qui périt sur l'échafaud, V, 89.

CARTIER (Jacques), célèbre marin de Saint-Malo, qui découvrit le Canada, XII, 408.

CARTOT, sculpteur, dont le musée de Lyon possède une figure en marbre de *Pandore*, X, 385.

CASA (Jean de La), archevêque de Bénévent, auteur d'un ouvrage obscène, XIV, 64.

CASAUX, Marseillais qui fut tué lorsqu'il méditait de livrer sa ville natale aux étrangers, IX, 334.

CASENEUVE, littérateur distingué né à Toulouse, VIII, 425.

CASIMA, jeune personne qui fut sauvée, dans le tremblement de Catane, par son amant, Properce, tandis que ce dernier périt dans les flots, XXIV, 198.

CASONI (Antoine), architecte qui construisit à Rome, sur la place Barberini, l'église des Capucins, XXII, 109.

CASSAGNEBÈRE, village de la Haute-Garonne, VIII, 285.

CASSAIGNE, membre de l'académie française, ridiculisé par Boileau, IX, 184.

CASSAN, village où l'on voyait une abbaye de bernardins, fondée, dit-on, par l'amant de Constance de Balbe, IX, 147.

CASSARD, marin, dont la vie fut une suite de combats et de succès, XII, 593.

CASSAS, dessinateur toulousain, VIII, 434.

CASSÉ (l'abbé), prédicateur qui s'est fait quelque réputation par ses conférences à Saint-Sulpice, XIII, 277.

CASSEL. Campement qui fut opéré dans cette ville en 1793, XII, 298. Perspective que l'œil embrasse de la hauteur de Cassel, 301. L'ancien château qu'on y remarquait, 304. Aspect intérieur de cette ville; ses principaux édifices, 306.

CASSEMIRA (Cachemire), vallée située dans le Mogol, et que les Persans surnomment la vallée bienheureuse, I, 342.

CASSEN-ALY-KAN, l'un des ambassadeurs envoyés par Tippô-Saeb à l'Ile-de-France, XVIII, xvi.

CASSENEUIL, à quelque distance de Villeneuve-sur-Lot, patrie de Louis-le-Débonnaire, VIII, 356.

CASSIMBAZAR, l'un des établissements français sur le Gange, I, 343.

CASSINI, astronome qui vint en France sous le règne de Louis-le-Grand, et fit des opérations trigonométriques, au château de Beaujeu, XI, 150; XXII, 315.

CASSIUS, général commandant l'armée des Romains lorsque les Sarmates demandèrent la paix pour cent ans, XIV, 160.

CASSIUS (Dion), cité a propos d'une vestale qui fut relevée de ses vœux, XIX, 7.

CASSIUS SÉVÉRUS est condamné par Octave Auguste pour des écrits satiriques qu'il avait composés contre ce prince et ses familiers, XIV, 248.

CASTAING, assassin d'Hippolyte Ballet, né à Alençon, XXV, 131.

CASTANET (Bernard de), évêque d'Albi, qui fit élever dans cette ville, en mémoire de la conversion *violente* des Albigeois, une tour dite la tour de Sainte-Cécile, IX, 7.

CASTEL, poete, qui concourut aux jeux floraux, avec Bérenger de Presles, III, 141.

CASTEL, jésuite, inventeur du clavecin oculaire, IX, 132.

CASTEL. (M.), poete virois qui a consacré sa lyre à chanter les plantes, XXV, 182.

CASTEL (l'abbé), l'un des ennemis de Voltaire, X, 459.

CASTELLAN, érudit, XXIV, 189.

CASTELNAU, village près duquel on voit encore les ruines de l'ancienne ville de Substantion, IX, 94.

CASTELNAUDARY, ville du département de l'Aude, VIII, 438.

CASTELNAU-DE-MAGNOAC, ville des Hautes-Pyrénées, VIII, 285.

CASTELNEAU, écrivain du seizième siècle, auteur de mémoires historiques estimés, VIII, 202.

CASTEL-SARRASIN, l'une des principales villes du département de Tarn-et-Garonne, VIII, 339.

CASTÉRA (M.), qui se trouvait à la défense de la barrière de Clichy, XXII, 183.

CASTILLE (M. le baron de), IX, 206.

CASTILLON (le château de), bel édifice bâti, au milieu des Landes, sous le règne de Louis XIII, VIII, 51.

CASTILLON, ville située dans le département de la Dordogne, XXVI, 267.

CASTLEREAGH (lord) prétend que les efforts de l'Angleterre tendent au maintien de la paix générale, XIV, 135.

CASTOR (saint), évêque d'Apt, né à Nîmes, IX, 184.

CASTRES, ville peu importante du département du Tarn, et où l'on voit la tour Caudière habitée jadis par la belle Castraise, IX, 29.

CATACOMBES (les). Foule de voyageurs que la curiosité attire à celles de Rome, II, 429 Celles de Paris près la barrière d'Enfer; leur entrée, 432. La galerie dite du *Port-Mahon*, *ibid.* Enceinte où sont classés les ossements, 434. Emotions que leur vue excite, 435. Inscriptions que l'on remarque dans ce lieu lugubre, *ibid.* La chapelle, 436. Le caveau géologique, 437.

CATEAU-CAMBRÉSIS, ville à laquelle les archevêques de Cambrai avaient accordé des exemptions et priviléges, XII, 77. Branches de son commerce et de son industrie, 78.

CATEL. célèbre compositeur, I,

15; II, 158; VIII, 426. Mérite de sa musique dans l'opéra des *Bayadères*, XIX, 170; dans celui de *Zirphile et Fleur de myrte*, 350; dans l'*Aubergiste de qualité*, XXI, 147; XXII, 242, 265, 277.

CATELAN, savant jurisconsulte toulousain, VIII, 427.

CATELAN (M. de), ancien député, maintenant pair de France, VIII, 430, 460.

CATELAN (mademoiselle de), célèbre par ses vers, et les prix qu'elle a remportés aux jeux floraux, VIII, 428.

CATELET, petite ville malpropre et pauvre en apparence, XII, 38.

CATHELINEAU est nommé chef des Vendéens; il s'avance sur Nantes, XII, 581. Il reçoit devant cette ville une blessure des suites de laquelle il meurt, 583.

CATHERINE II, impératrice de Russie. Réprimande qu'elle fit au philosophe Diderot, à propos d'une flatterie, IV, 282. Elle tomba dans le piége que ses courtisans lui tendirent lorsqu'elle parcourait ses états, *ibid*. Elle fait construire, à Oranienbaum, des montagnes en bois de la plus grande magnificence, VII, 103. Ses galanteries, XIV, 527.

CATHERINE d'Autriche, tante de Jean-sans-Peur. Sa résidence dans la ville de Gray, XI, 477.

CATICHE (mademoiselle), bouquetière de Bordeaux, habile à servir une intrigue amoureuse, VIII, 39.

CATILLON, situé entre Cateau et Landrecies, XII, 83.

CATINAT (le maréchal de), XV, 308. Outrage fait à un très vieux arbre de son château de Saint-Gratien, et sous lequel il avait l'habitude de s'asseoir et de relire son Plutarque, XVI, 427.

CATO (Ange), ancien archevêque de Vienne, X, 282.

CATON d'Utique. Son suicide intempestif, IV, 119; XIV, 568.

CATTECK (la province de), dans les Indes orientales, XXII, 453.

CATTENOU, ville qui possédait de belles fortifications, XI, 479.

CAUCHOIS-LEMAIRE (M.), écrivain politique, I, 20.

CAUCHON (Pierre) devint évêque de Lisieux, pour la part qu'il avait prise dans la condamnation de la pucelle d'Orléans, XXV, 58; XXVI, 124.

CAUDEBEC. Curiosités que l'on remarque dans ce bourg; son ancien commerce de chapeaux; avantages féodaux qu'il possédait, XIII, 220. Apathie de ses habitants actuels pour le commerce, 221.

CAULINCOURT (le lieutenant général), duc de Vicence. *Voyez* Vicence.

CAULINCOURT (Auguste), frère du précédent, périt à la bataille de la Moskowa, XII, 25.

CAUMONT (M.), négociant de Rouen, XIII, 184.

CAUMONT (M. le comte de), dont la femme occupe aujourd'hui le château de Derchigny, XXV, 41.

CAUMONT (M. de), membre de la société des Antiquaires de Caen, XXV, 226.

CAUMONT DE LA FORCE (Jacques), maréchal français entre les mains de qui l'abbé de Marbach remit, en 1634, le château de Wildenstein, XI, 207.

CAUNE (la), petite ville dont les habitants ont les mœurs fort simples, et dont l'hospitalité

DES MATIÈRES. 93

est la vertu principale, VIII, 479. Elle est à-peu-près à un siècle de Paris pour les modes et les usages, 480.

CAUNES, petite ville remarquable par la beauté de son site, et des carrières de marbre qui sont au dessus de sa position, VIII, 442. Mauvaise plaisanterie dont le curé de cette ville fut victime de la part des jeunes gens, 444.

CAUROY (le château de) qui fut renversé pour l'emplacement de la citadelle de Cambrai, XII, 53.

CAUSSADE, l'une des principales villes du département de Tarn-et-Garonne, VIII, 339.

CAUVIGNY (François de), loué par Pélisson dans son Histoire de l'Académie française, XXV, 235.

CAUVIÈRE (M.), médecin distingué de Marseille, IX, 357.

CAUVIN (M.), auteur de fort jolis vers, XII, 278.

CAUVRY (le), rivière qui coule sous les murs de Seringapatnam, XVIII, 93.

CAUX (le pays de). Portrait et costume des cauchoises, XIII, 236. Uniformité que l'on remarque parmi les campagnes, les villages et les maisons de ce pays, 238. Sècheresse à l'intérieur de cette contrée, 239. Caractère et occupations des Cauchois, 241. Progrès de l'agriculture dans le territoire de Caux, 242. Esprit aristocratique de quelques habitants, 243.

CAVAILLON, petite ville du département de Vaucluse où le sang coula en 1815, IX, 252.

CAVALIER (M.), ex-procureur-général de la cour royale de Nîmes, qui montra beaucoup de fermeté pendant les troubles de 1815, IX, 163.

CAVALIER (le maréchal de camp), qui commandait le régiment des dromadaires, en Egypte, XXV, 126.

CAVELIER (M.), négociant de Caen, XXV, 211.

CAVENDISH (lord), ami de lord Russel, lui fait ses adieux au moment où ce dernier marche au supplice, XIV, 330.

CAVENDISH, célèbre mathématicien, XXVI, 431.

CAVEYRAC (l'abbé de), né à Nîmes, IX, 185.

CAY (le château de), célèbre par la retraite de Le Franc de Pompignan, et où vit maintenant un philosophe pratique, VIII, 280.

CAYET, XXIV, 184.

CAYLAR (le), limite du Languedoc et du Rouergue, IX, 55.

CAYLUS, tué en duel par d'Entragues, II, 368; VIII, 243.

CAYLUS, l'une des principales villes du département de Tarn-et-Garonne, VIII, 339.

CAZALÈS, orateur fameux, né dans les environs de Réalville, VIII, 349, 426.

CAZALIS (M.), commerçant de Saint-Quentin, XII, 16.

CAZAU (l'étang de), qui refluait sur les terres supérieures dans les Landes, et dont les ravages furent arrêtés par des semis, VIII, 50.

CAZELLES (M.), ancien maire de Montagnac qu'un parti fanatique punit de la sagesse de son administration, IX, 84.

CÉCILE. *Voyez* IDA.

CÉCILE, héroïne du roman de ce nom. *Voyez* Mlle de CLÉNORD.

CÉDERON (le marquis de), habile observateur moraliste. Son portrait, IV, 221. Ses découvertes sur les maladies morales régnantes, 222.

CEDRENUS, moine, auteur d'une *Chronique*, dans laquelle il a conservé les principales dispositions du testament de Noé, III, 453.

CÉLIBAT (le) passait, chez les patriarches, pour une espèce de malédiction de Dieu; était noté d'infamie chez les Grecs et les Romains, XIV, 65. Il tend à détruire l'espèce humaine, 66.

CELLETTES, situé à quelque distance de Blois, XXVI, 21.

CEM-SU, disciple de Confucius, qui fonda au faubourg de Pékin un hospice en faveur des personnes atteintes de maladies morales, II, 439.

CÉNF (le), traducteur de la Bible, né à Caen, XXV, 237.

CÉNIS (madame de), citée comme un modèle d'amitié, après avoir été accusée de coquetterie, I, 324.

CENSURE (la) tend à entraver l'élan des poetes dramatiques et celui des acteurs, et amène la disette des bons ouvrages, XVIII, 18. Si elle est exercée par un ministre ami des lettres, la littérature fleurira; son institution a quelque chose d'absurde et d'injuste, 119. Menées dont les membres subalternes des bureaux de censure peuvent se servir pour empêcher la représentation de certaines pièces, s'en approprier le sujet, en recueillir tout le profit, XX, 365.

CERFORT (M.), directeur du théâtre de Pontarlier. Ses plaintes sur la tyrannie des auteurs qui veillent à la perception de leurs droits en province, V, 318.

CÉRIANE (le château de), situé au milieu d'une des plus belles capitaineries du royaume, était le rendez-vous de tous les chasseurs à trente lieues à la ronde, III, 250.

CÉRIANE (le commandeur de), grand amateur de la fauconnerie, dont il soutient la supériorité sur la vénerie, III, 250 *et suiv.*

CÉRIANE (madame de). Manière dont elle passe ses matinées, V, 74.

CERISI (l'abbaye de), dont les moines menaient une vie déréglée, XXV, 166.

CERQUEIL., l'un des lieux circonvoisins du camp du Châtellier, XXV, 97.

CERVANTES meurt dans un grenier, IV, 203.

CERVIÈRES (le pont de), hameau de Briançon, X, 264.

CÉSANE (Anatole de), personnage du roman de Cécile. Il dépeint à son ami Charles d'Epival les douces impressions qu'il éprouve en remettant le pied sur le sol de sa patrie, XXIII, 45. Retrace les premiers moments qu'il a passés au sein de sa famille, les changements qu'il a remarqués dans les traits de son père, 48. Description qu'il fait du château de Beauvoir, et de la vie paisible qu'il y mène, 59. Ses aventures; son embarquement pour la côte de Malabar; combat qu'il soutient contre une frégate anglaise; il est pris et conduit à Bombay; par suite de ses blessures il reste dans cette ville et le gouverneur a pour lui quelques égards, 68. Il quitte Bombay; pendant que l'on répare son navire, il parcourt l'intérieur du pays, et arrive au lieu où Charles languissait dans l'esclavage, 69. Il avise au moyen de le délivrer, 70. S'embarque pour Surate, afin d'y trouver la rançon de son ami ; n'ayant pu réussir, il revient, force Charles à partir pour l'Ile-de-France, tandis que lui restera en ôtage, 71. Il obtient bientôt la liberté et la considération à la suite d'une guerre dans laquelle il avait rendu de grands services à son maître, 74. Parle du plan de vie qu'il s'est tracé à Beauvoir, et des personnes qui l'habitent ou le fréquentent ; portrait qu'il fait du comte de Montfort, 76. Suite de ses aventures ; vie qu'il menait dans l'île de Ceylan avec Charles, 81. Il devient amoureux de Laméa, jeune Chingulaise pour laquelle un lascar se passionne, 83. Accompagne cette jeune fille dans un pèlerinage à une pagode ; instruit qu'elle est retenue dans ce temple, il y court pour la délivrer ; courage qu'il déploie avec les officiers français qui l'avaient suivi, 85. Il s'échappe tenant Laméa dans ses bras ; la multitude se soulève contre eux, 86. Quatre Français luttent pendant une heure contre quinze cents Chingulais, 87. Laméa est enlevée par le lascar qui se précipite avec elle dans la rivière où Anatole le poursuit, 88. Il est mis en prison à Colombe ; Charles le délivre, 89. Quelques uns de ses défauts ; son opinion au sujet des femmes, 94. Il fait le portrait des habitants du château de Beauvoir, 106 à 112. Dans sa réponse à Charles qui l'engageait à se défier de ses impressions pour Cécile de Clénord, il témoigne de son amour respectueux pour celle-ci, sentiment qui ne doit inspirer aucune crainte, 145. Il le loue de son procédé à l'égard de ses cousins, 146. Revient sur les éléments de son bonheur à Beauvoir, 147. Rend compte du plan qu'il a adopté pour l'éducation de sa nièce, des rares dispositions, ainsi que des progrès de son écolière, et des moyens qu'il emploie pour la tirer de sa mélancolie, 149. Détaille une fête donnée par le président d'Amercour ; établit un parallèle entre Cécile et Pauline, 156. Dépeint l'empressement de curiosité dont il fut l'objet, 159. Se résigne, mais avec peine, à quitter Cécile, pour voyager avec Charles, 200. Expose les considérations qui l'obligent à rester auprès de la malade, malgré la promesse qu'il avait faite de s'en éloigner ; transcrit un billet où Cécile lui faisait ses adieux, et la réponse qu'il lui adressa, 206. Il cherche à calmer le désespoir de Cécile, 223. Il la rassure au sujet de sa santé, et lui montre que toute union avec lui n'est pas impossible, 225. Il prie Charles de ne pas troubler le délire où le jette la guérison de Cécile, sans laquelle il ne peut plus vivre désormais, 254. Transports qu'il ressent à la vue de Cécile endormie, 255. Il proteste que son ami ferait de vains efforts pour le soustraire au penchant qui l'entraîne, 256. Rend compte d'une conversation qu'il eut avec Cécile, lorsqu'ils étaient seuls, et des émotions qui les agitaient l'un et l'autre, 258. Interroge Pauline d'Amercour qui lui détaille quelques scènes qui se passaient au salon, 259 Rapporte une plaisanterie dont Albert fut victime, et qui égaya beaucoup Cécile, 260. Donne des nouvelles de M. de Clénord qui a toujours le projet d'unir sa fille au comte de Montfort, 262. Témoigne le desir d'embrasser au plus tôt sa sœur, madame de Neuville, et se repose sur la discrétion de son ami, 263. Tout concourt à creuser l'abyme qui s'ouvre sous ses pas, 283. Parle de la présence de Cécile au salon, d'une partie d'échecs qu'il gagne à Montfort, et du dépit de ce dernier, 284. Il n'y a plus d'alternative pour lui, Cécile ou la mort, 286. Il donne les détails d'une promenade à Chambord; il se trouve seul avec Cécile, 287. Fait connaître à des étrangers les antiquités du lieu et les personnages éminents qui l'ont occupé, 289. Conversation qu'il eut avec Cécile dans une des chambres de ce château, 291. Transports auxquels il s'abandonne, 292. Péril qu'ils coururent ensemble, 293. Il avoue à Charles qu'il ne peut plus rester sans crime auprès de sa nièce, et qu'il ne peut s'en éloigner sans mourir, 294. Implore tout à-la-fois la sévérité et l'indulgence de Charles, 308. Raconte l'excès de délire où le portait sa brûlante imagination, 309. Descendu dans les souterrains consacrés à la sépulture de ses ancêtres maternels, pour s'y donner la mort, il y trouva Cécile; après une lutte terrible entre l'amour et le désespoir de la vertu, ils se promettent de vivre l'un pour l'autre, 313. A la faveur de la nuit des tombeaux, l'inceste et le sacrilége sont consommés, 314. Il rend compte des émotions de Cécile et de l'abattement où elle se trouva ensuite, 315. Il s'abandonne, de concert avec Cécile, à la sagesse de Charles, 317. Rappelle quelques instants de son bonheur, et ne voit dans l'avenir rien qui puisse l'épouvanter, XXIV, 9. Manifeste quelques craintes sur le sort de la dernière lettre qu'il écrivit à Charles; raconte une entrevue qu'il eut avec Cécile dans un bois voisin de Beauvoir, tandis qu'on le croyait loin de ce château, 15. Détails d'un rendez-vous nocturne que Cécile lui donna pour le château des Bruyères, 21. Il répond à sa sœur, madame de Neuville, que ses malheurs sont l'effet d'une fatalité inévitable, et implore sa pitié en lui demandant ce qu'il doit faire, 35. Exprime à Charles tout le plaisir qu'il éprouve dans les études philosophiques auxquelles il s'est adonné d'après son conseil, 63. Ses opinions sophistiques sur la véritable destination de l'homme, 64. Il exprime à Cécile le bonheur que lui a causé sa première lettre datée des Pyrénées, 79. Il lui annonce son arrivée à Orléans, 81. Ses opinions sur la condition malheureuse des hommes, 83. Motifs dont il s'appuie pour nier l'existence d'une intelligence divine, 84. Ses réflexions sur les bases assignées généralement au bonheur, 86. Il félicite Charles de l'acquisition du château des Bruyères, et le remercie de l'asile qu'il lui offre dans ce manoir, 87. Parle à Cécile des délices qu'il goûte à demeurer au château des Bruyères, et des sentiments dont son ame est occupée, 125. Sa reconnaissance pour Charles, 127. Espoir qu'il conçoit de leur prochaine réunion et du plaisir qu'elle leur apportera, 128. Emotions qui remplissent son ame de délices en apprenant que Cécile a mis une fille au monde, 141. Il raconte à Cécile par quel moyen il a, de concert avec Charles, délivré une des ailes du château des Bruyères des prétendus revenants qui l'habitaient, et qui tiraient certaines dimes des habitants des environs auxquels ils inspiraient de l'épouvante, 144 à 151. Il lui communique quelques détails sur les anciens habitants de cet aile du château, 151 à 157. Il devient fou; sentiments divers et incohérents dont il laisse échapper l'expression dans l'agitation de sa folie, 175. Elle avait souvent un caractère surprenant de raison, 180. Sensations déchirantes qu'il éprouvait en entendant le nom de Cécile, 194. Entretiens qu'il s'imagine avoir avec elle, 196. Revenu à la raison, et livré au désespoir, il demande à Charles s'il doit continuer à traîner ses jours au milieu des plus affreuses tortures, ou s'il ne doit pas lui être permis d'en rejeter l'intolérable fardeau, 216. Calme et paisible,

il réfute pour lui-même les raisons qu'opposent la société et la morale à celui qui veut mettre un terme à ses jours, 221. Il s'appuie principalement sur ce que son ame est désormais sans énergie pour le bien, sans ressort pour la vertu, et qu'il n'ambitionne pas la mort pour échapper à la lassitude de vivre, mais au vice, et peut-être au crime, 225. Il voit donc dans l'état de son ame le plus puissant motif de renoncer à la vie, 226. Dit à sa sœur, madame de Neuville, les tristes pensées dont il est accablé depuis qu'il a recouvré la raison; manifeste l'espoir de posséder Cécile malgré ses vœux; félicite sa sœur des devoirs pieux qu'elle a rendus à leur père; l'engage à terminer promptement les affaires de la succession, et à venir auprès de lui, 251. Exprime à Cécile, qui a pris le voile, l'état de son ame depuis qu'il a recouvré la raison, 267. Il lui dit que la vue de leur enfant l'a soustrait au dernier acte de son désespoir, et qu'il bravera tous les périls, tous les obstacles, pour l'enlever du couvent et la ramener aux *Bruyères* où il a fixé sa demeure, 268. Peint à sa sœur les délices qu'il goûte maintenant auprès de Cécile, et quelques alertes que leur causa de nouveau l'approche de la maréchaussée qui était à leur poursuite, 282. Il raconte toutes les particularités du stratagème qu'ils employèrent pour se débarrasser de cette troupe importune qui évacua le château pour trois jours, durant lesquels les habitants des Bruyères se mirent en sureté en prenant la fuite, 283 à 291. Aux approches de la révolution française, il cherche à s'éloigner vers une terre étrangère, où Charles veut le suivre; mais il s'oppose au dessein généreux de ce dernier en lui représentant les services qu'il peut rendre à son pays, 297. Il s'embarque avec Cécile, Nathalie, et Lambert, et, arrivés à Boston, les deux amants font bénir leur union par un prêtre catholique, 298. Il choisit et achète sur les bords de la Susquehannah un lieu où il fait aussitôt commencer des travaux, 300. Activité qu'il alimente dans sa colonie naissante, à laquelle il donne le nom de Beauvoir, 301. Etrangers à ces habitudes de frivolité qui absorbent la vie, Anatole et Cécile ne dédaignent point les travaux ni les plaisirs naïfs de la nouvelle tribu, 302. Anatole anime de sa présence les travailleurs; ordre et indépendance qui régnent parmi ces derniers, 303. Fêtes par lesquelles ils célébraient le terme d'un travail important ou l'introduction d'une nouvelle industrie, et auxquelles se rendaient des Indiens des tribus voisines, 304. Au milieu de ces fêtes, rien ne contribuait plus au bonheur de Cécile et d'Anatole que le souvenir de leur vie passée; excursions fréquentes qu'ils faisaient sur les rives du fleuve ou dans les forêts, escortés d'Indiens aux mœurs douces et paisibles, 305. Anatole ordonne de délivrer un jeune Indien pris par les colons dans une excursion audacieuse que dirigeait l'Écossais Albyn, 307. Il mène Cécile vers un site où il avait construit un séjour à l'instar du manoir des Bruyères; accueil empressé dont ils étaient l'objet sur leur route de la part des villageois, dont leur barque longeait les habitations, 308. Cérémonie de l'installation de Cécile au nouveau manoir des Bruyères; fête donnée à cette occasion, 310. La vue de sa nouvelle résidence remplit Cécile des plus douces voluptés, 312. Les fêtes se prolongent pendant trois jours; alors un jeune Indien, Onéida, avertit qu'un grand péril menace la colonie, et jure que ses frères la défendront courageusement, 313. Embellissements et accroissements de Beauvoir, 315. Les colons établissent des relations avec les marchés voisins, *ibid.* Beauvoir forme bientôt une espèce de petite nation qui acquiert une certaine célébrité, et qui accueille les infortunés obligés de quitter leur patrie, 317. Soins de Cécile pour l'éducation de sa fille, 318. Respect des Indiens pour Cécile; bienveillance de celle-ci à leur égard, 319. Ascendant d'Anatole sur la colonie, 320. La colonie est attaquée par la tribu des Chicawahaws que dispersent les Onéydas, secondés par Onanthya, 324. Anatole reçoit une lettre de Charles qui l'invite à revenir en France où la révolution vient d'éclater, 326. Il quitte sa colonie américaine qui fut détruite quelques années après, et revient avec sa famille vivre au milieu de ses amis, 328. *Voyez* le comte

de Montfort, madame et Cécile de Clénord, Pauline
d'Amercour, madame de Neuville, Charles d'Epival, Lambert.
César. Flatterie dont il fut
l'objet de la part des Romains,
IV, 271. Il combat les Nerviens, peuple courageux de la
Gaule, et leur accorde quelques priviléges après leur défaite, XII, 99. Son opinion sur
la fondation de Châlons-sur-
Saône, XXVI, 399. Lutte sanglante pendant laquelle il ef-
fectua la soumission totale de
la Gaule, 444.
Césarine (mademoiselle), riche
héritière voulant un mari qui
ne l'aime pas pour sa dot; invitation qu'elle adresse à l'Ermite, VI, 367. Circonstance
dans laquelle ce dernier fit
connaissance de cette demoiselle, 368. Moyen qu'il lui suggère pour éprouver la sincérité
de ses prétendants, 371. Portrait et caractère des rivaux
qui aspirent à sa main, 373.
Cessac (M. le comte de), l'un
des fondateurs de la société
d'agriculture d'Agen, VIII,
278, 301.
Cessac (le vicomte de). Hommage qu'il était obligé de
rendre à l'évêque de Cahors,
lorsque ce prélat faisait son
entrée dans sa ville épiscopale;
avantages qu'il recueillait en
dédommagement, VIII, 280;
XXVI, 253.
Cessart (M. de), à qui l'on doit
l'ingénieuse invention des cô-
nes, XXV, 293.
Cesse (la), rivière dont le lit est
une des belles horreurs de la
nature, VIII, 448.
Cessenas, village à l'extrémité
duquel se trouve un vieux château qui sert d'asile à vingt familles, VIII, 448.
Cesson, village situé dans la
Bretagne, XII, 458.
Cette, remarquable par ses
quais, son port, sa citadelle,
et les vastes chais qui bordent
le canal, IX, 88.
Ceylan (l'île de), dont l'Angleterre se réserva la possession,
XXII, 453.
Cézelly (Constance de), fille
d'un président de la chambre
des comptes de Montpellier;
son courage héroïque dans la
défense de Leucate dont elle
fut nommée gouvernante, IX,
131.
Chabannais (le bâtard de) suscite une révolte, XVI, 299.
Chabaud-Latour (M.), à la solli-
citation duquel fut restauré
l'amphithéâtre de Nîmes, IX,
193.
Chabert (M.), professeur de
mathématiques transcendan-
tes à Grenoble, X, 92.
Chabert (madame), femme du
général commandant la place
de Besançon, et distinguée par
son talent comme cantatrice,
XI, 129.
Chabot, fameux révolutionnaire,
IV, 341.
Chabot (Nicolas), avocat de
Grenoble, X, 100.
Chabotte, village des Hautes-
Alpes, X, 201.
Chabran (le général), né dans le
département de Vaucluse, IX,
218.
Chabreuil, petite ville du Dauphiné, IX, 439.
Chagot (MM.), directeurs du
vaste établissement du Creu-
zot, XXII, 400.
Chailles, lieu situé à quelque
distance de Blois, XXVI, 22.
Chaise-Dieu (la), village d'Au-

7.

vergne, où furent exilés Soanen, évêque de Senez, et le cardinal de Rohan; humidité de son climat; tombeaux renfermés dans la cathédrale, XXVI, 308. Perspective que l'œil embrasse du haut de cette position, 309.

CHAIX (M.), chef de bataillon à Marseille, où il se trouvait en 1815, IX, 347.

CHALAMBRUN, ville des Indes, célèbre par de riches pagodes que desservent des Bayadères. XIX, 117.

CHALGRIN, architecte distingué, I, 14. Embellissements qu'il exécuta au palais du Luxembourg, 148; XI, 232.

CHALIER, l'un des auteurs et provocateurs des massacres de Lyon en 1793, X, 408.

CHALINE (Pierre), avocat, auteur de plusieurs ouvrages de jurisprudence, XXVI, 101.

CHALLEMOUX, ville du Charolais auprès de laquelle le comte Lambert défit les Auvergnats qui avaient envahi cette contrée, XXVI, 384.

CHALLOIN (M.), propriétaire de la plus considérable fabrique de chanvre du département de l'Isère, X, 24.

CHALUES (la plaine de), nommée plaine de *Barbari*, où il se fit un massacre des Lombards, X, 210.

CHALON (Philibert de), qui donna en 1419 la dernière *fête d'armes* qui ait eu lieu en France, XI, 42.

CHALONS-SUR-MARNE. Les Français et les étrangers l'occupent tour-à-tour dans les guerres de 1814, XXVI, 509. L'école des arts et métiers, 510. Système d'éducation religieuse adopté dans cet établissement, 511.

Le jardin public appelé le *Jard*, 513.

CHALONS-SUR-SAÔNE. Rivalité entre ses habitants et ceux de Mâcon relativement aux vins de leur cru respectif, XXVI, 389. Nombreux couvents que possédait Châlons; débouchés que le canal du centre offre à son commerce, 396. Son activité comme entrepôt; denrées et produits dont l'on y trafique; l'hôpital Saint-Laurent, 397. Obélisque érigé à la mémoire de Napoléon, 398. Origine du nom de la ville; son antiquité, 399. Vignobles de ses environs; Châlons est brûlé par le fils de Clotaire Ier, et relevé par le roi Gontran, qui choisit cette ville pour la capitale de son royaume, 400. Elle est ruinée par le Maure Abdérame; est incendiée par Lothaire, et plus tard ravagée par les Normands; accueil que les Châlonnais firent à Louis XII lorsqu'il vint pour la première fois au milieu d'eux, 401. Horreurs qu'ils essuyèrent de la part des huguenots; la souveraineté de Châlons, après avoir été dans plusieurs maisons, passe dans celle de Bourgogne; anciennes mœurs de cette ville, 402.

CHALOSSE (la), contrée des Landes, remarquable par ses vignobles et ses beaux jardins, VIII, 77.

CHALOTAIS (La), célèbre membre du parlement de Bretagne, s'immortalisa dans l'affaire de l'expulsion des jésuites, XII, 414. Son indignation contre la conduite du duc d'Aiguillon, gouverneur de la Bretagne; vengeance dont il fut l'objet de la part de ce dernier; il est transféré au château de Saint-

Malo, où il écrivit ses Mémoires, 416. Louis XVI lui rend sa place, et lui accorde un dédommagement, 417. Ce qu'il dit des mœurs du temps de la Ligue, XV, 225.

CHALSERTON, personnage qui, en contrefaisant habilement le style et la vieille écriture du onzième siècle, s'est moqué, pendant trois ans, de tous les déchiffreurs anglais et de tous les érudits assemblés, XXVI, 34.

CHAMBAY (M.), l'un des grands propriétaires qui s'occupent le plus particulièrement de perfectionner la race des chevaux français, XXV, 92.

CHAMBIÈRE (l'île de), à l'extrémité de laquelle la Moselle et la Seille confondent leurs eaux, XI, 469.

CHAMBORD, domaine royal, célèbre par les galanteries de François Ier et la gloire du maréchal de Saxe, XXVI, 41. Son aspect; style de son architecture, 44. Sommes employées à sa construction sans qu'il ait été achevé, 47. Louis XIV en fait combler les fossés, et y construit quelques bâtiments supplémentaires pour sa maison, 48. Personnages illustres qui l'occupèrent, 49.

CHAMBRET (le docteur de), membre de la société d'agriculture de Lille, XII, 250.

CHAMBURE (le colonel de), guerrier distingué, s'empare de la redoute de Kabrunn, XXII, 210; XXVI, 471.

CHAMFORT. Il distingue trois sortes d'amitié, I, 323. Son opinion sur le ridicule, II, 245. Il figure au nombre des amis de Voltaire, X, 460. Se trouve à une assemblée des principaux auteurs dramatiques discutant sur leur mérite respectif, XVI, 431. Son pays natal, XXVI, 277. Parallèle entre son style et celui de l'académicien Thomas, 350.

CHAMILLY (M. de). Mission singulière dont il est chargé par Louvois, lorsque Strasbourg allait tomber au pouvoir du roi de France, XI, 245.

CHAMOUNI (la vallée de). Coutume qu'ont les voyageurs qui la visitent d'inscrire sur un registre à ce destiné quelques unes des pensées inspirées par la vue du site; quelques unes de ces inscriptions plus ou moins originales, V, 238. Morceau qu'un Anglais inscrivit sur ce registre, et dans lequel il établit un parallèle entre Londres et la vallée d Chamouni, 242.

CHAMPAGNE (Philippe de), peintre célèbre, dont les musées de Lyon et de Lille possèdent quelques ouvrages, X, 384; XII, 246.

CHAMPAGNOLE. Elégance et situation de ce bourg; ses fileries de fer, XI, 43. Cafés et auberges de ce lieu fréquentés par les *grands valliers* qui le traversent, 45. Spéculation commerciale de ces montagnards, 46.

CHAMPAGNY (M. de), ministre de Napoléon, s'occupa de restaurer les haras en France, XXV, 92.

CHAMPAUBERT, ville devenue célèbre par la victoire qu'y remporta le duc de Raguse, et qui fut témoin de plusieurs opérations militaires en 1814, XXVI, 518.

CHAMP-DU-FEU (le), chaîne très élevée de montagnes qui se

détache de la partie occidentale des Vosges, XI, 381.

CHAMPEAUX (M. de), qui découvrit, à Saint-Symphorien, le métal urane oxydé lamelliforme, XXVI, 410.

CHAMPIONNET (le général), IX, 444.

CHAMPLITTE, bourg du département du Doubs, renommé par ses usines et ses bons vins, XI, 148.

CHAMPMÉLÉ (la). *Voyez* mademoiselle DESMARES.

CHAMPMORIN (le général) se trouvait à Lille lors du siège de cette ville en 1792, XII, 232.

CHAMPOLLION-FIGEAC (M.), savant très estimable, X, 72, 76, 83, 99, 100, 126.

CHAMPROSÉ (M. de), inspecteur de l'ancien et du nouveau canal de Picardie, XII, 35.

CHAMP-SAUR (le), village des Hautes-Alpes, remarquable par ses carrières de marbre, X, 183.

CHAMPY (M.), député, possesseur de belles forges à Saint-Diez, XI, 380; à Rothau, 409; au hameau de Framont, 410.

CHANCEL (le général) est conduit dans les prisons d'Amiens, et meurt sur l'échafaud, IV, 334.

CHANCEL (Pierre), professeur de rhétorique. Ce qu'il dit du silence de César relativement à l'expédition de Crassus contre la ville de Falaise, XXV, 82.

CHANDEAU, célèbre marin, né à Rochefort, XXVI, 190.

CHANDEVILLE, descendant de Malherbe, né à Caen, XXV, 235.

CHANNION (M.), fabricant de Grenoble. Son courage et son énergie au temps de la terreur et en 1814, X, 91.

CHANSONS (les) décèlent la gaieté du peuple, VI, 308. Conditions qu'exigent ces petites compositions, 310. Différentes espèces de chansons : la romance, 311. Les rondes, 312. Le vaudeville et les noëls, poésie satirique, 313. Les marchands de chansons sont, avec les mendiants, les vrais interprètes des mystères de la politique, XVI, 415. Exemples à l'appui de cette assertion, *ibid.* Ce qu'étaient les chansons populaires dans la révolution, 417. Origine des chansons de toute espèce, XVIII, 4. Ce qu'est la chanson parmi nous; différentes sortes de chansons, 5. La chanson religieuse : son caractère primitif; chanson religieuse que les protestants en armes chantaient au feu de leurs bivouacs, 7. La chanson politique est inspirée par l'amour du pays, ou par le désir de se venger par la raillerie des agents d'une autorité injuste ou tyrannique; exemple d'une chanson dictée par l'amour de la patrie, 8. Caractère de la chanson politique en France, 9. Il n'est pas un événement de notre histoire qui n'ait été mis en chansons, *ibid.* Différentes phases de la chanson nationale à l'époque de la révolution, 13. La chanson guerrière, 16. Ce qu'elle est parmi nous, 17. Couleurs dont l'avaient revêtue nos soldats d'autrefois, 19. La chanson philosophique, 22. En France elle se confond quelquefois avec le genre érotique, et plus souvent avec la satire, 23. Supériorité des chansonniers français dans le genre satirique et le vaudeville, 26. Long-temps le vaudeville, sous le nom de *noëls*, n'a été qu'un organe impur de turpitudes et de diffamations, 27. Caractère du vaudeville pendant la révolution, 30. Ce qu'était la chanson sous le régime impérial, *ibid.* Caractère de la chanson bachique, 33. La chanson érotique a suivi et marqué le cours de nos mœurs, 38. La chanson de boudoir, 43. Caractère de la chanson grivoise, 45. Couleurs dont la chanson villageoise est empreinte, 50.

CHANTELOUP (le château de), situé à une demi-lieue d'Amboise, et célèbre par la disgrace du duc de Choiseul, XXVI, 51. Personnages qui occupèrent ce domaine, 52.

CHANTEREINE (M. Avoyne de), député du département de la Manche, XXV, 303.

CHANTESSE, bourg du département de l'Isère, X, 45.

CHAPE (MM.), inventeurs du télégraphe, nés à Yvetot, XIII, 248.

CHAPELLE, personnage en rapport avec tous les comédiens de Paris, II, 11.

CHAPELLE (l'abbé de La). Son sentiment sur le fantôme qui apparut à Charles VI, dans la forêt du Mans, V, 41.

CHAPELLE, poete. Ce qu'il dit de la ville de Narbonne, VIII, 456. Il visite le marquis de Montsurmont qui l'accueille assez mal; il lui rappelle les titres qu'ont nos grands poetes à la considération, et leur haine de la servilité de la cour; le raille sur quelques uns de ses actes politiques, et l'engage à reprendre la lyre ou à se livrer à toute autre occupation de l'esprit, afin d'éviter la bassesse des gens de cour, XVI, 43 *et suiv.*

CHAPELLE (La), mauvais auteur tragique, membre de l'académie, XXVI, 370.

CHAPELLIER, célèbre avocat breton, membre de l'assemblée constituante, XII, 474.

CHAPPUIS (M.), notaire à Salins, qui, pendant l'incendie de cette ville en 1825, a laissé dans les flammes ce qui lui appartenait, pour sauver les dépôts d'argent qui lui étaient confiés, XI, 66.

CHAPTAL (M. le comte), pair de France, l'un des savants qui achevèrent la révolution commencée dans la doctrine chimique, et qui, pendant son ministère, fonda la bibliothèque de l'école de médecine de Montpellier, I, 13; IX, 108, 136; XXII, 352. Sa retraite au château de Chanteloup, XXVI, 52.

CHAPTAL FILS (M.), manufacturier de produits chimiques, XXII, 390.

CHAPUIS DE SAINT-ROMAIN (le colonel), commandant de la frégate à bord de laquelle étaient les ambassadeurs de Tippô-Saeb, lorsqu'ils retournèrent à Myzore, XVIII, xvj. Il est blessé au siège de Seringapatnam, 92.

CHARAS, savant pharmacien, né à Uzès, IX, 205.

CHARCEY, village du département de la Meuse, qui possède de belles forges, XI, 427.

CHARENTE (la). Avantages que ses eaux présentent aux navires qui pénétrent dans le port de Rochefort, XXVI, 184.

CHARETTE, général vendéen, attaque Nantes, secondé par Cathelineau et d'Elbée, XII, 582.

Il traite avec la convention; infidèle à sa parole, il est fusillé, 586.

CHARLEMAGNE. Costume qu'il avait adopté, III, 15. Effets de ses édits contre la mendicité vagabonde, IV, 250. Il protège les Juifs lyonnais, X, 311; comble l'Alsace de bienfaits, XI, 183; réunit Metz à son empire, et l'embellit, 462, répare le phare de Boulogne, XII, 344; donne le comté de Nantes à Grey, 577. Coutume qu'il avait d'entrer dans le détail de ses dépenses privées, XIV, 391. Il fonde en France les sciences, le commerce, l'industrie, et les arts, XXII, 309. A sa mort, toutes ses institutions s'anéantissent avec lui, 310. Il fait fortifier Briovera, aujourd'hui Saint-Lô, XXV, 304; fait ériger la cathédrale de Saintes, XXVI, 209; tient à Châlons-sur-Saône un concile dans lequel il recommande l'étude des sciences humaines, 401.

CHARLES II, dit *le Chauve*. Son affectation à se vêtir à la grecque, III, 17. Il prend la souveraineté de Lyon, X, 309. Sa conduite faible à l'égard des Normands qui fondaient sur la France, XIII, 36. Il divise l'Anjou en deux parties, afin de le mieux fortifier, XXV, 379; fait frapper monnaie dans la ville de Châlons-sur-Saône, XXVI, 401.

CHARLES IV, roi de France. Sous son règne les réunions de jeu se tenaient à l'hôtel de Nesles, V, 82. Il érige le Bourbonnais en duché-pairie pour Louis de Bourbon, comte de la Marche et de Clermont, XXVI, 357.

CHARLES V, dit *le Sage*, roi de France. Accroissement rapide qu'il donna à la Bibliothèque royale, II, 292. Nom qu'il donnait au palais Saint-Paul, VII, 242. Il s'empresse de soutenir les droits de Charles de Blois, et cherche à anéantir les descendants de Jean de Monfort, XII, 375. Ayant éprouvé de la résistance de la part des Bretons qu'il voulait asservir, il se désiste de ses prétentions, et meurt au moment qu'il allait traiter de la paix, 376. Concile qu'il assembla à Vincennes où il bâtit une chapelle, XV, 230. C'est par lui que le Poitou fut réuni pour toujours à la couronne de France, XXVI, 165. Mission qu'il donna à Duguesclin de réunir la Saintonge à la couronne, 203. Il avait donné le Berri en apanage à l'un de ses fils, 367. Il ratifia le don du duché de Bourgogne à Philippe-le-Hardi; attaque qu'il essuya des Anglais qui furent chassés de la Bourgogne par Duguesclin, 456.

CHARLES VI, roi de France. Licence effrénée qui envahit la France sous son règne, II, 186. Son séjour dans le château de Pontoise, tandis qu'Isabeau de Bavière traitait en son nom de la paix, à Meulan, III, 193. Ce qu'était vraisemblablement le fantôme qui lui apparut dans la forêt du Mans, V, 41. Il interdit aux habitants d'Orchies la fabrication des soies et des étoffes légères, XII, 208; confisque le Périgord, XXVI, 234. Principes qu'il reçut de Louis II, duc de Bourbon, 357. Il est éloigné du gouvernement à cause de sa folie, 457.

CHARLES VII, roi de France. Ses
amours avec Agnès Sorel, et
son courage excité par Jeanne
d'Arc, II, 187 Les bracelets,
les colliers, les boucles d'o-
reilles, sont en faveur sous son
règne, III, 20. Il prend la ville
de Pontoise, 193. Son entrée
triomphante à Paris, IV, 17.
Isolement où il se trouva à sa
mort, X, 103. Il assiège Metz
avec son frère, René d'Anjou,
roi de Sicile, XI, 463; reçoit
l'hommage de François Ier, duc
de Bretagne, et chasse les Anglais qui s'étaient emparés
de Fougères, XII, 378. Sous
son règne la taille devient perpétuelle, XIV, 383. N'ayant
pu recouvrer les deux éten-
dards que lui avaient enlevés
les Anglais, il consacre la cor-
nette blanche, XVI, 290. Ses
troupes prennent Lisieux en
1449, XXV, 59. Ses succès en
Normandie apportent quelque
soulagement aux maux qu'a-
voit essuyés la ville de Domfront, 157. Il s'empare de Granville, 316; reprend Avranches,
319; décrète à Bourges, en
1448, la pragmatique sanction,
XXVI, 368. Lorsqu'il était
dauphin, Tanneguy du Châtel
l'empêche de tomber au pouvoir de Jean-sans-Peur en frappant ce dernier, 462.

CHARLES VIII, roi de France, retire aux archevêques d'Embrun le droit de battre monnaie, X, 248; fonde à Lyon la
noblesse dite d'échevinage,
391; épouse Anne, duchesse
de Bretagne, XII, 382; crée
un parlement *des grands jours;*
il meurt au château d'Am-
boise, 383. Il avait rendu le
Charolais à Philippe, archiduc
d'Autriche, XXVI, 383. A

son entrée à Chalons-sur-
Saône, il s'était montré au
peuple revêtu d'habits ecclésiastiques, 401.

CHARLES IX, roi de France. Réponse que lui fit Bernard de
Palissy durant les guerres civiles, VIII, 296. Il est vaincu
à l'arc, au château de Nérac,
par Henri IV, 311; confirme
les priviléges des échevins de
Lyon, X, 391; entre à Saint-
Malo en 1570, XII, 423; permet à la ville de Chartres de
rendre l'Eure navigable, XXVI,
121. D'après les remontrances
du président Jeannin, il expé-
die à Dijon des ordres qui em-
pêchent tout massacre, 468.

CHARLES II, roi d'Angleterre.
Sous son règne, l'institution du
jury fut totalement corrompue
dans ce pays, XIV, 311. Sa
cour, afin de faire couler le
sang innocent, imagina de faire
publier contre lui et la famille
royale des pamphlets injurieux,
et de les imputer aux défenseurs des libertés nationales,
321. Le faux témoignage devint une fonction publique,
323. Protection et récompenses que Charles accorde aux
délateurs, 332. Caractère de
la galanterie qui régnait à sa
cour, 526.

CHARLES II, duc de Lorraine,
exerce une cruauté inouie envers la population de Neufchâteau qui s'était plainte des ravages qu'il causait aux propriétés des habitants, XI, 417.

CHARLES X, roi de Suède. Ses intentions secrètes en faisant la paix
avec les Danois, XIV, 163.

CHARLES XII, roi de Suède, porte
Stanislas au trône de Pologne
et lui promet son amitié, XI,
302.

CHARLES IV, duc de Lorraine, dont les efforts ne purent arrêter, en 1644, l'invasion des troupes françaises dans cette province, XI, 300. Il achète la ville de Commercy et la donne à son gendre, le prince de Lillebonne, 434.

CHARLES V, duc de Lorraine, fut le soutien de l'empire et l'effroi de la Porte-Ottomane, XI, 300.

CHARLES, jeune physicien, perfectionna la découverte de Montgolfier, et fit, en 1783, sa première expérience dans un ballon en taffetas gommé, VI, 117.

CHARLES de Blois se fait reconnaître duc de Bretagne; fait prisonnier Jean de Montfort; assiège sans succès la ville d'Hennebon, où l'épouse de ce dernier, Jeanne de Flandre, s'était renfermée, XII, 372. Il est battu à la Roche-Derrien, fait prisonnier et transféré en Angleterre, 373. Rendu à la liberté, il revient soutenir ses droits, et refuse tout compromis qui eût pu en exposer la validité, 374. Récompense qu'il accorda à Duguesclin pour la défense de Rennes, 446.

CHARLES-EMMANUEL, roi de Sardaigne. Son ingratitude, ses mauvais traitements envers le roi son père, Victor-Amédée, qui avait abdiqué en sa faveur, XIV, 570.

CHARLES-MARTEL prend la souveraineté de Lyon, X, 309 Il défait Chilpéric II et Rainfroi à Crèvecœur, XII, 39. Il convoite et obtient le titre de maire du palais, XXV, 379.

CHARLES-LE-MAUVAIS. Lieu où était situé son hôtel à Paris, VII, 244. Il établit à Évreux une confrérie dans laquelle il se montre lui-même en habits ecclésiastiques, XIII, 94. S'empare de Cherbourg, dont il anoblit les bourgeois, XXV, 286. Il les livre aux Anglais, 287. Sous sa domination, les fortifications de Granville tournent contre la couronne, 319.

CHARLES de Provence devient chef du comté d'Anjou, XXV, 383.

CHARLES-LE-SIMPLE se voit forcé de faire des concessions à Raoul, chef des Normands, XIII, 36. Il cède le Maine à Rollon, XXV, 365.

CHARLES-LE-TÉMÉRAIRE, duc de Bourgogne, obtient la souveraineté de Lille et de ses châtellenies, XII, 229. Son caractère; funestes effets de son imprudence; il fait arrêter Louis XI à Péronne, et l'oblige à le suivre contre les Liégeois; il perd la bataille de Grandson contre les Suisses qu'il voulait soumettre à sa domination; il se tient long-temps caché; il est défait à Morat, XXVI, 467. Met le siège devant Nanci, en réduit les habitants à la dernière extrémité, et meurt sous les murs de cette ville, ibid., et XI, 312, 313.

CHARLES-QUINT rebâtit et fortifie Dôle, XI, 90. Assiège la ville de Commercy, 434; assiège Metz qui lui oppose une vive résistance, 465. Rase la ville de Therouane, 479. Fait construire la citadelle de Cambrai, XII, 52. Signe dans cette ville la paix des dames, 63. Rend un arrêt qui règle les entrevues des bénédictines de Denain avec les laïques, 141. Pour neutraliser l'humeur inquiète des Flamands, et l'amour de la liberté qui leur était propre, il fonde la plupart des représentations gigantesques en usage parmi eux, 166. Il reçoit Dunkerque pour la rançon de François Iᵉʳ, 308. Motif pour lequel il proscrivit Luther à la diète de Worms, XIV, 162. A son avis, la guerre est un moyen d'amortir l'impétuosité belliqueuse des sujets, 548. Il accueille Fernand-Cortez qui lui demandait justice, et le punit d'une nouvelle tentative qu'il avait faite auprès de lui dans le même but, XIX, 61. Il cède le Charolais à Philippe II, roi d'Espagne, XXVI, 383.

CHARLET, peintre original. Sa présence à la défense de la barrière de Clichy, XXII, 183.

CHARLET-CROMBEZ (M.), commerçant de Turcoing, XII, 289.

CHARLEVAL (les collines de), au milieu desquelles Charles IX éleva une résidence royale où il cherchait un repos qu'il ne trouva jamais, XIII, 80.

CHARLEVOIX (de), jésuite, historien du Japon, du Paraguay, etc., XII, 19.

CHARME (avoir du), expression très à la mode dans un monde élégant et maniéré, VII, 269.

CHARMES, ville dont les fenêtres sont en partie ornées de vitraux de couleur; commerce et activité de ses habitants; forêt qui lui est contiguë; usines et établissements industriels que l'on trouve dans ses environs, XI, 326.

CHARNES (l'abbé de), né dans le département du Gard, IX, 186.

CHARNOTÉ (le général), né dans la Franche-Comté, XI, 170.

CHARNY (le comte de), lieutenant de roi dans la Bourgogne, éprouve de la part du président Jeannin une résistance qui épargna aux habitants de la Bourgogne les horreurs de la Saint-Barthélemi, XIV, 208; XXVI, 468.

CHAROLLAIS (le comte de), que les hommes de cour avaient surnommé l'*abatteur d'hommes*, X, 19.

CHAROLLAIS (le), province. Ses anciens habitants; ses vicissitudes; maîtres divers sous lesquels il passa, XXVI, 382. Il souffrit beaucoup des querelles de la première maison ducale d'Aquitaine avec les enfants de Pépin-le-Grand; est ravagé par Waistre qui en fut chassé par les enfants de Pépin-le-Bref, 383; est désolé par les grandes compagnies des écorcheurs, par les guerres sanglantes soulevées entre les Armagnacs et les Bourguignons, et par la peste noire, 384.

CHAROLLES, ville assise dans un vallon très étroit, et baignée de deux rivières, XXVI, 381. Ruines d'un ancien château attestant la splendeur des suzerains qui pesaient sur le canton, *ibid.*

CHARONDAS, législateur qui scella ses lois de son propre sang, XIV, 235. Motifs qui l'engagèrent à publier une loi contre la fréquentation des méchants, 550.

CHARPENAY (M.), propriétaire de l'*hôtel Labarie* à Grenoble, X, 51.

CHARPENTIER (M.), capitaine d'artillerie de marine et traducteur du *Traité d'artillerie navale* du général Howard-Douglas, XXV, 129.

CHARRON, auteur du livre de *la Sagesse*. Il pense que le culte extérieur peut entraîner certains abus personnels, VI, 399. Endroit où il demeurait à Paris, VII, 245.

CHARRON (Guillaume), conseiller d'état, qui rebâtit, sous Louis XIII, le château de Méuars, XXVI, 19. C'est lui qui fonda le château de Nozieu, 22.

CHARRUE (la). Ce qu'elle était dans le principe; ses perfectionnements successifs, XXII, 342.

CHARTIER (Alain), poete, auquel Marguerite d'Ecosse, donna quelque marque d'amour, II, 188.

CHARTIER (M.), commerçant de Douai, XII, 191.

CHARTRAN (le baron de), fusillé à Lille en 1816, XII, 259.

CHARTRES. La tenue du marché de cette ville, XXVI, 89. Irrégularité des rues et des constructions; différentes fonctions qui sont exercées, au marché, par des femmes, 90. Edifices religieux de Chartres dont plusieurs ont été affectés à d'autres usages, 92. Les boulevarts de la ville, *ib*. La porte Guillaume, 93. Hommes célèbres nés à Chartres, 98. Ses anciens habitants; les Carnutes sont défaits par César, 105. Monuments druidiques trouvés à quelque distance de Chartres, 106. Étymologie de son nom; vaillance des anciens Carnutes, 107. Traits merveilleux qui accompagnèrent l'introduction du christianisme dans le pays chartrain, 108. Anciennes prétentions des chanoines de Chartres, 109 Influence bienfaisante du christianisme sur le pays chartrain, 110. Domination temporelle de ses anciens chanoines; privilèges qu'ils s'arrogeaient, 111. Chartres est pillé, en 546, par Thierry, et plus tard par Hunold, 113. Forteresses que possédaient les chanoines; commerce qu'ils faisaient de leurs abbayes; nouveaux désastres, nouveaux sièges qu'essuya la ville, 114. Description de Chartres au huitième siècle; elle est asservie à la domination des comtes, 115. Fléaux qui la désolèrent au douzième siècle; donations que les croisés firent à l'église de Chartres, 116. Excommunication que les chanoines lancèrent contre la Beauce ; troubles et malheurs causés par leurs despotiques prétentions, 118. L'inquisition est établie à Chartres, au quatorzième siècle, 119. Cette ville est réunie à la couronne; nouveaux désastres qui affligèrent la contrée, 120. Avantage que Charles IX accorde aux habitants de Chartres, qui est ensuite assiégé et dévasté par les prêtres, 121. Henri VI, l'assiège à son tour; superstition en honneur dans le pays chartrain, 122.

CHARTRES (Guillaume de), chroniqueur du troisième siècle, XXVI, 98.

CHARTREUSE (la). Aspect monotone des montagnes qui entourent cette solitude, X, 132. Exploitations et vie des anciens chartreux, 134. Sentier menant à l'enclos monastique, 135. Aspect extérieur de la Chartreuse, 136. Les réceptions au parloir, 138. Personnages que l'Ermite y rencontre; leur intention de passer leurs derniers jours dans ce monastère; un agent de police qui accepta le rôle d'espion, moyennant de fortes récompenses, et ne craignit pas de poursuivre et de perdre des innocents, 140; un diplomate qui, ne songeant qu'à ses intérêts personnels, contribua par ses conseils perfides à la perte des rois et des peuples, 153; un trésorier de France, jaloux des titres nobles qu'il avait achetés, et qui, pendant les temps orageux, en obtint la conservation par ses intrigues et avec son argent, 158. L'intérieur des cellules, 160; l'espatiement, lieu vaste où les religieux vont une fois par semaine faire des promenades en commun; vie, costume et travaux des solitaires actuels, 161; le bâtiment destiné à faire le pain de la communauté, 162; la nourriture ordinaire des chartreux, 163. Anecdote singulière qui a donné lieu à une purification générale dans leur monastère, 164. La cellule de Saint-Bruno, 166 Endroit où l'un des chartreux se tint pendant la révolution, 168.

CHARTRON (le général), né à Carcassonne, VIII, 464.

CHARVET (M. André), fabricant à Lille, XII, 267.

CHASSAIGNES (Jacques de), biographe des illustres Caenais de son temps, XXV, 235.

CHASSAL, village du Jura, qui offre une carrière de marbre aussi beau que celui de Tripoli, XI, 12.

CHASLES (M. P.) érudit et littérateur distingué, I, 21; XXVI, 103.

CHASLES (de), auteur qui a écrit sur la théorie de l'hydraulique, XXII, 348.

CHASSE (la). Opinions contradictoires de plusieurs écrivains au sujet de cet exercice, III, 248. Motifs qui militent pour et contre, 249. Avantages que la chasse procure contre les maladies physiques et morales, 258. Législation actuelle sur la chasse 264. Une partie de chasse en plein midi, ibid. La chasse est devenue une manie chez un grand nombre de Français, 266 Partie de chasse d'un bourgeois de la rue de la Verrerie, 267.

CHASSEL, habile sculpteur, professeur à l'académie de peinture de Nanci, XI, 508.

CHASSENEUX, jurisconsulte habile, qui contribua à éclaircir l'ancienne histoire de Bourgogne, XXVI, 443.

CHASSENOUX (Barthélémi de), auteur d'un Catalogue de la gloire du monde, XXVI, 415

CHASSIRON, agriculteur né a La Rochelle, XXVI, 175.

CHASTELLUX, l'un des amis de Voltaire, X, 459.

CHASTELLUX (les vicomtes chanoines de). Equipage dans lequel ils paraissaient une fois dans leur vie, XXVI, 424.

CHATAGNA, commune du canton d'Orgelet, où l'on voit un jet d'eau naturel, XI, 18.

CHATEAUBOURG, situé dans la Bretagne, XII, 458.

CHATEAUBRIAND (M. de), écrivain remarquable par son imagina-

tion et son style brillant, I, 8.
Sa description de la fête des
Rois, III, 375. Ses *Réflexions
politiques*, V, 10. Qualités du
style de ses œuvres purement
littéraires, et de ses écrits politiques, XII, 417. Originalité
de quelques uns de ses ouvrages, XIX, 355.

CHATEAU-CHALON, ville dont les
habitants observent, le premier jour de mai, un usage
assez bizarre, XI, 37. Sa position et son origine, 39.

CHATEAUDUN. Sa situation et longévité que procure son climat,
XXVI, 72. Régularité de ses
constructions; nullité de son
commerce et de son industrie;
son ancienne importance, 73.
Vivacité naturelle de ses habitants passée en proverbe; vie
monotone qu'ils mènent, 74;
95.

CHATEAU-GIRON (le sire de), qui
épousa la fille de Jean V,
comte et souverain de Dol,
XII, 357.

CHATEAULANDRIN, remarquable
par une mine dont le plomb
avait autrefois quelque valeur,
XII, 494.

CHATEAULIN. Sa position, XII, 531.
Son aspect intérieur 532. Misère qui règne dans l'arrondissement de cette ville, malgré
les sources de prospérité qu'il
renferme, 536.

CHATEAU - THIERRY, ville qui a
beaucoup souffert, en 1814,
des troupes étrangères coalisées, XXVI, 518. L'armée
française entre dans cette ville;
tous les Prussiens qui s'y trouvent assouvissent par leur
mort la vengeance des habitants, 519.

CHATEAUNEUF-LAHONNIEN, autrefois Aeria, IX, 217.

CHATEAUNEUF (le fort de), situé
à l'extrémité sud de l'isthme,
appelé *le Clos-Poullet*, XII,
395.

CHATEAUNEUF-EN-THIMERAIS, village à quelque distance de
Dreux, XXVI, 76; 95.

CHATEAU-RENARD, situé dans le
département de Vaucluse, du
côté de la Provence, IX, 283.

CHATEAUROUX (madame de), protectrice de Voltaire, et qui fit
faire quelques sottises à Louis
XV, II, 230; XXV, 375.

CHATEAUROUX, ville dont les maisons sont sans goût et sans
grace, et où l'on remarque une
belle manufacture de draps,
XXVI, 375.

CHATEAU-SALINS, petite ville où
l'on fabrique une grande quantité de sel, XI, 297.

CHATEAU-VILLAIN, situé sur un
roc très élevé, d'où l'œil embrasse une perspective immense et variée, XI, 40.

CHATEAUX (les). Vie que l'on y
mène, plaisirs que l'on y
goûte au sein de personnes
sages, aimables, et exemptes
de violentes passions, I, 62.
Réflexions sur l'intérieur et le
caractère des maîtres des anciens châteaux, VIII, 180.

CHATEL (Jean), régicide élevé
chez les jésuites, et qui trouva
un apologiste dans le curé
Jean Boucher, XIV, 62; XVI,
126, 308.

CHAPELAIN (M.), auteur de deux
romans politiques estimés, I,
20.

CHATELAIN (M.), fabricant de
plaqué d'or et d'argent, XXII,
383.

CHATELAIN (M.), architecte chargé de diriger les travaux des
bains de Dieppe, XXV, 33.

CHATELAINE (la), vieux château

dans lequel Mahaut d'Arbois, veuve d'Othon V, a long-temps résidé, XI, 54.

CHATELET (la marquise du), amie de Voltaire, X, 461; XI, 286; XVI, 19.

CHATELETS (le village des), situé au sud d'Alençon, XXV, 125.

CHATELLERAULT, ville renommée pour ses coutelleries, XXVI, 146. Origine de son nom 147.

CHATELLIER (Magnan de), l'un de ceux qui se distinguèrent d'abord dans l'insurrection des Chouans, XII, 554.

CHATELLIER (le camp du), que des antiquaires prétendent avoir dû être tracé et occupé par les Francs, tandis que les Romains étaient eux-mêmes retranchés dans des camps voisins, XXV, 97.

CHATENAI (M.), orfèvre distingué, XXII, 440.

CHATENOY, village où l'on compte de nombreuses fabriques d'instruments de musique, XI, 418.

CHATILLON (Guy de), vingtième comte de Blois, vend le château de cette ville, avec tout son comté, XXVI, 63.

CHATILLON, ville où les puissances de l'Europe conspirèrent, en 1814, la perte de Napoléon, XXVI, 505.

CHATRE (La), située dans le Berri, XXVI, 377.

CHAUDANNE (la montagne de), à quelque distance de Besançon, XI, 112.

CHAUDES-AIGUES, situé en Auvergne, et remarquable par ses eaux minérales, XXVI, 332.

CHAUDET, statuaire, à qui l'on doit une belle *Cyparisse*, I, 14; XXII, 74.

CHAUFARD (M. Michel), élève en pharmacie, détenu à Sainte-Pélagie, pour avoir crié *vive Manuel!* XV, 75.

CHAULIEU, poète dont la solitude de Fontenai est si vantée, et qui donna à la chanson bachique une teinte de bonne compagnie, X, 460; XIII, 53; XIV, 64; XVII, 34.

CHAUMEIX (Abraham), l'un des ennemis de Voltaire, X, 459.

CHAUMENSEY, situé dans le département des Vosges, XI, 422.

CHAUMETTE (la), campagne délicieuse à quelque distance de Paris, III, 185.

CHAUMEUR, situé dans la Champagne, XXVI, 502.

CHAUMONT (le sire de) prend la ville de Salins, en 1479, XI, 68.

CHAUMONT (le), l'un des sommets imposants des Vosges, XI, 370.

CHAUMONT (la butte de), colline à quelque distance d'Alençon, et dont le point culminant est le plus élevé du département de l'Orne, XXV, 126.

CHAUMONT, château dont la construction remonte jusqu'à l'an 1000, et dont Henri II fit cadeau à Diane de Poitiers, XXVI, 29.

CHAUMONT-SUR-LOIRE, bourg situé dans la Touraine, XXVI, 18.

CHAUNOU (M.), personnage qui a épousé une femme noble dont il fut long-temps l'amant. Leurs opinions sur la noblesse et la bourgeoisie, VIII, 378.

CHAUSSÉE-D'ANTIN (la), l'un des principaux quartiers de Paris. Parallèle entre la vie privée de ses riches habitants et celle des bourgeois du Marais, I, 93. Ce qui manque souvent à des riches habitants de la Chaussée-d'Antin pour qu'ils

goûtent un bonheur à-peu-près exclusif, 202.
CHAUVEAU-LAGARDE (M.), célèbre avocat dont la révolution n'étouffa pas la voix, XIV, 415; XXVI, 103.
CHAUVELIN (M de), orateur distingué, et l'un des plus fermes et des plus spirituels défenseurs des libertés françaises, I, 16, XIV, 569; XXVI, 432,
CHAUVIN (M.), peintre distingué. Son tableau *de l'entrée de Charles VIII dans la ville d'Aquapendente*, XXII, 132.
CHAUX (la forêt de), située dans la Franche-Comté, XI, 69, 87.
CHAWARES (les). Leur caractère féroce, XVI, 424.
CHAZERAT, intendant d'Auvergne. Privilège qu'il obtint pour le maître des Pinons, XXVI, 318.
CHEGARU (M), jurisconsulte distingué, VIII, 152.
CHELECEY, village ou l'on voit une grotte très curieuse dont les rochers figurent, dit-on, des hommes ou des animaux, XI, 81.
CHÊNEDOLLÉ (M.), poete, né à Vire, XXV, 182.
CHÉNIER, célèbre poete tragique. Caractère de son talent, I, 3. Pensée énergique qu'il ne craignit pas de produire sur la scène durant la terreur révolutionnaire, V, 274. Son buste dans une des salles des Français, XVI, 435.
CHÉNIER (André), poete, auteur d'idylles très remarquables, I, 3.
CHEROLIER (Charles) exécuta une statue en bronze de Charles-Quint, qui surmontait la fontaine de la place Saint-Pierre à Besançon, XI, 119.
CHER (le), rivière sur les bords de laquelle sont situées les carrières de Bourré, XXVI, 45.
CHERADAME (madame), artiste peintre. Ses deux portraits de généraux, XXII, 137.
CHERBERT, frère de Dagobert, auquel des compilateurs attribuent la fondation de Cherbourg, XXV, 285.
CHERBOURG. Aspect de la route qui conduit de Valognes à cette ville, XXV, 283. Origine et fondation de Cherbourg, 285 Différentes dominations qu'elle subit; noblesse accordée aux bourgeois de Cherbourg, 286. Machine à ressorts que l'on voyait autrefois dans la principale église de cette ville, 287. Etat actuel de Cherbourg, 288 Détails descriptifs de tous les points du port, 290. Hommes distingués nés a Cherbourg, 302.
CHÉRON (M.), écrivain observateur. Sa critique des tartufes de mœurs, I, 54.
CHÉRON, acteur de l'Opéra, XIX, 54.
CHÉRONÉE, endroit où Sylla fut vainqueur, XVIII, 222.
CHÉRUBINI, célèbre compositeur, I, 15. Sa musique des *Abencérages*, III, 342; XIX, 287, XXII, 242, 265, 276.
CHESTERFIELD, l'un des amis de Voltaire, X, 459.
CHEVAL (le). Dignité de cet animal, III, 269. Honneurs singuliers qu'il reçut dans l'antiquité, 270. Education des chevaux chez les Anglais, *ibid* Le goût des chevaux reprit en France vers le milieu du dix-huitième siècle, 271. Détails d'une course de chevaux au Champ-de-Mars de Paris, 274. Réflexions sur les cruautés gratuites dont les chevaux sont victimes en France, V, 248.

CHEVALERIE (La). Son caractère, son esprit et ses effets, XXVI, 150.

CHEVALIER (M.), de Poligny, qui s'est occupé de recherches sur l'origine de cette ville, XI, 48.

CHEVALIER (M.), ancien gouverneur de Chandernagor, et fondateur du château de Jarety, XXVI, 29.

CHEVALIER, ingénieur qui eut le premier l'audace de s'embarquer sur le lac Pavin, XXVI, 296.

CHEVASSU, auteur de plusieurs ouvrages ascétiques, XI, 10.

CHEVERNI (le château de), qui fut possédé tour-à-tour par plusieurs familles illustres, et remarquable par la beauté de son architecture, XXVI, 24.

CHEVERNY (Philippe Hurault de), chancelier de France sous Henri IV, et qui publia des mémoires, XXVI, 24.

CHEVERT, lieutenant-général des armées de Louis XIV, XI, 451.

CHEVRIER, regardé comme le cousin de l'Ermite, II, 380.

CHEVRIÈRES (la côte de), renommée pour ses vins, X, 22.

CHICAWHAWS (les), tribu indienne ennemie de celle des Onéydas, viennent fondre sur la colonie de Beauvoir, et sont défaits et dispersés par les Indiens que guidait Onanthya, XXIV, 325.

CHIERS (la), rivière qui se jette dans la Meuse, XI, 482.

CHIFFLET (M. de), président à la cour royale de Besançon, et membre de la chambre des députés, XI, 126.

CHILDEBERT, fils de Clovis, regardé comme le fondateur de l'église Notre-Dame de Paris, IV, 24.

CHILDEBERT, roi de Paris, devient souverain de Lyon, X, 309. On le regarde comme l'un des fondateurs de l'Hôtel-Dieu de cette ville, 337. Regrets qu'il éprouve en traversant la Limagne par un temps pluvieux, XXVI, 273. Il attaque Gondemar de concert avec Clotaire, 449.

CHILDÉRIC I chasse Odoacre de l'Anjou, XXV, 379.

CHILPÉRIC est massacré par les ordres de Gondebaud, X, 308; XXVI, 446.

CHILPÉRIC II est défait à Crèvecœur, XII, 39.

CHIMBORAÇO, montagne du Pérou, la plus haute des Cordillères, II, 26.

CHIMIE (la). Progrès qu'elle a faits, XXII, 352.

CHINOIS (les). Limites qu'ils assignent à la liberté, XV, 41. Ils pratiquent encore l'imprimerie par le procédé d'une simple gravure, XXII, 374.

CHIRIGA, juge napolitain accusé par Vanni, XIV, 567.

CHIRON, excellent graveur de médailles, XI, 291.

CHOISEUL (le duc de), ministre sous Louis XV, qui déploya de grands talents et un grand caractère; il excluait des emplois supérieurs les hommes ridicules, II, 245; XI, 318; XIV, 124. Il obtient de Louis XV un contre-ordre qui devance à temps le courrier porteur de l'arrêt de mort prononcé contre La Chalotais, XII, 416. Il concourt à la nomination de Turgot comme ministre, XIII, 78. Sa disgrâce et son exil au château de Chanteloup, XXVI, 51.

Choiseul (M. le duc), pair de France, XI, 415. Particularités sur son incarcération, en 1795, à la citadelle de Lille et sur sa mise en liberté, XII, 255.

Choiseul (M. Etienne de), mort des blessures qu'il reçut a la bataille d'Esling, XII, 257.

Choiseul-Praslin (la duchesse de), distinguée par sa beauté et la vivacité de son esprit, XXVI, 474.

Choisi (l'abbé de), membre de l'académie française, fameux par ses *Mémoires*, et par quelques ouvrages de piété, XXV, 255.

Cholet. Etat des fabriques de toiles de cette ville, XXII, 397.

Choloy, situé dans le département de la Meuse, et où l'on voit une belle et fertile pépinière d'arbres fruitiers, XI, 431.

Chomereau (M.), notaire à Auxerre, fut débouté de sa plainte contre un article de journal où il avait eu la bonhomie de se reconnaître, XV, lxj.

Chompré, écrivain laborieux né à Nancy, XI, 319.

Choquet (madame), femme de ménage, III, 87. Détails qu'elle donne sur son mari, sur sa famille, et sur ses voisins, 88. Son caractère, 423.

Choquet, célèbre ingénieur, qui dirigea long-temps les travaux du port de Brest, sa ville natale. XII, 520.

Chorabus, Athénien, à qui l'on éleva des autels pour avoir inventé la poterie, XXII, 407.

Chorges. Origine de son nom, X, 236. Vestiges de paganisme que l'on retrouve sur les murs de son église, 237. Piédestal d'une statue de Néron, 238. Constitution physique des habitants de Chorges, 240. Leur costume, 241.

Chorier, auteur d'un ouvrage sur les antiquités de la ville de Vienne, X, 98, 284.

Chorion, auteur d'une *Histoire du Dauphiné*, et d'un *Etat politique* de cette province, X, 97.

Chouans (les). Leur costume, XII, 553. Origine de leur milice; terreur qu'ils répandent dans la Bretagne; ils choisissent des forêts et des montagnes pour points de défense et de sûreté; ils se maintiennent en état de guerre contre le gouvernement établi jusqu'au jour où les Vendéens franchissent la Loire, 554 Ils se mettent sous la conduite d'un seul chef; horreurs et vertus que leur insurrection révéla; excès auxquels ils se portèrent lorsqu'ils se furent séparés en différentes bandes, 555; ils rentrent dans le devoir à la voix du général Bonaparte, 556.

Chouard (M.), de Lyon, fabricant de soies, XXII, 418.

Chrétien (Florent), précepteur de Henri IV. Système qu'il adopta pour son élève, VIII, 187.

Chrétien, médecin sorti de l'école de Montpellier, IX, 125, 128.

Chrétien (Gervais), qui, de conducteur de lévriers, devint médecin de Charles V, et fonda un collège pour les pauvres, XXV, 235.

Christian (M.), inventeur de

machines pour tiller immédiatement le chanvre et le lin, machines qui ont eu le plus grand succès, XXII, 395.

CHRISTIN, avocat et savant antiquaire, dont le zèle et le talent concoururent à l'affranchissement des serfs du mont Jura, XI, 10.

CHRISTOPHE (M.), manufacturier de Saint-Marcelin, X, 23.

CHRISTOPHSKY, lieu situé dans une île, près de Kaminiostrow, et remarquable par des constructions de montagnes en bois, VII, 102.

CHRODEGRAND, qui bâtit le chœur de la cathédrale de Metz, XI, 470.

CHRONIQUE (nécessité d'une) pour établir une balance des bonnes et des mauvaises actions, I, 115.

CHYPRE. Les femmes de ce pays se prostituent avant leur mariage, XIV, 503.

CHRYSANTE, prototype des soi-disant hommes de lettres qui, avec un peu de talent, s'efforcent de faire croire qu'ils en ont davantage, V, 277.

CHRYSÉIS, fille du grand-prêtre d'Apollon, est retenue par Agamemnon, et le refus de la rendre à son père attire sur le camp du roi d'Argos une peste affreuse, XIV, 33.

CHRYSOLE (saint), qui, décapité, porta, dit-on, sa tête jusqu'à Comines, XII, 290.

CIBIEL (M.), commerçant de Villefranche, IX, 34.

CIBOURE, bourgade du pays basque, VIII, 105.

CICÉRI (M.), peintre distingué de décorations, XXII, 281.

CICÉRON. Quelques unes de ses saillies sur le ridicule, II, 246. Dans son traité des *Devoirs*, il établit des principes qui ne diffèrent de ceux de l'Evangile qu'en cela seulement qu'il les présente indépendants de toute croyance religieuse, XIV, 23. Ses réflexions sur la sagesse que doit posséder un juge, 302; sur les qualités qu'on exigeait des particuliers admis en témoignage, 331. Traitements qu'il essuya après sa mort, 568. Insulte qu'il fit à la mémoire de Socrate, XV, 48. Il avoua qu'il avait partagé avec des affranchis les dépouilles de Milon, XVI, 326.

CIDEVILLE (M. de), X, 461. Son concours à la fondation du musée de Rouen, et à celle de l'académie des sciences, des belles-lettres, et des arts, de cette ville, XIII, 203, 204.

CIMABUE, peintre dont le style était naïf, mais sec et maigre, XXII, 6; XXVII, 38.

CIMAROSA, célèbre compositeur italien, XXII, 263.

CIMBRES (les), barbares qui menaçaient l'empire romain, sont détruits par Marius, IX, 291.

CINQ-MARS, arrêté par les ordres du cardinal de Richelieu, et conduit au château de Pierre-Scise à Lyon. Sa procédure et son supplice, X, 355 *et suiv.*

CINQUITRAL, commune du Jura, dont le maire fut, en 1817, desservi près de l'autorité supérieure, XI, 35.

CIREY, ville près de laquelle se trouve cette retraite immortalisée par le séjour de Voltaire et de madame du Châtelet, XI, 286.

CIREY (le), l'un des sommets imposants des Vosges, où se trouvait l'établissement appelé *la Mouline*, consacré à l'exploitation en grand des granits, XI, 371.

CIRILLO, savant napolitain. Sa réponse énergique à l'infame Speziale, XIV, 564.

CIVILIS, noble et riche Batave, auteur d'une conspiration, XI, 239.

CIVILISATION (la). Ce n'est pas lorsqu'il est arrivé à son plus haut degré de civilisation que l'homme peut trouver le bonheur, VI, 69. La civilisation porte avec elle plus de plaisirs, et l'état sauvage moins de maux, 70. Considérée comme science morale, elle est demeurée imparfaite, malgré les progrès qu'ont fait, les sciences, les arts, et l'industrie, XIV, 1. Ses progrès, dans les temps modernes, ont amené des jouissances nouvelles, et ont fait naître la variété des genres dramatiques, XXI, vij.

CLAIN (le), rivière sur laquelle est située la ville de Poitiers, XXVI, 156.

CLAIRAC, renommé pour ses tabacs, VIII, 293.

CLAIRAULT, l'un des amis de Voltaire, X, 460.

CLAIREL (Élias), troubadour, né à Sarlat, IX, 20.

CLAIRON (Mlle), actrice célèbre. Entrave qu'elle met à la réception d'une pièce présentée par un jeune auteur provençal, II, 228. Sa détention au For-l'Évêque, V, 157; X, 461.

CLAIRVAL, prototype des intimes confidents de ministres, qui leur apportent toutes les nouvelles capables de leur causer des désappointements, VII, 282.

CLAIRVAL; ancien acteur de l'Opéra-Comique, XXI, xj.

CLAIRVAUX, remarquable par de belles forges, XI, 21.

CLAIRVAUX (l'ancienne abbaye de) avait jadis une certaine célébrité, XXVI, 502.

CLARKE (le maréchal), duc de Feltre, ministre de la guerre sous l'empire, XII, 80.

CLAUDE, empereur romain, élève Lyon au rang des colonies romaines, X, 302. Il appelle les Gaulois à la dignité de sénateurs, XXVI, 419.

CLAUDE, écrivain qui a éclairci quelques points des annales bourguignonnes, XXVI, 443.

CLAUDE, fille aînée de la reine Anne de Bretagne, est déclarée princesse légitime des Bretons, et meurt laissant la propriété du duché à son fils aîné, dauphin de France, et l'usufruit au roi son époux, XII, 384.

CLAUDE D'AIX, fils de Jacques de Bourbon, qui mourut à Besançon sous l'habit de cordelier, XI, 128.

CLAUDE LE LORRAIN, célèbre paysagiste, né à Gelée, XI, 422.

CLAUDIA, jeune romaine dont Cléovir fut épris, et qui par le don de sa main cimenta l'alliance contractée par ce guerrier avec les Romains. *Voyez* CLÉOVIR.

CLAUDIUS RUTILIUS NUMATIANUS, homme consulaire, gouverneur de Rome, tribun de légion et préfet du prétoire, remarquable par ses vertus et son génie, VIII, 423.

CLAUSEL (le général), VIII, 387.

CLÉLIE, dame romaine, dont le dévouement peut être révoqué en doute, XIX, 177.

CLÉMENCIS (Nicolas de). Ce qu'il dit de l'ignorance du clergé breton au quinzième siècle, XII, 368.

CLÉMENT (le père), capucin, né dans le pays basque, se consacra à la prédication, se fit remarquer par une éloquence pleine de grâce et d'onction, et se renfermait rigoureusement dans toute l'humilité de sa condition, VIII, 125. Il découvre l'imposture de la sainte de Bardos, 127.

CLÉMENT (le général), guerrier distingué, mort en Italie, IX, 459; XII, 83.

CLÉMENT (Gabriel), médecin, auteur du traité sur le *Trépas de la peste*, XII, 592.

CLÉMENT (Jacques), moine, assassin de Henri III, est loué par le pape Sixte-Quint, et par une assemblée de fanatiques, XIV, 61; XV, 221 *et suiv.*

CLÉMENT (M.), maire de Saint-Lô, où il accompagna les fêtes du sacre de Charles X d'actes de bienfaisance et d'utilité publique, XXV, 306.

CLÉMENT IV, pape, né dans le département du Gard, IX, 186.

CLÉMENT VI, pape, dont le tombeau se trouve dans la cathédrale de la Chaise-Dieu, XXVI, 309.

CLÉMENT VII, pape. Avis qu'il donna au roi de Naples au sujet du jeune Conradin que ce prince retenait prisonnier, XIV, 61.

CLÉNORD (M. de), convive du Franc-Parleur, modèle de ce qu'on appelait autrefois un homme du monde, IV, 36. Dépouillement de son *Souvenir*, 192. Il fait l'éloge de plusieurs institutions nées de la révolution, 259. Il communique des révélations que deux personnages lui ont faites sur la conduite l'un de l'autre dans le cours de la révolution; révélations sur lesquelles ils s'appuient pour obtenir des faveurs, 339. Son opinion sur les brochures publiées en 1814, V, 10; sur le gouvernement constitutionnel en France, 25.

CLÉNORD (madame de), personnage du roman de *Cécile*, dépeint à madame de Neuville la joie causée par le retour d'Anatole de Césane, XXIII, 54. Portrait qu'elle fait de ce dernier, 55. Elle exprime son aversion pour le comte de Montfort et ses inquiétudes sur la santé de sa fille, 56. Raconte l'histoire de Charles d'Epival et d'Anatole de Césane, 64 à 75; 81 à 91. Son portrait, 107. Elle mande à madame de Neuville les alarmes que lui cause l'état de langueur de sa fille, et ses tentatives pour l'arracher à sa mélancolie, 184. Détaille une scène attendrissante dont sa fille était l'objet, 187. Dit les progrès de son désespoir, le délire inconcevable de sa fille, et les soins assidus que lui prodigue Anatole, 202. Annonce à madame de Neuville que ce dernier va s'éloigner de Cécile pour aller embrasser Charles qui se meurt des suites d'un duel; engage son amie à venir au plus tôt, 204. Expose les motifs où elle peut elle-même trouver de la consolation; les avis du médecin venu de Paris, et la part que tout ce qui l'environne prend à sa douleur, 209. Donne quelques détails sur les affaires de son mari; parle des attentions du comte de Montfort, et du desir qu'Anatole ressent d'embrasser madame de Neuville, 211. Rend compte des nouvelles impressions que lui cause l'état de sa fille, 228. Rapporte les consolations que Cécile elle-même lui donnait, 230. Dit les améliorations successives qui s'opérèrent dans la santé de cette dernière, 231. L'arrivée de Charles d'Epival à Beauvoir, l'accueil qu'on lui fit, et les soins qu'Anatole ne cesse de prodiguer à Cécile, 232. Retrace le tableau d'abord déchirant, puis consolant, qu'offrit Beauvoir lorsque tout le monde y attendait la crise fatale qui devait décider de la vie ou de la mort de sa fille, 234. Parle d'un projet de fête qu'Anatole a formé pour célébrer la convalescence de Cécile, 238. Remercie madame de Neuville de son attention à ne pas lui annoncer un accident qui lui était survenu, et cherche à lui prouver l'invraisemblance de ses suppositions sur la cause de la maladie de Cécile, 251. L'engage à se rendre au plus tôt à Beauvoir, et lui parle de ses efforts pour consoler Anatole, 295. Lui annonce l'arrivée de son mari et la détermination prompte qu'il voulait prendre sur le sort de sa fille, XXIV, 27. Raconte l'indifférence avec laquelle celle-ci reçut les galanteries du comte de Montfort, 28. Motifs qui la portaient à rejeter les suppositions de madame de Neuville sur l'amour d'Anatole pour Cécile, et dont celle-ci lui a fait l'aveu, au moment de son départ, 57. Elle manifeste l'intention d'opposer la plus vive résistance au dessein de son mari sur le mariage de leur fille avec Montfort, 58. Demande à Cécile, d'après l'instigation du curé, s'il existe une preuve qui rende indispensable son union avec Anatole, 59. Témoigne à sa fille ses vives alarmes sur sa santé; lui dit que sa tendresse a embelli et prolongé ses jours, et qu'elle a trouvé le ciel exorable sur sa faute, 135. *Voyez* CÉCILE DE CLÉNORD, CHARLES D'EPIVAL, madame DE NEUVILLE, ANATOLE DE CÉSANE.

CLÉNORD (Cécile de), héroïne du roman de *Cécile*, donne à son amie, Pauline d'Amercour, l'assurance de sa constante amitié et de son aversion pour le comte de Montfort qui aspire à sa main, et dont Pauline lui avait loué les avantages, XXIII, 41. Elle lui parle d'un oncle qui revient des Grandes-Indes; lui rappelle le plaisir qu'elle goûtait au couvent, 43. Traits généraux sous lesquels elle s'était représenté son oncle, Anatole de Césane, 92. Eloge qu'elle en fait, 93. Elle revient sur la promesse de son amie de lui envoyer l'histoire d'Adine, 96. Se flatte de l'idée qu'un jour son amie sera sœur, 98. Son portrait, 109. Elle fait remarquer à Pauline l'affectation d'Albert à ne danser qu'avec elle, 166. Rappelle à son amie les avantages et le mérite de son oncle Anatole, 167. Impression douloureuse que produit sur elle l'idée de devenir l'épouse du comte de Montfort, 168. Elle laisse échapper dans le sein d'Anatole le vif amour dont elle brûle pour lui depuis long-temps, 216. Dit à quels signes elle reconnut qu'elle aimait, 219 Désespoir qu'elle manifeste dans l'idée que toute union avec Anatole est impossible, 220 Elle mande à Pauline qu'elle est arrivée au dernier terme de l'égarement, et ses efforts inutiles pour combattre le mal qui la tue; sollicite les secours de son amitié, 299. Invoque son mépris, et dit qu'elle est dévouée à des remords éternels, 306. Parle de la nouvelle force qui la soutient, et la porte à braver l'avenir, XXIV, 12. Décrit les charmes qu'elle goûte dans la solitude où la suit sans cesse l'image de son amant, 13. Apprend à celui-ci qu'elle porte dans son sein un gage de leur amour, 34. Annonce à Anatole son départ pour Barèges, et dit que désormais elle reste seule avec son amour, 42. Elle conseille à son ami d'achever sa destinée en entrant dans l'une des carrières que peut lui ouvrir le monde, 43. Ses inquiétudes sur le moment incertain où elle pourra revoir Anatole, 44. Elle écrit à ce dernier que sa pensée, que son image la suivent par-tout, 53. Donne quelques détails sur son séjour momentané à Bagnères, et sur les motifs qui l'engagèrent à s'en éloigner, 54. Sur son arrivée à Barèges, et l'impression que lui causa l'aspect de ce village, 55. Elle implore la pitié de sa mère, et lui explique comment Anatole et elle se firent mutuellement l'aveu de leur amour, 60. Sa réponse sur la nécessité indispensable de l'unir à son amant, 62. Elle confie à Pauline la tristesse qui l'abat, l'amour et la reconnaissance que lui inspire madame de Neuville, et lui dit combien le site où elle se trouve sympathise avec l'état de son ame, 76. Peint son ravissement à la vue de certains caractères qu'Anatole lui avait dit devoir exister encore dans la chambre qu'elle occupe à Barèges, 96. Rend compte des impressions qu'elle ressentit dans une assemblée où la conduisit madame de Neuville, 98. Sa prédilection pour sa chambre, 100. Elle décrit une solitude qui lui plait beaucoup dans la vallée de Bastan, 108. Rend compte du bonheur qu'elle répandit au sein d'une famille de ce lieu, et des témoignages de reconnaissance qu'on lui donne, 110 à 117. Témoigne à sa mère les alarmes que lui cause sa santé, 133. Apprend à Anatole les circonstances de son accouchement, et la force nouvelle que son amour en reçut, 139. S'excuse auprès de Pauline sur son désespoir, 171. Motifs qui l'ont portée à se réfugier au couvent où elle veut rester désormais, 172. Elle engage Pauline à se conserver pour le monde où l'attendent le plaisir et le bonheur, 173. Annonce à Anatole qu'elle est à la veille de faire au monde des adieux irrévocables, et que l'image et la pensée de son amant la suivent à toute heure au pied des autels, 230. Lui dit qu'elle n'a plus rien à regretter sur la terre, puisqu'il est mort en quelque sorte par sa folie, et lui assure qu'il existe encore tout entier dans son cœur, 232. Répond à Anatole qu'elle achèterait des plus affreux malheurs les délices d'un jour passé près de lui et de Nathalie dans les larmes; que ses souffrances surpassent celles de son amant, et qu'elle a trouvé au pied des autels l'effroyable pensée de survivre aux objets de ses éternelles affections, 270. Scène touchante de son retour au château des Bruyères, 278. Elle rappelle à son père son imprudente sévérité à son égard, sévérité qui fut cause de tous ses maux, et qui l'oblige, maintenant qu'elle peut se soustraire à l'ascendant paternel, à s'éloigner de l'auteur de ses jours, pour lequel elle forme néanmoins un dernier vœu, 293. *Voyez* madame DE CLÉNORD, le comte DE MONTFORT, ANATOLE DE CÉSANE, CHARLES D'EPIVAL, PAULINE D'AMERCOUR.

CLÉNORD (Albert de), personnage du roman de *Cécile* (voir l'article ci-dessus).

CLÉOMÈNE, Spartiate qui tenta de rendre à sa patrie l'égalité qu'avaient établie les lois de Lycurgue, XIV, 439.

CLÉON, nouvelliste bourgeois, IV, 150.

CLÉOVIR, jeune prince gaulois, aimé de la druidesse Mœréa, qui, furieuse de le voir s'unir avec les Romains, et contracter alliance avec Claudia, désormais sa rivale, conçoit le dessein de punir une telle perfidie, XXV, 337. Conspiration qui se trame contre les jours de Cléovir, 344. Vaines tentatives qu'il fait pour sauver Claudia; trompé par les ténèbres, il la frappe luimême de la flèche sacrée, et de désespoir il se précipite avec elle dans la mer, où Mœréa, ardente dans sa vengeance, alla bientôt les rejoindre, 345 *et suiv.*

CLÉRAMBAULT (M.), l'un des propriétaires d'une manufacture de mousseline, située à Alençon, XXV, 117.

CLERC (M.), habile jurisconsulte, XI, 170.

CLERC-NEVEU (M.), l'un des principaux fabricants de Louviers, XIII, 87.

CLERMONT (Gui de), maréchal, sous Philippe-le-Bel, V, 255.

CLERMONT, ville du département de la Meuse, autrefois bien fortifiée, et qui n'intéresse plus que par ses manufactures de toiles et de faience, XI, 447

CLERMONT-FERRAND Quelques détails sur les exercices des missionnaires qui se sont montrés dans cette ville, IX, 40. Origine de son nom; ancien temple païen élevé dans ses murs; montagne granitique sur laquelle cette ville est située, XXVI, 274. Son aspect à l'intérieur; tentatives faites pour l'alignement de ses rues, 275. Fontaines qui décorent Clermont; la cathédrale, 276 Promenades et édifices publics, 277. Hommes célèbres dans cette ville et aux environs, *ibid.*

CLERMONT-L'HÉRAULT Rivalité qui existe entre cette ville et celle de Lodève, IX, 62. Amour des Clermontais pour l'ordre; leur industrie; leur passion pour les jeux de théâtre, 63.

Clermont-Lodéve (le cardinal de), archevêque d'Auch. Legs qu'il fait en faveur des pauvres de cette ville, et avec le secours duquel, sur l'avis du cardinal de Tournon, on y fonda un collège, VIII, 285.

Clermont-Tonnerre, évêque de Noyon, fonde un prix annuel dont l'objet est de célébrer périodiquement les vertus de Louis XIV, IV, 277.

Cléron (la dame de), amante du sire de Cadmen, XI, 77.

Clerville (le chevalier de), qui donna le plan du port de Rochefort, XXVI, 184.

Clessinger (M.), sculpteur estimé de Besançon, XI, 130.

Climat (le). Son influence sur la constitution physique et morale de l'homme, III, 358.

Clinique (la). Avantages résultant de cette institution de la médecine moderne, IV, 219.

Clisson (Olivier de), connétable de France, fait construire à Tréguier une ville tout en bois, de pièces rapportées, et qui devait servir de place d'armes en Angleterre, XII, 526. Sa captivité, 561.

Clochetterie (M. de La), qui commandait la frégate la Belle-Poule sur laquelle se distinguèrent les deux officiers Bouvet, XII, 411.

Clodion-le-Chevelu se rend maître de la ville de Cambrai, et y jette les fondements de la monarchie française ; il fait massacrer Regnacaire à qui cette ville était échue en partage, XII, 51.

Clodius, personnage dont le meurtre avait entraîné l'exil de Milon, et la confiscation de ses biens, XVI, 326.

Clodomir fait jeter dans un puits Sigismond avec toute sa famille; marche contre Gondemar, qui tente de relever le royaume des Bourguignons; il est vaincu et tué, X, 308; XXVI, 449.

Clogenson (M.), littérateur éclairé, conservateur de la bibliothèque d'Alençon, l'un des commentateurs de l'édition des Œuvres de Voltaire, publiée par M. Delangle, XXV, 108.

Clogenson (M.), membre de la société des antiquaires de Caen, XXV, 226.

Clos, l'une des victimes d'un monstre fanatique de Nimes, IX, 163.

Closane (madame de), personnage qui se rend aux eaux de Bagnères, et dont la nièce, Antoinette, est éprise secrètement d'un jeune capitaine qui arrive immédiatement après elle, VIII, 209.

Closel (M.), acteur de l'Odéon. Ses succès dans le rôle de M. Beaufils de la comédie de ce nom, XX, 188. Dans celle de l'Avide héritier, 289.

Clos-Guyet (M. de), armateur de Saint-Malo, XII, 411.

Clos-Poullet (le), isthme, à l'extrémité sud duquel est situé le fort de Châteauneuf, XII, 395.

Clos-Poussin (le), petit coin de terre où s'élevait jadis la modeste demeure du Poussin, XIII, 50.

Clos-Vougeot, fameux vignoble de la Bourgogne, XXVI, 432.

Closter-Scheven, place du duché de Brême, II, 225.

Clotaire exile Gaultier, seigneur

d'Yvetot, lui passe son épée au travers du corps lorsqu'il vint solliciter sa grace auprès de lui, et érige Yvetot en royaume en faveur des descendants de ce malheureux, XIII, 244. Son fils brûle la ville de Châlons-sur-Saône, XXVI, 400. Il attaque Gondemar, de concert avec Childebert, et s'empare de ses états, 449.

CLOTILDE, épouse de Clovis, peut être regardée comme la véritable fondatrice de la monarchie française, XIV, 484. Elle engage Clovis à déclarer la guerre à Gondebaud, XXVI, 446. Elle pousse ses fils à s'unir à Théodoric pour combattre Sigismond, 448.

CLOUET (l'abbé), qui a écrit sur la géographie, XXV, 308.

CLOVIS fixe l'époque de la domination assurée des Francs sur l'Alsace, XI, 182, 240. Il ne doit pas être regardé comme le fondateur de la monarchie française, XIV, 484. Il cède la Saintonge au guerrier Aribert, XXVI, 202. Epouse Clotilde, et déclare la guerre à Gondebaud, roi de Bourgogne, 446. Il détache la Provence du royaume des Bourguignons, 447. Déclare la guerre aux Visigoths, 448.

CLOVIS II assemble le parlement national dans la ville de Châlons-sur-Saône, XXVI, 400.

CLUGNY, ville de la Champagne, XXVI, 492.

CLUNY, petite ville arrosée par la rivière de Crosnes. Son importance et sa prospérité lorsqu'elle possédait l'abbaye de ses fondateurs, les bénédictins; trésors littéraires que l'on trouvait dans cette maison célèbre, XXVI, 385.

CLUSE (la), village du Dévouly, dont les habitants sont portés à l'ambition, X, 181. Objet de cette ambition, 182.

COARASSE (le château de), où Henri IV se livra à ses premiers jeux et a ses premiers exercices, VIII, 185.

COATLON (le château de), où se rassemblèrent les évêques et les barons bretons à la voix de Nominoé, gouverneur de Bretagne, XII, 560.

COATPONI (M.), avocat distingué du barreau de Rennes, XII, 479.

COBBETT (M.), écrivain anglais, à qui l'on peut reprocher des insinuations perfides, IV, 193.

COCHEREA, village du département de la Moselle, XI, 483.

COCHEREL, lieu célèbre par la victoire que Duguesclin y remporta sur les troupes de Charles d'Evreux, XIII, 104. Antiquités que l'on y remarquait, 105.

COCLÈS, prototype de ces sots dangereux qui s'occupent moins de se faire du bien à eux-mêmes que de faire du mal aux autres, XV, 253.

COEUR (Jacques), riche négociant de Bourges, que son mérite éleva au ministère des finances, et qui, après avoir été dans la disgrace, rétablit sa fortune et mourut dans l'île de Chio, où il servait contre les Turcs, IX, 131; XXVI, 368.

COGÉ (l'abbé), l'un des ennemis de Voltaire, X, 459.

COGET l'aîné (M.), banquier à Lille, XII, 268.

COGEZ (MM.), agronomes distingués, hommes d'esprit, et amis sincères des libertés constitutionnelles, XII, 222.

Cognac, ville fameuse par ses eaux-de-vie, XXVI, 229. Les ruines du château et la petite maison où se retrouvent les célèbres salamandres de François I*er*, 230.

Coignard (Marie), Toulousaine, renommée par ses talents et ses productions littéraires, VIII, 428.

Colardeau, de l'académie française, versificateur harmonieux. Entraves qu'il met à la réception d'une pièce présentée par un auteur provençal, II, 227. Trait qu'il indique à Barthe pour sa comédie de l'*Homme personnel*, IV, 59; XXVI, 102.

Colardeau, ancien professeur à l'école de droit de Poitiers, XXVI, 155.

Colbert provoque deux arrêts du conseil d'état qui excluent du commerce les nationaux calvinistes, XII, 293. Son concours au développement de l'industrie et du commerce, XXII, 315. Sa mort en précipita la ruine, 316. Il favorisa singulièrement les fabriques de laines, 357. Il introduisit à Alençon la fabrication de la dentelle, XXV, 111. Projet qu'il avait formé de rendre l'Allier navigable depuis Brioude jusqu'à Pont-du-Château, XXVI, 331. Son pays natal, 516.

Colbert de Seignelay, fils aîné du précédent, dans les mains duquel passa le château de Lonray, XXV, 111.

Col de Saix (le), la plus haute montagne du Dauphiné, sur la route de Romans à Grenoble, X, 12.

Coleridge (M.), écrivain anglais, l'un des inventeurs de la *Nature poétique*, XV, 228.

Coligny (l'amiral de). Maison où il fut assassiné, II, 400. Hôtel qu'il occupait rue Béthizy, VII, 245. Système qui fut adopté pour son éducation, VIII, 188. Son expédition pour la Floride où il voulait établir quelques colonies françaises, XXV, 19.

Collaud (le général), XII, 299.

Collé, chansonnier dont les compositions gaillardes faisaient les délices des soupers d'autrefois, I, 391; VI, 313. Il chante le retour du parlement, et met en vaudevilles les bons mots de M. de Maurepas, XVI, 416. Ses vaudevilles sont de beaucoup inférieurs à ceux de Panard, XVII, 29. Il est regardé comme le père de la chanson de boudoir: sa *Complainte d'une femme à sentiment sur l'arrangement d'une dame de cour*, 43. Sa chanson grivoise *Marotte*, 45.

Colledge, citoyen de Londres, qui fut condamné à mort par suite de faux témoignages, XIV, 324.

Collendal, jésuite qui, dans des commentaires sur les œuvres de Busembaum, a soutenu que le meurtre était permis dans certains cas, XIV, 63.

Colleville (la baie de), dans laquelle on pourrait créer un port maritime de premier ordre, XXV, 208.

Colliette (Louis-Paul), chanoine de Saint-Quentin, et auteur d'une histoire de cette ville, XII, 19.

Collin (M.), curé dans le Dévouly, pays sur lequel il a publié une brochure pour invoquer la charité des fidèles en faveur des habitants de cette contrée. Il accompagne Pageville, X, 173, et suiv. Son presbytère; bienfaits qu'il répand sur son troupeau, 176.

COLLIN D'HARLEVILLE, auteur dramatique, I, 6. Mérite de son *Vieux Célibataire*, XX, 5; XXVI, 103.

COLLIN DE SAINT-MENGE (M.), notaire, qui remplit les fonctions de juré dans le premier procès de l'auteur, XV, lxxxvij.

COLLIOU (madame), marchande de nouveautés, V, 74.

COLLOT D'HERBOIS fait démolir les monuments qui embellissaient la place Bellecour à Lyon, X, 336.

COLMAR. La maison qu'y occupa Voltaire, XI, 215. Situation de la ville, 216. Aspect des prairies et des vignobles qui l'entourent; accroissements successifs de son importance; elle est rasée par Louis XIV, et reconstruite avec son autorisation, 217. Irrégularité de ses maisons; ses édifices publics, ibid. Son commerce et son industrie, 218. Qualités des vins de ses environs, 221. Personnages célèbres nés dans ses murs, 222.

COLOGNA (le chevalier), président du consistoire central israélite, IX, 275.

COLOMB (Christophe) est emprisonné par l'effet d'une cabale, II, 120. Il demande vainement à la France de le seconder dans son entreprise de la découverte d'un nouveau monde, III, 78. Conjectures sur son expédition de la découverte du Nouveau-Monde, VIII, 106.

COLOMBE (mademoiselle), ancienne actrice de l'Opéra-Comique, XXI, xi.

COLOMBEAU (saint), fondateur du monastère de Beaume-les-Messieurs, XI, 30.

COLOMBEL, peintre qui eut le mérite de reproduire la manière du Poussin, XIII, 152.

COLOMBEY-AUX-BELLES-FERMES, situé dans le département de la Meuse, XI, 431.

COLOMBEY-LES-DEUX-ÉGLISES, ville de la Champagne, qui fut le théâtre d'opérations militaires en 1814, XXVI, 493.

COLOMBIÈRE (Ant. de La), ancien grand-vicaire de Vienne, rend une ordonnance fiscale pour la réparation du pont de cette ville, X, 282.

COLOMBO, capitale de l'île de Ceylan, XXIII, 83.

COLQUHOUN, auteur anglais. Ce qu'il dit de l'influence de la loi *Porcia* sur la splendeur et la tranquillité du peuple romain, XIV, 465.

COLSON (M.), peintre. Son tableau représentant la *clémence de S. M. envers une famille arabe*, XXVII, 39.

COMBAULÉ, jolie rivière que l'on remarque à peu de distance de Plombières, XI, 362.

COMDFDOUNOLS (M.), savant helléniste, et traducteur des *OEuvres de Platon*, VIII, 345.

COMÉDIE-FRANÇAISE (la). Pièces qui y furent jouées en 1813: *Tippô-Saeb*, tragédie, III, 343. *L'Intrigante*, comédie, ibid.; *Ninus II*, tragédie; la *Suite d'un bal masqué*, comédie, 344. En 1814: *Ulysse*, les *Etats de Blois*, tragédies; et *Fouquet*, comédie, V, 11. Ce qu'était jadis le foyer de la Comédie-Française, ce qu'il est maintenant, 153. Supériorité qu'elle obtient, depuis deux siècles, sur tous les autres théâtres de l'Europe, 281. Désagréments qu'essuient les personnes qui attendent au jour d'une première représentation, 285. Principe de sa supériorité, 287.

COMÉDIENS (les). Portrait de quelques comédiens de province qui viennent proposer leurs services à quelques directeurs réunis au café Touchard, II, 163. Mépris dont les comédiens sont généralement l'objet en France, VI, 362. Qualités sociales et privées que l'on remarque dans le plus grand nombre d'entre eux; leur respect pour les liens de famille, 363. Causes qui peuvent entraîner les actrices dans le désordre des mœurs, 364. Mérite des acteurs du Théâtre-Français, 365. Vices et défauts inhérents à la profession de comédiens, *ibid.* Le plus souvent ce sont les acteurs que l'on va voir au théâtre et non la pièce qu'on y joue, VII, 202. Talent que montre la plupart d'entre eux, comme membres du comité de lecture, 351.

COMIERS (Claude), mathématicien et astronome, X, 249.

COMINES, jolie petite ville, où il se faisait un grand commerce de draperies et d'étoffes légères, et où l'on ne s'occupe plus que de la fabrication et du commerce des toiles, XII, 290.

COMINES (Philippe de), sage et véridique historien et habile négociateur, XII, 290.

COMMARIEUX (M. de), personnage cité, IV, 198.

COMMELIN (Jérôme), le plus savant des imprimeurs de son temps après Henri Etienne, XII, 178.

COMMERCE (le). Influence de son génie sur la naissance et les progrès de la navigation, VI, 47. Liens de communication qu'il établit entre les divers peuples de la terre, 48. Fidélité scrupuleuse avec laquelle est exécutée la volonté d'un commerçant exprimée dans une lettre de change, 49. Ce qui constituait jadis le crédit des commerçants, 50. L'agiotage de la bourse a contribué beaucoup à diminuer ce crédit, 51. Supériorité du commerce sur les armes, l'agriculture, la magistrature et les lettres; exemples prouvant les avantages qu'il procure et qu'on ne rencontre pas dans ces autres professions, VII, 90 *et suiv.*

COMMERCY. Sa situation, XI, 433. Affranchissement de ses bourgeois; différents seigneurs qui en eurent la souveraineté, 434. Le palais construit sur les ruines de l'ancien château; la forêt de Commercy, 435. Aspect riant des environs de cette ville, 436.

COMMODE, empereur sanguinaire qui se montra favorable aux chrétiens, X, 306. Rentré dans les voies de l'iniquité, il y trouva la mort, XIV, 81.

COMMOLET, l'un des jésuites qui excitèrent Pierre Barrière au meurtre de Henri-le-Grand, XVI, 126.

COMPANS (le général), VIII, 429.

COMPIAN (Nicolas), marchand obscur de Marseille qui se distingua par une grande probité, IX, 353.

COMTE (M.), habile physicien ventriloque. Scène comique de ventriloquie par laquelle il punit le Franc-Parleur de son opiniâtreté à ne point ouvrir sa porte, V, 36. Vogue dont il jouit, 41. Ses débuts à Paris, 42. Ses succès dans différentes villes de province, *ib*. Péril qu'il courut chez les paysans de Fribourg, et manière dont il s'en tira, 43. Usage qu'il a fait de son talent pour guérir des esprits qui se croyaient possédés du démon, *ibid*. Accroissement de sa réputation dans la capitale; motifs qui ont pu concourir a ses succès dans les réunions où il est appelé, 44.

COMTE (Felix), sculpteur, acheva le tombeau de Stanislas, duc de Lorraine, XI, 310.

CONAN (le château de), bâti sur les ruines de l'ancien manoir seigneurial de Bois-le-Beau, XXVI, 29.

CONAN, ancien roi d'une partie de la Gaule, est chassé de la demeure de ses aïeux, se replie sur les monts Saint-Michel et Tomblaine, et cherche parmi les druides qui occupaient ces lieux des appuis capables de servir sa vengeance contre les Romains; avantage qu'il remporte d'abord sur ces derniers, qui reprennent bientôt l'offensive et le mettent dans une déroute complète; il meurt en témoignant le désir que son alliance avec les druides soit cimentée par l'hymen de Cléovii, son fils, avec Morréa, fille du grand-prêtre, XXV, 334, 335, à 340.

CONAN-MARJADEC, prince gallois, accompagne Maxime dans son expédition des Gaules, et obtient une grande partie de l'Armorique à titre de royaume; il se soumet d'abord à l'empereur, puis se rend indépendant; règne en sage et abdique, sur la fin de sa vie, en faveur de ses fils, XII, 363.

CONCARNEAU. Sa position; ses fortifications; son port, XII, 546. Citerne que l'on trouve dans le château; bois environnant la ville; sièges et pertes qu'elle essuya; son commerce de sardines, 547.

CONCHES, ville du département de l'Eure, remarquable par les forêts qui l'avoisinent, les forges et les fonderies qu'elle possède, XIII, 106.

CONDAMINE (La), l'un des amis de Voltaire, X, 459.

CONDÉ (le prince de), dit le Grand, assiège la ville de Dole, XI, 90. Reprend Thionville après la bataille de Rocroi, 481. Combat dans les rangs espagnols lors de la bataille des Dunes, XII, 309; XV, 307.

CONDÉ (le prince de) repousse du Havre les Anglais qui l'avaient occupé sous leur reine Elisabeth, XIII, 263. Il est tué, en 1567, à la bataille de Jarnac, par la plus lâche trahison, XXVI, 230.

CONDILLAC (le château de), ancien manoir du métaphysicien de ce nom, XXVI, 8.

CONDILLAC, célèbre métaphysicien. Exposition de son système, XXVI, 8

CONDORCET, l'un des amis de Voltaire, X, 459.

CONDRIEU, commune à quelque distance de Vienne, X, 292.

CONFLANS, bourg à quelques lieues d'Étain, et qui possédait des

murailles et un château, XI, 457.
CONFORTI, Napolitain, qui périt pour avoir fait des mémoires que lui avait demandés Speziale, XIV, 563.
CONRAD II, empereur, accorde aux archevêques d'Embrun les droits régaliens et celui de battre monnaie, X, 247.
CONRAD III, évêque de Strasbourg, fait construire l'une des flèches de la cathédrale de cette ville, XI, 256.
CONRAD de Lorraine entre à Metz et l'abandonne au pillage, XI, 462.
CONRADIN, neveu du grand empereur Frédéric II, a la tête tranchée sur un échafaud, XIV, 61.
CONRARD, beau-frère de Louis-le-Débonnaire, fit bâtir les cryptes de l'abbaye de Saint-Germain, à Auxerre, XXVI, 479.
CONSIDÉRANT père (M.), professeur de rhétorique au collège de Salins. Son dévouement dans l'incendie de cette ville en 1825, XI, 66.
CONSIDÉRATIONS (les). Combien elles sont préjudiciables à l'avancement du au mérite, II, 223.
CONSCIENCE (la) est le premier fondement de la morale en théorie; est dans l'homme l'instinct moral de sa conservation, XIV, 15. Réprouve les actions injustes, 72. Ne commande pas à l'homme de faire ce que sa raison condamne, *ibid*. Ce qu'elle est chez les hommes en place, 119.
CONSPIRATEURS (les). Leurs qualifications en Angleterre, en France, en Italie, et en Espagne, XIV, 337.

CONSTABLE (M.), peintre anglais, auteur de paysages estimés, XII, 275.
CONSTANCE, empereur, conçoit de la jalousie contre Julien, son rival; celui ci quitte les Gaules pour venir le combattre, XVIII, 323.
CONSTANCE CHLORE. Sous son règne, Autun achève de se relever de ses ruines, XXVI, 419.
CONSTANCE (le frère), aux observations duquel le Havre doit les fontaines d'eau douce qui coulent dans ses murs, XIII, 278.
CONSTANT (M. Benjamin), orateur célèbre, I, 16. Son courage à défendre les principes de la liberté constitutionnelle, XIV, 569. Ses remontrances à la chambre des députés sur l'emprisonnement dont on menaçait les auteurs de délits politiques, XV, 69.
CONSTANTIN, empereur. Les hôpitaux qu'il fonda pour les chrétiens sortis d'esclavage devinrent comme des séminaires de mendicité, IV, 250.
CONSTANTIN (le chevalier de), ami de l'Ermite. Désappointement qu'il éprouve à la suite de la brillante affaire qui précéda la journée de Closter-Scheven, II, 225.
CONSTANTIN, peintre, dont les dessins à l'encre de la Chine sont répandus en France et à l'étranger, IX, 310.
CONSTANTIN, ancien évêque de Gap, qui fut canonisé, X, 208.
CONSTANTIN, helléniste, né à Caen, XXV, 235.
CONSTANTINOPLE. Tableau que cette ville présente, XIII, 293.
CONTAT (mademoiselle), comédienne célèbre, I, 15. Regrets

universels causés par sa mort, III, 344.

CONTÉ, né à Séez, XXV, 97.

CONTEVILLE, lieu situé près Pont-Audemer, XIII, 124.

CONVERSATION (la). Ce qu'elle est en France, VI, 144. Son plus grand fléau, dans ce pays, c'est la politique, 146.

COPET, château à quelques lieues de Genève, où se trouve le tombeau de madame de Stael, XI, 7.

COPILLUS, chef des Tectosages, fut vaincu par Sylla, VIII, 422.

COQUÉAU de Dijon périt sur l'échafaud en 1793, XI, 153.

CORBEIL (Jean de) commande l'une des deux compagnies d'archers lors de l'assemblée nationale convoquée par Philippe-le-Bel, V, 255.

CORBINEAU (le général). Ses mouvements militaires en 1814, XXVI, 514.

CORBON, petit village situé dans la vallée d'Auge, XXV, 63.

CORBRANNE (le château de), habitation de Grimoard, XXVI, 30.

CORBULON, général romain, animait ses soldats au combat plutôt par l'espoir des richesses que par la gloire du triomphe, XIV, 181.

CORCELET, fameux marchand de comestibles au Palais-Royal, II, 160.

CORDAY (Charlotte). Son héroïsme, XV, 143.

CORDIENNE (M.), botaniste distingué, XI, 8, 28.

CORDIER (M.), commerçant de Saint-Quentin, XII, 16.

CORDIER (M.), ingénieur des ponts et chaussées du département du Nord, et l'un des plus savants agronomes que possède la France, XI, 16; XII, 281.

CORDOUE (Gonzalve de), fameux guerrier, sous les ordres duquel Fernand Cortez espérait se signaler, XIX, 60.

CORDOWER (le lord), colonel Anglais, visite la prison de Normann-Cross, XIV, 545.

CORÉAS, chevrier, qui, renfermé dans la caverne de Delphes, prononçait les oracles, V, 41.

CORENTIN (saint). Anecdote relative à ce personnage, XII, 541.

CORMEIL (madame Amélie de), jeune femme dans l'intimité de laquelle l'Ermite est admis; pretextes qu'elle allègue pour différer une partie qu'elle avait arrêtée, III, 163. Elle donne les détails d'une de ses matinées, 165.

CORMIER, né à Alençon, XXV, 130.

CORMONTAIGNE, célèbre ingénieur qui augmenta les fortifications de la ville de Metz, XI, 469.

CORNEILLE (P.) s'éloigne des adulateurs de Richelieu, et adresse au trésorier de l'épargne, M. de Montoron, une épître dédicatoire pleine d'une flatterie ridicule, IV, 273. Maison où il naquit à Rouen, XIII, 156, 194. La profondeur de ses pensées, XIV, 404. Son buste dans une des salles des Français, XVI, 435.

CORNEILLE (Thomas). La première représentation de son Stilicon, et jugement qu'en porta Loret, journaliste poete, III, 210.

CORNEILLE (mademoiselle), nièce du grand Corneille, que Voltaire dota généreusement, X, 440.

CORNELIA, vestale, périt victime de l'amour, XIX, 5.

CORNÉLIE, dame romaine célèbre par sa chasteté, XIV, 481.

CORNEUX (l'ancienne abbaye de), XI, 148. Propriétaire actuel de ce bâtiment, 150.

CORNUTUS (Cécilius), accusé d'avoir fourni de l'argent pour soulever les Gaules, se donne la mort afin d'échapper à sa condamnation, XIV, 332.

COROMANDEL (la côte de). Sorte de vents qui soufflent pendant quatre mois du même côté, et que l'on nomme *moussons*, XVIII, 94.

CORONA, docteur italien distingué par son érudition, I, 43.

CORONELLI, auteur des fameux globes que l'on admire à la bibliothèque royale de Paris, II, 295.

CORPORATIONS (les). *Voyez* MAÎTRISES.

CORPS, situé à l'entrée du département des Hautes-Alpes, X, 172.

CORRÉARD (M.), qui fit des efforts généreux à Marseille pendant l'anarchie de 1815, IX, 347.

CORRUPTION (la) est le vice dominateur du siècle; fait tout mouvoir, XV, 160. Est devenue une véritable science, et trouve des dupes sur-tout parmi les vieillards et les enfants, 161. Un de ses agents les plus accrédités, c'est le mensonge, vice qui contient une foule de subdivisions et s'étend à toutes les classes, 162.

CORTEZ (Fernand), conquérant du Mexique, II, 120. Son caractère et ses qualités, XIX, 59. Lieu de sa naissance; ses premières études; il embrasse l'état militaire; et n'ayant pu suivre Gonzalve de Cordoue, il s'embarque pour les Indes occidentales; secondé de son génie et de son courage, il fait la conquête d'un empire immense; vexations qu'il essuya dans l'Inde; il est rappelé en Espagne, 60. Retourne au Mexique où bientôt il perd son indépendance; revient en Europe demander justice à Charles-Quint; en est accueilli froidement; va se battre comme volontaire à l'expédition d'Alger; et, après de vaines tentatives auprès de Charles-Quint pour en obtenir justice, il va mourir dans l'oubli et dans la misère, 61. C'est à tort qu'on associe son nom à celui de Pizarre; il ne souilla jamais sa gloire d'aucun acte féroce, 62.

CORTEZ (Martin), fils de Fernand Cortez, XIX, 64.

CORTOT (M.), statuaire distingué. Sa *Pandore* et son *Narcisse*, XXII, 165.

CORVIÈRE, grand parleur sans idées, II, 72.

COSMAO (le contre-amiral), marin célèbre par de nombreux exploits et auquel Napoléon rendit un glorieux témoignage, XII, 521.

COSSART (le Pere), compilateur et poete latin très distingué, III, 197.

COSSÉ, situé dans la Normandie, et fameux par ses grosses forges, XXV, 146.

COSTAING (Claude de), écuyer tranchant, ancien *viguier* de Sainte-Colombe, X, 290.

TABLE GÉNÉRALE, T. XXVII. 9

COSTANTINI (M.), professeur d'italien, III, 163.

COSTAS, gascon, qui devint grand-maître de l'artillerie du Mogol, VIII, 82.

COSTE, annotateur de La Bruyère, IX, 186, 205.

COSTER (Laurent), célèbre typographe, XXII, 374.

CÔTE-RÔTIE, (la colline de la), renommée pour ses vins, IX, 446; X, 291, 292.

COTELIER, Nimois, que Colbert employa à la révision des manuscrits de la bibliothèque du roi, IX, 184.

COTELLE (M.), professeur de droit, I, 386.

COTENTIN, formant l'une des anciennes subdivisions de la Basse-Normandie, XXV, 150.

COTIN (l'abbé), poète et prédicateur ridiculisé par Boileau, III, 204. Madrigal charmant qu'il a laissé à la postérité, XVII, 63.

COTON (le). Progrès que les Français ont faits dans l'exploitation de cette branche d'industrie, XXII, 363. Perfectionnement des impressions sur toiles de coton, 369.

COTTA. Tibère écrit au sénat romain une lettre en sa faveur, XIV, 80.

COTTIN (M.), membre de la Chambre des Députés, propriétaire de l'hôtel où logea Louis XVIII, en 1815, pendant son séjour à Cambrai, XII, 62.

COTTEREAU (les frères), contrebandiers, qui furent les premiers chefs des Chouans, XII, 554.

COTTIN (Mme), auteur de romans très remarquables par la vérité et l'expression des sentiments, I, 22. Son tombeau, 163. La plupart de ses romans, sont écrits par lettres à l'exemple de Richardson, XXIII, 26.

COUCTON (le cardinal), légat du pape, en passant à Lyon, y fait renouveler le serment de fidélité à la Ligue, X, 323.

COUCY (Raoul, sire de), amant de Gabrielle de Vergy, part pour la Palestine, où, avant d'expirer à la suite d'une blessure mortelle, il charge Monlac, son écuyer, du soin de porter son cœur à sa maîtresse, XII, 84.

COUDER (M.), peintre, XII, 201. Son tableau d'un *Lévite d'Éphraïm*, XXII, 36. Celui de la *mort de Musaccio*, 45 Celui de la nouvelle de la victoire de *Marathon*, 142,

COUDÈRE (M.), député de Lyon, et l'un des principaux commerçants de cette ville, X, 402.

COULANGE (M. de), ancien conseiller au parlement de Metz, XIII. 352. Son fils, avocat-général, reçoit du baron d'Apreville, sur des comptes de tutèle, une réclamation à laquelle il ne peut faire droit, 354

COULANGES, vignoble voisin d'Auxerre, XXVI, 482.

COULEAUX (MM.), maîtres des forges à Boerenthal, XI, 501; XXII, 437.

COULFAUX (M.), propriétaire de la célèbre manufacture d'armes établie à Mutzig, XI, 410.

COULON (M.), avocat distingué de Lyon, X, 402.

COUCON, prêtre, prédicateur du roi à Paris, XI, 56.

COUPIGNY (M. de), auteur de jolies romances, VI, 311. Sa rencontre avec M Dupont (de l'Eure) sur les bords de la Rille, XIII, 111. Innovations qu'il a introduites dans la versification de la romance ; son *Ménestrel*, XVII, 57.

COURBOUZON, village près de Lons-le-Saulnier, dont les habitants observent aux funérailles un usage bizarre, XI, 37.

COURCELLES (le château de), remarquable par ses ruines couronnées de lierre, XIII, 75.

COURET (la vallée du), qui se trouve dans les Pyrénées, VIII, 244.

COURIER (Paul-Louis), savant helléniste qui fut assassiné en 1825, XI, 116.

COURIER (M. François), qui, depuis quarante ans, exerce le métier de commis-voyageur, XI, 116 et suiv.

COURROUBLE (M.), receveur principal des mines d'Anzin, homme probe, laborieux, et généralement estimé, XII, 105.

COURRAGEOT (M.), l'un des premiers directeurs de la fabrique de Wesserling, XI, 210.

COURROUX, village remarquable par un minerai de bonne qualité, XI, 176.

COURS (François de), ancien *viguier* de Sainte-Colombe, X, 290.

COURT (Simon), ancien échevin de Lyon, X, 343.

COURT DE GÉBELIN, célèbre comme philosophe et comme érudit, IX, 185.

COURTALON, personnage obscur et sans moyen de sortir de sa condition, parvint, de vertige en vertige, jusqu'au rang de ministre, XV, 289.

COURTECUISSE, docteur de Sorbonne, et premier aumônier de Charles VI, XXV, 159, 368.

COURTÉPÉE, écrivain qui s'est occupé de recherches sur la Bourgogne, XXVI, 422.

COURTIADE (M.), l'un des propriétaires de la filature de coton que possède la ville de Séez, XXV, 96.

COURTILLOLES (le château de), situé à quelque distance d'Alençon, XXV, 115.

COURTISANS (les). V. FLATTERIE.

COURTOIS (M.), boucher cité par la femme de ménage de l'Ermite, et se préparant à marier sa fille, III, 93.

COURTOIS, marchand de schalls de cachemire, III, 169.

COURVAISIER, littérateur assez ordinaire, né à Vitré, XII, 462.

COURVAL (Sonnet de), poète satirique, né à Vire, XXV, 181.

COURVILLE (Mme de), jeune convive de Mme Guillaume. Son mari, receveur-général en province, économise pour qu'elle dépense beaucoup à Paris. Manière dont elle remplit ses intentions, V, 164.

COURVOISIER (M.), né à Besançon, XI, 135.

COUSIN (M. Victor), professeur de philosophie, traducteur et émule de Platon, I, 19. Talent qu'il déploya dans sa chaire ; sa destitution, XIV, 429.

COUSIN (Jean), sculpteur auquel on attribue le mausolée de Louis de Brezé, qui se voit dans la cathédrale de Rouen, XIII, 163. Son pays natal, XXVI, 471.

COUSIN (Gilbert) s'éleva contre les désordres du chapitre de Nozeroy dont il était membre, XI, 41.

COUSINS (M.), l'un des principaux commerçants de Lyon, X, 371.

COUSTELLIER, imprimeur renommé pour ses éditions, VI, 106.

COUSTOU (Guillaume), statuaire

9.

dont quelques unes des productions figuraient dans le jardin du Palais-Royal, II, 153; XXVI, 486.

COUTANCES, ville célèbre par les études théologiques auxquelles elle se consacre, XXV, 308. Origine de son nom; promenades dans ses environs; les édifices publics, 309. Intérieur de la cathédrale; fondation de cette basilique, 312. Hommes célèbres nés à Coutances et aux environs, 313.

COUTANT (madame), ouvrière en corsets, III, 163.

COUTARD (le général). Ses dispositions inutiles pour repousser l'armée vendéenne de Saumur, XXV, 423.

COUTERNE, petite ville de Normandie où l'on trouve un château, XXV, 138, 146.

COUTOULI (M.), aubergiste à Arbois, XI, 51.

COUTURE, professeur, né à Bayeux, XXV, 255.

COUTURE, commune où est situé le château de la Poissonnière, XXVI, 27.

COUTURIER et Compagnie (MM.), maîtres de forges à Montherausen, XI, 502.

COUTURIER SAINT-CLAIR (M.), officier d'état-major, XXII, 223.

COYER (l'abbé) fut élevé chez les Jésuites, XI, 134.

COYSEVOX, auteur du mausolée de Mazarin au collège des Quatre-Nations, III, 407. C'était à lui que l'on devait la statue équestre élevée à Louis XIV, par les états du Languedoc, sur la place du Peyrou, à Montpellier, IX, 106.

COZBI, l'un des principaux personnages du pays situé entre les monts Calphas et Garamantes, XVI, 407.

COZELLI, compositeur qui soutenait le système d'imitation en musique, XXII, 262.

CRABÈRE (Julie), Toulousaine renommée pour ses talents et ses productions littéraires, VIII, 428.

CRAMER, archevêque de Cantorbéry, a un entretien avec Henri VIII, au sujet de la nomination d'un évêque pour le diocèse de Durham; il approuve tous les avis de son maître, XVI, 301.

CRANTZ (Martin), l'un des premiers imprimeurs-libraires qui s'établirent à Paris, VI, 103

CRANZAC, petite ville renommée pour ses eaux thermales, VIII, 482.

CRAPELET, typographe distingué, I, 15; VI, 105.

CRÉBILLON, poète tragique, XXVI, 470.

CRÉBILLON fils. Rendez-vous qu'il se donnait à la *Croix de Malte* avec Piron, II, 254. Sur le merveilleux employé dans ses romans, III, 383. Ouvrage qu'il a composé en société avec son ami Sallé, sur un voyage de Paris à Saint-Cloud, IV, 286 Il ne trouva de lecteurs que parmi les libertins surannés et les femmes perdues, XIV, 411.

CRÉPIN (M.), peintre de marine. Son combat de *la frégate française la Poursuivante*, contre *le vaisseau anglais l'Hercule*; son *combat de la Bayonnaise*, XXII, 135.

CRÉQUI (de), contre lequel Racine lança une épigramme à propos de son *Andromaque*, II, 15 Flatterie qu'il adressa au dauphin, un jour qu'il jouait à la cible avec lui, et réprimande qu'il reçut à ce sujet du vertueux Montausier, IV, 280.

CRESSENZAC (la montagne de), d'où l'œil embrasse une perspective immense et variée, XXVI, 256.

CRESSON (le ballon du), près de Thann, remarquable par sa hauteur, XI, 174.

CREST, ville du département de la Drôme, IX, 437. Union qui règne entre ses habitants, moitié catholiques, moitié protestants, 438.

CRESTIN, colonel de génie, né à Gray, et mort en Égypte, XI, 147.

CRESTIN (M.), frère du précédent, ancien sous-préfet de Gray, et auteur de recherches sur cette ville, XI, 147.

CREUTWALD-LA-HOUVE, renommé pour ses belles forges, XI, 501.

CREUZE, écrivain distingué, son tombeau, I. 157.

CREUZOT (le), vaste établissement qui offre l'aspect d'une ville dévouée à l'industrie, XXII, 400; XXVI, 404. Les ateliers de verreries; matières premières employées pour cette exploitation; le mécanisme intérieur de cet établissement, 405 Incendies souterrains auxquels il est exposé, *ibid.* Bon ordre et simplicité qui règnent dans les demeures des ouvriers; canal que le gouvernement impérial a fait creuser en faveur du Creuzot; bronzes que l'on travaille dans ce lieu, 406. L'atelier des cristaux; cause qui a fait naître et entretient cette activité industrielle, 407.

CRÉVECOEUR, village célèbre par la défaite de Chilpéric II et de Rainfroi, maire du palais; origine de sa dénomination, XII, 39.

CRIETHON (le Père), qui voulut faire assassiner Jean de Mutelau, chancelier du roi d'Ecosse, XVI, 125.

CRILLA (l'ancien château de), dans lequel un partisan des Espagnols se défendit avec opiniâtreté contre les Français, XI, 22.

CRILLON, compagnon d'armes de Henri IV, IX, 217

CRIME (le). Condition à laquelle il est réputé crime, aux yeux de la loi, XIV, 4 Son audace a quelque chose d'imposant, 9. Horreur et mépris qu'il inspire lorsqu'il est commis avec hypocrisie, *ibid.* La nécessité de réprimer le crime suppose le droit de le punir; mais ce droit a ses limites dans la nature de l'homme et dans la fragilité de ses jugements, 273.

CRISPOÉ, fils de Nominoe, reçoit des rois de France la cession du territoire conquis par son père, XXV, 380.

CRISOLIS, ancien nom de la ville de Besançon, XI, 125.

CRISPUS, fils de Constantin, qui passa une partie de sa jeunesse à Besançon, et se signala par une victoire sur les Germains, XI, 121.

CRITIAS, orateur, né à Marseille, XI, 328.

CROCHARD (M.), ancien procureur au Châtelet. Il va en partie de campagne, II, 139.

CROCHARD (M.), inventeur d'une machine pour faire des tonneaux à la mécanique, XXII, 345

CROISETTE (la), hameau situé à

quelque distance de Saint-Amand, et où l'on trouve un établissement d'eaux minérales, XII, 215. Propriété de ces eaux, *ibid.* Le pavillon des Fontaines, 216.

CROISET (le Père), jésuite, né à Marseille, IX, 335.

CROISIC (le), patrie du mathématicien Bouguer, XII, 593.

CROISSANVILLE, célèbre par la bataille livrée, en 949, entre Louis-d'Outre-Mer, et Harald, roi de Danemarck, XXV, 64.

CROIX-DES-SIGNAUX (le fort de la), en avant de Toulon, IX, 386.

CROS (le), ermitage aux environs de Caunes, et renommé pour la bizarrerie de son origine, et les miracles que l'on dit s'y opérer, VIII, 443.

CROSE (Mathurin Veissières de La), ami du célèbre Leibnitz, XII, 592.

CROSNE (M. de), ancien intendant de Rouen, qui s'est occupé d'embellir cette ville, et d'y créer des habitations plus appropriées à l'opulence de ses citoyens, XIII, 145.

CROSNES (la rivière de), dont les eaux arrosent la petite ville de Cluny, XXVI, 385.

CRUSIUS (Paul), auteur de comédies héroïques latines, XI, 272.

CRUSSOL D'UZÈS (la famille baroniale) admise aux états du Languedoc, IX, 97.

CRUTZMANN, vieux guerrier vénéré à Strasbourg, et auquel on avoit élevé un temple, XI, 256.

CUGES (le bois de), qui fut long-temps redoutable aux voyageurs, IX, 381.

CUGNIÈRES (Pierre de), que les chanoines de Paris mystifièrent, parcequ'il voulait comprimer l'orgueil et l'autorité ecclésiastique, XXVI, 298.

CUISANCE (la), petite rivière qui arrose un fertile vallon, et va se jeter dans la Lau, XI, 53. Découvertes que l'on fit en creusant dans la caverne d'où s'épanche l'une des sources de cette rivière, 54.

CUJAS, le prince des jurisconsultes, et sous lequel ont étudié des juristes célèbres, VIII, 283, 426; IX, 442; XXVI, 369.

CULANT (les seigneurs de) auxquels appartenait Vatan dans le Berri, XXVI, 376.

CULARO, nom que portait anciennement la ville de Grenoble, X, 124.

CUNYNGHAM (M.), savant helléniste et littérateur distingué, XII, 278.

CUOCO, historien de la révolution napolitaine de 1799. Détails qu'il donne sur les événements qui suivirent dans ce pays la chute de la république, XIV, 556.

CURAUDEAU, chimiste né à Séez, XXV, 97.

CUREAU DE LA CHAMBRE (Martin), médecin, qui s'est beaucoup occupé de physiognomonie, XXV, 369.

CURE-GOUFLET, bourgade de la Saintonge, XXVI, 221.

CURÉE, tribun, né à Pézénas, IX, 74.

CURIOSITÉ (la). Elle est naturelle à l'homme, IV, 144.

CURIOSOLITES (les), formant l'un des anciens états de la Bretagne, XII, 362.

CURMUDGEON, prototype de ces sots qui se proposent un but hors de leur portée et n'y parviennent qu'en rampant, XV, 255.

Curtius, fameux modeleur en cire, I, 189.
Cusey (la vallée de), au milieu de laquelle on voit une colonne dont on ignore la destination, XXVI, 427.
Cusherineau (Nicolas), historien jadis célèbre, né à Bourges, XXVI, 370.
Cusine, situé dans le département de la Meurthe, XI, 312.
Custines (le général de), commandant en chef l'armée du Nord, mort sur l'échafaud, XI, 495.
Cutendre (le château de), auquel celui d'Onzain a servi de modèle, XXVI, 25.
Cuvier (le baron), de l'Institut, né à Montbéliard, I, 13, 386; XI, 164.
Cuvier (M.), frère du précédent, savant distingué, XI, 170.
Cuvillers (le château de), qui fut renversé pour l'emplacement de la citadelle de Cambrai, XII, 53.
Cuvillier, ouvrier de Nîmes qui introduisit dans son pays le métier à bas, IX, 178.
Cuvru-Distrmont (M.), fabricant de Roubaix, XII, 288.
Cyprien (Saint-). Jugement qu'il porte des femmes, XIV, 492.

D.

Dablaing (M.), fabricant de tulles à Douai, XII, 191.
Dacier (M.), conservateur de la bibliothèque royale de Paris, et secrétaire perpétuel de l'académie des inscriptions, II, 301; XXV, 269.
Dacier (André), savant distingué, VIII, 479.
Dacier (madame), femme célèbre par son érudition et ses ouvrages. Indifférence des Saumurois, ses compatriotes, pour sa mémoire; monument très simple qu'on pourrait lui élever, IX, 26; XVI, 19; XXV, 428.
Dagobert, roi, regardé comme le fondateur de l'abbaye de Saint-Denis, III, 180. Il établit à Séclin un chapitre de chanoines, XII, 223. Son séjour, avec saint Eloi, dans la terre d'Estrepagny, XIII, 77.
Dagoty (M.), fameux marchand de porcelaines, à Paris, I, 401; XXII, 411.
Dagoumer (Guillaume), professeur de philosophie, XIII, 123.
Daguerre (M.), peintre de décorations, l'un des inventeurs du Diorama, XXII, 281.
Daigremont-de-Saint-Mauvifux (M.), membre de la société d'agriculture et de commerce de Caen, XXV, 224.
Daille-Beausobre, ministre protestant, né à Poitiers, XXVI, 159.
Daillot (l'abbé), vicaire de Saint-Magloire. Son attitude dans l'intérieur de sa famille, le jour de la fête *des Rois*, III, 379.
Dailly, l'un des professeurs que Duplessis-Mornay appela à Saumur, XXV, 420.
Dajon, seigneur suzerain du château de Louvigni, XXV, 212.
Dalayrac, célèbre compositeur, I, 15, VIII, 428.
Dalechamp (Jacques), célèbre médecin, traducteur d'Athénée, et annotateur de Pline, XXV, 235.
Dalem, village sur l'emplacement duquel on assure qu'il exista jadis une ville considérable, XI, 483.

DALLOZ (M.), avocat à la cour de cassation, XI, 10.

DALMASE DE SEIMUR est assassiné par son gendre, Robert II, duc de Bourgogne, XXVI, 450.

DALMATIE (le duc de), né au vallon de Saint-Amand, IX, 29.

DALOUZI, sergent de voltigeurs, se déclara chef d'une insurrection pendant le blocus de Strasbourg en 1815, maintint l'ordre dans cette ville et la discipline parmi les troupes; se livra lui-même entre les mains du général Rapp, lorsque les soldats furent payés, obtint son pardon, et refusa un grade élevé qu'on lui proposait à l'étranger, XI, 234.

DALRYMPLE, général anglais, qui fit aux Génois de fausses promesses de liberté, XIV, 230.

DALVIMARE, compositeur, maître de musique, I, 390.

DAMAS (M.), acteur du Théâtre-Français, XVIII, 234.

DAMBOURNEY, savant qui s'occupa de rechercher les principes de teinture solide que les végétaux indigènes pouvaient communiquer aux laines, XIII, 199.

DAMIAN (le docteur), médecin, qui guérit les villageois de Vendémian d'une épidémie imaginaire dont ils se croyaient atteints, IX, 61.

DAMIANI, membre de la junte napolitaine, XIV, 558.

DAMILAVILLE, l'un des amis de Voltaire, X, 461.

DAMILLE, village du département de la Meuse, possède de belles forges, XI, 427.

DAMON, personnage apologiste des fureurs révolutionnaires, prend le titre d'homme de lettres, VI, 305.

DAMPIERRE, village de la Franche-Comté, XI, 112.

DAMPIERRE. Son campement à Famars, en 1793, après la défection de Dumouriez, XII, 133.

DAMPMARTIN (le vicomte) a publié un grand nombre d'ouvrages historiques, IX, 190.

DANCHET, poete, auteur d'opéra, III, 47. Son pays natal, XXVI, 349.

DANEL, membre distingué du barreau de Douai, XII, 173.

DANEL (M.), rédacteur de la feuille d'*Affiches et annonces* qui se publie à Lille, XII, 263.

DANEL (M.), commerçant de Lille, XII, 266.

DANEMARCK (le) se tenait hors du système politique de l'Europe, XXII, 299.

DANET (M.), fabricant de Beaumont-le-Roger, XIII, 114.

DANGEAU, joueur heureux, gagna des sommes considérables, V, 83.

DANGEVILLE, ancien acteur de la Comédie-Française, V, 151.

DANGU (le château de), remarquable par son site pittoresque sur les bords de l'Epte, XIII, 75.

DANIEL (le Père), religieux de l'ordre des Carmes, auteur d'un gros livre sur le mystère de la Trinité, XII, 411.

DANIEL, l'un des compilateurs des annales françaises, XIII, 195.

DANSE (l'abbé), personnage cité par l'Ermite, II, 379.

DANTZICK, ville anséatique où l'industrie et le commerce répandent un vif éclat, XXII, 302.

DANTZICK (Lefebvre, maréchal,

duc de). Sa conduite à Montmirail, XXVI, 518.
DARCET, savant chimiste, né dans les Landes, et l'un de ceux qui achevèrent la révolution commencée dans la doctrine chimique, VIII, 63; XXII, 352.
DAREN (le), lac qui se trouve dans la vallée de Munster, XI, 225.
DARGENS, l'un des amis de Voltaire, X, 460.
DARIOLE, personnage élevé loin de la bonne compagnie, et sans moyen de plaire dans le monde, et qui cependant est parvenu à se marier avec une riche héritière, XV, 292.
DARLING (le major-général, gouverneur de l'île Maurice, Ile-de-France), ordonne des mesures pour empêcher une maladie contagieuse de se répandre dans l'île, XXII, 460. Ces mesures portent le caractère de la plus coupable négligence, 461.
DARLYMPE, écrivain anglais. Témoignage qu'il rend au célèbre hydrographe, d'Après de Mannevillette, XIII, 276
DARMA-DÉVE, ancien raja d'une province de Bengale, I, 343.
DAROT (M.), Marseillais, se distingua par son dévouement dans les désordres de 1815, IX, 346.
DARRICAU (le général), né dans les Landes, VIII, 63.
DARTHE (M.), fabricant de porcelaines, XXII, 411.
DARTIG (M.), propriétaire de verreries à Vénéches, dans le département des Ardennes, XXII, 380.
DARTIGUETTE, personnage constamment occupé de remonter à la source des réputations, VIII, 364.

DARU (M.), poete, littérateur et homme d'état, I, 9, 17; IX, 134, 137.
DARVIS (madame). Rôles divers qu'elle joua pendant la révolution; intrigues qu'elle conduisit, IV, 380.
DASSANCE (M.), juge de paix du canton d'Ustaritz, qui sut rapprocher les cœurs et les esprits, VIII, 147.
DASSURAT, médecin célèbre par ses lumières et sa bienfaisance, VIII, 425.
DATÈS (M.), avoué. Intérieur de son étude, VI, 88. Il rassure l'Ermite sur les résultats que peut avoir son procès, 159 Sa vanité au sujet de sa clientelle, 190.
DATHIS (M.), auteur de fort jolis vers, XII, 278.
DAUBANTON, naturaliste distingué, né en Bourgogne, XXVI, 471.
DAUBERVAL (M.). Ses efforts inutiles pour introduire sur le théâtre de l'Opéra la danse du mouchico, VIII, 136.
DAUDREHEN (Arnould), maréchal de France en 1351, XII, 350.
DAUDRUIT (M.), habitant de Dunkerque, XII, 320.
DAUJAT, savant jurisconsulte toulousain, VIII, 427.
DAUJON (M.), mécanicien, inventeur de plusieurs mécaniques utiles à l'humanité, XXII, 354.
DAUMÉNIL (le général) refusa courageusement de rendre à l'ennemi la forteresse de Vincennes, XV, 231.
DAUMIER (M.), auteur d'une tragédie de *Philippe II*, IX, 358.
DAUMONT (M.), ancien commis du drapier Bruno, III, 379
DAUMONT (Mme), maîtresse de l'hôtel du *Soleil*, à Toulouse,

VIII, 375. Son caractère; sa mémoire, 402. Sa toilette, 403. Influence de sa présence sur les représentations théâtrales, 404.

DAUNOU (M.), écrivain-philosophe, I, 11; XII, 351.

DAUPHINÉ (le). Hospitalité qu'il offrit, à différentes époques, à des proscrits français, IX, 432. Aspects nombreux et variés de cette province; ses différentes sortes de culture, X, 12. Particularités sur les anciens seigneurs du Dauphiné. 41. Boson s'empare de cette province; les évêques se rendent maîtres des principales villes, et réclament les privilèges de seigneurs, 44. Les barons d'Albion constituent le Dauphiné en petite monarchie, 45. Cette province tomba deux fois en quenouille, 105.

DAUPLEY (M.), l'un des propriétaires qui s'occupent le plus particulièrement de perfectionner la race des chevaux français, XXV, 92.

DAUBAT (Jean), XXIV, 183.

DAUTUN, joueur qui périt sur l'échafaud, V, 89.

DAUVAT, auteur de vers sur la victoire que le duc de Guise remporta sur les Anglais, qu'il chassa de Calais, XII, 337.

DAUVERGNE, l'un des auteurs du premier opéra comique dont il soit fait mention, XXI, x.

DAVÈZE (le colonel), qui se trouve aux eaux de Bagnères pour faire la cour à la nièce de Mme de Closane, VIII, 217.

DAVENANT, poète anglais, finit son poème de *Gondibert*, dans une prison, XV, 49.

DAVENANT (sir William). *Voyez* MILTON.

DAVID, peintre célèbre, I, 13.

Enthousiasme qu'inspira son tableau des Sabines, XXI, 418.

DAVID (le général), guerrier distingué par son patriotisme, son dévouement et ses actions d'éclat; il a été tué sur le champ de bataille d'Alkmaer, en repoussant les Russes et les Anglais, XI, 56.

DAVID (Emeric), auteur d'un bel ouvrage sur la statuaire, IX, 309.

DAVID (M.), sculpteur qui a exécuté le monument élevé à Fénélon dans la cathédrale de Cambrai, XII, 57.

DAVID, roi d'Israel, commet l'adultère, et ses sujets expient ce crime et l'assassinat d'Urie, XIV, 34.

DAVILLER, architecte qui dirigea plusieurs travaux à Montpellier, IX, 107.

DAVILLIER (M.), chef d'établissements industriels à Guebwiller et à Wesserling dans le Haut-Rhin, XXII, 335.

DAVILLIER-LOMBARD (MM.), propriétaires d'une magnifique filature de cotons à Gisors, XIII, 75; XXII, 365.

DAVISSON (MM.), négociants de New-Yorck, chez qui Charles d'Epival avait fait remettre des fonds pour le retour d'Anatole de Césane en France, XXIV, 328.

DAVY (M.), célèbre chimiste qui reconnut l'ancien cratère du volcan, près d'Agde, VIII, 463. Il inventa les lampes, à l'aide desquelles on peut descendre dans les mines, XII, 107.

DAWN (M.), riche financier. Il marie sa fille, I, 335.

DAX, ville des Landes, remarquable par ses eaux thermales,

son hôpital, et son marché, VIII, 77.

DAZIN-BULTEAU (M.), fabricant de Roubaix, XII, 288.

DEBAUDRE (M.), membre de l'académie des sciences, arts et belles-lettres de Caen, XXV, 224.

DEBDELN, fameux bibliomane anglais, XIII, 208; XXV, 225.

DEBUCOURT, habile peintre de caricatures, I, 228.

DECAEN (le lieutenant-général) était gouverneur des colonies de l'Ile-de-France et de Bourbon, lorsque la compagnie des Indes anglaise forma le projet de s'emparer de la première, XXII, 450. Troupes qu'il avait en 1810 pour défendre l'Ile-de-France; secours qu'il demande vainement à la métropole; résistance qu'il oppose à la flotte anglaise, 455. Il est obligé de capituler, 456.

DECAN (les états du), dont l'Angleterre se réserva la possession, XXII, 453.

DECAUX (madame), née Milet de Mureau, peintre de fleurs, XXII, 151.

DECAZES (M.), premier ministre sous Louis XVIII, expose les motifs qui le dirigent, les difficultés qui l'arrêtent quelquefois, et le plan qu'il suit pour parvenir à son but, celui de conserver le pouvoir, XVI, 71 à 82. C'est à lui que l'on doit le rétablissement des expositions solennelles des produits de l'industrie française, XXII, 338.

DÉCEMPAGIS, nom que portait anciennement la ville de Dieuze, XI, 294.

DÉCHAMPS (le Père), jésuite, né à Bourges, XXVI, 370.

DECHY, village où il se fait un commerce considérable de lin, XII, 155. Particularités sur les religieuses qui gouvernaient l'hôpital de ce lieu, 156.

DEDELAY-D'AGIER (M.), pair de France, s'occupe à procurer aux pauvres de l'indépendance et non des aumônes, IX, 460.

DEFAUCOMPRET (M.), ancien notaire de Paris réfugié à Londres, traducteur des romans de sir Walter Scott, XII, 278.

DEFFANT (madame du). Publication de sa correspondance avec Horace Walpole, I, 291. Caractère de son égoïsme, IV, 59. Elle figure au nombre des amis de Voltaire, X, 460.

DEFONTENAY, qui a rendu d'éminents services au commerce et à l'industrie de Rouen, XIII, 178.

DEFORIS (dom), bénédictin fanatique qui publia une édition des œuvres de Bossuet, XXVI, 198.

DEFORMONT, l'un des amis de Voltaire, X, 461.

DEFRESNE (M. Julien), fabricant de Roubaix, XII, 287.

DEGEN (M.), habile mécanicien qui vint à Paris pour exécuter une expérience aérostatique la plus audacieuse qui ait été faite depuis celle des parachutes, V, 352.

DEGERANDO, Lyonnais, métaphysicien philanthrope, X, 417.

DEGLAND (M.), membre de la société académique de Lille, XII, 250.

DEGOTTI (M.), habile peintre de décorations. Succès qu'il obtint dans celles de l'opéra de *Fernand-Cortez*, XIX, 108; XXII, 281.

DEGRAVIER aîné (M.), commerçant de Dunkerque, XII, 324.

DEGUENNE (M.), fabricant de limes, XXII, 438.

DEHARME (madame), peintre de fleurs, XXII, 151.
DEHAYS, qui publia, en 1590, une tragédie en sept actes, intitulée *Cammate*, XIII, 193.
DEJAEGHÈRE frères (MM.), propriétaires, à Lille, d'un établissement considérable, consacré au blanchiment du fil, XII, 267.
DEJEAN (le général), ex-ministre de la guerre, VIII, 438. Résistance qu'il oppose a des cosaques qui voulaient surprendre Napoléon à Brienne, XXVI, 500.
DEJEAN (M.), ancien aide-de-camp de l'empereur, maintetenant lieutenant-colonel et directeur de l'école d'équitation à Caen, VIII, 438; XXV, 222.
DEJOUX, célèbre sculpteur né à Vadans, XI, 63.
DELABORDE (le général), chef d'état-major du général en chef Dugommier, IX, 385.
DELACROIX (M. L.), commerçant d'Armentières, XII, 294.
DELAFOLIE, savant qui a découvert différentes sortes de teinture, et a laissé un petit ouvrage allégorique intitulé *le philosophe sans prétentions*, XIII, 199.
DELAFONS (Claude), avocat, auteur d'une histoire de Saint-Quentin, XII, 18.
DELAFONT (M.), ancien intendant de la province du Dauphiné, publia un mémoire pour rappeler le projet, formé depuis long-temps, d'amener sous les murs de Gap les eaux du torrent d'Ancelle, X, 202.
DELAFONTAINE, savant qui a dirigé ses travaux vers la filature du coton, XIII, 199.
DELALANDE (M), inspecteur de l'enregistrement et des domaines, et auteur d'essais historiques sur les antiquités du département de la Haute-Loire, XII, 21.
DELAMARE (M.), négociant de Rouen, XIII, 184.
DELAMBRE, savant astronome, I, 13.
DELANDINE (M.), ancien député, auteur d'un grand nombre d'ouvrages, et maintenant bibliothécaire de la ville de Lyon, X, 398. Prétentions vaniteuses de son fils qui a écrit l'histoire de la campagne du duc d'Angoulême dans le midi de la France, *ibid*.
DELANGRE (M.), négociant d'Armentières, XII, 294.
DELAOUTRE (madame veuve), fabricante de Roubaix, XII, 288.
DELAROCHE (M.), l'un des principaux négociants du Havre, XIII, 271.
DELARUE (le Père), jésuite, fut professeur au collège d'Alençon, XXV, 124.
DELARUE (M.), membre de l'académie universitaire de Caen, XXV, 222, 226.
DELASONNE (M.), premier médecin de Louis XVI, IX, 259.
DELASSUS (M), peintre distingué, XII, 201.
DÉLATEURS (les). Chez les Romains, ils étaient exclus du témoignage devant les magistrats; furent protégés par quelques empereurs, XIV, 331. En Angleterre par Charles II, qui les récompensait largement, 332. Chez quelques peuples modernes, ils ne peuvent être admis comme témoins, mais pour fournir des renseignements, 334. Protection et récompenses

qu'ils obtinrent chez différents peuples, 335.

DÉLATION (la). Son caractère, VII, 269.

DELATOUR, par son talent, répandit en France le goût de la peinture du pastel, XII, 19.

DELATRE (le général de division) périt, en 1794, sur l'échafaud pour avoir été battu par les Espagnols qu'il avait vaincus l'année précédente, XXV, 15.

DELAUNAY, libraire de Paris. Son magasin est le rendez-vous de plusieurs conteurs de nouvelles, I, 290.

DELAUNAY (le général), mort à Mondovi, XIII, 123.

DELAUNAY (M.), fabricant de draps à Elbeuf, XIII, 131.

DELAUNAY (madame), veuve de cet honorable négociant que Louis XVI anoblit en récompense de la loyauté qu'il avait mise à remplir les fournitures de toiles des armées navales, XXV, 145.

DELAUNAY (les frères), l'un membre de l'assemblée législative et de la convention; l'autre, membre de la convention, du conseil des cinq-cents, et de la cour de cassation, XXV, 406.

DELAUNEY (M.), ancien curé du Vaucelles, XXV, 257.

DELAUNEY, jeune peintre, mort avant d'avoir pu confirmer les espérances que son talent faisait naître, XXV, 255.

DELAUNEY (M.), membre de l'assemblée constituante, et auteur d'un poeme sur Bayeux et ses environs, XXV, 258.

DELAUNOI (Jean), fameux docteur de Navarre, XXV, 269.

DELAUR (M.), ancien député, VIII, 447. Sagesse avec laquelle il administre le bourg d'Olonzac, 450.

DELAVIGNE (M. Casimir), poete lyrique et dramatique, né au Havre, XIII, 276.

DELAVILLE (l'abbé), premier commis des affaires étrangères, et ambassadeur à La Haye, III, 422; V, 210.

DELAVANT, jeune habitant de Verdun qui périt avec sa mère sur l'échafaud, XI, 450.

DELCAMBRE (le baron), maréchal-de-camp, XII, 182.

DELCROIX (M. Fidèle), auteur de poésies qui se distinguent par la grace et la délicatesse des pensées, XII, 68.

DELERUE-BULTEAU (M.), fabricant de Roubaix, XII, 288.

DELESPINASSE (mademoiselle), citée à propos de sa correspondance secrète, II, 92.

DELESSERT (M.), négociant recommandable, qui fonda et dota deux maisons d'éducation où l'on suit la méthode dite à la Lancaster, VII, 93; XIII, 272.

DELEZENNE (M.), professeur de physique à Lille, XII, 250, 251.

DELILLE (Jacques), poete célèbre des temps modernes, I, 4. Heureuses dispositions qu'il montrait dans sa jeunesse, II, 95. Développement de ses talents, 98. Quelques vers de son épisode des Catacombes de Rome, 429. Sa mort, III, 347. Somme pour laquelle il vendit, en toute propriété, sa traduction des *Géorgiques*, IV, 204. Il figure au nombre des amis de Voltaire, X, 459. Vers où il dépeint le comte de Caumont, XXV, 41. Son pays natal, XXVI, 277. Son caractère poétique, 351.

DELISLE, avocat, historien et géographe, né à Vaucouleurs, XI, 427.

DELISLE (M.), membre de l'académie universitaire de Caen, XXV, 222.

DÉLIVRANDE (la chapelle de la), célèbre par le concours des pèlerins qui s'y rendent, et par la quantité des *ex-voto* appendus à ses murs, XXV, 244.

DELLA-MARIA, poete marseillais, IX, 336.

DELLAMARIA, compositeur célèbre, XXI, xj.

DELLARD (le général), VIII, 283.

DELMAS (l'abbé), ancien desservant d'une petite succursale de Montauban, ecclésiastique remarquable par sa rare charité et son talent, VIII, 337.

DELMAS (M.), commerçant montalbanais, VIII, 348.

DELMAZURE père et fils (MM.), commerçants d'Armentières, XII, 294.

DELOBEL-DESURMONT (M.), commerçant de Turcoing, XII, 289.

DELORME (M), peintre. Sa *Descente de Jésus-Christ*, XXII, 98.

DELORME (Philibert), architecte que Henri II chargea de la construction du château d'Anet, XXVI, 80

DELORT (M.), maréchal-de-camp, VIII, 258.

DELORT (lieutenant-général), retiré au château de Verreux, où il s'adonne à la culture des lettres et des arts après avoir glorieusement servi son pays, XI, 51.

DELPECH (M.), médecin distingué, sorti de l'école de Montpellier, VIII, 432; IX, 125.

DELPIERRE (mademoiselle Sophie), riche héritière. Moyen qu'elle employa pour éprouver la sincérité de ceux qui aspiraient à sa main, VI, 372.

DELRIEU (M.), auteur dramatique, IX, 16.

DELVILLE (Philippe), membre de la Convention, où il déploya un rare courage, XXV, 256

DELVINCOURT (M.), professeur de droit, I, 386.

DELZAIVE, voleur fameux par son adresse et son audace inconcevables, et qui fut condamné aux galères, XXVII, 10.

DEMAGNY, l'un des généraux qui dirigeaient l'armée royale marchant sur Saumur, XXV, 423.

DEMANGE (M.), propriétaire d'une manufacture de toiles à voiles située à Sarrebourg, XI, 286.

DEMARÇAY (le général), XIV, 569.

DEMANÈS (M.), de Thann, acheta, en 1760, le château de Wesserling où il établit une fabrique d'indiennes, XI, 210.

DEMARGUERIE, marin et géomètre du premier ordre, né à Brest, XII, 520.

DEMARNE (M.), peintre-paysagiste. Ses tableaux d'une *Foire*, d'un *Clair de lune*, et de *Pâtres portant leur père*, XXII, 57; XXVI, 257.

DEMAROILE (M.), l'un des principaux apprêteurs de toiles à Saint-Quentin, XII, 15.

DEMBRO (Guillaume), chevalier anglais qui défia Duguesclin, et fut vaincu par lui, XII, 445.

DÉMÉTRIUS, disciple de saint

Jean l'Evangéliste, prêche l'Evangile dans la ville de Gap, X, 208.
DEMEUNIER, ex-sénateur, et député de la ville de Paris à l'assemblée constituante, XI, 42.
DEMIDOFF (M.) commanda un service en vermeil dont le prix fut porté à 130,000 fr., XXII, 440.
DÉMOCRATIE (la) devrait avoir pour fondement la vertu, XIV, 87. Est plus conforme à l'égalité primitive et à la dignité de l'espèce humaine, 88. Rend un petit nombre d'hommes plus puissants que des millions d'esclaves soumis à un despote; favorise le developpement de la force et de l'opulence; contribue a l'accroissement de la population, 89. La douceur des peines est dans l'esprit de la democratie, *ibid.* L'égalité qu'elle établit entre les citoyens répand par-tout l'abondance et la vie; elle favorise l'essor de tous les genres de talents, ne récompense que le mérite et la vertu, 90. Nobles jouissances qu'elle procure aux citoyens, 91 Les formes de son gouvernement ne conviennent pas aux nations européennes, 92.
DÉMOSTHÈNE est forcé de s'empoisonner, XIV, 568.
DENAIN. Fondation de l'ancienne abbaye de bénédictines que l'on y remarquait, XII, 139. Déréglements des religieuses de ce monastère, *ibid.* Leur érection en chapitre ; nouvelle licence des chanoinesses, 141. Particularités relatives à la bataille gagnée, en 1712, a Denain, par le maréchal de Villars, 143. Obélisque élevé en mémoire de cette bataille, 148.

DENAUROY (M.), directeur de la grande manufacture des glaces de Paris, XXII, 404.
DENIS (madame), nièce de Voltaire, X, 438
DENIS (M.), imprimeur de Commercy, qui s'est fait remarquer par son patriotisme, IX, 436.
DENIS, tyran de Syracuse, a recours à une imposture pour obtenir des soldats, et détruit les lois du pays, XIV, 258.
DENON (le baron) s'est concilié tous les suffrages, lorsqu'il étant directeur du Museum, XXII, 11.
DÉNONCIATION. Son caractère, VII, 269.
DENORFS (Jason), cité, XXIV, 182.
DENTELLE (la). L'art de la fabriquer remonte au seizième siècle, et fut, pendant longtemps, le privilege particulier et exclusif de certaines provinces, XXII, 413. La fabrication de la dentelle s'est éteinte dans certains départements où l'on a aboli les dépôts de mendicité, *ibid.* Produits des fabriques de quelques hospices, 414. Cette branche d'industrie devrait être exclusivement réservée aux femmes. Dentelles de madame la marquise d'Argence, 415.
DENISOT, peintre et poete né au Mans, XXV, 368.
DEPIERRE (madame), fabricante de dentelles à Bayeux, XXV, 250.
DEPPING (M), auteur d'une *Histoire générale d'Espagne*, où il rapporte l'ordonnance que le gouvernement rendit contre les cris tumultueux dont les Basques accompagnaient les

cérémonies des funérailles, VIII, 139; XXVI, 5.

DÉPRÉS (M.), magistrat distingué du barreau de Douai, XII, 173.

DERCHIGNY, village à quelque distance de Dieppe, et où l'on trouve un château, XXV, 40.

DERIVIS, acteur de l'Académie royale de musique, VIII, 23; IX, 8. Talent qu'il déploie dans l'opéra de *la Vestale*, XIX, 54; dans celui des *Bayadères*, 170.

DERMES DE VILLENEUVE, l'un de ceux qui se distinguèrent d'abord dans l'insurrection des Chouans, XII, 554.

DERMONT, cité comme un écrivain piquant, et sachant tout mettre à la portée des lecteurs, III, 402.

DERODE (MM.) commerçants de Lille, XII, 266.

DERVAS (madame), fleuriste locataire de l'Ermite dans la rue des Arcis. Intérieur de son logement, son portrait et celui de sa fille, II, 413.

DERVAUX (M.) exploite la belle ferme située au village de Lewarde, XII, 154.

DERVILLE (M.), financier, lié avec l'Ermite, II, 129.

DESAIX, illustre général à qui les Marseillais avaient élevé un monument que renversa le fanatisme, IX, 338. Monument qu'on lui a élevé à Strasbourg, XI, 255.

DÉSANFENT (le général), XII, 82.

DÉSAPPOINTEMENTS (les). Il en est qui semblent tenir de la fatalité, V, 209. Les désappointements proprement dits sont les malheurs des gens heureux, 213. Cause morale des nombreux désappointements dont la vie est semée, 215. Il en est qu'on ne peut appeler de ce nom que quand on en a passé l'âge, 216. Le plus funeste de tous, c'est celui d'un mauvais mariage, *ibid*. Les désappointements littéraires, 217.

DESAUGIERS (M), chansonnier célèbre. Caractère de ses compositions, VI, 313, 316. Son mérite dans la chanson grivoise, XVII, 25, 45.

DESAULT, fameux chirurgien, né à Magny-Vernois, XI, 157.

DESBILLONS (l'abbé), l'un des ennemis de Voltaire, X, 459.

DESBOIS (Victor), le plus célèbre des voleurs du premier ordre, issu d'une famille d'honnêtes marchands de Bordeaux; il traîna ses jours au bagne, d'où il s'échappa plusieurs fois, XXVII, 6.

DESBORDES-VALMORE (madame), auteur de quelques livres et de poésies remarquables, I, 23; XII, 182.

DESBROSSES (Jacques), architecte, traça les dessins du palais du Luxembourg, I, 148.

DESBROSSES (le président). Manière singulière dont il décrit un bas-relief qui décore la salle de la mairie d'Aix, IX, 293.

DESBROSSES, historien, né en Bourgogne XXVI, 471.

DESCALIERS, le créateur de l'hydrographie en France; les Dieppois lui doivent l'honneur d'avoir devancé tous les autres navigateurs dans les voyages de long cours, XXV, 34.

DESCAMPS (M), conservateur du musée de Rouen, et dont le père concourut à la fondation de cet établissement, XIII, 203.

DESCAMPS (M.), peintre né à

Lille, auteur de quelques tableaux estimés, XII, 276.

DESCARES (le bailli), un des habitués les plus notables du balcon de l'Opéra, III, 60.

DESCARTES, philosophe métaphysicien. Il lutte vainement parmi les Français contre l'attraction newtonienne, III, 78; XII, 474. Essor qu'il donne à son génie, XXII, 295. Son pays natal, XXVI, 136.

DESCHAMPS (Eustache), auteur de vers remarquables sur les réunions de jeu à l'hôtel de Nesles, V, 82.

DESCLIEU, officier distingué qui introduisit le cafier dans les îles sous le vent, XXV, 40.

DESCOURTILS (M.), personnage empressé, qui se fait une occupation des affaires et des plaisirs des autres. Préparatifs qu'il dirige pour la fête de M. Moussinot, IV, 211.

DESENNE (M.), statuaire distingué. Son buste du célèbre Lagrange; sa statue du général Colbert, XXII, 75. Ses figures du *Crime*, de l'*Accablement*, et de la *Douleur*, 161.

DÉSÉTABLES (M.), fabricant de papier à Vire, XXV, 187.

DESFONTAINES (M.), professeur de botanique au Jardin des Plantes à Paris, I, 386; XII, 616.

DESFONTAINES (l'abbé), l'un des ennemis de Voltaire, fameux par ses jugements sévères et injustes, X, 459; XIII, 198; XVI, 158.

DESFONTAINES, auteur de chroniques sur l'histoire de la Bretagne, XII, 366.

DESFORGES, dont les écrits nombreux ont moins manqué de verve que de décence, XII, 474.

DESFORGES MAILLARD, poëte qui, sous le nom de mademoiselle Musseret de La Vigne, rendit amoureux tous les littérateurs de son temps, XII, 592.

DESFOSSES (M.), personnage ridicule. Sa morgue contre les gens d'esprit, II, 249.

DESFOSSES (le capitaine), qui devint le mari de la jeune Rennoise que Henri IV aima pendant son séjour en Bretagne, XII, 447.

DESFOUGERAIS (M.), qui a surpris aux Anglais et importé en France le secret du perfectionnement des cristaux, XXVI, 407.

DESGOTS, botaniste, sur les dessins duquel fut planté l'ancien jardin du Palais-Royal, II, 153.

DESGOUTTES (M.), ancien préfet de la Drôme, IX, 435.

DESGRANGES (M.), propriétaire d'une belle papeterie située à Plombières, XI, 356.

DESGRANGES (M.), l'un des échevins de Saint-Jean-de-Losnes, lorsque cette ville était assiégée par les troupes de Galéas, XXVI, 432.

DESHAYS, peintre dont l'église de Saint-Pierre de Douai possède quelques tableaux, XII, 172; XIII, 202.

DESHERBEYS (M.), agronome distingué du département des Hautes-Alpes; il a fait construire à ses frais dans la commune d'Aubessagne un canal d'irrigation, X, 204, 271.

DESHERBIERS, médecin, fondateur de la bibliothèque publique de La Rochelle, XXVI, 175.

DESHOULIÈRES (madame), auteur d'idylles et de poésies gracieuses, I, 23; XVI, 19.

DESIVETEAUX (Nicolas Vauquelin), célèbre par la manie pastorale à laquelle il se livra vers la fin de sa vie, XXV, 235.

DESJARDINS (Nicolas), auteur d'une traduction de Cicéron, XII, 19.

DESJARDINS (M.), qui a reproduit sur l'émail, dans une collection d'yeux artificiels, les différentes maladies qui affectent l'organe de la vue, XXII, 385.

DESJARDINS (M.), l'un des propriétaires de la filature de coton que possède la ville de Séez, XXV, 96.

DESLON, élève de Mesmer, pour les jongleries du magnétisme animal, III, 81.

DESLYONS, écrivain qui s'est occupé de recherches sur la Bourgogne, XXVI, 422.

DESMAHIS, poète, auteur de vers contre l'*Armide* de Gluck, III, 63.

DESMANGIN (M.), prototype des sots possédés du démon de l'importance, VI, 355.

DESMARES (mademoiselle), petite-fille d'un président au parlement de Normandie, tragédienne célèbre sous le nom de la Champmélé, III, 57; XIII, 201.

DESMAREST (M.), ex-professeur de mathématiques spéciales au collège de Marseille, IX, 358.

DESMARETS, musicien, né à Pontoise, III, 197.

DESMARETS (M.), confiseur à Rouen, XIII, 165, 184.

DESMAZIÈRES (M), professeur de botanique à Lille, XII, 250.

DESMOULINS (Laurent), poète français du seizième siècle, XXVI, 98.

DESMOUTIER (le général), XII, 25.

DESMOUTIER père et fils (MM.), commerçants de Douai, XII, 191.

DESMOUTIER (M. Ernest), conseiller de préfecture à Lille, administrateur aussi recommandable par ses lumières que par la fermeté de son caractère et la fixité de ses principes, XII, 222.

DESMOUTIERS (M Emon), ancien capitaine d'artillerie, directeur de la fonderie à canons de Douai, XII, 193.

DESMOUTIERS-MÉRINVILLE (la famille baroniale) admise aux états du Languedoc, IX, 97.

DESNESLE, célèbre dessinateur de jardins, XI, 290.

DESNOYERS, fameux cabaretier des barrières de Paris, II, 114.

DESORVILLET, actrice, montra beaucoup de talent dans la tragédie de *Britannicus*, II, 14.

DESORBIER (Louis), citoyen de Calais, se distingua par son dévouement pour des naufragés, XII, 340.

DESOTEUX, célèbre chirurgien, XII, 351.

DESPARABÈS (madame), dame bordelaise; réparation qu'elle exige de l'Ermite au sujet d'une invitation qu'elle lui a envoyée, VIII, 18. Son caractère; son engouement pour l'aristocratie des richesses; ses opinions politiques, 19 Elle présente à l'Ermite un de ses amis pour *cicerone* à Bordeaux, 20.

DESPARABÈS (M.), armateur de Bordeaux. Ses occupations habituelles, VIII, 25. Son attitude dans un grand dîner qu'il donne à bord de son vaisseau, 40.

Desparcieux, né dans le département du Gard, IX, 186.

Despares (M. et madame), couple conjugal qui montre, aux bains, des goûts tout-a-fait opposés, III, 240.

Despares (Victor), jeune homme atteint plusieurs fois par la loi de la conscription, se retire chez madame de Frémeuil, devient éperdument amoureux d'Herminie ; est poursuivi par les gendarmes, IV, 117.

Desparville (M.), personnage qui, après avoir failli à être victime de la démocratie, conserve toujours de l'attachement pour ce système politique, VII, 227.

Despautère (Jean), fameux grammairien, XII, 290, 307.

Despeaux (madame), marchande de modes, V, 75.

Despinois (le lieutenant-général comte), né à Valenciennes, XII, 133.

Despolières (M.), personnage qui consume son temps à regarder des fleurs, sans toutefois avoir du goût pour la botanique, VII, 28.

Desportes, médecin voyageur, né à Vitré, XII, 462.

Desportes (Philippe), chanoine de Saint-Josaphat, et auteur de chansons assez remarquables, XV, 209. Invocation qu'il adresse à la liberté, 210. Sa villanelle d'une bergère pleurant sur l'inconstance de son amant, XVII, 50 ; XXVI, 99.

Despotisme (le). Sa nature et son caractère, XIV, 76. Il est le plus immoral de tous les gouvernements ; sous les méchants princes, la monarchie absolue diffère peu du despotisme oriental ; il arrête la faculté de distinguer le bien du mal ; enfante de grands crimes politiques, 77 ; retarde sa défaite en cherchant à tromper les hommes, 215 ; cherche à justifier par le raisonnement ce qui est l'opposé de toute raison, et pose des principes qui décèlent son inconséquence, 217. Les partisans du despotisme et de l'arbitraire prétendent que le prince doit diviser ses sujets en castes, en corporations, combler les unes d'honneurs, et charger les autres d'impôts, 218. Le despotisme a prévalu dans plusieurs contrées de l'Europe, 225. Mouvement funeste qu'il imprime à l'éducation, 425. Il contribue à la corruption des mœurs, 475.

Despourins, auteur de chansons en langage béarnais, VIII, 202, 247.

Despréménil célébré dans des couplets, XVI, 417.

Després (le général), XII, 83.

Desroches (Guillaume) reçoit l'investiture de Saumur et d'Angers, XXV, 418.

Desroches - Orange, de simple soldat, devint lieutenant-général et grand-maître de l'hôtel des Invalides, XXV, 302.

Dessain (M.), aubergiste de Calais, VII, 144.

Dessolliers père (M.), avocat distingué de Marseille, IX, 356.

Destère (M.), observateur moraliste que rencontre l'Ermite, et qui lui sert de *cicerone* parmi les Basques. Son caractère et son instruction, VIII, 93. Il raconte une anecdote relative à la bohémienne Maytémina, pour laquelle il conçut quelque amour, et qui le délivra des mains des Bohémiens contrebandiers, 100.

DESTILLET (madame), convive de madame Guillaume. Mobilité dans sa figure, dans ses manières, dans son esprit, V, 165.

DESTIVAL, jeune auteur dramatique, lisant dans un salon quelques fragments d'une pièce de théâtre, II, 220.

DESTOMBES (M. P.), commerçant de Turcoing, XII, 289

DESTOUCHES (Néricault), poete comique et ambassadeur, XII, 474. Défaut d'exception où il est tombé dans sa comédie de l'*Homme singulier*, XX, 287; XXV, 445.

DESORMONT (M.), commerçant de Turcoing, XII, 289.

DESURMONT-CARTON (M.), commerçant de Turcoing, XII, 289.

DESVERINES (M.), négociant français à Chandernagor, VIII, 251.

DESVERRIÈRES (le baron). Son caractère; désordre que la conduite de sa femme met dans ses finances; prodigalité funeste d'un de ses fils; changements qu'il opère dans sa maison, au moyen d'une petite charte qui assigne à chacun son rang et ses droits, V, 28 et suiv.

DESVIGNES (M.), peintre distingué sur porcelaine, XXII, 412.

DESVOGES, dessinateur célèbre, fondateur de l'académie de dessin de Dijon, XI, 88, 120, 147.

DÉTALONDE, jeune officier dont Voltaire prit la défense, X, 457.

DETOURS (M. le baron), propriétaire d'un vaste moulin situé à Moissac, VIII, 348.

DÉTREVILLE (madame), personne avec laquelle l'Ermite a quelques liaisons d'amitié, XV, 108. Définition qu'elle donne d'une *connaissance et d'un ami*, 109. Ce qu'elle dit sur la difficulté de connaitre les femmes que l'on rencontre dans la société, 110.

DETROY, peintre toulousain, VIII, 428

DETTES (les). Ridicule dont la loi frappait jadis ceux qui en contractaient sans pouvoir les payer, II, 233. Sévérité de la loi actuelle contre les débiteurs, 235.

DEUIL (le bureau de). Il a été tourné en ridicule sur la scène française, IV, 65; sur la scène anglaise, 66. Nécessité d'un établissement de cette nature dans une grande ville; son origine, *ibid.* Cette administration suppléée autrefois par les fabriques paroissiales; faste que l'on a déployé de tout temps dans les convois funebres, 67. Ordonnance décidant que les ornements qui avaient servi dans un convoi appartenaient de droit à la fabrique, 68. Détails d'une cérémonie funéraire réglée par le légataire d'un marquis et un sacristain, 69 Physionomie, faste, et avarice d'un homme qui vient commander l'enterrement de sa femme, 71.

DEULE (la), rivière qui arrose la plaine dans laquelle est assise la ville de Lille, XII, 231.

DEVAUX (le capitaine d'artillerie) se dévoua au salut de l'armée lors du passage de la Bérézina, XI, 100.

DEVENDREN, *Voyez* SCHIRVEN.

DEVIC, guerrier, se signale en défendant la ville de Montauban, VIII, 325.

DEVIENNE (M. Forie), ancien directeur des douanes, distingué par son talent comme compositeur, et le noble usage qu'il fait de sa fortune, XI, 128.

DEVILLE (le chevalier) élève les fortifications de Verdun, XI, 448.

DÉVILLE (la vallée de), tout près de Rouen, et remarquable par les richesses que la nature y a réunies à celles de l'industrie, XIII, 190.

DEVOS (M.), fabricant à Lille, XII, 267.

DEVOSSE, matelot de Calais, se distingua par son dévouement pour des naufragés, XII, 340.

DÉVOULY (le). Origine que l'on donne à son nom, X, 174. Nature de son sol; la tour de Malmort; atmosphère de cette contrée, 175. Ses premiers habitants; migrations de la population mâle; le presbytère du Dévouly, 176. Production de son sol, 177. Fatigues qui naissent pour les paysans de cette région, de leur défaut de prévoyance; châtiment bizarre en usage parmi eux, 178. Portrait et caractère des habitants du Dévouly, 181. Effet du vent désigné sous le nom de la Lombarde, 182.

DEVRED (M), ancien agronome, à qui l'agriculture doit plusieurs services importants, XII, 208.

DEVRIEUX (le commandant) dé-
fait la flotte anglaise devant Boulogne, XII, 346.

DEVRYS (M), qui demanda, en 1789, aux états-généraux de Dijon la fondation du musée de cette ville, XXVI, 438.

DEWAVRIN-DERVAUX (M.), commerçant de Turcoing, XII, 289.

DEZEYRE (M.), habitant de Poitiers, XXVI, 153.

DHAUBERSANT, magistrat distingué de Douai, XII, 174.

DHOMBRES-FIRMAS (M.), physicien naturaliste, IX, 189.

DHONA (le comte de), gouverneur de Mons, qui, le lendemain de la bataille de Denain, se noya devant les Français, XII, 147.

DIABLENTES (les), formant l'un des anciens états de la Bretagne, XII, 362.

DIANE DE POITIERS. Maison où elle demeurait à Paris, VII, 243. Tombeau qu'elle fit élever à Louis de Brézé, son époux, XIII, 162. Elle reçoit de Henri II le château de Chaumont qu'elle donne ensuite à Catherine de Médicis, XXVI, 29. Château que Henri II fit construire pour elle à Anet, 80. Ses amours avec ce prince, 81. Sa mort, 82. Usage qu'elle observait tous les matins, 166.

DICHES (M.), manufacturier de Sainte-Marie-aux-Mines, XI, 224.

DICQUEMARRE (l'abbé) a reculé les limites de l'histoire naturelle, XIII, 277.

DIDELOT (le docteur), médecin qui analysa les eaux de Bussang, XI, 369.

DIDEROT. Peinture qu'il fait de la calomnie, II, 89. Ce qu'il pense des fonctions de journaliste, III, 396. Flatterie à laquelle il se laisse aller au sujet d'un czar, IV, 282. Rue où il demeurait à Paris, VII, 247. Il est un de ceux qui ont découvert l'identité existant entre la morale des individus et celle des peuples, XIV, 6. Il consacre ses hymnes aux femmes, XV, 128. Son pays natal, XXVI, 506.

Didier (Saint), archevêque de Vienne, est massacré par les ordres de Brunehaut, X, 308.

Didot (MM. Pierre et Firmin), littérateurs et typographes distingués, I, 15. Intérieur des magasins de librairie de M. Didot, VI, 110.

Didot (la famille). Un de ses membres a fait deux découvertes utiles aux progrès de la typographie, XXII, 373.

Didot Saint-Léger (M.), inventeur de deux machines propres à étendre considérablement le domaine de l'art typographique, XXII, 375.

Dieppe. Son origine, XXV, 17. Son ancienne célébrité pour ses pêches; ses premières excursions maritimes, 18. Traitements que ses navigateurs protestants essuyèrent des Espagnols de la Floride; leurs représailles à l'égard de ces derniers, 20. Intrépidité des matelots du Pollet; étymologie du nom de la ville, 21. Sa position; son aspect intérieur, 23. Son bombardement par les Anglais en 1694, 24. La maison élevée au brave Boussard, 25. Crucifix élevé par la piété des matelots; nuances qui distinguent la population des différents quartiers de Dieppe, 26. Caractère et costume des Polletais; travaux auxquels se livrent leurs femmes, 27. Edifices publics échappés au bombardement, 28. Représentation ridicule en usage autrefois dans l'église Saint-Jacques le jour de l'Assomption, 29. Ancienne prospérité de Dieppe, 31. Son commerce et son industrie; moyens de lui rendre son importance, 32. L'établissement des bains, 33. Personnages célèbres nés à Dieppe, 34. Le camp de César, 39.

Diéterlin, bon peintre, grand architecte, inventeur du pastel, XI, 273.

Dietsch (Guillaume de), qui acheva, en 1439, la cathédrale de Strasbourg, XI, 256.

Dieu échappe à l'intelligence de l'homme; ce que nous pouvons concevoir de lui; comment il se manifeste; il doit récompenser les bons et punir les méchants, XIV, 29; il est le principe de la morale, 30. Ses attributs; il ne reçoit que les hommages de l'esprit et du cœur, 32; se manifeste aux hommes par ses bienfaits; 35; ne reconnaît de différence entre les hommes que celle de la vertu, 49. C'est à lui seul qu'il appartient de punir dans les ténèbres et d'exercer sa justice en secret, 371. En créant la lumière il a imposé à l'homme l'obligation de fuir les ténèbres, et par conséquent l'ignorance, 430.

Dieudonné (M.), ancien préfet du Nord, auteur d'une statistique de cette contrée, XII, 281.

Dieu-la-Fit, bourg du Dauphiné, fameux par un grand commerce de poterie, IX, 434.

Dieu-la-Foy (M.), auteur dramatique, né à Toulouse, VIII, 433; XIX; 54; XXI, xiv.

Dieulouard, bourg situé au pied d'une côte escarpée, sur la rive gauche de la Moselle, XI, 320.

Dieuville, village de Champagne, qui fut le théâtre de quelques opérations militaires en 1814, XXVI, 501.

Difuze, ville située au sein d'une plaine fertile, et remarquable par une saline connue depuis le onzième siècle, XI, 294.

Digeon (le général), XXVI, 540.

Dihl (M.), fabricant de porcelaines, XXII, 411.

Dijon. Ses hommes célèbres et ses principaux monuments, XXVI, 436. Curiosités que l'on remarque dans la cathédrale et dans la bibliothèque, 437. Le musée; objets d'arts qu'il renferme, 438. Aspect intérieur de la ville; ses promenades, 439. Goût des habitants pour les arts; leur aisance; le palais des anciens ducs de Bourgogne, 440.

Dilling, renommé pour ses belles forges, XI, 501.

Dillon (le général) fut massacré par des soldats, en 1792, après l'affaire de Baisieux, XII, 282.

Dimidoff (M.) avait fait trouver à Trénis un asile à Charenton, VIII, 23.

Dinan, chef-lieu d'une sous-préfecture et d'un tribunal de commerce. Charges et établissements qu'il possédait avant la révolution, XII, 430. Sa position; vue que l'on découvre de ses remparts; ses promenades, 431. Fontaine des eaux minérales située à un quart de lieue de la ville; activité commerciale de Dinan, 432.

Dinaux (M.), fabricant de batistes à Valenciennes, XII, 118.

Dinaux (M. Arthur), savant laborieux, qui s'occupe avec succès d'études archéologiques, XII, 131, 245.

Dinochau (M.), fabricant de vinaigre à Saint-Dié, XXVI, 42.

Dinouart (l'abbé), l'un des ennemis de Voltaire, X, 459.

Diode de Carlos, troubadour périgourdin, XXVI, 243.

Diodore de Sicile. Ce qu'il dit de l'égalité qui doit régner entre tous les hommes, XIV, 214, 255. Son opinion en faveur de l'existence des Amazones, XIX, 178.

Diplomatie (la). Quels doivent être son but et ses moyens, XIV, 147. Nature de ses combinaisons profondes et de ses calculs immenses, 148. Caractère de son langage, ibid. Ses conventions hypocrites relativement à la traite des noirs et au trafic des esclaves de toutes couleurs, 149. Système hypocrite et immoral qu'elle suit dans ses relations; maximes qu'avancent, à ce propos, certains publicistes, 155. Restrictions fallacieuses des cabinets dans la signature des traités de paix; moyens imaginés vainement pour assurer l'exécution de ces traités, 158. Disputes entre les cabinets après les traités de paix, 159. Actes montrant toute l'astuce

et la perfidie de la diplomatie européenne, 161.
DISTIQUE (le), sorte de poésie légère. Son caractère chez les anciens et les modernes, XVII, 73.
DIVERS. Trait touchant d'humanité, I, 117. Plaintes et observations critiques d'un amateur de jardins, 118. Portrait et plan de vie d'un intrigant parasite sans argent, 184. Plaintes d'une jeune fille sur ce qu'on la retire du pensionnat pour continuer son éducation à la maison paternelle, 195. Doléances et projets hostiles d'un jeune détenu pour dettes à Sainte-Pélagie, 197. Caractère, vanité, ambition et dépenses de la famille d'un riche banquier de la Chaussée-d'Antin, 204. Bonheur d'un habitant de village, à 5000 f. de rentes, 211. Sur quelques défauts d'égards et de procédés que l'on rencontre dans certains théâtres, 218. Sur un personnage qui aime beaucoup à conter des histoires, 220. Sur les équipages, les voitures de place, et les observations morales que l'on pourrait faire dans ces dernières, 221. Occupations d'un jeune Parisien versé dans la connaissance des meilleurs fournisseurs de toilette, 223. Sur la manie des paradoxes, 225. Sur quelques maisons occupées jadis par de grands personnages, 226. Quelques unes des locutions néologiques, *ibid*. Le cosmopolite impromptu, 230. Le prétendu voyageur en Europe, 231. Un adorateur de femmes galantes, 232. Le patriarche de l'ancien Opéra-Comique, *ibid*. L'habitué du café de la Régence, 233. Personnage versé dans la chronique de l'Opéra, *ibid*. Un habitué vaniteux de Feydeau, 234. Voyages des Provinciaux à Paris, 249. Avantages résultant de la peinture des mœurs, 251. Plaintes sur la décadence des sciences, des lettres et des arts que l'on regarde comme un pur objet de spéculation, 269. Remarques contre la manie de dénigrement, 270. Avantages qu'offre une condition médiocre pour l'étude des mœurs de chaque classe, 274. Désappointements essuyés pendant toute une journée par un commissionnaire, 276. Un homme de lettres du dernier rang, 286. Exemple touchant d'humanité, 288. Assemblée de conteurs de nouvelles, 289. Traits d'humanité des dames des halles, 308. Histoire d'un schall de cachemire fabriqué au Mogol, 341. Description du logement, des occupations, des délassements et des plaisirs des étudiants du pays latin, 383. Décadence du chant dans les réunions, 391. L'amateur passionné de lettres autographes, II, 8. Plaintes d'un baron autrichien, nouvellement arrivé à Paris, sur les dépenses auxquelles l'entraine son domestique, 16. Peinture que fait un auteur dramatique de ses infortunes littéraires, lesquelles attestent le bouleversement des différents genres sur les théâtres depuis quelques années, 19. Colère et vanité ridicule d'un auteur dont les journaux n'avaient

pas loué l'ouvrage, 42. Affiches et avis : biens à vendre et à acheter, 61 ; meubles à vendre, 62 ; vente de chevaux et de voitures, 63 ; demandes particulières, *ibid.;* annonces, 65 ; objets perdus ou trouvés, 67 ; propositions de mariage, *ibid.* Avantages qu'il y a de posséder une maison à Paris, 100. Les différents locataires d'une maison de la rue Saint-Honoré : un mercier ambitieux, 103 ; un notaire, 104 ; un vieux célibataire, 105 ; une actrice du Vaudeville, 106 ; un employé du trésor public, *ibid.;* un jeune débiteur aux prises avec des recors, 107 ; un peintre en miniature, 108 ; un garçon cordonnier, 109 ; un misérable passionné pour la loterie, *ibid.* Soirée chez un bourgeois commerçant, 130 ; chez un financier, 132 ; chez un prince, 134. Portraits de différentes pratiques d'une bouquetière à laquelle l'Ermite commande un bouquet : une femme de chambre, 149 ; un amant jaloux, 150 ; un vieux galant, 151 ; un mari dans le deuil, *ibid.;* un jeune auteur, 152. Nécessité, pour un écrivain moraliste et observateur, de tracer ses portraits sur place, 201. Journée heureuse d'un cocher de fiacre, 203. Le goût des lectures se propage en France, 216. Une lecture dans un salon, 217. Lecture d'une pièce de théâtre dans une société, 218. Intérieur de l'ancienne auberge de la *Croix-de-Malte,* où se réunissait ordinairement une assez bonne compagnie, 253. Manière dont on y était servi, 254. Autres traiteurs renommés de l'ancien temps, 255. Etablissements des premiers restaurateurs, *ibid.* Restaurants remarquables par leur élégance et le prix exorbitant des cartes, 257. Les traiteurs des pays latins, 258. Le restaurant des deux frères Provençaux, *ibid.* Observations critiques sur plusieurs individus qui s'y trouvaient à dîner, 261. Portraits de quelques uns des habitués de la bibliothèque royale de Paris, 294. Les différentes espèces d'emprunteurs, 303. Le bureau d'un commissionnaire au Mont-de-Piété, 306. Motifs de quelques personnes pour y emprunter de l'argent, 307. Aventures d'un jockey dont la mère était de bonne condition, 315. Portraits de quelques personnes faisant des emplettes au marché aux fleurs, 330. Détails d'une vente après le décès d'un homme de lettres à bonnes fortunes, 336. Manière dont les jeunes gens *comme il faut* célèbrent leurs fêtes, 346. Intérieur d'une famille le jour de la fête du chef, 348. Avantages qu'un moraliste retirerait de la visite d'une cour de messagerie au moment du départ d'une diligence, 357. Portrait de quelques originaux attendant l'heure de ce départ : un bonnetier de la rue de la Ferronerie, 359 ; un débiteur, 360 ; un gastronome intrépide, 361 ; une comédienne, 362. Scènes touchantes avant le départ : deux jeunes amants, 363. Adieux d'un jeune officier à sa mère, *ibid.* Placement des voyageurs dans la diligence, 364. Jugements ridicules de quelques ignorants sur des portraits exposés au

Salon, 377. Séance publique à l'institution des sourds et muets ; intelligence et vivacité qu'y déploient les élèves, 392. Origine du nom de la rue des Arcis, 402. Ressources que le bavardage des portières offre à l'investigateur moraliste, 406. Quelques uns des locataires de l'Ermite, dans la rue des Arcis : la fruitière et le marchand de vin, 405 ; une couturière, 407 ; un teinturier, 408 ; un bottier et un facteur d'instruments, 409 ; la marchande de marée, 410 ; un modeleur en plâtre, 411 ; une fleuriste, 413. Inconvénients de ces migrations qui amènent tant de villageois à la ville, 418. Songe durant lequel l'Ermite se croit transporté au temple du Temps, dont une des filles jette les regards sur les événements remarquables de l'année 1812, les arts, les sciences, la littérature, etc., 450. Le manoir et la fortune d'un châtelain de la Basse-Bretagne, qui se plaît dans les souvenirs que lui retracent toutes les parties de son château, III, 9. La retraite de la cour du régent au Luxembourg donne la première idée des Petites-Maisons, 26. Détails d'une noce à la Courtille, et des divertissements qui l'accompagnèrent, 37 *et suiv.* Quelques réflexions sur les pièces jugées autrefois par les vrais amateurs de spectacles ; les théâtres n'étaient fréquentés dans la semaine que par des hommes instruits, 45. Détails sur toutes les circonstances et les intrigues qui précèdent, accompagnent et suivent une première représentation d'aujourd'hui, 48. Parallèle entre d'anciens et de nouveaux acteurs de l'Opéra, 60. Caractère des réunions parmi les gens riches et de haute condition, 68. Les dîners et les soirées par invitations, 69. Détails d'une soirée dans le grand monde, 70. Un fonctionnaire de Groningue, prie l'Ermite de désabuser sa vieille tante sur la topographie de cette ville, 96 Observations sur l'usage des cloches annonçant l'heure du repas dans les maisons riches, 98. Un musicien prie l'Ermite de lui indiquer un tailleur qui veuille lui fournir un habit complet, chose si essentielle pour obtenir quelque avantage dans le monde, 101. Plan d'une histoire des mœurs d'après celle des chiens, 103. Origine des réunions d'artistes, 106. La *société du Temple*, 107. Celle du *Caveau*, *ibid*. Celle du *Vaudeville et du Caveau moderne*, 108. Conditions essentielles pour qu'une société de cette nature conserve ses avantages, 109. Portrait de plusieurs artistes que l'Ermite rencontre dans une réunion : un peintre des plus estimés, 111 ; le premier tragédien, *ibid.* ; un contrôleur des beaux-arts, 112 ; un habile compositeur, 113 ; l'homme aux calembourgs, *ibid.* ; un maître maçon se donnant pour architecte, 114 ; un homme plus rempli de vanité que de mérite, 115 ; un jeune artiste modeste, 116 ; l'homme de lettres conciliant son goût avec le soin de sa fortune, 117 ; un typographe distingué, *ibid* ; un littérateur tourmenté du

DES MATIÈRES.   155

besoin de la célébrité, 118; un compositeur larmoyant, 119; un célèbre peintre de fleurs, 120; un dessinateur de caricatures, *ibid*; un chansonnier, 121; un peintre de décors, *ibid*.; un sculpteur, 122; un étranger amateur des arts, 123. Personnages qui vont réclamer les services d'un écrivain public: une cuisinière, 150; une jeune fille qui vient demander des couplets pour une fête, 151; un vieux soldat demandant une pétition pour le ministère de la guerre, 152; un homme de lettres dictant une lettre pour un académicien, 153. Spectacle qu'offrent les places où se tiennent les petites voitures des environs de Paris, 175. Deux professeurs se renfermant dans le même cercle d'expressions pour leurs jugements, 198. Dialogue entre deux personnes qui veulent aller à l'Odéon, 202. Contrastes frappants que remarque l'Ermite tandis qu'il attend à la porte du théâtre des Variétés, 203. Un homme qui court à la réputation, *ib*. Origine des spectacles *gratis*, 209. Ces représentations sont mises au nombre des réjouissances publiques, 210. Concours populaire qui s'y porte avec empressement, 211. Entrée impétueuse de la foule au Théâtre-Français, 212. Silence et attention qui succèdent au bruit tumultueux que l'on entendait d'abord, 213. La sortie et le retour d'un spectacle *gratis*, 214. Originaux que l'Ermite rencontre aux bains de Spa: un mari passionné pour le jeu; sa femme aimant la galanterie, 240; une chanoinesse à bonnes fortunes, 241; un baron ennuyeux et revenant toujours sur les mêmes faits, racontant toujours les mêmes exploits, 245; l'admirateur exclusif du grand Frédéric, 246. Différents caractères de femmes que l'on trouve aux bains, 246. Tentative faite par un gentilhomme anglais pour établir en France les courses périodiques de chevaux, 271. But que le gouvernement s'est proposé en instituant ces courses, 272. Inquiétude d'une jeune fille à la vue de son prétendu luttant dans une course du Champ-de-Mars, 277. Idée qu'un étranger ne manquerait pas de concevoir des Parisiens en remarquant leur empressement à aller voir les exécutions en Grève, 300. Le prieur d'Armentières, oncle de l'Ermite, et grand observateur des fêtes annuelles domestiques, 373. La fête des *Rois* chez un commerçant de la rue des Marmousets, 377. Observations critiques de l'Ermite sur les personnages assistant à cette cérémonie domestique, 379. Intérieur d'un marchand mercier au moment de se coucher, 387; d'un usurier occupé à coter ses billets, et de son épouse, jeune coquette vaporeuse, 388; d'un ancien notaire, 390; d'un joueur, 391. Personnages que l'Ermite observe sur le pont des Arts: Francausalles, 409; un vieillard aveugle, 410; un physicien en plein vent, *ibid*.; les vétérans et les buralistes receveurs, 411; quelques vieillards dont ce pont est l'observatoire, *ibid.*; les cuisinières allant faire leurs provisions chez les marchands de comestibles du Palais-Royal, 412; les élèves en peinture qui se rendent au Muséum, *ibid.*; les garçons de caisse, *ibid.*; des hommes de lettres un jour d'élection à l'académie, 413; les étudiants retournant à leur hôtel, 414. Un vieillard, habitant de la cité, donne au Franc-Parleur quelques détails sur sa vie, IV, 26. Taux auquel on prise la probité dans différentes classes de la société, 39. Ordonnances rendues relativement aux individus trouvés morts hors de leur domicile, 46. Extension et usage fréquent du mot *artiste*, 75. Intérieur d'un jeune peintre sans talent, et qui prétend à la gloire d'artiste, 76. Atelier d'un jeune peintre renommé, 78. Personnages qui viennent poser, 81. Objets de diverses pétitions présentées au roi dans les premiers moments de son arrivée à Paris, 98. Lettre d'un personnage attaché autrefois à l'un des princes de la maison de Bourbon, et auquel ses amis et ses parents de la province supposent un grand crédit, 103. Lettre dans laquelle une de ses parentes lui recommande une foule de personnages dont les titres ne sont pas incontestables, 104. Sa réponse à toutes ces sollicitations, 107. Différents solliciteurs arrivant de province, 129. Absurdité de l'anglomanie, 131. Causes qui ont produit les enthousiastes et les mécontents que l'on a remarqués au commencement de la restauration, 132. Un colonel de hussards conversant sur les bords de l'Achéron avec M. Geoffroy et l'Ermite de la Chaussée-d'Antin, 180. Il est du bon ton d'aller au cercle des étrangers, 196. Deux espèces d'hommes sont indispensables, 197. Un des ministres de Napoléon se déclarant l'ennemi des gens de lettres, 199. Maladies morales régnantes : la fièvre pamphlétaire ; l'arrogance, 223. Affaiblissement de la mémoire chez certains individus ; tendance vers l'imbécillité ; la fièvre *juvénile* chez des vieillards ; la manie de juger, 224; l'incertitude des démarches ; les vapeurs ; la fièvre de l'ambition, 225. Portrait de quelques nourrices, 241. Discussion qui s'élève entre les convives du Franc-Parleur sur les bons et les mauvais résultats de la révolution, 255 *et suiv.* Départ d'une diligence ; première heure du voyage ; physionomie de chaque voyageur ; une duègne, un anglais, un armateur, deux jeunes amants ; scène burlesque entre deux personnages descendant de la diligence pour le déjeuner ; intimité qui, pendant ce repos, s'établit entre les voyageurs ; opinion de l'anglais sur la supériorité de sa nation ; plaintes de l'armateur sur les vexations qu'il a essuyées de quelques Anglais ; il réfute la duègne qui embrasse la cause de ces derniers ; spectacle grotesque qu'offrent les voyageurs se rendant de pied à Vendôme, ayant eu soin de prendre chacun un compagnon analogue à ses goûts ; reconnaissance entre deux soldats ; **autres** voyageurs que l'on rencontre à l'auberge; le dîner à table d'hôte; la diligence se remet en route, et arrive à Tours; nouvelles physionomies qu'y trouvent les voyageurs; le souper; désappointement de l'armateur, le coucher; scène comique qui réveille tous les voyageurs; leur départ de l'auberge, 289 *et suiv.* Reconnaissance entre deux frères séparés l'un de l'autre pendant la révolution, où ils embrassèrent des causes différentes; récit de ce qu'ils ont fait durant cette tempête politique; leurs vicissitudes, leurs revers, leurs dangers, 329. Révélations que deux parents solliciteurs font sur la conduite l'un de l'autre pendant la révolution, 339. Nombre des enfants qui, en 1814, sont morts en nourrice, 368. Réflexions sur la publication des mémoires secrets, 370. Extraits des mémoires d'un laquais, 372 *et suiv.* Portraits des différents maîtres chez lesquels il servit, *ibid.* Indifférence apathique d'un grand nombre de bourgeois pour les événements de la révolution, V, 5. Portraits de quelques personnages réunis dans l'affreux repaire de l'hôtel d'Angleterre, 17. La salle d'audience d'un commissaire de police, 50. Portrait et plaintes de plusieurs personnages qui recourent à cet officier public; un voleur; un portier rendant plainte contre une jeune dame qui rentre après minuit, 51; un homme dénonçant une femme pour une déconvenue qu'il dit en avoir essuyée; un jeune homme à intrigues amoureuses, et qu'une méprise fait regarder comme un voleur, 52; deux écoliers accusés d'avoir cassé des lanternes; un cabaleur spéculant sur les chutes dramatiques; un brillant étourdi dont le cabriolet a renversé un malheureux, 54. Avidité des fabriques d'églises, 108. Dialogue entre les convives du Franc-Parleur, sur ce que la révolution a fait, et ce qu'elle a défait, 142 *et suiv.* Un ancien procureur qui a passé une partie de sa vie dans les foyers de théâtres; ses observations à plusieurs personnages qu'il remarque au foyer, 151 *et suiv.* Opinions diverses des convives de madame Guillaume sur les alliés, 168. Personnages que remarque le Franc-Parleur durant sa course nocturne dans les rues de Paris: des cochers de fiacre se disputant ensemble parceque l'un d'eux nourrissait ses chevaux aux dépens de ses camarades, 187; un homme dormant à la porte d'une maison, et trouvant mauvais que la patrouille interrompe son sommeil; un gros gastronome faisant tapage pour rentrer chez lui, 188; une vieille femme cherchant un apothicaire, 189; un mari courant après une sage-femme, 190; un militaire et un étudiant se disputant pour une beauté que chacun voulait avoir, 191; un chiffonnier grattant les ruisseaux, 193; un jeune homme sortant d'un tendre rendez-vous nocturne, 194. Un habitant de Moulins qui s'est éloigné de cette ville à cause des commérages qu'on y remarque, se plaint d'essuyer le même désagrément à Paris, et dans une dose beaucoup plus forte, 315. Plaintes d'un directeur de théâtre de province sur la tyrannie des auteurs qui font percevoir leurs droits ailleurs qu'à Paris, où ils gagnent ordinairement beaucoup, 318. Un mari faisant remarquer les fantaisies ridicules de sa femme, d'autant plus que ces fantaisies lui deviennent très dispendieuses, 321. Vœux d'un habitant du Marais pour qu'on éloigne du boulevart du Temple les monstruosités qui, chaque jour, y blessent la vue, et qu'on y substitue les anciens divertissements, 323. Un malade à qui les médecins ont ordonné la campagne, fait des observations sur des jardins dont on parle beaucoup sans qu'ils le méritent, expose le plan d'un jardin où l'utilité et l'agréable se trouveraient réunis, et en décrit un qui ne laisse rien à désirer sous aucun rapport, 325 *et suiv.* Discussion entre deux professeurs sur le mélodrame, genre barbare que l'on peut perfectionner, civiliser en quelque sorte, et rendre profitable au peuple, en y introduisant les personnages illustres, les héros célèbres de notre histoire, 336 *et suiv*. Remarques sur le préjudice que le mélodrame porte à l'art dramatique, et sur les conditions qu'il doit réunir pour qu'il puisse servir à l'instruction du peuple, 347 *et suiv*. Lettre par laquelle on félicite le Franc-Parleur d'avoir contribué à redresser l'opinion publique au sujet de l'anglomanie; on l'engage à poursuivre cet amour des modes d'un pays voisin, d'autant plus qu'il est funeste à l'industrie française, supérieure en plusieurs points à celle des Anglais, mais dont les produits sont ravalés au-dessous des leurs, 374. Plaintes d'un jeune homme qui a été dupe de la friponnerie de plusieurs bureaux de placement, 378. Découverte du moyen de rétablir le nobiliaire français, en remplaçant, par des actes authentiques, les titres manuscrits sur lesquels se fondait l'illustration d'un si grand nombre de familles, dont l'incendie révolutionnaire a dévoré les parchemins, 383. Portrait général des demoiselles lingères, VI, 61. Traits caractéristiques de chacune d'elles : l'adroite messagère, 63 ; la coquette rusée, 64 ; la grisette jouant l'ingénue, 65 ; autre grisette, 66 ; une jeune fille travaillant pour soutenir sa mère, *ibid*. Ressources et intrigues que l'on trouve chez les revendeuses à la toilette, 148. Aventures et corvées nocturnes d'un poste de la garde nationale; secours à porter à un particulier qui spécule sur la commisération publique en se faisant renverser par un cabriolet, 171; scènes scandaleuses à comprimer, 172 ; catastrophe arrivée dans une maison de jeu, 173; un incendie, 175 ; assistance à prêter à un bourgeois que sa femme ne veut pas laisser rentrer, 176. Ouverture de l'audience à la chambre de première instance, 192. Causes jugées d'abord, 193. Carac-

DES MATIÈRES.

tère des jongleurs de tribune, d'antichambre, de la littérature, 226. Exercices de quelques jongleurs indiens venus à Paris, 233. Personnages que l'Ermite voit passer sur un quai : un ancien riche qui paraît avoir recouvré une partie de sa fortune, 259; un célibataire en procès contre des mineurs, *ibid.*; un jeune homme sortant d'un tendre rendez-vous, 260; une jeune femme coquette; un mathématicien occupé de ses opérations, 261; un militaire habitué au commandement, 262; une jeune fille évitant la rencontre d'un homme qu'elle aperçoit de loin, 263; un désœuvré; un commis d'agent de change; deux intrigants s'occupant des moyens de renverser un titulaire de sa place au profit de l'un d'eux, 264; un gros impudent; un personnage rempli de sottise et de vanité, 265. Intérieur d'une famille où l'on trouve la richesse et l'économie, et où tout respire la vertu, le repos, le bonheur, 317 *et suiv.* Contenance d'un auteur d'opéra assistant à la répétition de sa pièce, VII, 19 Brusque interruption de l'entretien de deux demoiselles avec un jeune homme qu'elles avaient impatiemment attendu, 77. Nécessité de faire du cimetière du P. La Chaise une promenade publique, à l'exemple des Orientaux, pour rappeler à l'homme son néant et réveiller en lui l'idée de son immortalité, 87. Une distribution des prix du grand concours de l'Université, 113. Portrait des différents locataires de la maison où demeure le vicomte de Valmont: un ancien maître des requêtes, qui s'est fait loueur de voitures par suite du mépris qu'il a pour les gens qui vont à pied, 123; une veuve de deux maris, 124; une veuve d'un caractère chevaleresque, 125; quelques Anglais; un dentiste italien, et un compositeur célèbre, 126; des artistes de toutes sortes, 127. Un candidat à double face pour les élections, 133. Le départ d'un paquebot; scènes grotesques sur le pont et à l'intérieur de ce bâtiment, 144 *et suiv.* Quelques remarques sur l'inutilité des paratonnerres en certaines circonstances; exemples à l'appui, 164. Scène comique dont l'Ermite est témoin au café des Mille-Colonnes, 209. Personnages qui se rendent chez un ministre en faveur : un aspirant au ministère, 278; une femme élégante et jeune qui spécule sur les protections qu'elle accorde, 279; un homme qui vient solliciter un brevet d'invention pour une nouvelle découverte, *ibid.*; un rival du ministre; un entrepreneur de dénonciations, 280; un jeune solliciteur très riche et sans capacité; un autre modeste et plein de talent, 281; un intime confident qui apporte au ministre la nouvelle de la destitution de son excellence, 282. Changement que cette disgrace opère dans l'esprit de ceux qui venaient saluer l'homme en faveur, 283. Contenance de plusieurs femmes que le jeu ne favorise pas, 286. Caractère de plusieurs joueurs, 287. Altercation entre quelques personnes au sujet de l'impôt foncier basé sur le cadastre, 320. Duel à la suite d'une dispute sur l'initiative royale, 321. Personnage jugeant les acteurs de la Comédie française d'après leurs opinions politiques, 322. Plaintes d'une femme-de-chambre, qui, avec toute la gentillesse, tout le talent possible, ne peut trouver de place, 336. Lettre d'un provincial qui, venu à Paris avec un compatriote, et ayant le même but et autant de ressources que lui, suit des voies différentes, 338; d'une jeune solitaire sur certains mots en usage dans le beau monde, 342. Lettre sur les plaisirs auxquels se livrent la plupart des écrivains, 344. Sur cette foule de mendiants de toute sorte qui assiègent le public dans les promenades, 348. Plaintes d'une jeune fille sur l'éducation qu'on lui donne et l'isolement où elle est tenue, 361 *et suiv.* La maison du médecin de Bagnères, VIII, 205. Une vieille marquise qui se trouve aux eaux de cette ville, 208. Un chevalier décoré d'ordres étrangers, 210. Une élégante de la Chaussée-d'Antin, *ibid.* Observations sur divers personnages qui se trouvent réunis à Bagnères, 215 à 220. Conversation entre une marquise d'autrefois et une Parisienne d'à présent, 221. Réflexions diverses sur les élections, 253. Un troubadour et sa mie parcourant les pays illustrés par la naissance ou la retraite des héros, 366. Vers de ce poete occitanien sur le maréchal Bessières, 368. Un vieillard qui émet son opinion sur la gloire militaire; sur le procès de Fualdès et celui de Wilfrid Regnault, 371. Méprise d'un officier de gendarmerie au sujet et à l'égard d'un empirique, IX, 44. Fortune et disgrace d'un gouverneur sans brevet, 45. Histoire de deux jeunes amants aveugles qui périrent près de la fontaine de Vaucluse, 241 à 247. Un vieux chevalier entiché de sa noblesse, et qui déclame contre les institutions que l'on doit à la révolution, et contre les hommes qu'elle a élevés aux honneurs; un négociant attaché au régime constitutionnel, 314 *et suiv.* Réflexions d'un vieux soldat sur les suites fâcheuses des enrôlements volontaires, 381. Particularités sur la condamnation, la captivité et les amours d'un forçat de Toulon, appartenant à une bonne famille, et auquel s'intéressaient des personnes recommandables, 414 à 429. Histoire de la *Tour du Diable*, 451. Particularités sur la disgrace d'un curé septuagénaire du Dauphiné, X, 5 à 11. Histoire et malheurs de trois frères habitants d'un village du canton de Saint-Marcellin, dont les deux plus jeunes furent injustement condamnés à mort en 1815, 26 à 40. Anecdote de deux autorités en conflit l'une avec l'autre, 80. Talent d'observation nécessaire à un commis-voyageur, XI, 115. Le commis-voyageur politique, *ibid.* Le commis-voyageur philosophe, 116. Eloge de M. B., ancien sous-préfet, 378. Du baron D***, 460. Quelques réflexions sur les sor-

DES MATIÈRES.

ciers et les sorcières, XII, 93. Dialogue entre plusieurs Flamands sur l'état politique, financier et religieux de la Belgique, 203 Reflexions sur l'état de contrebandier, 209. Aspect et caractère des bals d'aujourd'hui, comparés avec ceux d'autrefois, sous le rapport de la danse et de la musique, XV, 101. Une scène de la Ligue : des fanatiques, parmi lesquels il y avait bon nombre de moines armés de toutes pièces, se réunissent pour louer Dieu du régicide commis par Jacques Clément, et vont féliciter la mère de cet assassin, 218 *et suiv.* Dialogue entre la statue de Pasquin et un vieillard : celui-ci regrette sa fortune passée, et demande le moyen de la ressaisir; Pasquin lui donne les conseils nécessaires à cet effet, 265 *et suiv.* Extrait du journal d'un écolier : celui-ci raconte quelques unes des espiègleries de collège, 272 *et suiv.* Un huissier de cabinet rapporte ses observations sur divers protecteurs et protégés qu'il a vus se succéder pendant les vingt années qu'a duré son emploi, 280 *et suiv.* Monument fantastique élevé à la gloire de la France guerrière, 306. Dialogue où des femmes de marque s'applaudissent de leur influence sur les excès qui ont désolé la France à différentes époques, XVI, 83 à 98. Un morceau de fer et un lingot d'or se disputent sur leurs qualités, leurs avantages et sur les services qu'ils rendent aux hommes, 175 à 184. Duel dans lequel un fils punit l'outrage fait à son père, 187. Exemple d'un jeune homme qui se suicide pour éviter le déshonneur où il allait se précipiter, 190. Dévotion hypocrite des hommes monarchiques, 227 *et suiv.* Lettre adressée à un littérateur de Milan, pour lui annoncer le rétablissement de la censure littéraire en France, 254 *et suiv* Dialogue entre un auteur et un censeur dramatique, 259 à 265. Une séance de censeurs de journaux; préjugés d'après lesquels ils opèrent, 266 à 281. Allusions aux troubles qui ont régné parmi les savants et les gens de lettres, 282. Fragment d'un dialogue de Lucien : Ménippe y est l'objet du courroux des interlocuteurs, 285. Dialogue sur la loi de la liberté de la presse, 315. Sur l'hypocrisie de certains pamphlétaires qui se disent royalistes, 316. Sur la liberté de censurer les actes du gouvernement, liberté qui ne constitue ni offense, ni rébellion, 318. Sur la responsabilité des ministres, 319 Réflexions d'un goutteux sur l'éducation de son fils, sot de première force, 322; sur ces dames françaises qui ont accueilli avec empressement les puissances étrangères, 323; sur le jacobinisme que l'on trouve dans tous les partis, 325; sur l'amour de la vérité dégénéré en scandale, 326; sur les tourments qu'il essuie, dans son ménage, de la part de sa femme et de ses enfants, 327; sur ces hommes qui ne voient que des rebelles dans tout ami de l'indépendance et de l'honneur national, 329; sur un livre à propos de sa goutte; consultation que lui donne son médecin, 330. Sur un débiteur qui se ruine en essayant de payer ses dettes par le moyen d'un fonds d'amortissement, 332. Sur un cours d'obscurantisme réglé par le prince des ténèbres, 335. Sur divers ouvrages indiqués dans le catalogue d'un bouquiniste, 337. Sur la sottise de ces individus qui traitent de révolutionnaire tout ce qui est advenu depuis trente ans, exemple à l'appui, 359. Sur la diversité des opinions du peuple, 340. Sur la traite des blancs, pour le royaume d'Ardra, 342. Dialogue entre un libéral et une marquise, dans la conduite et les opinions de laquelle on ne trouve qu'inconstance et contradiction, 352 à 359. Dissertation sur les miroirs, 360. Observations critiques et morales faites au moyen de la glace de M. Allaux au théâtre du *Panorama dramatique*, 363 à 367. Querelle entre plusieurs almanachs sur quelques préfets du commencement de la restauration; sur les évêchés d'aujourd'hui et ceux d'autrefois; sur l'amélioration morale de la classe roturière; sur les magistrats; sur l'esprit des chambres; sur l'état de l'armée; sur les lieutenants-généraux commandant les divisions; sur quelques mutations opérées dans les hauts rangs militaires; sur les fonctionnaires diplomatiques, 395 à 405. Quelques détails relatifs à un voyage qu'un marchand a fait aux monts Calphas et Garamantes, 406. Anecdote relative à un illuminé de la secte des martinistes, 426. Entretien fantastique des principaux auteurs dramatiques qui conversent sur leur mérite respectif et se décernent mutuellement des éloges, 431 à 436. Observations critiques sur deux personnages qui vont faire des emplettes chez un fripier aux piliers des Halles : un officier-général, 438; un directeur de spectacle, 439. Le tableau du *Départ du Roi au 20 mars*, XXII, 34. Celui de *la Reine à la Conciergerie*, 53. Celui de l'*Incendie de Moscou*, 61. l'*Intérieur d'un port d'Italie*, et le *Départ d'Angleterre de S. A. R. le duc de Berri, sur la frégate l'Eurotas*, XXII, 61. Un tableau d'*Hélène et Pâris*, 65. Celui d'un *Serpent qu'un évêque mène en lesse*, 65. La *Prestation du serment des habitants de Lille*, 66. Une statue de *Sully*, 75. Une *Hébé*, et le buste de *Talma*, 76. Un bas-relief représentant *la reine Marie-Antoinette à genoux devant un prie-Dieu*, 77. Le tableau de *la duchesse d'Angoulême au moment de s'embarquer à Pouillac le 1er avril 1815*, 84. Le tableau d'*Eudoxe et Cymodocée*, 96. Celui d'*Enée et de Didon*, 130. Celui de *Henri IV, recevant dans son camp, sous Paris, les habitants que la famine a chassés de cette ville*, 131. Le *Corbillard du pauvre*, 146. Débats entre deux compagnons de voyage de Pageville, sur les motifs qui animent les hommes dans le choix des professions qu'ils embrassent, XXV, 13. Système d'un physionomiste qui prétendait expliquer l'histoire par la seule inspection des traits du visage, 56. Description d'un vaisseau de ligne, 297.

Divès (M.), chef d'une vaste fabrique de cachemires. Sa famille, VII, 95. Intérieur de son établissement, 96.

Divodurum, nom que portait anciennement la ville de Metz, XI, 461.

Dobenheim, célèbre professeur de l'école d'artillerie de Strasbourg, XI, 260.

Dobo (M.), inventeur d'une filature hydraulique, XXII, 359.

Docelles, village remarquable par de belles papeteries, XI, 377.

Docens (les), l'un des anciens peuples composant la Bourgogne, XXVI, 443.

Dogme (le). Immoralité de la plupart de ceux du paganisme, XIV, 33.

Doigny, littérateur né au Mans, et auquel on doit les *Ages de l'homme*, XXV, 370.

Dol (le mont), au sommet duquel les druides avaient élevé des autels à Teutatès, et où Saint-Michel est venu, dit-on, se reposer, XII, 354.

Dol. Position et antique origine de cette ville; monastère qu'y fonda saint Samson, archevêque d'Yorck, XII, 356. Echecs qu'elle essuya des Bretons et des Normands; ses souverains particuliers; prétentions de ses anciens évêques; abolition de son évêché, 357. Elle est prise d'assaut par Gilbert, duc de Montpensier; les Anglais y pénètrent et l'évacuent le lendemain, 358. La cathédrale de Dol, 359. Monument gaulois élevé sur le *Champ-Dolent*, à quelque distance de la ville, 390. La digue, dite de Dol, 392.

Dôle (la), la plus haute montagne du Jura; perspective que l'œil embrasse du haut de ce pic, XI, 8.

Dôle. Sa position, XI, 86. Son aspect intérieur; ses monuments les plus considérables, 87. La cathédrale; bassin de fontaine que l'on remarque sur la place de cette église; antiquité de la ville; ancien château bâti par Frédéric-Barberousse, 88. Courage des Dôlois contre le duc de Bourbon et le sire de Craon; occupée par d'Amboise, leur ville fut brûlée et detruite, et sur la place on éleva une croix aux habitants qui avaient péri les armes à la main; édifices qui furent conservés lors de cette destruction, 89. Elle est rebâtie et fortifiée par Charles-Quint, assiégée par le prince de Condé, prise par Louis XIV, qui la rend à l'Espagne, et la réunit ensuite définitivement à la France; son ancienne importance, 90. Le collège des Jésuites, *ibid* Autres établissements qu'ils ont formés dans la ville; l'hospice de la Charité, 91. Hôpital tenu par des ursulines; la maison des Orphelins, 93. La salle de concert; l'école gratuite de dessin; les prisons; l'Hôtel-Dieu, 94. Les nouvelles casernes; vestiges de monuments romains découverts dans les environs de Dôle, 95. La fontaine de la Forestière, 96. La Bibliothèque, 98. Hommes qui ont illustré Dôle, *ibid*. Sites des environs; beauté et costumes des paysannes, 102. Promenades qui embellissent

Dôle, 103. Atmosphère de cette ville; sa situation sous les rapports commerciaux, 105. Déférence des bourgeois de Dole, à l'égard des nobles, 106. Hommage dont les Dôloises se montrent avides à la promenade; la salle de spectacle, 107. L'ancien couvent des Minimes; empressement des habitants de Dole à accueillir les jésuites, 108. Intolérance des jeunes curés de ce pays; courage des Dôlois; intrépidité d'une Dôloise lors de l'invasion autrichienne, 109.

DOLEMONT, village dont les ateliers d'horlogerie sont alimentés par l'établissement de Beaucourt, XI, 178.

DOLET, auteur et imprimeur, brûlé vif, comme pélagien, XIV, 506.

DOLLÉ fils (M.), fabricant de Saint-Quentin, XII, 17.

DOLLFUS, peintre de Mulhausen, dont le talent et les connaissances dans le dessin et l'art de préparer les couleurs contribua à perfectionner l'impression sur la toile de coton, XI, 196.

DOLLFUS (M. Gaspard), descendant du précédent, concourt à l'introduction à Mulhausen de l'impression sur soie et en couleurs solides, XI, 198.

DOLLFUS-MIEG (MM.), fabricants distingués de Mulhausen, XXII, 371.

DOMAT, jurisconsulte, distingué, né en Auvergne, I, 386; XXVI, 349

DÔME (le), le pic le plus élevé de la chaîne des Puys, en Auvergne, XXVI, 324. *Voyez* Puy-de-Dôme.

DOMFRONT, XXV, 100 Son aspect; étymologie de son nom, 154. Particularités sur les vicissitudes politiques qu'a essuyées cette ville, 156. Siège qu'elle subit, 157. Etat actuel de Domfront, malgré le séjour qu'y firent jadis des personnages éminents; ses hommes célèbres, 158.

DOMINIQUE, compositeur, et maître de musique, I, 390.

DOMINIS (Marc-Antoine), archevêque, qui fut empoisonné pour certaines propositions contenues dans son ouvrage: *De] Republicâ ecclesiasticâ*, XIV, 505.

DOMITIEN, empereur. Ridicule décision dont il fut l'objet de la part du sénat romain, IV, 271. Vie dissimulée qu'il mena pendant son séjour a Lyon, X, 305. Stratagème qu'il employait pour trouver des hommes en contravention avec les lois, et avoir la jouissance de les punir, XIV, 260.

DOMITIUS AFER, orateur aussi distingué que délateur infame, IX, 184.

DOMPIERRE, village célèbre par le concours de pèlerins qui vont annuellement, le jour de l'Ascension, visiter la statue de Saint-Eton; crédulités et fêtes qui accompagnent ces pèlerinages XII, 87.

DOMREMY, où naquirent Jeanne-d'Arc, et la comtesse Dubarry, XI, 423. Aspect riant de ce village; statue élevée a la Pucelle; école établie dans la maison qu'elle habitait, 424.

DONAY (M.), l'un des propriétaires de la tannerie que possède la ville de Blois, XXVI, 69.

DONDE, femme du pays chartrain qui souffrit le martyre, XXVI, 112.

DONDECHERSI (Pierre), savant jurisconsulte, auteur des *Chroniques et Annales de Flandre*, XII, 279.

DONIOL (M.), chef à l'administration de l'enregistrement, remplit les fonctions de juré dans le premier procès de l'auteur, XV, lxxxvij.

DONON (le), l'un des sommets des Vosges, XI, 381. Perspective immense que l'œil embrasse du haut de ce mont, 411. Aspect du plateau du Donon; fragments de rochers qui font croire que les druides y avaient élevé un temple à Teutatès, 412. Mélancolie confuse qu'inspire cette vue, 413.

DONZELOT (le général), né dans le département du Doubs, XI, 127.

DONZÈRE, remarquable par son vin liquoreux, IX, 433.

DONZULLÉ, lieu que traverse la grande route qui mène à Caen, XXV, 50.

DOPAL, jongleur de *mesmérisme*, III, 81.

DOPPI (M.), ancien instituteur de la rue Mazarine, III, 377.

DOR (la), rivière qui donne son nom à la Dordogne et aux célèbres Monts-Dor; aspect qu'offre sa source, XXVI, 296.

DORANGE, poète distingué, élève de Parny, 1,5.

DORANGE, compositeur marseillais, IX, 336.

DORAR, poète spirituel, n'a laissé que de pâles essais dramatiques, XX, 4.

DORAT (Jean), inventeur de l'anagramme, esprit médiocre et chargé de science, poète latin assez élégant, érudit et polyglotte, XXVI, 262.

DORBELLE (madame), chez qui se font des réunions très brillantes, VII, 256.

DORCHIES (M.), fabricant à Saint-Amand, XII, 215.

DORDOGNE (la), rivière dont le cours est sinueux et qui anime un paysage aussi varié qu'enchanteur, XXVI, 256. Source de cette rivière, 296.

DORFEUIL (M.), avocat distingué. Ses prétentions au collège électoral, VI, 85. Il rassure l'Ermite sur le procès que Dufain veut intenter contre lui, 86. Son plaidoyer en faveur de son client, 196. Sages conseils qu'il lui donne, 197.

DORIER (M.), négociant riche et estimé, cousin de l'Ermite. Intérieur de sa famille au moment de la distribution des étrennes le jour de l'an, VI, 280.

DORIOLES (Pierre), diplomate, XXVI, 174.

DORIVAL, ancienne connaissance que l'Ermite retrouve au café Touchard, II, 166.

DORLON, remarquable par une belle forge, XI, 500.

DORMER (M.), banquier du Marais, IV, 322.

DORMEUIL (madame) rassemble chez elle la plus brillante société de Paris, II, 230.

DORNEUIL (M.), personnage cité, VII, 225.

DORSANT, le plus ancien et le plus déterminé bretteur de l'Europe, II, 76.

DORSEN (le), rivière qui baigne la ville de Morlaix, XII, 501.

DORSON (M), juge, grand amateur de la campagne et de la chasse. Ses procédés inconvenants envers l'Ermite, VI, 163.

Dorval, jeune étourdi, qui se travestit en ouvrier pour rendre ses intrigues plus faciles avec la femme d'un tourneur, VII, 264.

Dorvigny (M.), auteur dramatique. Son mérite dans le genre trivial, XXI, xv.

Dorvilliers, célèbre marin né a Rochefort, XXVI, 90.

Dossainville, acteur de l'Opéra-Comique; son succès dans le *Tableau des Sabines*, XXI, 419.

Douai. Le faubourg Notre-Dame; esprit des classes qui s'y réunissent, XII, 156. La prison Notre-Dame. 157. Tableau de la fête de Gayant, 159. Origine de la procession grotesque qui a lieu dans cette solennité, 164. Avantage que Douai retire de la foule qui vient à cette fête, 168. La société des enfants de Gayant, 169. Les combats d'archers et d'arbalétriers, 170. L'église de Saint-Pierre, 171. Le palais de justice, 172. Le barreau de Douai, 173. Le commerce de cette ville, *ibid*. Accroissement de son activité commerciale, 175. Le musée, 176. Hommes célèbres de Douai, 177. La bibliothèque publique, 184. Origine de la ville, 187. Courage que ses habitants déployèrent, en 1304, contre l'ambitieux Philippe-le-Bel, qui était venu les assiéger, et qu'ils forcent à se retirer; différentes dominations qu'ils subirent, 188. L'ancienne université de Douai; écoles diverses pour l'instruction de la jeunesse, 190. Les principales maisons de commerce; le Jardin des Plantes, 191. La société de médecine; celle de musique; la société des amis des arts, 192. L'arsenal et l'école d'artillerie; les remparts, 193. Ancienne demeure des Templiers, 197. Les casernes d'Equerchin, *ibid*. Exposition d'objets d'arts et d'industrie à l'hôtel-de-ville de Douai, 198. Le cercle Vanghelle; la loge maçonnique; la salle de spectacle, 202.

Douarnenez, ville dont la population se livre presque exclusivement à la pêche de la sardine, XII, 547.

Doublat (M.), ancien député, possède, à Épinal, de beaux jardins où la curiosité attire sans cesse les baigneurs et les voyageurs, XI, 333

Doublet (madame), dont la maison était l'entrepôt général des nouvelles politiques, littéraires et scandaleuses de Paris, II, 227.

Doublet, célèbre médecin, XXVI, 102.

Doubs (le), rivière dont le cours est très sinueux et la source très abondante, XI, 76, 119, 125.

Doulevent, ville de la Champagne, qui fut le théâtre de quelques opérations militaires en 1814, XXVI, 507.

Doumerc (le général), VIII, 349.

Dourbie (les gorges de la), à une heue de Milhaud, IX, 53.

Dourga, divinité indienne, VI, 228.

Douric, bourg situé près de Brest, et dont les habitants se distinguent par un aspect agréable, XII, 515.

Douxigné (mademoiselle), traducteur d'un ouvrage anglais sur les *anciennes républiques*, XIII, 201

Douve (la), rivière qui baigne les murs de Carentan, XXV, 265.
Douvres, ville d'Angleterre, VII, 139.
Douze (la), rivière des Landes, sur laquelle est construite la ville de Roquefort, VIII, 71.
Doyen (Nicolas), archidiacre de Blois, XXVI, 98.
Drac (le), rivière qui se précipite dans l'Isère, X, 49. Dangers dont il menace la ville de Grenoble, 79.
Dracon, législateur barbare, XIV, 265.
Drake, voyageur qui vérifia l'assertion de Galilée sur le mouvement de la terre, XXII, 295.
Dramelsi (l'ancien château de), qui se trouvait dans les environs de Beaume-les-Messieurs, XI, 30.
Drapier (M.), père du chimiste de ce nom. Soins touchants qu'il prodigue au duc de Choiseul incarcéré à la citadelle de Lille, XII, 257.
Drapier (M.), professeur de chimie à Bruxelles, savant minéralogiste, XII, 278.
Dreux, ville située au fond d'une vallée, XXVI. 76, 96.
Dreux (Jean de) se porte l'un des accusateurs du pape Boniface VII, V, 256.
Dreux (M. de), peintre. Son tableau représentant *Bajazet et un jeune pâtre jouant de la flûte*, XXVII, 38.
Drinalus, disciple de Joseph d'Arimathie, prêche l'Évangile à Morlaix, XII, 498.
Drogon, guerrier fameux par ses exploits, XXV, 313.
Droit public (le). Sa nature et son objet, XIV, 138. Ce principe est essentiel à tout état régulièrement constitué, 139. La mesure de liberté qui existe en faveur des individus doit exister aussi entre les diverses associations politiques, *ibid*. Causes des opinions que plusieurs nations ont émises contrairement au droit public, 140. Manière dont il est violé par deux gouvernements de l'Europe, 141.
Drolling (M.), peintre distingué. Son tableau de *la Salle à manger*, XXII, 52.
Drôme (la), rivière qui roule et dépose un gravier que ses eaux pourraient changer en un terrain fertile, si elles étaient contenues par des digues, IX, 437. Esprit des paysans du département de la Drôme, 447. Jonction de la Drôme avec la rivière de l'Aure, XXV, 258.
Drouais, jeune peintre, mort avant d'avoir pu confirmer les espérances que son talent faisait naître, XXV, 255.
Drouel (M.), personnage recommandable par ses qualités, XI, 334.
Drouenne (la), rivière sur les eaux de laquelle sont placées les forges de Clairvaux, XI, 22.
Drouet (le général) se distingua à la bataille de Toulouse. VIII, 387
Drounot, mathématicien, XI, 444.
Drouot (général d'artillerie), XI, 318; XXVI, 515, 521.
Droz (M.), auteur d'ouvrages estimés sur la philosophie et sur la morale, XI, 126.
Druelle de Berkem (M.), com-

merçant de Douai, XII, 191.

DRUGEON (le), rivière qui borde la montagne de la Motte de Vesoul, XI, 159.

DRUIDES (les). Leur pouvoir dans les Gaules; leur caractère et leurs fonctions, XIII, 31. Leur religion et leurs divinités, 32. Leurs fureurs apaisées par l'influence des femmes, 33. Monuments de leur culte trouvés à quelque distance de Chartres; science de ces prêtres, XXVI, 106. Ils animent les Chartrains à combattre contre Jules-César, 107. Temple que l'on prétend qu'ils élevèrent à la Vierge, 108.

DRUSILLA, sœur de Caligula, X, 304.

DRUSUS, fils de Livie et de Tibère, fit à Lyon la dédicace du temple d'Auguste, X, 302.

DRUSUS (Tiberius Claudius), fils du précédent, devint empereur et mari de Messaline, X, 302.

DRUSUS LIBON est mis à mort par l'ordre de Tibère, pour avoir consulté les devins, XIV, 251.

DRYDEN, poète anglais, fut toujours aux gages de son libraire, XV, 52.

DUBARRY (Lange, comtesse), fameuse courtisanne née à Domremy, XI, 424. Elle est présentée à la cour, et le roi lui accorde les honneurs et la puissance dont la marquise de Pompadour avait joui si longtemps, XIV, 572.

DUBARRY (le comte), un des hommes les plus corrompus de Paris, vivait avec la demoiselle Lange, tenait une maison de jeu, XIV, 571. Il fondait de grandes espérances de fortune sur la passion du roi pour sa maîtresse devenue sa femme, *ibid.*

DUBARTAS, écrivain maniéré, XIX, 319

DUBELLOY (madame), ancienne amie de madame de Monthvert. Ses plaintes de ce qu'elle n'avait pas eu le bonheur d'être mère, IV, 360. Elle visite l'hospice des Enfants-Trouvés, et adopte une petite fille, 369.

DUBELLOY (Joachim), auteur du *Siège de Calais*, XII, 337.

DUBERNARD (M.), avocat distingué de Toulouse, VIII, 433.

DUBOCAGE (madame), femme célèbre par ses talents et sa beauté; auteur de plusieurs ouvrages estimés, I, 159; XIII, 201.

DUBOCAGE DE BLÉVILLE, navigateur auquel on doit la découverte de plusieurs îles, XIII, 276.

DUBOIS (le cardinal) donne la première idée des bals de l'Opéra, II, 193. Ses flatteurs, IV, 279. Prédilection qu'il avait pour la ville de Cateau-Cambrésis, XII, 77. Turpitudes dont il se souilla afin d'obtenir la pourpre romaine, XIV, 55. But qu'il s'était proposé en établissant le harem dont la Fillon était directrice, XV, 297. Son pays natal, XXVI, 258.

DUBOIS, peintre distingué, né à Bar-le-Duc, XI, 444.

DUBOIS (Nicolas), abbé qui établit, près du monastère des bénédictins de Saint-Amand, une abbaye de bénédictines réformées, XII, 214.

DUBOIS (le comte), ancien préfet de police de Paris, XII, 217.

Dubois (M. Louis), littérateur judicieux, qui s'est occupé spécialement des annales de Lisieux, qu'il éclaircit avec une critique équitable et sévère, XXV, 52, 98. C'est à son zèle que l'on doit la restauration de la bibliothèque d'Alençon, 109. Ce qu'il dit de l'origine des bains de Bagnolles, 136. Soins qu'il mit à publier une édition des poésies d'Olivier Basselin, 174.

Dubois-Aymé (M.), directeur des douanes à Marseille, distingué comme savant et comme littérateur, IX, 353.

Dubois-Fournier (M.), fabricant de batistes à Valenciennes, XII, 118.

Dubois du Mont-Marin (M.), amateur, distingué par sa bienfaisance et sa fortune, et qui forma un port sur la rivière de Rance, XII, 403.

Dubos (l'abbé). Ce qu'il dit des premières assemblées en Champ-de-Mai, V, 253 ; de l'estime que les Grecs avaient pour les comédiens, VI, 362.

Duboscq (M.), commerçant de Saint-Quentin, XII, 15, 16.

Dubost (M.), peintre. Son tableau du *Joueur dépouillé*, XXII, 41.

Duboulay, auteur d'une *Histoire de Normandie*, XIII, 196.

Dubourdieu, célèbre capitaine de vaisseau, VIII, 89.

Dubourg (madame) tient une pension bourgeoise qu'elle a fait annoncer avec emphase. Remarques sur cette maison, VI, 218. État de l'ameublement, 219. Portrait de cette dame et de sa fille, *ibid*. Sa vanité prétentieuse au sujet du mariage de cette dernière, 220. Caractère et esprit des convives qui se réunissent chez elle, 221. Talents divers de mademoiselle Amélie Dubourg, 224.

Dubourg (le maréchal), dont le tombeau se trouve dans l'église de Saint-Pierre-le-Jeune à Strasbourg, XI, 261.

Dubourg, chancelier, né en Auvergne, XXVI, 347.

Dubreion (madame), convive de madame Guillaume. On la regarde comme l'oracle des modes, dont elle fait l'unique affaire de sa vie, V, 164.

Dubreuil, personnage au courant de toutes les nouvelles et de toutes les ventes, II, 334.

Dubreuil (madame), prototype des revendeuses à la toilette. Son caractère, VI, 153. Plus d'un mari lui doit l'avantage d'entretenir avec un luxe égal et sa femme et sa maîtresse, *ibid*. Emploi libéral qu'elle fait de son crédit ; habileté avec laquelle elle tire parti de l'infortune d'autrui, 154. Son talent à profiter des scènes de boudoir, et des moments d'antichambre pour avancer quelque opération mercantile, 155.

Dubreuil, médecin célèbre par son talent et son amitié constante pour Pechméja, littérateur, IX, 39.

Dubreuil (M.), conservateur du Jardin des Plantes de Rouen, XIII, 209.

Dubroussin, personnage cité dans une lettre du marquis d'Hernouville, II, 15.

Dubrull (M.), ancien juge-mage de Villefranche, pour la mémoire duquel les habitants de cette ville conservent une profonde vénération, IX, 32.

Dubrunfaut (M.), professeur de chimie, membre de la so-

ciété royale et centrale d'agriculture de Paris, XII, 278.
DUBUC (Aline). *Voyez* ALINE.
DUBUCOURT, habile dessinateur de caricatures, IV, 166.
DUBUFE (M.), peintre. Son tableau de *Jésus-Christ apaisant une tempête*, XXII, 100.
DUBUISSON (M.), sous-chef de bureau dans une grande administration, convive du Franc-Parleur. Son opinion sur son propre mérite, IV, 35. Il prétend que le caractère national a été altéré par l'invasion des armées étrangères, 86. Il se déclare ennemi de la révolution et des institutions qui en sont nées, 257.
DUBURC (la famille), dans laquelle était passé le château de Montaigne, XXVI, 269.
DUCANGE, étymologiste. Manière dont il explique l'origine du mot *carnaval*, II, 48. Son opinion sur l'étymologie du mot Limoges, XXVI, 273.
DUCASTEL, célèbre avocat du barreau du Rouen, XIII, 207.
DUCERCEAU (le Père), jésuite, professeur au collége d'Alençon, XXV, 124.
DUCEY (le château de), ancien apanage des Montgomery, XXV, 317.
DUCHAFFAULT (le comte), connu par le combat d'Ouessant et par plusieurs autres actions d'éclat, XII, 520. Son pays natal, XXVI, 166.
DUCHAMBGE (M.), chez lequel l'auteur logea à Cassel en 1793, XII, 300.
DUCHATEL (la maison), dont un seigneur se fit enterrer dans l'église des cordeliers de Neufchâteau, XI, 417.
DUCHEMIN (M.), horloger, XXII, 431.
DUCHESNE (M.), avocat de Grenoble, auteur de quelques brochures, X, 99.
DUCHESNE (André), auteur des *Antiquités des villes de France*, XXV, 174; XXVI, 136, 443.
DUCHESNOIS (mademoiselle), célèbre tragédienne, née dans un des faubourgs de Valenciennes, I, 15; XII, 133.
DUCIS, poète tragique. Caractère de son talent, I, 5. Son caractère social, VI, 303. Il figure au nombre des amis de Voltaire, X, 459.
DUCIS (peintre). Son tableau de *François Ier armé chevalier par Bayard*, XXII, 54; celui du *Couronnement du Tasse au moment de sa mort dans le couvent de Saint-Onuphre*, 120; celui de *Sapho privée de l'usage de ses sens en apprenant l'infidélité de Phaon, et rappelée à la vie par le charme de la musique*, XXVII, 40.
DUC-LA-CHAPELLE (M.), l'un des principaux membres de la société scientifique de Montauban, VIII, 345.
DUCLAIR, lieu situé à quelque distance de Rouen, XIII, 215.
DUCLERQ (Jacques), auteur d'une histoire de la cour de Philippe-le-Bon, XII, 179.
DUCLOS. Peinture qu'il fait des amis indifférents, I, 325. Sa définition du ridicule, II, 246. Il connaissait trois espèces d'ingrats, IV, 137. Qualification qu'il donne aux flatteurs, 277. Son opinion sur la profession de comédien, VI, 364. Ce qu'il dit de l'utilité de la profession de commerçant, VII, 98. Son opinion sur les sots et les provinciaux, VIII, 3. Il figure au nombre des amis de Voltaire, X, 459. Ca-

racière de son génie; sagacité de sa critique, XII, 433 Son aversion pour les excès de toute nature, 434. Il devient membre de l'académie française et de celle des inscriptions, *ibid*. Il exerce les fonctions de maire à Dinan, sa ville natale, 435.

Duclos-Hervieux (M.), négociant de Caen, XXV, 211.

Ducoëdic (le capitaine) s'est immortalisé par son dévouement et son courage dans le combat naval où il coula une frégate anglaise, XII, 519.

Ducos, magistrat célèbre, né à Bordeaux, VIII, 22.

Ducos (M.), médecin, versé dans les sciences physiques et morales, VIII, 107.

Ducoudray (M.), professeur du lycée du Port-Louis, XXII, 466.

Ducrout aîné (M.), l'un des principaux fabricants de Grenoble, X, 91.

Dudon (le doyen), qui a écrit en latin une histoire des Normands, XII, 18.

Dudoyer de Castel, né à Chartres, XXVI, 102.

Duel (le). Impossibilité de détruire les effets de ce préjugé national, dans l'état actuel de la civilisation, II, 366. Origine du duel, *ibid*. Les édits rendus contre le duel en augmentèrent encore la manie, 368. Les duels, assez rares sous Henri IV, deviennent plus communs sous ses successeurs, 369. Ils furent moins meurtriers sous Louis XV, *ibid*. Changement apporté, sous Louis XVI, au mode des combats singuliers, 370. L'usage des témoins dans cette fatale circonstance, *ibid*. Conditions que l'offensé imposait jadis à son adversaire, 371. Exemple tiré de Brantôme, *ibid*. Quereile qui s'élève entre des jeunes gens, et qui est suivie d'un duel funeste à l'offensant, 372. Le duel est un des fléaux auxquels la société reste plus particulièrement en proie, XIV, 468.

Dufain (M.), procureur, chargé d'une liquidation considérable, et qui cherche à poursuivre le chevalier de Pageville au sujet d'un ancien procès qu'il veut faire revivre, VI, 83.

Dufau (M.), peintre. Son tableau de *Gustave Wasa* haranguant des ouvriers mineurs dont il avait partagé les travaux, XXII, 106.

Dufaud (M.), ancien élève de l'École polytechnique, auteur du procédé de la fabrication du fer au laminoir, XXII, 350.

Dufaut (madame), gouvernante de Pauline d'Amercour, XXIV, 130.

Duffnil (madame), personnage qui, pour faire comme tout le monde, s'éloigne à chaque instant de son naturel, VII, 69.

Dufey (M.), de l'Yonne, a publié un excellent résumé de l'histoire de Bourgogne, XXVI, 443.

Dufour (le général), VIII, 284.

Dufour (M.), fabricant de Saint-Quentin, XII, 17.

Dufour (Thomas), auteur de plusieurs œuvres dévotes, entre autres, d'une paraphrase du *Cantique des cantiques*, XIII, 254.

Dufour (M.), fabricant de très beaux papiers peints, XXII, 353.

DUFOUR-ARPIN (M.), fabricant de Saint Quentin, XII, 17.
DUFRESNE (M.), membre de la société d'agriculture et de commerce de Caen, XXV, 224.
DUFRESNOY (madame), auteur de poésies très gracieuses, I, 23. Caractère de ses élégies, III, 337. Quelques uns de ses vers sur les femmes qui sont tourmentées du besoin de critiquer, 364; XII, 68; XVI, 20.
DUFRESNY (M.), prototype des intrigants politiques Il vise à la réputation d'orateur dans les assemblées nationales; ses dispositions pour complimenter, au besoin, l'un ou l'autre gouvernement; en 1814 il arbore le drapeau blanc, et bientôt il félicite Bonaparte sur son retour, V, 225.
DUFRESNY, chansonnier dont la plupart des compositions respirent une gaieté franche et spirituelle, VI, 312; XVI, 432. Sa chanson des *Quatre âges*, XVII, 51. Son habileté à tirer parti des oppositions naturelles et communes qu'offrent les caractères de la société, XX, 288.
DUGAZON, célèbre comédien dont les historiettes égayaient les réunions, I, 391.
DUGAZON (madame), actrice de l'Opéra-Comique, que tout Paris alla voir dans le rôle de *Nina*, III, 343; XXI, xj.
DUGOMMIER (le général en chef), sous les ordres duquel les troupes françaises forcèrent, en 1793, les gorges d'Ollioure, et s'emparèrent de la redoute anglaise, IX, 385.
DUGUA (le général), ancien préfet du Calvados, XII, 131.
DUGUAT (le général), né à Albi, XI, 8.

DUGUAY-TROUIN, célèbre marin de Saint-Malo. Ses exploits, sa captivité en Angleterre, sa délivrance, son caractère, XII, 409.
DUGUESCLIN (Bertrand) seconde Charles de Blois, et accable les descendants de Jean de Montfort, XII, 374. Particularités sur son enfance et son éducation, 390. Il s'empare de Saint-Malo, 422. Défend Rennes assiégée par le duc de Lancastre, 444. Défait un chevalier anglais qui l'avait provoqué, 445. Récompense que Charles de Blois lui accorda pour sa vaillance, 446. Il prend Concarneau, 547. Défait à Cocherel les troupes de Charles d'Evreux, et fait respecter l'autorité de Charles V, son maitre, XIII, 105. Etablit un quartier-général à Saumur, XXV, 418. Réunit la Saintonge à la couronne, XXVI, 203. Force les Anglais à quitter la Bourgogne; conduit au secours de Henri de Transtamare les bandes qui désolaient cette province, 456; X, 320; XV, 307.
DUHALDE (madame) a fait en vers basques une traduction des fables de La Fontaine, VIII, 117.
DUHALDE (les Pères), jésuites, nés à Saint-Pé, et distingués par leurs connaissances, VIII, 117, 147.
DUHAMEL, avocat, auteur d'un cours littéraire où l'on trouve des préceptes utiles, XI, 507, XII, 250; XIII, 193.
DUHAMEL (Jean-Baptiste), premier secrétaire de l'académie des sciences, XXV, 181, 209.
DUHAUT-VICLAND(M.), qui a naturalisé en France la fabrica-

tion des diamants faux, XXII, 381.

Dunoux (le lieutenant-général), qui commandait dans la place de Lille, lors du siége de cette ville en 1792, XII, 231.

Dujardin (Jacques), auteur dramatique, né à Lille, XII, 279.

Dujany, avocat, passionné pour les nouveautés littéraires, II, 74.

Dulac (M.), agioteur fameux. Il brigue les faveurs de la jeune villageoise Fanchette, qui avait pris le nom d'Estelle, II, 422.

Dulac, fameux parfumeur. Bases sur lesquelles reposa la vogue qu'il obtint, VII, 208.

Delague, Dieppois, auteur d'un ouvrage intitulé : *Eléments d'hydrographie et de navigation*, XXV, 34.

Dulaure (M), écrivain distingué parmi les chroniqueurs modernes, I, 10.

Delaurent, moine apostat, auteur du *Compère Mathieu*, XIV, 64.

Dulongval (M.), capitaine de vaisseau, IX, 392.

Dumarsais, connu par son *Traité des tropes*, IX, 336.

Dumarsais (Charles), arrivé à Paris avec un de ses compatriotes, et avec le même but et les mêmes ressources que lui, se jette dans une voie toute différente, VII, 338.

Dumas, médecin sorti de l'école de Montpellier, IX, 125.

Dumas (M. le comte Mathieu), général habile et grand administrateur militaire, IX, 134.

Dumas, inventeur du bureau typographique, IX, 186.

Dumas-Descombis (M.), négociant, remplit les fonctions de juré dans le premier procès de l'auteur, XV, lxxxvij.

Duméès, écrivain, auteur des annales belgiques, XII, 82.

Dumeilet (M.), député du département de l'Eure, XIII, 99.

Duménil (M.), chanoine, possesseur de trois bénéfices. Son portrait, IV, 373.

Duménil (mademoiselle), célèbre actrice de la Comédie-Française, III, 57; X, 461.

Dumon (M.), commerçant estimé d'Agen, VIII, 294.

Dumont (Fanchette), fille du jardinier de madame de Mériel. Son gout pour la coquetterie l'entraîne sur les pas d'un ravisseur; vie brillante, scandaleuse, et misérable, qu'elle mène hors de la maison de sa maîtresse; son repentir et son retour à la vertu, II, 419 *et suiv*.

Dumont, solliciteur empressé au moment de la restauration, IV, 129.

Dumont, personnage qui courut de désappointements en désappointements. Nommé chargé d'affaires par l'entremise de son protecteur, il est obligé de recevoir sa démission, avant d'avoir obtenu ses lettres de créance; voit s'évanouir les espérances qu'il concevait de la protection d'un diplomate; ses projets de fortune sont déjoués par la banqueroute d'un associé de son patron; près de remettre le pied sur le sol de la France, le vaisseau qui le porte est pris par des corsaires; de retour à Paris, il n'est pas plus heureux, V, 209 *et suiv*.

Dumont (M. P.), propriétaire au Marais. Ses vœux pour qu'on ramène au boulevart du

Temple les plaisirs et les divertissements qu'on y trouvait autrefois, V, 323.

DUMOULIN (M. Évariste), journaliste estimé, auteur de quelques vaudevilles, VIII, 44.

DUMOURIEZ, général fameux. Projet qu'il avait formé pour le pont du Grand-Vey, XXV, 263. Zèle qu'il déploie dans l'administration du département de la Manche, 273. Son concours à la construction du port de Cherbourg, 289

DUMOUTIER, précepteur de Ferdinand des Ursins, XXV, 269.

DUNCAN, l'un des professeurs que Duplessis-Mornay appela à Saumur, XXV, 420.

DUNI, compositeur, III, 291; XXI, xj.

DUNOD, jurisconsulte et historien de la Franche-Comté, XI, 10.

DUNKERQUE. Route qui conduit à cette ville, XII, 307. Sa fondation; son agrandissement; différentes dominations qu'elle subit, 308. Elle est fortifiée par Louis XIV, 309. Destruction de ces mêmes fortifications en vertu du traité d'Utrecht, 310. Ancienne activité du port de Dunkerque, *ib.* L'église Saint-Éloi, 314. La tour de Dunkerque; aspect intérieur de cette ville, 315. La salle de spectacle; l'esplanade; la place Jean-Bart, 316. Monument qu'on y a élevé à ce célèbre marin, *ibid* Vue du port de Dunkerque, 318. Les pêcheuses de grenades, 319. Différents établissements d'utilité publique, 320. Les journaux de Dunkerque; apathie naturelle des Dunkerquois, 321. Leur indifférence pour les sciences, les lettres, et les arts; leurs réputations littéraires, 322. État actuel de leur commerce, 323. Dessèchement des moeres, lacs situés à l'est de la ville, 324. Inondation des habitations construites sur l'emplacement de ces moeres, 325. Brigandages exercés par des malfaiteurs qui se réfugiaient dans la tour des moeres, 326. Marins et guerriers célèbres nés à Dunkerque, 328. Introduction de la vaccine dans l'arrondissement de cette ville, 329.

DUNOIS, bâtard d'Orléans, célèbre par sa bravoure et sa galanterie, II, 187.

DUNOUI (M.), peintre paysagiste. Son tableau d'une *Vue de Naples prise auprès du Capo-di-Monte*, XXII, 57. Sa *Vue du port et de la ville de Castellamare*, 133.

DUNOYER (M.), littérateur et publiciste, IX, 22.

DUNOYER (madame), née dans le département du Gard, IX, 186.

DUPARC (Poulain), jurisconsulte, né en Bretagne, XII, 474.

DUPARQUIER (M), statuaire. Sa statue de *Duguay-Trouin*, XXII, 75.

DUPATY (M.), illustre président, l'un des hommes les plus ingénieux et les plus vertueux de la France ancienne, XXVI, 175.

DUPATY (M. Emmanuel), poète lyrique et dramatique, auteur de chansons spirituelles, I, 11, XXVI, 176. Sa supériorité dans l'opéra-comique; disgrâce que lui valut une de ses pièces, XXI, vj.

DUPATY (M. Adrien), président de la cour Royale, XXVI, 176.

DUPATY (M. Charles), l'un des sculpteurs les plus justement renommés de l'époque, I,

14. Sa statue d'*Ajax*, VI, 203, XXII, 71. Son pays natal, VIII, 22. Sa *Vénus se dévoilant à Paris*, 166; XXVI, 176. Son *Gladiateur*; sa *Vénus génitrice*, XXVII, 51.

Dupavillon, célèbre marin, né à Rochefort, XXVI, 190.

Dupécher (M.), commerçant de Saint-Malo, XII, 401.

Duperray (madame), aubergiste de Nantes, XIII, 16.

Duperron (le cardinal) se constitue l'apologiste du régicide dans les états de 1614, XIV, 62. Mausolée qu'on lui avait élevé dans la cathédrale de Sens, XXVI, 487.

Dupéry, jeune homme emprisonné à Calais pour cause de viol et de rapt, s'occupa dans son cachot de livrer la ville aux Anglais, et expia sa perfidie sur la roue, XII, 338.

Dupin (M.), avocat célèbre, I, 17; XIV, 415. Son plaidoyer en faveur de l'auteur accusé de diffamation envers la municipalité de Toulon : il y établit que l'occupation de cette ville par les Anglais étant un fait historique, l'auteur a pu en parler comme tous ceux qui avaient traité le même sujet avant lui; il expose rapidement les circonstances accompagnant la livraison de Toulon par ses propres citoyens, extrémité à laquelle ils ont été forcés par la nécessité, mais qui ne constitue pas un acte de fidélité; la manière dont la municipalité toulonnaise délibéra pour savoir s'il y avait lieu à poursuivre l'auteur comme coupable de diffamation. M. Dupin montre qu'il n'y a pas de véritable plaignant, puisqu'une municipalité ne peut porter plainte au nom d'une ville entière; que l'article incriminé n'est pas diffamatoire; que, quand même il y aurait atteinte à la considération des magistrats municipaux, et de la ville de Toulon, l'auteur ne peut être condamné qu'autant que les faits avancés par lui seront faux; il résume son discours en esquissant quelques traits à la gloire de l'auteur, et à la louange des citoyens de Toulon, qui déplorent la fatale nécessité où ils ont été entraînés en 1793, XV, xxj à lxxx. Autre plaidoyer de M. Dupin, en faveur de l'auteur accusé d'avoir provoqué à la haine et au mépris du gouvernement du roi, dans une notice biographique sur les frères Faucher, lxxxvij Discours qu'il prononça, contre la même accusation, devant la cour royale où l'auteur en avait appelé : il y expose les vexations arbitraires de la censure, et montre que le prévenu n'a pas eu l'intention de provoquer et n'a pas provoqué à la haine et au mépris du gouvernement du roi, xcvj.

Dupinet (Antoine), né à Beaume-les-Dames, XI, 134.

Duplantier (M. le baron). Travaux et embellissements qu'il fit exécuter à Mont-de-Marsan, lorsqu'il était préfet de cette ville, VIII, 72.

Dupleix (M.) fait présent à l'abbé Delaville de deux magots en porcelaine du Japon, III, 422.

Duplessis (M.), premier peintre de Louis XVI, IX, 259,

Duplessis (Guillaume), seigneur de Vezenobre, se porte l'un

des accusateurs du pape Boniface VII, V, 256.
DUPLESSIS-GRENEDAN (M.), conseiller au parlement de Bretagne, député au corps-législatif, XII, 476
DUPLESSIS-MORNAY. Quelques détails sur ses premières années; il revient en France, aux approches de la Saint-Barthélemy; échappe au sort de ses coreligionnaires, se réfugie à Londres, et vient secourir Henri IV et sa patrie de sa plume et de son épée. Nommé gouverneur de Saumur, il fortifie cette ville, y fonde une université, et s'y distingue par sa tolérance et son équité. Sa mort, XXV, 418 à 421.
DUPONT (M.) professeur à Paris. Ce qu'il dit sur le préjudice que le mélodrame porte à l'art dramatique et sur les moyens de le rendre utile à l'instruction du peuple, V, 347.
DUPONT (M.), tourneur, prototype de ces maris faciles, dont les femmes poursuivent des intrigues galantes, VII, 264.
DUPONT (le général) Occupations auxquelles il se livrait pendant son exil au fort de Joux, XI, 83.
DUPONT (M. François), négociant de Rouen, XIII, 184.
DUPONT (M), député de l'Eure, élu, malgré toutes les manœuvres ministérielles, XIII, 86, 99. Son intégrité et sa justice comme magistrat, 108. Zèle avec lequel il rend à la liberté et à la vie des malheureux que l'autorité voulait frapper comme des coupables, X, 109. Ses concitoyens lui font hommage de la terre du Hom, 111.
DUPONT-DERVAL (le général), tué à la Moskowa, XIII, 134.
DUPORT DUTERTRE, auteur de *la France littéraire*, d'un *Abrégé de l'histoire d'Angleterre*, et de plusieurs autres ouvrages, XII, 414.
DUPORT-LAVILLETTE (M.), l'un des plus modestes et des plus habiles jurisconsultes de Grenoble, X, 90.
DUPOUY, veuve et fils (madame), commerçants de Dunkerque, XII, 324.
DUPRAT (le chancelier) est compté parmi les bienfaiteurs de l'Hôtel-Dieu, III, 314; XXVI, 279.
DUPRAT (le cardinal), dont on voit le mausolée dans la cathédrale de Sens, XXVI, 487.
DUPRÉ-SAINTE-MAURE, ancien sous-préfet de Beaune, auteur d'un *Essai sur les relations commerciales* du département de l'Aude, XXVI, 431.
DUPUIS père (M), propriétaire de la principale blanchisserie que l'on remarque à Saint-Quentin, XII, 15.
DUPUIS fils (M.), l'un des principaux apprêteurs de toiles à Saint-Quentin, XII, 15.
DUPUISROMY (M.), commerçant de Saint-Malo, XII, 401.
DUPUY, guerrier, se signala par sa valeur en défendant la ville de Montauban, VIII, 325.
DUPUY (Raymond), premier grand-maître de l'ordre de Saint-Jean-de-Jérusalem; campagne possédée par un de ses descendants, aux environs de Montauban, VIII, 340.
DUPUY (le général), VIII, 429.

DUPUTEL (M.), auteur de poésies légères, XIII, 207.

DUPUY (M.), poete agréable et avocat distingué, IX, 277.

DUPUYTREN (M.), célèbre chirurgien, né à Cherbourg, XXV, 303.

DUQUESNE (M. Louis), propriétaire, et ancien membre de la commission du musée à Douai, XII, 176.

DUQUESNE (Abraham), fameux marin, né à Dieppe, vainquit Ruyter, et ne put obtenir un tombeau en France, parcequ'il était protestant, XXV, 21, 30.

DUQUESNE-DERVEAUX (M.), fabricant de Roubaix, XII, 288.

DUQUESNOY (M.) éleva à Pépinville une belle verrerie à bouteilles, XI, 503.

DURANCE (la), rivière qui commence à paraître au pied du Luberon, et va se jeter dans le Rhône, IX, 217; X, 251. Offres faites par une compagnie de Juifs pour encaisser la Durance entre des digues, afin qu'elle ne puisse endommager les champs fertiles qu'elle arrose, *ibid.*

DURAND (M.), jeune homme épris d'une jeune fille de la rue Vivienne, VII, 77.

DURAND et fils (MM. F.), commerçants de Montpellier, IX, 112.

DURAND (M.), banquier à Grenoble, X, 92.

DURAND (MM.), éditeurs l'un et l'autre, et de concert avec M. Grangent, d'un ouvrage intitulé les *Antiquités du midi de la France*, IX, 195.

DURAND (dom Léopold), bénédictin qui dirigea les travaux du moderne palais de Commercy, XI, 435, 439.

DURAND, qui fut brûlé vif, pour avoir écrit contre le Roi, XIV, 507.

DURAND (mademoiselle). Sa captivité à la tour de Constance, à Aigues-Mortes, XVI, 135.

DURAND (M.), propriétaire du château de Billi-la-Basme, XXVI, 30.

DURAND (Jean), physicien et médecin de Philippe-le-Hardi, chargé par ce dernier d'exécuter un travail sur la Bible, XXVI, 458.

DURAND-SUBLEYRAS (M.), architecte distingué de Nimes, IX, 191.

DURANTE, compositeur italien, III, 59.

DURANTI (Jean-Etienne), savant jurisconsulte, magistrat irréprochable, citoyen courageux, VIII, 426.

DURATY, basque, habile joueur de paume, VIII, 135.

DURDANT (la rivière de), qui embellit le château et le parc appartenant à M. de Cany, XXV, 15.

DURDENT, auteur de quelques ouvrages d'éducation et de plusieurs romans, XIII, 197.

DUREL (madame) consacra ses jours à secourir les prisonniers, dans la demeure desquels elle contracta une fièvre pernicieuse qui la conduisit au tombeau, IX, 296.

DUREMONT (M.), chef d'administration dont le portier Grounmann favorisa la fuite pendant la révolution, et qui revit sa femme par suite du dévouement de cet excellent homme, XV, 153.

DURENARD (M.), marguillier de sa paroisse. Stratagème qu'il

TABLE GÉNÉRALE, T. XXVII.   12

emploie pour augmenter les revenus de la fabrique, V, 110 et suiv.

DURESNEL (l'abbé), versé dans la littérature anglaise et traducteur des *Essais* de Pope, XIII, 196.

DURFT (madame), cantatrice de l'Opera-Comique, III, 296.

DURET, habile chirurgien, né à Brest, XII, 520.

DURFORT, modèle de l'amitié indifférente, I, 325.

DURIFUX (le général), né dans les Landes, VIII, 63.

DURIVAGE (M.), propriétaire d'une ferme à Chaville, II, 139.

DURLAT (Adélaïde de), femme de Roger II. Ses amours avec le troubadour Arnault de Mareuilles, XXVI, 242.

DUROC (le maréchal du Palais), né à Pont-a-Mousson, XI, 321.

DURUFLÉ (M Constant), fabricant de draps à Elbeuf, XIII, 117, 131.

DURUTTE (le comte), lieutenant-général, XII, 181.

DURVAL, cité comme un écrivain habile à tempérer d'un sel attique l'amertume de l'ironie, III, 402.

DURVENTE, prototype de ces sots qui, avec de la patience et de l'effronterie, finissent par avoir la réputation d'hommes d'esprit, XV, 289.

DUSAULT (Jean), écrivain énergique et concis, XXVI, 102.

DUSILLET (M.), maire de Dole, fait recueillir les ossements des Dôlois morts, en 1479, les armes à la main, XI, 89. Zèle infatigable qu'il déploie pour améliorer le sort de ses administrés, 93. Ses soins pour ranimer le goût des lettres et des arts; son talent comme poete, 97. Il fait démolir *le cachot des sorciers*, 168, 169.

DUSSAULX, auteur d'un ouvrage sur le jeu, V, 84.

DUSSERRE-TELLEMONT (M.), curé de la commune de Guillaume-Pérouse, se distingua par sa rare bienfaisance envers les habitants de cinq hameaux qui avaient été ensevelis sous les neiges, X, 228.

DUSSIEUX (M.), médecin distingué de Tarbes, VIII, 213.

DUTAC (M.), jeune peintre paysagiste, XI, 422; XXII, 13, 25. Son tableau de la *Cascade de Tandon dans les Vosges*, 59.

DUTEIL, auteur provençal. Déconvenue qu'il essuie au sujet d'une pièce qu'il a présentée, II, 227.

DUTERRIER, convive du Franc-Parleur. Son caractère dans la société, IV, 35. Il se déclare ennemi du vieux temps, 256. Raisonnement par lequel il veut prouver que l'amour maternel est un sentiment factice, 360. Il pense qu'on est mère quand on veut l'être, en recourant à cette maternité dont l'hospice des Enfant-Trouvés est la source intarissable, 361.

DU FERTRE (le P.), dominicain, auteur de l'*Histoire générale des Antilles*, XII, 341.

DUTHÉ, célèbre courtisane, II, 197.

DUTILLAIS (madame), femme d'un certain âge, prend des leçons au manége de Sourdis, III, 169.

DUTILLEUL (M.), l'un des principaux commerçants de Lyon, X, 371.

DUTILLOY (M.), banquier à Lille, XII, 268.

DUVAIR (le chancelier), garde-des-sceaux, refusa d'obéir à Louis XIV, lorsque ce monarque lui enjoignait d'apposer le sceau royal à un acte que réprouvait sa conscience, XXVI, 298.

DUVAL, solliciteur empressé au moment de la restauration, IV, 129.

DUVAL (M. Alexandre), membre de l'institut, XII, 475.

DUVAL (M. Amaury), membre de l'institut, I, 6; XII, 475, XXI, xj.

DUVAL (M. Félix), directeur actuel du jardin des plantes de Montpellier, IX, 111.

DUVAL (Henri Auguste), médecin distingué, né à Alençon, XXV, 130.

DUVAUCEL, savant distingué, membre correspondant de l'institut, XIII, 98.

DUVERGIER, abbé de Saint-Cyran, ami et disciple de Jansénius, VIII, 87.

DUVERGIER (Aimé), colonel, qui avait été condamné à cinq ans de détention. Il sort de Sainte-Pélagie par le dévouement de M. Eugène Pradel, XV, 22. Exil volontaire auquel il se condamne, 36.

DUVERNET (M.), habile joueur à la bourse. Il entraîne l'Ermite dans une opération d'agiotage sans succès, et lui fait perdre une somme assez considérable, VI, 52.

DUVERNOIS, savant naturaliste, né à Montbéliard, XI, 164.

DUVIGNAU, qui dénonça Marat et Robespierre, et périt victime de son dévouement patriotique, VIII, 298.

DUVILLIER-FERDINAND (M.), commerçant de Turcoing, XII, 289.

DUVIVIER (M.), habitué de la Comédie-Française, passionné pour Corneille et Racine, III, 56.

DUVIVIER (M.), ingénieur, qui donna le plan et posa les fondements du pont du Gard, IX, 207.

DUVIVIER (M.), antiquaire, X, 273.

DUVIVIER (M.), peintre. Son tableau de *Cymodocée*, XXII, 146.

DUVOISIN-CALAS (M.) petit-fils de l'infortuné Calas, jeune homme qui a tenté, avec assez d'avantages, quelques essais poétiques, VIII, 393.

DYLE (le département de la). Efforts tentés pour en faire disparaître la mendicité, I, 179; IV, 251; XIV, 354.

E.

EAQUE, l'un des juges des enfers, XIV, 300.

EAUBONNE, village dans la vallée de Montmorency aux environs duquel on voit la maison où Saint-Lambert passa les dernières années de sa vie, III, 185.

EAUX (les) : de Spa, III, 230; de Plombières, 235; de Dinan, en Bretagne, dont la vertu est souveraine, 239. Les poètes des eaux, 243. Dans les pays célèbres par leurs eaux thermales, les événements se pressent avec plus de rapidité; on y vit, pour ainsi dire, plus vite, VIII, 224.

EBLÉ, général d'artillerie, mort

a Kœnigsberg, à son retour de Russie, XI, 497.

ÉCOLE, village où se trouve *le quartier-général* des missionnaires de la Franche-Comté, XI, 145. Bâtiments qu'ils y occupent, *ibid.*

ÉCOSSAIS (les). Ce qu'ils entendent par la *seconde vue* ; fait cité à l'appui de leur opinion, V, 58.

ÉCOUIS, bourg, dut jadis sa renommée a Enguerrand de Marigny, qui y avait fondé un hospice, XIII, 54 Épitaphe singulière que l'on trouve dans l'église de ce lieu, 55, 79.

ÉCOUVES (la forêt d'), remarquable par ses cimes verdoyantes et chenues, XXV, 111.

ÉCRIVAINS (les). Sentiments qu'ils doivent éprouver au terme de leur carrière, lorsqu'ils l'ont fournie avec candeur, franchise et utilité pour leurs semblables, I, 1. Un jeune écrivain dramatique briguant les suffrages d'un salon, II, 219. Cause qui rend les mariages plus rares parmi les auteurs que dans les autres classes, IV, 208. Petit malheur imaginaire auquel ils sont exposés dans leurs familles, V, 175. Sous Louis XIV, les gens de lettres jouissaient d'une estime individuelle qui ne s'étendait pas à leur profession, l'ignorance étant encore le partage d'un grand nombre de nobles, 270. Ils leur insinuèrent peu à peu l'amour des études libérales, 271. L'alliance entre les écrivains et les nobles ne fut jamais plus étroite, ni plus générale, qu'au dix-huitième siècle, 272. L'injustice a presque toujours été la récompense des hommes qui ont consacré leur vie à l'instruction de leurs compatriotes ; ce que les gens de lettres ont souffert de la révolution ; réformes qu'ils avaient indiquées, 273. Courage de quelques uns au milieu de la terreur; leur résistance héroïque aux séductions de la puissance, 274. Chemins étroits par lesquels les gens de lettres marchent à la fortune, 275. Aptitude des vrais hommes de lettres pour tous les emplois, 276. Tout écrivain doit être prêt à rendre compte de sa conduite et de ses opinions politiques, 298. Influence du genre de vie et de la position particulière des gens de lettres sur la composition de leurs ouvrages, sous Louis XIV, au dix-huitième siècle et de nos jours, 380. Les généreux sentiments ne sont pas inaccessibles aux hommes qui exercent la profession des lettres, et ne l'exploitent pas comme un vil métier, VI, 300. Les écrivains et les orateurs qui se dévouent à la cause de la patrie n'ont pour récompense que l'estime publique, XIV, 415. Mobilité des opinions de la plupart de ceux qui parlent à la tribune, 416. Ceux qui se vouent à la défense des vérités, de la morale, et des principes de la liberté publique, ne peuvent passer inaperçus au milieu des troubles civils, XV, iij.

EDELINDE, abbesse du couvent de Sainte-Odile, cultiva les lettres et la poésie avec succès, XI, 272.

EDMOND, jeune homme désappointé au sujet d'un tendre rendez-vous, V, 216.

Édouard, roi d'Angleterre, pour venger les Normands rebelles que Philippe de Valois avait fait décapiter, assiège Carentan et Saint-Lô, et fait de magnifiques funérailles aux victimes de sa cause, XXV, 304.

Édouard III, roi d'Angleterre, s'empare de Calais, en chasse les habitants, et les remplace par des familles anglaises, XII, 336.

Édouard, prince de Galles, est cité au parlement de Paris par la Guienne révoltée, XXVI, 203.

Éducation (l'). Quelques réflexions sur celle des jeunes filles, I, 78. Éducation d'une jeune fille dans un pensionnat, et d'une autre à la maison paternelle; effets de cette diversité d'enseignement, 192. Inconvenance de l'éducation imitative, VII, 65. Le mode actuel d'éducation présente une lacune, en ce qu'on néglige cette gymnastique qui prépare les jeunes gens à devenir un jour de bons soldats, XIV, 199. Les exercices militaires doivent être un des éléments de l'éducation, 200. Celle-ci a pour objet d'augmenter les lumières de l'esprit, et de développer les vertus du cœur, 426. Points de vues divers sous lesquels les anciens l'ont considérée, 427. Chez la plupart des peuples anciens, l'éducation n'était jamais démentie, 431. L'éducation de la famille a été beaucoup perfectionnée par la révolution, 433. Degrés par lesquels passe l'enfant pour son éducation, 434. La source même de l'instruction fausse souvent la morale, 435. Contradictions qui se rencontrent dans l'éducation des écoles; l'enfant y trouve dans ses livres des sentiments, des pensées que ses maîtres cherchent à comprimer par des pensées, par des sentiments contraires, 437. Jusqu'au seizième siècle l'éducation était sous la dépendance des cathédrales, 443. Exemples des étranges contradictions que présente l'éducation du monde, 444 *et suiv.* L'éducation contribue au bonheur et aux vertus du peuple, XV, 181.

Éduens (les), l'un des plus puissants peuples parmi ceux de la Gaule. Les guerres perpétuelles qu'ils avaient contre les Séquanais étaient la source des inimitiés nationales, IX, 36. Autun, nommé alors Bibracte, était leur principale ville; ils fondèrent Milan, après avoir fait une invasion à Rome; reçurent dans leur alliance les concitoyens de César, et avaient déjà fait partie de l'expédition de Brennus, XXVI, 418. Ils furent les premiers qui profitèrent de la faveur accordée par Claude aux Gaulois, celle de siéger au rang des sénateurs, 419.

Effiat (d'), célèbre par sa galanterie, II, 190.

Égalité (l') civile a été déclarée en France par l'assemblée constituante et par la Charte constitutionnelle, XIV, 73. Tout ce qui tend à la troubler est immoral; le partage égal des successions entre les cohéritiers est une de ses plus sûres garanties; elle est le principe des états libres; on la retrouve encore en partie devant les tribunaux, 74; le triomphe des vérités morales et politiques qui la proclament est inévitable, 75.

Egoïsme (l'). Ses progrès en France depuis la révolution, IV, 57. Différents exemples d'égoïsme, 58 *et suiv.* Il n'a rien de commun avec l'amour de soi qui est le fondement de toute morale, XIV, 15.

Eguilhard, où l'on voit une belle papeterie, XI, 504.

Égyptiens (les). Lois en vigueur chez eux contre la mendicité, IV, 249. Chez eux, certaines familles se consacraient au service des temples et de la Divinité, XIV, 66. On pouvait saisir les biens d'un débiteur, mais il n'y avait jamais de prise de corps contre lui, 255. Serment que prêtaient leurs juges, 299. Ce qu'était l'Egypte sous le rapport politique, XVIII, 219. Habileté de ce peuple à varier les couleurs des étoffes de laine, et à travailler le lin et le coton, XXII, 288.

Ehrenfried, poete alsacien, XI, 273.

Ehrlen, Strasbourgeois, distingué par ses connaissances variées, XI, 271.

Elbée (d'), général vendéen, seconde Charette dans l'attaque de Nantes, XII, 583.

Elbène (Chrysostôme-Alcimadure d'), abbé du temps de la Ligue, loue le régicide Jacques-Clément, XV, 221.

Elbeuf. Aspect intérieur de cette ville; parallèle entre ses fabriques de draps et celles de Louviers, XIII, 128 Quelques détails sur l'origine de ces établissements industriels, 129 Impulsion donnée à l'industrie et aux manufactures d'Elbeuf; pertes que cette ville essuya lors de la révocation de l'édit de Nantes, 130. Progrès et améliorations dans la fabrication des draps, 131. Caractère de la société d'Elbeuf; goût dominant des Elboviens pour le négoce; hommes distingués qu'ils revendiquent comme leurs compatriotes, 133. Apathie de l'ancienne administration municipale pour ce qui concernait les embellissements et les intérêts de la ville d'Elbeuf, 135. L'hôpital; la maison de la Providence, 136. Aspect des villages circonvoisins, 137. Système de navigation d'Elbeuf à Rouen, *ibid.* Espèce d'insociabilité des Elboviens, 138. Coutume qu'ils ont d'ajouter des noms à ceux que l'on porte déja, 139.

Eldebert, comte d'Ostrevant, fonde à Denain une abbaye de bénédictines qu'il dote richement, XII, 139.

Élections (les). L'indolence d'une foule de citoyens à s'y rendre a pu contribuer aux maux qui ont pesé sur la France; importance des devoirs d'électeur; nécessité de les remplir avec une scrupuleuse exactitude, VIII, 135. Ce que la loi de floréal prescrivait dans le cas de scission dans les bureaux, *ibid.* Inconvénients de la nouvelle loi sur les élections; intrigues en usage dans les collèges électoraux, 136. Difficulté des bons choix; en quoi consiste la difficulté dans les élections, 137. Le mérite et les lumières sont un des principaux titres à la dignité de député, 138.

Éléonore de Guyenne se sépare

de Louis-le-Jeune, son époux, parcequ'il s'entêtait à se faire raser, III, 17.

ELHORNE, rivière qui arrose les deux collines voisines de Landernau, XII, 505.

ELISABETH, reine d'Angleterre. Ses troupes occupent le Havre, et en sont repoussées par le prince de Condé, XIII, 263.

ELISABETH de France partagea le sort de son auguste frère, XV, 143.

ELISABETH d'Orléans, fille de Marguerite de Lorraine, et femme de Louis - Joseph de Lorraine, duc de Guise, fit construire l'hôtel-de-ville d'Alençon après la mort de son mari, XXV, 113.

ELLÉ (l'), rivière qui coule avec lenteur sur un lit de sable parmi des fleurs et des gazons toujours verts, XII, 549.

ELLEMER frères (MM.), propriétaires d'une blanchisserie de toile et de mousseline située à Sainte-Marie-aux-Mines, XI, 224.

ELLEVIOU, acteur célèbre de l'Opéra-Comique. Préjudice que sa retraite porte à ce théâtre, III, 345. Son pays natal, XII, 480; XXI, xij, 147.

ELNON, dénomination sous laquelle était autrefois connue la petite ville de Saint-Amand, XII, 213.

ELOI (saint). Miracle qu'il fit dans l'église d'Ampuis, X, 290. On lui attribue la fondation de Dunkerque, XII, 308.

ELTZ (l'), rivière qui se jette dans la Moselle, XI, 468.

ELWAL, moine anglais, auteur d'un ouvrage obscène, XIV, 64.

ELZFTIE (le ruisseau d'), sur lequel se trouvent les forges de Villerupt, XI, 500.

EMBRUN. Fertilité de son territoire, X, 242. État de l'agriculture dans ce canton, 243. Retards que l'atmosphère occasione dans la maturité des récoltes, 244. Population d'Embrun, 245. L'ancien collège y sert de prison; le palais des archevêques, 246. Prérogatives dont jouissaient ces prélats, 247. La cathédrale; sièges soutenus par les habitants, 248. Leur commerce, 249. Quelques uns de leurs compatriotes les plus célèbres, ibid.

EMÉRIAU (le vice-amiral) vit maintenant dans la retraite, après avoir fourni, dans son arme, une carrière honorable, XII, 537.

EMERIGON (M.), magistrat célèbre, né à Bordeaux, VIII, 22.

EMILIA, vestale qui périt victime de l'amour, XIX, 5.

EMINE (personnage du roman de Cécile), jeune villageoise aimée de son cousin Boson, et qui, pour soulager la vieillesse de ses parents, consent à épouser son parrain Laourens, quoiqu'elle ne l'aime pas; Cécile de Clénord procure aux jeunes amants le moyen de mettre le comble à leurs vœux; reconnaissance qu'ils portent à leur bienfaitrice, XXIV, 110 à 117.

EMMANUEL DE DEO, vertueux Napolitain, qui mourut plutôt que de dénoncer ses amis, XIV, 566.

EUPAIRE (M.), négociant, remplit les fonctions de juré dans le premier procès de l'auteur, XV, lxxxvij.

EMPII (Nièvre) possède une manufacture de produits en cuivre, XXII, 437.
ENCAUSSE (la baronne d'), célèbre par les prix qu'elle a remportés aux jeux floraux, VIII, 428.
ENCHIR, peintre de l'antiquité, XXII, 68.
ENGELBERT (le château d'), au pied duquel est bâtie la petite cité de Thann, XI, 202.
ENGELMANN (M.), lithographe distingué, XXII, 150.
ENGOULE-VENT, bourgade de la Saintonge, XXVI, 221.
ENGRESHIN (le ruisseau d'), près duquel est située la petite ville de Foug, XI, 431.
ENJALRAN (M.), père de la dame Manson compromise dans l'affaire de l'assassinat de M. Fualdès, IX, 14.
ENNUI (l') n'est point un vice de conformation, mais une maladie de l'ame, VII, 27. Il atteint l'homme dans sa fleur, et s'attache à ces jeunes gens vieillis avant l'âge, et blasés sur des plaisirs qu'ils n'ont jamais goûtés, XV, 165.
ENRIÈRES (M. B.), commerçant de Montpellier, IX, 112.
ENSISHEIM, petite ville de l'Alsace, remarquable par le canal de Neufbrisach qui l'environne, par l'ancien collège des jésuites, converti en dépôt de mendicité, et par ses vins, XI, 202.
ENTRAGUES (d'). *Voyez* Caylus.
ENTRECASTEAUX (d'), illustre navigateur, IX, 308.
ENUPERIUS, qui fut professeur de rhétorique à Toulouse, VIII, 422.
ENVIE (l'). Sa définition d'après La Motte; dehors sous lesquels elle se montre, IV, 138.

EPAMONIDAS prouve, par son exemple, que l'éducation de la plupart des peuples anciens n'était jamais démentie, XIV, 431.
EPAPHRODITE, esclave de Néron, XIV, 85.
EPÉE (l'abbé de l'), auteur du système adopté pour l'éducation des Sourds-Muets, II, 390.
EPERNON, ville située à quelque distance de Chartres, XXVI, 84.
EPHÈSE, ville fondée par les Amazones, XIX, 182.
EPIGRAMME (l'). Dénominations que les anciens lui donnaient; chez nous elle n'est plus qu'un trait malin, XVII, 66. Le dix-huitième siècle a été fertile en épigrammes, 69.
EPINAL (Charles de l'), ancien évêque de Dol, qui défendit vaillamment cette ville dans un siège qu'elle soutint, XII, 358.
EPINAL, ville qui soutint un siège contre l'armée de Louis XIV, et fut démantelée en punition de sa résistance; sa population; sa situation; son aspect intérieur; richesses littéraires qu'on y remarque; l'ancien collège des jésuites converti en hôtel de préfecture; commerce de cette ville, XI, 332. Son industrie; les jardins de M. Doublat, 333. Hommes distingués dont s'honore Epinal, 334.
EPINAY (madame d'), célèbre par ses réunions, III; 69. Attachement qu'elle portait à J. J. Rousseau, 184.
EPINAY (M. d'), avocat distingué du Port-Louis, XXII, 466.
EPIVAL (Charles) (personnage du roman de *Cécile*), décrit à Ana-

tole de Césane tout le plaisir que lui ont causé ses lettres, et l'impatience avec laquelle il desire l'embrasser, XXIII, 62. Son embarquement pour Surate; le vaisseau à bord duquel il était ayant été capturé après une longue résistance de l'équipage, il devient esclave du chef des forbans, et subit les rigueurs de cette condition, 65. Il est abordé par Anatole, qui, retrouvant en lui un compatriote, s'intéresse à son sort, et lui raconte ses aventures, 67. Il part pour l'île de France, tandis que son ami reste en otage, 72. Revient, et trouve ce dernier libre et considéré, 73. Il sait s'abstenir de certains plaisirs auxquels se livre son ami, 81. Est blessé dans une lutte contre les Chingulais; se précipite dans la rivière pour arracher des bras d'un lascar Laméa, amante d'Anatole; frappe le lascar qui venait de tuer la Chingulaise, 88. Il assiége la prison où son ami était renfermé, et le délivre, 89. Il lui écrit de Rennes pour lui parler d'une succession qu'il a recueillie d'un vieillard célibataire qui en avait éloigné deux de ses neveux; peint le mécontentement que la mesure du baron de Saint-Maurice cause à ces derniers, et la joie qu'ils éprouvèrent lorsque lui, Charles, leur fit la résignation de la rente, 99 à 105. Il engage Anatole à se méfier de l'impression qu'a faite sur lui la vue de Cécile de Clénord, 142. Préconise les vieux châteaux dus aux siècles de la chevalerie, 144. Conseille à Anatole de fuir plutôt que de manifester pour Cécile un amour que des raisons puissantes doivent l'empêcher d'entretenir dans son cœur, 170 à 174. Rend compte de l'état de ses affaires, 192. Fait l'éloge de son frère Victor, sous le rapport du caractère et du talent qu'il déploie dans le barreau, 193. Propose à son ami de voyager en Europe pendant un an, 198 L'exhorte à diriger sagement son amour, puisqu'il n'est plus temps de le cacher, et que de l'aveu de cet amour dépend la vie de Cécile, 213. Conseils par lesquels il l'engage à ne point jeter dans une douleur irrémédiable la famille Clénord, en ne modérant pas son amour pour Cécile, 264. Il lui montre qu'il compromettrait également le bonheur de son amante et de sa mère, 266. Tout en convenant qu'il est peu de personnes aussi séduisantes, il l'invite à ne point hasarder une seconde fois la vie de celle qu'il aime, 268. Il le presse d'éviter les occasions d'entretiens trop passionnés, et d'appeler à son secours cette philosophie dont il était si fier autrefois, 269. Il revient à l'éloignement auquel il l'avait déja exhorté, et explique le motif qui l'a porté à choisir de préférence le courrier auquel il a confié sa lettre, 270. Parle de ses assiduités innocentes auprès de madame de Neuville; du caractère de cette personne, et du reproche qu'elle lui fait de son austérité, 272. Il rappelle à Anatole le trait d'un ecclésiastique qui, sur le point de déshonorer une jeune personne dont il était précepteur, et accablé des bontés du père de son élève, se donna la mort, plutôt que de consommer son crime, 297. Rend compte d'une scène qui s'est passée sous les yeux de M. de Clénord, et où Cécile a montré, par ses sanglots, l'aversion qu'elle éprouve pour Montfort, XXIV, 37. Rapporte la réponse que celui-ci fit à Cécile lorsqu'elle eut prononcé qu'elle ne voulait pas se marier, 39. Il apprend à Anatole que madame de Neuville et Cécile se disposent à partir pour Barèges, 41. Il cherche à redresser les opinions d'Anatole, sur la véritable destination de l'homme, 68. Lui confie quelques unes de ses idées sur l'orage politique qui menace la France, 71. Lui parle de son acquisition du château des Bruyères, et de la joie que ce marché répand dans l'ame de l'ancien propriétaire, 74. Rappelle Anatole à des idées saines sur la providence, 89. Lui annonce qu'il ira bientôt le chercher pour l'amener aux Bruyères, qu'Albert est parti pour Brest, et que les conférences continuent toujours entre Montfort et le père de Cécile, 94. Parle à madame de Neuville du changement extrême qu'il a remarqué dans la santé de madame de Clénord, 118. Son entretien sans succès avec M. de Clénord, pour le détourner de donner à Montford la main de Cécile, 120. Il annonce à madame de Neuville les progrès de la maladie de madame de Clénord, et sa mort; il lui dit que des prêtresses ont emparés de ses derniers moments pour lui arracher la rétractation du consentement qu'elle avait donné au mariage de Cécile et d'Anatole, 158. Il mande que ce dernier éprouve de grandes altérations dans sa raison, 159. Expose à son frère la triste situation de son ame, aggravée par de douloureux motifs, 166. Il lui peint le délire d'Anatole comme portant encore des marques d'un génie supérieur, et lui envoie l'expression de sentiments pénibles échappés à ce malheureux, 174 à 195. Il retrace les premiers moments de la cérémonie où Cécile allait prendre le voile; le trouble, les excès par lesquels Anatole égaré vint l'interrompre, et les scènes sanglantes qui eurent lieu dans l'église du couvent, 200. Il apprend qu'Anatole a reçu de profondes blessures, 204. Instruit madame de Neuville qu'Anatole a recouvré la raison, 208. Mande la même nouvelle à Victor, et lui raconte les moments où fut constatée la guérison de leur ami, 209. Dit que la mélancolie dans laquelle Anatole est tombé est produite par l'effort de sa raison, qui n'admet aucune des illusions de l'espérance; résolution philosophique où il le trouve, 213. Sans le détourner de son projet de mettre un terme à ses maux, il l'invite à recueillir ses idées, à bien raisonner les motifs qui le guideraient dans cette action, et à se montrer comme un sage qui lutte jusqu'au dernier moment, 218. Il le loue de la dignité avec laquelle il envisage sa position, et, sans rien opposer à ses raisons, appuyées sur des principes qui sont les siens, il lui envoie une lettre de Cécile, 228. Communique à madame de Neuville comment il détourna Anatole de la résolution de mourir ; c'est en le conduisant dans une chambre où il trouve sa fille Nathalie qu'il comble de caresses, et pour laquelle il jure de vivre, 243. Détails qu'il donne sur la scène attendrissante qui a eu lieu entre lui et les bonnes gens à qui Nathalie était confiée, et qui ne la rendirent qu'avec peine ; attendrissement de la nourrice, 248. Il raconte une alerte très vive occasionée aux habitants des Bruyères par la présence de la maréchaussée qui est à la poursuite de celui dont les coups ont fait périr Montfort, 254. Rend compte du stratagème qui fut employé pour intimider et éloigner du château les détachements de maréchaussée qui y vinrent faire des perquisitions, 256. Communique le projet qu'Anatole a formé d'enlever Cécile du couvent, 265. Annonce que cette dernière est au château des Bruyères, et explique la manière dont, avec le secours de Lambert, ils parvinrent à l'arracher du couvent pendant une inondation de la Loire dont les eaux exerçaient de cruels ravages, 272. Il peint la scène touchante du retour de Cécile au château des Bruyères, et l'impression que lui causa la vue de cette infortunée parée de ses anciens vêtements, 278. Il prie madame de Neuville de venir au plus tôt partager leur bonheur, 281. (*Voy.* madame et CECILE DE CLÉNORD,

ANATOLE DE CÉSANE, PAULINE D'AMERCOUR.)

EPIVAL (Victor d'), frère du précédent. Son intervention auprès de deux frères auxquels Charles rend une succession dont leur oncle les avait privés, XXIII, 101. Son caractère misanthropique, 104. Son talent au barreau, 193. Son opinion sur la peine de mort, à propos d'une fille qui avait été condamnée à la peine capitale pour avoir fait périr l'enfant qu'elle venait de mettre au monde, 195.

EPOISSE (le château d'), fameux par ses souvenirs, XXVI, 477.

EPONINE, dame romaine, qui partagea la retraite souterraine de Sabinus, et le suivit sur l'échafaud, XV, 143.

EPTE (l'), rivière sur le bord de laquelle est assis le château de Dangu, XIII, 75.

ERARD (Charles), peintre de mérite, né à Nantes, XII, 592.

ERATHOSTÈNES, historien né à Marseille, IX, 328.

ENCHEMBERT, ancien maire du palais de Dagobert, X, 290.

ERCHINOALD, comte de Paris. Agrandissement qu'il fait à l'Hôtel-Dieu de cette ville, III, 312.

ERISPOÉ, fils de Nominoé, monte sur le trône de Bretagne, et est assassiné par Salomon, son cousin, XII, 365. Il battit les Normands qui s'étaient emparés de Nantes, 577.

ERLACH (le colonel d') devient maître, par trahison, du château de Wildenstein, et le ruine complétement, XI, 207.

ERMENTRUDE, abbesse qui rétablit la règle de saint Benoît

parmi les religieuses de Denain, XII, 140.

ERMITAGE (l'), renommé pour ses vins, IX, 446.

ERMITE (L') DE LA CHAUSSÉE D'ANTIN. Il accueille la proposition que lui fait le libraire de réunir et d'imprimer ses feuilletons en un volume, I, 31. Devient, malgré lui, parrain magnifique, 47. Avantages de sa position d'observateur, 265. Ses courses de moraliste, 275. Souhaits qu'il adresse à ses lecteurs à propos du jour de l'an, 405. Invitation que lui fait une dame de renoncer, dans ses articles, aux plus petites citations de langues étrangères, II, 23. Conseil qu'il reçoit de les surcharger, au contraire, de textes grecs et latins, 24. Il dépeint plusieurs individus dont il reçut la visite dans un bureau de journal, 39. Préjugé de l'Ermite au sujet de la manière dont il doit passer chacune de ses journées, 69. Il fait renaître dans la famille de M. de Sénanges le calme qu'y avait troublé une lettre anonyme au sujet du mariage de sa fille avec Charles d'Hennecourt, 85. Son esprit d'ordre; ses éphémérides, 90. Avantages qu'il en retire pour la comparaison des hommes et des événements, 92. Il extrait de son journal les faits de deux journées, à quarante ans l'une de l'autre, 94. Visites qu'il rend, dans la même soirée, à un commandant, à un financier, et à un prince, 128. Déconvenue qu'il essuie dans une partie de campagne, 140. Visite qu'il va faire, à Sainte-Pélagie, à un prisonnier pour dettes, 236. Efforts inutiles de l'Ermite pour empêcher des jeunes gens de se battre en duel, 372. Portrait qu'il trace de quelques originaux qu'il rencontre au café de Chartres, et qui reprochent à ses discours de renfermer des personnalités, 379. Leçon qu'il donne à un de ses amis, fanfaron de savoir, 388. Il rend visite aux locataires d'une maison qu'il possède rue des Arcis; observations morales qu'il fait sur chacun de ses locataires, 403. Il visite les catacombes, 430. Forme un cabinet de consultation pour les maladies morales, 440. Recettes qu'il donne à un adulateur servile et rampant, 442; à un riche célibataire qui s'ennuie, 444; à une veuve un peu âgée, et qui se dit malheureuse en amour, 446; à un envieux, 447. Songe pendant lequel l'Ermite se croit au temple du Temps, dont une fille jette un regard sur les événements de 1812, 450. Quelques unes de ses réflexions sur ceux qui avaient entrepris la même tâche que lui, III, 3. Ses conseils à un grand, pour interrompre l'ennui qui l'assiège, 35. Il donne les détails d'un mariage et d'une noce populaire à laquelle il assista, 37. Son entretien avec le marquis de Bressac sur l'état de l'ancienne et de la nouvelle musique de l'Opéra, 60. Il assiste à une soirée du grand monde ; observations qu'elle lui a inspirées, 70. Il traite avec un écrivain public pour la transcription d'un manuscrit ; il écrit une lettre que lui dicte une jeune fille pour un soldat, son amant, 155; une autre adressée à lui-même par une dame de condition, et où celle-ci lui reproche son empressement à trahir certains secrets domestiques, 157. Privilèges que sa vieillesse lui obtient auprès des femmes, 162. Il passe une matinée chez madame de Cormeuil, 164. Reçoit une lettre d'un habitant de Pont-à-Mousson, qui lui demande des renseignements sur un collège où il puisse placer son fils, 172. Prend un *coucou* pour aller à Pontoise, 174. A pour compagnons de voyage un notaire de Sanois, et une femme de charge qui affiche une certaine érudition, 178. Les voyageurs déjeunent à Saint-Denis, 180. Ils versent près d'Epinay, 181. Arrivé dans la vallée de Montmorency, on l'oblige à faire partie d'une caravane, 183. Il assiste aux obsèques de madame de Broc, 186. Retourne au château de Soisy, 189. Son séjour à Pontoise; observations qu'il y recueille, 190. Il visite l'ermitage de Bernardin-de-Saint-Pierre, 197. Trouve dans les réunions du peuple des traits piquants pour ses observations morales, 207. Est chargé de surveiller la conduite d'Ernest de Lallé, 218. Se rend à son hôtel, et passe la journée avec lui, 219 *et suiv.* Proteste de la sincérité de son admiration pour le beau sexe, et de son zèle à le défendre, 229. Va aux eaux de Spa, et donne des détails sur la vie qu'il mène en ce lieu, 230. Esquisse le portrait de plusieurs baigneurs, 242. Se trouve à une terre de madame de Lorys, au moment d'une partie de chasse, 253. Utilité que la postérité pourra retirer de ses observations, 289. Sentiments et émotions divers qu'il éprouve à la vue de la place de Grève, 303. Il se rend, avec un docteur, à la conciergerie; impression profonde que fait sur lui la vue d'un condamné qui allait marcher à l'échafaud, 304. Parvenu au logement du concierge, il y trouve un contraste frappant avec la scène dont il vient d'être témoin, 308. Il adresse à l'Ermite de la Guyane un résumé des événements et des choses remarquables qui ont eu lieu dans le cours de l'année 1813, 329. S'entretient avec son médecin sur les incommodités et les goûts bizarres de la vieillesse, 353; sur les recettes générales de la médecine, 355; sur les excursions nécessaires à sa santé, et desquelles il doit tirer de grands avantages pour ses observations, 356; sur l'influence du climat sous le rapport physique et moral, 358. Réponses qu'il fait à plusieurs lettres : à celle d'une dame qui veut quitter Paris où elle se sent tourmentée du besoin de critiquer, et de la démangeaison d'écrire, 363; à celle d'une dame qui lui demande des conseils sur la manière de composer sa bibliothèque, 365; à celle d'une jeune demoiselle qui le croit beaucoup plus jeune qu'il n'est, *ibid.*; à celle d'une jeune provinciale qui desire venir à Paris, 367. Sa réponse à un écrivain qui lui a communiqué un manuscrit sur l'économie politique, 368; à un de ses lecteurs qui lui indique des questions scientifiques à traiter, *ibid.* ; à un jeune auteur malheureux dans ses premiers essais, 369. Il assiste à une fête *des Rois* dans la famille d'un vieux camarade, et la fève lui échoit, 378. Se sert, pour pénétrer les corps opaques, d'une lunette que lui avait donnée un négociant turc, 386. Répond à un écrivain qui l'avait réfuté sur des assertions de peu d'importance, 393. Description de sa cellule, de son mobilier, 418. Sa bibliothèque, et les portraits de famille, *ibid.* Son domestique, 422. Ses réflexions sur la prise de Paris, 427. Il peint les diverses émotions que lui firent éprouver les événements de 1814 ; émotions qui, ajoutées à son âge, lui occasionèrent une maladie, 436. Il se rend sur le passage de *Monsieur*, frère de Louis XVIII, rentrant à Paris, 441. Ses derniers moments, 444. Son testament, 453. Sur les bords de l'Achéron, il converse avec M. Geoffroy et un colonel de hussards, au sujet des événements qui se passent sur la terre, IV, 180.

ENMIZENDE, nièce de don Pelage, qui devint l'épouse d'Alphonse, duc de Biscaye, XIX, 292.

ERMONDE, femme du pays chartrain qui souffrit le martyre, XXVI, 112.

ERNECOURT, petite ville située à quelque distance de Bar-le-Duc, XI, 445.

ERNECOURT (Barbe d'). *Voyez* madame de SAINT-BALMONT.

ERNOUF (Jean-Augustin), lieutenant-général, né à Alençon, XXV, 127.

ERORITZ, l'une des bourgades formant le village d'Ustaritz, VIII, 142.

EROUARD, maçon qui osa tenter de remettre d'aplomb le portail de l'église Notre-Dame, au Hâvre, XIII, 265.

ERRARD (Jean), guerrier distingué, qui a écrit le premier sur la fortification, XI, 444.

ERWIN, architecte, qui donna les dessins des flèches de la cathédrale de Strasbourg, XI, 256.

ERYTHRÉE, sibylle célèbre, qui rendait les oracles en chantant, V, 41.

ESCAILLON (l'), rivière qui coule non loin de Famars, XII, 138.

ESCALETTE, descente rapide audehors de Bagnères, VIII, 235.

ESCAUDOEUVRES (le château d'), qui fut renversé pour l'emplacement de la citadelle de Cambrai, XII, 53.

ESCAUT (l'), rivière qui prend sa source derrière l'enclos de l'ancienne abbaye du mont Saint-Martin, XII, 37. Cours de ses eaux, 38, 125, 126.

ESCOBAR, jésuite, indique, de concert avec le père Lainez, à l'abbé Menu, les moyens de renverser peu à peu la Charte constitutionnelle de France, d'abolir toutes les institutions que l'on doit au retour de la légitimité et de s'arroger un pouvoir absolu, XVI, 28 *et suiv.*

ESCORBIAC (M. d'), commerçant Montalbanais, VIII, 348.

ESMÉNARD (M.), littérateur distingué, auteur du poème de *la Navigation*, I, 4 ; IX, 308. Remarques sur les changements et les additions qu'il fit dans l'opéra de *Fernand-Cortez*, XIX, 105.

Esmlnard (mademoiselle Inès), artiste-peintre en miniature, XXII, 149.

Espagnolet (l'), peintre distingué, X, 384.

Espagnols (les). Leur admiration exclusive pour les artistes et les divertissements de leur pays, II, 27. En 1815 ils font une démonstration sur Bayonne; mais les habitants de cette ville s'étant levés en masse, ils furent obligés de renoncer à leur projet, VIII, 88. Appareil de férocité qu'ils déployaient dans les sacrifices humains, XIV, 38. Efforts qu'ils tentèrent inutilement pour étendre les limites de la monarchie constitutionnelle, 140. Ils rétablirent dans leur vigueur certaines forces nationales qui leur rendirent de grands services, 200. Lorsqu'ils furent devenus maîtres d'une partie des trésors du Nouveau-Monde, ils dédaignèrent l'industrie, XXII, 297. Traitements horribles qu'ils exercèrent envers les Français qui se trouvaient à la Floride; représailles dont ils furent victimes, XXV, 20.

Espelette, bourg du pays basque, et la première station, en France, du petit commerce de laine que les Espagnols font à dos de mulet, VIII, 117.

Espercieux (M.), statuaire. Son *Diomède enlevant le Palladium*, et son *Philoctète en proie à ses douleurs*, XXII, 166.

Espinchal (les seigneurs d'), dont la ville de Massiac était un des apanages, XXVI, 302.

Espinchard, voyageur et historien, né à La Rochelle, XXVI, 175.

Espions (les) ne peuvent être admis à déposer en justice comme témoins, XIV, 334. La politique les emploie, comme la médecine emploie les poisons; ils sont désavoués par la morale, brisent les liens les plus doux de la société; trahissent ceux qui les admettent dans leur intimité, 346. Pénètrent dans l'intérieur des familles pour y chercher des victimes; vendent le mensonge et la calomnie, 347. Inventent des accusations vraisemblables et presque impossibles à détruire; jouissent de l'impunité; sortent des classes les plus viles, les plus flétries de la société, 348.

Essars (Rollin d'), grand-maître des eaux et forêts en 1786, XI, 369.

Essene (Charles d'), jeune étudiant en droit, ami de l'Ermite, auquel il décrit le logement, les occupations, les délassements et les plaisirs des élèves du pays latin, I, 382. Son départ pour retourner au sein de sa famille, II, 355.

Essenlile (la comtesse d'), coquette fêtée dans le monde, et environnée d'honneurs, VI, 253. Honte qu'elle éprouve d'être rencontrée à Paris un dimanche, VII, 73. Raisons sur lesquelles elle appuie son aversion pour la vie de château, 163, 165. Elle se rend à la fête patronale d'un village, 167.

Essex (Robert d'Evreux, comte d'), personnage qui a répandu quelque éclat sur Evreux, dont sa famille était originaire, XIII, 97.

Essex, enveloppé dans la conspiration de *Rye-House*, est égorgé dans la tour de Londres, XIV, 325.

Essey (l'ancienne petite ville d'), dans le château de laquelle naquit Jean Ier, duc d'Alençon, XXV, 112.

Estaing (le comte d'), célèbre marin, dont la famille portait les mêmes armes que les rois de France, X, 460; XI, 457.

Estaires, ville située dans le département du Nord, XII, 296.

Estillac (le château d'), ancienne propriété de Blaise de Montluc, VIII, 296.

Estissac, ville située dans la Champagne, XXVI, 492.

Estouteville (Guillaume d'), évêque de Lisieux, fonda le collège de Lisieux à Paris, XXV, 58.

Estouville (Guillaume d'), légat du pape, opéra quelques réformes dans l'université, XIV, 444.

Estrées, village remarquable par ses vergers riants et spacieux, XXV, 63.

Estrées (Gabrielle d'), maîtresse de Henri IV. Chambre qu'elle occupait, à Paris, rue des Fossés-Saint-Germain, VII, 244. Son pays natal, XXV, 447.

Estrepagny, ancienne résidence royale, où le roi Thierry possédait un palais qu'il donna aux moines de Saint-Denis, XIII, 76. Catherine d'Orléans introduit dans ce pays la fabrication de la dentelle; la terre d'Estrepagny passe dans la famille Turgot, 77.

Etain, petite ville remarquable, sur-tout par la fertilité de ses environs, ses papeteries et ses manufactures de draps, XI, 456. L'église paroissiale; personnages distingués nés à Etain, 457.

Etaines, ville de la Flandre française, où l'on fabrique beaucoup de toiles de ménage, XXII, 396.

Etampes (la duchesse d'), célèbre par sa beauté et sa galanterie, II, 189.

Etampes (le chevalier d'), complice du comte de Horn dans l'assassinat d'un riche agioteur, XIV, 515.

Etanche (l'abbaye d'), située dans le département de la Meuse, XI, 440.

Etange (d'), prototype des hommes que les désappointements rendent malheureux, malgré leur fortune et tous les avantages dont ils jouissent, V, 214.

Etat (les hommes d'). Bases sur lesquelles ils appuient leur morale, XIV, 107. Moyen qu'ils emploient pour excuser des actions criminelles, *ibid.* Peu d'entre eux ont renoncé a leurs dignités plutôt que d'exécuter des ordres contraires à leur raison ou à leur conscience, 108. La plupart des hommes d'état sont des êtres rampants et flatteurs, 115. Manière dont les ministres achètent les consciences et les suffrages de ceux dont ils ont besoin, 116 *et suiv.* La franchise est de toute nécessité dans un ministre, 120. Ce n'est pas le bien du peuple que cherchent la plupart d'entre eux, c'est le titre dont ils sont décorés; vertus que doit posséder un ministre, 121. L'homme vertueux qui accepte la charge de ministre, s'impose la solidarité des actes de ses collègues, et reçoit dans l'opinion publique la part qu'ils y occupent, 123. La flatterie est pour eux une arme puissante qui leur assure la faveur du maître, 126. Perfidies dont ils se servent pour obtenir et conserver ses bonnes grâces, 127. Politique ordinaire des ministres, 128. Conditions imposées aux ministres habiles; intrigues à leur usage, 129. La responsabilité est le seul moyen qui puisse les retenir dans la ligne de leur devoir, 130 En France, ils ne sont poursuivis que pour fait de trahison ou de concussion, 132. Ils trouvent dans la loi de responsabilité une protectrice aussi bien qu'une accusatrice, 133. Ils doivent être connus par leur attachement aux institutions, et à la forme du gouvernement établi dans leur pays, 232. Lorsqu'ils traversent les desseins du prince, ils doivent être punis, 233. Langage que des ministres flatteurs tiennent aux souverains sur l'exécution des lois, 235. Ils prétendent qu'ils ne se trompent jamais dans leurs décisions, et s'en tiennent toujours à la décision prise et à la chose jugée, 340. Ils devraient chercher et proposer des moyens de rendre à la société, moins indignes d'y reparaître, sans danger pour elle, sans trop d'humiliation pour eux, les criminels que les lois en ont séparés, 373. Un des secrets de leur politique est de trouver les moyens de faire disparaître l'aisance dont jouissent les classes inférieures de la société, 377. Ils ont inoculé l'amour de l'or

à la nation comme une honteuse épidémie, XV, 202.

ETATS (les) furent presque tous gouvernés par une politique immorale et oppressive, qui autorisait la division des citoyens en castes, en corporations; division que l'on remarque encore entre les hommes des états modernes, XIV, 219.

ETCHEVERRI (M. d'), propriétaire d'une auberge estimée à Pau, VIII, 169.

ETENDUÈRE (l'), célèbre marin né dans le Poitou, XXVI, 166.

ETHAM, femme juive qui ne voulait pas qu'on la consolât de la mort de ses enfants, XIV, 480.

ETHIOPIENS (les). Chez eux, les criminels condamnés à mort se la donnaient eux-mêmes, XIV, 255.

ETIENNE (M.), littérateur, membre de l'ancien institut, I, 6; XI, 433; XXI, xj.

ETIENNE, libraire distingué par ses connaissances en littérature, VI, 102.

ETIENNE (M.), habile mécanicien qui a fait le modèle du pont du Serin de Lyon, X, 364.

ETIENNE (les), célèbres typographes, XXII, 374.

ETIEUL (M d'), ancien syndic de la communauté des imprimeurs, II, 352.

ERIVAL (madame d'), personne tourmentée de la manie de la politique. Son courroux contre Gréville dont les opinions contrarient les siennes, VII, 322.

ETOILE (l'), village du département de la Drôme, IX, 30, 439.

ETOURNELLE (madame), jeune

TABLE GÉNÉRALE, T. XXVI. 13

dame tout entière à ses plaisirs, et qui abandonne le soin de sa maison, XV, 116.

ÉTRENNES (les). Leur origine attribuée à Tatius, roi des Sabins, I, 398; aux Gaulois, 399. Les divers cadeaux que l'on présente en étrennes, 401. Manière de les distribuer, 403.

ETTIVALE (madame d'). Son caractère, VIII, 318. Rare amitié qui existait entre cette dame et madame Éléonore de Montis, 319. Événement qui en resserra les nœuds, 320. Dévouement de Joséphine, domestique de madame d'Ettivale, envers sa maîtresse, 334.

EUDES, duc d'Aquitaine. Ses enfants apprennent aux Sarrasins par quel côté il fallait surprendre la ville de Vienne, X, 281.

EUDES, comte de Paris, repousse les Normands qui s'étaient avancés jusque sous les murs de cette ville, XIII, 36.

EUDES, fils de Robert-le-Fort, comte d'Anjou, cède ses domaines à Foulque-le-Bax, XXV, 381.

EUDES, comte de Blois, fondateur du château de Chaumont, XXVI, 29.

EUDES Ier, roi de Bourgogne, passe sa vie à doter les couvents; part pour la Palestine, et meurt en Cilicie, XXVI, 452.

EUDES II va secourir Alphonse de Portugal, chasse les Maures de Lisbonne, refuse de participer à la Croisade qu'avait prêchée saint Bernard; fait le bonheur de ses états, qu'il laisse, après sa mort, à son fils qui n'imita ni sa sagesse ni ses vertus, XXVI, 452.

EUDES III prend part à la quatrième croisade, de concert avec de puissants seigneurs; revient dans ses états et se joint aux persécuteurs des Albigeois; refuse la souveraineté des domaines conquis sur les seigneurs de Carcassonne; secourt Philippe-Auguste; participe à la bataille de Bouvines, et meurt à Lyon, XXVI, 452.

EUDES IV, duc de Bourgogne, dont le règne n'offre rien de remarquable, XXVI, 455.

EUDOXE, fille de Bélisaire. Voyez ANTONINE.

EUGÈNE (le prince), compagnon d'armes de Marlborough. Hotel où il naquit, VII, 245. Il s'empare de la ville de Lille, XII, 230.

EUGÈNE III, pape, fulmine une bulle contre les désordres des bénédictines de Denain, XII, 140.

EULER n'a point reconnu l'identité qui existe entre la morale des individus et celle des sociétés, XIV, 5.

EUMÈNE, recteur célèbre du troisième siècle, pour qui l'empereur Constance avait une haute vénération, XXVI, 415.

EUPHRANON, statuaire de l'antiquité, XXII, 71.

EURE (le département de l'). Violences arbitraires auxquelles il fut en butte en 1815, XIII, 98. Richesses et variétés de ses productions territoriales, 106. Différentes usines et fabriques qui entretiennent l'activité et l'aisance de ses habitants, 107. Charles IX permet à la ville de Chartres de rendre l'Eure navigable, XXVI, 121.

EUSÉBIE, impératrice, soustrait

Julien à la rage de son époux, XVIII, 322.
EUTROPE prêche le christianisme dans la Saintonge, XXVI, 201.
EVENNES (le rocher d'), IX, 431.
EVÊQUE (M), banquier et marchand de soie à Lyon, X, 402.
EVÊQUES (les). *Voyez* PRÊTRES.
EVERARD, un des chefs du parti populaire sous Charles II, XIV, 322.
EVRARD, comte de Deux-Ponts, fait construire un château-fort à Bitche, XI, 484.
EVREUX. Parallèle entre cette ville et Louviers, XIII, 90. Douceur et urbanité des Ébroïciens; antiquité de leur ville; leur dépendance des Romains; leurs superstitions, 91. Manière dont ils célébraient la fête des Fous, ou des Innocents, et celle de Saint Vital, 92. Confrérie instituée par Charles-le-Mauvais; efforts des habitants pour repousser l'inquisition que l'on voulait établir parmi eux, 94 Evreux est érigé en comté par Richard Ier; cette ville est réduite en cendres par Henri Ier, duc de Normandie, 95. Suites de ce désastre, 96 Personnages célèbres dont Evreux s'honore, 97. L'église Saint-Taurin; déréglements des moines de l'abbaye dont cette église dépendait, 99.
EWBANCK (M), fabricant de batistes à Valenciennes, XII, 118.
EXETER (Joseph d'), écrivain, XXIV, 188
EXPILLI, avocat, auteur d'un ouvrage intitulé: *Antiquités de la ville de Grenoble*, X, 98.

EYBENS, situé non loin du département des Hautes-Alpes, X, 172.
EYDEN, peintre distingué, né à Valenciennes, XII, 131.
EYMAR (M.), philosophe moraliste, IX, 189.
FIRIÈS (MM.), négociants du Havre, XIII, 272.
EYSSENIE (l'abbé), distingué par ses vertus et ses vastes connaissances, IX, 250, 260.
EYSSES. Emplacement et monastère de cette ancienne ville, VIII, 353 Construction de la nouvelle ville (maintenant Villeneuve-sur-Lot), par le duc Alphonse, frère de saint Louis, 354.

F.

FABERT (Abraham), auteur du *Voyage de Henri IV à Metz*, XI, 475.
FABERT, guerrier célèbre, issu d'une famille que Henri IV avait anoblie, XI, 495; XV, 308.
FABIUS, lieutenant de César, fait la conquête d'Angers, XXV, 378.
FABRE, curé de village, célèbre par un sermon de M. Sistre, IX, 135.
FABRE (M. George), bâtonnier de l'ordre des avocats de Montpellier, IX, 136.
FABRE DE L'AUDE (M.), orateur et publiciste distingué, VIII, 466.
FABRE D'ÉGLANTINE, écrivain dramatique, auteur du *Philinte*, et qui périt sur l'échafaud dans la fleur de l'âge et du talent, I, 6; IV, 56; VIII, 464; XX, 4.
FABREGUETTE (M. Pierre), fabri-

cant considéré de Lodève, IX, 58.

FABRON (M. de Caravelle), officier français prisonnier à Candie (île de Ceylan), XXIII, 90.

FABRY (M.), l'un des directeurs de la fabrique de poteries de Sarguemines, XXII, 409.

FAGAN, auteur dramatique, railla les duellistes, II, 370.

FAIBLESSE. Acceptions diverses que l'on donne à ce mot, VII, 270.

FAIN (le baron) a publié le *Manuscrit* de 1814, XXVI, 539.

FAJIUS (Paul), théologien qui concourut à l'introduction de la réforme en Alsace, XI, 185.

FAJOLE, village peu important de l'Auvergne, XXVI, 302.

FALAISE. Aspect de cette ville, XXV, 74. Détails sur l'étymologie de son nom et sur l'antiquité de son existence, 75. L'église de la Trinité remplaçant un temple consacré au Soleil; rochers qui environnent Falaise, 80. Les ruines du vieux château, 81. Courageuse résistance que les Falaisiens opposèrent aux Romains commandés par Crassus, 83. L'ancien manoir de Guillaume-le-Conquérant; beauté des jeunes filles de Falaise; le faubourg de Guibrai; origine et activité de la foire qui s'y tient tous les ans, 84. Les hommes illustres de cette ville, 86.

FALATIEU (M.), maître de forges dans le département de la Haute-Saône, XXII, 437.

FALCE, archevêque de Lyon, sous lequel la fête de la conception immaculée fut introduite dans cette ville par saint Anselme, X, 313.

FALISQUES (les) se soumettent à la puissance romaine à la suite d'un acte de justice que le sénat venait de faire, XIV, 286.

FALKEMBERG, dominicain allemand qui soutint la doctrine du régicide, XIV, 62.

FALUÈRE (La), l'un des conseillers chargés de faire arrêter et conduire à Clermont les nobles accusés, XXVI, 340.

FAMARS, lieu jadis important. Sa situation; campement qu'y opéra le brave Dampière en 1793, XII, 133. Résultats des fouilles exécutées dans ce lieu, 134. Rapprochement entre l'ancienne splendeur de cette ville et ses ruines actuelles, 135.

FAMILLE (la). Plaisirs et bonheur que l'on y rencontre, sur-tout à certaines réunions annuelles, II, 345. Heureux effets des fêtes de famille, III, 372.

FANCHETTE, jeune villageoise remarquable par sa beauté et sa coquetterie. *Voyez* DUMONT.

FANNIUS (Titus). Un de ses esclaves commet un crime, le nie au milieu de tortures, et finit par échapper au supplice qu'il avait mérité, XIV, 266.

FANTELIN (Pierre), avocat et littérateur distingué d'Elbeuf, XIII, 134.

FARCE (la), genre d'ouvrage dramatique, est à la comédie ce que la caricature est au dessin; son caractère; elle a produit un grand nombre d'auteurs, XXI, xv.

FAREL (M.), commerçant de Montpellier, IX, 112.

Farez père (M.), magistrat recommandable du barreau de Cambrai, XII, 68.
Farez (M. Fénélon), membre distingué du barreau de Cambrai, XII, 69.
Fargenville, personnage cité par l'Ermite, III, 64.
Fargeon (M.), distillateur de Paris, I, 149.
Faria (l'abbé), apôtre du somnambulisme. Ses expériences dans une maison d'éducation de demoiselles, III, 81 et suiv.
Fatalot (madame), habitante de Bar-le-Duc, renommée pour les confitures qu'elle prépare, XI, 443.
Fatouville, conseiller au parlement, donna quelques pièces au Théâtre-Italien, XIII, 194.
Faucher (Denis), moine de Lerins et aumônier du monastère de Saint-Honoré de Tarascon, X, 105.
Faucher (les frères), officiers-généraux, condamnés à mort en 1815, XV, cj.
Faucher (Casimir), neveu des précédents. Extrait d'une lettre qu'il écrivit à l'auteur, et dans laquelle il parle de la condamnation de ses oncles, XV, cv.
Faucille (M.), fabricant à Lille, XII, 267.
Faudras (le colonel). Incident qui lui fait rencontrer l'Ermite sur la route de Carcassonne; il l'accompagne jusqu'à Narbonne, VIII, 436. Son indignation à propos d'une diatribe d'un journal anglais contre les Français, 451.
Faujas-de-Saint-Fonds (M.), minéralogiste distingué, et professeur de géologie, I, 386; IX, 436; X, 99.

Faulcon (M. Félix), né dans le Poitou, XXVI, 166.
Faulconnier (Pierre), auteur d'une description historique de Dunkerque, XII, 322.
Faure (M.), l'un des principaux fabricants de céruse à Wazemmes, XII, 225.
Faure (M.), député à la convention nationale, et auteur de quelques ouvrages sur le commerce, XIII, 278.
Faust (Jean), l'un des inventeurs de l'imprimerie, XXII, 374.
Favart (madame), actrice célèbre, IX, 277.
Favart. Ses chansons-vaudevilles sont de beaucoup inférieures à celles de Panard, XVII, 29. Mérite de ses opéras-comiques, XXI, xi.
Faverney, célèbre par une hostie miraculeuse que l'on y conserve, XI, 162.
Faviera (le baron Mathieu), ancien intendant des armées en Espagne, XI, 274.
Favigny, prototype des intrigants littéraires. Ses spéculations sur les réputations naissantes, V, 223.
Favras (le général) mourut sur la place de Grève, victime de sa fidélité, III, 303; XXVI, 69.
Fay de Santonay (M.), maire de Lyon, et président de la société d'encouragement de cette ville, X, 388.
Fayel (Aubert de), homme sombre et jaloux. *Voyez* Gabrielle de Vergy.
Fayet (l'abbé), missionnaire, IX, 41.
Fayet (MM. de), qui, au nombre de sept, ont tous porté les armes pour la défense de leur pays, XIII, 75.
Fayette (madame de La). Por-

trait qu'elle fait de madame de Sévigné, XII, 469.

FÉBURF (M Le), savant botaniste, auteur d'un Résumé de l'histoire de la Franche-Comté, XII, 616.

FÉCAMP. Sa position, son origine, étymologie de son nom, XXV, 6 Histoire superstitieuse relative à la fondation de l'abbaye de Fécamp, 7. Goût des anciens moines de cette abbaye pour les beaux-arts, 8. Ruines de ce monastère; palais bâti jadis par Guillaume-Longue-Epée; l'église de l'abbaye; le port de Fécamp; nullité du commerce de cette ville, 10. Prise de sa forteresse par Boisrosé, sous Henri IV, 11.

FECH (La), rivière dont un bras traverse la ville de Colmar, XI, 217.

FEINAIGLE (M.), inventeur de la mnémonique, I, 284.

FEL (mademoiselle), ancienne actrice de l'Opéra, III, 62.

FÉLIBIEN (André), érudit célèbre par ses connaissances dans les beaux-arts, et par la diffusion de son style, XII, 474; XXVI, 101.

FÉLIX (MM.) dirigent depuis long-temps la manufacture d'armes établie à Maubeuge, XII, 94.

FELLERING, à la hauteur duquel est située la vallée d'Orbey, XI, 208.

FEMMES (les). Autorité affectueuse que celles d'un certain âge exerçaient sur la société d'autrefois, I, 123 Une femme doit-elle se promener seule dans un lieu public? 199. Portrait de quelques femmes réunies dans un salon, 374. Vanité et luxe que la plupart des femmes à la mode étalent dans les églises, II, 31. Modestie religieuse d'une veuve, 32. Journal d'une dame de bon ton, 34. Instinct de gloire chez les femmes, 187. Héroïsme et dévouement de plusieurs femmes pendant la révolution, 198. Marque de leur légèreté après le 9 thermidor, 199 Leur ancien goût pour la physique expérimentale, 325. Leur fureur pour la pervenche, *ibid* Leur passion pour les fleurs, 326. Influence de leurs goûts bizarres sur la mode, III, 19 Ridicule ajustement de leur toilette au seizième siècle, 22. Coiffure gigantesque qu'elles adoptent vers la fin du règne de Louis XV, 28. Elles en viennent aux bonnets, 29. Elles sont maintenant plus que jadis attachées à leur intérieur, 31 Importance que se donnaient autrefois les femmes de finances, 68. Fausses réputations auxquelles elles sont exposées, 205. Causes qui éloignent la plupart des femmes d'allaiter elles-mêmes leurs enfants, IV, 236. En quoi consiste, chez elles, ce qu'on est convenu d'appeler science du monde, V; 68. C'est au talent de causer qu'elles doivent en partie l'influence qu'elles exercent dans la société, VI, 145. Elles sont les modératrices de la conversation, 146. La piété est pour elles un sentiment plus naturel que pour les hommes, 402. Ce n'est qu'aux hommes qui les accompagnent aux promenades que l'on peut reconnaître à quelle classe elles appartiennent, tant leur parure et leurs manières sont étrangères à leur condition, VII, 78. Lorsque la raison se montre chez elles, ses caractères leur assurent un empire absolu, 99 Considérées comme filles, épouses, et mères, elles ont beaucoup gagné dans l'estime publique, 194. Amélioration de leur éducation, 196. Elles laissent, bien plus que les hommes, apercevoir sur leur visage les impressions que leur causent les pertes au jeu, 285. Une femme belle et méchante, 299 Une dame de charité, modeste dans l'exercice de sa bienfaisance, 301. Une jeune épouse tendrement aimée de son époux, qu'elle aime également, 303. Une mère contemplant ses enfants dans leur berceau, 304 Une fausse dévote jouissant des profits du vice et des honneurs de la vertu, 305 Une femme à la mode, à qui son mari laisse la plus grande liberté, 308. Une femme auteur sans prétention travaillant pour réparer quelques brèches de sa fortune, 312 L'influence des femmes apaisa les fureurs des druides; puissance de leurs jugements et de leur empire, XIII, 33. Elles sont seules capables d'accréditer sur le duel une opinion que l'autre sexe repoussera toujours tant qu'elle ne lui sera pas imposée, 34. La chasteté des femmes apparaît dans tout son éclat chez les peuples qui jouissent d'une sage liberté; car la liberté encourage la pratique des vertus, XIV, 476. Leur influence sur l'existence politique des peuples est une vérité incontestable, 479. Partout où elles furent considérées, les hommes étaient vertueux; là au contraire où elles gémissaient sous l'esclavage, ils étaient avilis, 481. Les mœurs sont la base de leur puissance 482. Leur influence sur les mœurs natiom les devient plus nécessaire et plus sensible au temps de la chevalerie, 486. Devoirs qu'elles imposaient aux chevaliers, 487. Elles ne furent point étrangères à la conduite des guerriers français dans la Palestine, ibid. On peut leur attribuer d'avoir en partie, au moyen de leurs charmes, concouru à détourner la ruine de la monarchie que minait Richelieu, 490. Avantages moraux qu'elles ont sur les hommes, 491. Jugements qu'ont portés d'elles certains personnages, 492. Leur ascendant sur les hommes résulte quelquefois de leurs défauts ainsi que de leurs vertus; l'ignorance, chez elles, produit plus de vices que l'abus des lumières et des passions, 493. Leur esprit ne peut s'occuper longtemps du même objet; la finesse est un de leurs privilèges; elles savent tout le parti qu'elles peuvent tirer de leurs perfections ou de leurs imperfections, 494. Le charme de leur société a influé, en France principalement, sur la destinée des grands hommes, ibid. Il existe entre elles et la souffrance un lien mystérieux qu'elles n'ont jamais la volonté ni le pouvoir de rompre; leur esprit est fécond en ressources pour adoucir le malheur, XV, 88. Auprès des malheureux, elles se montrent toutes aussi habiles à pénétrer les moyens de les consoler, 91. C'est sur-tout auprès des prisonniers qu'elles peuvent offrir d'innombrables exemples de toutes les vertus qui leur sont propres, 93. Quelques unes s'élèvent à la hauteur de l'héroïsme, *ibid.* Pourquoi ne peut-on parler d'elles avec une juste modération ; elles abdiquent chaque jour de leurs droits pour établir plus facilement leur indépendance, 97. Maintenant elles n'ont plus d'amants, mais la fidélité conjugale n'en reçoit pas moins d'atteintes qu'autrefois, 98. La sagesse parmi elles est à la mode; dédain avec lequel elles traitent les gens de lettres, 99. Toute coquetterie n'est pas éteinte dans leur cœur; divisions adoptées parmi les femmes de la haute société, 100. Précautions de toilette qu'elles prennent avant d'arriver au lieu d'une brillante réunion, 103. Grace et élégance de leur parure, 104. Attitude et manière d'une femme de cour d'aujourd'hui, 105. Groupe de dames de la cour d'autrefois, 106. Attitude de femmes dont les maris sont parvenus aux plus hauts emplois, 107. La présence d'un homme d'un rang, d'un âge quelconque suffit pour dénaturer le caractère d'une femme, 111. Les femmes connaissent trop bien leurs intérêts pour se peindre autrement qu'en buste; et les hommes qui voudront parler d'elles trahiront toujours leur prévention ou leur ignorance, 128. *Pandémonium* où l'auteur s'imagine voir les femmes réunies pour le jugement dernier, jugées par un ange féminin à qui elles font leur confession, et partagées ensuite en trois classes, suivant la sentence prononcée d'après leur mérite, 129 *et suiv.* En France, elles ont eu, à toutes les époques, une incontestable supériorité sur tout leur sexe; les femmes françaises dont le nom est consacré par l'histoire tiennent sans opposition et sans rivalité le premier rang parmi les femmes célèbres de tous les temps et de tous les pays, XVI, 17. Chez nous, la valeur ne leur est pas étrangère, 18. Leur aptitude pour l'érudition et les sciences abstraites ; leur supériorité dans le genre épistolaire, 19; dans le roman, 20. L'influence qu'elles ont exercée sur les grands hommes, elles la doivent à ce charme de la société dont elles possèdent le secret, 21. Rarement dans les arts, on leur accorde le rang qu'elles méritent, XXII, 112.

FÉNELON, archevêque de Cambrai, VIII, 283; IX, 20. Monument qu'on lui a élevé dans la métropole de Cambrai, XII, 55. Sa réponse sur le droit de joyeux avènement, 67. Ses leçons furent d'autant mieux suivies, qu'il s'entretenait de plus près avec ses élèves, XIV, 404. Division politique qu'il établit parmi les sujets d'Idoménée, 220. Son portrait tracé par le compagnon de voyage de Pageville, XXVI, 192. Tolérance et bonté qu'il déploya envers les protestants de la Saintonge, et sur-tout envers Jacques Isaac de Mathevelle, 194. Il élude constamment les ordres de la cour qui prescrivaient des rigueurs contre les calvinistes, 196. Assemblage des vertus que l'on retrouve en lui, 212.

FÉNELON (Bertrand de Salignac, marquis de), né à Sarlat, IX, 20.

FÉNÉLON, neveu de l'archevêque de ce nom, personnage diplomatique, IX, 21.

FÉNÉLON, auteur d'une tragédie d'*Alexandre*, IX, 21.

FENILLE (le marquis de), habile dans l'art de découper à table, I, 229.

FENILLE (madame de), coquette un peu avancée en âge, et qui, pour avoir des adorateurs, s'est jetée dans la dévotion, ressource qui lui a ouvert une nouvelle voie à la fortune, XV, 291.

FÉNOIL (Jacques), ancien échevin de Lyon, X, 343.

FENOUILLOT DE FALBAIRE, auteur dramatique, XI. 71.

FER (le), l'une des plus grandes richesses de la France, XXII, 349.

FERDINAND II, empereur, confirme à l'Académie de Strasbourg les privilèges qui lui avaient été concédés par Maximilien II, empereur, XI, 266.

FERDINAND Ier D'ARAGON, roi de de Naples, attire d'abord ses sujets sous des apparences amicales, en fait ensuite massacrer un grand nombre, et amène ainsi la chute de la maison d'Aragon, et son expulsion du trône de Naples, XIV, 559.

FERDINAND-LE-CATHOLIQUE, roi d'Aragon, affirme, en des termes grossiers, qu'il a trompé Louis XII, à plusieurs reprises, XIV, 165.

FERDINAND VI, roi d'Espagne, refuse de payer la dette de ses devanciers, XIV, 396.

FERDINAND, danseur, né à Bordeaux, VIII, 23.

FÈRES (le bailli de), II, 94.

FÉRET (M), auteur de savantes recherches sur Dieppe, sa ville natale, XXV, 38.

FERET, jurisconsulte, aux soins duquel le barreau de Paris doit la fondation de la bibliothèque des avocats, XIII, 111.

FERGUS (M.), érudit querellant avec l'Ermite sur l'origine de la fête *des Rois*, III, 376.

FERLUS (le baron de), soi-disant banquier de Hambourg, III, 242.

FERLUS (M.), directeur de l'école de Sorèze. Générosité dont il usa envers plusieurs élèves appartenant à des colons de Saint-Domingue, VIII, 476.

FERMAT (Pierre), célèbre mathématicien, né à Toulouse, VIII, 425.

FERNAMBOUC (l'île de) fut découverte par les frères Parmentier, navigateurs dieppois, XXV, 19.

FERNEY-VOLTAIRE, village remarquable par son élégance, X, 436. L'église et la salle de spectacle, 437. Les jardins de Voltaire, 439. La fabrique d'horlogerie fondée par ce dernier, 439. La manufacture de terre commune; un dîner au château de Voltaire, 440. Fête à ce château, 445. Peintures qui en décorent le salon, 446. Accueil hospitalier que les propriétaires actuels de ce domaine font aux étrangers, 447. La chambre à coucher de

Voltaire; tableaux qui ornent cette pièce. 448.

FENSIG (le comte de), général. Ses filles deviennent aides-de-camp de Dumouriez, se font remarquer par leur courage, et se trouvent compromises dans la trahison de ce général, XII, 217.

FÉROÉ (les dix-sept îles de) que l'Angleterre restitua à la France, XXII, 453.

FERRAND, comte de Flandre, prend Lille et la réduit en cendres, XII, 229.

FERRERAS, écrivain, s'est occupé de recherches sur l'histoire des Maures, XIX, 235.

FERRETTE, village près duquel sont les ruines d'un château qui était la résidence des ducs d'Autriche, XI, 187.

FERRIER (M.), en butte aux accusations de quelques fanatiques de Montpellier, et qui faillit à en être victime, IX, 100.

FERRIÈRE (le château de), situé à peu de distance du village de Beaufont, et dans les environs duquel un sorcier, dit maître Jacques, inspire la plus grande frayeur aux paysans, XII, 89.

FERRY III cède la ville de Bitsche à Evrard, comte de Deux-Ponts, XI, 484.

FERRI, ministre protestant, qui défendit contre Bossuet la religion réformée, XI, 507.

FERTÉ-BEAUHARNAIS (La), ancienne propriété patrimoniale du prince Eugène Napoléon, XXVI, 28.

FERTÉ-HUMBAULT (La), manoir féodal, dont les machicoulis répandaient la terreur, XXVI, 28.

FERTÉ-SENNETERRE (la maréchale de La), XXVI, 475.

FERTÉ fut chargé de diriger les fortifications de Rochefort, XXVI, 184.

FESSART (M.), négociant, remplit les fonctions de juré dans le premier procès de l'auteur, XV, lxxxvij.

FÉTU, prêtre virois, qui anima ses concitoyens contre les Huguenots, XXV, 189.

FEUARDENT, cordelier, né à Coutances, XXV, 313.

FEUQUIÈRES attaque Thionville, et son armée est taillée en pièces, XI, 481.

FEUSCHE (le ruisseau de la) sur lequel se trouve une belle fabrique de fer-blanc, XI, 500.

FEUTRI, auteur de divers poèmes d'un genre sévère, XII, 280.

FEVET (M.), fabricant à Lille, XII, 267.

FEYDEL (G.) donne, dans une lettre, son opinion sur la politique de la cour de Rome, XVI, 244.

FIANI (Nicolas), Napolitain, complice et ami de Speziale, que celui-ci fit mettre à mort, après l'avoir trompé par un faux-semblant d'amitié, XIV, 563.

FIELDING, romancier anglais, XVI, 20. Caractère de ses œuvres, XVIII, 19.

FIERBN (la chapelle de), où la Pucelle d'Orléans trouva, dit-on, sur un autel, le glaive, semé de fleurs de lis, qui devait sauver la France, XXVI, 139.

FIGUEIRA, troubadour toulousain, VIII, 424.

FILLEUL, auteur d'ouvrages dramatiques dont les vers ne sont dépourvus ni de grâce, ni d'élégance, XIII, 193.

FILLON (la), directrice du harem

que le cardinal Dubois avait établi dans un hotel du Marais, et où il trouvait des agents nocturnes qui épiaient les démarches de ses ennemis, XV, 296.

Finé (Oronce), mathématicien, né à Briançon, X, 268.

Fiose, l'un des membres de la junte napolitaine, homme qui respirait les massacres et la vengeance, XIV, 558.

Firmfans (les trois Pères), jésuites, se sont distingués par une érudition souvent surannée, et quelquefois inutile, XXVI, 349.

Firmond, homme de talent, né en Auvergne, XXVI, 347.

Fitz-Harris, catholique irlandais, auteur d'un pamphlet contre Charles II, pamphlet qu'il attribua à d'autres; il meurt sur l'échafaud, malgré la grace qui lui avait été promise, XIV, 322.

Fitz-James, physicien et ventriloque, V, 42.

Fitz-James (M.), prélat, ne craignit pas de faire retentir aux oreilles de Louis XV les plaintes du peuple et le scandale dont ses faiblesses remplissaient la cour, XXVI, 375.

Fischart (Jean), comparé à Aristophane et à Rabelais pour l'esprit et la verve comique, XI, 270.

Fiseaux (M), fabricant de batistes à Valenciennes, XII, 118.

Fize, médecin sorti de l'école de Montpellier, IX, 125.

Flahaut (madame de), auteur de plusieurs romans remarquables par une grande délicatesse de sentiment et de style, I, 22.

Flamel (Nicolas), homme très riche, qui fit bâtir l'église Saint-Jacques-la-Boucherie, III, 196. Maison où il mourut à Paris, VII, 244.

Flamenc (Raoul de). Son fils commande une des deux compagnies d'archers lors de l'assemblée nationale convoquée par Philippe-le-Bel, V, 255.

Flaminius, magistrat romain, fit exécuter des travaux publics à Grenoble, X, 76.

Flandre (la). Sa supériorité sur l'Italie dans les arts, XII, 199. Etat de l'agriculture dans cette contrée; causes de l'aisance et de la prospérité dont jouissent ses habitants, 283. Habitude qu'ont les commerçants de Flandre de joindre le nom de famille de leurs femmes au leur, 288. Violences exercées contre les protestants de ce pays, 291. Les nationaux calvinistes de cette province sont exclus du commerce, 293. (*Voyez* le département du Nord.)

Flatterie (la). Raffinements que les courtisans commencèrent à y apporter sous le ministère du cardinal de Richelieu, IV, 272. Diverses espèces de flatterie, 278. Son caractère en 1814, à la rentrée des Bourbons, V, 8. Elle est, dans les mains des hommes d'état, une arme puissante qui leur assure la faveur du maître, XIV, 126. Elle est devenue un vice à la mode, XV, 163.

Flaugergues (M. de), juge de paix à Viviers, connu par des observations astronomiques; il accompagne l'Ermite dans quelques parties du Dauphiné, IX, 15, 433 *et suiv.*

Flavière (la comtesse de), modèle des Françaises, par les charmes de son esprit et de sa figure, VII, 226.

FLAVIGNY (M.), fabricant de draps à Elbeuf, XIII, 131.

FLAVIGNY, ville de Bourgogne, où les veuves ne pouvaient se remarier sans l'aveu du curé, XXVI, 425.

FLÉCHE (La). Sa situation; indifférence de ses habitants pour l'accroissement de leur prospérité; son collège, XXV, 374.

FLÉCHIER, évêque et orateur, né au village de Pernes, IX, 129. Détails qu'il donne sur la cour prévôtale chargée d'informer contre les barons auvergnats et sur les excès de l'ancien clergé de la province, XXVI, 339.

FLEURANGE (le sire de), chevalier galant, vivait du temps des croisades, II, 185.

FLEURETTE, fille du jardinier du château de Nérac, dont Henri IV devint amoureux, et qui l'aima véritablement; par suite de l'inconstance de son illustre amant, elle se précipite dans les eaux de la fontaine sur les bords de laquelle ils se donnaient rendez-vous tous les soirs, VIII, 312 à 317.

FLEURIEU, né à La Rochelle, XXV, 175.

FLEURIOT (les), habitants du Val-d'Ajou, se consacrent avec le plus noble désintéressement au soulagement de l'humanité; ils sont très habiles pour remettre les membres fracturés ou foulés, XI, 363. Leur cabinet d'étude et d'expériences, 365.

FLEURIOT, général vendéen, combattant sous les ordres de Cathelineau, XII, 582.

FLEURY (le cardinal), né à Lodève, IX, 57. Bassesses dont il se souilla pour obtenir la pourpre romaine, XIV, 55. Il signa, dans la seule affaire de la bulle, 30,000 lettres de cachet, XV, 57.

FLEURY (la vallée de), dont l'aspect est tout-à-fait pittoresque, XIII, 81.

FLOBERT (M. de), commandant les troupes de débarquement, sur les côtes des mers du Nord; considération qui le porta à empêcher la descente de Thurot à Belfast, II, 226.

FLOIRAC (M. de), député de Pézénas, IX, 69.

FLOQUET (les), l'un ingénieur, l'autre musicien, IX, 309.

FLORANGE, ancienne ville sur l'emplacement de laquelle ont été élevés les bâtiments et les fortifications de Thionville, XI, 479.

FLORBELLE (madame de). La politique est pour elle, son époux, et ses filles, l'objet, l'ame de leurs pensées, de leurs conversations, VII, 316. Scène comique entre M. de Florbelle et son médecin, 318.

FLORENCY (M. de), personnage qui, par suite de la mobilité de ses opinions, s'est fait l'apôtre du pouvoir absolu et de l'intolérance religieuse, VII, 227.

FLORENIA, vestale qui périt victime de l'amour, XIX, 5.

FLORENT (saint), patron de l'abbaye de Mont-Glonne. Anecdote relative à ses reliques, XXV, 415.

FLORIAN. Ses romances, VI, 311. Il figure au nombre des amis de Voltaire, X, 459. Caractère des romances dont il a semé ses pastorales, XVII, 57.

Mérite et talent qu'il a déployés dans son ouvrage intitulé: *Précis historiques sur les Maures de Grenade*, XIX, 235.

FLORICOURT (le chevalier de), grand fanfaron en fait de chasse, II, 70.

FLORIDE (la), possession espagnole, ou les Français essuyèrent d'horribles traitements, et dont ils se vengèrent en usant de représailles, XXV, 20.

FLORIDOR, acteur, déploya beaucoup de talent dans la tragédie de *Britannicus*, II, 13.

FLORIS-WAYTINES (M.), fabricant de Roubaix, XII, 288.

FLORUS. Son opinion sur Sylla, XVIII, 226.

FLORVILLE (M. de), prototype des Adonis surannés, rend compte, à son valet, d'une source délicieuse qu'il a passée au milieu d'un cercle de femmes, VII, 233. Son portrait en déshabillé, 234.

FLOTTE (Pierre), chancelier, adresse des lettres closes à tous les prélats, à tous les seigneurs, etc., pour qu'ils se rendent à l'assemblée convoquée par Philippe-le-Bel, V, 254. Il y prononce un discours sur la situation de la France, et s'étend fortement contre les entreprises de Boniface VII, pape, 256. Son pays natal, XXVI, 347.

FOACHE (M), négociant du Havre, XIII, 272.

FOÉ (de), écrivain anglais. C'est dans une prison qu'il composa ses ouvrages, XV, 50.

FOES, savant médecin, qui traduisit en latin les œuvres d'Hippocrate, XI, 507.

FO-HI, empereur de la Chine.

Définition qu'il fait de la liberté, XV, 42.

FOI (la), stérile sans la morale, XIV, 23.

FOLARD (le chevalier), auteur des *Commentaires sur Polybe*, IX, 276.

FOLCK, remarquable par de belles forges, XI, 501.

FOLIE (la) Exemple par lequel l'ermite prouve qu'elle n'annonce pas dans le cerveau de l'homme une infériorité à l'instinct des animaux, II, 271. La sottise comparée à la folie, 273. Définition de la folie, 279. Ses différentes espèces, 283. Exemples de ces différentes sortes de folie, *ibid*.

FONCEMAY (le baron de), personnage infatué de ses titres, VI, 355.

FONTAINE, architecte distingué, I, 14.

FONTAINE (le château de) fut renversé pour bâtir la citadelle de Cambrai, XII, 53.

FONTAINEBLEAU (la forêt de) abandonnée sans résistance aux cosaques, XXVI, 540.

FONTAINES (M.), architecte à qui l'on doit l'exécution des deux magnifiques escaliers du Louvre, XXII, 341.

FONTAINES (Jean), né à Coutances, XXV, 313.

FONTAINES, bourg situé dans la Touraine, XXVI, 18.

FONTAINE-SAINT-MARTIN, lieu où l'on montre les reliques d'un saint tout nouvellement canonisé, XXV, 374.

FONTANES, poète, homme d'état, I, 4.

FONTHONNE (la comtesse Elisa de). Importance qu'elle se

donne dans ses soirées, III, 70.

FONTENAI, campagne délicieuse, a quelque distance des Andelys, célèbre par le séjour et les vers de Chaulieu, XIII, 52.

FONTENAY (M. Félix de), fondateur et directeur de l'école d'enseignement mutuel de Louviers, XIII, 86

FONTENAY-LE-MARMION, situé près de Caen, remarquable par de belles carrières de marbres, XXV, 196.

FONTENELLE, écrivain célèbre. Son égoïsme, IV, 58. Manière dont il a écrit sur les ventriloques des anciens, V, 40. Maison où il naquit à Rouen, XIII, 159, 197.

FONTENILLAT(M. de), à qui le village de Vast doit plusieurs créations industrielles, XXV, 282.

FONTENOY, situé dans le département des Vosges, et où naquit le poète Gilbert, XI, 422.

FONTENOY, célèbre par la victoire que les Français y gagnèrent, en 1745, sur les Anglais et les Hollandais unis, XII, 220.

FONTETTE (M. de), membre de la société d'agriculture et de commerce de Caen, XXV, 224.

FONTEVRAULT (l'ancienne abbaye de), située à quelque distance de Saumur, XXV, 423.

FONT-JEAN (le ruisseau de), renommé pour les vignobles qui se trouvent situés au-dessus de sa source, X, 292.

FONVAL (madame de), convive de madame Guillaume. Son opposition au nouvel ordre de choses en 1815, parcequ'on a offert à son mari, ancien avocat - général près d'une cour souveraine de province, une place de juge dans un tribunal de première instance, V, 166.

FONVILLE, partisan des anciens usages, IV, 130

FOOTE, auteur dramatique anglais, XXI, xiv.

FORBACH, village du département de la Moselle, XI, 483.

FORBIN (le comte de), chef d'escadre sous Louis XIV, IX, 308.

FORBIN (Palamède de) contribua, sous Louis XI, a réunir la Provence à la couronne, IX, 308.

FORBIN (le comte de), directeur du Musée royal, peintre et littérateur. Son tableau représentant l'*Eruption du Vésuve*, qui détruisit les villes de Pompéi, d'Herculanum, et de Stabia, VI, 204 ; IX, 309 ; XXII, 11. Sa *Religieuse interrogée dans un cachot souterrain de l'inquisition*, 47. Son tableau d'*Inès de Castro exhumée et couronnée après sa mort*, XXVII, 27.

FORBIN-JANSON (le colonel), IX, 218.

FORBONNAIS (Véron de la), économiste auquel on doit plusieurs écrits sur les finances, XXV, 369

FORCADEL, jurisconsulte, auteur d'une Histoire de la Gaule, XII, 533.

FORCALQUIER (M.), chef d'une cabale, chez qui l'on tenait école de satire, de médisance, et de noirceur, II, 125.

FORCALQUIER (madame de), renommée pour ses soirées, III, 69.

DES MATIÈRES. 207

Forçats (les) pourraient être rendus à la société sans danger pour elle, sans trop d'humiliation pour eux, XIV, 373. L'habitude des traitements barbares qu'ils endurent dans les bagnes finit par les rendre insensibles ; nécessité de suivre à leur égard le système adopté dans les Etats-Unis d'Amérique, 374.

Force (Jacques Caumont-Nompare de La) se signala par sa valeur en défendant la ville de Montauban, VIII, 325.

Force (de La), pair de France et maréchal-de-camp, VIII, 349

Force (la), protégée par les lois, domine et respire partout, XIV, 4. Elle est une des deux puissances qui dominent le monde ; règne sans partage dans les déserts, 70.

Forestier (le général), IX, 57.

Forez (Guy, comte de) entre à main armée dans la ville de Lyon, et fait hommage de ses terres à Louis-le-Jeune, roi de France, X, 313 Il rend une partie de ses usurpations, 314. Meurt à la bataille de Brignais, 320. Concessions qu'il avait obtenues de l'archevêque de Lyon, 351.

Forfait, ministre de la marine, s'est attaché à perfectionner la construction des vaisseaux, XIII, 199. Travaux qu'il fit exécuter aux bassins du Havre, 267.

Formigny, lieu où le connétable de Richemont porta le dernier coup à la puissance anglaise en Normandie, en 1450, XXV, 262. Petite chapelle qu'on y avait élevée, ibid.

Fort. Acception que, dans un certain monde, l'on donne à cette épithète, VII, 271.

Fontia (M. de). Ce qu'il dit de l'arc de Marius que l'on voit à Carpentras, IX, 258.

Fortiguerra, Espagnol, loue le régicide Jacques Clément, et revendique la couronne de France en faveur du prince des catholiques, XV, 221.

Fortin (M.), statuaire. Son buste de Gresset, XXVII, 42.

Fosse-Ligaut (la), château célèbre dans les fastes de l'histoire moderne. XII, 394.

Fosseuse, fille d'honneur de Catherine de Médicis, et qui ne fut pas indifférente à Henri IV, VIII, 307.

Fouasse de Noirville (M. Alexandre), conseiller du roi, lieutenant-général civil et criminel de la ville de Falaise, XXV, 83.

Fouchout (M.), négociant de Tarbes, VIII, 248.

Fouday, l'un des villages composant la paroisse du Ban-de-La-Roche, XI, 381, 385.

Foug, petite ville dont les habitants avaient formé, en 1814, le projet de s'emparer des trois monarques ennemis qui, prenant la route d'Allemagne, devaient traverser près de Foug la côte rapide de Layes, XI, 431.

Fougerils (le sénéchal de) est pendu par l'ordre du parlement de Bretagne, XII, 446.

Fougères (le château de), manoir antique et pittoresque, transformé en filature de laine, XXVI, 31.

Fougères (Villemore de), homme preux et vaillant à toutes les armes. Solitude à laquelle sa jalousie condamne sa maitresse Yseule; l'ayant surprise avec un jeune page qui lui apportait un message d'une de ses amies, il l'enferme dans une pièce isolée de son manoir, fait publier sa mort; la visite souvent dans le lieu de sa captivité; elle l'y enferme un jour lui-même, pendant qu'il lisait des fabliaux qu'elle avait composés, et stipule avec lui, au moyen d'une correspondance, les conditions de sa mise en liberté, XXVI, 34 *et suiv.*

FOUGÈRES (Yseule de). *Voyez* le précédent.

FOUGEROLLE, commune du département du Doubs, remarquable par ses distilleries de kirschen-wasser, XI, 158.

FOULQUES, comte d'Anjou, auquel Bertrade de Montfort avait été mariée par des raisons de politique et d'intérêt, XIII, 44.

FOULQUES, aumônier, qui fit l'histoire de la croisade, à laquelle il accompagna Etienne, comte de Chartres, XXVI, 98.

FOULQUES-NERA estimait la vie de ses semblables, et désirait leur bonheur; franchises qu'il accorda aux habitants de Beaulieu, lorsqu'il en fonda l'abbaye, XXV, 381. Il prend la ville de Saumur, 418. Devient comte de Saintonge, XXVI, 202.

FOULQUE-LE-RAX, fils d'Ingelger et son successeur, XXV, 381.

FOULQUIER (M), manufacturier de Lodève, IX, 57.

FOULTON, village de quatre-vingts feux, où se trouvent établis deux cafés, XXV, 373.

FOUQUES (M), fabricant de tôles de fer, XXII, 438.

FOUQUET, compositeur français, III, 59.

FOUQUET, médecin sorti de l'école de Montpellier, IX, 125.

FOUQUET, surintendant. Réserve qu'il mit dans la manutention des deniers publics, XIV, 394.

FOUQUIER-CHOLLET (M.), procureur du roi à Saint-Quentin, auteur de divers opuscules sur les mœurs, les opinions, et les habitudes du département de l'Aisne, XII, 22.

FOURCROIX, savant illustre, l'un de ceux qui achevèrent la révolution commencée dans la doctrine chimique, I, 13; XXII, 352.

FOURÉ (Jacques), dominicain, né à Chartres, XXVI, 100.

FOURIER (M.), membre de l'académie française, XXVI, 481.

FOURMANTEL, poete incorrect, mais plein de verve et d'originalité, XII, 280.

FOURNIER, savant distingué, I, 13.

FOURNIER (le général), né à Sarlat, IX, 22.

FOURNIER (M.), manufacturier de Lodève, IX, 57.

FOURNIER, pilote boulonnais, qui, sous le feu même de la flotte anglaise, ne craignit pas de sauver neuf militaires attachés aux mâts d'un navire, et refusa toute récompense pécuniaire, XII, 347.

FOURNIER, hydrographe, né à Caen, XXV, 236.

FOURNIER (M.), membre de l'athénée de l'Yonne, XXVI, 481.

FOURNIER (la famille des), qui ont

élevé si haut l'art de fonderie, XXVI, 482.

Foursies (la fontaine de) dont les eaux étaient amenées à Bavai par un aqueduc qui passait sous la Sambre, XII, 95.

Foy (le général), député de l'Aisne, également célèbre comme militaire et comme orateur, I, 16; XII, 24; XIV, 569. Ses remontrances à la chambre des députés sur l'emprisonnement dont on menaçait les auteurs de délits politiques, XV, 60.

Foyal (François de), maître-d'hôtel de François I*r*, fondateur du château d'Herbault, XXVI, 23.

Foyatier (M.), habile statuaire. Son *Faune*, XXII, 164.

Fragonard, peintre, connu par la grace et la suavité de ses compositions, I, 157; XXVII, 40.

Fraissinet (M.). Ses efforts généreux à Marseille pendant l'anarchie de 1815, IX, 347.

Framery, auteur de plusieurs opéra-comiques, et l'un des plus ardents propagateurs de la musique italienne, XIII, 194.

Framont (le), l'une des montagnes des Vosges, XI, 328. Etymologie de son nom; forges et usines que l'on remarque au hameau de Framont, 410.

Français de Nantes (M.). Souvenirs de talent, de courage, et de bienfaisance, qu'il a laissés dans le département de la Charente-Inférieure dont il a été préfet, XII, 589; XXVI, 215.

Français (les). Constance de leur caractère, sur-tout parmi les paysans des provinces de l'Ouest, I, 61. Leur loyauté et leur franchise à toutes les époques, II, 81. Leur engouement pour certains souvenirs, au point d'en faire à leurs maîtres des applications ridicules, III, 5. Leur goût pour le changement dans les objets de luxe, et leur attachement à la routine dans ce qui concerne des intérêts réels, 11. Leur lenteur à adopter des découvertes utiles, 78. Leur enthousiasme pour des futilités et des absurdités d'une origine étrangère, *ibid.* Leur goût pour les jeux du théâtre, 208; pour les spectacles de quelque nature qu'ils soient, 280. Courage des Français dans les guerres de 1814, 464. Leur valeur n'a point été affaiblie par les désastres militaires qu'ils ont essuyés de la part des armées étrangères, IV, 86. Mobilité de leur caractère à différentes époques; leur franchise grossière; leur valeur sous Henri IV; leurs intrigues sous Louis XIII; leur caractère pendant la minorité, 134. Leur amour de la gloire et du luxe sous Louis XIV; leur licence sous la régence; leur patriotisme et leur amour de l'indépendance durant le règne suivant; leur férocité pendant la révolution; leur caractère actuel, 135. Leur infériorité aux Anglais dans la caricature, 167. Défaut d'urbanité que l'on peut reprocher aux provinciaux, 317. Besoin de repos que les Français éprouvaient en 1815, V, 132. Quels étaient les vrais Français dans cette année, 300. Leurs dispositions morales lors de la chute de Napoléon, 302. Courage que l'élite de leurs troupes déploya à Waterloo, 303. Circonstances expliquant l'absence de toute gaieté chez ce peuple jadis le plus gai de toute la terre, VI, 30. Injustice des Français à l'égard des comédiens, 362. Leur instinct d'imitation, VII, 65. Ils doivent peu se glorifier de leurs monuments funèbres, 188. Parallèle entre les Français et les Anglais, VIII, 452. Leur conduite devant Toulon en 1793, 371, 374. Ils ont reçu des Anglais la monarchie constitutionnelle sans la perfectionner, XIV, 140. Long-temps l'opposition des provinces entre elles fut l'une des plus sublimes combinaisons de l'art de gouverner ce peuple, 223. Les Français sont les premiers qui aient légalement aboli la torture, 268. Délai que leur loi laisse entre la condamnation et le supplice, 278. Ils ont plus profondément ce sentiment de tolérance universelle qui fait de tous les hommes un peuple d'amis, 469. Esprit de leurs commerçants avant la révolution; rang auquel ils sont élevés maintenant 471. La légèreté qu'on leur reproche, et qui leur donne, dans l'histoire, une physionomie souvent équivoque, est bien moins un vice du caractère national qu'un défaut particulier à certaines classes, XV, 207. Ils sont plus inconstants que légers, 208. Ils n'admirent pas, à moins de merveilles; souvent ils n'aiment point ce qu'ils admirent, XVI, 166. Caractère des anciens seigneurs français; leurs forteresses, leur fureur pour la guerre, 294. Leurs combats par jugement de Dieu, 295. Leur pouvoir absolu; guerres qui s'élevaient continuellement parmi eux contre le monarque, 296. Ils rejetaient la justice des tribunaux afin de la rendre eux-mêmes ou de la refuser, 298. Le pape avait sur eux une autorité sans limite, *ibid.* Foule innombrable de valets qu'ils avaient à leur service; la bâtardise était en honneur parmi la noblesse féodale, 299. Alors les personnes bien nées n'obtenaient pas de la justice même les égards qu'elles méritaient, 300. Les Français ont seuls un théâtre lyrique, XXII, 232. Motifs qui doivent ajouter à l'amour des vrais Français pour leur patrie, 355.

FRANCE (la). Coup d'œil sur sa situation militaire, politique, sociale, administrative et littéraire en 1811, I, 409. Elle perdit les provinces dont Eléonore de Guienne l'avait accrue par son mariage, III, 17. Sa situation politique et militaire depuis janvier 1813 jusqu'au mois d'avril 1814; ses désastres et sa décadence, 463. Affaiblissement de son armée, 464. Elle n'a point été compromise parceque, lors de l'invasion des armées étrangères, quelques étourdis se sont empressés d'adopter les modes des peuples dont ils voyaient les représentants armés, IV, 88. Incertitude et bigarrure dans les mœurs, dans les usages de la France, depuis quelques années; ambition des classes inférieures, 124. Le langage, 126. Les heures de repas, 127. Bigarrure dans les équipages, *ibid.*; dans les habits, 128; dans la conduite, *ibid.* Esquisse morale de la France en 1814, 391. Sa situation politique au commencement de cette même année, V, 7. Etat de paix dont elle a joui après la rentrée des Bourbons, *ibid.* Bases de la prospérité publique à cette époque, 9. Avantages que la nation peut retirer du gouvernement constitutionnel, 25. Apathie politique de la France, et sur-tout de la cour, lorsque Napoléon, échappé de l'ile d'Elbe, était déjà débarqué dans ses anciens états, et approchait de plus en plus de la capitale, 118 *et suiv.* Causes qui amenèrent le retour de Bonaparte en 1815, 132. Vice dans le système politique de cette époque, 133. Intrigues, inhabileté des ministres; atteintes portées à la Charte, 134. Folles prétentions d'anciens nobles, *ibid.* Celles du clergé, 135. Il lui faut une sage liberté avec un gouvernement qui sache la maintenir, 147. Partis qui existaient en France au mois de juillet 1815, 291. Etat moral et politique du royaume dans le cours de cette année, 299. Ressources qu'il présente encore sous le rapport de la politique, des finances, des mœurs, de la littérature, des sciences et des arts, VI, 199. *et suiv.* Etat de la France en 1817, sous le rapport météorologique, politique, moral, et littéraire, VII, 327. Réflexions sur sa situation politique, VIII, 470. Remèdes à apporter à ses maux, 475. Rivalité entre la France et la Belgique pour le commerce de charbon de terre, XII, 105. Fêtes maritimes qu'il serait avantageux d'instituer dans les ports de ce pays, XIII, 268. Observations sur l'état actuel de la marine française, 270. Motif pour lequel la France donna des secours aux protestants d'Allemagne, sous le règne de Louis-le-Grand, XIV, 162. Sa situation à la mort de ce monarque, 170. Elle semble seule dédaigner les moyens de conservation, 201. Possessions qui lui avaient été accordées par le congrès de Vienne en 1814, et qui lui furent soustraites l'année suivante, 531. Avantages que ce dernier acte procurait aux diverses puissances de l'Europe, 536. Humiliations et vexations que notre pays essuya en dépit des conventions souscrites au mois de juillet 1815, 537. Caractère de la liberté dont jouit la France, XV, 45. L'amour de l'or s'est emparé de toutes les classes de la nation, et la fortune est devenue, chez nous, la mesure de l'estime que l'on accorde à ceux qui la possèdent, 202. L'état de sa vieille monarchie entrava d'abord son industrie, XXII, 305. Développements qu'elle lui donna bientôt, 306. Ressources immenses que ce pays renferme, et qui peuvent alimenter l'industrie; ce qu'était celle-ci durant les troubles politiques, 313. Ce qu'elle a été sous les rois suivants, 314. Dans ses premiers perfectionnements, elle n'embrassa que les superfluités du luxe, et non les besoins du peuple, 316. Cause de la décadence de cette industrie, *ibid.* Frappés par la révocation de l'édit de Nantes, les protestants ont porté

14.

chez les étrangers les fruits de leur expérience et de leurs découvertes, 317. Les maîtrises et les jurandes contribuèrent encore à entraver les progrès industriels, 320. Nouveaux développements de l'industrie française, depuis la suppression des maîtrises et des jurandes, par l'assemblée constituante, 326. Aveu d'un journaliste anglais en faveur de l'industrie française, 337. Origine des expositions du Louvre, 338. Moyen qu'elles offrent de comparer l'industrie française à ses différentes époques, 339. Objets exposés en 1819, 342 à 441. Notre industrie est restée intacte malgré les usurpations des étrangers, 358. La plupart des inventions utiles à l'industrie sont nées en France, ont été négligées dans leurs principes, et la réimportation s'en paie bien chèrement, 372. L'introduction de l'art de préparer le lin y trouva de grandes entraves, 394. Prospérité des fabriques de toiles françaises, 395. Introduction de la fabrication des glaces, 403. Coup d'œil général sur les progrès de l'industrie nationale 441 à 447. La première gloire littéraire de la France est son théâtre, XX, j. Causes qui ont amené dans ce pays la naissance des théâtres secondaires, XXI, viij. Caractère de l'esprit politique que la révolution a imprimé à la nation française, XXIII, 3. Direction qu'a prise en France le goût des romans, 5. Nouvelle destination donnée à plusieurs anciens couvents, XXVI, 310.

FRANCANSALLE exerça l'emploi d'arlequin à la Comédie-Italienne; dans sa vieillesse il mendie sur le Pont-des-Arts, III, 409.

FRANCHE-COMTÉ (la) Ce qui rend cette province l'une des plus riches en végétaux de toutes les espèces, XI, 34. Opiniâtreté avec laquelle ses habitants gardèrent le souvenir des maux qu'ils avaient soufferts avant leur réunion à la France, 36. Vins de cette contrée, 61. Physionomie morale et politique de ses habitants, 106. Superstitions des Francs-Comtois, entretenues par les moines; cause de l'âpreté de leurs mœurs, 167. Crédulité et superstition de la noblesse et de la bourgeoisie de cette contrée; état de l'industrie et des lettres dans cette province avant que Louis XIV en eût fait la conquête et n'y eût opéré de grands changements, 169.

FRANCHET (M.), directeur de la police. Sa détention à Sainte-Pélagie, en 1811, doit lui avoir appris à veiller à ce que les détenus pour délits politiques soient traités avec quelques égards, XV, 79.

FRANCHEVILLE, l'un des lieux circonvoisins du camp du Châtellier, XXV, 97.

FRANCIPANI, noble romain qui livra le jeune Conradin à Charles d'Anjou, XIV, 61.

FRANCIS (le baron d'Alarde), vaudevilliste fécond et spirituel, XI, 126; XVII, 34,

FRANCO (Nicolo), de Bénévent, fut pendu pour avoir écrit des satires contre les grands, XIV, 507.

FRANCŒUR, directeur de l'Opéra.

Considérations par lesquelles il empêcha le succès d'une pièce que lui avait présentée un auteur provençal, II, 228.

François I*er*, roi de France, attire les femmes à sa cour, II, 189. Une blessure qu'il reçoit à la tête introduit l'usage des cheveux courts, III, 18. La protection qu'il accorda aux lettres ne doit pas faire oublier les taches nombreuses qui ternirent son règne, IV, 200. Jugement qu'il portait des flatteurs, 272. Il dépouille les évêques de Gap du titre de prince et les réduit à celui de comte, X, 210. Confirme les privilèges des échevins de Lyon, 391. Essaie d'établir l'inquisition dans la ville d'Evreux, XIII, 94. Soins qu'il donne à la construction du Havre, 261. Vaisseau d'une grandeur démesurée qu'il fit construire dans ce port, 262. Réponse que lui fit le moine Marcoussi sur la condamnation de Montagu, XIV, 310. Augmentation que les tailles reçurent sous son règne, 383. Il fit fondre les premiers caractères hébreux, grecs et latins, XXII, 374. A son arrivée à Dieppe, il est reçu et traité avec magnificence par l'armateur Ango; il conçoit l'idée d'établir des relations suivies avec les deux Indes, XXV, 18. Il charge le Primatice de dessiner le plan du domaine de Chambord, XXVI, 45. Somme qu'il dépensa pour la construction de cet édifice, 47. Récompense qu'il donna au Primatice, 48. Il fait cadeau d'Angoulême à sa mère Louise de Savoie, 227. Lieu de sa naissance; quelques mots sur son caractère et ses vices, 229.

François II, roi de France, confirme les privilèges des échevins de Lyon, X, 391.

François I*er*, duc de Bretagne, essaie de rétablir la paix entre les rois de France et d'Angleterre; il prête hommage à Charles VIII, et se couvre de gloire contre les Anglais, qui s'étaient emparés de la ville de Fougères; il fait déclarer Gilles, son frère, criminel d'état, comme entretenant des liaisons avec l'Angleterre; il meurt bourrelé par ses remords, XII, 378.

François II, duc de Bretagne, est obligé de combattre contre les prétentions de Louis XI, et, après l'issue incertaine de la bataille de Montlhéry, il obtient la renonciation du roi de France aux prétentions qu'il avait élevées, XII, 380; il cherche à s'allier avec l'Angleterre, et reçoit dans ses états plusieurs grands seigneurs jaloux de voir la régence dévolue à madame de Beaujeu; défait à Saint-Aubin-du-Cormier, il en meurt de chagrin, 381.

François III, dauphin de France, Son entrée à Rennes, où il est proclamé duc de Bretagne, XII, 384.

François (le Père), capucin, auteur de *la Science du Prince*, XXV, 159.

François (Jacques-Charles), inventeur de la gravure en dessin, XI, 319.

François, duc de Lorraine, fils de Léopold, et gendre de l'empereur Charles XI, monte sur le trône des Médicis, XI, 301.

François de Lorraine, duc de

Guise, enfermé dans la citadelle de Metz avec la meilleure infanterie française, oppose une vigoureuse résistance aux troupes de Charles-Quint, XI, 465. Après la victoire, il exige que les Messins prêtent serment de fidélité à la couronne de France, 466.

FRANÇOIS-DE-NEUFCHATEAU. *Voy.* Neufchâteau.

FRANÇOIS-XAVIER, l'un de ceux qui concoururent à la fondation de l'ordre des jésuites, XVI, 306.

FRANGAL, seigneur danois, sous la loi duquel tomba le château de Fougères, XXVI, 52.

FRANKLIN. Ce qu'il dit de l'oisiveté, V, 68. Son arrivée à Paris devient le sujet d'une foule de chansons, XVI, 416.

FRANQUEVILLE (Pierre de), célèbre sculpteur, né à Cambrai, XII, 69.

FRANQUIEU (M.), maire de Grenoble en 1790, X, 50.

FRANVAL (Adine), personnage du roman de *Cécile*, XXIII, 51. Lettre où elle raconte la naissance, et le progrès de ses amours avec le baron de Jenecée qui la demanda en mariage, et en obtint la plus précieuse des faveurs ; peinture qu'elle fait de son désespoir en songeant que son amant pourra cesser de l'aimer, 115 à 135.

FRA-PAOLO, écrivain qui a réclamé contre les usurpations de la cour de Rome, XIV, 10.

FRAYSSINOUS (l'abbé), né dans le département de l'Aveyron, IX, 15.

FRÉCULPHE, évêque de Lisieux, dans le neuvième siècle, eut le mérite de cultiver et de protéger les sciences, XXV, 60.

FRÉDÉGAIRE, écrivain servile, auteur d'une chronique dont les continuateurs donnent une explication sur une des assemblées du Champ-de-Mai, V, 252 ; XXVI, 442.

FRÉDÉRIC, beau-frère de Hugues-Capet, fait construire un château qui devint le berceau de Bar-le-Duc, XI, 440.

FRÉDÉRIC II, empereur, accorde à l'évêque de Gap, Grégoire, le titre de prince, et les droits de régale, X, 209. Confirme les droits que Conrad II avait accordés aux archevêques d'Embrun, 247. Confisque, sans forme de procès, les biens de Richard-Cœur-de-Lion, XIV, 161.

FRÉDÉRIC III, empereur, est excommunié par Innocent V, pape, X, 326, 329.

FRÉDÉRIC, dit le Grand, roi de Prusse. Son aversion pour les flatteurs, IV, 282. Ce qu'il écrit à Voltaire sur la nécessité où sont les princes de se faire un nom par les armes, XIV, 180. Il mettait au nombre de ses plus rigoureux devoirs le soin de ménager l'argent de ses sujets, 391.

FRÉDÉRIC-AUGUSTE, roi de Pologne, rival de Stanislas, est chassé de son royaume, et envoie ses enfants au duc de Lorraine, qui eut pour eux les bontés et la tendresse d'un père, XI, 306.

FREDEROT-LEGERCE, capitaine de vaisseau, né à Brest, XII, 520.

FREDONNIÈRE (le château de La), où fut arrêté le plan de la conjuration d'Amboise, XXVI, 27.

FRÉJUS, ville de Provence, dont le port a été comblé par des éboulements, X, 171.

FRÉMEUIL (madame de). Sa tendresse aveugle pour sa fille, et funestes effets de son indulgence, IV, 116.

FRÉMI (M.), directeur actuel du collège d'Alençon, XXV, 124.

FRÉMICOURT (M.) a siégé à la Chambre des Députés pendant plusieurs années, XII, 70.

FRÉMILLAC (le chevalier de), maudit le nouvel ordre de choses, les heureux effets de la révolution, et se reporte toujours à l'ancien régime, IX, 80.

FRÉMINVILLE, commis chez un banquier, et ayant la présomption d'être un homme à la mode, IV, 37. Il se déclare ennemi des institutions nées de la révolution, 259; V, 69.

FRENAYE (Jean Vauquelin de La), poète, auteur d'un art poétique et de satires, XXV, 86, 174.

FRESNEUSE (les sables de), couverts jadis de vignobles qui avaient quelque réputation, XIII, 139.

FRÈRE (M.), libraire de Rouen, XIII, 211.

FRÉRET, l'un des amis de Voltaire, X, 459. Il étudie Bayle pendant son séjour à la Bastille, XV, 49.

FRÉRON (l'abbé), journaliste, ennemi de Voltaire, que celui-ci poursuivit sans relâche, X, 459; XII, 543; XVI, 158.

FRESCHINES (le château de), qui fut destiné à servir d'asile aux malheureux pendant les guerres civiles, et qu'habita le célèbre Lavoisier, XXVI, 25.

FRESNAYE (le conseiller de La). Impression et changement que sa fin tragique causa dans l'esprit de madame de Tencin, II, 125.

FRESNAYE (M. de La), habitant de Falaise, et ami des lettres, XXV, 87.

FRESQUEL (le), rivière à travers laquelle on a donné passage au canal du Languedoc, VIII, 442.

FRETTEAU (Joachim-Isidore), chanoine d'Angers. Ses amours avec *la belle Angevine*, Agnès de Beaupréau; ses intrigues et son inconstance; sa mort, XXV, 390 *et suiv.*

FRÉVILLE, situé à quelque distance de Valognes, XXV, 269.

FREYTAG (le maréchal), que les Français attaquèrent en 1793, XII, 300.

FRIEDBERG (le château de), séjour favori de l'archiduc Léopold, abbé de Guebwiller, XI, 206.

FRIMONT (M.), répétiteur dans un lycée, renommé pour ses couplets de fêtes, II, 140.

FROBEN (Jean), célèbre typographe, XXII, 374.

FROISSARD (M. le marquis de), député du Jura, dans le jardin duquel se trouvent des débris du château bâti à Dôle, par Frédéric Barberousse, XI, 88.

FROISSART (Jean), l'un de nos meilleurs chroniqueurs et l'oracle de nos modernes historiens, XII, 129.

FROMENT Ier, comte de Sens, XXVI, 489.

FROMENT III, frère du comte Renaud, XXVI, 489.

FRONJOLY (Philippe de), ancien procureur du roi au présidial de Rennes, et l'un des plus énergiques accusateurs de Carrier, XII, 585.

FRONTIGNAN, ville du département de l'Hérault, IX, 91.

FRONSAC (le duc de), depuis maréchal de Richelieu. Il est le

premier qui adopta l'usage de la poudre, III, 25.
FROSTÉ (M.), peintre distingué. Son tableau du *Bon Samaritain*, XXII, 93.
FROTTÉ (le comte Louis de), dernier chef de l'armée royaliste; arrêté à Alençon par la trahison du général Guidal, XXV, 123.
FRUTERIUS, XXIV, 183.
FUALDÈS (M.). Quelques réflexions sur l'épouvantable assassinat commis sur sa personne, VIII, 253; IX, 3, 8, 10.
FUGIÈRE (le général) fonda, dans Avignon, une succursale de l'hôtel des Invalides, IX, 271.
FULBERT, chanoine, confia sa nièce Héloïse aux soins du théologien Abélard, et punit l'amour de ce dernier par une indigne mutilation, XXVI, 528.
FULRAD, abbé de Saint-Denis, devient maître de l'abbaye fondée par Vulfoade, XI, 437.
FUNCK (M.), professeur de musique à Montauban, VIII, 348.
FURETIÈRE, écrivain, qui, dans son roman bourgeois, a esquissé quelques scènes populaires, et qu'une violence injuste éloigna de l'Académie dont il était membre, III, 36; XXVI, 370.
FURGOLE (M.), professeur de droit français à Toulouse, VIII, 401.
FURNES, ville de la Flandre française, que les Anglais assiégeaient en 1793, XII, 298, 324.
FURTADO, négociant juif estimé, dont la famille est la plus considérée parmi les juifs de Bordeaux et de Bayonne, VIII, 16, 84; IX, 275.

FUSELIER, l'un des fondateurs de la *Société du Caveau*, III, 107.
FUSIUS GÉMINUS périt avec sa famille entière, par ordre de Tibère, pour avoir été l'ami de Pompée, XIV, 251.

G.

GABORY (M.), fabricant à Rouen, XIII, 184.
GABRIEL, chanoine, a écrit sur l'origine de Montpellier, IX, 93.
GAGEL, né à Bar-le-Duc, XI, 444.
GAGUIN (Robert), général des Mathurins, l'un des auteurs de l'*Histoire générale de France*, écrite en latin, XII, 179. Ce qu'il dit de l'origine de la royauté des seigneurs d'Yvetot, XIII, 244.
GAILLARD (madame), maîtresse d'un hôtel à Aix, IX, 313.
GAILLARD (M.), banquier de Grenoble, X, 92.
GAILLARD, l'un des amis de Voltaire, X, 459.
GAILLARD (Catherine), prétendue sorcière, fut brûlée à Dôle en 1607, XI, 168.
GAILLARD (le château) que Richard-Cœur-de-Lion fit bâtir pour défendre son duché contre les invasions des Français; siéges que cette forteresse a soutenus; quelques uns des personnages qui y furent renfermés, XIII, 45.
GAILLARD (M.), militaire, fut détenu à Sainte-Pélagie, XV, 75.
GAILLARD (M.), écrivain qui a indiqué les résultats d'une rivalité inséparable de l'esclavage politique, XXII, 305.
GAILLON. Élégance des maisons

de campagne que l'on remarque sur la route avant d'arriver à cette ville, XIII, 21. L'ancien palais des archevêques de Rouen, transformé en maison de détention, 25.

GAILLON (M.) possède de profondes connaissances dans les sciences naturelles, XXV, 38.

GALANTERIE (la). Ce qu'elle était en France sous les rois jusqu'aux Croisades, II, 184; du temps de ces guerres religieuses, *ibid.*; sous Charles VI, 186; sous Charles VII, 187; sous Louis XI, 188; vers la fin du règne de Louis XII, *ibid.*; sous François Ier et Henri II, *ibid.*; sous Henri IV, 189; sous Louis XIV, 190; sous la régence du duc d'Orléans, 193; sous Louis XV, 195; sous le règne suivant, 197; durant la révolution, 198; ce qu'elle est depuis le rétablissement du pouvoir monarchique, 199.

GALBA répand l'alarme dans le palais de Néron, par sa marche sur Rome, XIV, 85.

GALDEMARD (le général), VIII, 284.

GALÉAS (le grand-duc) donne deux assauts furieux à Saint-Jean-de-Losne, et se voit forcé de lever le siège, après avoir essuyé une longue résistance, XXVI, 432.

GALEOLTUS KARISDERGIUS DE HASNI, XXIV, 183.

GALIEN, médecin. Recette qu'il donne pour prévenir les maladies du corps, III, 35.

GALIGAI, intrigante qui tirait les cartes à Marie de Médicis, I, 303.

GALILÉE devina la forme et le mouvement de la terre, et fut emprisonné, par l'effet d'une cabale, pour en avoir soutenu le mouvement autour du soleil, II, 120; XV, 48; XXII, 295.

GALISSONNIÈRE (M. de La), ancien capitaine de vaisseau, II, 352; XXVI, 190.

GALITZIN, l'un des amis de Voltaire, X, 459.

GALL (madame), femme du bourguemestre dont Voltaire cite plusieurs fois le nom dans sa correspondance, XI, 216.

GALLAIS, écrivain politique, publiciste et érudit, né à Angers, XXV, 406.

GALLANT (M.). Ses remarques sur les jardins qu'il a le loisir de parcourir dans une maladie pour laquelle on lui a ordonné la campagne, V, 325. Sa confession, 365 *et suiv.*

GALLARDON, ville située à quelque distance de Chartres, XXVI, 84, 96.

GALLAUT, Toulousain, se distingua par des vers pleins de grâce, VIII, 425.

GALLE, graveur distingué, I, 14.

GALLES (le prince de), fils d'Édouard III, assiège Romorantin en 1356, XXVI, 55.

GALLES (le prince de), dit le prince Noir, défit le roi Jean, près Poitiers, XXVI, 149.

GALLIET (M.), l'un des propriétaires qui s'occupent le plus particulièrement de perfectionner la race des chevaux français, XXV, 92.

GAMA (Vasco de), célèbre navigateur auquel les Dieppois ouvrirent la route des Indes, XXV, 19.

GAMBIE, rivière d'Afrique à l'embouchure de laquelle les Dieppois formèrent des établissements, XXV, 19.

GAMBIER (M.) a présidé à l'arrangement des ossements aux catacombes, II, 437.

GAMURRINI, érudit, XXIV, 184.
GANDON (M.), ancien député d'Ille-et-Vilaine, XII, 440.
GANGE (la famille baroniale de), admise aux états du Languedoc, IX, 97.
GANNAT. Son aspect intérieur; son ancienne béatitude lorsqu'il y avait un chapitre de douze chanoines et un couvent d'Augustins, XXVI, 354.
GANTOIS-DERVAUX (M.), commerçant de Douai, XII, 191.
GAP, chef-lieu du département des Hautes-Alpes; terrain où cette ville est assise, X, 201. Travaux commencés en 1450, et dont l'achèvement a été projeté plusieurs fois pour l'irrigation de la plaine de Gap, 202. Indifférence que les Gapençais montrèrent pour ces opérations, 203. Monuments de la ville, 205. La société d'émulation, 206. La promenade publique, 207. Origine de Gap; Démétrius y introduit le christianisme; particularités sur quelques uns de ses anciens évêques, 208. Priviléges dont cette ville jouissait anciennement, 209. Désastres qu'elle essuya, 211. Sa population, ibid. Son aspect à l'intérieur; sa cathédrale, 212. Usage qui s'observe à la procession de la Fête-Dieu, 214. L'église des Pénitents, 215. Les édifices publics; le musée, 216. Le commerce de Gap; la caserne, 217. Mollesse des Gapençais; leur bienfaisance, 225.
GAP-GROS (le rocher du), IX, 431.
GARASSE, jésuite, s'acharna contre Théophile de Viaux, et lui fit une réputation d'athéisme, VIII, 297.

GARAT l'aîné(M.), avocat, membre de l'assemblée constituante, VIII, 145.
GARAT (M.), frère du précédent, écrivain philosophe, I, 10; VIII, 145.
GARAT (M. Léon), avocat distingué, remarquable par son talent facile et plein de naturel, VIII, 145.
GARAT (M.), fils de M. Garat l'ainé, musicien célèbre, VIII, 22, 146.
GARBILLON (François), jésuite géomètre, et missionnaire à la Chine, XI, 451.
GARCIA, dont les ancêtres, de père en fils, ont rempli, à la tour de Dunkerque, les fonctions de guetteur, XII, 315.
GARD (le département du). Etat de l'agriculture dans cette contrée, IX, 179. Hommes célèbres qui y sont nés, 182 à 192.
GARDEIL, médecin qui, le premier, traduisit Hippocrate, VIII, 425.
GARDEL (madame), célèbre danseuse de l'Opéra, III, 65.
GARDEL (M.), habile chorégraphe. Mérite de ses principales compositions, XIX, 107, 171. Son pays natal, XXII, 280.
GAREAU (M.), auteur d'une histoire de la Bourgogne, XXVI, 443.
GARET, éditeur et annotateur de Cassiodore, XIII, 278.
GARETIT (le château de), construit sur les bords du Gange, XXVI, 29
GARIBAI, écrivain qui s'est occupé de recherches sur l'histoire des Maures, XIX, 235.
GARIPUY, astronome célèbre à qui la ville de Toulouse doit le magnifique observatoire qu'elle possède, VIII, 427.

GARISSON (M.), commerçant montalbanais, VIII, 348.
GARNEREY (M. L.), peintre, XII, 201. Plusieurs de ses marines, XXII, 144; ses dessins coloriés, 149.
GARNERIN (M), célèbre aéronaute, invente le parachute, et en fait l'expérience à Mousseaux, VI, 119.
GARNERIN (madame), célèbre aéronaute, VI, 120.
GARNERIN (mademoiselle) exécute à Tivoli sa première ascension aérostatique, VI, 121. Attitude d'un de ses adorateurs, au moment où elle faisait une ascension au Champ-de-Mars, 369.
GARNIER (l'abbé), l'un des ennemis de Voltaire, X, 459.
GARNIER (la mère), sœur hospitalière, s'est fait remarquer à Dôle par ses vertus touchantes, XI, 91.
GARNIER (l'abbé) a découvert plusieurs antiquités aux villages de Noroy et de Mousson, XI, 322.
GARNIER-DUFOUGERAIS (M.), député de Saint-Malo, XII, 402.
GARRICK, auteur dramatique anglais, XXI, xiv.
GARRIGOU (M.), fabricant d'acier cémenté à Toulouse, VIII, 434.
GARRIGOU (MM.), maîtres d'une belle forge établie aux portes de Toulouse, XXII, 437.
GARRISSOLES, Montalbanais, auteur d'un poeme latin remarquable par la pureté et l'élégance de la versification, VIII, 344.
GARROENEC-CO-PETARSA (la côte de), VIII, 148.
GASCONS (les). Leur caractère général; leur amour pour la guerre, VIII, 81. Particularités sur deux Gascons devenus, l'un, grand-maître de l'artillerie du Mogol, et l'autre, chef de Marattes, au Bengale, 82. Facilité des Gascons à s'exalter, 83.
GASPARIN, l'un des députés qui commencèrent la haute fortune du maréchal Victor, IX, 385.
GASSENDI, illustre philosophe, IX, 308.
GASSIN, habitant de Verdun, distingué par son patriotisme, périt sur l'échafaud, XI, 450.
GASSNER, paysagiste, XI, 273.
GASTON, frère de Louis XIII, l'homme du royaume le plus au fait des cérémonies, IV, 349.
GASTRONOMIE (la). Ses progrès et son empire en France, IV, 136.
GATAKER, auteur d'un écrit sur le jeu, V, 81.
GATET (madame), sœur du libraire de ce nom, VII, 216.
GATINES (M. de), commissaire de marine à Toulon. Régime qu'il a adopté pour la surveillance des forçats, IX, 405, 408 et suiv.
GATINOIS (la comtesse de), que Gontran voulait dépouiller de ses biens, est défendue par Ingelger, auquel elle donne sa main, XXV, 380.
GAUCHET (l'abbé), l'un des ennemis de Voltaire, X, 459.
GAUFFIER (Louis), peintre, né à Rochefort, IX, 272; XXVI, 190.
GAULOIS (les). Indépendance dont ils jouissaient, lorsqu'ils ignoraient encore le joug des Romains, X, 125. Avant la conquête de ces derniers, ils avaient un gouvernement semblable à celui des Hébreux

sous les Juges, XIV, 293. Au temps qu'ils étaient libres, leurs femmes se recommandaient par leur chasteté, leur prudence et leur courage; elles étaient consultées dans les assemblées nationales, 478. Lorsque les Gaules gémirent sous les coups des Sicambres, les Gauloises conservèrent quelque empire sur le caractère national, *ibid.* Les Gaulois rendaient un véritable culte aux femmes, sur-tout aux vierges saintes et prophétiques, 482. Au sein des ténèbres de l'histoire, des Gauloises brillent par leur vertu et leur courage, 483. Exemples à l'appui de cette assertion, 484. État de l'industrie primitive des Gaulois, XXII, 308. Développements qu'elle reçut depuis qu'une colonie de Phocéens s'établit à Marseille, *ibid.* L'inondation des barbares la fait rétrograder de plusieurs siècles, et elle jette un nouvel éclat sous le règne de Charlemagne, 309. Leur pays est soumis totalement par César, XXVI, 444.

GAULTIER, seigneur d'Yvetot, après dix ans d'exil auxquels l'avait condamné Clotaire, obtint des lettres de recommandation du pape, alla solliciter sa grace auprès de Clotaire, qui lui passa son épée au travers du corps, XIII, 244.

GAURIC (Luc), médecin-astrologue du seizième siècle, III, 78; VI, 127.

GAUSLIEY (M.), ingénieur en chef, termina, en 1792, le canal du centre dont il avait donné le plan, XXVI, 396.

GAUTHIER (M.), maitre de l'hôtel des ambassadeurs à Agen, VIII, 260.

GAUTHIER (M.), architecte, a tracé le plan du monument élevé a Fénélon dans la métropole de Cambrai, XII, 57.

GAUTHIER (M.), fabricant de draps à Elbeuf, XIII, 131.

GAUTHIER (M. l'abbé), chapelain de Bicêtre à Alençon, et continuateur de l'histoire de cette ville, XXV, 129.

GAUTHIER (M.), orientaliste, auquel on doit une magnifique édition des *Mille et une nuits*, XXV, 303.

GAUTHIER-DE-CHATILLON, auteur de l'*Alexandriade*, XII, 278.

GAUTIER, adjudant d'une prétendue garde nationale que l'on forma, en 1815, à Arbois; sorte d'impunité et considération qui fut accordée à cet assassin, XI, 59.

GAUTIER jeune (M.), négociant de Saint-Malo, XII, 401.

GAUTIER-D'AGOTY (M.), ancien secrétaire-général de la préfecture du département du Nord, a voulu faire servir sa fortune à la prospérité de la ville de Douai, XII, 175.

GAUTIER-DE-LAUNAY, grand écuyer sous Philippe-le-Bel, V, 255.

GAUX (de) a écrit sur la théorie de l'hydraulique, XXII, 348.

GAVAUDAN (madame), actrice de l'Opéra-Comique, XXI, xij.

GAUVILLIER (M,), ancien possesseur de Gay-la-Guette en Sologne, XXVI, 27.

GAVRAI (la forêt de), située dans le Bocage, XXV, 153.

GAY (madame), auteur de quelques jolis romans, I, 22.

GAY-LA-GUETTE (le château de), l'une des plus charmantes habitations rurales de France, XXVI, 27.

GAYANT (M.), inspecteur divisionnaire des ponts-et-chaussées, proposa de faire venir au-dessus de Gap les eaux du Drac, et fut chargé, en 1801, de la direction des travaux du canal de Saint-Quentin, X, 203; XII, 34.

GAYET, matelot de Calais, se distingua par son dévouement pour des naufragés, XII, 340.

GAYET (Jean), XXIV, 183.

GAZA (Théodore), XXIV, 188.

GAZAN (le général), VIII, 388.

GÉDOYN (l'abbé), savant né à Orléans, XXVI, 128.

GELÉE, situé dans le département des Vosges, où naquit le peintre Claude le Lorrain, XI, 422.

GELIOTTE, chanteur fameux, ancien convive de l'Ermite chez mademoiselle Arnould, II, 313.

GÉLY, barbier de Pézénas, chez lequel Molière se rendait souvent pour recueillir des observations sur les mœurs de cette ville, IX, 67.

GÉMÉNOS (la terre de), à quatre lieues de Marseille, IX, 314.

GÉMÉTRIUS (saint), personnage dont l'on montre les ossements à Fontaine-Saint-Martin, XXV, 374.

GENABUM, nom que portait primitivement la ville d'Orléans, XXVI, 128.

GÉNÉRAUX (les). Dangers résultant de la conduite de la plupart d'entre eux, qui abandonnent leur patrie pour aller servir en pays étranger, XIV, 203. Les guerres les plus heureuses ne profitent qu'à un petit nombre d'entre eux, 204. Jalousie qui souvent les divise et les empêche de concourir au succès d'une bataille, 205. Leurs coups ont fait tomber la liberté, 206. Désobéissance qu'ils doivent montrer dans certaines rencontres, 209.

GENETTES (René-Nicolas Dufriche des), célèbre médecin, préserva l'armée française en Égypte de la peste, XXV, 128.

GENÈVE. Manière dont les habitants de cette ville signalent toute maison illustrée par la naissance ou le séjour d'un grand homme, VII, 247; XI, 4. Principes d'après lesquels cette ville s'est de nouveau constituée en république, XIV, 154.

GENEVIÈVE, vierge de Nanterre, rassure les Parisiens qu'alarmait l'approche d'Attila, XIV, 484.

GENGIS-KAN. Son passage fut annoncé par des lueurs sinistres, XIV, 170.

GENLIS (madame de), écrivain élégant et pur, auteur d'un grand nombre d'ouvrages, I, 22. Elle n'a pas de droits au titre de créatrice du roman historique, XXIII, 28. Système qu'elle voulait introduire dans le domaine du roman, 30. Séjour qu'elle fit, pendant ses premières années, à Bourbon-Lancy, dont son père était seigneur, XXVI, 379.

GENNE (Pierre de), né à Chartres, XXVI, 102.

GÉNOD (M.), de Lyon, peintre. Son tableau du *Petit malade*, et celui de la *Bonne mère*, XXII, 122.

Génois (les) n'obtiennent pas le retour de leur ancienne constitution que les Anglais leur promirent en 1814, XIV, 230.

GENSONNÉ, membre de la convention, VIII, 22.

GENTIL-BERNARD, auteur de chansons érotiques, qu'il a empreintes de fadeur et d'afféterie, XVII, 38. Son hymne à la rose, 40.

GENTY-LAURENS (M.), littérateur landais, VIII, 63.

GEOFFRIN (madame), femme célèbre par ses excellentes qualités, et chez qui se tenaient des assemblées où l'on trouvait réunis tous les genres d'illustration, I, 292; V, 272. Ce qu'elle disait de l'abbé Trublet, XII, 414.

GEOFFROI-PLANTAGENET, au pouvoir duquel Saint-Lô tomba en 1141, XXV, 504.

GEOFFROY (l'abbé), célèbre feuilletoniste. Dialogue que le Franc-Parleur suppose entre ce critique, un colonel, et l'Ermite de la Chaussée-d'Antin, sur les bords de l'Achéron, au sujet des événements d'en haut, IV, 180. Son enthousiasme pour Napoléon s'évanouissant tout-à-coup lorsqu'il apprend le retour des Bourbons, 186. Il figure parmi les ennemis de Voltaire, X, 459.

GEOFFROY-GRISE-GONELLE, grand sénéchal de France, XXV, 381.

GEOFFROY-MARTEL défit Guillaume V, duc d'Aquitaine, conquit le comté de Poitiers, agrandit son domaine, et dota des églises, XXV, 382.

GEOGEAT (M.), auteur de Mémoires sur les villes de Narbonne et de Carcassonne, IX, 279.

GEORGEL (l'abbé), connu par ses Mémoires, XI, 422.

GEORGES III, roi d'Angleterre, des mains duquel Pitt arracha le portefeuille, XIV, 126.

GEORGES (mademoiselle), tragédienne née à Bayeux, XXV, 256.

GÉRARD (M.), peintre célèbre, I, 14. Son tableau de l'*Entrée de Henri IV à Paris*, XXII, 20. Son portrait de *S. A. le duc d'Orléans*, 63. Ceux de la *duchesse d'Orléans* et du jeune *duc de Chartres*, 136.

GÉRARD (le Père), confesseur de La Cadière, XI, 90.

GÉRARD, évêque de Cambrai, veut réprimer la licence des bénédictines de Denain, XII, 140.

GÉRARD frères (MM.), de Lyon, fabricants de soies, XXII, 418.

GÉRARD (A.) écrivain, a éclairci quelques points des annales bourguignonnes, XXVI, 443.

GÉRARD (le général). Ses opérations militaires en 1814, XXVI, 501, 521, 537.

GÉRARD LE ROUX, évêque d'Oleron, pieux ecclésiastique, mais soupçonné de pencher pour les erreurs nouvelles, XII, 350.

GÉRARDIN (M.), propriétaire de la maison où naquit Jeanne d'Arc, à Domremy, XI, 424.

GÉRARDMER, ville située dans les Vosges, et où l'on fabrique d'excellents fromages, XI, 371.

GERBERT, l'un de ceux qui se disputent l'honneur d'avoir découvert l'horlogerie mécanique, XXII, 426.

GERBERT, chancelier né en Auvergne, XXVI, 347.

GERBIER, avocat, ne peut obtenir un arrêt favorable à l'Ermite au sujet d'une succession que devait recueillir ce dernier, II, 225. Son pays natal, XII, 474.

GÉRENTE (M. Olivier de), membre de toutes les assemblées nationales depuis vingt-cinq ans, retiré maintenant dans une campagne où il exerce les vertus privées d'un excellent citoyen et d'un bon agriculteur, IX, 249.

GERGONNE (M.), professeur d'astronomie à Montpellier, IX, 189.

GÉRICAULT (M.), peintre distingué. Son tableau d'une *Scène de naufrage*, XXII, 87 Son *Portrait équestre d'un colonel de chasseurs*, XXVII, 47.

GERING (Ulric), l'un des premiers imprimeurs-libraires qui s'établirent à Paris, VI, 103; XXII, 374.

GERMAINS (les), avant la conquête des Romains, avaient un gouvernement semblable à celui des Hébreux sous les Juges, XIV, 293.

GERMANICUS. Monument qui lui fut élevé sur le pont de Saintes, XXVI, 205.

GERMÉ (M.), professeur de rhétorique et ami de La Chalotais, XII, 478.

GERMINY (M. Raoul de) a contribué beaucoup à propager dans le département de la Seine-Inférieure la race des moutons mérinos, XIII, 209.

GERMON (madame), marchande d'objets de toilette, II, 34.

GERNEVAL, millionnaire. Sa naissance obscure; intrigues et bassesses sur lesquelles il a élevé sa fortune, V, 221.

GERS (la forêt de), située dans le Bocage, XXV, 153.

GERSON, écrivain. Ce qu'il dit de la doctrine que Jean-Petit professe en faveur du régicide, XVI, 312.

GÉRY (Saint), qui prêcha l'Evangile dans la ville de Famars, XII, 135.

GFSORIACUM, nom que la ville de Boulogne portait dans les temps reculés, XII, 343.

GÉVAUDAN (M.), connu par la noblesse de ses sentiments et l'inépuisable bonté de son cœur, IX, 89.

GÉVAUDAN (Le), IX, 96.

GEVRIL (M), naturaliste savant, conservateur du cabinet d'histoire naturelle de Besançon, XI, 122, 130.

GEX (le pays de), pour lequel Voltaire obtint, de ses propres deniers, l'affranchissement de plusieurs impôts, X, 441.

GHEEL, bourg des Pays-Bas, où l'on traite les aliénés, II, 281.

GIAC-DUPRAT, chancelier, né en Auvergne, XXVI, 347.

GIARD-FORTIER (M.), libraire et épicier à Valenciennes, XII, 122.

GIBELIN (le docteur), conservateur de la bibliothèque d'Aix, IX, 297.

GIBELIN, frère du précédent, désigné pour être directeur de l'Ecole française à Rome, IX, 310.

GIBOEUF (le père), né à Bourges, XXVI, 370.
GIBOEUF (M. de), qui fit placer le portrait du célèbre Cujas, dans la chapelle où ses cendres reposaient sans honneur, XXVI, 370.
GIÉLÉE (Jacqueman), poète, auteur d'une critique fine et piquante sur les mœurs du temps de Philippe - le - Bel, XII, 279.
GIGES, peintre de l'antiquité, XXII, 68.
GIGNOUX (M.) commerçant estimé d'Agen, VIII, 294.
GILBERT, poète remarquable par son talent et ses malheurs, XI, 422.
GILLES est déclaré criminel d'état, à l'instigation de François Ier de Bretagne, son frère; il meurt dans les souterrains du château de la Hardouinaye, et cite son frère à comparaître au jugement de Dieu, XII, 379.
GILLES - LE - MAISTRE, premier président. Equipage dans lequel il allait haranguer le roi à Fontainebleau, XXII, 318.
GILLISPIE, médecin de l'île Maurice, XXII, 460.
GINE (la dame de), maîtresse du duc de Bourgogne, X, 102.
GINGUENÉ, écrivain distingué, auteur d'une *Histoire littéraire de l'Italie*, III, 338; XII, 474.
GIOTTO (le), peintre italien, dont le style était naïf, mais sec et maigre, XXVII, 38.
GIRARD (l'abbé), auteur des synonymes, né à Clermont-Ferrand, XXVI, 277.
GIRARDET (Jean), peintre d'histoire, né à Lunéville, XI, 290.
GIRARDIN (M. Stanislas), député de la Seine-Inférieure, grand citoyen, orateur distingué, et l'un de ceux qui firent à la Chambre les remontrances les plus vives sur l'emprisonnement dont l'on menaçait les auteurs de délits politiques, I, 16; XIII, 170; XV, 60.
GIRARDIN (M.), manufacturier de Sainte-Marie-aux-Mines, XI, 223.
GIRARDIN (M. Amable), capitaine, se trouvait à la défense de la barrière de Clichy, XXII, 184.
GIRARDIN (M. de). Son tableau des *vues des jardins d'Ermenonville*, XXVII, 48.
GIRAUD (M), avocat de Carpentras, que la fureur des factieux n'épargna pas en 1815, IX, 253.
GIRAUD, statuaire distingué, né à Aix, IX, 310.
GIRAUD (M.), fabricant de Saint-Quentin, XII, 17.
GIRAUD DE BORNEIL, troubadour périgourdin, XXVI, 243.
GIRAUD LE ROUX, troubadour toulousain, VIII, 424.
GIRAUDIÈRE (Chenard de La), compagnon de Bougainville dans son voyage autour du monde, XII, 410.
GIRODET, peintre célèbre, I, 14. Son tableau de *Pygmalion et Galatée*, XXII, 154 à 159; celui d'une *Etude de Vierge*, XXVII, 32.
GIROMAGNY. Situation de ce bourg, XI, 173. Position du fameux ballon de Giromagny; mines variées que l'on trouve sur cette montagne, 174. Perspective dont on jouit du haut de ce ballon; route qui y conduit, 175.
GIROUD (la sœur), religieuse de la Charité, pendant qua-

rante ans donna ses soins à l'hospice des Enfants-Trouvés, IV, 366.

GIROULT, peintre d'enseignes, II, 104.

GIROUX (M.), peintre, a établi à Paris une manufacture d'objets d'art et principalement de tableaux d'église, XXII, 79. Son tableau de *Sabinus*, 146.

GIROYE (le chevalier) fut enfermé au palais des ducs d'Alençon, et laissa son nom à la tour où il avait gémi, XXV, 121.

GISORS, boulevart des états des anciens ducs de Normandie; les ruines du château construit par Guillaume-le-Roux; morceau de sculpture remarquable renfermé dans l'église de cette ville, XIII, 75 Lieu où fut assassiné le duc de La Rochefoucault; la place de l'*Ormeau ferré*, a quelque distance de Gisors, endroit où les ducs de Normandie se réunissaient ordinairement pour signer la paix, 76.

GLANEUIL (le comte de) va rendre visite à l'Ermite, lui montre le plan qu'il s'était tracé pour l'emploi de sa journée de la veille; plan déjoué dans tous ses détails par l'étourderie du jeune comte et par des circonstances imprévues dont il fait l'exposé, VI, 378 *et suiv*. Il esquisse le portrait et les opinions d'un candidat pour les élections, VII, 133.

GLANTINE (la rivière de), près de la source de laquelle est située la ville de Poligny, XI, 47.

GLOCESTER (le duc de) combattait contre les Français à la bataille des Dunes, XII, 309.

GLUCK (le chevalier), célèbre compositeur, III, 62 Maison où il composa l'opéra d'*Armide*, VII, 246 Ses efforts pour introduire chez les Français la tragédie lyrique; succès qu'il obtint, XXII, 237. Révolution qu'il a opérée dans les chœurs, 243, 259, 275. Supériorité de sa déclamation, 265, 276.

GODFL (J.-B.), évêque de Lydda, jouit d'abord d'une certaine considération, voulut ensuite déposer ses lettres de prêtrise, et porta sa tête sur l'échafaud, XI, 203.

GODARD (Pierre-François), habile graveur en bois, né à Alençon, XXV, 127.

GODEAU (Antoine), évêque de Vence, poète estimable et bon prélat, XXVI, 100.

GODEFROI (madame), peintre. Son tableau réprésentant *la reine Hortense avec les princes ses enfants*, XXVII, 46.

GODEFROY, graveur distingué qui a reproduit le tableau de Gérard, représentant la *bataille d'Austerlitz*, III, 346; XIII, 203

GODEFROY, père et fils, auteur d'un ouvrage sur le cérémonial des cours, IV, 350.

GODEFROY, de Strasbourg, le plus célèbre des troubadours alsaciens, XI, 272.

GODFMAR, sénéchal de l'archevêque de Lyon, veut mettre un impôt sur les vins qui se débitaient dans cette ville, et par cette mesure provoque une révolte, X, 315.

GODFSCARD, traducteur de la *Vie des saints* d'Alban Butler, XIII, 196.

GODET (M.), fabricant de draps à Elbeuf, XIII, 131.

GODEFROY (M.), armateur de Saint-Malo, premier juge au tribunal de commerce, vice-président de la chambre de commerce, et vice-président de la commission de santé, XII, 400.

GODINÉCOURT, nom que portait primitivement Saint-Mihiel, XI, 437.

GOETHE, patriarche de la littérature allemande, l'un des amis de Voltaire, X, 461. Portrait qu'il fait de ce philosophe, XVI, 164. Sa romance intitulée *la Bayadère*, XIX, 172. Caractère de son roman de *Werther*, XXIII, 24.

GOETZEMBRUCH, village où les usines et l'industrie de la verrerie ont reçu un accroissement considérable, XI, 502.

GORVROT (Jehan), premier médecin de François Ier, auteur d'un *Sommaire ou Entretènement de vie*, XXV, 110.

GOFFIN. Son dévouement lors de l'éboulement d'une carrière, I, 288.

GOHIER (M.), ancien membre du directoire de la république française, avocat distingué du barreau de Rennes, XII, 479.

GOIS, sculpteur, a exécuté le monument que l'on a fait élever dans l'une des chapelles de l'église Saint-Maurice de Lille, XII, 247. Son modèle en plâtre d'une *Descente de croix*, XXII, 163. Sa *Nymphe endormie dans une conque*, 164. Son *Philoctète*, XXVII, 52.

GOLCONDE (le royaume de) fait partie de la souveraineté nominale de Nyzam-Aly, XVIII, 92; XXII, 453.

GOLLUT, historien de la Bourgogne, s'est montré écrivain servile et crédule, XXVI, 442.

GOMART (M.), l'un des premiers filateurs de Saint-Quentin, XII, 15.

GONDEBAUD, fils naturel de Clotaire Ier, est couronné roi des Français à Brives, XXVI, 258.

GONDEBAUD, fils de Gondioche, roi de Bourgogne, passe pour avoir ordonné la pratique du duel, II, 367. Il donne dans l'arianisme, voit son peuple en proie à la division, est poursuivi et battu par deux de ses frères sous les murs d'Autun; il est ensuite vainqueur; exerce des cruautés envers plusieurs membres de sa famille; pénètre en Italie; donne en mariage, à Clovis, sa nièce Clotilde, qui engage son mari à lui déclarer la guerre, XXVI, 446. Les évêques le somment d'assembler un concile où ils doivent combattre l'erreur; réponse qu'il leur adresse, il profite de la paix pour donner des lois à ses peuples, 447. Il favorise la guerre contre les Visigoths; sa mort, 448; X, 308.

GONDEGISILLE est massacré par les ordres de Gondebaud, son frère, X, 308.

GONDEMAR, frère de Gondebaud, roi de Bourgogne, se fait brûler vif dans son palais, plutôt que de consentir à périr de la main du bourreau, XXVI, 446.

GONDEMAR, frère de Sigismond, tente de relever le royaume des Bourguignons; est attaqué par Clodomir qu'il défait et tue; vaincu par Clotaire et Childebert, il perd ses états, et prend la fuite, X, 308; XXVI, 449.

GONDI (M. de). Ses héritiers sont condamnés à livrer à l'Hôtel-

Dieu le fit de l'archevêque de Paris, III, 313.

GONDICAIRE s'empare d'Autun, XXVI, 420. Il rentre avec ses sujets dans la province lyonnaise, prend plusieurs villes, et pousse ses conquêtes jusqu'a Metz, 445.

GONDIOCHE, fils et successeur de Gondicaire au duché de Bourgogne; il donne des lois à son peuple, et établit solidement son trône, XXVI, 446.

GONDOALD, ancien maire du palais de Dagobert, X, 290.

GONDRECOURT, bourg du département de la Meuse, se distingue par son ébénisterie et ses excellents billards, XI, 427.

GONNEVILLE (le capitaine), célèbre marin du quinzième siècle à qui l'on doit la découverte des terres australes, XIII, 254.

GONTRAN, roi de Bourgogne, cherchant à dépouiller de ses biens la comtesse de Gatinois, est tué dans un duel par Ingelger, XXV, 380. Il avait relevé et choisi pour sa capitale la ville de Chalons-sur-Saône, XXVI, 400, 449.

GORDES (de) refusa d'exécuter l'ordre donné par Charles IX de massacrer les huguenots, XIV, 208.

GORF, libraire, l'un des ennemis de Voltaire, X, 459.

GONÉE (l'île de), que l'Angleterre restitua à la France, XXII, 453.

GORGIA, vestale, périt victime de l'amour, XIX, 5. Sa passion pour Licinius, qu'elle introduisit dans le temple de Vesta; son supplice, 6.

GORSAS, journaliste, IV, 375.

GORZE, bourg remarquable par le souvenir d'une ancienne abbaye de bénédictins qui possédaient des droits royaux, XI, 478.

GOSSAIN (les deux frères), membres, a diverses époques, des assemblées législatives, XII, 83.

GOSSE (M.), auteur dramatique, VIII, 38.

GOSSE, magistrat distingué de Douai, XII, 174, 256.

GOSSEC, célèbre compositeur, né dans l'arrondissement d'Avesnes, XII, 83; XXII, 273.

GOSSELIN (mademoiselle), célèbre danseuse de l'Opéra, III, 65.

GOSSELIN (M.), membre de l'académie des inscriptions et belles-lettres, l'un de nos plus savants géographes, XII, 277.

GOSSELIN (Jean), Virois, qui a écrit sur la réforme du calendrier et de la musique, XXV, 181.

GOTH (Bertrand de), archevêque de Bordeaux, fut élu pape sous le nom de Clément V, XII, 369.

GOUAN (M.), médecin et botaniste célèbre, IX, 126.

GOUGE (le Père), jésuite, auteur d'*Observations physiques et mathématiques pour servir à la perfection de l'astronomie et de la géographie*, XXV, 34.

GOUJON (Jean), sculpteur. Morceau dont il a enrichi l'église de Gisors, XIII, 75.

GOUJON, l'un des malheureux que M. Dupont, député de l'Eure, et ancien président de la cour spéciale d'Evreux, parvint à rendre à la liberté et à la vie, XIII, 109.

GOUJON, conventionnel, dont la mort fut sublime, et dont le fils s'est distingué par des ta-

15.

lents précoces et brillants, XXVI, 471.
GOULAY, auteur d'une *Histoire des poetes italiens*, et d'une *Histoire des instruments à vent*, XIII, 197.
GOULU, érudit, fameux helléniste du seizième siècle, et professeur à l'université de Paris, XXIV, 182; XXVI, 99.
GOULU, moine, attaque Balzac qui eut le bon sens de ne pas lui répondre, XXVI, 232.
GOUNON (M.) créa dans la ville d'Agen une des plus considérables manufactures de toiles à voile, VIII, 293.
GOURDAN (Giraut de Mauléon, sire de), dont on voit la pierre sépulcrale dans la chapelle du saint Sépulcre à Calais, XII, 339.
GOURGAUD (le général). Résistance qu'il oppose à des Cosaques qui voulaient surprendre Napoléon à Brienne, XXVI, 500, 514.
GOURGUES (Dominique de), Dieppois qui, pour venger les cruautés exercées, à la Floride, envers ses compatriotes, arma des vaisseaux, passa dans ce pays, et usa de représailles à l'égard des Espagnols, XXV, 20.
GOURLIER, chanoine, auteur d'un poeme intitulé *Philippe-Auguste*, production qui a été tournée en ridicule, XV, 276.
GOURNE (l'abbé de), auteur de plusieurs ouvrages géographiques dont l'un, *la Géographie méthodique*, est le plus estimé, et fut le plus utile à la littérature, XXV, 34
GOUROU (le), titre que porte le brame supérieur dans les Indes, XIX, 115.
GOURSY (M. de), propriétaire du château de Billi-la-Basme, XXVI, 30.
GOURVILLE, personnage cité dans une lettre du marquis d'Hernouville, II, 15.
GOURVILLE, joueur fameux, gagna dans les tripots une fortune considérable, V, 83.
GOURY et POISSON (MM.) ont monté, à Landernau, une manufacture de toiles grises et à carreaux recherchées par les marins et dans les colonies, XII, 508.
GOUVERNEMENTS (les) se montrent plus jaloux d'être forts, que d'être justes, XIV, 223. Lorsqu'un gouvernement veut protéger les sujets, maintenir la justice et régner par les lois, le secret est inutile à ses démarches; celles-ci doivent au contraire paraître dans tout leur éclat, 226. Si sa marche n'est pas franche, avouée, connue, il médite la ruine des lois et des garanties sociales, 227; ses agents doivent être aussi connus que ses actes, *ibid.* Mensonges et subterfuges qu'emploient les gouvernements pour refuser aux peuples la liberté qu'ils leur avaient promise, 229. Quand le gouvernement n'agit plus que pour quelques sujets, il ne peut imposer silence aux intérêts généraux sacrifiés à des intérêts de castes ou de corporations que par la terreur, et établir la terreur que par des supplices, 314. Lorsqu'il donne l'exemple de tous les vices, la répression en devient injuste et impossible chez les particuliers, 350. Les gouvernements se plaisent à spéculer sur la ruine et la corruption des classes inférieures, 388. Tout

gouvernement porte la peine de la violation de ses engagements, 395. Un gouvernement qui s'abreuve du sang humain est celui où la vie des princes est environnée de plus de périls, 515. Les gouvernements auraient intérêt à perfectionner l'éducation du peuple, s'il n'était également vrai que l'amour de la liberté est un résultat non moins certain du progrès des lumières, XV, 182.

Gouville (madame de), fameuse par sa beauté, son amabilité et son esprit, XXVI, 475.

Gouvion Saint-Cyr (le maréchal), guerrier distingué, XI, 430.

Gracchus (Tibérius et Caius) sont massacrés sur la place publique par les chevaliers romains, XIV, 568.

Gracian (Balthazar), symétrique et pompeux précepteur des usages de la cour, qui négligea de donner la morale pour base à la politique, XIV, 11.

Gradasse, personnage qui fut enfermé dans un château d'acier, VIII, 242.

Gradis (les), famille juive considérée de Bordeaux, VIII, 16.

Graff (madame), fille du pasteur Oberlin, remarquable par la simplicité de son costume, ses manières élégantes, son exquise politesse, et l'ardeur avec laquelle elle partage les travaux de son père, XI, 387.

Graffenstad, petit hameau de l'Alsace, au-delà duquel on jouit d'une vue magnifique sur les îles boisées du Rhin et de l'Ill, XI, 230.

Graffigny (madame de), femme célèbre par ses écrits, auteur des *Lettres d'une Péruvienne*, et qui comptait au nombre des amis de Voltaire, X, 461; XI, 319; XVI, 20.

Grailly (Jean de), commandant les troupes de Charles d'Evreux à la bataille de Cocherel, XIII, 105.

Grainville, prédicateur et poète, né au Havre, XIII, 277.

Grammont (le duc de). Flatterie singulière qu'il fit au cardinal de Richelieu, IV, 274 Il sollicite le titre d'historiographe, 277.

Grammont (le chevalier de), fameux joueur, V, 84.

Grammont (le duc de) se laisse surprendre au village d'Honnecourt, XII, 38.

Grammont-Caderousse (le comte de), colonel des cuirassiers de la garde, IX, 218.

Granali, Napolitain que Speziale fit mettre à mort, XIV, 565.

Grand frères (MM.), commerçants de Lyon, X, 371.

Grand, village dont une quantité prodigieuse de ruines atteste l'ancienne importance, XI, 425.

Grand-Clos (Jacques-Pierre Meslé de), négociant et armateur de Saint-Malo, XII, 411.

Grand-Gallargues (le), village bâti sur le penchant d'une colline, IX, 156.

Grand-Mougin (M), commerçant de Lunéville, XI, 289.

Grand-Vaud (les montagnes du), dont les habitants se livrent à une espèce de roulage particulier à ce pays, XI, 45.

Grand-Ventron (le), situé sur la limite du département des Vosges, XI, 202.

Grandier, mis à mort par les

ordres du cardinal Richelieu, XXVI, 179.

GRANDIN (M), fabricant de draps à Elbeuf, XIII, 131.

GRANDIN (Amalthée), jeune homme qui peut servir de prototype a ces êtres faits et romantiques aspirant à remplir la double destinée d'un homme à bonnes fortunes, et d'un homme de génie, XV, 246.

GRANDIOSE. Usage et abus que l'on fait de ce mot, VII, 271.

GRANDVILLE, situé dans le département de la Moselle, où l'on trouve quelques manufactures, XI, 499.

GRANET, le premier de nos peintres de genre, IX, 310.

GRANGE-D'HÉBÉ (la), ferme isolée tout près du village de Rochefort, XI, 111.

GRANGE-PERFY (la), située entre Arbois et Salins, sur une montagne environnée de forêts épaisses, XI, 65.

GRANGENT (M.), ingénieur en chef du département du Gard, à qui l'on doit la restauration de l'Amphithéâtre de Nimes, IX, 193.

GRANGER (M.), peintre, XXII, 63. Son tableau d'*Apollon et Cyparisse*, 64 : sa *Peste de Milan*, 89; son *Ganymède*, XXVII, 37.

GRANIER (M.), maire de Montpellier, qui s'est fait remarquer par la sagesse et l'esprit conciliant de son administration, IX, 99.

GRANIUS MARCELLUS est renvoyé absous par Tibère, sur les représentations courageuses de Cn. Pison, XIV, 252.

GRANSAIGNE (l'adjudant-général), mort en Espagne, IX, 53.

GRANVELLE (le cardinal de), habile négociateur et chancelier de Philippe II, roi d'Espagne, XI, 126.

GRANVILLE. Aspect de la côte dominant ce port; sa position; ses bâtiments publics, XXV, 314. Son activité et son industrie commerciale; la coiffure des femmes; vicissitudes historiques de cette petite ville, 315.

GRAPPE (M.), habile jurisconsulte, XI, 170.

GRASLAIN (M.), véritable philanthrope a qui la ville de Nantes doit ses principaux établissements et ses principaux édifices, XII, 588. Son caractère, 589.

GRAS DE VILLARS, chanoine de Saint-André à Grenoble, X, 100.

GRASSARIO père et fils, jurisconsultes et auteurs, VIII, 464.

GRASSET (M.), peintre. Sa *vue intérieure* d'une église de capucins à Rome, XXII, 109.

GRASSINI, célèbre cantatrice italienne, III, 75.

GRATIEN, empereur, défait les Lentiens près de l'ancienne Argentuaria, XI, 219. Sous son règne, les pères de l'Eglise eurent plus de peine à détruire l'ordre des vestales, qu'à effacer dans les esprits le souvenir des dieux du paganisme, XIX, 3.

GRATNA, village d'Angleterre, dont le maréchal ferrant s'est arrogé le droit de faire des mariages, VIII, 227.

GRAUCI (M.), anatomiste, aussi modeste qu'instruit, XI, 267.

GRAVE (le canal de), le long duquel s'étend un faubourg de Montpellier, IX, 94.

GRAVE (la), commune des Hautes-Alpes dont les habitants exercèrent une rare bienfaisance à l'égard de sept orphelins, la plupart hors d'état de travailler, X, 227.

GRAVELINES, ville de la Flandre française, remarquable par son chenal, et la ville nouvelle nommée Fort-Philippe, que Napoléon fit construire au bord de la mer, XII, 330.

GRAVELLE, fou qui se présenta devant Henri IV, pendant que celui-ci était en Bretagne, et revendiqua pour lui-même le titre de duc de la province, XII, 447.

GRAVEROL, né dans le département du Gard, IX, 186.

GRAVES (M.), ancien ministre de la guerre, IX, 136.

GRAVIGNY, situé à quelque distance de Louviers, et remarquable par une belle manufacture de draps, XIII, 90.

GRAVILLE, village digne d'intérêt par les ruines de son ancienne abbaye, XIII, 258, 273.

GRAY. Sa position ; ses remparts; ses établissements publics; le port sur les bords de la Saone; importance commerciale que Gray reçoit de la navigation de cette rivière; usines que l'on remarque dans ses murs, XI, 146. Personnages célèbres qui résidèrent dans cette ville; ancienne colonne de cuivre élevée à la reine Jeanne Ire, comtesse de Bourgogne, 147. Routes qui aboutissent à Gray, 148. Ancienne habitation de Gabrielle de Vergy, à deux lieues de la ville, ibid. Bravoure inhérente aux habitants de cette contrée, 149.

GRAY (Martin de), colonel, s'est acquis une gloire durable sur le champ de bataille, et à la Chambre des députés, XI, 149.

GRAY (le comte). Opinion qu'il émet, dans la chambre des lords, sur l'injonction faite au roi de Naples de quitter ses états au milieu de l'hiver, XIV, 135.

GRÉCOURT (l'abbé), écrivain licencieux, qui ne trouva de lecteurs que parmi les libertins surannés et les femmes perdues, XIV, 64, 411; XXVI, 135.

GRECS (les). Lois en vigueurs chez eux contre la mendicité, IV, 250. Ce qu'étaient chez eux les représentations dramatiques V, 282. Leur estime pour les comédiens, VI, 362. Chez eux la justice et la morale étaient honorées comme des vertus publiques, XIV, 10. Leur fatalisme, 31. Ils notaient d'infamie les célibataires, 65. Opiniâtreté avec laquelle la diplomatie européenne refusa d'aller les secourir, 151. Troupes qu'ils vendirent à Darius, 196. Idée qu'ils se faisaient des juges, 300. Quelques unes de leurs provinces, soumises maintenant aux lois de l'islamisme, étaient auparavant célèbres par la chasteté des jeunes grecques, 477. Objets miraculeux que l'on remarquait dans leur culte, 504. Etat où se trouvait parmi eux l'industrie, XXII, 289. Ils ne pouvaient fondre en fer que des ouvrages d'une très médiocre grandeur, 349. Leur habileté à tisser le lin et à blanchir la toile, 392. Chez eux, tout métier s'était élevé à la dignité d'un art, et le goût était un instinct, 408. Intérieur de leurs maisons, 420.

GREEN (M.), négociant du Havre, XIII, 272.

GRÉGOIRE VII, pape, fulmine une excommunication qui détruit le droit de prélibation dont jouissaient les seigneurs moines de Montauban, VIII, 324. Il désapprouve la démarche de Hugues Ier, duc de Bourgogne, qui s'était fait moine, XXVI, 451.

GRÉGOIRE IX, pape, autorise l'archevêque de Vienne à contraindre les religieuses de Sainte-Colombe à la soumission par la voie des censures ecclésiastiques, X, 285.

GRÉGOIRE X, pape, tient un concile général à Lyon, pour la réunion de l'Eglise grecque à la communion romaine, X, 331. Décret qu'il rend pour mettre un terme aux abus qui arrêtaient souvent l'élection des papes, *ibid*.

GRÉGOIRE XI, pape, refuse à Charles V, roi de France, la permission d'ériger en archevêché le siége épiscopal de Paris, IV, 24.

GRÉGOIRE, ancien évêque de Gap, obtint le titre de prince et les droits de régale, X, 209.

GRÉGOIRE (l'abbé), évêque de Blois, dont les écrits sont pleins d'idées religieuses et tolérantes, XI, 290.

GRÉGOIRE (saint), de Tours. Mérite de ses écrits, XXV, 441.

GRÉGOIRE, archevêque de Suez, historien qui ne manquait pas d'une certaine facilité d'écrire, et qui s'est abaissé à la servilité, XXVI, 349, 442.

GREIG, l'un des professeurs que Duplessis-Mornay appela à Saumur, XXV, 420.

GRÉMON (M.), fabricant de draps à Elbeuf, XIII, 131.

GRENADE (le royaume de) fut long-temps sous la domination des Maures, XIX, 236.

CRENET, gouverneur du royaume de Jérusalem dans le douzième siécle, XXVI, 98.

GRENIER (le comte), sous les ordres duquel 40,000 Français, abandonnés sur les rives du Mincio, rentrèrent dans leur pays en 1814, X, 226; XI, 154.

GRENOBLE. Dangers dont l'Isère menace cette ville chaque année, X, 15. Serment d'amour et de fidélité que les citoyens grenoblois se prêtèrent mutuellement en 1790, 49. La chambre où logea Napoléon en 1815, 51. Le jardin de la préfecture; position de la ville, 73. Courage et dévouement des Grenoblois en 1815; maniere dont ils en célébrent l'anniversaire, 74. L'hôpital, 75. La promenade de la Graille, établie par le président de Saint-André qui voulait lui donner son nom, 76. Le pont de Claix, 79. La place Grenette; établissements qui l'environnent, 82. L'académie de Grenoble, *ibid*. La bibliothéque publique; le musée, 83. Le cabinet de physique et d'histoire naturelle; caractère des habitants de la rue Neuve, 84. La cathédrale, 86. Censure et éloges de quelques Grenoblois que l'Ermite rencontre à la promenade des marronniers de Lesdiguières, 90. Amour des Grenobloises pour les arts et la politique, 94. Le cabinet d'un bibliomane dauphinois qui s'occupe d'éclaircir quelques points historiques, 97. Mets, dit *le gratin*, que les Grenoblois servent sur leurs tables, 100. Origine et anti-

DES MATIÈRES. 233

quité de Grenoble, 124. Son ancienne indépendance ; diverses curiosités que l'on y voit, 125 L'église Saint-Laurent, 126. Ancien fort dit la Bastille ; la citadelle, 127. Eloge du commandant G..... habitant de Grenoble, 128.

GRÉSIVAUDAN (le), vallée riante et fertile, IX, 452.

GRESSET, poete. Mérite de sa comédie du *Méchant*, XX, 3.

GRETRY, célèbre compositeur, I, 15. Caractère de ses opéras, III, 291. Nombreux succès qu'il obtint, 292. Honneurs funèbres qu'on lui rendit à sa mort, 293. Manière dont le théâtre de l'Opéra-Comique rendit hommage à sa mémoire, 295 *et suiv.* Il a contribué à légitimer, au Parnasse, le genre de l'Opéra-Comique, XXI, v. Il concourut à la révolution que Gluck opéra dans la musique, XXII, 259. Il a porté quelquefois l'imitation des détails jusqu'au ridicule, 265.

GRETSERUS, cité, XXIV, 182.

GREUSE, peintre, s'attachait aux scènes populaires, II, 410. Son tableau de la *Malédiction paternelle*, XXII, 41. Son pays natal, XXVI, 393.

GRÉVILLE (M. de), personnage qui a pris le rôle impertinent de persifleur, et qui trompe les autres lorsqu'il paraît en être le complice. Il conduit l'Ermite dans une mauvaise pension bourgeoise, et jouit de sa déconvenue, VI, 217. Son opinion sur l'emploi et la perte du temps, VII, 25. Un chapitre extrait de ses mémoires, 314 *et suiv.*

GREY ou WIDON, auquel Charlemagne donna le comté de Nantes, XII, 577.

GREZETT (la), retraite du lieutenant-général Ambert, VIII, 280.

GRIFL., fameux restaurateur de Saint-Cloud, VI, 99.

GRIFFET (l'abbé), l'un des ennemis de Voltaire, X, 459.

GRILLIÈRE (la), singulière habitation bâtie sur pilotis, XXVI, 28.

GRIMALDI, napolitain que Speziale fit mettre à mort, XIV, 565.

GRIMES (M.), marbrier de Caumes, VIII, 443.

GRIMM, critique distingué, I, 357. Il compose un ouvrage intitulé *le Petit Prophète*, écrit dirigé contre les *lumistes*, III, 59 Correspondance littéraire où on le fait revivre après sa mort, 339 Il figure au nombre des amis de Voltaire, X, 461.

GRIMOARD (M de), lieutenant-général des armées du roi, auteur de plusieurs ouvrages sur l'art militaire, XXVI, 30.

GRIMOARD, célèbre marin, né dans le Poitou, XXVI, 166.

GRIMOD-DE-LA-REYNIÈRE (M.), II, 380.

GRIMOULON (le), l'un des sommets imposants des Vosges, XI, 370

GRIP, village des Pyrénées, renommé pour les truites que l'on y pêche, VIII, 231.

GRISKIN (M.), anglais qui s'est rendu aux eaux de Bagnères avec sa femme, lady Amélie Griskin, VIII, 208. Particularités sur le mariage de cette dernière qui finit par épouser un palefrenier, 226

GRISOLLES, petite ville du département de Tarn-et-Garonne, VIII, 358. Son commerce de ciseaux, 364.

GROANMAN (le chevalier), diplomate ridicule qui s'est rendu a Bagnères avec une sorte d'incognito, VIII, 207.

GROBON (M.), peintre dont le musée de Lyon possède quelques tableaux, X, 386.

GROENLAND (le), contrée sur la mer glaciale, III, 97.

GROMELLE, campagne appartenant à M. Adeler, ancien chambellan du roi de Danemarck, IX, 263

GRONINGUE, ville de Hollande, remarquable par l'urbanité des habitants et la beauté des femmes, III, 97.

GRONOVIUS, érudit qui croit à l'existence et aux exploits des amazones, XIX, 179

GROS (M.), peintre, I, 14. Son tableau de *Charles-Quint visitant l'église de Saint-Denis*, XXVII, 29 Son portrait de *madame de La Salle*, 46; ceux du *général Fournier* et du *roi de Naples*, 47.

GROS (M.), savant helléniste, VIII, 464.

GROS-CAVRAU (le rocher du), IX, 431.

GROS-DAVILLIER (M.). L'un des propriétaires et des directeurs de la fabrique de Wesserling, XI, 210; XXII, 365, 367, 370.

GROS-NEZ-DE-FLAMANVILLE, position dont la descente offre des sites charmants, XXV, 301.

GROS DE RIOU (la montagne du), IX, 431.

GROSLEY, écrivain, s'est occupé de recherches sur la Bourgogne, XXVI, 422.

GROSLIER (Antoine), sieur de Servières, qui fut enfermé au château de Pierre-Scise à Lyon, X, 354.

GROSVILLE, lieu situé à quelque distance de Valognes, XXV, 269.

GROSSWALD, dont les houilles sont d'un produit considérable, XI, 490.

GROTIUS Résultat des ménagements qu'il employa en réclamant quelques uns des droits du genre humain, XIV, 11. Confusion qui règne dans son système politique, 102. Il prétend que le gouvernement des Germains et des Gaulois, avant la conquête des Romains, ressemblait à celui des Hébreux sous les juges, 293. Il est tiré de prison par un stratagème que la tendresse conjugale inspire à sa femme, XV, 54.

GROULARD (Claude), premier président au parlement de Rouen, à qui les langues grecque et latine étaient très familières, et qui joua un grand rôle dans les événements de son temps, XXV, 35.

GROUNMANN (Georges), portier, sut, pendant la révolution, profiter de sa position pour faire le bien. Il raconte quelques détails de son enfance, et comment, avec le concours d'un ancien ami de collège qui était devenu chef de section, il est parvenu, en obtenant autant d'actes de mariage, à sauver plusieurs femmes recommandables, à les remettre entre les bras de leurs véritables maris, et à leur conserver leur fortune, XV, 145 *et suiv*

GUADET, avocat célèbre, né à Bordeaux, membre de la convention, mourut sur l'échafaud, VIII, 22; XIV, 568.

GUANCHES (les), anciens habitants des Canaries. Leur civilisation était si peu avancée qu'ils avaient horreur du sang et ne faisaient mourir personne, XIV, 262.

GUATIMOZIN, roi du Mexique, fut victime d'un barbare traitement, XIX, 62.

GUERWILLER (le ballon de), remarquable par sa hauteur, XI, 174.

GUEBWILLER, petite ville dans l'église paroissiale de laquelle on conserve les *échelles* prises, en 1444, sur les Armagnacs, XI, 212. L'église de Saint-Léodegart; belle filature appartenant à M. Schlumberger, 213. Excellence de ses vins, 222. Son ancienne dépendance d'un chapitre; son industrie actuelle, XXII, 333.

GOFFFIER, duc d'Aquitaine, au secours duquel se rendirent les Arabes d'Espagne, X, 288.

GUEFFIER (M.), imprimeur, remplit les fonctions de juré dans le premier procès de l'auteur, XV, lxxxij.

GUEIT (J. B.) fut condamné par le tribunal populaire-martial de Toulon, pour avoir coopéré à la livraison de cette ville, XV, xxxij.

GUELDRES (le duc de) est combattu par les troupes du roi de France, et termine la guerre en faisant hommage à ce prince, III, 140.

GUÉMÉNÉ (le prince de), par suite de la banqueroute duquel la ville de Lorient se trouva affranchie de sa suzeraineté, XII, 573.

GUENDEVILLE, auteur d'une *Critique générale de Télémaque*, XIII, 198.

GUERCHIN (le), peintre distingué, X, 384.

GUÉRET, l'un des complices de l'assassin de Henri IV, XIV, 65.

GUÉRIN (M. Paulin), peintre distingué, I, 14. Son tableau de *Didon écoutant le récit des aventures d'Énée*, VI, 203. Caractère de son talent, XXII, 26 Sa *Clytemnestre*, 31. Son *Portrait de M. de Forbin*, 63. Son *Christ sur les genoux de la Vierge*, 102 Portraits qu'il exposa en 1819, 136 Son tableau de *Caïn fuyant avec sa famille après le meurtre d'Abel*, XXVII, 44.

GUÉRIN (Christophe), dessinateur et graveur distingué, XI, 273.

GUERIN (Gabriel), frère du précédent, peintre distingué en miniature, XI, 274.

GUÉRIN-DE-CEILLAC, fameux colporteur, a compté au nombre de ses petits-fils un cardinal de Tencin, X, 240.

GUÉROULT, un des membres les plus distingués de l'université actuelle, auteur d'une traduction de *Morceaux choisis de Pline l'Ancien*, XIII, 198.

GUÉROULT, architecte célèbre, né à Rouen, XIII, 203.

GUERRE (la). Les hommes la considèrent comme l'inévitable conséquence de la division de l'espèce humaine en familles politiques, XIV, 168. Elle enfante en quelques mois plus de crimes qu'il ne s'en commet ordinairement en plusieurs années, 169. Détruit elle-même l'aliment qui la nourrit, 170. Les passions particulières sont les causes qui amènent ordinairement les guerres; leurs conséquences terribles, 171. Différentes images sous lesquelles la guerre a été représentée, 172. Ses motifs et ses moyens doivent être conformes à la justice, 174.

Légitime, elle a les mêmes limites que la défense personnelle ; certaines insultes ne peuvent l'autoriser, 175. Elle détruit le commerce, l'économie, les arts et la vertu chez le peuple qu'elle dévaste, 177. Actes de justice politique qui, aux yeux des nations, autorisent la guerre, 178 Défensive, sa cause et son objet sont sacrés; offensive, son but et ses moyens sont criminels, 179. Maximes injustes, immorales et hypocrites émises par quelques écrivains sur les moyens d'assurer le succès de la guerre, 182. Le droit de la guerre chez les anciens, 184. Ce qu'il est en Europe, 185. Le droit de défense naturelle est interdit aux paysans ravagés, pillés, déshonorés par des soldats, 186. Manières dont les diverses puissances modernes se déclarent la guerre, 210. Ce n'est qu'un mode de contribution sur le sang des hommes, 385.

GUILBRIER (Jérôme), ancien échevin de Lyon, X, 343.

GUERROTS (M Filleul des), auteur de poésies légères, XIII, 208.

GUERRY (Aymeri), archevêque de Lyon, ayant été obligé de recevoir le pape dans cette ville, se retire dans son château de Pierre-Scise, X, 330.

GUETHARI, bourgade du pays basque, VIII, 105.

GUETTARD, auteur d'un ouvrage intitulé : *la Minéralogie du Dauphiné*, X, 99.

GUIBERT (le comte de), auteur d'un Voyage en Prusse, où tout décèle l'observateur profond et l'habile écrivain, IV, 191 Termes dans lesquels il exprima son indignation sur le délabrement du château de Pau, VIII, 178. Il figure au nombre des amis de Voltaire, X, 459.

GUIBERT (M), principal négociant de Saint-Servan, et maire de la ville, magistrat distingué par sa bienfaisance, XII, 405.

GUICHARD, seigneur de Beaujeu, le premier introduisit en France l'ordre des cordeliers, X, 284.

GUICHE (M.), riche propriétaire de Carpentras, que la fureur des partis n'épargna pas en 1815, IX, 253.

GUICHE (le couvent de la), situé à peu de distance du château de Cuiendre, XXVI, 25.

GUICHI, célèbre peintre de caricatures, IV, 164.

GUIDAL (le général) fait arrêter le comte Louis de Frotté, dernier chef de l'armée royaliste, XXV, 123.

GUIDE (le), statuaire distingué, XXII, 71.

GUIDO, peintre dont le musée de Lille possède quelques ouvrages, XII, 246.

GUIDOBALDI, membre de la junte napolitaine, homme qui ne vivait que d'espionnage et de délations, XIV, 558 Arrangements qu'il conclut avec le bourreau, *ibid*.

GUIGNARD, l'un des complices de l'assassin de Henri IV, XIV, 65 ; XVI, 308.

GUIGNES (de), savant orientaliste, III, 197.

GUIGNES, village qui fut témoin de quelques opérations militaires en 1814, XXVI, 521.

GUIGUES III, qui le premier prit le titre de dauphin, et sut combattre en homme de cœur et mourir en guerrier, X, 42.

GUIGUES IV, seigneur du Dauphiné, se fit recevoir chanoine de Lyon, X, 42.

GUIGUES-LE-GRAS, seigneur du Dauphiné, las des tyrannies qu'il exerçait, abdiqua le pouvoir, et se fit religieux, X, 42.

GUIGUES LE-VIEUX, seigneur du Dauphiné, prit l'habit religieux dans l'abbaye de Cluni, X, 41.

GUIL (le), rivière qui baignait les murs du bourg de Guilestre, et qui en est maintenant éloigné d'un quart de lieue, X, 252.

GUILBERT (M), maire de la commune de Guillaume-Pérouse, secourut efficacement cinq hameaux ensevelis sous les neiges, X, 228.

GUILHEM (M), député du Finistère, se distingua par ses efforts en faveur de l'ancienne loi des élections, XII, 515.

GUILLARD, auteur dramatique, né à Chartres, XXVI, 103.

GUILLAUME, chanoine de Grenoble, auteur d'une *Vie de Marguerite de Bourgogne*, X, 98.

GUILLAUME, évêque de Gap, prenait le titre de seigneur et de comte, X, 209.

GUILLAUME (M), inventeur de plusieurs modèles de charrues, XXII, 343.

GUILLAUME IX, duc d'Aquitaine, troubadour, né à Poitiers, XXVI, 159.

GUILLAUME-L'ARMORICAIN, auteur d'un mauvais poème historique intitulé *la Philippiade*, XXVI, 420.

GUILLAUME D'ARQUES, oncle de Guillaume-le-Conquerant, XXV, 38.

GUILLAUME-AUX-BLANCHES-MAINS, évêque de Chartres, fit brûler beaucoup d'hérétiques, XXVI, 117.

GUILLAUME-BRAS-DE-FER, guerrier célèbre par ses exploits, XXV, 313.

GUILLAUME-LE-CONQUERANT, duc de Normandie, fait la conquête de l'Angleterre, et y réunit son duché, XIII, 35, 39. Particularités sur sa naissance, XXV, 71. Lieu où reposent ses cendres, 201.

GUILLAUME-LE-FRANC-PARLEUR. Son jugement sur le caractère et les discours de l'Ermite, IV, 5. Il raconte l'histoire de sa vie : personnages qu'il voyait au château où il est né, 6. Son éducation et ses progrès dans l'étude des mathématiques, 7. Il quitte les lieux de son enfance, et va subir à Toulon un examen pour être admis dans la marine, 8. Obtient une place de pilotin sur un vaisseau marchand, et se trouve humilié de cette position, 9. Relégué dans la sainte-barbe, il passe son temps à apprendre le latin, 10. Obtient une sous-lieutenance dans un corps de nouvelle levée, et s'embarque à Flessingue ; son ardeur à dire la vérité lui vaut le surnom sous lequel on le connaît, 11. Rentré en France en 1791, il est accusé d'aristocratie et conduit par des gendarmes jusqu'à Paris, où on le menace de l'accrocher à une lanterne, il est renfermé à l'Abbaye, 12. Recouvre la liberté après qu'il se fut réclamé de M. de Monneron ; prend part à la guerre de la révolution ; s'échappe en Suisse pour se soustraire à un arrêt de mort lancé contre lui ; accueil que lui firent les Helvétiens ; il rentre en France, et se marie, 13. Propose au rédacteur de la *Gazette de*

France de recueillir les avantages de sa position dans l'intérêt de cette feuille, 14. Ses préparatifs pour aller voir l'entrée du roi, 15. Il se rend au-devant du cortége, 18 ; déjeune au faubourg de La Chapelle, 20; converse avec deux officiers sur la gloire militaire, 21. Son fils l'introduit dans l'église Notre-Dame, dont il rappelle quelques anciennes particularités, 23. Il se rend ensuite sur le chemin du cortège, près le Pont-Neuf, 28. Réunit plusieurs de ses amis à un souper, 33. Sa conversation avec eux sur le taux auquel on prise la société, et sur la cause du désordre, 38. Il rend compte de ses émotions à la vue d'une jeune fille exposée parmi les morts sous les voûtes de l'ancien Châtelet, 45. Rêve durant lequel il est transporté, dans les premiers moments de la restauration, au château des Tuileries, où il voit une foule de solliciteurs qui vont présenter au roi des placets pour obtenir des récompenses, des faveurs qu'ils n'ont jamais méritées, 94 *et suiv.* Son entretien sur le suicide, 113 Sa dispute avec sa femme au sujet d'une promenade au Jardin-Turc, 131 Il ne trouve dans ce lieu que des compagnies suspectes, 174; cherche à calmer l'emportement auquel M. Moussinot se laissait aller à la vue de toutes les folles dépenses faites à l'occasion de sa fête, 217; reçoit une lettre d'une jeune dame, qui l'invite à se rendre chez elle pour recevoir un dépôt précieux qu'elle veut lui confier; il est exact au rendez-vous, et reçoit en dépôt un jeune enfant au berceau ; le rapporte à sa maison, et a quelque dispute à ce sujet avec sa femme ; va au bureau des nourrices en chercher une pour allaiter l'enfant dont il est devenu le père adoptif, 227 *et suiv.*; vante certaines institutions nées de la révolution, 259. Son goût pour les voyages en diligence, 288. Il visite l'hospice des Enfants-Trouvés, 362. Ses convives se réunissent chez lui au jour de l'an, et parlent de la situation politique, littéraire et financière de la France en 1814, V, 3 *et suiv.* Il va dîner chez un cousin qui mène un grand train à Paris ; conseils qu'il lui donne, et services qu'il lui rend, 18. Il intervient dans la réconciliation de la famille Desverrières, 30. Scène comique par laquelle M Comte, le physicien, le punit de ce qu'il lui avait fait dire qu'il n'était pas chez lui, 36. Déconvenue qu'il essuie de la part d'un cocher de fiacre, qu'il traduit devant le commissaire de police, 48. Il gagne sa cause, et intercéde pour son adversaire, qu'il dédommage généreusement, 55. Cauchemar auquel il est sujet, 61. Un des effets qu'il produit dans son imagination : il se croit transporté dans un couvent de femmes, et gémit de l'air de contrainte qu'il remarque sur le visage des religieuses ; à son réveil il se rend au monastère qu'il avait vu en songe, et tout se représente à ses regards tel que dans son rêve, 62. Il va faire à plusieurs dames des visites du matin, 69 *et suiv.* ;

parvient à détourner du jeu un de ses amis, dont il surveillait les finances, 90 ; reçoit ses amis à un nouveau souper, et la conversation s'engage sur ce que la révolution a fait et ce qu'elle a défait, et sur le gouvernement qui convient le mieux à la France, 141 *et suiv.* Il assiste à un souper pour lequel son épouse n'a invité que des femmes, 162. Une des contrariétés qu'il supporte le plus impatiemment, c'est l'ennui de déménager, 176 Raisons qui l'obligent à changer de logement, 177. Il se met en course avec sa famille pour en chercher un nouveau ; observations qu'il fait en route, 178. Il passe le bail pour son nouvel appartement ; fondement sur lequel son nouveau propriétaire a bâti sa fortune, 181. Peine amère qu'il ressent en voyant tout bouleversé chez lui, et principalement sa bibliothèque, 182. Il se détermine, par un beau temps, à passer une nuit dans les rues de Paris ; observations qu'il recueille dans cette course nocturne, 185 *et suiv.* Conduit à un corps-de-garde, il est sur le point d'être mené à la préfecture de police, 192. Est surpris par deux voleurs, qui l'invitent, le pistolet à la main, à prendre une autre route ; déconvenue qu'il leur fait essuyer, 193. Rentré chez lui au point du jour, il s'aperçoit que sa femme est instruite de sa course nocturne, 195. Songe pendant lequel il se croit transporté au milieu des monuments renfermés aux Petits-Augustins ; il voit se ranimer tous les héros français dont les images sont devant ses yeux ; il les entend s'entretenir de leurs exploits et se promettre que leur gloire ne sera pas démentie par ceux de leurs descendants qui défendaient la patrie en 1815, 293 *et suiv.* Il expose ses opinions politiques, et fait des vœux pour la prospérité de la patrie, 298 *et suiv* Une dame lui reproche d'avoir détruit pour elle l'illusion causée par l'*incognito* qu'il gardait, 386 Un auteur qui vient de terminer un ouvrage sur la tolérance l'engage à publier un discours sur le même sujet, 390. Lettre où il trace l'esquisse morale et politique de la France au mois de juillet 1815, et où il propose à l'éditeur de remettre ses fonctions entre les mains d'un vieillard arrivé de la Guiane, VI, 7.

GUILLAUME-PÉROUSE, commune des Hautes-Alpes, dont cinq hameaux furent ensevelis sous les neiges, et auxquels le maire et le curé portèrent de prompts et d'efficaces secours, X, 228.

GUILLAUME DE ROCHEFORT, chancelier, unissant le goût des lettres à celui des armes, XI, 111.

GUILLEMAR, poète brestois, XII, 520.

GUILLEMAT (M.), banquier de Tarbes, VIII, 248.

GUILLEMEAU (M.), médecin français à l'île Maurice, XXII, 462.

GUILLEMINOT (le lieutenant-général), ambassadeur à Constantinople, XII, 328.

GUILLEMOT (M), peintre. Son tableau de *Jésus-Christ ressuscitant le fils de la veuve de Naïm*, XXII, 101.

GUILLENOT (M.), ancien direc-

240

teur de la manufacture des Gobelins, donna les dessins de la porte triomphale que l'on remarque à Villeneuve-le-Roi, XXVI, 483.

GUILLESTRE, bourg des Hautes-Alpes Pompe avec laquelle les habitants célébraient la fête de la *Frairie*, maintenant supprimée, X, 252.

GUILLON, à quelque distance des bords du Doubs, remarquable par des eaux minérales qui vont se perdre dans cette rivière, XI, 134.

GUILLOT (M.), banquier portugais, propriétaire actuel du château de Cheverny, XXVI, 24.

GUILMOT(M), habitant de Douai, respectable par son savoir et par la douceur et l'aménité de son caractère, XII, 184, 245.

GUIMARD (mademoiselle), actrice de l'Opéra. Elle rendit infidèle le président de Marmont, III, 60.

GUINES, lieu situé près de Calais, et célèbre par plusieurs conférences, entre autres par celle entre François I.er et Henri VIII, et qui fut nommé le *Champ du drap d'or*, XII, 336.

GUINGAMP, ville située sur les bords de la rivière de Trien, et où il se tient tous les ans une foire importante, XII, 497.

GUIPUSCOA, contrée d'Espagne dont la population se compose en grande partie de Basques, VIII, 95.

GUISCARD, colonel d'artillerie qui se trouvait à Lille lors du siège de cette ville en 1792, XII, 232.

GUISE (M. de). Faveur qu'il obtient à la messe du roi, II, 11.

GUISE (le duc de) assiège les Anglais qui s'étaient établis à Calais, et les chasse de cette ville, XII, 337. Sa conduite au siège de Rouen par les troupes de Charles IX, XIII, 147. Il s'empare de la Bastille, XV, 56.

GUISE (M.), membre de l'athénée de l'Yonne, XXVI, 481.

GUITTARDS (les), ancienne famille du hameau de Pinon, entre les mains de laquelle reposait l'autorité, XXVI, 314.

GUIZOT (M), écrivain publiciste, I, 19. Son pays natal, IX, 189 Ses observations sur le rapprochement de la politique et de la justice, XIV, 285; sur la publicité des débats judiciaires, 296. Sa traduction de l'*Histoire de Normandie*, d'Orderic Vital, XXV, 238.

GUNDERIC, le premier roi de Bourgogne auquel Lyon fut soumis, X, 308.

GUNTHER, Strasbourgeois, auteur du poeme de Ligurinus, XI, 272.

GUSMAN D'ALFARACHE, héros d'un roman de Le Sage, IV, 246.

GUSTAVE L de B, ex-lieutenant de cavalerie, qui, par suite des dépenses faites pour satisfaire son goût du luxe, fut renfermé à Sainte-Pélagie; description de sa chambre dans le corridor rouge de cette maison, XV, 63, 76. Ses tentatives pour s'évader, 77. Rigueur qu'il essuie d'abord d'une de ses jolies créancières, 78.

GUTHRIE (William), auteur d'une *nouvelle géographie universelle*. Ce qu'il dit de l'occupation de Toulon par les Anglais, en 1793, XV, xlj.

GUTTEMBERG (Jean), inventeur de l'imprimerie, dont il fit les premiers essais, en 1436, à

Strasbourg, XI, 269. Accueil que l'on fit d'abord à sa découverte, XXII, 373.
GUTTINGUER (M.), auteur de jolies romances et du roman de *Nadir*, XIII, 207.
GUIORNAT, chef des Carnutes, que les Romains livrèrent au supplice, après avoir violé la capitulation qu'ils avaient faite avec ce peuple, XXVI, 108.
GUY (saint), auquel on avait consacré une chapelle à Saverne, et qui, suivant l'opinion générale, guérissait de la passion déréglée de la danse, XI, 283.
GUY DE CHAULIEU, médecin sorti de l'école de Montpellier, IX, 125.
GUY-PATIN, savant médecin. Son opinion sur l'art de guérir, VI, 127.
GUY DE ROCHEFORT unissait le goût des lettres à celui des armes, XI, 111.
GUY THOMAS. Les états de Bretagne le proclamèrent duc de cette province, XII, 367.
GUYENCOURT (Jean de), docteur en Sorbonne, XII, 18.
GUIET, l'un de ceux qui se distinguèrent d'abord dans l'insurrection des Chouans, XII, 554.
GUYETANT, médecin, né à Lons-le-Saulnier, XI, 39.
GUYTCHE (van Khruysius), professeur à Halle, qui travaillait en dormant, XVI, 362.
GUYOMARCK (Pierre), malouin qui se distingua dans la guerre de 1774, XII, 410.
GUYON (l'abbé), l'un des ennemis de Voltaire, X, 459.
GUYON, médecin habile et versé dans la connaissance des langues, XI, 101.
GUYON (l'abbé), savant auteur d'une histoire des Amazones, XIX, 178.
GUYON (M.), prêtre, auteur d'une *Histoire du diocèse d'Orléans*, XXVI, 127.
GUYOT (le général). L'ennemi lui surprend quelques pièces d'artillerie, XXVI, 540.
GUYTON-MORVEAU, né à Dijon, XXVI, 440, 470.
GUZERATE (la province de), dont l'Angleterre se réserva la possession, XXII, 453.

H.

HACHETTE (Jeanne), libératrice de de Beauvais, XIV, 489.
HAILLAU (du) historien, né à Bordeaux, VIII, 27.
HAILLEY (Williams), écrivain anglais, auteur d'une *Vie de Milton*, XXI, 3.
HAINAUT (l'ancienne province du) était jadis habitée par les Nerviens, XII, 98.
HAINES NATIONALES (les) prirent naissance lorsque la politique se fut emparée des préjugés des nations, et qu'elle empêcha les peuples de s'entendre et de se réunir, XIV, 143. La diversité des habitudes, la différence des langues ont contribué à ces haines, 144; classes qui tiennent encore à ces sortes d'animosités, 145; celles-ci commencent à faire place à un sentiment de bienveillance universelle, *ibid*. Exemples que des médecins français en donnèrent dans la fièvre jaune qui récemment désola l'Espagne, 146.
HALIFAX, possession anglaise en Amérique, XXII, 454.
HALINARD, archevêque de Lyon, refuse de prêter serment à l'empereur Henri III, X, 312.

HALLE (la) de Paris est une source féconde d'observations; nature des droits que s'arrogent les gens de la Halle, V, 99. Sa fondation, et usage auquel elle servait autrefois, 100. Aspect animé des Halles, 101. Les femmes y règnent sous le titre de *dames*, 102; les divers marchés qui s'y font, 103; scène comique et tumultueuse, causée par un jeune étourdi dont le cabriolet a renversé un panier d'œufs, 105; réunions des gens de la halle au cabaret, 107.

HALLES, Anglais de l'ordre des cordeliers, se déclara en faveur de la puissance spirituelle et temporelle des papes, X, 326.

HALLEY (les frères), professeurs distingués, nés à Caen, XXV, 237.

HALLIER (François), évêque de Cavaillon, auteur d'un bel ouvrage sur l'ordination des prêtres, XXVI, 98.

HALTON, évêque de Verdun, se construisit un château en 959, XI, 440.

HALTON-CHATEL, petite ville du département de la Meuse, XI, 440.

HAMBIE (l'abbaye de), dont les moines se faisaient remarquer par leur inconduite, XXV, 165.

HAMBOURG. Le but que se sont proposé les fondateurs des établissements de charité de cette ville a été moins de rendre les hommes utiles que de les rendre meilleurs, XIV, 356. Activité commerciale et industrielle de cette ville anséatique, XXII, 302.

HAMILTON (lady Mary), auteur d'un roman agréable. Ce qu'elle dit des occasions que l'on doit attendre pour juger les caractères, IV, 194.

HAMILTON, auteur de jolis contes, né à Caen, XXV, 237.

HAMIN-SCHAH, sophi de Perse, met lui même à mort deux grands personnages qui s'introduisaient dans la maison d'un particulier, pour y commettre les violences les plus criminelles, XIV, 299.

HAMOIR FRÈRES (MM), fabricants de batistes à Valenciennes, XII, 118.

HAMON (Jean), médecin, précepteur de M. de Harlay, et l'un des solitaires de Port-Royal, XXV, 302.

HAMOUDA, bey de Tunis. Sous son règne, les corsaires algériens prirent l'île de Saint-Pierre et conduisirent à Tunis la totalité des habitants, V, 235.

HAMPDEN, qui fut enveloppé dans la conspiration de *Rye-House*, XIV, 325.

HANDEL, compositeur, soutenait le système d'imitation en musique, XXII, 262.

HANETON (Guillaume), auteur d'une tragédie latine et de divers ouvrages de jurisprudence, XII, 279.

HANIN (M. Paul), inventeur d'un modèle de charrue, XXII, 344.

HANTIER devina un système de perspective à une époque où l'on en ignorait entièrement les règles, XIII, 278.

HARALD, roi de Danemarck, défendit, à Croissanville, les droits de Richard-sans-Peur, encore enfant, de la minorité duquel le roi de France voulait abuser, XXV, 65.

HARAMBILIAQUE, médecin, ancien propriétaire de la maison occupée maintenant par M. Larre, aux environs d'Arcangues, VIII, 142.

Harcourt (l'ancien château d'), dont on ne voit plus que les ruines à Lillebonne, XIII, 221. Dissensions du seigneur de ce lieu avec le chambellan de Tancarville, 223.

Harcourt (Gillonne d'), comtesse de Fiesque, XXVI, 474.

Hardemberg, neveu du ministre prussien de ce nom, est fait prisonnier par les Français, en 1814, XXVI, 499.

Hardempont (M.), commerçant de Saint-Quentin, XII, 16.

Hardouin (le père), célèbre par l'extravagance de ses idées, et par un scepticisme outré, XII, 542.

Hardy (Pierre), né à Chartres, XXVI, 102.

Harfleur. La flèche de l'église paroissiale de cette ville; ancien commerce maritime des habitants, XIII, 250. Humiliations que les Anglais firent essuyer à ces derniers sous le règne de Henri V, 252. Les habitants d'Harfleur sont affranchis par le courage de cent quatre de leurs concitoyens, 253. Hommes célèbres nés parmi eux, 254.

Harga (le docteur), médecin, grand amateur de bonne chère et des plaisirs du monde, et qui se suicida pour échapper aux suites d'une mélancolie profonde, X, 85.

Haring, opticien du Palais-Royal, II, 159.

Harispe (le général) partagea avec M. Harriet aîné le commandement de la légion des Basques, VIII, 122. Dans la guerre de 1793, contre l'Espagne, ses soldats désertent presque tous, vont embrasser leurs parents et leurs amis, et sous peu de jours tous sont de retour au camp, 138.

Harlay (l'intendant de), auteur d'une histoire de la Bourgogne, XXVI, 443.

Harlem, ville de Hollande où les nations européennes envoyaient les toiles de leurs manufactures, pour y recevoir les apprêts convenables, XXII, 393.

Harlette, maîtresse de Robert, duc de Normandie, et mère de Guillaume-le-Conquérant, XXV, 71.

Harmodius, l'un des libérateurs d'Athènes; son hymne de la délivrance, XVII, 8.

Haro (Luis de), ambassadeur d'Espagne aux conférences des Pyrénées. Ce qu'il pensait du cardinal Mazarin, III, 449.

Harriet (MM.), qui se distinguèrent au service où ils étaient entrés dès leur enfance, et dont l'aîné partagea avec le général Harispe le commandement de la légion des Basques, et qui se signala à la bataille de Wagram, VIII, 122.

Harris, général anglais, commandant l'armée du Coromandel, qui marchait contre Tippô-Saeb, XVIII, xvi.

Harrisson, célèbre horloger anglais, XXII, 429.

Hartmann père et fils (MM.), manufacturiers de Munster, XI, 225; XXII, 371.

Hartmann-Weiss (M.), propriétaire d'une fabrique de tissage et de mousseline à Sulzemalt, XI, 214.

Harvey devine la circulation du sang, XXII, 295.

Harvil de Saint-Alban (Jean), savant, XXIV, 189.

HASARDS (Hugues des), évêque de Toul, qui fit construire une église au village de Blénod, son pays natal, XI, 321.

HASPARREN, village considérable du pays basque, VIII, 117. Importance de son marché, 121. Monument curieux que renfermait son église, 124.

HASTINGS, gouverneur du Bengale, où il organisa une famine, qui coûta la vie à plus de trois millions d'Indiens, XVIII, xv.

HASTINGS, Angevin d'origine, combat sa patrie, la ravage et l'écrase ; autres crimes dont il se souilla, XXV, 380. Il assiége Chartres, XXVI, 114.

HAURANNE (M. Duvergier de), député de la Seine-Inférieure, XIII, 170, 184.

HAUSEN fils (M.), maître de forges à Hombourg, XI, 501.

HAUSSMANN frères (MM.), propriétaires d'une vaste manufacture d'indiennes et de mousselines peintes, située à Logelbach, XI, 218. Ils ont appliqué la lithographie à l'impression des toiles, XXII, 371.

HAUTERIVE (M. Perrier d'), créole, jadis habitant de l'île Bourbon ; sa retraite de la Brillantais, XII, 396.

HAUTEROCHE, acteur et auteur, VII, 353.

HAUTESSOURCE (M. d') *Voy.* MONTREMBLET.

HAUTPOUL (madame d'), auteur de poésies gracieuses, I, 23.

HAUTPOUL (le général d'), né à Albi, IX, 8.

HAUTPOUL (la famille baroniale d'), admise aux états du Languedoc, IX, 97.

HAUY, savant distingué, I, 13.

HAVRE (le). Son antiquité ; sa situation, XIII, 257. Le faubourg d'Ingouville, 258. La tour dite de François Ier ; ressemblance du Havre avec Paris, 259. Aspect animé qu'il présente le matin, 260. Histoire de la fondation du Havre, 261. Origine de son nom ; inondations qui le ravagèrent ; sa prospérité après ces désastres ; vaisseau d'une grandeur démesurée qu'y fit construire François Ier, 262. Le Havre est occupé par les troupes d'Elisabeth, reine d'Angleterre, et repris par le prince de Condé, 263. Citadelle construite par les ordres du cardinal de Richelieu ; le Havre est bombardé en 1694 et en 1759, 264. L'église Notre-Dame ; privilèges assignés aux marguilliers de cette église, à condition qu'ils la termineraient, 265. Le palais de justice, *ibid.* La salle de spectacle, 266. Les bassins du Havre, 267. Usage où les rois de France étaient de prendre possession de ce port par un voyage spécial qu'ils y faisaient ; fête maritime qu'il serait avantageux d'y instituer ainsi que dans les autres ports de France, 268. Opulence et misère du Havre ; les principaux négociants de cette ville, 271. Projet que l'on avait formé d'y établir une ménagerie marine ; le parc aux huîtres, 272. Les fortifications ; les phares ; sites pittoresques des environs, 273. Havrais célèbres dans les lettres, les sciences et les arts, 275.

HAWKINS, ministre anglican, sur les sollicitations duquel Fitz-Harris fut mis à mort, XIV, 323.

HAYANGE, village du département de la Moselle, XI, 496, 500.

HAYER, récollet, l'un des ennemis de Voltaire, X, 459.

HAZARD (M. J.-B.), fabricant de batistes à Valenciennes, XII, 118.

HAZEBROUCK, remarquable par l'Hôtel-de-ville qu'on y a nouvellement construit, XII, 297.

HEAS (la vallée de), dans les Pyrénées, célèbre par une chapelle dédiée à la vierge, où les montagnards se rendent tous les ans, au mois d'août, en pèlerinage, VIII, 242.

HÉBAL, l'un des principaux personnages du pays situé entre les monts Calphas et Garamantes, XVI, 408.

HEBERT (Jean-René), dit le père Duchesne, fameux démagogue, XXV, 131.

HÉCART (M.), homme de lettres, savant modeste, auteur de divers ouvrages écrits sous l'inspiration des sentiments les plus moraux, XII, 131.

HÉDOUVILLE (le général), XII, 299.

HEGMANN (MM.), banquiers à Lille, XII, 268.

HEIDELBERG, évêque, auteur de quelques écrits, X, 98.

HEILGOLAND, pays dont l'Angleterre s'assura la possession, XXII, 453.

HEILMANN, fonda une fabrique d'indiennes à Mulhausen, XI, 196.

HEILMANN (M.) propriétaire d'une filature hors les murs de Thann, XI, 209.

HEIM, peintre en miniature, né à Strasbourg, XI, 274.

HÉLIOGABALE épouse la vestale Aquilia Severa, XIX, 7.

HÉLIOPOLIS. Les femmes de cette ville se prostituaient dans le temple de Vénus, XIV, 503.

HELL (d'), auteur dramatique. Son habileté à développer l'intrigue d'une pièce, XXI, xi.

HÉLOISE, amante d'Abeilard. Caractère de son épître, XVI, 17; de son amour pour le jeune théologien, XXVI, 527.

HÉLOUIN, soldat fugitif de l'armée de Robert-le-Libéral, qui fonda la magnifique abbaye du Bec, XIII, 116.

HÉLOUP, situé à quelque distance de la ville d'Alençon, XXV, 115.

HELPE (la grande), rivière qui arrose la ville d'Avesnes, XII, 82.

HELVIN, joueur, périt sur l'échafaud, V, 89.

HELVÉTIUS, l'un des amis de Voltaire, X, 459.

HÉNAULT (le président), l'un des amis de Voltaire, X, 459.

HENNEBON, ville où se renferma Jeanne de Flandre, et que Charles de Blois assiégea sans succès, XII, 372. Tombeau gaulois que l'on remarque à quelque distance d'Hennebon; situation de cette ville; sa division; beauté de la ville murée; paysage qui l'environne, 568. Branche d'industrie exploitée par les habitants, 569.

HENNECOURT (Charles d'). Par l'effet d'une lettre anonyme, son mariage avec mademoiselle de Senanges est sur le point d'être rompu, II, 82.

HENNECOURT (madame d'), une des personnes admises auprès de madame de Cormeil, III, 167.

HENNEQUIN (M.), peintre, auteur d'un tableau représentant Socrate, XII, 275.

HENNEZON (Henri de), abbé de Saint-Mihiel, XI, 439.

HENNUYER (Jean Le), évêque de Lisieux, que l'on dit s'être opposé aux ordres sanguinaires de Charles IX, lors de la Saint-Barthélemy, XII, 18; XXV, 53, 58.

HENRI Ier, roi de France, donne le duché de Bourgogne à Robert II, son frère, XXVI, 450.

HENRI II, roi de France, meurt victime de sa passion pour les tournois, II, 189. Édit qu'il publia contre le duel en 1547, 368. Pour cacher une cicatrice qu'il avait au cou, il imagina les *fraises*, III, 20. Ce fut sous son règne que les jésuites obtinrent de s'établir à Paris, XVI, 306. Il fait cadeau du château de Chaumont à Diane, de Poitiers, XXVI, 29. Ses amours avec cette dernière, envers laquelle il usa de grandes prodigalités, 80. Il confisqua le Charolais et le rendit cinq ans après, 383.

HENRI III, roi de France. Le tombeau de son épouse, I, 162. Honneurs qu'il fit rendre à Caylus et Maugiron tués en duel, II, 368. Il propage parmi les femmes et les voluptueux de sa cour la passion pour les parfums et les cosmétiques, III, 21. Sa passion du jeu, V, 83. Taux auquel furent portées les tailles sous son règne, XIV, 383. Il organisa définitivement les maîtrises et les jurandes, XXII, 320.

HENRI IV. Caractère de la galanterie sous son règne, II, 189. Amours de ce prince avec la duchesse de Beaufort *ibid*. Rareté des duels sous ce monarque, 368. Il loge à l'abbaye de Maubuisson pendant le siège de Pontoise, III, 192. Il prend cette ville, 193. Son entrée à Paris, IV, 17. Il se rend à Notre-Dame, 25. Douceur dont il usa envers quelques anciens ligueurs, 327. Son amour du jeu, V, 83. Griefs que l'on peut lui reprocher, VIII, 170. Sa naissance, 183. Son berceau, 184. Son éducation parmi les pâtres de son âge; lieux témoins de ses premiers jeux et de ses premiers exercices, 185. Ses études sous La Gaucherie et Florent Chrétien, 187. Observations sur ses amours et son caractère enclin à la galanterie, 309. Il l'emporte à l'arc, au château de Nérac, sur Charles IX, 310. Ses amours avec la jeune Fleurette, et son inconstance envers elle, 312 à 317. Parallèle entre ce prince et le connétable de Lesdiguières, X, 213. Il confirme les priviléges des échevins de Lyon, 391; protége les Juifs établis en Lorraine, XI, 494; visite la Bretagne, et vient à Rennes dont les clefs lui sont présentées, XII, 446. Il y devient amoureux de la fille d'un avocat, 447. Il visite Nantes et y rend le fameux édit qui fixa les libertés et les priviléges accordés aux protestants, 579. Esprit du discours qu'il adressa aux états de Normandie, XIII, 41. Sa victoire à Ivri sur Mayenne, 103. Sa réponse à ceux qui lui demandaient l'abolition du fort Sainte-Catherine à Rouen, 147. Égards qu'il eut pour le seigneur d'Yvetot, Martin du Belloy, lors du couronnement de Marie de

Médicis, 246. A sa mort, les trésors, défendus par Sully, n'auraient pas été pillés, si le gouvernement constitutionnel avait existé, XIV, 94. Honte que l'on doit attacher à certaines actions de Henri IV, 112. A son entrée dans Paris, il promet l'oubli du passé, et en donne la preuve en jouant avec madame de Montpensier, sa plus cruelle ennemie, 282. Protestation qu'il fit publiquement contre la bulle d'excommunication lancée par Sixte-Quint, 508. Il apprit à régner de l'infortune, XV, 49. Il met le trésor à la Bastille, 56. Réponse qu'il fit aux Hollandais qui lui avaient abandonné le choix de leur pavillon, XVI, 291. Quelques détails sur son entrée à Paris et les principaux personnages qui l'accompagnaient, XXII, 14 à 20. Il introduit en France le mode de tannerie adopté par les Hongrois, 390. Sa victoire à Arques sur le duc de Mayenne, XXV, 38. Il prend Lisieux en 1590, 53; fait raser le château d'Alençon, 120. Sa visite au couvent de la Basmette, à Angers, 385. Il favorise l'évasion du jeune duc de Guise, 442; assiège la ville de Chartres, XXVI, 122; s'empare de vive force de Cahors, 253.

HENRI Ier, roi d'Angleterre. Chagrin qu'il ressentit du naufrage de *la Blanche-Nef*, bâtiment parti de Barfleur, et sur lequel périt son fils Guillaume, XXV, 279.

HENRI II, duc de Normandie et roi d'Angleterre. Punition qu'il subit sur le parvis de la cathédrale d'Avranches, en expiation du meurtre de Thomas Becquet, XXV, 318.

HENRI V, roi d'Angleterre, s'empare d'Harfleur, en bannit les habitants, et les remplace par une colonie anglaise, XIII, 252.

HENRI VI entoure Granville de quelques fortifications, XXV, 316.

HENRI VIII, roi d'Angleterre. Entretien qu'il a avec Cramer sur la nomination d'un sujet pour remplir l'évêché vacant de Durham; il fait tomber son choix sur un abbé habile dans l'art culinaire, XVI, 301.

HENRI Ier, duc de Normandie, assiège la ville d'Evreux, et, désespérant de la prendre d'assaut, la réduit en cendres, XIII, 95.

HENRI II, empereur d'Allemagne, donne le duché d'Alsace à Frédéric de Hohenstauffen, XI, 184. Il conserva Metz par la prudence et la fermeté de ses gouverneurs, 467.

HENRI III, empereur, prend et pille la ville de Lille, XII, 229.

HENRI V, empereur, tient une assemblée à Vaucouleurs avec le duc de Lorraine, XI, 426.

HENRICHEMONT, ville du Berri, à laquelle Sully donna ce nom en souvenir de son bon maître, XXVI, 376.

HENRY, poète qui vivait sous Philippe-Auguste, XIII, 50.

HEPNER (M.), manufacturier de Saint-Marie-aux-Mines, XI, 223.

HERACLIUS, archevêque de Lyon, est forcé de sortir de cette ville, X, 313.

HÉRLINDE, abbesse du couvent de Sainte-Odile, qui cultiva les lettres et la poésie avec succès, XI, 272.

HERAN, typographe distingué, I, 15.

HÉRAULT (M.), professeur d'anatomie, XXII, 223.

HERBAULT (d') est blesé à mort à l'attaque dd Mans, en 1793, XXV, 368.

HERBAULT (le château d'), situé dans le canton de Bracieux, XXVI, 23.

HERBIGNY (M. d'), auteur des *Revues politiques de 1824 à 1826*, et des *Nouvelles Lettres provinciales*, XII, 281.

HERCULANUM, ville détruite par une éruption du Vésuve, VI, 206.

HERCULE. Ses exploits sont repoussés des annales humaines par la philosophie, XIX, 177. Il défait les Amazones, 181.

HÉRI-BEHÈRE, l'une des bourgades formant le village d'Ustaritz, VIII, 142.

HÉRICART DE THURY (M.), ancien ingénieur au corps des mines, et à qui l'on doit les caveaux géologiques des catacombes, II, 437.

HÉRICOURT, petite ville qui possède plusieurs fabriques de tissus de coton, d'indiennes, et des filatures, XI, 163.

HÉRIS (André), auteur d'un ouvrage intitulé *le Costume*, XVIII, 314.

HÉRISTAL (Pepin d'), pour rendre la paix à un couvent de jeunes moines, met sa maîtresse à la tête de ces religieux, XIV, 487.

HÉRIVAL (la forêt d'), qui renferme une glacière naturelle, XI, 370.

HERLIN (M.), commerçant de Lille, XII, 266.

HERMAND est tué par Attichus, son père, auquel il venait présenter sa sœur Odile, qui avait recouvré la vue, XI, 281.

HERMANN, Strasbourgeois qui possédait un riche musée d'histoire naturelle, XI, 267.

HERMANN (Jean), médecin et naturaliste distingué, né à Strasbourg, XI, 271.

HERMANN (Frédéric), fils du précédent, XI, 271.

HERMANN (Jean-Frédéric), ancien doyen de la faculté de droit, ancien maire de Strasbourg, distingué par ses vertus publiques et privées, XI, 271.

HERMANN, duc de Souabe, surprend et dévaste la ville de Strasbourg, et il est bientôt repoussé de cette place, XI, 241.

HERMANT, historien des conciles, né à Caen, XXV, 237.

HERMAS, consul dans les régences barbaresques, prototype de ces sots qui s'occupent de niaiseries lorsqu'ils pourraient acquérir des connaissances utiles, VI, 349.

HERMINE (le château de l'), où le duc de Bretagne, Jean IV, exerça une odieuse vengeance sur la personne du connétable de Clisson, XII, 561.

HERNOUVILLE (le marquis d'). Il adresse au comte de Mouchevreuil une lettre satirique sur la première représentation du *Britannicus* de Racine, II, 10.

HERPIN vend le Berri au roi de France, est fait prisonnier par les Sarrasins; il entre au cloître après avoir obtenu sa liberté, XXVI, 367.

HERSENT (M.), peintre. Son tableau de *Louis XVI distribuant des bienfaits aux pauvres pendant le rigoureux hiver de 1788*, XXII, 55. Celui de *Daphnis et*

DES MATIÈRES.   249

Chloé, 56; de *Gustave Vasa*, 107.

HERSERANGE, bourg remarquable par une belle forge, XI, 500.

HERTRE, situé à quelque distance d'Alençon, et remarquable par des carrières granitiques, XXV, 125.

HERTZOG (M.), manufacturier considéré de Colmar, XI, 219.

HERVEY (lord), l'un des amis de Voltaire, X, 459.

HERVILLY (madame d'), artiste-peintre, XII, 201.

HESHUSIIUS, érudit cité, XXIV, 183.

HESSE-DARMSTADT (le prince de) visite Voltaire dans son château de Ferney, X, 438.

HEYS (la forêt de) couronne les coteaux au pied desquels est située la ville de Nancy, XI, 312.

HIDJAZI, écrivain, s'est occupé de recherches sur l'histoire des Maures, XIX, 235.

HIER (l') arrose les campagnes de Brunoy, XXVI, 543.

HILAIRE (saint), né à Poitiers, XXVI, 159.

HILDEGARDE, épouse de Charlemagne, XI, 478.

HINDRET, manufacturier, vient s'établir en France sous le règne de Louis-le-Grand, XXII, 315.

HIPPOLYTE, reine des Amazones que Thésée emmena prisonnière à Athènes, XIX, 181.

HIPPOLYTE, personnage cité dans le roman de *Cécile*. Son caractère, XXIII, 193.

HIRIART (M.), médecin doué de plus d'un genre de mérite, qui plaida pour les laboureurs de Maccaye contre un des leurs qui affichait de sottes prétentions, VIII, 119. Altercation comique qu'il eut un jour avec son curé; dévouement de l'un de ses fils pendant la peste de Bayonne, où ce dernier était curé, 120. Caractère de son fils aîné, octogénaire retiré à Maccaye, 121.

HISTOIRE (l'). Ce qui la constitue XVIII, 219.

HIVI-FLAVIA, nom d'une ville de Portugal, qui fut bâtie ou rebâtie par un Romain, VIII, 96.

HOALLE (la), village situé au pied de Cancale, auquel il sert de port, XII, 392.

HOBBES, écrivain politique, XIV, 103.

Hoc (la pointe du), petit promontoire sous lequel les navires qui manquent leur entrée au Havre, vont chercher un refuge, XIII, 254.

HOCHE (le général). Ses efforts pour arrêter les massacres de Quiberon, XII, 557.

HOCQUART (le comte de), l'un des régisseurs des houilles d'Anzin, XII, 104.

HOCQUINCOURT (le maréchal d') assiégeait Angers pendant les guerres de la Fronde, XXV, 385.

HOEL-LE-GRAND, fils de Budic, rentre par sa valeur dans la libre possession de la Bretagne qu'il partage, à sa mort, entre ses six enfants, XII, 364.

HOFER (MM.), propriétaires d'une belle manufacture de toiles peintes, à Mulhausen, XXII, 371.

HOFFMAN (M.), érudit et critique distingué, I, 12.

HOFFMANN (M.), écrivain, XXI, xj.

HOFMANN, mendiant, acolyte du prince de Hohenlohe, pour ses cures miraculeuses, XIV, 504

HOGARTH, écrivain moraliste, I, 24.

HOGARTH, peintre renommé de caricatures, II, 173.

HOGARTH, statuaire célèbre, XXVII, 51.

HOHENBURG (le plateau de), sur lequel se trouvait l'ancien monastère de Sainte-Odile, XI, 280.

HOHENLOHE (le prince de) s'avance, à la tête des Prussiens, contre Bitsche, et est repoussé par la garnison de cette ville, XI, 484.

HOHENLOHE (le prince Alex. de), fameux par les miracles que, dit-on, il a opérés, XIV, 36. Cause à laquelle il faut attribuer ses cures miraculeuses; celles-ci ont diminué considérablement depuis certaine injonction que leur auteur a reçue de l'autorité, 504.

HOHENSTAUFFEN (Fréderic de). Sa domination sur l'Alsace, XI, 184.

HOHENZOLLERN (le prince) qui fut chargé, en 1815, du blocus de la place de Strasbourg, XI, 236.

HOISNES, village dont les habitants sont d'une superstition qui a déja produit des effets terribles; victime de cette funeste credulité aux sorciers, XII, 92.

HOLBACH (le baron d'), auteur du *Système de la nature*, XII, 474.

HOLKOT (Robert), XXIV, 183.

HOLLANDAIS (les), après avoir humilié la vieillesse de Louis XIV, portèrent la juste peine de leur ingratitude, XIV, 155. Extension qu'ils donnèrent à leur industrie et à leur commerce, XXII, 298. Ils firent une étude particulière de l'art de préparer le lin, et cette industrie devint pour eux la source d'une grande prospérité, 393. Leur établissement au Cap de Bonne-Espérance, 451.

HOLLINGER (M. Aloïs), manufacturier de Sainte-Marie-aux-Mines, XI, 223.

HOM (la terre du) dont les concitoyens de M. Dupont (de l'Eure) lui firent hommage, XIII, 111.

HOMBERG (M.), négociant du Havre, XIII, 272.

HOMBOURG, dont Louis XIV répara les fortifications et les casernes, XI, 483.

HOMET (la pointe du), située à gauche du port de Cherbourg, XXV, 292.

HOMME (l'). Limites dans lesquelles il est renfermé au physique comme au moral, IV, 133. Terme moyen où se trouve le bonheur de sa condition VI, 69 Son habitude à ne voir dans les revers qu'une source de découragement, sans s'arrêter aux motifs d'espérance, 198. Il ne peut trouver que dans l'état de société tout le bonheur dont sa condition est susceptible, VII, 35. Son instinct d'imitation, 64. Moyen à employer pour faciliter son perfectionnement moral, 238. Il est placé entre deux incompréhensibilités; preuve d'après laquelle il peut s'assurer de son existence, XIV, 28 Ce que son esprit peut concevoir de la divinité, 29 Comment il cède à la voix des prêtres, 40. L'homme, sujet aux faiblesses, cherche vainement a les excuser en voulant les ériger en vertus, 65. Il n'est point fait pour le célibat, 66. La liberté lui est naturelle, 214. Il est doué d'une bonté native, qui le fait triompher des séductions au milieu desquelles il vit, 452. Il est bien peu de circonstances où il puisse avoir de son vivant la mesure exacte de l'intérêt qu'il inspire, et connaître la place qu'il occupe dans l'estime de ses concitoyens, XV, 4. Plus il cultive la pensée, plus il multiplie les élémens de son bonheur, 250.

HOMMES D'ETAT (les). *V.* ETAT.

HOMOND (l'), joueur qui périt sur l'échafaud, V, 89.

HOMPS, ancienne commanderie de Malte, VIII, 460.

HONDSCHOOTE, lieu où les Français gagnèrent une bataille sur les Anglais, XII, 298.

HONE, personnage qui fut enveloppé dans la conspiration de *Rye-House*, XIV, 325.

HONFLEUR, port situé au pied de charmans coteaux, et dont ses historiens, pour le consoler de sa nullité actuelle, placent l'origine avant Jules-César, XXV, 48.

HONNECOURT, village où le duc de Grammont se laissa surprendre par don Francisco de Mello et le baron de Bec, XII, 38.

HONNÊTES GENS. Ce que signifie cette qualification, VII, 272.

HONNEUR (l') est le désir d'être estimé des hommes; objet de ce qu'on est convenu d'appeler honneur, V, 79.

HONORÉ, membre distingué du barreau de Douai, XII, 173.

HOOD, amiral anglais. Sa conduite à Toulon en 1793, IX, 369; XV, xxvj.

HÔPITAUX (les). Nombre de vieillards, d'infirmes, de malades, et d'enfants abandonnés qu'ils contenaient en 1788, XIV, 364. Plus les établissemens inutiles se sont multipliés, plus les hôpitaux ont été encombrés, *ibid* Contraste frappant que l'on y remarque; nécessité d'accroître la partie du budget destinée à ces asiles de la souffrance, 366.

HORACE, poète romain. Surprise que lui aurait causée la vue d'un aréostat, VI, 115. Caractère de ses petites odes, XVII, 4. La plupart de ses odes ne sont que des chansons philosophiques, 22. On trouve beaucoup de philosophie et de profondeur dans ses odes bachiques, 33.

HORBOURG, village à une demi-lieue de Colmar, et qui remplace l'ancien Argentuaria des Romains, XI, 219. Médailles et débris d'armes que l'on trouva en creusant un canal dans les environs, 220.

HORDERET (Louis), avocat, auteur d'une histoire de Saint-Quentin et de ses franchises, XII, 19.

HORLOGERIE. Une horloge est une merveilleuse création, XXII, 423. Prodiges de la construction d'une montre, 424. Premiers gnomons dont les hommes se servirent pour déterminer la mesure du temps par la marche du soleil; différentes horloges employées par les anciens, 425. Le premier germe de l'horlogerie mécanique fut jeté dans le quatorzième siècle; perfectionnement de cette invention, 426. La supériorité de l'horlogerie française ne date que du dix-huitième siècle, 428.

HORN (le comte de) entre en Alsace, en 1632, à la tête d'une armée suédoise, XI, 185.

HORNE (Joseph-Antoine, comte de), roué vif, pour avoir assassiné un riche agioteur, XIV, 515.

HORNET (M.), écrivain payé à tant la ligne, II, 336.

HORTALA (M.), médecin à La Lavinière, VIII, 460.

HORTEZ (le vicomte d'), gouverneur de Bayonne, refusa d'exécuter l'ordre donné par Charles IX de massacrer les huguenots, XIV, 208.

HOSTEIN (le prince de) qui fut prisonnier à la bataille de Denain, XII, 144.

HOSWARD, scélérat qui inventa la conspiration de *Rye-House*, dans laquelle il enveloppa de nobles personnages et d'excellents citoyens, XIV, 325.

HÔTEL-DIEU (l') de Paris. Sa fondation; accroissements successifs et dotations qu'il reçut, III, 312. Ce qu'il était il y a quarante ans, et ce qu'il est aujourd'hui, 314. Sagesse de l'administration qui le dirige, 315. L'heure de la visite des médecins, *ibid.* Indications que l'on trouve, au lit des malades, sur leur nom, leur âge, etc., 316. L'Ermite s'arrête auprès d'une jeune femme, malade à la suite de ses couches, 317; auprès d'un homme dont toute l'industrie se fonde sur la beauté de sa barbe, 318.

HOTTINGUER (M.), l'un des principaux négociants du Havre, XIII, 271.

HOUARD, savant jurisconsulte, membre de l'académie des inscriptions et belles-lettres, XIII, 197; XXV, 36.

HOUCHARD (le général) gagne la bataille d'Honschoote, est décapité en 1793, XI, 497; XII, 298.

HOUCQUETOT, village de Normandie, situé sur la route de Montivilliers a Fecamp, XXV, 5.

HOUDETOT (madame la baronne d'), dont les habitants de la vallée de Montmorenci ont gardé le souvenir, et qui réunissait des assemblées où l'on trouvait tous les genres d'illustration, III, 185; V, 272. Madame de Neuville la rencontra dans une assemblée à Baréges, XXIV, 99. (*Voyez* madame DE NEUVILLE).

HOUDON (M.), sculpteur, IV, 75.

HOUEL, peintre, né à Rouen, XIII, 202, 203.

HOUEL (M.), membre de la société d'agriculture et de commerce de Caen, XXV, 224.

HOUGUE (la rade de la), célèbre par la défaite de l'amiral de Tourville, XXV, 277.

HOUILLEUX, maréchal du pays de Liège, qui le premier, en creusant un puits pour son usage, rencontra la trace d'une de ces mines qui, de son nom, furent appelées *houilles*, XII, 109.

HOULME (le pays du), formant l'une des anciennes subdivisions de la Basse-Normandie, XXV, 150.

HOURQUETTE-DES-CINQ-OURS (la), lieu où l'astronome Plantade mourut subitement, VIII, 246.

HOUSSAYE (Amelot de La), écrivain qui ne sut pas donner la morale pour base à la politique, XIV, 11. Son pays natal, XXVI, 128.

Houton-de-la-Billardière (Jacques-Julien), médecin voyageur et naturaliste, membre de l'Institut. XXV, 127.

Houtreau, sculpteur, né à Bar-le-Duc, XI, 444.

Houzé-de-l'Aulnoit (M), secrétaire de la société des Amis des arts de Lille, XII, 276.

Hoxou (M.), inventeur d'un hache-paille, XXII, 344.

Hozier (d'), généalogiste, XXIII, 176.

Hua (M.), négociant distingué de Gravelines, XII, 331.

Hubaudière (la famille de la), distinguée par son patriotisme, envers des Français proscrits, une hospitalité qui devait leur manquer ailleurs, XII, 547.

Hubert (M.), commerçant de Dunkerque, XII, 324.

Hucherard (M), agent de surveillance à l'hospice des Enfants-Trouvés, IV, 364.

Hue (M), peintre distingué. Sa *Vue du port et de la tour de Terracine*, XXII, 134.

Huet, évêque d'Avranches. Ce qu'il dit sur le choix de son logement, III, 417. Son opinion sur l'origine et l'antiquité de la ville de Caen, XXV, 198.

Hugon, comte de Gap, fut excommunié par Urbain II, pape, X, 210.

Hugo (M.), ancien conseiller à la cour royale de Nanci, X, 459; XI, 414.

Hugo (M. Victor), poète romantique, XI, 126.

Hugo (Louis), abbé d'Etival, écrivain spirituel, né à Saint-Mihiel, XI, 439.

Hugo (le maréchal-de-camp) a fait avec distinction la guerre d'Amérique, XIII, 98.

Hugues, fils naturel de Charlemagne, obtient, le premier, le titre de duc de Bourgogne, XXVI, 450.

Hugues Ier, petit-fils de Robert II, gouverne la Bourgogne avec douceur; promet de conserver à ses sujets leurs privilèges; dispense six de ses hauts barons de l'obéissance qui lui est due; va secourir le roi Sanche d'Aragon, et, de retour, prend l'habit de moine, XXVI, 450.

Hugues II, roi de Bourgogne, gouverne avec douceur et sagesse; il encourage les sciences et se querelle avec les prêtres, XXVI, 452.

Hugues IV prend la couronne de Bourgogne; sa minorité; il assiste au sacre de Louis IX; proteste contre l'invasion pontificale; se croise avec saint Louis, est fait prisonnier à Massoure; obtient le royaume de Thessalonique; sa mort, XXVI, 454.

Hugues V, duc de Bourgogne, dont le règne n'offre rien de remarquable, XXVI, 455.

Hugues, évêque de Grenoble, prélat plein de charité et de vertus, qui fut souvent obligé de sortir de la ville pour échapper à la tyrannie de Guigues-le-Gros, X, 42.

Hugues IV, archevêque de Besançon, qui eut de grandes contestations avec Jean de Châlons, au sujet des franchises que ce dernier avait accordées à Orgelet, XI, 17.

Hugues-le-Noir obtient le duché de Bourgogne, XXVI, 450.

Huin (Guillaume), savant littérateur, jurisconsulte habile et savant cardinal, XI, 457.

Huisne (le maire de l'), devenu célèbre par la mésaventure de Scarron, XXV, 372.

Huisseau (la commune d'), dans laquelle est situé le château de Saumery, XXVI, 23.

Hulot (M. le général), membre de la Société d'Agriculture et de Commerce de Caen, XXV, 224.

Hultz de Cologne (Jean) concourt aux travaux de construction de la cathédrale de Strasbourg, XI, 256.

Humbault-le-Tortu, comte de Vierzon, qui bâtit La Ferté-Humbault, XXVI, 28.

Humbert Ier, seigneur du Dauphiné, prend l'habit de Chartreux, X, 43.

Humbert II, seigneur du Dauphiné, fit présent de ses états au roi de France Philippe de Valois, reçut les ordres, se fit excommunier, modéra les tributs exorbitants imposés par ses aieux, mit à prix tous les privilèges, les vendit aux Juifs qu'il chassa bientôt, et dont il fit brûler un grand nombre, X, 43. Il se reconnait le vassal de l'archevêque d'Embrun, 247.

Humbert, archevêque de Lyon, construit un pont sur la Saône, et fut dans la suite déposé comme simoniaque, X, 312.

Humbert (Louis), né à Bar-le-Duc, XI, 444.

Humbert, savant anatomiste, directeur de l'établissement orthopédique formé au village de Morlaix, XI, 446.

Hume, écrivain anglais. Ce qu'il dit de la probité des vrais hommes de lettres, VI, 300.

Il figure au nombre des amis de Voltaire, X, 461.

Humières (la marquise d'), femme d'une haute vertu, XXVI, 475.

Hunawheir, renommé pour ses vins, XI, 222.

Hungersberg (le), montagne très élevée, XI, 279.

Huningue, petite ville de l'Alsace, célèbre par la résistance que le général Barbanègre, renfermé dans la forteresse avec cinquante hommes, opposa pendant six semaines à trente mille ennemis, XI, 228.

Hunold saccage la ville de Chartres, XXVI, 113.

Huns (les) réduisent en cendres le monastère de vierges fondé par saint Romaric, XI, 338.

Hurtado, jésuite. Son opinion sur la manière d'entendre la messe, XVI, 36.

Hurtaux, lexicographe, IV, 148.

Hurton (M.), propriétaire d'une maison dans le Connecticut, qui fut brûlée par la foudre, malgré les paratonnerres dont elle était armée, VII, 165.

Hus (Jean) brûlé vif pour s'être élevé contre la dissolution des mœurs du clergé et la tyrannie de la cour de Rome, XIV, 506.

Husson (M.), professeur de médecine à l'Hôtel-Dieu, III, 316.

Hutrel (M.), négociant qui fit planter les bois que l'on remarque maintenant dans les anciennes landes de l'abbaye du Bec, XIII, 119.

Huvet (M.), fabricant de dentelle à Bayeux, XXV, 250.

HUYGENS, mathématicien, vint en France sous le règne de Louis-le-Grand, XXII, 315. C'est à lui que l'Europe est redevable des horloges à pendule, 428.

HYDER-ALY-KAN, général des armées du Rajah de Mysore, II, 10. Il dédaigne les attributs du pouvoir dont il était maître, et veut que son souverain conserve les honneurs du trône; obscurité de son origine et force de son caractère; parvenu au trône, il forme le projet de rassembler les debris disperses de l'empire d'Aureng-Zeb, et de renverser, au moyen d'une guerre, l'obstacle que lui opposait la puissance anglaise; son amitié constante pour les Français, XVIII, xij; il forme une nouvelle coalition des puissances de l'Indoustan contre les Anglais, et envahit le royaume de Carnate; avantage qu'il remporte sous les murs de Madras; sans la défection d'un de ses alliés, il abattait la puissance anglaise dans cette partie du monde; estime et amitié qu'il accorde au bailli de Suffren, xiij. Sa mort presque subite, xiv.

HYDERNAGORE, ville d'Asie, où les troupes anglaises, commandées par le général Matews, commirent des horreurs, XVIII, xiv, 93.

HYP (Sébastien), imprimeur à Vendôme, travaillait, dans une cave, à la première édition des *Lettres provinciales*, XXVI, 27.

HYPÉRIDES meurt au milieu des tortures, XIV, 568.

HYPOCRISIE (l'), devenue un besoin chez certains hommes, I, 54. Hypocrisie de franchise, 55. Hypocrisie d'ambition, 56. Traits d'une certaine hypocrisie méchante à laquelle on donne le nom de *noirceur*, VII, 44 *et suiv.* L'hypocrise dans le crime n'inspire que le mépris et l'horreur, XIV, 9.

I.

IBARRA, imprimeur étranger, renommé pour ses belles éditions, VI, 111.

ICHOUX, position des Landes, où M. l'Arreilhet créa des forges, VIII, 52.

IDA ou Cécile, jeune fille d'un très grand sens, vient confier à l'Ermite ses remarques sur les contradictions qu'elle aperçoit dans l'éducation, les mœurs, et les usages du monde, VI, 247 *et suiv.* Son attitude et son recueillement le jour de sa première communion, 400. Sa promenade aux montagnes russes, VII, 105.

IDOMÉNÉE, prince de l'antiquité païenne, immola son fils, XIV, 37.

IÉDO, capitale du Japon, III, 385.

IERMOLOW, l'un des favoris de Catherine II, impératrice de Russie, XIV, 527.

IEUSILA, nom que portait primitivement la ville d'Angoulême, XXVI, 228.

ILE (le château de l'), situé au sud de la ville d'Alençon, XXV, 124.

ILE-DE-FRANCE (l'). Son ancienne prospérité; sa fidelité à la métropole pendant la révolution; son courage à défendre alors l'honneur du pavillon français, XXII, 448. Résistance qu'opposent ses habitants à une flotte anglaise qui menaçait de l'envahir; elle rétablit ses relations avec la mère-patrie, 449. En vertu d'un arrêté du gouvernement français, elle est régie, avec l'île Bourbon, par un capitaine-général, un préfet colonial, et un commissaire de justice; c'est de son port que sortirent les frégates et les corsaires qui firent de si riches captures sur le commerce anglais; projet que la compagnie des Indes anglaise forme de s'en emparer; considérations qui portent le gouvernement britannique à soutenir cette compagnie, 450, 454. L'Ile-de-France est attaquée par les Anglais, et subit les conditions d'une capitulation; taxes accablantes que l'Angleterre fit peser sur cette île, 456. Désastres qu'elle essuya, 457. Elle est désolée par différentes maladies, 460. Négligence du gouneur anglais a prévenir les suites de ce fléau, *ibid.* Décisions qu'adoptèrent à ce sujet les médecins que le gouverneur anglais avait chargés de prendre des mesures pour en empêcher la propagation, 461. Résultat de leur barbare négligence, 462. Estime que méritent les habitants français de cette colonie, 465.

ILIA, vestale dont Romulus passait pour être le fils, XIX, 3.

ILKICH, village peu éloigné de Schelestadt, XI, 230.

ILL (l'), rivière, prend sa source au village de Winkel, et traverse tout le département du Haut-Rhin, XI, 188, 230.

IMAGINATION (l'). Caractère des impressions qu'elle cause à l'ame, IV, 44. Abandonnée à elle-même, elle flotte au hasard entre la folie et la sagesse, XV, 304.

IMBERT, poete et auteur dramatique, IX, 185.

IMBERT (le baron d'). Sa conduite pendant le siège de Toulon, XV, lxij.

IMITATION (l'). Ses caractères généraux, VII, 62. Elle est chez l'homme un penchant naturel, 64. Sa funeste influence sur la littérature et les arts, 66. Ses inconvénients dans leurs rapports avec les mœurs générales, 68; avec la mode, *ibid.*

IMPÔTS (les) doivent être proportionnés à la richesse et à la liberté des individus; si l'indigent en est trop chargé, il finit par se révolter, XIV, 377. Ils doivent, pour être légitimes, être établis d'après les besoins réels des peuples, et non d'après les besoins factices des cours, 378. Les lois relatives aux impôts agissent directement sur les mœurs, et la sûreté des gouvernements y est intimement liée, 380. Nature des impôts et des taxes sous l'ancien régime; détails sur le tissu des manœuvres de la régie des aides, 381. Augmentation progressive des impôts sous différents règnes, au profit des gens de cours, 383. Taxes honteuses levées sur les produits de la prostitution, 386. Tout impôt sur les besoins naturels est immoral, 387.

IMPRIMERIE (l') multiplie la pensée de l'homme au moment

qu'elle s'exhale et va révéler à toutes les contrées de l'univers le sentiment qui lui a donné naissance; répand des lumières qui peuvent arracher des peuples entiers à l'esclavage, XIV, 400. Sa découverte a été plus avantageuse aux progrès de l'esprit humain que les sublimes intelligences des philosophes; elle est un germe immortel de perfectionnement et d'émancipation parmi les hommes, XXII, 286; les unit tous par une chaine invisible et indissoluble, 287; a perfectionné la gravure, 292. Obscurité qui environne encore les premiers pas de la découverte de cet art; l'imprimerie passa long-temps pour un sortilége, 373. Origine de l'imprimerie, 374.

Indiens (les) regardent comme un supplice les pratiques minutieuses que s'imposent les dévots et les fakirs, III, 206. Leurs jongleurs divisés en quatre classes: exercices des caradivis, VI, 229; des tombairs, 230; des chottis et des pambatis, 232. Chez eux, plusieurs familles se consacraient au service des temples et de la Divinité, XIV, 66. Division qu'ils ont établie entre leurs classes ou castes, 220. Bases qu'ils assignent à la liberté, XV, 40. Système adopté parmi eux pour la tannerie, XXII, 389.

Individus (les) contractent les uns envers les autres des devoirs indispensables dès qu'ils se réunissent en société, XIV, 2. Devoir universel qu'ils ont à remplir envers la société; degré où ils deviennent criminels; ce qui constitue pour eux l'héroisme, 3. Ils sont soumis entre eux à une justice dont la rigueur est souvent une injure à l'humanité, ibid. Aucun individu n'a le droit de commettre un crime pour sa propre conservation, 69.

Indre (l'), rivière qui arrose le Bas-Berri, XXVI, 367.

Industrie (l') établit l'équilibre entre la puissance matérielle et la puissance morale, XXII, 285; entretient chez les nations l'instinct de conservation; influe sur les arts et sur les lettres, et agrandit la sphère intellectuelle, 286. C'est dans l'industrie qu'il faut chercher le dernier effort de l'esprit humain; ses développements chez les anciens, 288. Elle a changé la face du monde; elle est un véritable pouvoir, 293; le premier des pouvoirs, car c'est le plus utile; son influence morale est plus forte, plus profonde que son action immédiate; elle vivifie et domine tout, 294. C'est au profit de la morale et de la raison qu'elle augmente ses conquêtes; elle est également puissante dans les régions stériles et dans les climats favorisés du ciel, 296. Ce qu'elle est chez les peuples modernes, et surtout chez les nations de l'Europe, 297. Elle ne peut exister sans liberté religieuse et politique, 302. Etat de l'industrie en France à différentes époques, produits de cette industrie exposés au Louvre en 1819. *Voyez* France.

Inès de Castro, reine de Portugal, assassinée par Alphonse IV, et qui fut exhumée et couronnée après sa mort, XXVII, 28.

INGELGER, comte d'Anjou, défait dans un duel Gontran qui voulait dépouiller de ses biens la comtesse de Gatinois, XXV, 380.

INGLMBFRT (Malachie d'), évêque de Carpentras, où il fonda plusieurs établissements d'utilité publique, et consacra ses revenus au soulagement de l'infortune, IX, 251.

INGOUVILLE, remarquable par ses jardins et ses pavillons élevés en amphithéâtre, XIII, 258, 273.

INGRATITUDE (l'). Ses progrès dans notre siècle; elle peut être divisée en trois classes, IV, 137. Elle marche rarement sans l'envie, 138.

INNOCENT III, pape, met fin aux ridicules prétentions des évêques de Dol, XII, 357.

INNOCENT IV, pape, tient à Lyon un concile général, où il se déclare maître de faire et de défaire les rois, et où il excommunie Frédéric III, empereur, X, 324. Réponse qu'il reçut du sultan d'Égypte qu'il engageait à rompre le traité signé par son père et Frédéric, et à faire la guerre à ce dernier, 328. Motifs de son séjour à Lyon, 330. Il veut former un établissement en France, mais il éprouve de la résistance de Hugues IV, duc de Bourgogne, XXVI, 454.

INSCRIPTION (l'), sorte de poésie légère. But dans lequel les anciens s'en servaient, XVII, 74.

INSTRUCTION (l'). *Voyez* LITTÉRATURE. Elle est un levier moral qui centuple les forces d'un petit nombre d'hommes ; son absence au contraire amène la dégradation et l'avilissement d'une multitude immense, XIV, 431. Les mœurs des peuples sont en germe dans les familles et dans les maisons d'instruction publique ; améliorations introduites dans l'enseignement public, 432.

INTRIGUE (l') est le principal ressort de bien des réputations, IV, 139. Ce vice est inconnu aux sauvages des deux Amériques, V, 218. Développements que l'intrigue a reçus de la révolution, 220. Les intrigants peuvent se diviser en quatre classes : les intrigants de fortune, 221 ; les intrigants littéraires, 223 ; les intrigants de cour, 224; les intrigants politiques, 225.

IRSON (Romanus). personnage d'une condition vile, qui s'enrichit à force de délations, XIV, 555.

IRAT DU VAL-DES-PRÉS (M.), de colporteur est devenu riche négociant, et le bienfaiteur de son village, X, 240.

IRON (l'), rivière aux sources de laquelle est située la petite ville de Halton-Châtel, XI, 440.

Is, ville antique qui fut engloutie par les flots vers le cinquième siècle, XII, 540.

ISAAC-AGA, fils d'Ibrahim, chef des douanes de Constantinople, auquel Aline fut vendue, XIII, 294.

ISABEAU , fameuse courtisane américaine, I, 346.

ISABEAU DE BAVIÈRE. Ses dérèglements amènent en France une licence effrénée, II, 186. Elle rejette l'espèce de guimpe que l'on portait à la cour, et porte des robes échancrées par derrière, III, 20.

ISABELLE, femme de l'archiduc Albert. Elle fait vœu de ne

point changer de vêtements jusqu'à la reddition d'Ostende assiégé par son mari, vœu qui donna naissance à la couleur *Isabelle*, III, 19

ISABELLE-CLAIRE-EUGÉNIE, fille aînée de Philippe II, roi d'Espagne, reçoit le Charolais de son père, XXVI, 383.

ISABEY, le plus célèbre des peintre en miniatures, XI, 320. Talent qu'il déploya dans les décorations des *Bayadères*, XIX, 171. Son tableau représentant un *Escalier*, XXII, 25. Son *Congrès de Vienne*, 64. Sa maison à Paris, XXVI, 557.

ISAMBERT (M.), avocat distingué, né à Chartres, XXVI, 103.

ISARN, inventeur de l'apologue renfermé dans l'*Histoire d'un louis d'or*, qui fut adressée à mademoiselle Scudéri, I, 341.

ISAURE (Clémence). Authenticité de son existence, VIII, 415. Sa mère, plus dévote que sage, la voue à la Vierge ; penchant de cette jeune fille pour la poésie, la musique, et les fleurs, dont la culture était son seul plaisir ; ses amours avec Lautrec, dont elle récompense les chants par le don d'une fleur, 416. Celui-ci, ayant suivi son père qui marchait au secours de Thérouane, perdit la vie dans le combat ; cette nouvelle afflige Clémence Isaure, qui se retire dans un cloître, et pour perpétuer ses souvenirs et leur consacrer un monument immortel, rétablit, sous le nom de *Jeux floraux*, la très gaie compagnie des *Sept-Troubadours*, 419. Traduction de son ode *au Printemps*, 420.

ISEMBOURG (le château d'), au-dessus de la ville de Rouffach,
a été la résidence de plusieurs rois de la race mérovingienne, XI, 214.

ISÈRE (l'), rivière qui a donné son nom à l'un des départements de la France. Nature des montagnes que l'on voit sur ses bords, X, 12. Lacs formés par les eaux qui tombent de ces montagnes, 13. Le cours de l'Isère ; dangers dont elle menace chaque année la ville de Grenoble, 15. Progrès de l'industrie et de l'agriculture dans le département de l'Isère, 16. Politesse que les paysans ont acquise peu à peu en devenant propriétaires ; avantages qu'ils doivent en partie à un Suédois, 17. Les fabriques de chanvre les plus considérables de cette contrée, 23. Sa population, 45.

ISIDORE (saint). Origine qu'il donne à la ville de Gap, X, 208.

ISIGNY (M. Richard Dubourg), poete distingué, né à Vire, XXV, 183.

ISIGNY, célèbre par son commerce de cidre et de beurre. Aspect riant des campagnes qui conduisent de Bayeux à cette petite ville, XXV, 261. Habitations des paysans ; leur bien-être, 262. Le pont de Vey, 263.

ISIS, divinité égyptienne, à laquelle ses prêtres prêtaient leur voix pour imposer au peuple, XIV, 35. Vœux de chasteté que faisaient ces mêmes prêtres, 67.

ISMER (le général), VIII, 52.

ISOCRATE est contraint de se laisser mourir de faim, XIV, 568.

ISOLE (l'), rivière qui gronde et roule parmi des rochers, dont elle blanchit les cimes, XII, 549

17.

Israel (Sylvestre), fameux graveur, laissa dans sa famille une suite d'artistes recommandables, XI, 320.

Is-sur-Tille, ville de Bourgogne, où, le jour du carnaval, les gens du seigneur enlevaient impunément toutes les poules qu'ils pouvaient atteindre avec leur bâton, XXVI, 425.

Issoire, ville d'Auvergne, dont les habitants sont passionnés pour les procès, XXVI, 279. Calamité qu'elle essuya dans le dix-septième siècle, 333.

Issoudun, ville remarquable par le patriotisme de ses habitants et le courage énergique qu'ils déployèrent en plusieurs rencontres; leur refus d'un privilège que Louis XIV voulut leur accorder pour leur dévouement, XXVI, 373.

Italiens (les). C'est à tort qu'on leur attribue l'invention et l'origine des caricatures, IV, 162. Ils n'ont eu des imitateurs en France, dans ce genre, que vers la fin du seizième siècle, 163. Principes sur lesquels ils font reposer la liberté, XV, 39. Ils s'occupent à ruiner le public pour enrichir leur famille, 203. C'est à eux que l'on doit la première idée du drame lyrique; mais ils se sont égarés à la recherche du nouveau monde, qu'ils avaient aperçu, XXII, 232. Les premiers ils ont dépaysé Melpomène, en l'introduisant dans le domaine de l'opéra, 236. Succès qu'ils ont obtenus dans la création de leurs mélodies, 263. Leur engouement exclusif pour les artistes leurs compatriotes, XXVII, 35.

Iton (l'), rivière qui arrose de beaux vallons dans le département de l'Eure, XIII, 107.

Ivernois (M. d'), négociant du Havre, XIII, 272.

Iveteaux (des), né à Falaise, XXV, 86.

Ivri, bourg de la Normandie, dans le voisinage duquel se trouve la plaine où Henri IV vainquit Mayenne; monument que le duc de Penthièvre avait élevé dans le lieu de cette bataille, XIII, 103.

Izarn (M.), agronome distingué, VIII, 284.

J.

Jacob (le Père), carme, regardé comme le père des journaux, I, 353.

Jacob, fabricant de meubles, II, 314.

Jacob (M.), lithographe, XXII, 150.

Jacotel (M.), médecin des eaux de l'Iombières, III, 235.

Jacquemin, architecte à qui l'on doit l'exécution de la cathédrale de Toul, sa ville natale, XI, 430.

Jacques (l'abbé), né dans la Franche-Comté, XI, 170.

Jacques (maître), sorcier qui par ses maléfices, sa magie, ses apparitions subites et nocturnes, inspire l'épouvante à quelques villageois du département du Nord, XII, 89.

Jacques II, roi d'Angleterre. Sous son règne l'institution du jury fut totalement corrompue dans ce pays, XIV, 311. Il protége et récompense les délateurs, 335.

Jacques (M.), peintre, XXII, 148.

Jacques de Falaise, personnage qui engloutissait dans son estomac des oiseaux vivants, et faisait quelques exercices des jongleurs indiens, VII, 14.

JACQUINOT (le général), XI, 321.

JACQUOT (le docteur), médecin de Plombières, où il partage son temps entre les pauvres, la culture de son champ et l'étude, XI, 366.

JAETKLIN FILS (M.), manufacturier de Munster, XI, 225.

JAGER-SCHMIDT (M.), ingénieur et minéralogiste allemand qui établit à Toulouse la seule fabrique d'acier cémenté qui existe en France, VIII, 434.

JAGRENAT, ville des Indes, fameuse par sa magnifique pagode, XIX, 116.

JAIR, personnage de l'antiquité judaïque, fier des nombreux enfants qu'il avait dans les armées d'Israel, XIV, 65.

JAMAILLES, remarquable par de belles forges, XI, 500.

JAMES (Thomas), ancien évêque de Dol, dont les funérailles se firent avec beaucoup de pompe, XII, 360.

JAMET (M. l'abbé), membre de l'académie des sciences, arts, et belles-lettres de Caen, XXV, 224.

JANIN, habile médecin et oculiste, VIII, 464.

JANIN, jeune villageois qui, n'ayant pu obtenir la Lhauda, dont il était amoureux, et loin de laquelle l'avait éconduit le seigneur d'Amblerieux, se donna la mort à la vue du chateau de ce dernier, au moment où leur union venait d'être consacrée. *Voyez* LA LHAUDA.

JANNISSAC (M.), juge. Portrait de son domestique, VI, 161. Intérieur d'une pièce de son appartement; air de protection avec lequel il reçoit l'Ermite, 162.

JANNY (l'abbé), ancien principal de collège, homme de beaucoup d'instruction, XI, 345.

JANSENISME (le). Son influence sur le développement du patriotisme en France, XXVI, 192.

JANTET (l'abbé), célèbre et modeste mathématicien, XI, 101.

JANVIER, horloger du roi, XI, 11.

JANVIER, chimiste, XII, 520.

JANVILLE, situé dans la Beauce, XXVI, 96.

JAPPY (MM.), directeurs de l'établissement de Beaucourt où se confectionne une grande quantité de mouvements de montre, XI, 178.

JAQUOTOT (madame), artiste peintre sur émail. Sa *Vierge aux œillets*, et sa *Vierge au poisson*, XXII, 149.

JARD, forçat qui, dès son plus jeune âge, parut sur les bancs des tribunaux, et se targuait hautement de l'ancienneté de son infamie, XXVII, 9.

JARDELAU, rivière qui arrose la ville de Morlaix, XII, 498.

JARNAC (la plaine de), fameuse par la bataille qui coûta la vie au prince de Condé, XXVI, 230.

JAUCOURT (le chevalier de), auteur d'un Mémoire sur différents points de l'histoire de France, et où il décrit l'entrée des rois dans Paris, IV, 16.

JAUBERT (M. Amédée), orientaliste, célèbre voyageur, se trouva à la défense de la barrière de Clichy, XXII, 183.

JAY (M.), écrivain distingué,

auteur d'une histoire du *Ministère du Cardinal de Richelieu*, I, 9. Son ouvrage intitulé le *Glaneur*, III, 340. Son pays natal, VIII, 38.

JEAN (le chevalier de), original, habitué du Palais-Royal, I, 286.

JEAN, roi de France, regardé comme le fondateur de la Bibliothèque royale à Paris, II, 292. Il rassemble des troupes et fait lever le siège de Romorantin, XXVI, 55; se déclare tuteur de Philippe de Rouvre, et, après la mort de ce dernier, proclame le duché de Bourgogne sa propriété particulière, et le donne à Philippe-le-Hardi, 455.

JEAN XXII, pape. Obscurité de sa naissance, et son élévation au trône pontifical, VIII, 282.

JEAN (l'archiduc) attaque la ville d'Huningue, dont la garnison, composée de cinquante hommes, lui opposa une longue résistance, XI, 228.

JEAN, fils ainé de Pierre de Dreux, duc de Bretagne, ne recouvre l'exercice de son autorité qu'en 1237, XII, 369.

JEAN-SECOND (le Dauphin), fils de Charles VI, que Louis XI fit empoisonner à Compiègne, X, 104.

JEAN I.er, duc d'Alençon, né dans le château de l'ancienne petite ville d'Essey, XXV, 112.

JEAN second ne fut pas, dit-on, indifférent à Jeanne-d'Arc, XXV, 122.

JEAN second, poète, auteur *des Baisers*, fut enterré dans l'abbaye des bénédictins de Saint-Amand, XII, 214.

JEAN V, dernier descendant mâle de Rivalon, comte et souverain de Dol, XII, 357.

JEAN III, surnommé le Bon, recueille la législation bretonne; il accompagne Philippe de Valois dans son expédition de Flandre, contribue au gain de la bataille de Montcassel, revient en Bretagne et meurt toujours chéri de ses sujets, XII, 370. Troubles qui suivirent sa mort, 371.

JEAN IV, duc de Bretagne, ordonne à Jehan de Bazvalais de tuer le connétable de Clisson, XII, 561.

JEAN V, duc de Bretagne, demeure à Paris jusqu'à l'époque de sa majorité, en 1405, il prête hommage au roi, épouse Jeanne de France, et se rend à Nantes, XII, 377. Ses jours sont mis en danger par un complot de Marguerite de Clisson, comtesse de Penthièvre, *ibid*. Il est délivré de ses mains, et, par une administration paternelle, mérite le surnom de *Bon*, 378.

JEAN-BON-SAINT-ANDRÉ, conventionnel, ancien préfet de Mayence, VIII, 349.

JEAN-CASIMIR II, roi de Pologne, après avoir abdiqué et s'être retiré en France, épouse la Lhauda, X, 122.

JEAN DE CHALONS accorde des lettres de franchises à la ville d'Orgelet, XI, 17.

JEAN DE NAMUR reprend Lille, XII, 229.

JEAN-SANS-PEUR fait bâtir à Lille le palais qui sert aujourd'hui d'hôtel-de-ville, XII, 248. Son caractère; accroissements qu'il donne à ses états XXVI, 459. Suites funestes de ses querelles avec le duc d'Orléans qui lui disputait la régence; il le fait assassiner et trouve des prêtres qui érigent ce crime en vertu; il est déchargé de ce forfait par un jugement solonnel; il fait gagner les pères du concile de Constance qui excusent alors l'attentat dont il s'est souillé, 460. Il défait les Liégeois; s'unit aux Anglais auxquels il facilite l'entrée de Rouen; il fait soulever la populace de Paris contre les Armagnacs, et ordonne des massacres, 461. Il est percé d'une dague au moment où il veut se rendre maître du Dauphin, depuis Charles VII; protection qu'il accorda aux arts et au tribunal de l'inquisition, 462.

JEAN-SANS-TERRE assassine son neveu Arthur; est cité par Philippe Auguste au tribunal des Pairs, où il est condamné à mort, XII, 367; XXV, 383.

JEANETTY (M.), orfevre, XXII, 440.

JEANNE Ire (la reine), comtesse de Bourgogne Son séjour dans la ville de Gray, XI, 147.

JEANNE, reine de Naples, protège et récompense les délateurs, XIV, 335.

JEANNE D'ARC. Ses paroles enflamment le courage de Charles VII, II, 187. Lieu où elle fut blessée à Paris, VII, 244. Sa naissance à Domremy, où on lui éleva un monument, XI, 424. Monument qu'on lui a élevé à Rouen, XIII, 159; XVI, 18. Monument que la ville d'Orléans lui avait érigé, XXVI, 125. Son courage lorsque les Anglais assiégeaient cette ville, 128.

JEANNE DE BOULOGNE, mère et tutrice de Philippe de Rouvre, XXVI, 455.

JEANNE DE BOURGOGNE, femme de Philippe-le-Long. Son boudoir à l'ancien hôtel de Nesle, III, 407.

JEANNE DE CONSTANTINOPLE, fondatrice de l'ancien hôpital de lépreux que Lille possédait, XII, 228.

JEANNE DE FLANDRE, épouse de Jean de Montfort, soutient un siège, à Hennebon, contre Charles de Blois, XII, 372. A la mort de son mari, elle défend avec courage les droits de son fils, 373.

JEANDIN (le président), magistrat recommandable par sa vertu, sa piété, et la protection qu'il accordait aux gens de lettres; son tombeau dans une des cathédrales d'Autun, XXVI, 414. Il épargna à la Bourgogne les horreurs de la Saint Barthélemy, 468.

JECKER (M.), fabricant d'instruments d'optique et de marine, qu'il a portés à un très haut degré de perfection, XXII, 381.

JEFFERIES, grand-chancelier et chef de la justice en Angleterre, se voit forcé d'absoudre un accusé dont il prévoyait l'acquittement par suite des questions que lui-même avait posées, XIV, 317. Remords qui le déchirèrent pendant sa vieillesse, 320. Il prononce la sentence mortelle contre Sidney et lord Russel, enveloppés dans la conspiration de Ryc-House, 326.

JÉLIOTTE, chanteur célèbre, né dans le Béarn, VIII, 165.

JELL (Mathieu), théologien, qui concourut à l'introduction de la réforme en Alsace, XI, 185.

JEMERVILLE (M.), figurant dans

264   TABLE GÉNÉRALE

l'atelier d'Horace Vernet, XXII, 223.

JENECÉE (le capitaine baron de), personnage du roman de *Cécile*. Sa vue produit sur le cœur d'Adine Franval une impression qui se développa bientôt dans les soins qu'elle lui prodiguait après des blessures qu'il avoit reçues en duel, XXIII, 116. Ils se font mutuellement l'aveu de leur amour, 120. Il la demande en mariage, et obtient d'elle la plus grande des faveurs; craintes qu'elle lui communique sur sa constance lorsqu'il sera son époux, 122. Il part pour sa terre de Jenecée, 128. Lettre où il mande que le roi a donné des ordres qui s'opposent à son mariage avec Adine, 130. Réponse qu'il reçoit, 132. Motif qui a porté son amante à entrer au couvent, 133.

JENSON (Nicolas), ancien imprimeur de Venise, X, 400.

JEPSHEIM, village près duquel on voit des tombelles ou collines celtiques, XI, 220.

JÉSUITES (les) sont mis en possession du collége d'Auch, en 1590, VIII, 286; de celui de Nîmes, par la révocation de l'édit de Nantes, IX, 181. Leur ancien collége de l'Arc, dans lequel ils ont été réintégrés à la restauration; autres établissements qu'ils ont formés à Dôle, XI, 90. Empressement avec lequel ils furent accueillis dans cette ville, 108. Ils sont expulsés de l'Alsace, 187. Leur ancien collége à Épinal, 332 ; à Bar-le-Duc, 441 ; à Cassel, XII, 306. Doctrine et plan qu'ils ont suivis, et qu'ils suivent encore depuis la restauration, pour renverser en France toutes les institutions et rendre à leur ordre le pouvoir absolu, XVI, 28 *et suiv*. Leur acharnement à réclamer les biens de l'Église vendus pendant la révolution, 37. Manière dont ils éludent leurs promesses et leurs serments, 38. Leur haine contre les moines, 41. Ramifications secrètes de leur ordre, *ibid*. Leur réapparition en France, 122. Dangers de cet institut, 124. Sa doctrine sur le régicide, 125. Les jésuites faisaient des missions dans les villes, comme chez les Indiens et les Japonais, 210. Leur résurrection parmi nous, quoique trop véritable, a cependant un caractère d'invraisemblance, 304. Origine de leur ordre, 305. Ce n'est que sous le règne de Henri II qu'ils obtiennent de s'établir à Paris seulement ; opposition qu'ils essuyèrent du parlement et de la Sorbonne, 306. Ils sont accueillis par les Guise, et font assassiner le roi, 307. Sont chassés de France ; tramant une conspiration contre la reine Elisabeth; font assassiner le prince Maurice de Nassau ; sont chassés d'un collége par le cardinal Borromée; de la Bohême, de la Moravie, de Malte, 308. Rentrés en France, ils obtiennent la bulle *Unigenitus* ; sont chassés de la Russie, du Portugal ; scandale qu'ils donnent après la mort de Henri IV, 309 Forfaits dont ils se sont rendus coupables, 310. Étrangeté de leur réapparition parmi nous, 321. Église qu'ils possédaient à Alençon, XXV, 106. Leur ancienne résidence à Billom, XXVI, 323.

JÉSUS-CHRIST. Expressions par

lesquelles il voulut établir l'égalité entre les hommes, XIV, 47.

Jeu (le). Apologue dans lequel sont dépeints des joueurs furieux assemblés autour d'une table, V, 80. Le jeu n'est qu'un moyen illicite de s'approprier le bien d'autrui; auteurs qui ont écrit contre cette fatale passion, qui prend sa source dans les lieux élevés, 81. Sous Charles IV, les réunions de jeu avaient lieu à l'hôtel de Nesles, 82. La fureur du jeu s'assoupit quelque temps, *ibid.* A quel degré de force et d'impudence l'amour du jeu fut porté sous Louis XIV, 83 ; sous la régence, 84. Organisation des maisons de jeu avant la révolution, 85 ; les principaux tripots à Paris, *ibid*. Intérieur du n° 9, au Palais-Royal, 87; du n° 113, 88. Danger de la passion du jeu pour les jeunes gens, 89. Exemple des séductions par lesquelles le jeu éblouit la jeunesse, 90. Portrait de divers joueurs réunis dans un tripot célèbre, 93. Leur attention à un coup important, 95. Exemple du désespoir auquel mène la passion du jeu, 97. Dangers des jeux de hasard dans les villages, VII, 169. Pourquoi les gouvernements, qui appellent *vices* ces sortes de jeux, les autorisent-ils en percevant des droits sur les tripots, XIV, 358. Le jeu est devenu un des vices à la mode, XV, 159.

Jeuffroy, graveur, XIII, 203.

Jeunesse (la). Les qualités prématurées à cet âge annoncent quelquefois pour l'avenir une physionomie morale toute contraire, et *vice versâ* les défauts indiquent des qualités estimables, I, 369. Parallèle, sous certains rapports, de la jeunesse avec la vieillesse, III, 216.

Jeux de mots (les). Leur nature, V, 307. Avantages qu'ils présentent ; un inférieur se venge quelquefois de son supérieur; ils font et augmentent souvent la réputation de celui qui les propage sans en être l'auteur, 308. Ils sont admissibles par-tout où l'importance de la matière n'oppose pas de bornes aux saillies de l'esprit; leur abus blesse moins que l'usage qu'on en fait dans des sujets sérieux, 309. Quelques jeux de mots employés par les meilleurs auteurs, 310. Les jeux de mots servent puissamment la mauvaise foi, 311. Quels sont ceux qui sont maintenant en vogue; les calembourgs, 313 ; les quolibets, le coq-à-l'âne, 314.

Jeux Floraux (l'académie des). Son origine et son institution, VIII, 420. Son organisation ; prix qu'elle décerne chaque année, 421.

Joannet, littérateur et profond métaphysicien, X, 459 ; XI, 191.

Joannic, roi des Bulgares, fait prisonnier, au siège d'Andrinople, Baudouin IX, comte de Flandre, et exerce sur lui d'horribles mutilations, XII, 128.

Jobez (M.) riche manufacturier de Morey, XI, 12.

Jobourt (les falaises de), dans les cavités desquelles des milliers d'oiseaux vont chercher un abri en hiver, XXV, 301.

JODELLE, écrivain de mauvais goût, XIX, 319.

JOHNSON, écrivain anglais, auteur d'une *Vie des poetes*, XXI, 3.

JOHNSTON (les), famille étrangère qui figura long-temps dans la classe du *haut commerce* de Bordeaux, VIII, 15.

JOIGNY, ville du département de l'Yonne, XXVI, 483.

JOLY (M. de), ancien ministre de la justice, IX, 136.

JOLY (le Père), auteur de lettres sur la Franche-Comté, et d'une géographie ancienne et moderne comparée, XI, 10.

JOLY (M.), imprimeur-libraire à Dole, qui publie un journal hebdomadaire estimé, sous le titre d'*Album Franc-Comtois*, et concourt, comme éditeur, à la publication d'un journal de *Clinique, Franc-Comtois*, XI, 85.

JOLY (MM.), fabricants de Saint-Quentin, XII, 11, 13, 14.

JOLY DE FLEURY, l'un des conseillers chargés de faire arrêter et conduire à Clermont les nobles accusés, XXVI, 340.

JONES (William). Ce qu'il dit des jugements rendus par les tribunaux d'un pays des bords de l'Indus, XV, 198. Il est cité à propos des Bayadères, XIX, 111.

JORDAENS, peintre distingué, X, 384.

JORDAN (Camille), député orateur, né à Lyon, I, 16; X, 417.

JORDANS, célèbre peintre, dont le musée de Lille possède quelques ouvrages, XII, 246.

JORDANUS (l'abbé), supérieur du monastère d'Eysses, VIII, 354.

JORRE, imprimeur de Rouen, s'est acquis une malheureuse célébrité par ses démêlés avec Voltaire, XIII, 211.

JOSEPH II, empereur, visite les souterrains du canal Saint-Quentin, XII, 34.

JOSEPHINE, domestique de madame de La Valette; son dévouement pour sa maîtresse, VIII, 334.

JOSEPHINE, impératrice des Français. Orangerie que l'on avait établie pour elle a Robertsau, près Strasbourg, XI, 253. Son esprit de conciliation; ses chagrins et ses peines, lorsqu'elle sacrifia ses affections à l'ambition de son auguste époux; vénération dont elle fut constamment l'objet, XIII, 11. Emotions qui l'agitaient pendant sa détention à Sainte-Pélagie, XV, 16. Espoir qui la rassura dans sa captivité, 18. Ses réflexions sur quelques erreurs politiques de Bonaparte, 29 *et suiv.*

JOSSE (M.), médecin français à l'île Maurice, XXII, 462.

JOSSELIN (Isidor de) est promis en mariage à Hortense de Rochemaure, XII, 595. Au commencement de l'insurrection de Bretagne, il se rend à Mayence où il se fait remarquer du général Kléber, 597. Il suit ce dernier dans la Vendée; son courage sur sa terre natale, et sur-tout à la bataille de Torfou, 598. Il s'empare du château de Clisson, où il traite avec générosité des officiers vendéens, 600. Il préserve ce domaine de la fureur des agents de Carrier, 602. Il y retrouve son amante qui, pour ne pas abandonner son vieux père, refuse de fuir avec celui qui doit être son époux, 604. Les deux amants

reçoivent la bénédiction de
M. de Rochemaure qui bientôt lui-même mit fin à ses
maux, 605. Isidor fuit avec
Hortense jusqu'au hameau des
Broussards ; ils sont arrêtés
par des agents de Carrier,
607. Leur captivité ; sentiments qui les agitent alors,
608. Ils veulent terminer une
vie qui est menacée désormais
des plus grandes horreurs,
610. Ils paraissent devant Carrier qui les fait précipiter dans
la Loire, 612.

JOTAPIEN, tyran qui fut assassiné, XIV, 518.

JOUARE, remarquable par une
écluse, VIII, 460.

JOUBERT (le général), guerrier non
moins distingué par sa bravoure que par ses talents ; il acquit tous ses grades au champ
d'honneur, et fut tué à la bataille de Novi, dont la perte
fut décidée par sa mort, XXVI,
390.

JOUBERT-BONNAIRE (M.), auquel
la manufacture des toiles à
voiles d'Angers doit de grands
accroissements, XXV, 406.

JOUGNE, village de la Franche-Comté, XI, 80.

JOUHE, village où la femme de
l'empereur Barberousse fonda
un couvent de Bénédictins,
dans lequel elle fut enterrée,
XI, 96. Source d'eau minérale que l'on voit dans ce village, *ibid.*

JOURDAIN (M.), l'un des principaux fabricants de Louviers,
XIII, 87.

JOURNAUX (les). Eléments qui
peuvent contribuer à leur donner de l'intérêt et à assurer
leur succès, I, 38. Leur influence sur l'opinion de certains individus, 71. Plaisirs
et avantages qu'ils procurent,
353. Leur utilité plus sensible
en province, 355. Guerre qui
s'eleva entre les auteurs et les
premiers journalistes, *ibid.*
Conditions à remplir dans la
rédaction d'un journal qui pût
plaire à tout le monde, 358.
Eloges de quelques feuilles,
359 Défauts que l'on rencontre dans les unes ou les autres,
361. Vœux de l'Ermite aux
rédacteurs de journaux, 406.
Le cabinet d'un journaliste,
compare à la bourse du commerce, II, 39. Personnages
que l'on est exposé à y rencontrer, 40. Intrigues des journalistes lors de la première représentation d'une pièce, III,
49. Manière dont un journaliste peut exercer noblement
ses fonctions, 398. Plan qu'un
écrivain soumet à l'Ermite pour
la rédaction d'un nouveau
journal *de couleur*, 399. Morgue doctorale qu'affectent certains journalistes, différant,
dans la formule de leurs jugements, des écrivains de
Port-Royal, IV, 56. Définition d'un bon journal, V, 12.
Pendant le premier quart du
dix-neuvième siècle, les journaux sont devenus une puissance de fait, XVI, 3.

JOUVENCY, jésuite, publie une
apologie des régicides, XVI,
308.

JOUVENET, célèbre peintre, né à
Rouen, X, 384 ; XIII, 202.

JOUX (le château de), dans la
Franche-Comté, XI, 82.

JOUY, village près de Versailles,
célèbre par une manufacture
de toiles peintes, XXII, 370.

JOUY-AUX-ARCHES, village du département de la Moselle, où

l'on trouve un aqueduc, XI, 477.

JOYEUSE (le cardinal de), se constitua l'apologiste des assassins du duc de Guise, XIV, 208.

JUAN (le château don), occupé jadis par un seigneur de ce nom, qui ravissait toutes les jeunes filles qu'il rencontrait et les condamnait à satisfaire ses desirs; ayant enlevé Constance de Balbe, il en fut puni de mort par Bertrand, amant de cette dernière, IX, 140.

JUBIÉ (M.), manufacturer de la commune de Saint-Hilaire, ayant refusé de se mettre à la tête de la garde nationale pendant les *cent jours*, fut tué par des scélérats, X, 18.

JUDITH, femme de Richard II, duc de Normandie, fondatrice de l'abbaye de bénédictines que l'on voyait à Bernay, XIII, 113.

JUGES (les). La puissance qu'ils ont de juger devrait-elle être le partage exclusif de certaine profession; ils doivent maintenir entre les citoyens la balance de la justice par la morale dans un équilibre parfait, XIV, 291. Ils deviennent des assassins odieux lorsqu'ils frappent leur victime avec le glaive de la justice, 292. La puissance qui nomme ces magistrats est aussi celle qui accuse et poursuit; dans les premiers âges du monde, les juges étaient les pères de famille, 293. Attitude dans laquelle ils ont représenté la justice, au péristyle de leurs tribunaux; ils doivent donner de la publicité aux procédures, parcequ'on ne peut croire à la justice qu'autant qu'elle est connue, 295. Tiennent entre leurs mains le sort des empires, lorsque ceux-ci sont ébranlés par de violentes secousses; quelquefois leur fermeté doit s'opposer à la volonté du prince, 297. Funeste influence de la suprématie que le prince exerce sur eux, 302. En quoi doit consister leur sagesse, *ibid*. Exemple de la révolution qui s'est opérée dans leurs mœurs, 303. Ils doivent être irréprochables, s'ils veulent être sévères, et être des modèles de probité, 305. Les commissaires judiciaires sont de véritables assassins, 316. Ils sont une des conditions du pouvoir absolu, *ibid*. Dans les temps des plus grandes horreurs, il est encore des juges qui ne rejettent pas la voix de la justice, 317. Les juges qui se déshonorent ne peuvent échapper à la justice céleste, 319. Il s'est rencontré dans tous les pays des juges prévaricateurs, 339. Les juges sont les organes et non les arbitres des lois, *ibid*. Ils ne souffrent pas que l'on mette en question leur infaillibilité; d'après eux, toute condamnation est juste, tout châtiment mérité; ils s'en tiennent irrévocablement à la chose jugée, 341. Ils condamnaient à mort, il y a plusieurs années, avec tranquillité et même avec gaieté, 342. Leur indifférence sur la situation des prisonniers, 369.

JUGURTHA est mis à mort par les Romains, après avoir orné le triomphe de Marius, XIV, 184.

JUIFS (les). Leur établissement dans les provinces méridionales de la France, VIII, 84. Ils regardaient la stérilité comme une espèce de malédiction de Dieu, XIV, 65. Chez eux, plusieurs familles se consacraient au service des temples et de la Divinité, 66. Par le charme de leur innocence, leurs femmes tempérèrent souvent leurs mœurs cruelles, fanatiques et indomptables, 479. Tout ce qu'il y a de consolant, de tendre, d'aimable dans l'histoire des Juifs, c'est aux femmes qu'on le doit, 480.

JUILLERAT (M.), dernier ministre protestant qui ait habité à Nimes la maison Rabaut, IX, 166.

JUINNE (M. de), peintre. Son tableau de *saint Fiacre*, XXII, 99.

JULES II, pape. Motif pour lequel il excommunia Louis XII, XIV, 46.

JULIA (M.), auteur de Mémoires sur les villes de Narbonne et Carcassonne, IX, 279.

JULIE, dame romaine, fameuse par la dissolution de ses mœurs, XIV, 482.

JULIEN (M.), laquais publiant ses mémoires. Il entre chez un chanoine bénéficier, IV, 373; chez un vicomte qui adopta deux masques pendant la révolution, 374; chez un journaliste, 375. Il s'attache à un ami de Collot-d'Herbois, que ce dernier envoie en mission dans le département des Bouches-du-Rhône, 377. Il suit un commissaire des guerres partant pour l'armée des Pyrénées-Orientales, 378. Il entre chez une jeune dame qui reçoit les hommages de quelques révolutionnaires, 380. Il est nommé huissier du palais directorial, 383. Il suit un officier-général employé dans l'expédition d'Egypte, 385. Il est nommé intendant de la maison du général Menou, *ibid*. Revenu en France, il est placé chez un baron, 386. Il quitte Paris avec son nouveau maitre qui protestait de son attachement pour Napoléon; ils y rentrent en criant: *Vive le roi*, 386.

JULIEN (le lieutenant-général), retiré à la Palud où il cultive son champ et les lettres, IX, 218.

JULIEN, empereur, sauve la ville de Lyon du pillage et de la ruine dont les Allemands la menaçaient, X, 307. Portrait de ce prince par le rhéteur Libanius, XVIII, 321. L'injustice qui long-temps a pesé sur sa mémoire, a empêché d'apprécier ses grandes vertus et son rare génie; il a été réhabilité par Voltaire; il est philosophe au sortir de l'enfance; est investi du gouvernement général des Gaules, en chasse les barbares, et se signale par d'éclatantes victoires, 322. Son caractère et son courage sur le trône; il fond à l'improviste sur les troupes de Constance, son rival; ne prend le titre d'empereur qu'à la mort de ce dernier; il va combattre les Parthes, et meurt en héros, 323. La nation avait fait de lui un homme extraordinaire; il eut besoin d'un théâtre, et disposa sa vie comme un drame, 324. Dans ses actions privées, et dans ses écrits, son caractère parait plus inexplicable encore; la seule grande faute qu'il ait commise, c'est d'avoir fait le *Panégyrique de Constance*, 325. La tendance

superstitieuse que l'on remarquait en lui, semblait élever son ame; prédilection qu'il avait pour les Parisiens, 327.
JULIEN, sculpteur, élève de Coustou, XXVI, 487.
JUMIÈGES (l'ancienne abbaye de), située a quelque distance de Rouen. Étymologie de son nom, XIII, 215. Sa fondation; son accroissement, 216. Ruines de ce monastère, 217. L'ancienne salle des gardes de Charles VII; beauté et fertilité des environs de Jumièges, 218.
JUMILHAC (le marquis de), commandant la division de Lille. Sa conduite lors de la condamnation du baron de Chartran, XII, 260.
JUNOT (le maréchal), né en Bourgogne, XXVI, 471.
JUNTES, célèbre typographe, XXII, 374.
JUPEY, frères (MM.), de Riancourt, renommés par la fabrication d'horloges en bois, XXII, 430.
JURA (le), chaîne de montagnes remarquables par les aspects variés qu'elles présentent, XI, 7. Habitations des bergers jurassiens, 13. Divertissements auxquels ils se livrent, 14. Leurs superstitions, 15. Naïveté de leurs chants, 16. Haines nationales des jurassiens, 35. Exemples de ces haines, ibid.
JURANDES (les) V. MAITRISES.
JURIEU, ministre protestant, antagoniste de Bossuet et du docteur Arnauld, XXVI, 56.
JURY (le). Importance qu'il faudrait lui donner; égards dont il devrait être l'objet dans les cours d'assises des départements, VII, 357. C'est dans les jurés que réside la véritable puissance de juger; efforts tentés pour surprendre leur bonne foi; ce qu'est un jury tel que le conçoit la raison, tel que le veut la justice, et tel que la morale l'avoue, XIV, 307; ce qu'il est en Angleterre, 308. Intrigues dont le gouvernement français se sert pour obtenir un jury selon ses vues, 309. Les jurés choisis par l'autorité font condamner des accusés que des jurés élus au sort pourraient déclarer innocents, 310.

JUSSIEU, savant naturaliste, I, 386.

JUSSY, renommé pour ses vignobles, XI, 484.

JUSTICE (la) est le devoir universel des individus et des sociétés, XIV, 2. Ce principe si essentiel, borné dans son application, n'a jamais été suivi dans ses conséquences; on l'a invoqué dans la morale individuelle, 3. Exercée avec sévérité, la justice porte au crime la société qui veut le punir, 4. Elle a trouvé des apologistes chez les anciens, 6. Toute justice doit être fondée sur la bonne foi; elle est la première vertu que la morale impose au cœur de l'homme, 282. Sa première règle et son premier devoir; c'est la vertu dont le peuple est le meilleur juge, et dont il tire le plus de profit, 283. Elle est une des conditions de l'existence de ceux mêmes qui vivent dans le crime, 284. Elle est odieuse au despotisme, 285; se perd quand elle se prête à la politique, ibid.

JUSTIN, écrivain ancien, convient de l'existence des Amazones, XIX, 178.

JUSTINIEN, empereur romain, et juriste célèbre, I, 386. Il divisa son code en trois classes, XIV, 98; commit des injustices contre les *verts* en faveur des *bleus*, 291. Il est attaqué par Thélésis, roi des Bulgares, XVIII, 122; reçoit de Bélisaire un avis secret qui lui indique un moyen de salut, 123.

JUVÉNAL. Son opinion sur la sensibilité, I, 311. Motif qui le porta à déchirer les femmes dans ses satires, XV, 128.

JUVIGNY (le château de), qui fut habité par Malherbe, XXV, 245.

K.

KAIFER (M. Xavier), manufacturier de Sainte-Marie-aux-Mines, XI, 223.

KARBET (M.), original qui donne à l'Ermite des détails sur le caractère, les mœurs, et le commerce des Dunkerquois, XII, 321.

KATSMÉ, épouse du sultan Abdul-Hamed. Sa maladie et sa mort, XIII, 295.

KAUNITZ (le général) sut distinguer et apprécier le mérite de Kléber, lorsque celui-ci se trouvait à l'école de Munich, XI, 232.

KELLER (M.), commerçant de Lunéville, XI, 289.

KELLERMANN, duc de Valmy. *Voyez* VALMY.

KÉRAUDY (M.), orateur, écrivain et philosophe, I, 16; XII, 475.

KERGUÉLEN (le capitaine), marin expérimenté, dont les voyages aux terres australes ont eu quelque célébrité, XII, 519.

KERLENT, rivière qui arrose la ville de Morlaix, XII, 498.

KERLOGUEN (M.), commerçant de Saint-Malo, XII, 401.

KERNEL (Hue de), amiral de France, né à Boulogne, XII, 350.

KERROS (M.), magistrat distingué de Brest, à qui ses concitoyens décernèrent une coupe d'or, lors de sa destitution des fonctions de maire, XII, 516.

KERROUAL (mademoiselle de), choisie par les ministres de Louis XIV pour négocier auprès de Charles II, roi d'Angleterre, XIV, 166.

KERSAINT (le comte de), vice-amiral qui se distingua par son courage et périt sur l'échafaud, XII, 615.

KERSALAUN (M. de), doyen du parlement de Bretagne, fut incarcéré pour s'être engagé dans la lutte contre les jésuites, XII, 615.

KERVÉLÉGAN, ancien député de Quimper, homme énergique et désintéressé, qui est mort dans un état voisin de la misère, XII, 545.

KESNER PÈRE ET FILS (MM.), fabricants de produits chimiques à Thann, XI, 209.

KESSERNANDEC (le vicomte de), gentilhomme breton infatué de sa noblesse, XII, 492.

KIENER (M.), propriétaire de la maison que Voltaire occupait au village de Luttenbach, XI, 216.

KIENER frères (MM.), manufacturiers de Munster, XI, 225.

KIMSCHI (Moïse), auteur d'une grammaire hébraïque, VIII, 465.

KINNIS, médecin de l'île Maurice, XXII, 460.

KINSON (M.), peintre de portraits, XXII, 138.

KIRSTEIN, célèbre ciseleur alsacien, qui fait en orfèvrerie des ouvrages vraiment admirables, XI, 277.

KLÉBER (le général). Etudes auxquelles il se livre dans sa jeunesse, XI, 231. Il entre à l'école de Munich, et se fait distinguer par le général Kaunitz; revenu en Alsace, il accepte la place d'inspecteur des bâtiments publics à Béfort, entre comme volontaire, au moment de la révolution, dans un des bataillons du Haut-Rhin, et bientôt il parvient au grade de général de brigade; marque de déférence qu'eut pour lui le général Marceau; talents divers qu'il déploya dans la campagne d'Egypte où il fut assassiné, 233.

KLEIN père et fils (MM.), manufacturiers de Sainte-Marie-aux-Mines, XI, 224.

KLEIN (M.), ami et compagnon d'armes de M. Leblanc, de Besançon ; adoucissements qu'il procure aux maux de ce dernier, XVI, 241.

KLINGENTHAL, remarquable par une manufacture d'armes blanches, XI, 277.

KLINGLIN, préteur royal qui bâtit l'hôtel de la prefecture de Strasbourg, XI, 259.

KNIP (M.), peintre distingué, XII, 201.

KOCH (M.), manufacturier de Sainte-Marie-aux-Mines, XI, 223.

KOFBERGEN (le baron de), qui entreprit de dessécher les moeres de Dunkerque, XII, 324.

KOECHLIN (Samuel), fondateur de la première fabrique de toiles de coton peintes, à Mulhausen, XI, 196; XXII, 367.

Extension que ses petits-fils donnèrent à cet établissement, *ibid.*

KOECHLIN (Jacques), fabricant de Mulhausen, connu par sa bienfaisance envers ses nombreux ouvriers, son intégrité et des talents administratifs très distingués, dont il fit preuve pendant qu'il était maire de cette ville, XI, 198. Transports des habitants lorsqu'il fut nommé député, 199. Filatures de MM. André et Jacques Kœchlin situées à Thann, 209.

KOECHLIN (M. Isaac) établit à Willer une belle et vaste filature, XI, 209. Nombre d'ouvriers occupés dans les établissements industriels de MM. Kœchlin; découvertes que l'on doit à l'un d'eux, M. Daniel, pour l'application des couleurs sur la toile de coton, XXII, 368. MM. Kœchlin sont aussi recommandables par leur patriotisme et leur bravoure que par leur industrie, 369.

KOETINGE (M.), fabricant de Bolbec, XIII, 235.

KOREISHITES (les), peuple qui sacrifiait à ses dieux des victimes humaines, XIV, 37.

KORMANS (Jacques de), légat que Boniface VIII dépêcha vers Philippe-le-Bel, XIV, 507.

KOTZEBUE, conseiller d'état, II, 60.

KOTZEBUE, auteur dramatique allemand, V, 281 Succès en France de son drame de *Misanthropie et Repentir*, XXI, 268.

KOURAKIN, ambassadeur russe; il quitta Paris lorsque Napoléon déclara la guerre à la Russie, II, 464.

Krudener (madame), fameuse par ses conférences mystiques, VII, 70. Caractère de son roman de *Valérie*, XXIII, 25.

Kunippen (le baron de), ancien ami de l'Ermite, I, 229.

L.

Laage (M. de), directeur d'un cabinet de lecture, rue de Grammont, à Paris, I, 42.

La Balue (le cardinal). Son étroite intimité avec Louis XI, qui l'admet à un de ses soupers, ainsi que la belle Lyonnaise, XXV, 460.

La Baume (l'abbé de), I, 229.

La Baume (M.), personnage qui ne vit que dans l'avenir, VII, 29.

La Beaumelle, né dans le département du Gard, l'un des détracteurs de Voltaire, IX, 186; XVI, 158.

Laborde (l'abbé), l'un des ennemis de Voltaire, X, 459.

Laborde (M. Alex. de), XXII, 183.

Laborde (le château de), remarquable par son élégance, XXVI, 30.

Laborde de Méréville (M.), célèbre financier, né à Bayonne, VIII, 87.

Laboullée, parfumeur renommé de Paris, I, 403.

Labourd (le), l'un des trois cantons dont se compose le territoire des Basques français, VIII, 95. Son importance, 104.

La Bourdonnaye (Mahé de), gouverneur des îles de France et de Bourbon à l'époque de la guerre de 1741; il assiège et force Madras à capituler; on l'accuse d'avoir rendu cette place à des conditions presque honteuses; il se défend lui-même; son caractère, XII, 436. Quoique son innocence fût reconnue, on le paya d'ingratitude, 438.

Labre (M.), l'un des échevins de Lyon, lorsque cette ville était assiégée par les troupes de Galéas, XXVI, 432.

Labrouche (M.), ancien maire de Saint-Jean-de-Luz, VIII, 107.

La Bruyère, écrivain moraliste. Soin qu'il met à éviter toute personnalité dans ses *Caractères*, II, 378. Ce qu'il dit des réunions des hautes classes, III, 67. Dans ses *Caractères* il s'est moins occupé de l'espèce que des individus; ce qui résulte d'une profonde étude de l'homme, IV, 220. Dédain dont il accable ces grands qui rampent à la cour, XVI, 49.

La Calprenède (Costes de), auteur de mauvais romans historiques, né à Sarlat, IX, 21; XXIII, 27.

Lacédémone. Les anciens des tribus y autorisaient les parents à exposer les enfants mal conformés, IV, 362.

Lacépède (M. le comte de), savant distingué, et l'un des fondateurs de la société d'agriculture d'Agen, I, 13; VIII, 278, 301.

La Chaise (le Père de) exprime à Fénélon le mécontentement des catholiques au sujet de sa tolérance à l'égard des protestants de la Saintonge, XXVI, 198.

Table générale, T. XXVII.

LA CHAUSSÉE, auteur dramatique, n'a laissé que de pâles essais; il se trouve à une réunion des principaux écrivains dramatiques discutant sur leur mérite respectif, XVI, 432; XX, 4.

LACHICHE (le maréchal-de-camp), auteur du projet de canal de jonction du Rhône au Rhin, XI, 100.

LACOMBE-SAINT-MICHEL (le général), né à Albi, IX, 8.

LACOSTE, douanier basque, se brûle la cervelle pour avoir manqué un coup qu'il dirigeait, par vengeance, contre le directeur des douanes de Biduche, VIII, 151.

LACOSTE, ancien commerçant béarnais, VIII, 195.

LACOSTE (M.), propriétaire et agronome distingué du département de Lot-et-Garonne, VIII, 291.

LACOSTE (le général), né à Romans, IX, 459.

LACOSTE (Hilarion de), moine. Ce qu'il dit de la vie voluptueuse que Marguerite de Valois menait au château d'Usson, XXVI, 282.

LACOUR (le général), né à Maubeuge, XII, 95.

LACRENNE (Verdun de), capitaine de vaisseau, né à Avranches, XXV, 321.

LACRETELLE (M. Charles), historien. Son *Histoire des guerres religieuses*, I, 10.

LACRETELLE (Pierre), écrivain philosophe, fut l'ami de Malesherbes, I, 11; VI, 303; XI, 457.

LACRETELLE (Louis), écrivain distingué qui fut toujours sage, toujours libre, toujours citoyen, XXVI, 557.

LACROIX (Charles de), distingué par les services qu'il rendit à la ville de Marseille; le fanatisme a renversé le monument que la reconnaissance lui avait élevé, IX, 317.

LACROIX (M.), peintre. Son tableau du *Petit Saint-Jean*, XXII, 121.

LACROIX du Maine, compilateur de la *Bibliothèque française*, XXV, 368.

LACUÉE (Gérard et Antoine), colonels célèbres par leur bravoure, VIII, 302.

LACUÉE (M. le baron), père des précédents, premier président de la cour royale d'Agen, VIII, 302.

LACURNE-SAINT-PALAYE, versé dans l'histoire de la chevalerie, XXVI, 481.

LACUSON, partisan des Espagnols, se défendit avec opiniâtreté, dans le château de Crilla, contre les Français, XI, 22.

LADOUCETTE (M.), ancien préfet des Hautes-Alpes, seconda toutes les entreprises utiles dans ce département, et laissa sur-tout dans la ville de Gap des traces durables de sa sage administration, X, 203, 205, 207, 216, 243, 270.

LADRIÈRE (M. Ferdinand), fondateur d'une belle filature à Cateau-Cambrésis, XII, 78.

LADVOCAT (l'abbé), professeur d'Hébreu, auteur du Dictionnaire des grands hommes, XI, 427.

LAFAGE, peintre toulousain, VIII, 428.

LA FAILLE, auteur des Annales de Toulouse, VIII, 427.

LA FAILLE, naturaliste qui fit don à la ville de La Rochelle de son cabinet d'histoire naturelle, XXVI, 175.

La Fare donna à la chanson bachique une teinte de bonne compagnie, XVII, 34.

La Fayette (le général), l'homme des deux mondes, courageux défenseur de la liberté constitutionnelle, et qui, le premier, réclama, du haut de la tribune des députés, en faveur de Napoléon captif à Sainte-Hélène, I, 16; XIV, 568; XVI, 410.

La Fayette (madame), auteur de romans estimés, née au Havre, XIII, 276; XVI, 20. Elle doit être regardée comme la créatrice du roman de passions, XXIII, 12.

La Fayette (madame de), qui partagea la prison de son époux à Olmutz, XV, 143.

La Fayette (la famille des), originaire d'Ambert, en Auvergne, XXVI, 310.

La Fayette (Gilbert Moitiers de), maréchal de France, qui fut enseveli dans la cathédrale de la Chaise-Dieu, XXVI, 309.

Laferrière (le général). Ses mouvements militaires en 1814, XXVI, 514.

La Feuillade prend la ville de Salins en 1674, XI, 68.

Laffize, aussi célèbre médecin que bon littérateur, XI, 319.

Laffont (M.), l'un des principaux commerçants de la ville de Cette, IX, 88.

Lafitte (M.), banquier célèbre, député de Bayonne, distingué par ses talents oratoires, et ses vertus patriotiques. On lui doit cette magnifique édition des classiques latins qui manquait à notre littérature, I, 16; VIII, 87; XIV, 472. Noble procédé dont il use envers un négociant de Baltimore, VII, 94.

Lafitte (M. Martin), l'un des principaux négociants du Havre, XIII, 271.

La Flotte (mademoiselle), artiste peintre en miniature, XXII, 149.

Lafond (mademoiselle), artiste peintre. Son tableau de *Clotilde*, XXII, 147.

Lafond, fameux professeur d'escrime à Caen, XXV, 222.

Lafond de Cujula (M.), auteur d'une *Description statistique du département de Lot-et-Garonne*, VIII, 264.

Lafont (M.), nimois qui fut égorgé en 1815, IX, 165.

Lafont (M.), auteur de mémoires sur les villes de Narbonne et Carcassonne, IX, 279.

Lafont d'Aussone (M.), auteur d'une histoire de madame de Maintenon, VIII, 433.

Lafont-Blaniac (le général), né à Agen, VIII, 303.

La Fontaine (Jean de), poete du quatorzième siècle qui concourut aux Jeux Floraux, avec Bérenger de Presles, III, 141.

La Fontaine, fabuliste, remarquable par la naïveté, la variété de son talent; ses fables renferment une censure politique; il se trouve à une réunion des principaux auteurs dramatiques discutant sur leur mérite respectif, XIV, 404; XVI, 432; XXVI, 517.

Lafosse (Charles), peintre distingué à qui l'on doit la fresque du dôme des Invalides, et dont le musée de Lille possède quelques ouvrages, II, 291; XII, 246.

LAFOSSE, auteur de tragédies, VII, 202.
LAFREY (le lac de), formé par les eaux qui tombent des montagnes situées sur les rives de l'Isère, X, 13.
LAGARDE (le général), assassiné à Nîmes, IX, 208.
LAGARDETTE, architecte, bâtit l'amphithéâtre de l'école de médecine de Montpellier, IX, 108.
LA GAUCHERIE, précepteur de Henri IV. Système qu'il adopta pour son élève, VIII, 187.
LAGOY (M. de), député des Bouches-du-Rhône, qui possède une belle collection de dessins originaux, IX, 305.
LAGRANGE, savant illustre, mort dans le cours de l'année 1813, I, 13; III, 335.
LAGRANGE (M. de), chef de bataillon d'artillerie, XII, 193.
LAGRANGE-CHANCEL, poete périgourdin, imitateur de Racine dans ses tragédies, et d'Archiloque dans ses satires, XXVI, 243.
LAGRENÉE, peintre dont l'Église de Saint-Pierre de Douai possède quelques tableaux, XII, 172. Son *OEdipe rencontrant Laius dans le sentier funeste,* XXII, 104. Son *Alexandre visitant la famille de Darius,* XXV, 402; XXVII, 40.
LA HARPE, fameux critique, l'un des amis de Voltaire, X, 460.
LAHIRE, célèbre peintre né à Rouen, XIII, 202.
LAHORE, ville de l'Arabie. Usage observé lorsque ses rois y faisaient leur entrée, IV, 17.
LAHORE, commerçant béarnais, VIII, 195.
LAHURE (le baron), lieutenant général, vit retiré au village de Wavrechain; intérieur de sa famille, XII, 151.
LAINÉ (M.), ministre, né à Bordeaux, I, 16; VIII, 22.
LAINEZ (le Père), général des jésuites, trace a l'abbé Menou le plan qu'il doit suivre pour renverser en France toutes les institutions dues à la restauration, et donner à l'ordre de Loyola le pouvoir absolu, XVI, 28 *et suiv.*; 306.
LAIR (M.), peintre. Son tableau du *Christ au tombeau,* XXII, 95.
LAIR (M.), membre de l'académie des sciences de Caen, homme à vastes connaissances dont il est parfois trop prodigue, XXV, 223, 226.
LAIRE (M.), membre de l'athénée de l'Yonne, XXVI, 481.
LAÏS, chanteur célèbre, né à Bordeaux, VIII, 22, 202.
LAJARD (M.), ancien ministre de la guerre, IX, 136.
LALANNE (M.), poete landais, VIII, 63.
LALLAING, village situé à quelque distance de Douai, XII, 194.
LALLÉ (Ernest de). Sa présomption dans le jugement qu'il porte de diverses femmes, I, 370. Détails d'une journée qu'il passe avec l'Ermite, III, 219. Il rend compte des derniers moments de l'Ermite, 444. Il est nommé son exécuteur testamentaire, 460.
LALLEMANT (la famille) s'est distinguée, à Rouen, dans l'imprimerie; on lui doit le dictionnaire français-latin, qui fut connu dans les collèges avant celui de M. Noel, XIII, 210.
LALLEY (M. de), officier français d'un grand mérite, commandant les troupes européen-

nes au service d'Hyder-Aly-Kan, XVIII, xiij.
LALLIER FRÉMICOURT (M.), l'un des commerçants les plus recommandables de Cambrai, XII, 70.
LALLY (le général), X, 457.
LALLY-TOLENDAL (M. de), pair de France, fils du précédent, I, 17.
LALONDE (la forêt de), située près d'Elbeuf, XIII, 137.
LALOU (M.), membre du précédent barreau de Douai, XII, 173.
LALUBIE (M.), fameux limonadier et restaurateur de Lille, XII, 264.
LAMALADRERIE, village situé près de Caen, et remarquable par des carrières de belles pierres, XXV, 195.
LAMALGUE (le fort de), en avant de Toulon, IX, 386.
LAMALLE (M.), célèbre avocat, XIV, 415.
LAMARCHE (M.), armateur de Saint-Waast, XXV, 275.
LAMARE, situé non loin du département des Hautes-Alpes, X, 172.
LAMARLIÈRE (le général) se trouvait à Lille lors du siège de cette ville en 1792, XII, 232.
LAMARQUE (le lieutenant-général), né dans les Landes, VIII, 63.
LAMARQUE, l'un des commissaires de la Convention échangés contre la duchesse d'Angoulême, XII, 216.
LA MARRE (M. de), musicien distingué, I, 67.
LAMAUVE (M.), jeune médecin distingué de Rouen, XIII, 207.
LAMBERT (M.), fabricant de draps à Elbeuf, XIII, 131.

LAMBERT, le premier qui maria le son d'une flute à la mélodie des violons, XXII, 258.
LAMBERT (M.), l'un des propriétaires qui s'occupent le plus particulièrement de perfectionner la race des chevaux français, XXV, 92.
LAMBERT, personnage du roman de *Cécile*, valet d'Anatole de Césane, XXIV, 202. Il mande à Charles d'Epival quelques particularités sur une commission dont Anatole l'avait chargé pour un orfèvre, sur un entretien que lui, Lambert, eut avec Adèle au service de mademoiselle d'Amercour; il détaille toutes les circonstances du duel de son maître avec le comte de Montfort, 234. Ses soins, son dévouement, 240.
LAMBERT (M.), membre de la société des antiquaires de Caen, XXV, 226, 248, 257.
LAMBERT (le comte) défait les Auvergnats qui avaient le Charolais au onzième siècle, XXVI, 383.
LAMBERTINI, pape, dit qu'une puissance politique soutient la France sur l'abyme, XIV, 484.
LAMÉA, jeune Chingulaise dont Anatole de Césane devint amoureux, XXIII, 83. (*Voy.* CHARLES D'EPIVAL et ANATOLE DE CÉSANE.)
LAMETH (M), orateur, député de la Seine-Inférieure, I, 16; XIII, 170.
LAMEY, poëte alsacien, XI, 273.
LAMI (Eugène), élève d'Horace Vernet, XXII, 223.
LAMOIGNON (madame de), du fond de sa retraite, console toutes les douleurs, et soulage toutes les infortunes, XII, 563.

LAMONTJOIE (le commandeur de), personnage qui voudrait refouler la France vers les systèmes de l'ancien régime, VIII, 271.

LA MORANCÈDE (M. de), personnage passionné pour le jeu, quitte la Normandie où il jouissait d'un honnête revenu, vient consommer à Paris, dans le jeu et la débauche, une fortune considérable dont il avait hérité, est détenu pour dettes, et meurt sous les coups de quelques confrères de tripot, V, 16 *et suiv.*

LAMORINIÈRE (le château de), remarquable par son antiquité, XXVI, 30.

LAMOTHE née DE VARICLÉRY (madame de) s'est fait une réputation singulière par ses bons mots, VIII, 428.

LAMOTHE-LANGON (M. le baron de), littérateur distingué, VIII, 433. Caractère qu'il déploya durant les réactions politiques de 1815, lorsqu'il était sous-préfet dans le département de l'Aude, 441.

LAMOTHE-PICQUET (le comte de), célèbre marin qui, pendant cinquante ans, contribua à la gloire maritime de la France, XII, 518.

LAMOTTE et SEYNAVE (mesdames) ont fondé au bourg de Wazemmes une fabrique de toiles-cuirs vernissées, etc., XII, 271.

LAMOTTE-LE-VAYER. Son opinion sur le choix d'une épouse, I, 332. Sa définition de l'envie, IV, 138.

LAMOURET, officier de la Légion d'honneur, l'un des chefs de bataillon de la garde de Napoléon à l'île d'Elbe, et maintenant commerçant à Saint-Quentin, XII, 25.

LAMOUROUX (M.), consul de France à Smyrne, XIII, 291

LAMOUROUX (M.), membre de l'académie universitaire de Caen, XXV, 222.

LAMURE, médecin sorti de l'école de Montpellier, IX, 125.

LAMY, jeune homme, condamné à mort pour avoir voulu soustraire, en 1815, un officier aux fureurs des Avignonais; quelques détails sur sa condamnation, et plusieurs particularités qui la suivirent, IX, 46.

LANCASTRE (le duc de) assiège Saint-Malo avec une flotte anglaise; il est obligé de lever le siège, XII, 422 Il assiège Rennes, 444.

LANCELOT, écrivain de Port-Royal. Sa modestie dans ses jugements, IV, 57.

LANÇON, qui fut nommé quatre fois échevin de la ville de Metz, XI, 507.

LANDAIS (M.), armateur de Saint-Malo, XII, 411.

LANDAIS (Pierre), garçon tailleur, devint le favori de François II, duc de Bretagne, et finit par être pendu, XII, 461.

LANDERNAU Sa situation; résultat du défaut d'éducation parmi ses habitants, XII, 506. L'église Saint-Houardon; la chapelle de la Fontaine blanche, ancienne propriété des Templiers, 507. Couleur que les habitants adoptent pour le deuil; accroissement du commerce de cette ville; urbanité que l'on remarque dans l'intérieur des familles, 508. Patriotisme des citoyens de Landernau; double juridiction épiscopale à laquelle ils étaient soumis, 509.

Landes (les). Leur étendue, leur population et leurs limites, VIII, 46. Site particulier des Landes supérieures; gravité de leurs habitants, 47. Aspect riant et fertilité des basses Landes; pauvreté des habitants de cette contrée; mœurs et indépendance des propriétaires, 48. Les dunes, montagnes mobiles dont l'on a arrêté les ravages en semant des graines d'arbres qui croissent rapidement, 50. Productions des Landes, 51. Forges de cette contrée; ses bergers ou *cousiots*, 52. Description de la demeure du solitaire des Landes, 53. Portrait de ce personnage, 54. Il raconte sa conduite pendant la révolution, 56; sa déportation à Cayenne; rôle qu'il joua sous le régime impérial, 58; sa retraite du monde à la suite de la guerre d'Espagne de 1810, où il perdit son fils unique, 59; ses réflexions sur le monde et la solitude, 60. Qualités, défauts et vices des Lannusquets, 61. Leur ignorance superstitieuse; établissement d'une école *lancastérienne*; hommes de guerre qu'ont produits les Landes, 62. Leurs hommes célèbres dans d'autres genres, 63. Costume et vie des bergers; leur patois, 65. Leur adresse et leur agilité; habitation et mœurs domestiques d'une famille de lannusquets, 66. Habits des femmes les jours de fêtes, 67. Respect des Landais pour les morts; cérémonies d'une fête nuptiale; les préliminaires du mariage, 68. La bergerie royale des Landes, 71.

Landi (le signor), peintre italien, XXVII, 36. Son tableau de *Mars désarmé par Vénus et par les Amours*, *ibid*.

Landin (le), terre remarquable par ses jolis bosquets, et appartenant à M. de Sainte-Marie, XIII, 126.

Landiviziau, petite ville où il se faisait autrefois un grand commerce de toiles, XII, 505.

Landon, peintre distingué, né à Nonant, XXV, 93.

Landrecies, ville située sur la Sambre, et dont les habitants déployèrent un grand courage et une rare intrépidité, lorsqu'ils furent assiégés, en 1793, par les armées de la république, XII, 79. Etat de l'agriculture et des houilles dans l'arrondissement de cette ville, 81.

Landry (saint), évêque de Paris, fondateur de l'Hôtel-Dieu de cette ville, I, 141; III, 312.

Landsberg (le château de); son origine remonte à Frédéric Barberousse; il n'en reste plus que quelques vestiges, XI, 279.

Lanfranc, avocat à Pavie, et moine en France, fonde à l'abbaye du Bec une école qui devint célèbre, et d'où sortirent plusieurs personnages éminents, XIII, 116.

Langage (le). Ce qu'il est en France; qualités de la langue française; vicissitude et altérations qu'elle a subies; exemples de cette détérioration, VI, 137 *et suiv*. Sources de la néologie, 144. Supériorité qu'a conservée la langue française, *ibid*. Applications diverses de certains mots dont l'intelligence demande presque une étude particulière; dictionnaire de ces mots à l'usage des gens du bel'air, 267 *et suiv.*; VII, 267 *et suiv.*

LANGARA, amiral espagnol, après les horreurs de Toulon, en 1793, fit cingler les vaisseaux espagnols vers Minorque, IX, 380.

LANGE (M.), auteur d'une dissertation sur l'*état primitif de la vallée de l'Orne*; ce qu'il dit de l'origine et de l'antiquité de la ville de Caen, XXV, 198, 224.

LANGE (mademoiselle). *Voyez* DUBARRY.

LANGEVIN (M.) a découvert dans les rochers environnant Falaise, la triple forme du croissant, du vaisseau et de la pyramide, XXV, 81.

LANGEVIN (Éléonore), docteur de Sorbonne, XXV, 265.

LANGLER, personnage qui veut prendre les manières d'un *gentleman*, VII, 62.

LANGLÈS (M.), conservateur de la bibliothèque royale de Paris, II, 301; IX, 297.

LANGLOIS (M.), graveur à Rouen, XIII, 208.

LANGLOIS (M.), peintre. Son tableau représentant la générosité d'Alexandre envers Apelle, XXII, 141.

LANGLOIS, évêque de Séez, et fondateur du collège du même nom à Paris, XXV, 159.

LANGON, remarquable par ses vins blancs et ses lamproies; droit qu'avait autrefois sur cette ville le chapitre de Bordeaux, VIII, 46.

LANGONETTE (La), dans le Jura, à deux lieues de Nozeroy, XI, 8.

LANGRES, ville du département de la Haute-Marne, XXVI, 506.

LANGUEDOC (les états du). Baronnies qui y étaient admises, IX, 96. Familles qui siégeaient au banc de la noblesse; condition nécessaire pour asseoir une baronnie, 97. Prétentions que les barons des Etats du Languedoc renouvelèrent en 1789; don gratuit que les états prélevaient annuellement; durée de leurs assemblées, 98.

LANJON (le lieutenant-général), maintenant retiré au Caylar, IX, 58.

LANJUINAIS (M.), orateur distingué, dont les principes n'ont jamais varié, et qui lutta contre toutes les tyrannies, I, 17; XII¹, 475.

LANNES, commerçant béarnais, VIII, 195.

LANNES (le maréchal), duc de Montebello; son pays natal, VIII, 258.

LANNOY. Ancienne prospérité de ce bourg; décadence de son industrie; les ruines d'un vieux château féodal qui a longtemps appartenu à la famille d'Allery, plus connue sous le nom de Lannoy, XII, 286.

LANNUSE (le général), né dans les Landes, VIII, 63.

LANOUE, auteur dramatique, n'a laissé que de pâles essais, XX, 4.

LANSKOI, l'un des favoris de Catherine, impératrice de Russie, XIV, 528.

LANTELDE, l'une des sœurs de Clovis qui préparèrent dans la Gaule le triomphe du christianisme, XIV, 484.

LANTIER (M.), membre de l'académie de Marseille, IX, 338.

LANY (mademoiselle), actrice qui fit les délices de l'Opéra, et celles du marquis de Bressac, III, 61.

LAON, ville qui fut le théâtre et le témoin de quelques opérations militaires en 1814, XXVI, 514.

LAORENS, jeune pêcheur orphelin, amant de Saubade. *Voyez* SAUBADE.

LAOURENS, parrain et fiancé de la jeune villageoise Emine. *Voyez* EMINE.

LAPALU, chanoine de Gap, qui, dans les guerres de religion, se mit à la tête de la jeunesse de cette ville, et fut passé au fil de l'épée par le connétable de Lesdiguières, X, 211.

LA PEYRONIE, fondateur de l'académie de chirurgie, IX, 132.

LAPIERRE (M.), l'un des plus riches propriétaires de Frontignan, IX, 91.

LAPLACE (M. de), savant illustre, né au petit bourg de Beaumont, I, 13; XXV, 50.

LAPLACE, auteur de plusieurs romans larmoyants, et de quelques œuvres dramatiques oubliées, XII, 341.

LAPOMERAYE (M. de La), député, XXV, 222.

LAPONS (les). Coutume qu'ils observent, lorsqu'ils veulent connaître les objets éloignés des lieux où ils se trouvent, V, 57.

LA PORTE, valet de chambre de Louis XIV, et ancien propriétaire d'une maison appartenant à l'Ermite, II, 403.

LA PORTE (l'abbé de), auteur d'un recueil d'anecdotes, III, 57.

LAPOUJADE (le capitaine) se rendit célèbre par des vers charmants, sans avoir su ni lire ni écrire, VIII, 298.

LA POUSSÉE (M.), limonadier au quinconce des Graviers, à Agen, VIII, 262.

LAPREVALAIS, grand marin et excellent observateur, XII, 520.

LARA (le), torrent qui sort d'un rocher coupé à pic, XI, 78.

LA RAMÉE. Domicile qu'il occupait à Paris, VII, 244.

LARDIN (le), remarquable par une belle verrerie, XXVI, 249.

LA REOLE, ville à quelque distance de Bordeaux, VIII, 46.

LARESSORRE, ville du Béarn, qui possédait un collège pour les classes élémentaires, VIII, 199.

LAREVFILLÈRE-LEPAUX (M.), ancien membre du directoire, fondateur de la collection de peintures que l'on remarque à Angers, XXV, 402.

LARIBOISSIÈRE (M.), figurant dans l'atelier d'Horace Vernet, XXII, 223.

LARIFARDIÈRE, vieux comédien, fait des observations sur le talent de la plupart de ses confrères comme membres des comités de lecture, VII, 351.

LARNAC (M.), auteur dramatique, IX, 189, 205.

LAROCHE-HAVIN, savant jurisconsulte toulousain, VIII, 427.

LAROCHE (M.), député de la Seine-Inférieure, XIII, 170.

LAROCHELLE (M.), directeur des mines, à Sainte-Marie-aux-Mines, XI, 224.

LAROQUE (Daniel de), auteur, d'abord protestant, puis catholique, XII, 462.

LAROQUE (M.), l'un des propriétaires qui s'occupent le plus particulièrement de perfectionner la race des chevaux français, XXV, 92.

282   TABLE GÉNÉRALE

LABRAMENDI, jésuite basque espagnol, publia plusieurs ouvrages nécessaires pour la restauration du collège de Laressorre, VIII, 199.

LABRE (M.), personnage qui a vécu long-temps dans les colonies françaises, et retiré maintenant aux environs d'Arcangues, dans le pays basque, VIII, 142.

LARRÉGUI (M.), propriétaire d'une campagne aux environs d'Eroritz, VIII, 148.

LARREI (M.), chirurgien distingué, VIII, 432.

LARREY (Isaac), magistrat célèbre que la révocation de l'édit de Nantes enleva au barreau, et qui charma son exil en écrivant plusieurs histoires fort estimées, XIII, 249.

LARRIVÉE, acteur de l'Opéra, XIX, 54.

LARROQUE, défenseur des biens nationaux, s'est mis sur les rangs parmi les éligibles, VIII, 255.

LARSONNIER (M.), commerçant de Saint-Quentin, XII, 16.

LARUE (M. de), habile négociant de Rouen, peut être regardé comme le créateur de la branche de commerce qui a le plus puissamment contribué à la prospérité de cette ville, XIII, 178.

LARUE (M. Félix de), architecte sur les plans duquel on a bâti le nouveau palais de justice d'Alençon, XXV, 121.

LARUE (M.), ancien danseur figurant de l'Opéra, que la passion des femmes, celle du vin et du jeu, réduisirent à la plus profonde misère, et qui traîna ses derniers jours parmi les *bons pauvres* de Bicêtre, XXVII, 4.

LARUETTE, ancien acteur de l'Opéra-Comique, XXI, xj.

LARZAC (le), plateau qui n'offre qu'un paysage aride et monotone, IX, 54.

LASALLE, joli petit village du département des Hautes-Alpes, X, 260.

LASALLE (le général), né à Metz, XI, 496.

LASERRE (M.), négociant de Bayonne, VIII, 88.

LASERVE (M.), publiciste, I, 21.

LASOUGE, remarquable par de vastes landes, VIII, 201.

LASTEYRIE (M.), l'un des membres les plus distingués de la société d'agriculture, IX, 263.

LASTEYRIE (M.), lithographe distingué, XXII, 150.

LATHUILLE (le père), aubergiste de la barrière de Clichy, XXII, 184.

LATOUCHE (M. de), littérateur qui s'intéressa au sort de la dame Manson compromise dans l'affaire de l'assassinat de M. Fualdès, IX, 13.

LATOUR (madame), propriétaire de la Chaumette, et remarquable par la force et la noblesse de son caractère, les charmes de son esprit et la bonté de son cœur, III, 185.

LATOUR, peintre, XXII, 61.

LATOUR (Guillaume de), troubadour périgourdin, XXVI, 243.

LATOUR (Hugues et Guy), évêques de Clermont-Ferrand, construisirent la cathédrale de cette ville, XXVI, 276.

LATOUR-D'AUVERGNE (M.), dernier concessionnaire des marais de Bourgoin, pour le dessèchement desquels il céda ses droits à une compagnie, X, 15.

LATOUR-D'AUVERGNE (Corret de), guerrier illustre qui portait le titre de premier grenadier français, XII, 503.

LATOUR-MAUBOURG (la famille baronnale de), admise aux états du Languedoc, IX, 97.

LATTAIGNANT (l'abbé de) ne trouva des lecteurs que parmi les libertins surannés et les femmes perdues, XIV, 411.

LATVIEL, traître qui livra aux Anglais la ville de Morlaix, XII, 498.

LAUBARDEMONT (de), qui fut chargé d'instruire la cause de Cinq-Mars et de Thou, et les déclara atteints et convaincus du crime de lèse-majesté, X, 356.

LAUBÉ (M. de), prototype des sots intatués de leurs connaissances universelles, VI, 354.

LAUCH (la rivière de), qui prend sa source dans la chaîne des Vosges, et se rend à Colmar, XI, 213, 217.

LAUDICUS (Christophe), cité, XXIV, 182.

LAUGIER (M.), médecin célèbre du Dauphiné, X, 93.

LAUJON, auteur de quelques vaudevilles, XVII, 29. Quelques unes de ses chansons érotiques méritent d'être citées comme modèles, 41.

LAUME, aux sollicitations duquel Duplessis-Mornay revint en France, XXV, 420.

LAUMIER, littérateur, auteur de quelques ouvrages estimables, XI, 102.

LAUMIER (Mathieu), archiviste, habile a déchiffrer les vieux manuscrits, XV, 218.

LAUNAY (M.), inventeur d'un tonneau-pompe, XXII, 348.

LAURAGUAIS (M. le comte de), aujourd'hui duc de Brancas, admirateur passionné des anciens artistes dramatiques, II, 78.

LAURANS (M.), commerçant de Mont-de-Marsan, VIII, 73.

LAURE, amante de Pétrarque, épousa Hugues de Sades, seigneur de Saumane, IX, 237.

LAURENCEL (M.), peintre distingué, XII, 201.

LAURENT (l'adjudant-général) brûla son uniforme le jour où Bonaparte détruisit la république, IX, 218.

LAURENT, ingénieur célèbre, imagina de joindre la Somme et l'Escaut par un canal souterrain, XII, 31.

LAURENT, botaniste, né à Brest, XII, 520.

LAURENT (dom), trinitaire, auteur du *Compère Mathieu*, XII, 178.

LAURENT (M.), peintre; son tableau représentant Callot, graveur de Nanci, au moment où celui-ci fait sa réponse patriotique et si connue à l'envoyé du cardinal de Richelieu, qui lui proposait de graver la prise de Nanci, XXII, 46.

LAURENT DE LYONE (M.), directeur de l'ancien et nouveau canal de Picardie, XII, 35.

LAUTENBACH (la vallée de), dans les Vosges, XI, 213.

LAUTREC, fils naturel du comte de Toulouse. *Voyez* CLÉMENCE ISAURE.

LACZE DU PERRET (M.), auteur de deux Mémoires sur les troubles du Midi, IX, 199.

LAUZERTE, l'une des principales villes du département de Tarn-et-Garonne, VIII, 339.

LAVAGNAC (Raymond de), jeune homme de bonne famille, qui, venu à Paris pour terminer ses études, conçut la plus violente passion pour une actrice d'un théâtre secondaire, refusa constamment de l'épouser, et se donna la mort parceque sa maîtresse lui avait parlé d'un rival, IV, 48 et suiv.

LAVAGNAC (le château de), situé sur une des rives de l'Hérault, IX, 64.

LAVAL (le seigneur de) taille en pièces huit cents des Anglais qui ravageaient Morlaix, XII, 498.

LAVAL (Gilles de) est condamné à mort dans le château de Nantes, XII, 578.

LAVAL, beau-frère de Clisson: ses prières inutiles pour obtenir la liberté de ce dernier, XII, 561.

LAVAL, ville du département de la Mayenne; état de ses fabriques de toiles, XXII, 397.

LAVALETTE (madame de). Suite qu'eut pour elle la délivrance de son mari, XV, 55.

LAVALETTE, jésuite, est déclaré banqueroutier frauduleux, XIV, 57.

LAVALLÉE (Joseph), auteur, entre autres ouvrages, d'un *Voyage dans les départements de France*, et des *Lettres d'un Mameluck*, XXV, 36.

LAVALLEE-POUSSIN, peintre distingué sorti de l'école normande, XIII, 203.

LAVARDAC (M.) prêche en faveur de la monarchie absolue, VIII, 271.

LAVARDIN (le comte de), personnage auquel une foule de gentilshommes faisaient leur cour, XII, 460.

LAVATER, docteur en médecine, III, 316. Esprit de son système qu'il appliquait quelquefois à l'écriture, XV, 271. Jugement qu'il porta d'un écolier, d'après un extrait du journal que celui-ci avait écrit, 272 et suiv.

LAVERDERIE (le capitaine) dut son évasion de Sainte-Pélagie au dévouement de M. Eugène Pradel, XV, 24.

LAVIGNE (M. Casimir De), poète et auteur dramatique, I, 18.

LAVIGNE (madame), modiste du Palais-Royal, II, 422.

LAVIGNE (M.), acteur de l'Opéra, né à Bordeaux, VIII, 22. Son talent dans le rôle de Fernand-Cortez de l'opéra de ce nom, XIX, 107.

LAVILLE (M. de), auteur dramatique, né à Bordeaux, VIII, 38.

LAVILLE (M. de), armateur de Saint-Malo, XII, 411.

LAVILLE (M.), second médecin des bains de Bagnoles, XXV, 144.

LAVILLE-GOMBLAIN, écrivain. Ce qu'il dit du caractère franc et populaire de Henri-le-Grand, XXII, 314.

LAVOISIER, l'un de ceux qui achevèrent la révolution commencée dans la doctrine chimique, XXII, 352. Son séjour au château de Freschines, XXVI, 25

Law, Ecossais, contrôleur des finances, créateur d'un nouveau système de finances, II, 60. Son amour pour la flatterie, IV, 278. Sa banqueroute, XIV, 397.

Lawless (madame), Irlandaise, seule, sans secours du gouvernement, mais forte de son caractère et de son amour pour sa nouvelle patrie, est venue à bout de dessécher l'étang de Marseillette, IX, 281.

Laxeuil (M. de), juge. Un de ses déjeuners en famille, VI, 165. Intérieur de son cabinet; intérêt qu'il prend à l'affaire de l'Ermite, 166.

Laya (M.) fait représenter, sous le règne de la terreur, une comédie intitulée l'*Ami des lois*, V, 274.

Layn (le), rivière qui baigne une partie du territoire de l'Anjou, XXV, 379.

Lebarbier, peintre, sorti de l'école normande, XIII, 203.

Lebas (René), prototype de ces êtres vils et rampants, chez qui la bassesse et la servilité sont dégénérées en maladie incurable, XV, 244.

Le Batteux, membre de l'université, né à Reims, XXVI, 516.

Lebègue, chef d'escadre et savant distingué tout à-la-fois, XII, 520.

Lebel, grammairien bordelais, VIII, 37.

Leberon (la montagne de), peuplée d'hommes tranquilles, laborieux, et de mœurs simples, IX, 290.

Leblanc (M.), propriétaire d'un riche établissement industriel. Sa générosité envers ses ouvriers; concert de bénédictions et de reconnaissance dont il en est payé, VII, 262.

Leblanc (M. Auguste), l'un des plus estimables habitants de Carpentras, IX, 255, 259.

Leblanc (l'abbé). Définition qu'il donne du genre romantique, XV, 177.

Leblanc (M.), lieutenant au deuxième régiment des chasseurs à cheval de l'ex-garde impériale, est accusé d'un excès dont il ne s'est pas rendu coupable; essuie des mauvais traitements dans sa prison, est dégradé; son innocence reconnue, on le réhabilite dans ses titres, mais on ne lui laisse que son épée pour vivre, XVI, 237 et suiv.

Leblanc de Castillon, magistrat d'Aix, IX, 308.

Leblond (M.), fabricant de la ville de Caen, XXV, 211.

Lebœuf (l'abbé), écrivain, a éclairé quelques points des Annales bourguignonnes, XXVI, 443, 481.

Le Bon (M.), ami qui se plaît à déchirer ses amis, I, 327.

Lebon, ingénieur français; ses découvertes importantes dont les Anglais ont recueilli les premiers fruits, XXII, 327.

Lebreton, statuaire de Besançon, a joui de quelque célébrité, XI, 119, 122.

Lebrigand, ami de La Tour-d'Auvergne, premier grenadier de France, XXVI, 208.

Lebrumlnt (M.), négociant de Rouen, XIII, 184.

Lebrument, architecte célèbre, né à Rouen, XIII, 203.

Le Brun, poète lyrique. Caractère de son talent, I, 317. Sa supériorité dans l'épigramme, XVII, 65. Caractère de ses épigrammes, 69; celle sur les *poètes de l'Académie*, *ibid*; sur *M. Gin*, 70; sur *l'indulgence du ciel, à un prétendu ami*, *ibid*; sur *La Harpe*, 71. Quelques uns de ses distiques, 74. Son inscription sur la mort de Voltaire, 75. Son pays natal, XXV, 313.

Lebrun, peintre célèbre, XI, 384.

Lecat (Claude), secrétaire perpétuel de l'académie de Rouen, et l'un des chirurgiens les plus instruits de son temps, XII, 20.

Leclerc, rédacteur des *Nouvelles à la main*, II, 14.

Leclerc, élève distingué de M. Sicard, instituteur des sourds-muets, II, 395.

Leclerc, médecin, auteur d'une histoire estimée de Russie, XI, 134.

Leclerc (Sébastien), graveur célèbre, auteur de traités sur la géométrie pratique, sur l'architecture, etc., XI, 508.

Leclercq de Moulinot (Charles), chanoine à Saint-Pierre, auteur d'une Histoire de Lille, XII, 279.

Leckie (M. Gould Francis), publiciste anglais dont les maximes tendent à exclure de la politique la morale et la justice, XIV, 104.

Lecksinska (Marie), reine de France, dont le cœur fut déposé dans l'église de Bon-Secours, située près de Nancy, XI, 310.

Le Comte (le P.), Jésuite voyageur, né à Bordeaux, VIII, 37.

Lecomte (M.), commerçant de Lille, XII, 266.

Le Comte (M. Hippolyte), peintre. Son tableau de *Henri IV et du capitaine Michaud*, XXII, 129.

Lecomte (M.), l'un des propriétaires qui s'occupent le plus particulièrement de perfectionner la race des chevaux français, XXV, 92.

Lecoq (M.), l'un des propriétaires d'une manufacture de mousselines située à Alençon, XXV, 117.

Lecoq (Paul), voyageur, né à Poitiers, XXVI, 159.

Lecordier, habitant de Pont-l'Evêque, auteur d'un poème sur cette petite ville, XXV, 49.

Lecourbe (le général) mourut par suite des fatigues de la campagne de 1815, XI, 38.

Lecourt (M.), avocat connu par son enthousiasme pour la littérature et les arts, IX, 350.

Lecouvreur (mademoiselle), actrice distinguée de la comédie française, III, 57.

Lecoz (l'abbé), archevêque de Besançon, prélat animé d'un véritable esprit religieux, et qui eut encore les qualités du citoyen, XII, 615.

Lecreux (M.), l'un des premiers filateurs de Saint-Quentin, XII, 15.

Lecreux (M.), commerçant de Lille, XII, 266.

Lectoure, ville du midi où naquit le duc de Montebello, VIII, 258.

Ledault, graveur, né à Brest, XII, 520.

Lede (le marquis de), commandant Dunkerque pour le roi d'Espagne, inonde les habitations construites sur l'emplacement des moeres, XII, 325.

Ledieu (M.) peintre, élève d'Horace Vernet, XXII, 222.

Ledoux, architecte qui fournit les dessins de la saline d'Arc, et en surveilla les travaux, XI, 69.

Ledru (Hilaire), peintre dont le musée de Lille possède quelques ouvrages, XII, 246.

Ledru (M.), auteur d'un *Voyage aux Canaries et aux Antilles*, XXV, 369.

Leduchat, estimable et savant littérateur, XI, 507.

Leduin, abbé de Saint-Waast, veut réprimer la licence des Bénédictines de Denain, XII, 140.

Lefebvre (le maréchal), duc de Dantzig, né à Rouffach, XI, 214.

Lefebvre (M.), commerçant de Lille, XII, 266.

Lefebvre (M. N.), jeune littérateur ami de l'Ermite, lui fournit des renseignements sur la province de Normandie, XII, ij et suiv.; est l'un des auteurs de l'opéra de *Zirphile et Fleur de Myrte*, XIX, 350.

Lefebvre (Elie), négociant de Rouen, XIII, 184.

Lefebvre Dorval, conseiller, conçut l'idée du plan qui assura à Villars la bataille de Denain, XII, 145.

Lefer de Bonabru (M.), chef d'une des branches de cette nombreuse famille Lefer, l'une des premières de la Bretagne, XII, 395.

Lefèvre (Pierre), savoyard, l'un de ceux qui concoururent à la fondation de l'ordre des Jésuites, XVI, 306.

Lefèvre (M.) étama ses glaces avec l'étain indigène des mines de Pirial et de Vaurey, XXII, 404.

Lefèvre (Robert), peintre, XXV, 266.

Lefèvre (Jacques), savant du premier ordre, né à Boulogne, XII, 350. Epitaphe que lui fit Marguerite de Navarre, *ibid.* Son pays natal, XXV, 313.

Lefèvre (Jean), né à Chartres, XXVI, 99.

Lefèvre-Carpentier (M.), commerçant de Saint-Quentin, XII, 16.

Lefèvre-Desnouettes (le général), XXVI, 498.

Lefèvre de la Boderie (les cinq frères) se distinguèrent dans les armes, les sciences et la diplomatie, XXV, 86.

Lefèvre-Orant (M.), fabricant de Roubaix, XII, 288.

Lefèvre Villebrune (M.), par les soins duquel fut formé le jardin botanique d'Angoulême, XXVI, 229.

Lefoyer (M.), propriétaire de la maison où Pierre Corneille naquit à Rouen, XIII, 157.

Lefrançois (M.), négociant de Caen, XXV, 211.

Legendre, auteur d'une *Histoire des mœurs et coutumes des Français*, XIII, 196.

Le Gendre-Hérat (M.), statuaire distingué; son *Narcisse*, XXII, 73.

Légier (M.), propriétaire dont le fermier fut tué à Carpentras en 1815, IX, 252

LEGLAY (M.), secrétaire perpétuel de l'académie de Cambrai, XII, 40, 53, 67.
LEGOUVÉ, poete distingué, élève de Ducis, I, 5. Sa mort; mérite de ses ouvrages, II, 466.
LEGOUX DE FLAIX (M.), auteur anglais, XVIII, xiij.
LEGOUZ DE LA BOULAYE, voyageur, mort à Ispahan, XXV, 406.
LEGRAND (Joachim), savant distingué; détails qu'il donne sur l'assemblée en Champ-de-Mai convoquée par Philippe-le-Bel, V, 254.
LEGRAND (M.), ancien directeur de la république helvétique, homme affable, savant, et ami du pasteur Oberlin dont il seconde les travaux, XI, 388 Fabrique de rubans qu'il a fondée à Fouday, 389. Éloge que fait de lui le pasteur Oberlin, 405.
LEGRAND (M.), fabricant de draps à Elbeuf, XIII, 131.
LEGRAND (M Théodore), fabricant à Rouen, XIII, 184.
LE GRAND (l'abbé), auteur de quelques ouvrages historiques, XXV, 308.
LEGRAS (mademoiselle) fonde, de concert avec Vincent de Paule, l'hospice des Enfants-Trouvés, IV, 363.
LEGRAVEREND (M.), maître des requêtes honoraire, et à qui l'on doit de la reconnaissance pour ses travaux sur la législation criminelle, XII, 477.
LEGROS, matelot de Calais. Son dévouement pour des naufragés, XII, 340.
LEHOULT (M.), propriétaire d'une belle filature à Saint-Quentin, XII, 14.
LEHOUX (Jean) recueillit et publia, vers la fin du seizième siècle, les chants de Basselin, XXV, 179.

LEIBNITZ n'a pas reconnu l'identité qui existe entre la morale des individus et celle des peuples, XIV, 5. Il prétend que l'ame des hommes de génie est le miroir du monde, XVI, 360. Bases qu'il assigne à la véritable philosophie, XXII, 296.
LEICESTER (Roger de) défendit avec vaillance le château Gaillard contre les attaques de Philippe-Auguste, IXII, 45.
LEIGEUIL (le vicomte de), cavalier fameux par sa fatuité, I, 230.
LEISSÈGUES (le vice-amiral), né aux environs de Châteaulin, XII, 523.
LE JEUNE (M.), général et peintre. Son tableau du *Monastère de Guisando*, XXII, 42; *Attaque d'un grand convoi près Salinas*, 109, 126.
LEJOILLE (le capitaine), célèbre marin, qui emmena dans nos ports un vaisseau de ligne ennemi, XII, 524.
LEKAIN, acteur célèbre, l'un des amis de Voltaire, X, 460. Accroissement que son talent recevait même en vieillissant, XXVI, 545.
LELEUX (M.), rédacteur de *l'Echo du Nord*, journal qui se publie à Lille, et dans lequel il défend avec courage les principes constitutionnels, XII, 262.
LELIÈVRE (Jean), auteur d'un ouvrage sur les antiquités de la ville de Vienne, X, 98.
LELIÈVRE (M.), fabricant de batistes à Valenciennes, XII, 118.
LE LOYER, homme savant et crédule, né à Angers, XXV, 407.
LEMACHOIS (M. Alexandre), propriétaire des bains de Bagno-

les, qu'il a réhabilités et embellis avec goût et élégance, XXV, 137.

LEMAIRE, fameux fabricant de rasoirs, I, 404.

LEMAIRE, médecin du prince Léopold, analysa les eaux de Bussang, XI, 369.

LEMAISTRE (MM.), propriétaires d'une filature de coton, située à Lillebonne, XIII, 221.

LEMAÎTRE frères (MM.), libraires de Valenciennes, ont contribué à réhabiliter le goût des habitants de cette ville pour les livres, XII, 123.

LEMAITRE (M.), fabricant de Bolbec, XIII, 235.

LÉMAN (le lac) qui, par son étendue, ressemble à une mer, et baigne le pied des premières montagnes de la Savoie et du Valais, XI, 9.

LEMARCHANT (M.), professeur de philosophie et ami de La Chalotais, XII, 478.

LEMARE, grammairien, né dans la Franche-Comté, XI, 170.

LE MARROIS (le général). Manufacture de draps qu'il établit à Brionne, XIII, 115. Défrichements et améliorations qu'il a opérés dans quelques parties du département de la Manche, XXV, 274. Son séjour au château du Vicel, 282.

LEMERCIER (M.), écrivain dramatique, I, 7. Sa comédie de *Pinto* est remarquable par la force de l'intrigue, XX, 36.

LEMERCIER (madame veuve), fabricant à Saint-Quentin, XII, 16.

LEMERY débarrassa la chimie du grimoire et des formes cabalistiques dont elle était enveloppée, XIII, 199.

LEMICHAUD D'ARÇON (le général de), auteur des batteries flottantes employées au siége de Gibraltar, XI, 80.

LEMIERRE. Consolation qu'il se donnait lui-même sur le peu de succès de ses tragédies, VI, 92.

LEMIRE (M.), maître de forges à Clairvaux, XI, 21.

LEMIRE (M.), propriétaire du seul moulin à scier des planches, qui existe dans le département de la Seine-Inférieure, XIII, 149.

LEMIRE (M.), négociant à Rouen, XXIII, 184.

LEMIRE, graveur, né à Rouen, XIII, 203.

LEMIRE (M.), statuaire. Sa statue de l'*Innocence*, XXII, 165.

LEMOINE (M.), chef d'une filature de coton à Brionne, XIII, 115.

LEMOINE, peintre distingué sorti de l'école normande, XIII, 203.

LEMOINE (M.), habile statuaire. Sa *Galatée*, XXII, 164.

LEMOINE fit faire des progrès à la fonte du fer, XXII, 349.

LEMOINE (le Père), jésuite, auteur d'un livre intitulé: la *Dévotion aisée*. Vers qu'il adresse à la belle Delphine, XVI, 34. Vers où il trace le portrait de Marguerite de Valois, XXVI, 281.

LEMONNIER (Pierre), écrivain du seizième siècle, auteur de mémoires remplis de particularités très curieuses, XII, 279.

LEMONNIER, peintre, né à Rouen, XIII, 202.

LEMONTEY (M.), écrivain judicieux, auteur d'observations sur les *Mémoires de Dangeau*, I, 12.

LEMOT, sculpteur, I, 14.
LEMOYNE (M.), ingénieur des ponts et chaussées, concourut à l'ouverture d'un cours gratuit de géométrie et de mécanique appliquées aux arts, XI, 498.
LEMOYNE (Etienne), savant ministre protestant, XXV, 237.
LENAU, architecte, construisit le magnifique escalier que l'on remarque dans l'ancienne abbaye de Marmoutier, XXV, 434.
LENFANT (Jacques), ministre protestant, célèbre par son éloquence, XXVI, 101.
LENGHEN JAN, peintre dont l'on voit un tableau dans l'église Saint-Maurice de Lille, XII, 247.
LENGLET (M.), président à la cour royale de Douai, unit à des connaissances très étendues une grande fermeté de caractère, XII, 182.
LENOIR (M.), architecte, a fourni les dessins des Bains Chinois à Paris, et présidé à l'arrangement des monuments renfermés aux Petits-Augustins, IV, 157; V, 292. Interprétation qu'il donne à la procession de Graouilli qui se fait à Metz, XI, 511.
LENOIR (M.), élève et ami de M. Ravrio, habile fabricant de bronzes, XXII, 421.
LENOIR (Jean), ecclésiastique vertueux et théologien exalté que les jésuites firent condamner aux galères à perpétuité parcequ'il niait l'efficacité de la grâce, XXV, 110.
LENOIR (M.), le premier artiste de l'Europe pour la construction des instruments de physique, XXVI, 56.

LENONCOURT (la maison de), propriétaire d'un château qui fut, dit-on, le berceau de la ville de Nanci, XI, 312.
LENORMAND (mademoiselle), fameuse chiromancienne. Influence de ses prédictions sur la destinée d'un jeune enfant, I, 47. Demeure de cette pythonisse, 304. Manière dont elle procède, *ibid*. Prédictions résultant du petit jeu, 305. Son pays natal, XXV, 130.
LENTIENS (les), peuple d'origine allemande, qui furent défaits par l'empereur Gratien, près de l'ancien Argentuaria, XI, 219.
LÉO, compositeur italien, III, 59.
LÉOMONT, village remarquable par ses carrières de gypse transparent, XI, 289.
LÉON, jeune homme qui se laisse aller à la passion du jeu. Ses succès d'abord, puis ses revers, et sa détresse; il est corrigé par une leçon terrible, V, 90 *et suiv*.
LÉON IX, pape, à qui l'on doit un recueil de poésies religieuses, XI, 271. Son pays natal, 430.
LÉON X, pape, regardé comme le fondateur du Mont-de-Piété, II, 305. La protection qu'il accorda aux lettres fit oublier qu'il était cause du schisme de Luther, IV, 200.
LÉON (le prince de) se débat avec les ducs de Bretagne sur la propriété de Morlaix qu'il revendique; mais cette ville reste aux ducs de Bretagne, XII, 498.
LÉONARD, coiffeur renommé du temps de Louis XV, III, 28.

DES MATIÈRES.   291

Léonce (saint), évêque de Fréjus, né à Nimes, IX, 184.

Léonie, jeune personne dont les talents éblouissent les réunions où sa mère la conduit, et qui, par suite des hommages dont elle est l'obet, consent à suivre son maître de danse qui l'emmène à Londres, VII, 256.

Léopold (l'archiduc), abbé de Guebwiller. Prédilection qu'il avait pour la résidence du château de Friedberg, XI, 206.

Léopold (le duc) fixe sa résidence à Lunéville qui lui doit une partie de ses agrandissements, XI, 288. Il calme tous les maux que la Lorraine avait essuyés par la guerre, repeuple, embellit cette province, y fonde des établissements utiles, ranime et fait fleurir le goût des beaux-arts et des belles-lettres, 300.

Léopold, empereur, né à Toul, XI, 430.

Léopold (l'archiduc), gouverneur des Pays-Bas, est amené aux eaux de Saint-Amand, après la bataille de Lens, pour être guéri d'une colique néphrétique, XII, 215.

Léopold, grand duc de Toscane, prince sage et législateur moral, ne voulait pas que, dans ses états, aucun citoyen vécût oisif et sans profit pour la société, XIV, 353.

Lepan (M.), l'un des idiots, ennemis de Voltaire, X, 460.

Lepaute fils (M.), horloger distingué, XXII, 433.

Lepeintre, comédien. Succès qu'il obtint au petit théâtre des allées de Tourny à Bordeaux, VIII, 43.

Lepelley, joueur, périt sur l'échafaud, V, 89.

Lepetit (Jean-François), greffier de Béthune, en Artois. Ce qu'il dit du retablissement des inquisiteurs en Flandre, XII, 292.

Lepic (le général), IX, 134.

Lepin (le général d'artillerie), retiré à Montigny, dans la Franche-Comté, XI, 72.

Lepoutre-Decottignies (M.), fabricant de Roubaix, XII, 287.

Leprevost (M.), membre de la société des antiquaires de Caen, XXV, 226.

Leprince (M), peintre, XII, 201.

Leprince de Beaumont (madame), auteur de nombreux ouvrages d'éducation, XIII, 201.

Lequien (Michel), moine jacobin, savant orientaliste, XII, 350.

Lequien de Laneuville, auteur de l'*Histoire des Dauphins du Viennais et d'Auvergne*, X, 97.

Le Rebours (mademoiselle), fille d'honneur de Catherine de Médicis, ne fut pas indifférente à Henri IV, VIII, 307.

Le Rebours (M.), opticien. Quelques uns des produits de son industrie, XXII, 380.

Lerées, membre de l'académie française, né à Domfront, XXV, 159.

Leremberg, statuaire dont quelques unes des productions figuraient dans le jardin du Palais-Royal, II, 153.

Leremberg (M.), homme d'affaires et littérateur, VIII, 107.

LEHGUE (la), petite rivière qui alimente plusieurs manufactures, IX, 56.

LERH (M.), manufacturier, ex-adjoint de Saint-Dié, XI, 380.

LERICOT DE LA FAYE (Jean-Elie), d'abord mousquetaire et capitaine aux gardes françaises, ensuite mathématicien habile et membre de l'académie des sciences, X, 99.

LERMIER (M.), auteur de plusieurs intéressants ouvrages sur les constructions hydrauliques, XXV, 130.

LEROI, fameux marchand de modes de Paris, I, 403; III, 169.

LEROI (M), fabricant de draps à Elbeuf, XIII, 131.

LENOI (Julien), horloger, né à Tours, XXII, 429; XXV, 445.

LEROUGE (M.), ingénieur de l'arrondissement de Milhaud, IX, 43.

LEROUILLÉ (Guillaume), auteur d'une glose latine sur la coutume du Maine et sur les statuts du duché d'Alençon, XXV, 130.

LEROY (M. H.), membre distingué du barreau de Cambrai, XII, 69.

LEROY (M. Onézime), auteur dramatique, né à Valenciennes, XII, 132.

LEROY (M. Aimé), frère du précédent, littérateur estimé de Valenciennes, XII, 132.

LEROY (M.), habile maître d'armes, XXV, 222.

LEROY DE BÉTHUNE (M.), membre du barreau de Douai, XII, 173.

LEROY DE FALVI (M.), membre distingué du barreau de Douai, XII, 173.

LE SAGE, écrivain observateur. Moyen qu'il a employé pour connaître les mœurs, I, 137; III, 383. Portrait qu'il fait d'une madame Jacob, revendeuse à la toilette, VI, 149. Son pays natal, XII, 474. Mérite de son *Turcaret*, XX, 2. Il est le créateur du roman de mœurs, XXIII, 13.

LESCALE (M.), personnage que l'Ermite rencontre sur la route d'Agen. Ses réflexions sur le mode des élections, VIII, 253. Particularités qu'il raconte sur sa descendance en droite ligne de Jules-César Scaliger, 259. Genre de vie qu'il mène; son caractère ironique; son affection pour ses concitoyens, 260.

LESCAR, ville du Béarn, possédait autrefois un évêché, VIII, 167.

LESCOT (M.), riche pharmacien de Paris, I, 149.

LESCOT (mademoiselle), artiste peintre. Son tableau de *François I*er* accordant à Diane de Poitiers la grace de M. de Saint-Vallier, son père, condamné à mort*, XXII, 112.

LESCURE, l'un des généraux qui dirigeaient l'armée royale marchant sur Saumur, XII, 581; XXV, 423.

LESCUYER (M.), notaire à Avignon, qui fut massacré après avoir prouvé la fausseté d'une accusation dont on le chargeait, IX, 269.

LESDIGUIÈRES, connétable, fait passer au fil de l'épée la jeunesse de Gap, X, 211. Son mausolée dans la cathédrale de cette ville, 212. Parallèle entre ce personnage et Henri IV, 213. Le chateau qu'il fit construire à Vizille, 274.

LESEIGNEUR (M.), négociant

aussi probe qu'il s'est montré député courageux, XIII, 170; XXV, 15.

LESIGNAN, remarquable par le château des anciens comtes Carrion de Nisas, IX, 65.

LESPINASSE (mademoiselle), dont le philosophe d'Alembert disputait le cœur à l'auteur de la *Tactique*, V, 272. Elle figure au nombre des amis de Voltaire, X, 461.

LESSER (M. Creusé de), préfet de l'Hérault, IX, 71.

LESSIUS, jésuite, dit qu'on peut tuer un homme pour une pomme volée dans le jardin du presbytère, XVI, 37.

LESTIBOUDOIS, botaniste d'un grand savoir, XII, 177.

LESTRAT, habile médecin de Montpellier; douleur qu'il témoigne à la mort de sa première femme, I, 316.

LESTROT (M.), personnage cité par l'Ermite, II, 379.

LESUEUR, célèbre compositeur, I, 15.

LESUEUR, habile dessinateur, a contribué à reculer les limites de l'histoire naturelle, XIII, 277.

LESUEUR (M.), sculpteur; sa statue du *Bailli de Suffren*, XXII, 76.

LE TAVERNIER (la famille) fit don à la ville de Pontoise des *tapisseries de Notre-Dame*, III, 196.

LETCHÉ-GOYEN (M.), propriétaire actuel du château de Chaumont, XXVI, 29.

LETELLIER, peintre, né à Rouen, XIII, 202.

LE THIERS (M.), peintre, I, 14.

LETOURNEUX, prédicateur estimé de Boileau, XIII, 195.

LETOURNOIS, Havrais, qui entreprit un dictionnaire en sept langues, XIII, 278.

LETURQUIER DE LONGCHAMP (M. l'abbé), botaniste distingué, auteur d'une *Flore des environs de Rouen*, etc., XIII, 206.

LEUGNES, village où l'on voit une grotte qui conserve de la glace jusqu'au milieu de l'été, XI, 161.

LEULIETTE, successeur de La Harpe dans la chaire de l'Athénée, XII, 351.

LEURE (la vallée de), située dans les environs du Havre, XIII, 273.

LEVAILLANT, voyageur. XXVI, 267.

LEVASSEUR (mademoiselle Rosalie), cantatrice de l'Opéra, XII, 133.

LEVEAU, graveur, né à Rouen, XIII, 203.

LEVÉE (M.), traducteur des œuvres de Cicéron, XIII, 276.

LEVÊQUE (mademoiselle Louise), auteur de quelques romans, XIII, 201.

LÉVI (le cap), situé à droite du port de Cherbourg, XXV, 292.

LEVIN, ancien conservateur de la Bibliothèque royale de Paris, II, 301.

LEVIN (Théodore), ancien échevin de Lyon, X, 343.

LEVIEUX (Renaud), peintre nîmois, IX, 190.

LEVIS (M. de), auteur d'un ouvrage intitulé les *Caractères*, III, 340.

LEVIS-MIREPOIX (la famille baronniale de), admise aux états du Languedoc, IX, 97.

LEVRAT (M. François), fabricant de plaqué d'or et d'argent, XXII, 440.

LEVROUX, village du Berri, dans lequel on trouve beaucoup de médailles romaines et de monuments gaulois, XXVI, 375.

LEWARDE, village où l'on remarque une ferme l'une des plus belles propriétés agricoles de France, XII, 154.

LEYDRADE, archevêque de Lyon, auquel on attribue la construction de l'église de Saint-Pierre de cette ville, X, 397.

LEZ, rivière dont les eaux alimentent le canal de Grave, IX, 94.

LEZARDE (la), petite rivière dont le nom exprime fort bien la marche rampante et sinueuse, XXV, 4.

LEZER (le bonhomme), véritable type des pasteurs montagnards des Pyrénées; son caractère, VIII, 240. Nature de ses connaissances, 242. Sa disposition à croire au merveilleux; énergie de son courage, 243. Portrait de ses deux fils, 244; XXIV, 110.

LEZIN (saint), comte d'Anjou, que ses peuples adorèrent pendant sa vie, et qui fut canonisé après sa mort, XXV, 379.

LEZUR (madame), maîtresse d'un hôtel à Gravelines, XII, 331.

LÉZURIER (M.), négociant de Rouen, XIII, 184.

LEZY (M. de) a deux filles remarquables par leur beauté, mais dont l'une meurt en naissant, par suite de la petite-vérole, tandis que l'autre qui a subi l'inoculation survit pleine de santé, de charmes et de graces, XV, 178.

LHAUDA (la), jeune villageoise remarquable par sa beauté, et dont Janin, secrétaire du trésorier d'Amblerieux devient amoureux, X, 107. Sentiments qu'elle a pour ce jeune homme qui ne cherchait qu'à la déshonorer, 108. Elle lui est enfin promise, et il la présente au seigneur d'Amblerieux, qui, brûlant aussitôt pour elle d'une vive flamme, éloigne son secrétaire, demande la Lhauda à ses parents, l'obtient et l'épouse, malgré le sort que Janin voulait jeter sur eux pendant la cérémonie du mariage, 111 à 118. Devenue veuve, la succession de son époux lui est contestée parceque l'on regarde leur union comme illégale; elle donne sa main au maréchal de L'Hôpital, âgé de 75 ans, et qui meurt bientôt, 120. Alors elle épouse Jean-Casimir II, roi de Pologne qui s'était retiré en France. La Lhauda ne tarda pas de se trouver encore une troisième fois veuve et dans une condition au-dessous de celle où elle avait passé ses premiers ans, 122.

L'HÉRITIER (le général), XXVI, 540.

LHERMITE (le contre-amiral), un des officiers qui ont le plus honorablement soutenu la gloire du pavillon français, XXV, 256.

L'HÔPITAL (le chancelier de). Lieu qu'il habitait à Paris, VII, 248. Sagesse et fermeté de son administration, XIV, 124.

L'HÔPITAL (le maréchal de), deuxième époux de la Lhauda, X, 120.

LHUILLIER (M.), libraire, détenu à Sainte-Pélagie, XV, 75.

LIBANIUS, célèbre rhéteur. Fragment de son éloge funèbre de

l'empereur Julien, XVIII, 321.
LIBERAT, marseillais renommé pour son patriotisme, et qui tua le traître Casaux, IX, 334.
LIBÈRE, pape. De son temps, la foi était trahie par celui à qui le ciel en avait confié le dépôt, XVI, 250.
LIBERTÉ (la). Chacun la desire en France, mais seulement pour soi, VII, 272. Dans la vie civile, l'absence de la liberté détruit la criminalité; ce même défaut de la liberté doit faire excuser des hostilités même injustes; la liberté n'existe pas là où un citoyen peut faire ce que les lois défendent, XIV, 71; est la plus forte des garanties sociales et rend toute injustice impossible, 72; est la mère de l'industrie et de la prospérité individuelle et publique, *ibid*; a tant de charmes qu'il n'est point d'assoupissement politique que ne réveillent les souvenirs de la Grèce et de Rome, 91. Caractère de la tendance du gouvernement vers la liberté, 214. Celle-ci est ce que l'homme desire le plus vivement; c'est toujours le bien que les monarques promettent de rendre au peuple en invoquant son assistance, mais c'est toujours celui qu'ils lui refusent le plus opiniâtrement une fois le péril passé, 228. La liberté ne peut se maintenir que chez un peuple vertueux, 456. Par-tout où elle trouve un asile, elle ramène les mœurs avec elle, 475. Limites que lui assignent différentes nations de l'univers, XV, 38 *et suiv*.
LIBRAIRIE (la). Considération et privilèges dont elle jouissait dans son origine, VI, 102. Cercle étroit où elle était circonscrite avant l'invention de l'imprimerie, 103. Ce qu'étaient les boutiques de librairie dans le dix-septième siècle, *ibid*. Misérables spéculations auxquelles se livrent les libraires à échoppes sur les boulevarts, 104. Une librairie des environs de la place Saint-Michel, 105. Un magasin richement décoré, 108. Une boutique de nouveautés au Palais-Royal, 109. Librairie de M. Didot, 110.
LICINIA, vestale, périt victime de l'amour, XIX, 5.
LICINIUS, receveur des impôts dans les Gaules. Exactions qu'il commit dans l'exercice de sa charge, X, 299.
LICINIUS, Sabin d'origine, conçut de la passion pour la vestale Gorgia, et se tua lorsque celle-ci eut subi la peine de la violation de son vœu, XIX, 6.
LICQUET (M Théodore), littérateur de Rouen, auteur de plusieurs œuvres dramatiques, XIII, 207.
LICSON (M.), banquier à Lille, XII, 268.
LIÉNARD (M.), peintre, homme d'esprit et de talent, directeur de l'académie de Lille, XII, 276.
LIERPERG, village remarquable par un minérai de bonne qualité, XI, 176.
LIESVELT (Jacob Van), décapité pour avoir imprimé la bible en Hollandais, XIX, 506.
LIEURE (la rivière de), dont les eaux arrosent les vallons de Charleval, XIII, 80.
LIEUVAIN (le), formant l'une des

anciennes subdivisions de la Basse-Normandie, XXV, 150.

LIGNE (le prince de), l'un des amis de Voltaire, X, 460.

LIGNEREUX, fabricant de meubles, II, 342.

LIGNY, petite ville remarquable par ses promenades, sa situation pittoresque, son ancienne importance, et par quelques personnages qui l'ont illustrée, XI, 445. Commerce et industrie de ses habitants, 446.

LILLE, village du département de Vaucluse, où le sang coula en 1815, IX, 252.

LILLE. Aspect de la plaine connue sous le nom de *mannée* de Lille, XII, 224. Arc triomphal que les Lillois firent élever à Louis XIV, 226. Empressement fanatique avec lequel ils détruisirent, en 1815, les monuments de leur gloire, 227. L'ancien hôpital de lépreux; fondation de Lille, 228; son agrandissement; sièges divers que cette ville essuya, 229; sa réunion à la France; courage de ses habitants, et désastres qu'ils éprouvèrent durant le siége de 1792, 230. Tableau de la fête du Broquelet que célèbrent les ouvriers de toutes les classes, 236. Insalubrité de leurs habitations, 242. Changements opérés à Lille depuis 1792, 244 L'ancien couvent des récollets; la bibliothèque de la ville, 245; le musée, l'église Saint-Maurice, 246. Ornements que l'on remarque à l'intérieur de cet édifice, 247. Le monument élevé au duc de Berri, *ibid*. L'hôtel-de-ville, 248. Éloge du tribunal de première instance de Lille; la société académique, 249. Le cabinet d'histoire naturelle et celui de physique, 250. Encouragements que Lille donne à l'étude des sciences et des lettres, à la culture des arts et au perfectionnement de l'industrie, 251. La place d'armes; la bourse; l'église Sainte-Catherine, 252; l'esplanade; le Ramponeau, 253; la citadelle, 254. Les journaux de Lille, 262. Le café Lalubie; organisation d'une compagnie pour l'éclairage par le gaz, 264. Les différentes branches du commerce lillois, 265 Fabriques de cardes par des mécaniques anglaises, 268. Fabriques d'huiles, 269. L'hôpital général, 270. Avantages résultant de plusieurs nouveaux établissements industriels, *ibid*. Le cercle de l'Union; le salon des négociants, 272; le cercle d'Apollon; la société de saint Joseph; le café de la Vignette, 273; la salle de spectacle, 274. L'exposition des beaux-arts et de l'industrie, 275. Personnages célèbres dont Lille s'honore, 276. Etat de la population, et fertilité des campagnes dans l'arrondissement de cette ville, 284.

LILLEBONNE (le prince de), gendre de Charles IV, duc de Lorraine, obtient la souveraineté de Commercy, XI, 434.

LILLEBONNE, où l'on trouve des ruines de monuments qui attestent son ancienne importance, XIII, 221. Tyrannie des seigneurs du château de Lillebonne, 222.

LILLERS (M. de), personnage enthousiaste de la Normandie, sa patrie, dont il retrace l'histoire à l'Ermite, XIII, 25 et suiv.

LILLO, auteur dramatique anglais, V, 281.

LILY (John), écrivain anglais, XXIV, 188.

LIMAGNE (la). Aspect pittoresque et fertilité de cette contrée, XXVI, 272. Étymologie de son nom, 273. Personnages célèbres nés dans cette partie de l'Auvergne, 277. Caractère de ses habitants, 346. Leur défaut d'industrie, *ibid*.

LIMOGES. Aspect de la route de Brives à cette ville, XXVI, 258. Situation de Limoges, son aspect intérieur, et architecture de ses édifices, 260. L'ancienne église de Saint-Martial; la cathédrale; l'évêché; la manufacture de porcelaine, 261. Le principal commerce de Limoges; ses émaux, 264.

LIMOUSIN (le). Anciens habitants de cette province; maîtres sous lesquels elle passa successivement, XXVI, 260. Son climat et ses productions; portrait de ses habitants, 262; fertilité du châtaignier dans cette province; ses exploitations industrielles, 268. Migrations d'un grand nombre de Limousins qui vont, dans d'autres pays, travailler à la maçonnerie; leur haute estime pour cet art, 264.

LIN (le). L'art de le tisser se perd dans la nuit des temps; il fut perfectionné par le luxe, XXII, 391. Ce qu'il était chez les anciens; il s'éteignit dans la barbarie du moyen âge, 392.

LINANT (Michel), poète lauréat, et des travaux duquel on n'a conservé que le titre de sa tragédie d'*Alzaïde*, XIII, 88.

LINDERMANN (M.), manufacturier de Sainte-Marie-aux-Mines, XI, 223.

LINDRE (l'étang de), célèbre par sa profondeur et son étendue, XI, 295.

LINEUIL (madame de). Sa physionomie morale, I, 377.

LINGONS (les), l'un des anciens peuples composant la Bourgogne, XXVI, 443.

LINGUET, né à Reims, XXVI, 516.

LINIÈRE (madame de), personnage cité dans le roman de *Cécile*, XXIII, 275.

LINNÉ, célèbre naturaliste, I, 386.

LINTOT, village situé dans la Normandie, XIII, 249.

LIONNE (madame de), chez qui plusieurs artistes se réunissaient toutes les semaines, III, 110.

LIONS, petite ville du département de l'Eure, XIII, 80.

LIOTARD (M.), avocat de Carpentras, que la fureur des factieux n'épargna pas en 1815, IX, 253.

LISIEUX. Ses fabriques de toiles de ménage sont des premières de la France, XXII, 396. Particularités sur son origine et sa fondation, XXV, 54. Similitude d'aspect qui existe entre cette ville et Rouen, 55. Beauté des paysannes du canton de Lisieux, 57. La cathédrale; curiosités qu'elle renferme, 58. Aristocratie théocratique qui pesa jadis sur le diocèse de Lisieux; vicissitudes de cette ville; personnages célèbres nés dans ses murs, 59. Fertilité des campagnes qui l'environnent, 61.

Lisola (le baron de), diplomate habile, chargé d'importantes négociations en 1613, XI, 71.

Lison (le), dont la source est dans le Jura, près de Salins, XI, 8.

Lispach (le lac de), situé dans le département des Vosges, XI, 377.

Lissillour (M.), capitaine de vaisseau en retraite, et premier adjoint de Saint-Servan, XII, 406.

Litri, situé dans les environs de Bayeux, et remarquable par une mine de houille dont l'exploitation a influé singulièrement sur la prospérité du pays, XXV, 260.

Littérature (la). Sa tendance perpétuelle à céder aux impulsions philosophiques qu'elle a reçues du siècle dernier, I, 23. Ce qu'elle fut, en France, durant le cours de l'année 1813, III, 335. En littérature le produit du travail est en raison inverse de son importance, IV, 201. La propriété littéraire ne diffère pas des autres propriétés; lois rendues par Louis XVI en faveur de la survivance des droits d'auteur, 204. Témoignage montrant l'indifférence de certaines autorités pour la propriété littéraire, 205. Cause qui rend les mariages plus rares parmi les auteurs que dans les autres classes, 208. Etat de la littérature en 1814, V, 10. L'amour des lettres est considérablement affaibli en France, 275. Etat de la littérature en 1817, VII, 329. Elle est l'expression choisie de la pensée publique; les littérateurs ne sont que les interprètes de l'opinion de la société, XIV, 401. Les ouvrages littéraires portent par-tout l'empreinte du caractère moral de l'époque où ils ont paru et du peuple qui les a produits, 402. A la renaissance des lettres en Occident, la volupté, la tyrannie et la trahison dictèrent les premiers ouvrages de cette régénération, 403. La gloire des lettres françaises, sous Louis XIV, n'est due qu'aux germes des vérités philosophiques semés par les plus grands écrivains, ibid. Productions qu'enfanta, sous les règnes suivants, la licence des mœurs, 404. L'instruction n'est pas moins favorable aux mœurs privées qu'aux mœurs publiques, aux peuples qu'aux monarques; l'étude impose des limites aux craintes et aux desirs de l'homme; ennemie de toute superstition, elle soumet notre esprit aux mystères que ne peut concevoir l'intelligence humaine, 405. Le savoir, accompagné du courage, rend l'homme de lettres plus propre qu'aucun autre à la direction des affaires publiques, 406. L'ignorance rend les hommes soupçonneux, inquiets, indociles; ceux qui ont laissé sur la terre la plus haute idée du véritable courage sont également renommés par l'étendue de leurs lumières et la force de leur esprit, 407. La littérature, devenue l'instrument du pouvoir et l'auxiliaire d'une faction, n'aurait besoin que de grands talents pour attester la dégradation de la pensée publique; sujets nobles et utiles sur lesquels elle s'exerce aujourd'hui,

410. Les ouvrages licencieux qui l'ont déshonorée n'appartiennent pas précisément à notre époque, *ibid.* Flatterie qui l'avilissait, 411. La mendicité littéraire répugne maintenant au caractère national, *ibid.* Le domaine de la littérature a été purgé du scandale des mauvaises mœurs et des mauvais exemples; les fictions des romanciers n'ont plus de charmes que par la vérité des sentiments et la décence de l'expression ; sujets à traiter en rapport avec l'opinion publique, 412. La grande littérature parut dans le dix-huitième siècle, 413. Caractère de la littérature romantique en Angleterre, XV, 226. Pendant le premier quart du dix-neuvième siècle, la littérature s'est établie sur le terrain mouvant de la politique, XVI, 3. La littérature et l'éloquence politiques ont consigné leurs succès dans les journaux, 4. Révolution à opérer dans la littérature départementale, XXV, 231.

Levarotie. Lieu où il se battit en duel contre Schomberg, VII, 243.

Liverpool (lord) prétend que les efforts de l'Angleterre tendent au maintien de la paix générale, XIV, 135.

Livinière (La), bourg célèbre par une chapelle de la Vierge, où se rend, chaque année, une grande affluence de pèlerins, VIII, 458.

Livrade maudit maintenant la révolution qui l'a enrichi et l'a élevé à de grands honneurs; son amour pour la féodalité, VIII, 268.

Livron, bourg du Dauphiné, où les protestants soutinrent un assez long siège sous Louis XIII, IX, 436.

Lizinski, gentilhomme polonais, brûlé vif parcequ'il était accusé d'athéisme, XIV, 506.

Lobinau (dom), auteur de chroniques sur l'histoire de la Bretagne, XII, 366, 473.

Lobstein (Fréderic), célèbre anatomiste, né à Strasbourg, XI, 267.

Loches, situé près de Tours, XXVI, 135.

Loc-Ronan (le bourg de), situé dans le département du Finistère, XII, 615.

Lodève. Beauté de l'avenue qui y conduit; situation de cette ville, IX, 56. Son aspect à l'intérieur; personnages célèbres dont elle s'honore, 57. Esprit politique de ses habitants, 59.

Lous (M.), l'un des principaux manufacturiers d'Héricourt, XI, 163.

Loewenstein (le prince de) construisit le château de Wesserling, XI, 210.

Loge (la), village situé au centre de la Sologne, XXV, 473.

Logelbach, à quelque distance de Colmar, où l'on remarque une vaste manufacture d'indiennes, XI, 218.

Loigny (le maréchal de) est surpris par des assassins, et délivré par Bérenger de Presles, III, 138. Il attire son libérateur dans son château, *ibid.* Il l'arme chevalier, 141.

Loir (le), rivière sur laquelle est située la ville de la Flèche, XXV, 374.

Loire (la), rivière, présente à Nantes, un aspect pittoresque, XII, 588. Grottes que l'on remarque sur ses rives et qui servent d'habitations aux pauvres paysans, XXV, 435. Les levées qui garantissent des inondations de ce fleuve les terres plates qui le bordent, XXVI, 60. Son défaut de navigation, 136.

Lois (les) obligent tous les sujets et le législateur lui-même, XIV, 234; ont été établies pour maintenir la justice parmi les hommes; ont été dictées d'abord par la conscience, ensuite par l'ambition, l'avarice, l'orgueil, la superstition et l'ignorance, 236; se ressentent des mœurs des gens qui les font; ont été faites selon les temps et les besoins, 237; quoiqu'établies pour la justice, elles n'ont été presque par-tout que des instruments d'oppression; durant plusieurs siècles, leur violation fut réglée par un tarif que réglèrent la force et la richesse, 238. Esprit de quelques lois dictées par l'avarice sacerdotale, 239. Leur exécution fut confiée, en France, aux plus bizarres revers, ibid. La variété des lois humaines prouve que la morale et la justice universelles n'ont jamais présidé à leur rédaction; leur destruction fait rentrer la société dans le chaos, 240. Elles sont impuissantes dans presque tous les états, 241. Style dans lequel elles doivent être rédigées, 242; il faut en bannir les termes vagues, obscurs et équivoques qui favoriseraient les exactions de l'arbitraire, 243. Pour qu'elles soient respectées, il faut qu'elles soient respectables, 224. Les lois d'exception ne sont nécessaires que pour une justice exceptionnelle; dans la plupart des états, les lois pénales contre les délits politiques ont été rendues avec une sorte de prodigalité, 244. Cas atteints par les articles du Code pénal français; crimes contre les particuliers, punis de mort, 245; cas atteints par l'arbitraire des lois d'exception, 246; elles ont un effet plus terrible que les lettres de cachet, 247. Loi de lèse-majesté que fit Rome, 248 *et suiv.* Exemples des contradictions que l'on remarque dans les lois, 254. Le principe des lois se trouve dénaturé ou méconnu sur-tout aux époques de la conquête et dans les temps voisins des révolutions, 257. Esprit de la loi sur la révélation et la non-révélation, 260. Chez tous les peuples les lois criminelles semblent faites au profit des bourreaux, 262. Lorsque les lois s'attaquent aux individus, c'est la déclaration de guerre d'un parti qui donne à cette guerre le nom d'amnistie, 281. Dans un état libre, la loi ne peut, sans crime, être interprétée contre un citoyen quelconque, 338; en forcer le sens est le crime des juges pervers; résultat de ces fausses interprétations; *ibid.* Les lois les plus justes cessent de l'être à l'application, lorsque le gouvernement donne l'exemple des vices qu'il punit dans les particuliers, 350. Leur sévérité fait la sûreté des malfaiteurs, 465.

Loisia (les grottes de), dans le Jura, à deux lieues de Nozeroy, XI, 8.

Lom (le château de), propriété de la famille de Lom qui fut obligée de s'exiler par suite de la révocation de l'édit de Nantes, et qui, par un décret de l'assemblée constituante, fut remise en jouissance de ce domaine, sous la condition spéciale de rentrer en France, et d'y exercer les droits de citoyen, IX, 198.

LOMBARD (M.), ancien principal du collège de Villefranche, IX, 34.

LOMBARD, chirurgien distingué, au village de Mont-Magny dans la vallée de Montmorency, XI, 101.

LOMBARD, célèbre professeur de mathématiques, de Strasbourg, XI, 260, 271.

LOMBARD (Pierre), théologien qui concourut à la fondation de l'université, XIV, 441.

LOMBARD (M. Charles), jeune littérateur, vint à Paris pour y faire représenter une comédie qui, à la lecture, obtint de nombreux suffrages, XVIII, 111. Elle fut reçue au théâtre, 112; mais le chef de la police lui impose de grands changements qui tendent à en dénaturer le fond, 113. L'étude de cette pièce est reprise à plusieurs fois, 115; elle n'obtient aucun succès à la représentation, 116. Réflexions de M. Lombard sur les entraves dont la censure charge les poètes dramatiques et les comédiens, 118.

LOMBARD (Jacques-Raymond), duquel Philippe-le-Hardi acheta une Bible française avec des *lettres bien historiées*, XXVI, 459.

LOMBARDA, femme célèbre parmi les troubadours du treizième siècle, VIII, 428.

LOMÉNIE (le cardinal de), ancien archevêque de Toulouse fit exécuter les quais magnifiques de cette ville, VIII, 374.

LOMONT (Louis), condamné à mort pour avoir assassiné une fruitière, III, 305.

LONDRES, capitale d'Angleterre. Son aspect triste et silencieux un jour de dimanche, VII, 75. Aspect animé que présente cette ville la veille de Saint-Valentin, 290. L'objet de cette activité sont des lettres dites *valentines* que les amants et leurs maîtresses s'envoient réciproquement, 291. Traduction d'une de ces *valentines*, 293. Ces lettres doivent toujours être en vers, 294. Les libraires en débitent une grande quantité toutes prêtes, 295. Les *contre-valentines*, ibid.

LONG (madame veuve), fabricante à Rouen, XIII, 184.

LONGCHAMPS (M. de), auteur de plusieurs comédies très spirituelles, et de jolies romances, I, 12, VI, 311; XIII, 87. Quelques unes de ses chansons érotiques méritent d'être citées comme modèles, XVII, 41. Sa chanson *C'est impossible*, 44. Caractère de ses romances, 58; celle du *Départ*, 59; XXI, xj. Sa coopération au vaudeville de *Comment faire*, 268.

LONGEGOUTTE (la forêt de), située dans le département des Vosges, XI, 329.

LONGEMER (le lac de), situé dans le département des Vosges, XI, 377.

LONGEPIERRE (les deux frères), nés en Bourgogne, XXVI, 471.

LONGEVILLE, où l'on pendit, en 1467, un chat qui avait étranglé un jeune enfant, XI, 443.

LONG-LA-VILLE, sur le territoire duquel on trouve de nombreuses couches de tourbe, XI, 490.

LONGUEIL, situé à quelque distance de Fécamp, XXV, 16

LONGUEVILLE (le maréchal de) s'empare de Lunéville, XI, 288.

LONGUEVILLE (la), village du département du Nord, XII, 95.

LONGUYON, remarquable par de belles forges, XI, 500.

LONOWY, ville dont les habitants montrèrent peu de courage en 1792 ; leurs procédés à l'égard d'un magistrat qui s'opposait à la capitulation ; sa division en ville nouvelle et en ville vieille ; son ancien château, XI, 482. Qualités du territoire de ses environs, 486. Couches de tourbe que l'on remarque dans son arrondissement, 490. Usine de Longwy, 500. Fabrique de poterie établie dans ses murs, 503

LONRAY (le château de), où naquit le maréchal de Matignon, et qui plus tard appartint à Colbert de Seignelay, XXV, 111.

LONS-LE-SAULNIER. Position de cette ville ; édifices que l'on y remarque, XI, 24. L'hôtel-Dieu, 25. Physionomie morale que les missionnaires ont imposée aux habitants, 26. Leur esprit politique, 27. L'établissement des salines à quelque distance de la ville, 28. Mine de bois fossile, 29. Usages bizarres observés par les habitants de Lons-le-Saulnier et de quelques villages environnants, 37. Hommes célèbres nés dans ses murs, 38.

LORENTZ (Michel), Strasbourgeois, historien aussi profond qu'érudit, XI, 271.

LORAIN (M.), ancien administrateur du département du Nord, patriote sincère, ennemi des excès, et qui, se contentant de l'emploi de juge de première instance, partage son temps entre ses devoirs et l'agriculture, XII, 220.

LORAIN (M.), fils du précédent, avocat, dont quelques succès au barreau de Paris ont signalé l'entrée dans la carrière, XII, 221.

LORDAT (la famille baronniale) admise aux états du Languedoc, IX, 97.

LORDAT, médecin sorti de l'école de Montpellier, IX, 125.

LORET, journaliste-poete. *Voyez* TH. CORNEILLE.

LORIENT. Carrières de granit qui se trouvent dans son voisinage ; le faubourg de Kérantray ; le quartier principal, XII, 569. La salle de spectacle ; l'église paroissiale ; l'hôtel-de-ville, 570. Ancien commerce maritime de Lorient ; sa prospérité durant l'existence de la compagnie des Indes ; sa délivrance lorsqu'elle était occupée par les Anglais en 1746, 571. Tentative pour rendre à Lorient son ancienne splendeur commerciale, 572. Activité industrielle des Lorientais dont la plupart sont devenus agriculteurs, 573.

LORINIÈRE (Jean-Morin de La), auteur de savantes recherches sur la Bretagne, XII, 592.

LORIOL, bourg du département de la Drôme, IX, 434.

LORMAND (M. Nicolas), ancien

négociant de Bayonne, VIII, 88.
LORME (Marion de), courtisane chez qui se réunissaient plusieurs seigneurs de la cour et des poetes, II, 190.
LORMET (M.), vieux médecin échappé aux proscriptions de l'épouvantable Carrier, et qui fait le récit des malheurs des familles Rochemaure et Josselin, XII, 594 et suiv.
LORN (les), l'une des plus puissantes familles de Strasbourg. Les prétentions qu'elle élève simultanément avec les Mulluheim excitent entre ces deux maisons une rixe violente qui achève la ruine de la ville dévastée déja par Hermann, duc de Souabe, XI, 241.
LORN (le lord), vieillard écossais, fut mis en jugement pour avoir fait partie de la chambre haute formée par Cromwell, XIV, 311.
LORRAINE (la) reçoit le nom de Lotharinge de l'un des fils de l'empereur Lothaire à qui elle échut en partage, XI, 299. Provinces qui formaient alors ce royaume; devenue plus tard un simple duché, cette contrée fut sans cesse disputée par divers compétiteurs; envahie par les armées françaises en 1644, ravagée par Turenne en 1674, restituée par Louis XIV en 1697, elle est calmée et embellie par le duc Léopold, dont l'ouvrage fut continué par Stanislas de Pologne, 300. Économie sordide et caractère des Lorrains, 316. Exemple de crédulité que donnèrent les habitants d'un village de la Lorraine, 325. Le calme est rétabli par Louis XIV dans cette province que troublaient le despotisme et l'ambition des évêques, 448. Particularités sur les Juifs établis en Lorraine, 493. Protection que leur accorda Henri IV, 494.

LORRET (Jean), auteur de la Gazette burlesque de la cour, écrite en vers libres, XXV, 265.
LORYS (madame de), vieille amie de l'Ermite, I, 42. Renseignements qu'elle lui donne pour les emplettes d'un baptême, 47. Anniversaire de la fête de cette dame, 120. Réunions que son fils assemble dans son domaine situé en Sologne, III, 253. Elle raconte l'arrivée du chevalier de Pageville à son hôtel, sa première entrevue avec ce personnage, et dépeint son équipage et son costume, VI, 9. Logement qu'elle lui fait préparer, 16. Elle le mène dîner chez une dame où il n'essuie que de grands désagréments de la part des enfants de la maison, 39. Le conduit chez une lingère, 59. Son opinion sur la condition des gens de lettres, 209. Sa bonté, son dévouement à ses amis, 213. Elle conduit Pageville dans une maison de l'île Saint-Louis où tout respire le véritable bonheur, 317. Son intimité avec mademoiselle Césarine, 369. Portrait qu'elle fait des prétendants de cette dernière, 373. En fait de religion, elle préfère la foi candide, à un orgueilleux examen, 397. Sa joie et son recueillement le jour de la première communion de sa petite-fille, 400. Sa douleur causée par la mort d'une jeune dame de ses amies, VII, 81. Sa raison supérieure;

constance de son opinion politique, 99. Régime mélancolique qu'elle s'est prescrit pour les deux premiers jours du mois de novembre, VII, 182. Arbres de famille plantés dans un rond-point de son parc, 185. Fête funéraire qui a lieu dans la chapelle de son château, 187. Ce qu'elle dit de l'amélioration des mœurs chez les femmes, 194.

LOT (M.), avoué, qui remplit les fonctions de juré dans le premier procès de l'auteur, XV, lxxxvij.

LOT (le), rivière dont les eaux écumeuses et bruyantes environnent la ville de Cahors, XXVI, 254.

LOT-ET-GARONNE (le département de). Etat de l'agriculture dans cette contrée, VIII, 290. Les vignobles de ce pays, 292. Différentes branches d'industrie qui y sont exploitées, 293. Usines pour l'exploitation du fer, ibid.

LOTERIE (la). Préjugés qui portent à y mettre, I, 258. Intérieur d'un bureau de loterie un jour de tirage, 260. Foule qui remplit les avenues des grands bureaux, 261. Le moment du tirage, 362. Les suites de cette opération, 263. La loterie est la ruine des classes inférieures et les dégoûte du travail, par l'espoir de chances heureuses, XIV, 388. Produit de ce jeu pour le gouvernement, ibid. Ressources auxquelles la loterie fait recourir les ouvriers, qui sont tourmentés de cette manie, 389.

LOTHAIRE, fils de Louis-le-Débonnaire, incendie Châlons-sur-Saône, XXVI, 401.

LOTHARINGE, nom que porta d'abord la Lorraine, XI, 299.

LOUBENET, village peu important de l'Auvergne, XXVI, 302.

LOUBÈRE (la), village dans les Pyrénées, VIII, 203.

LOUDE (M. de La), qui démontra la possibilité d'exécuter le projet formé par Vauban pour l'extension de la navigation de la rivière de l'Orne, XXV, 209.

LOUE (la), rivière dans laquelle se jette la Cuisance, XI, 54. Le vallon de la Loue, 77. Aspect pittoresque de ce lieu, ibid. Cours de la rivière de la Loue, 78; usines que ses eaux alimentent, ibid.

LOUE (la ville de la). Son ancienne importance politique et administrative, XI, 77.

LOUET, jardinier de Talma, à sa campagne de Brunoy, XXVI, 543.

LOUNOSSOA, village considérable du pays basque, VIII, 117.

LOUIS II, roi de Sicile. On célèbre des fêtes à Saint-Denis en son honneur, III, 142.

LOUIS III accorde aux Chanoinesses de Remiremont une portion de terrain pour y bâtir leur église, XI, 338.

LOUIS IV, roi de Germanie, accorde à Ludelme, évêque de Toul, le droit de battre monnaie, XI, 428.

LOUIS VI est forcé de marcher contre Bouchard de Montmorency et d'attaquer plusieurs autres seigneurs, XVI, 296.

LOUIS VIII se marie, à Portmort, avec la reine Blanche, XIII, 44.

LOUIS IX. Bornes dans lesquelles il voulait que le luxe fût retenu, III, 12. Mesures sévères qu'il employa pour bannir le jeu de sa cour, V, 82. Sous son règne on construit le portique appelé les Piliers des halles, 100. Il rétablit à deux reprises différentes l'intelligence entre les habitants et le clergé de Lyon, X, 317. Il ne permet pas au pape de s'établir dans son royaume, 330. Rend au camp d'Aunis un arrêt par lequel il prive le duc de Bretagne de l'exercice de son autorité, XII, 369. C'est sous son règne que commence l'impôt de la taille, XIV, 383. Les corporations qu'il avait établies n'étaient que des écoles d'industrie, XXII, 317. Il réunit Avranches à la couronne, et fortifie cette ville, XXV, 319; défait les Anglais à Taillebourg, XXVI, 203; s'empare de Cahors, 252.

Louis X, pour épouser Clémence, fille du roi de Hongrie, fait étrangler sa femme, Marguerite de Bourgogne, détenue au château Gaillard, XIII, 45.

Louis XI. Etat de la galanterie sous son règne, II, 188. Particularités sur son entrée à Paris, IV, 17. Il fait décapiter aux halles le duc de Nemours, V, 101; fait empoisonner à Compiègne Jean Second, fils de Charles VI, X, 104; assiège et prend Bouchain, où il manque d'être tué; il cède cette ville à l'archiduc Maximilien, XII, 150; fait hommage à la vierge Marie, du comté de Boulogne, 344. Prétentions qu'il élève contre le duc de Bretagne dont il veut réduire les droits, 380. Il renonce à ces prétentions, 381. Il permet que l'on érige un mausolée à Enguerrand de Marigny, XIII, 54. Ses paroles au sujet du tombeau du duc de Bedford, que l'on voit dans la cathédrale de Rouen, 163. Il regarde comme indigne du trône celui qui ne sait pas dissimuler, XIV, 214; protège et récompense les délateurs, 335; fait précipiter dans les oubliettes du château des Bruyères, Philippe et Bérengère, XXIV, 152; institue l'ordre de Saint-Michel, sur le rocher de ce nom, XXV, 327; cède le comté d'Anjou à Charles de Provence, et en redevient le maître, 383; introduit à Tours le commerce des soieries, 443. Son caractère féroce et despotique, 452. Sa piété fanatique; son portrait, 453. Sa prière à Saint-Jacques de Compostelle, 455. Son dialogue avec Olivier-le-Daim au sujet de la mort du duc de Nemours, 456. Il soupe avec le cardinal La Balue et la belle Lyonnaise, 460. Sa joie féroce à l'aspect du cadavre du duc de Nemours, 462. Il s'empare du Charolais après la mort de Charles-le-Téméraire, XXVI, 383. Ce qu'il disait du chancelier Rollin lorsque ce dernier eut fondé un hôpital à Beaune, 463. Il se réfugie à la cour de Philippe-le-Bon, 463; en reçoit de sages avis dont il ne profite pas; les grands du royaume se déclarent contre lui; il s'accommode avec les seigneurs, après la bataille de Montlhéry, 464; est arrêté à Péronne et forcé d'accompagner Charles-le-Téméraire, contre les Liégeois, 466; songe à prendre possession de la Bourgogne à la mort de Charles; s'en fait reconnaître souverain à Dijon, 467.

Louis XII. La galanterie reprend son empire vers la fin du règne de ce prince, II, 188. Il confirme les privilèges que Charles VIII avait accordés aux échevins de Lyon, X, 391; conçoit le premier le projet du port qui, sous le nom de Havre-de-Grace, est devenu une ville importante, XIII, 261. Motif pour lequel il fut excommunié par le pape Jules II, XIV, 46. Il est emprisonné avant de monter sur le trône, et s'y instruit à régner, XV, 49. Sa naissance à Blois, XXVI, 67. Accueil que lui firent les habitants de Châlons-sur-Saône, lorsqu'il vint pour la première fois au milieu d'eux, 401.

Louis XIII. Sévérité avec laquelle les duellistes furent poursuivis sous son règne, II, 369. Il institue une procession solennelle en mémoire de la grossesse de la reine, IV, 25. Il est garanti des flatteurs par le cardinal de Richelieu dont le despotisme les attirait tous à lui, 272. Empressement avec lequel il se montrait dans la cathédrale d'Embrun en camail et en rochet de chanoine, X, 248. Son entrée dans la ville de Vienne, 293. Il confirme les privilèges des échevins de Lyon, 392. Pour se venger des périls qu'il avait courus au siège de Saint-Mihiel, il y fit raser plusieurs constructions, XI, 438; prend la ville de Bar-le-Duc, 441. Médaille où il fait représenter le cardinal de Richelieu malgré la haine qu'il lui portait, XIV, 126. Il s'occupe peu d'abaisser les grands et la maison d'Autriche au profit de la liberté publique, XXII, 314; fait arrêter au château de Blois César, duc de Vendome, XXVI, 64; assiége la ville de Pons, 216.

Louis XIV. Caractère de la galanterie sous son règne, II, 190. Politesse de ce prince à l'égard des femmes, 191. Causes qui amenèrent les malheurs de la fin de son règne, 229. Il rend une déclaration contre les duels, 369. Il rend une ordonnance portant la création d'un établissement sous le nom de *Bureaux des nourrices de la Recommanderesse*, IV, 238. Il donna de beaux prétextes à l'adulation, 273. Flatterie qu'il reçut pendant que l'on décorait le jardin de Versailles, 275. Autres flatteries dont il fut l'objet durant sa vieillesse, *ibid* Ses courtisans se réunissaient à l'*OEil de Bœuf*, 276. Ses flatteurs diminuent en raison des progrès de sa maladie, 277. Ce que se montrèrent ses courtisans après sa mort, 278. Ce qu'était le jeu sous son règne, V, 83. Non succès du projet qu'il avait conçu d'affranchir l'Europe chrétienne du joug des barbaresques, 231. Ce qu'était la condition des gens de lettres sous Louis XIV, 270. Il accorde une pension militaire à la célèbre Philis de la Tour-du-Pin, mademoiselle de La Charne, X, 226; confirme les privilèges des échevins de Lyon, 392; s'empare de Dôle, XI, 90; fait démolir les fortifications de Montbéliard, 164; fait don à la maison de Mazarin de la principauté de Béfort, 173;

DES MATIÈRES.   307

fait raser Colmar et en autorise la reconstruction, 217; s'empare de Strasbourg, 244; il exige que les habitants de la plupart des villes de l'Alsace ne parlent que français, 247; restitue la Lorraine, 300; fait démolir les tours du château de Bar-le-Duc, 441; rétablit le calme dans la Lorraine que troublaient le despotisme et l'ambition des évêques de cette province, 448; fait raser les fortifications de Longwy, 482; détruit Bouzonville, 483. Réparations qu'il fit exécuter à Hombourg, *ibid*. Il s'empare de Lille, XII, 230; achète Dunkerque et l'embellit, 309. Motif de son indifférence pour le séjour de Saint-Germain, XIII, 13. Il se vit contraint de garder Louvois, quoiqu'il ne pût le souffrir, XIV, 126. Précautions qu'il fallut prendre pour protéger ses restes contre la fureur de ses sujets appauvris et décimés sous son règne sanglant, 170. Etat des impôts et des finances sous son règne, 384. Il doit être regardé comme le type des souverains, XVI, 165. Il reçoit les conditions de la paix de Munster de deux banquiers hollandais, ambassadeurs, XXII, 298. Développements qu'il donne à l'industrie, au commerce, aux lettres, aux arts, et aux sciences, 315. Vers la fin de son règne, tous les bourgs et les villages furent soumis à la servitude des corporations, 321. Par la révocation de l'édit de Nantes, il occasiona la migration en pays étrangers de la plupart des établissements industriels de France, 357. Il fait détruire les fortifications de Granville, XXV, 316; fait combler les fossés de Chambord, et y construit des bâtiments supplémentaires pour le service de sa maison, XXVI, 48; confie à Mansard le soin d'achever les bâtiments commencés par les comtes de Blois au château de cette ville, 64; fait de Rochefort un port militaire, 183; investit le duc de Bouillon de la duché-pairie d'Angoulême, 227; surprend Hélène de Savoli dans la forêt de Saint-Germain, en reçoit quelques faveurs, et, à la suite d'une confidence qu'elle lui fait, ordonne d'arrêter son frère, 290. Résistance que le chancelier Duvair oppose à une injustice qu'il allait commettre, 298. Il envoie en Auvergne des commissaires pour mettre fin aux meurtres et aux rapines que commettaient les barons auvergnats, 338.

Louis XV. Réserve que l'on remarque dans la galanterie au commencement de son règne, II, 193. Caractère de la galanterie après le mariage de ce prince, 195. Inconvenance de ce mariage, 229 Licence effrénée que ce prince par son exemple introduisait dans les mœurs, III, 25. Sa rentrée après sa maladie de Metz, 437. Flatterie dont, jeune encore, il fut l'objet de la part du maréchal de Villeroy, son gouverneur, IV, 280. Son indifférence pour les outrages dont l'accablaient les libellistes et pour les serviles hommages des courtisans, 281. Il fait reconstruire le portail de la cathédrale de Metz pour récompenser l'affection des messins, XI, 470; conçoit la pensée de joindre la navigation du nord à celle du midi, en unissant par un canal les rivières de la Somme et de l'Escaut, XII, 31; reçoit les plaintes du duc d'Aiguillon contre La Chalotais et le président de Caradeuc, et ordonne l'exécution de l'arrêt de mort rendu par la commission chargée de prononcer dans cette affaire, 416. Infames désordres qu'il commet dans l'enclos dit le *Parc-aux-Cerfs*, XIV, 526. Indifférence qu'il montre en apprenant les maux de Victor-Amédée, roi de Sardaigne, 571. Il donne Chambord à Stanislas, roi de Pologne, XXVI, 48. Il permet au maréchal de Saxe d'y demeurer avec son régiment de hulans, 49. Résistance qu'il éprouva de la part de d'Aguesseau, 271.

Louis XVI, roi qui déploya de rares vertus. Il fait don du Luxembourg au comte de Provence, I, 148; III, 437. Joie qui éclata à sa naissance, IV, 26. Il est le premier de nos législateurs qui ait admis en principe que la propriété d'un ouvrage littéraire devait survivre à son auteur, 201. Lois qu'il rendit à cet effet le 1er janvier 1791, 204; le 19 juillet 1798, 205. Il introduit en France des troupeaux espagnols, 262. Sa sévère probité éloigna les flatteurs, 283. Il rend à La Chalotais la place qu'il occupait, en lui donnant le titre de marquis et cent mille francs de dédommagement, XII, 417. Il concourt, par sa bienfaisance, à l'affranchissement des serfs du Mont-Jura, XI, 11. Manière dont les prélats accueillirent la lettre où ce monarque leur rappelait le devoir de la résidence, XIV, 53. Son entretien avec le cardinal de Rohan sur l'affaire du collier, 511. Enthousiasme universel qu'excita son avènement, XVI, 416. Sa visite au port de Cherbourg, XXV, 294. Il exempte de la taille les enfants de M. Bronde, fondateur d'une manufacture de molleton à Saint-Dié, et lui accorde une pension, XXVI, 42, 367.

Louis XVIII. Son entrée à Paris, au milieu d'un grand nombre de hauts personnages, de l'enthousiasme et de l'ivresse des habitants, IV, 25. Il arrive à Notre-Dame, 28. Espoir que l'on conçoit de son règne, 29. Sa voiture s'arrête devant la statue de Henri IV; émotion que l'on remarque alors sur sa figure, 31. Il prend possession du palais de ses pères, 32. Il est accueilli avec joie, V, 301.

Louis de Châlons auquel on fait remonter le nom que porte le bourg de Nozeroy, XI, 40.

Louis de France, fils de Philippe-le-Bel, assiste à l'assemblée nationale convoquée par le roi son père, V, 255.

Louis de France, duc de Touraine. Manière dont il paie le château et le comté de Blois qu'il achète de Guy de Châtillon, XXVI, 64.

Louis-l'Aveugle, fils de Boson, et roi d'Arles, devient souverain de Lyon, X, 310.

Louis-le-Débonnaire, né à Casseneuil, VIII, 356. Il prend la souveraineté de Lyon, X, 309; bat et tue Morvan, 101

DES MATIÈRES.   309

de Bretagne, XII, 364; nomme pour son lieutenant-général dans cette province Nominoé, *ibid.*

Louis-le-Germanique, fils de Louis-le-Débonnaire, reçoit Strasbourg en partage, XI, 240.

Louis-le-Gros jette les premiers fondements des halles, V, 100. Il remplace la chape de Saint-Martin par l'oriflamme, XVI, 289.

Louis-le-Jeune. Son entêtement à se faire raser excite entre lui et sa femme un différend qui fut suivi de la dissolution de leur mariage, III, 17.

Louis-d'Outre-mer, voulant abuser de la minorité de Richard-sans-Peur, est battu à Croissanville, par Harold, roi de Danemarck, XXV, 65.

Louis (le baron), né à Toul, XI, 430.

Louis (Antoine), médecin, recula les bornes de la science chirurgicale, XI, 507.

Louise de Savoie reçoit de son fils, François I*er*, l'apanage de la ville d'Angoulême, XXVI, 227.

Louise (la bonne), femme qui était dans l'intimité du pasteur Oberlin, dont elle avait élevé les enfants avec la tendresse d'une véritable mère, XI, 388, 401.

Loup (M. Le), maître d'un hôtel à Cambrai, XII, 42.

Loupian (le seigneur de), prisonnier dans les murs de Leucate, et sur lequel les soldats de Constance de Cézelly voulaient la venger, IX, 131.

Loustanau (M.), commerçant béarnais, qui alla s'établir dans une province du Mogol, où, après une victoire qu'il fit gagner à l'empereur de Delhy, il obtint un commandement considérable dans l'armée de ce prince, et revint plus tard dans son pays natal, VIII, 249.

Louvet (M.), fabricant de draps à Elbeuf, XIII, 131.

Louviers, ville très commerçante et dont l'opulence se révèle jusque sur ses murs; son aspect intérieur, XIII, 83. Monuments qui attestent son antiquité; importance qu'elle avait autrefois; désastres qu'elle essuya des Anglais, 84. Activité manufacturière et prospérité des habitants; attachement des principaux fabricants au régime constitutionnel, 85. L'école d'enseignement mutuel, 86. Les principales fabriques de Louviers, 87. Paysages de la vallée de Louviers, 89.

Louvigny (le château de), ancienne propriété de Dajon, XXV, 212.

Louvois, ministre que Louis XIV garda long-temps, quoiqu'il ne pût le souffrir. Mission singulière dont il chargea M. de Chamilly, lorsque Strasbourg allait tomber au pouvoir du roi de France, XI, 245; XIV, 126.

Loyola (Ignace) est déclaré supérieur de l'ordre des jésuites, XVI, 305.

Loys, jurisconsulte célèbre, né à Sarlat, IX, 21.

Lois (Jacques), jeune poète distingué de Douai, XII, 178.

Loyseau. Ce qu'il dit de l'établissement du régime féodal en France, V, 253.

Luberon (la montagne du) s'étend depuis Avignon jusqu'au

département des Basses-Alpes, IX, 217.

Lubin, amant d'Anette, né à Spa, III, 234.

Lucas, sculpteur toulousain, VIII, 428.

Lucas (le capitaine), marin distingué, soutint à Trafalgar le feu de toute une ligne où Nelson commandait, XII, 524; XIII, 181.

Luçay (M. de), propriétaire actuel du château de Saint-Gratien que possédait Catinat dans la vallée de Montmorency, XVI, 427.

Lucé (le comte de), que le père Menou sut éloigner de Stanislas, duc de Lorraine, XI, 307.

Luce (M.), habile musicien de la ville de Douai, XII, 192.

Lucelle (l'ancienne abbaye de), dont les vastes bâtiments servent aujourd'hui à des usines, XI, 187.

Luçon (M.), musicien et secrétaire en second de Voltaire, X, 440.

Lucius Domitius, édile, X, 300.

Lucrèce, dame romaine, XIV, 481; XV, 142.

Ludelme, évêque de Toul, obtient de Louis IV, roi de Germanie, le droit de battre monnoie, XI, 428.

Lugdical, fils de Noël, roi de Bretagne, se retire du monde, embrasse l'état ecclésiastique, et fonde un monastère, auquel la ville de Tréguier dut son origine, XII, 525.

Luillier, prévôt des marchands, par sa sagesse et son courage, contribua à terminer la guerre de la ligue religieuse, XXII, 17.

Luisans, commune du département du Doubs, où l'on remarque une glacière naturelle, XI, 133.

Lulli, célèbre compositeur, auteur de la musique d'*Armide*, opéra qui obtint peu de succès, III, 60. Lieu où il demeurait, VII, 246. Il se trouve à une assemblée des principaux auteurs dramatiques conversant sur leur mérite respectif, XVI, 430. Révolution qu'il opéra dans la musique instrumentale, XXII, 258.

Lunel. Son origine et son antiquité; prospérité dont jouit cette ville sous les Juifs qui y fondèrent des établissements, IX, 150. Synagogue où ils s'assemblaient; commerce actuel des habitants; familles respectables que l'on voit encore à Lunel, 151.

Lunéville. Sa situation et son origine, XI, 287. Embellissements que cette ville reçut de ses différents maîtres; palais qu'y fit construire le duc Léopold; origine du nom de Lunéville, 288. La fontaine sacrée; conclusion du traité de 1801; industrie de Lunéville, 89. Hommes célèbres qui y sont nés, 290.

Luques (Ferdinand de), prêtre, partagea, avec Pizarre, le commandement de l'expédition du Pérou, XIX, 63.

Lure (la montagne de), parcourue souvent par les botanistes, IX, 290.

Lure, petite ville située dans une ile formée par un étang, et remarquable par l'industrie de son arrondissement, XI, 163.

Lusignan (les), race de rois, XXVI, 166.

Lussac (M. le comte de), com-

DES MATIÈRES. 311

mandant de la succursale de l'hôtel des Invalides, a Avignon, IX, 271.

Lussan (le marquis de). Ses procédés hautains envers tous ceux qui lui sont attachés par quelques liens, IV, 197.

Lussan (mademoiselle de), auteur d'un roman sur la cour de Philippe-Auguste, XXIII, 27.

Lutherbourg, peintre distingué, né à Strasbourg, XI, 273.

Lutzenbach, village où Voltaire se retirait souvent, XI, 216.

Luxembourg (madame la maréchale de), dont le nom est resté gravé dans le cœur des habitants de la vallée de Montmorency, III, 184.

Luxembourg (le duc de) prend la ville de Salins en 1668, XI, 68.

Luxembourg (Pierre de), l'un des ancêtres du célèbre maréchal de ce nom, XI, 446.

Luxembourg (Marie de), épouse du duc de Mercœur, fait revivre les prétentions de la maison de Penthièvre sur la Bretagne, XII, 386.

Luxembourg (M. le duc de), gouverneur de Normandie, auquel on attribue la fondation de l'académie des sciences, des belles-lettres et des arts, de Rouen, XIII, 204.

Luxeuil, petite ville célèbre par ses eaux minérales; l'établissement des bains; destruction de cette ville par Attila; ancien monastère qu'y fonda saint Colombeau, XI, 162.

Luzech, petite ville du midi, VIII, 280.

Lycaon, personnage de l'antiquité païenne, immola son fils, XIV, 37.

Lycurgue imprima une note d'infamie sur les célibataires, XIV, 65.

Lydie (la). Les femmes de ce pays se prostituaient avant leur mariage, XIV, 503.

Lyon. Epoque de sa fondation, X, 297. Embellissements que cette ville dut à des empereurs romains, 298. Etat de Lyon sous Caius, 303. Sous Domitien, 305. Cette ville est renversée de fond en comble, et les habitants passés au fil de l'épée par les troupes de Sévère, compétiteur d'Albin, 307. Elle ne se relève de ses ruines qu'un siècle et demi après; elle est prise par les Allemands, et Julien la sauve du pillage dont ils la menaçaient; elle est livrée par Sidonius Apollinaris, 307. Elle passe sous le gouvernement des Bourguignons; lois auxquelles les Lyonnais furent asservis par Gondebaud, 308. Les rois de France de la première race deviennent souverains de Lyon, 309. Massacre des Lyonnais par une armée de Sarrasins, 310. Protection accordée par Charlemagne aux Juifs de Lyon, qui devint la capitale du royaume de Provence, sous Charles, fils de l'empereur Lothaire; domination de l'empereur Boson, 311. Celle des archevêques qui bâtirent le château de Pierre-Scise, 312. Interruption de cette domination, 313. Guerre à laquelle elle donna lieu, et qui valut aux chanoines le titre de comtes, 315. Désordres du clergé lyonnais; troubles occasionés par les taxes énormes et les violences dont les officiers des archevêques accablaient les habitants, 315. Transactions entre les citoyens et les prélats, 316. Nouvelles violences exercées par ces derniers, 317. Conciliation ménagée deux fois par l'entremise de Louis IX, *ibid.* Capitulation entre les Lyonnais et Pierre III de Savoie, 318. Les Lyonnais combattent à Brignais des brigands qui désolaient leur territoire, marchent contre le prince d'Orange et les partisans du duc de Bourgogne, conservent le Dauphiné, et arrêtent les Espagnols descendus dans la Bresse, 320. Triomphe des catholiques de Lyon sur Maligny, 321. Leur défaite par les calvinistes; pacification de ces deux partis; adhésion des Lyonnais à la ligue, 322. Ils font prisonnier le duc de Nemours qui s'était introduit dans leur ville, qu'il pilla ensuite par vengeance, 323. Concile général tenu à Lyon, sous le pape Innocent IV, 325; sous Grégoire X, 331. La place Bellecour, 335. Démolitions qui y ont été faites par les ordres de Collot-d'Herbois; anciens ornements que l'on y remarquait, 336. La maison *Henri*, *ibid.*; l'Hôtel-Dieu; sa fondation, 337. Sa situation; son extérieur; intérieur des salles, 338. Atmosphère de la ville de Lyon; l'hospice de la Charité, 340. Générosité des Lyonnais envers les paysans de la Bresse, en 1530 et 1531, 342. La jonction du Rhône à la Saône, 343. L'île Mognat; le pont de la Mulatière; l'ancienne commanderie de Saint-Georges, 344. Le pont d'Ainai; restes de monuments païens qui décorent l'église d'Ainai; le palais de l'archevêché, 346. Anciennes habitations des Lyonnais, 347. La montée du Gourguillon; la place des Minimes; les anciens amphithéâtres, 348. L'ancien couvent de la Visitation converti en hôpital, 349. L'hospice de l'Antiquaille bâti à l'endroit où s'élevait jadis le palais des préfets du Prétoire, 350. Prétentions des anciens archevêques et chanoines de Lyon, 351. La chapelle de Notre-Dame - de - Fourvières, 353. Vue dont on jouit de la terrasse de cette chapelle, 354. L'ancien château de Pierre-Scise, *ibid.* Personnages qui y furent enfermés, *ibid.* L'école vétérinaire, 362. Les anciens greniers d'abondance, 363 Le pont du Serin; les quais bordant la rive gauche de la Saône; le pont Saint-Vincent, 364. Le pont du *Change*, 365. L'ancienne loge du change, 366. Portraits, mœurs, habitudes, activité et demeures des ouvriers en soie, dits *canuts*, 367. La population de la ville, 370. Le langage du peuple, *ibid.* Les principaux fabricants d'étoffes façonnées, 371. Le port de l'Hôpital; le quai de Retz; le quai de Saint-Clair, 377. Le quartier Saint-Clair, 378. Le Grand-Théâtre, 379 L'Hôtel-de-Ville, édifice dont l'intérieur est orné de plusieurs peintures estimées, 380. L'ancienne abbaye noble des dames de Saint-Benoît, convertie en Musée, où se trouvent réunis une foule de débris de monuments romains, 382. La salle de peinture, 383. Le salon des antiques, 384. La société d'encouragement pour le commerce et les arts, 387. L'école de dessin; la société d'agriculture, 389. La société de medecine; le Cercle littéraire, 390. Anciens priviléges octroyés aux premiers commerçants de la ville, dits échevins, 391. Degrés par lesquels devaient passer les négociants lyonnais qui aspiraient à la noblesse, 395. Caractère de la noblesse lyonnaise, 396. L'église de Saint-Pierre, 397. La place Saint-Pierre; la bibliothèque publique, 398. Intérieur de cet édifice, 399. Perspective dont on jouit de la terrasse qui touche à l'une des salles de cette bibliothèque; caractère des classes industrieuses de Lyon, 401. Fortune médiocre des membres du barreau; indifférence des Lyonnais pour les lettres; l'éducation des enfants, 402. L'ancien commerce de librairie parmi les Lyonnais, 403. Avantages que l'on pourrait tirer de leur ville comme place forte, 404. Exemple du courage des Lyonnais, 406. Leur héroïsme en 1793, 408. Leur caractère politique, 410. Leurs anciennes gardes urbaines, dites *penonages*, 412. Usage observé aux épousailles, 414. Occupations favorites des habitants de Bellecour, 417. La fidélité conjugale parmi les Lyonnais; caractère des grisettes et des femmes mariées, 418. Portrait physique des dames Lyonnaises; anecdote galante d'une dame de Lyon, et mystification qu'elle fit essuyer à un attentif, 419. Observations critiques sur plusieurs personnes qui fréquentent la promenade, 421. Aspects variés que présentent les différentes classes de Lyon à la promenade, 427. Manière dont les *canuts* se procurent des vêtements et de quoi payer leurs plaisirs, 428. La plaine des Brotteaux où les *canuts* vont se divertir les jours de fête, 429. Les promenades à l'île Barbe, 430. Les différentes heures du dîner, 431. Etat comparatif de l'industrie de Lyon en 1789 et 1820, XXII, 329.

Lyon-sur-Mer, petit village auquel l'accroissement successif des bains qu'on y a fondés peut donner quelque importance, XXV, 243.

Lyrique (le drame). *Voy.* opéra.

Lysippe, peintre de l'antiquité, XXII, 68.

Lyttleton, l'un des amis de Voltaire, X, 460.

M.

Mably (l'abbé). Maximes perverses et hypocrites qu'il met en avant pour les relations diplomatiques, XIV, 155. Attributions qu'il assigne aux ambassadeurs, 166.

Maccarthy(les), famille étrangère qui figura long-temps dans la classe du *haut commerce* de Bordeaux, VIII, 15.

Maccaye, village considérable du pays basque, VIII, 117. Fertilité de son territoire; aisance des laboureurs; prétentions ridicules d'un de ces cultivateurs, dont la vanité fut réprimée par un arrêt du parlement de Bordeaux, 118.

Macdonald, médecin de l'île Maurice, XXII, 460.

MACHARD, médecin aussi distingué par ses lumières que par ses idées philanthropiques, XI, 102.

MACHERA, bon peintre en miniature, XI, 102.

MACHIAVEL. Pendant long-temps ses ironies ont passé pour des préceptes, XIV, 11. Son livre du *Prince* est devenu le code des rois et des ministres qui ont voulu tromper les peuples, et les décimer par des massacres, 103. Conseils qu'il donne aux rois, dans un chapitre de cet ouvrage, pour le bonheur des peuples, 113. Il dit que la foi des troupes mercenaires n'est pas sûre, 195. Avantages qu'il trouve dans l'établissement des troupes nationales, 202. Son opinion sur ceux que les anciennes républiques revêtaient du pouvoir de juger, 292.

MACILLAC (Gabriel de), avocat-général au parlement de Paris, représente à la cour les dangers dont menace l'institution des jésuites, XVI, 306.

MACK (le général), fait prisonnier, en Italie, par le général Championnet, IX, 444.

MACON. L'hôtel du *Sauvage*, le plus renommé de cette ville, XXVI, 387. Aspect pittoresque qu'offre le paysage de Macon sur les bords de la Saône; beauté et costume des jeunes paysannes maconnaises, 388. Aspect intérieur de la ville ; l'ancienne cathédrale, 389. Rivalité entre les châlonnais et les maconnais, relativement aux vins de leur crû respectif, *ibid*. Usure à laquelle se livrent ces derniers, 390.

MACRODE. Ses remarques sur la fortune du comédien Æsopus, III, 208.

MACROBE, ancien régent du collège d'Auch, VIII, 286.

MADRAS, ville de la Nababie du Carnate, XVIII, xij.

MADRID, capitale d'Espagne. Physionomie morale de ses habitants, IV, 123.

MADRIGAL (le), sorte de petit poème. Origine de son nom ; son caractère, XVII, 62. Les madrigaux ont dû leur multiplicité, en France, à une heureuse imagination servie par l'élégante urbanité des mœurs, 63.

MADUR-DULAC, intendant d'Ambert, sa ville natale qui lui doit la beauté, la largeur et la propreté de ses rues, XXVI, 310.

MAGALLON (Dominique), jeune littérateur, concourt à la fondation de la *société des Troubadours réunis de Vaucluse*, XV, 65. Caractère de son talent, 66; il devient propriétaire de l'*Album*, journal littéraire, et est arrêté à cause de quelque article anti-jésuitique, 67. On l'arrache de Sainte-Pélagie, et, enchaîné avec un forçat, il est conduit à pied jusqu'à Poissy, 68.

MAGDELAINE (M. de La), premier préfet du département de l'Orne, suivant l'ordre chronologique, XXV, 114.

MAGGI essuie de la part des Turcs les plus horribles supplices pour avoir défendu courageusement la ville de Famagusta, XV, 50.

MAGGIL (Thomas), écrivain anglais, auteur d'un ouvrage estimé, intitulé : *Voyage à Tunis*, V, 228.

DES MATIÈRES.   315

MAGNENCE. Sa défaite au Mont-Saléon, par les généraux de l'empereur Constance, X, 273.

MAGNERIUS, le premier des comtes souverains et héréditaires de Sens, XXVI, 489.

MAGNIFICENCE (la). Son emploi pour un baptême dans une maison d'un haut rang, I, 47.

MAGNY-VERNOIS, petit village du département du Doubs, XI, 157.

MAGON (le contre-amiral), officier de marine d'une grande réputation, mort glorieusement à Trafalgar, XII, 402.

MAGON (M.), frère du précédent, retiré à Saint-Telier, XII, 395.

MAGUELONE, petite île entre l'étang et la mer, célèbre par Charles-Martel qui en chassa les Sarrasins, IX, 111.

MAHAUD, comte de Bourgogne, XXVI, 452.

MAHAUT D'ARBOIS, veuve d'Othon V, résida long-temps dans le vieux château dit *la Châtelaine*, XI, 54.

MAHMOUD, fils de la sultane Validé, qui occupa paisiblement le trône de Constantinople jusqu'à la mort de Mustapha IV, XIII, 302.

MAHOMET enseigna aux adorateurs des étoiles qu'il ne fallait adorer que le dieu qui les avait faites, XIV, 32. Préceptes de tolérance qu'il donna à ses disciples, 42.

MAHY (madame), propriétaire d'une hôtel à Lille, XII, 228.

MAILHÉ (M. le marquis de), propriétaire d'un bel hôtel à Saint-Brieux, XII, 495.

MAILLARD, un des juges-bourreaux qui présidaient aux massacres du 2 septembre, IV, 333.

MAILLE (M.), fabricant de draps à Elbeuf, XIII, 131.

MAILLÉ (M.), l'un des principaux commerçants de Lyon, X, 371.

MAILLEBOIS, bourg dans le voisinage duquel se trouve le château appartenant au duc du même nom, XXVI, 83.

MAILLERAYE (La), terre remarquable par son aspect pittoresque, et la rare bienfaisance que la propriétaire, madame de Nagu, exerce envers les paysans de ce lieu, XIII, 124. Intérieur de ce manoir, 125.

MAILLET, consul au Caire, XI, 444.

MAILLET-LACOSTE (M.), membre de l'académie universitaire de Caen, XXV, 222.

MAILLOT, bénédictin, né à Saint-Mihiel, XI, 439.

MAILLY (la comtesse de) entraîna Louis XV dans de honteuses amours, II, 196.

MAINARD, homme de talent, né en Auvergne, XXVI, 347.

MAINE (la duchesse du), chef d'une cabale politico-littéraire, et qui présidait la *cour de Sceaux*, réunion galante formée sous la régence du duc d'Orléans, II, 125, 194.

MAINE (le) devient la propriété des rois de la première race; Charles-le-Simple le cède à Rollon, XXV, 365. Cette province est possédée par les héritiers du comte de Provence; elle est réunie à la couronne en 1481; désastres qu'elle essuya durant la ligue et les guerres de la Vendée, 366.

MAINTBOTELLE, où l'on voit une belle papeterie, XI, 504.

MAINTENON (madame de), d'abord maîtresse, puis femme de Louis XIV. Réforme qu'elle introduisit à la cour de ce monarque, II, 192. Sa pruderie contribua à maintenir l'uniformité dans les modes françaises, III, 24; XXVI, 159, 162.

MAINTENON, bourg célèbre par l'aqueduc qu'entreprit Louis XIV pour faciliter la conduite des eaux de l'Eure à Versailles, et plus célèbre encore par la fortune de mademoiselle d'Aubigné, XXVI, 83.

MAIRAN (M. de), habile physicien du siècle dernier, VIII, 467; X, 460.

MAIRET, poète, né à Besançon, auteur d'informes essais tragiques, XI, 125; XXII, 229.

MAIRIEUX (M. de), vieil anglomane, III, 272.

MAISIÈRES, village de la Franche-Comté, XI, 77.

MAISIÈRES, village de la Champagne, dont les hussards prussiens s'étaient emparés en 1814, XXVI, 499.

MAÎTRISES (les) et les jurandes sont des priviléges institués en faveur des petites communautés, aux dépens de la grande communauté de l'état, XXII, 317; diffèrent essentiellement des corporations établies par Louis IX, 318. Caractère de ces institutions; organisation qu'elles se donnèrent, 319. Les maîtrises et les jurandes sont définitivement organisées par Henri III, 320 Elles étaient un moyen de favoriser les exactions, ibid. Officiers extorsionnaires créés sur la fin du règne de Louis XIV, 321. Taxes bizarres qui devaient être le résultat de ces corporations, 323. Leur suppression ordonnée par l'Assemblée constituante ranima l'industrie, 325.

MAIZIÈRES, personnage tourmenté de la manie de la politique, VII, 322.

MAL (le). Ce qui en fait prédominer l'idée dans le monde, c'est que l'intérêt public et l'intérêt particulier s'accordent à le mettre en évidence, à le poursuivre avec éclat, VII, 184.

MALABAR (la côte de). Sorte de vents qui soufflent dans ces contrées, que l'on nomme *moussons*, XVIII, 94.

MALACA (le territoire de), dont l'Angleterre se réserva la possession, XXII, 453.

MALADIES (les) ne sont pas dans notre nature; elles ne sont occasionées que par nos intempérances, VI, 126.

MALAGRIDA, jésuite, soutint qu'il était permis de tuer le roi de Portugal, XIV, 63.

MALAGRIDA (Gabriel), brûlé vif, pour avoir composé un Traité de la vie et du règne de l'antechrist, etc., XIV, 506.

MALARTIC (le général) député vers le Directoire et le conseil des Cinq-cents, le lieutenant-colonel Villaret de Joyeuse, XXII, 449.

MALAUNAY (la vallée de), tout près de Rouen, et remarquable par les richesses que la nature y a réunies à celles de l'industrie, XIII, 190.

MALAVELY, village à sept heues de Séringapatnam, célèbre

DES MATIÈRES. 317

par la bataille où fut détruite l'armée de Tippô-Saeb, XVIII, 91.

MALBOSQUES (le fort de), en avant de Toulon, IX, 386.

MALCUL (M. Alphonse), biographe, VIII, 464.

MALESHERBES (M. de), l'un des amis de Voltaire, ministre qui montra beaucoup d'élévation dans la pensée, de noblesse dans le caractère, et de générosité dans le cœur, X, 460; XIV, 125. Il peut être considéré comme l'homme le plus sage auquel la France ait donné le jour, XVI, 129. Rapprochements qu'il est permis d'établir entre lui et Socrate, ibid. Patriotisme de M. de Malesherbes; il se prononce en faveur de la liberté de la presse, 136. Ce qu'il dit des cachots infects de Bicêtre, 139. Il fait rendre la liberté au colporteur Monnerat, et ne peut poursuivre les oppresseurs de ce malheureux, 140. Ses opinions politiques à l'époque de la révolution, 144. Sens dans lequel il a voulu la révolution, ibid. Sa réception à l'académie française, 147. Éloge qu'il fait de Voltaire, 149. Il obtient sa retraite, 151. Ses efforts pour réduire en système ou en théorie les cratères éteints de l'Auvergne, XXVI, 330.

MALET (le colonel), mort à Waterloo, IX, 277.

MALEVALETTE, jésuite, fut choisi pour assister Cinq-Mars au moment de son supplice, X, 358.

MALÉZIEUX (M.), fabricant de Saint-Quentin, XII, 17.

MALFAIT et compagnie (MM.), commerçants de Douai, XII, 191.

MALFILATRE, poete célèbre par ses talents et ses malheurs, XXV, 237.

MALFILATRE (M.), négociant de Rouen, XIII, 184.

MALHERBE, poete célèbre, né à Caen, XXV, 240, 245.

MALHERBES (M.), avocat distingué du barreau de Rouen, XIII, 207.

MALIGNY, gentilhomme mâconnais, marche contre Lyon; mais il est défait par les catholiques de cette ville, X, 321.

MALINGRE, auteur d'annales de l'histoire de France, IV, 17.

MALLARD (M.), usurier honoré dans le monde, VI, 253.

MALLE (M.), sculpteur. Son bas-relief représentant la Peinture, XXII, 77.

MALLET (le général), condamné à mort comme conspirateur, II, 466; XI, 99.

MALLET fils (M.), profond jurisconsulte et orateur distingué de Montauban, VIII, 349.

MALLEVILLE-CONDAT (M.), commerçant montalbanais, VIII, 348.

MALMAISON (la), campagne pittoresque, située sur la rive gauche de la Seine, et que les Prussiens dévastèrent, XIII, 11.

MALMESBURY (Guillaume de), écrivain anglais, XXIV, 188.

MALO LE NOUVEL (M.), capitaine de navire, dont la fermeté comprima une révolte au milieu d'un équipage qu'il conduisait de l'Ile-de-France à Nantes, XII, 402.

MALOUIN, médecin, auteur de l'Histoire générale des cérémonies religieuses, XXV, 237.

MALPLAQUET, où se livra, en 1709, la bataille de ce nom si malheureuse pour les armes françaises, XII, 95.
MALPROFONDE (le ruisseau de). Qualité des vins que produisent les vignobles de ses environs, X, 292.
MALTE (l'île), dont l'Angleterre s'assura la possession, XXII, 453.
MAMBRUN, jésuite, assista Cinq-Mars, avant son supplice, X, 358.
MAMERS. Etat de ses fabriques de toiles, XXII, 397. Ardeur avec laquelle ses habitants défendirent le sol natal durant la révolution, XXV, 431. Ils repoussent les Chouans, *ibid.* Calme dont cette ville a joui pendant quelques années; incidents qui la troublèrent en 1815; aristocratie ministérielle d'une certaine famille, 432. Embellissements que Mamers a reçus, 433. Son importance sous le rapport administratif; son commerce, 434.
MANCEL (M.), libraire à Caen, a rendu à la librairie de cette ville une activité qu'elle avait perdue depuis long-temps, XXV, 238.
MANCHE (la). Sorte de phénomène qu'elle produit sur les côtes de Normandie, XXV, 44. Vaste carrière que le département de la Manche offre aux travaux administratifs, 271. Avantages que l'on pourrait tirer des baies et des rades qu'elle contient, 272. Effets du zèle qu'a déployé le général Dumouriez dans l'administration de ce pays, 273. Etat des nouvelles prisons de ce département, 307.

MANCHESTER, ville d'Angleterre, qui a reçu de son industrie des développements considérables, XXII, 293.
MANCINI (Grégoire, Napolitain, condamné à mort par Speziale, XIV, 562.
MANDAJORS (M. des Ours de), auteur de quelques inscriptions et de quatrains, IX, 107.
MANDAJORS, auteur d'une histoire de la Gaule Narbonnaise, IX, 186.
MANDELOT refusa d'exécuter l'ordre donné par Charles IX de massacrer les huguenots, XIV, 208.
MANDEURE, petit village sur le territoire de Montbéliard, et anciennement ville romaine; vestiges que l'on y remarque de monuments antiques; forme administrative sous laquelle ses habitants vécurent pendant de longues années, XI, 165. Simplicité des mœurs de ces villageois, *ibid* Châtiment qu'ils infligent aux voleurs, 166.
MANDRIN, fameux voleur, IX, 445.
MANDHOT (M.), négociant du Havre, XIII, 272.
MANELLI, chanteur italien, III, 58.
MANGALOR, port principal des états Mysoréens, XVIII, xvi.
MANICLE, garçon limonadier de Nimes, qui s'est fait une réputation par sa belle voix et son talent à faire des grimaces, IX, 167.
MANLICH, peintre, dont les tableaux de genre sont recherchés, XI, 273.
MANLIUS, gouverneur de Vienne, à qui l'on attribue la construction du fort *Pipet*, X, 295.
MANNE (madame de), née Bon

jour, connue par de jolis tableaux, XXV, 93; celui représentant *Jeanne, princesse de Toulouse, faisant ses adieux aux tombeaux de ses ancêtres*, XXVII, 49.

MANOELSTEIN (le), énorme rocher environné de précipices, XI, 279.

MANOURY - LACOUR (M.), négociant de Caen, XXV, 211.

MANS (le). Droit qu'avait cette ville de battre monnaie; sa situation et son aspect, XXV, 354. Construction d'une promenade publique couverte, 355. Le collège; l'église de la Visitation; la promenade des jacobins; aspect des rues du Mans, 359. Sa division en ville vieille, et en ville nouvelle; la bibliothèque publique, 360. Objets d'antiquités trouvés sur l'emplacement de la promenade des Jacobins; l'ancienne abbaye de Saint-Victor, 361. La cathédrale; commerce et industrie du Mans, 362. Intérieur de la cathédrale, 363. Importance de la ville depuis Charlemagne, 365 Désastres qu'elle essuya lors des fureurs de la Ligue et des guerres civiles de la Vendée, 366. Personnages célèbres nés dans ses murs, 368. La tour des Fées à quelque distance du Mans, 372.

MANSARD, célèbre architecte, est chargé par Louis XIV d'achever les bâtiments du château de Blois, XXVI, 64. Statues grecques qu'il y fit sculpter, 66. Il obtient que les concours de peinture soient repris avec plus de solennité que par le passé, XXVII, 15.

MANSON (la dame), compromise dans l'affaire de l'assassinat de M Fualdès, IX, 12.

MANSOUL, calife de Bagdad, s'occupait lui-même de l'éducation de son fils, IV, 267.

MANTES, ville agréablement située sur les bords de la Seine, et dont les anciens juges étaient fameux par leur ignorance et leur inhumanité, XIII, 17.

MANTONE, Napolitain. Réponse qu'il fait à Speziale, XIV, 564

MANUCES, célèbre typographe, XXII, 374.

MANUEL (M.), ancien député, orateur distingué, courageux défenseur de la liberté constitutionnelle, et l'un de ceux qui firent des remontrances a la tribune sur l'emprisonnement dont on menaçait les auteurs de délits politiques, I, 16; IX, 311; XIV, 569; XV, 60.

MANUEL (les frères), que Philippe - le - Hardi chargea de faire les histoires de la Bible, XXVI, 458.

MANUSSÉS, archevêque de Reims, fut déposé comme simoniaque, X, 313.

MARAIS (le), l'un des principaux quartiers de Paris. Vie privée habituelle de quelques uns de ses habitants rentiers, I, 74. Parallèle entre la vie des habitants du Marais et celle des habitants de la Chaussée-d'Antin, 93. Les élégantes et les élégants du Marais, 127. Introduction des *Album* dans ce quartier, 129. Le jardin Turc; compagnies suspectes qu'y rencontrent le Franc-Parleur et sa femme, IV, 174. Le Marais était autrefois le quartier par excellence, VII, 249. Les gens de robe y fondèrent plus tard une espèce de colonie; classes dont se compose en grande partie sa population actuelle, 250.

MARANSIN (le général), VIII, 63.

MALANT, ex-major, ancien membre de l'assemblée législative, XI, 415.

MARATTE (Carle), statuaire italien, XXII, 70.

MARATTES (les), peuple de l'Inde. Leur pays était un vaste bazar de soldats que l'on estimait d'après leur province, leur couleur, la chaleur de leur sang, et la hauteur de leur stature, XIV, 197. Bases sur lesquelles ils font reposer la liberté, XV, 43.

MARATTI, peintre, dont le musée de Lille possède quelques ouvrages, XII, 246.

MARBORÉ (les tours du), dans les Pyrénées, VIII, 246.

MARC (M), bibliothécaire, homme de lettres, né à Vesoul, XI, 159.

MARC (M.), membre de l'académie universitaire de Caen, XXV, 222.

MARCA (de), connu principalement par l'épitaphe bizarre que lui fit Colletet, VIII, 196.

MARC-AURÈLE, empereur romain, né à Narbonne, prince qui régna par la justice et les lois, préférait le titre de philosophe à celui de maître de la terre, et réglait sa vie sur certaines maximes dont il ne s'écarta jamais, IX, 24; X, 306; XIV, 81, 214, 409.

MARCÉ, l'un des lieux circonvoisins du camp du Châtellier, XXV, 97.

MARCEAU (le général). Marque de déférence qu'il donne à Kléber, son rival de gloire, XI, 233. Courage extraordinaire qu'il déploya sur la place du Mans, avant d'emporter cette ville, XXV, 367. Son pays natal, XXVI, 102.

MARCELIN, jésuite et historiographe, X, 249

MARCET (M.), habile médecin qui donna des soins à Anatole de Césane, après la scène sanglante du couvent de la Guiche, XXIV, 209.

MARCHAND, commissaire-ordonnateur. Ses funérailles, VII, 85.

MARCHAND (Etienne), commandant du vaisseau armé par la maison Baux, de Marseille, et qui fit le tour du monde en 1790, 91, et 92, IX, 359.

MARCHAND (le général) obtint tous ses grades sur les champs de bataille, et fut traduit devant le conseil de guerre pour n'avoir pas, en 1815, défendu avec assez de fermeté la ville de Grenoble dont il était alors commandant, X, 129. Sa retraite aux environs de Grenoble, 130.

MARCHAND (M.), jeune homme qui fut détenu à Sainte-Pélagie pour le fait de lettres écrites aux jurés dans l'affaire de La Rochelle, XV, 74.

MARCHAND-DELVIGNE (M.), banquier à Lille, XII, 268.

MARCHANGY (M. de), avocat-général, auteur d'un ouvrage intitulé la *Gaule poétique*, III, 338.

MARCHE (Charles, comte de La), fils de Philippe-le-Bel, assiste à l'assemblée nationale convoquée par le roi son père, V, 255.

MARCHE (le comte de La) est défait à Taillebourg, avec les Anglais, XXVI, 203

MARCHENOIR, bourg situé près de la forêt qui porte ce nom, et dont les débris que l'on y remarque peuvent révéler l'ancienne importance, XXVI, 57.

MARCHES (le pays des), formant l'une des anciennes subdivisions de la Basse-Normandie, XXV, 250.

MARCIA, vestale, périt victime de l'amour, XIX, 5.

MARCIEN, l'ami le plus dévoué de Bélisaire, XVIII, 122.

MARCORELLE (M. le baron), auteur de plusieurs mémoires de médecine et d'histoire naturelle, IX, 25.

MARCOUL (saint), savant et célèbre prédicateur, dont les reliques reposaient à Reims, dans une église qui portait son nom, XXV, 254.

MARDICK (le port de), à quelque distance de Dunkerque, XII, 310, 330.

MARÉCHAL (Nicolas) fortifia la ville de Nanci, XI, 439.

MARÉCHAL, matelot de Calais, se distingua par son dévouement pour des naufragés, XII, 340.

MARÉCHAL, fameux chirurgien de Louis XIV et de Louis XV, homme habile mais brutal, XII, 341.

MARENCY (le chevalier de), passionné pour l'opéra. Querelle qui s'élève à ce sujet entre lui et le marquis de Bressac, III, 58.

MARESCOT, capitaine de génie, se trouvait à Lille, lors du siège de cette ville en 1792, XII, 232.

MARET (M.), duc de Bassano, XXVI, 440.

MARGARITI, soldat, se trouvait à la défense de la barrière de Clichy, XXII, 183.

MARGUERIE, mathématicien distingué, et lieutenant de vaisseau, tué à la prise de Grenade, XXV, 159.

MARGUERITE, gouvernante des Pays-Bas, prescrit aux inquisiteurs la plus grande sévérité envers ceux qui seraient suspects d'hérésie, XII, 292.

MARGUERITE DE BAVIÈRE, épouse de Jean-sans-Peur, XXVI, 459.

MARGUERITE DE BOURGOGNE. Sa détention au château Gaillard, où elle fut étranglée, XIII, 45.

MARGUERITE DE DAMPIERRE, comtesse de Flandre, fonde un hôpital à Séclin, XII, 223.

MARGUERITE D'ECOSSE, épouse de Louis XI, maintint la galanterie à la cour, II, 188.

MARGUERITE DE FLANDRE apporte en dot à Philippe-le-Hardi plusieurs comtés, XXVI, 456. Son caractère, 458.

MARGUERITE DE NAVARRE compose, dans le palais des ducs d'Alençon, ses *Nouvelles galantes*, XXV, 122.

MARGUERITE D'ORLÉANS, princesse célèbre par ses vertus et son amour pour la science, XIV, 489.

MARGUERITE DE VALOIS, sœur de François Ier, chanoinesse honoraire de la cathédrale d'Auch, VIII, 287. Ce qu'elle dit des délices qu'elle goûtait au château de Nérac, 305. Lieu de sa naissance; quelques mots sur ses contes un peu libres, et sur son intimité avec Clément Marot, XXVI, 231. Son portrait par le père Lemoine, 281. Elle séduit et chasse de sa présence Canillac, gouverneur du château d'Usson, où elle était retirée ; vie voluptueuse qu'elle menait dans ce séjour, 282. Son entrevue avec Henri de Savoli, son fils ; elle le recommande a Louis XIII, et au général de Bassompierre, 287.

Maria (le duc), danseur par excellence, XII, 460.

Mariage (le). Avantages et plaisirs que l'on y trouve, I, 333. Les mariages de convenance d'autrefois, 334. Corbeille de mariage dans le goût d'aujourd'hui, 336. La signature du contrat, 338. La bénédiction nuptiale, 339. Fête qui la suit, *ibid.* Cause qui rend le mariage plus rare parmi les auteurs que dans les autres classes, IV, 208. Supériorité du mariage sur le célibat, VI, 287. Difficulté qu'il trouve dans le luxe des femmes de toutes les classes, 288.

Mariage-Bonte (M.), commerçant de Lille, XII, 266.

Mariana, jésuite, se fit l'apologiste du régicide, XIV, 62.

Mariana, écrivain, s'est occupé de recherches sur l'histoire des Maures, XIX, 235.

Mariane, secrétaire d'ambassade à Constantinople et en Suisse, VIII, 464.

Marie, petite bergère, figure dans un épisode du roman de *Cécile*, XXIV, 110.

Marie, fille de Charles-le-Téméraire, recueille la succession de son père, va régner dans la France, et épouse plus tard l'archiduc d'Autriche Maximilien, XXVI, 467.

Marie-Antoinette, épouse de Louis XVI, IV, 283. Intérieur du cachot où elle fut enfermée a la Conciergerie, VII, 214.

Marie-Casimir, reine de Pologne. Son séjour au château de Blois, XXVI, 64.

Marie-Christine (l'archiduchesse), gouvernante des Pays-Bas, dirige elle-même les batteries qui foudroyaient Lille, en 1792, XII, 235.

Marie-Louise, impératrice, assiste, en 1813, à l'ouverture du port de Cherbourg, dont Vauban avait conçu le projet, XXV, 295.

Mariette (M.), commerçant montalbanais, VIII, 348.

Marigny (M. de), surintendant des bâtiments de la couronne, II, 229.

Marigny (Enguerrand de) détermine Philippe-le-Bel à convoquer une assemblée des trois ordres de l'état, pour adopter des résolutions contre la tyrannie des seigneurs, V, 254. Sa fortune, sa disgrâce et sa mort ; honneurs tardifs rendus à sa mémoire, XIII, 54. Son tombeau dans l'église d'Ecouis, 55.

Marigny (de), l'un des généraux qui dirigeaient l'armée royale marchant sur Saumur, XXV, 423.

Marillac, chancelier, né en Auvergne, XXVI, 347.

Marin, écrivain maniéré, XIX, 319.

Marin (M), statuaire. Sa figure d'une *Nymphe*, XXII, 161. Sa statue de *Tourville*, 162.

Marin (le cavalier), poete italien, XXIV, 189.

Marina, femme célèbre dans les annales du Mexique, épousa Fernand Cortez, XIX, 64.

Mariotte, auteur, a écrit sur la théorie de l'hydraulique, XXII, 348.

Maritz (M.) introduisit de nouveaux procédés dans la fonderie de canons, de Strasbourg, dont il était directeur, XI, 260.

Marius, IX, 291. Caractère de ce soldat romain, XVIII, 220. Moyens qu'il employa pour se rendre maître de la république; désordres par lesquels il fait oublier sa victoire sur les Cimbres; il reprend les armes dans un âge avancé, et brigue le commandement des troupes envoyées contre Mithridate; indigné de la préférence accordée à Sylla, il déchaîne ses sicaires, prend la fuite, et rentre dans Rome où il exerce d'horribles vengeances, 221. Son fils, qui s'était opposé à Sylla, est défait et forcé de s'enfermer dans Préneste, où il se donne la mort, 222.

Marivaux se trouve à une réunion des principaux écrivains dramatiques discutant sur leur mérite respectif, XVI, 433. Il n'a laissé que de pâles essais dramatiques, XX, 4.

Markham, médecin de l'île Maurice, XXII, 460.

Marlborough prend Lille, secondé par le prince Eugène, XII, 230.

Marly, village près de Metz, XI, 476.

Marly (la machine de), vaste et dispendieux monument, aujourd'hui sans aucune utilité, XIII, 12.

Marmagne, où l'on remarque deux marmousets gaulois, XXVI, 410.

Marmal, écrivain, s'est occupé de recherches sur l'histoire des Maures, XIX, 235.

Marmier (madame de), fille du duc de Choiseul, écrivit à Bonaparte en faveur de son père incarcéré à la citadelle de Lille, XII, 257.

Marmont (le maréchal), duc de Raguse, XXVI, 471. Ses opérations militaires en 1814, 501, 502, 515. Victoire qu'il remporte à Champaubert, 518.

Marmontel, l'un des amis de Voltaire, X, 460. Impromptu qu'il fit pour la fête de deux dames, quelques jours avant sa mort, XIII, 24. Il a contribué à légitimer au Parnasse le genre de l'Opéra-Comique, XXI, x. Mérite de ses pièces, xj. Définition qu'il donne du véritable opéra, XXII, 229.

Marmoutiers (l'ancienne abbaye de), fameuse par ses richesses et la beauté de son architecture, XXV, 434.

Marnésia (le comte de), avec le secours duquel le pasteur Oberlin termina un procès qui existait depuis long-temps entre le Ban de La Roche et le propriétaire des forêts et usines de ces lieux, XI, 399.

Marolles, village renommé par ses fromages auxquels il a donné son nom, XII, 82.

Marolles (l'abbé de), malheureux traducteur de tous les écrivains de Rome, XXV, 445.

Marot (Jean), père de Clément, auteur de quelques ouvrages XXV, 235.

Marot (Clément), poète français, VIII, 283. Son épigramme contre le juge Maillard, XVII, 66. Son intimité avec Mar-

guérite de Valois, XXVI, 231.
Caractère de ses poésies, 255.

MARQUIS (M.), professeur de botanique a Rouen, XIII, 206.

MARQUIS (M.), membre de la société des antiquaires de Caen, XXV, 226.

MARQUISET (M.), l'un des négociants les plus recommandables de Besançon, XI, 119.

MARRAST (M.), commerçant de Mont-de-Marsan, VIII, 73.

MARS (mademoiselle), comédienne célèbre, 1, 15.

MARSAL, petite ville d'origine antique, et remarquable par sa position et sa construction, XI, 296.

MARSDELL (M.), écrivain anglais, adepte de l'école romantique. Son érudition sur l'histoire de la forteresse de Vincennes, XV, 228. Fragments de son poeme sur ce château, 232.

MARSEILLE. Le couvent des Petites-Maries pour la construction duquel on a renversé plusieurs monuments, IX, 316. Esprit politique des Marseillais, 320. Troubles et massacres qui ont désolé la ville pendant les réactions de 1815, 323. Aspect du territoire de Marseille, 326. Sa construction régulière, 327. La promenade des allées de Meilhan; ancienne rivalité de Marseille avec Rome et Carthage; personnages de l'antiquité nés dans ses murs, 328. Dominations qu'elle subit successivement, *ibid*. Monuments antiques et curiosités que l'on y trouve, 329. L'église de la Major; la maison de ville, 330. Les anciens remparts; la maison de Puget; le Muséum, 331. L'académie, 332.

La société de Médecine, *ibid*. Marseillais célèbres des temps modernes, 333. La statue d'Homère; le cabinet littéraire de MM. Camoins frères, 337. Scènes sanglantes du mois de juin 1815; dévouement de plusieurs marseillais, 339. Affaiblissements que les désastres de la révolution ont fait subir au commerce de Marseille, 359. Fortunes conservées, 360. La principale branche de l'industrie marseillaise, 361. Le corps des portefaix; portrait des Marseillais au milieu des cercles et des divertissements, 362. Le caractère des gens du peuple; l'opinion publique à Marseille, 363.

MARSEILLETTE (l'étang de), que plusieurs compagnies tentèrent vainement de dessécher et qui le fut enfin par une hollandaise; offre aujourd'hui le tableau d'une plaine fertile, IX, 280.

MARSOLLIER, biographe, né à Uzès, IX, 205.

MARSOLLIER, de Lyon, auteur dramatique, XI, 112; XXI, xi.

MARSY (Gaspard), sculpteur, né à Cambrai, XII, 69.

MARTEL (le marquis de), fanfaron de bravoure, II, 11.

MARTHE (la sœur) acquit une honorable célébrité par ses soins maternels et son affection pour les soldats, XI, 127.

MARTIAL, personnage cité dans une lettre du marquis d'Hernouville, II, 15.

MARTIC (Arnaud de), évêque, adversaire de Gérard Le Roux, XII, 350.

MARTIGNAC (M.), avocat distin-

gué du barreau de Bordeaux, VIII, 22.
MARTIGUE (la dame de), épouse du duc de Mercœur, XII, 592.
MARTIN (M.), professeur à Picpus. Moyens d'amélioration qu'il indique pour le mélodrame, V, 336.
MARTIN fils (M.), distingué par sa vaste érudition, IX, 350.
MARTIN, que Voltaire arracha à l'échafaud, X, 457.
MARTIN (M.), membre du barreau de Douai, XII, 173.
MARTIN (M.), négociant de Rouen, XIII, 184.
MARTIN, acteur de l'Opéra-Comique, XXI, xij.
MARTIN (saint), évêque et patron de Tours, jouissait d'un grand crédit à la cour, XXV, 440.
MARTINE (M. de La), auteur de poésies mélancoliques, I, 19.
MARTINET, libraire de Paris, renommé par des estampes et des gravures qui attirent la curiosité des Parisiens, I, 150. Médiocrité de la plupart des caricatures exposées dans sa boutique, IV, 168.
MARTINET (le docteur), ancien médecin des eaux de Plombières, III, 235.
MARTINI (le père), auteur d'écrits sur les arts, III, 402.
MARTINIÈRE (Bruzen de La), écrivain laborieux, auteur de plusieurs ouvrages très volumineux, XXV, 35.
MARTINSART, bourg du département du Nord, XII, 222.
MARTOT, village situé près d'Elbeuf, renommé pour ses navets, XIII, 137.
MARTRES, petit village d'Auvergne, XXVI, 279.

MASACCIO (le), peintre italien, dont le style était naïf, mais sec et maigre, XXII, 45; XXVII, 38.
MASCARET (le), rivière qui se jette dans la Dordogne, et qui est sujette à l'action de la marée, XIII, 226.
MASCARON, né à Marseille, IX, 334.
MASCLET (M. le chevalier), consul-général de France à Edimbourg, auteur d'un grand nombre d'opuscules sur la science agronomique et sur divers sujets d'économie politique, XII, 183.
MASCOT, citoyen de Calais, se distingua par son dévouement pour des naufragés, XII, 340.
MASOUPF (le ruisseau de) arrose la ville de Saint-Mihiel, XI, 437.
MASQUELIER, graveur, I, 14.
MASSARD, graveur, I, 14.
MASSEUBE, ville du département du Gers, VIII, 285.
MASSIAC (le chevalier de), connu par des mémoires militaires, VIII, 466.
MASSIAC, ancien domaine des tyrans d'Espinchal, remarquable par un pont dont la construction est attribuée à la ferveur de sainte Madeleine, XXVI, 302.
MASSIEU, élève distingué, et suppléant de l'abbé Sicard, instituteur des Sourds-Muets, II, 391.
MASSIEU, auteur d'une Histoire de la poésie française, XXV, 237.
MASSILLARGUES, petite ville dont les paisibles habitants sont demeurés étrangers aux réactions de 1814 et 1815, IX, 152.

Le château de Massillargues, 153.

MASSILLON, célèbre prédicateur. Tableau qu'il trace des cours, XX, 367. Son pays natal, XXVI, 324.

MASSON (Jean), né à Nozeroy, XI, 42.

MASSON (Papyre), panégyriste de Jean Daurat, XXIV, 183.

MASSON-LE-GOLFT (mademoiselle), élève de Dicquemarre, XIII, 278.

MASSON DE SAINT-AMAND (M.), auteur d'*Essais historiques et anecdotiques sur Evreux*, XIII, 90.

MATEO D'ALEMAN (don), auteur d'un ouvrage intitulé: *Le Code des mendiants*, IV, 247.

MATERNE (saint) prêche le christianisme dans l'Alsace, XI, 182.

MATERNITÉ (la). Causes qui éloignent la plupart des femmes d'en remplir le premier devoir, celui d'allaiter elles-mêmes leurs enfants, IV, 236. Facilité qu'ont les femmes de recourir à cette maternité d'adoption dont l'hospice des Enfants-Trouvés est la source intarissable, 361.

MATEWS, général anglais, pris avec les troupes qu'il commandait, par Tippô-Saeb, périt au milieu des supplices, XVIII, XIV Cruautés qu'il exerça dans la ville d'Hydernagore, dont il s'était rendu maître, 93.

MATHAS (M), pair de France, membre de la société d'agriculture et de commerce de Caen, XXV, 224.

MATHEVELLE (Jacques-Isaie de), seigneur protestant, persécuté par les ordres de la cour, et ramené peu à peu au catholicisme par la douceur et la tolérance de Fénélon, XXVI, 194, 197.

MATHEVELLE (M. de), petit-fils du précédent, gentilhomme saintongeois, donne à l'Ermite quelques détails sur l'histoire de sa province, XXVI, 199.

MATHIEU I, duc de Lorraine, fut donné pour garant au roi de France, par l'empereur Henri V, XI, 426.

MATHIEU II, duc de Lorraine, réunit Lunéville à ses états, XI, 288.

MATHIEU (M.), perruquier d'Epinal, antiquaire, et possesseur d'une collection presque complète de médailles antiques qu'il a formée lui-même, XI, 377.

MATHILDE, épouse de Guillaume-le-Conquérant; lieu où reposent ses cendres, XXV, 201.

MATHILDE, fille du seigneur d'Anfreville-les-Monts. *V*. RAOUL.

MATIGNON (le maréchal de) défait un corps de lansquenets qui lui opposait quelque résistance du côté de la Bastille, XXII, 18. Il préserve la ville d'Alençon des fureurs de la Saint-Barthélemi, XXV, III; soustrait Cherbourg aux attaques de Montgommery, 287; reprend Saint-Lô, 305; éprouve une vigoureuse résistance de la part des ligueurs renfermés dans Blaye qu'il était venu assiéger, XXVI, 218.

MAUBERT, auteur du *Testament du cardinal Albéroni*, XIII, 195.

MAUBEUGE, ville remarquable par ses fortifications, son ancien chapitre de chanoinesses, et une belle manufacture d'armes, XII, 94.

MAUBREUIL (le marquis de), qui fut détenu à la prison Notre-Dame à Douai, XII, 157.

MAUBUISSON (l'abbaye de), fondée par Blanche de Castille, III, 192. Les religieuses de cette abbaye sont, a plusieurs époques, victimes de la licence d'une soldatesque effrénée, *ibid.* Henri IV y loge pendant le siège de Pontoise, 193.

MAUDUIT (mademoiselle), artiste peintre. Son tableau d'*Henriette de France*, XXII, 138.

MAUGER, graveur, médailliste de Louis XIV, né à Dieppe, XXV, 36.

MAUGIRON, tué en duel par Riberac, II, 368. Lieu de ce combat, VII, 243.

MAUGIRON (la famille des), à laquelle appartenait la terre de Sainte-Colombe, X, 290.

MAUGLIN (M.), avocat célèbre, I, 17; XIV, 415.

MAUGUIO (l'étang de), dont la navigation devient de jour en jour plus difficile, IX, 288.

MAUPASSANT DE RINCY (M.), inventeur d'une machine pour fabriquer les bouchons de liège, XXII, 345.

MAUPERTUIS (Pierre-Louis Moreau de), géomètre célèbre, suivit d'abord la carrière des armes, et partit, en 1736, à la tête des académiciens chargés d'aller déterminer dans le Nord la figure de la terre ; succès qu'il eut dans cette entreprise; Frédéric II le nomme président de l'académie qu'il venait de fonder à Berlin; caractère jaloux et despotique de Maupertuis; il meurt à Bâle, XII, 412.

MAUPIN (Simon), architecte-voyer qui fournit les plans de l'hôtel-de-ville de Lyon, X, 380.

MAUREPAS (M. de), ministre, écarta provisoirement Voltaire du fauteuil académique, II, 230. Il fait destituer Malesherbes de sa place de ministre, XVI, 150

MAURES (les). Magnificence orientale et chevalerie chrétienne mélées et confondues dans les mœurs de ceux d'Europe; leur caractère mixte, XIX, 235. Ils punissaient de mort le général sous le commandement duquel l'étendard de l'empire tombait aux mains des ennemis, 236. Caractère de leur architecture, et de leur poésie; leur férocité dans les combats, 237. Leurs vêtements; magnificence de leurs édifices, 238. Complainte d'un Maure sur le siège et la conquête de l'Alhama, 239. Vers 712, ils remportèrent une victoire signalée sur les Visigoths, 291.

MAURICE (M.), peintre distingué. Son insensibilité à une marque d'attachement que lui donne madame Vernon, I, 315.

MAURICE, évêque de Paris. Règlement qu'il fit statuant qu'à sa mort chaque chanoine laisserait son lit à l'Hôtel-Dieu, III, 312.

MAURICE (le chevalier), personnage versé dans la connaissance de choses indifférentes, et ignorant ce qui est le plus remarquable, II, 387.

MAURICE MATHIEU (le lieutenant-général), guerrier célèbre par sa valeur sur les champs de bataille, et sur sa bienfaisance à l'égard des villageois, VIII, 445.

MAURICE, électeur de Saxe, maréchal de France. Monument qu'on lui a élevé dans l'église de Saint-Thomas à Strasbourg, XI, 261.
MAURICE, écrivain anglais. Ce qu'il dit de la cérémonie de la consécration des Bayadères, XIX, 112.
MAURICE, ou Ile-de-France, *voy.* Ile-de-France.
MAURIN (le général), guerrier distingué, IX, 134.
MACROY (l'abbé de), personnage cité par l'Ermite, II, 379.
MAURY (le cardinal), né dans le département de Vaucluse, IX, 219.
MAUVILAIN, personnage en rapport avec tous les comédiens de Paris, II, 11.
MAUVILLAIN, médecin et ami de Molière qui trouva en lui la source des plaisanteries techniques que l'on trouve dans quelques unes de ses pièces, VI, 128.
MAEZAISSE (M.), peintre distingué. Son tableau de *Clorinde*, XXII, 35; celui de l'*Arioste au milieu des brigands*, 50; celui des *Danaïdes*, 97; celui d'un *Arabe pleurant son coursier*, XXV, 402; XXVII, 43.
MAXENCE (saint), né à Poitiers, XXVI, 159.
MAXIME forme le projet de s'emparer des Gaules; il débarque sur la côte de l'Armorique, bat l'armée qu'on lui oppose, s'empare de plusieurs villes, et, enflé de tant de succès, il accorde une grande partie de l'Armorique à Conan Mariadec qui l'avait accompagné dans son expédition; il meurt ensuite devant Aquilée, XII, 363.
MAXIMILIEN (l'archiduc) reçoit de Louis XI la ville de Bouchain, XII, 150. En dépit des droits du roi de France, il conserve la principauté de Lille et ses châtellenies, 230; épouse, par procuration, Anne, duchesse de Bretagne, 382; déclare la guerre à la France, pour se venger de l'affront qu'il avait reçu en voyant passer dans les bras d'un autre celle qui lui était promise, 383.
MAXIMILIEN II, empereur, accorde quelques privilèges à l'académie de Strasbourg, XI, 266.
MAYENNE. Etat des fabriques de toiles de cette ville, XXII, 397.
MAYENNE (la), rivière qui donne son nom à l'un des départements de la France, XXV, 376.
MAYNARD, littérateur distingué né à Toulouse, VIII, 427.
MAYRIGNAC (M. Sireys de), administrateur des haras, de l'agriculture et du commerce, XXV, 92.
MAYTÉMINA, bohémienne d'une grande beauté, qui, après avoir été l'amante de M. Destère, vint à Paris où elle obtint quelque temps la vogue; mais bientôt, voyant son crédit baisser, elle retourna à sa vie de bohémienne, se mit à la tête d'une troupe de contrebandiers avec lesquels elle exerçait des brigandages dans les Pyrénées; secours opportuns qu'elle donne à son premier amant, VIII, 100.
MAZARIN (le cardinal). Il refusait d'admettre aux emplois des hommes malheureux, II, 245. A l'occasion de la paix des Pyrénées, il ouvrit au

peuple l'hôtel de Bourgogne, ce qui introduisit l'usage des spectacles *gratis*, III, 210. Il fait bâtir le collège des Quatre-Nations, 407. Mausolée qu'on y eleva à sa mémoire, *ibid.* Son caractère au milieu des intrigues de la cour, XIV, 126. Somme qu'il amassa dans le cours de son ministère, 394. Ses parties fines au château de Vincennes, XV, 231.

Mazeppa, page du roi Jean Casimir. Il aime mieux subir le supplice auquel il est condamné que de se suicider, et il trouve son salut dans sa résolution, IV, 120.

Maziau (le colonel), qui fut détenu à Sainte-Pélagie, XV, 75.

Mazois (M.). Son *Palais de Scaurus* peut être regardé comme un véritable roman historique, XXIII, 30.

Mazure (M.), l'un des ennemis de Voltaire, X, 460.

Mazzochi, juge napolitain accusé par Vanni, XIV, 567.

Meadews, colonel anglais, gouverneur de Bombay, XXIII, 69.

Meaux. Opérations militaires dont cette ville fut témoin en 1814, XXVI, 520. Le tombeau de Bossuet, 521.

Méchin (le baron), distingué, comme littérateur, par son élégante et fidèle traduction de Juvénal; et, comme administrateur, par la sagesse et la douceur avec laquelle il dirigea le département de l'Aisne dont il fut préfet, I, 16; VIII, 73; XII, 23. Soins qu'il apporta à la construction de l'hôtel-de-ville de Caen, XXV, 213.

Méchino (Jean), surnommé le Banni de Liesse, auteur d'un poème français intitulé les *Lunettes d'un prince*, XII, 591.

Mecklembourg (la princesse de), femme qui ne faisait aucun cas de la bagatelle, XXVI, 475.

Mecque (la), lieu célèbre par les pélerinages que les Turcs vont y faire au tombeau de Mahomet, III, 384.

Médagne, situé en Auvergne, et remarquable par ses eaux minérales, XXVI, 332.

Médecine (la) Elle est un des chemins qui conduisent le plus promptement à la mort, VI, 126. Ce qu'elle était dans le seizième siècle; caractère de gravité qu'elle prit sous Louis XIV, 127. Costume, légèreté et coquetterie des médecins dans le siècle suivant, 128. Portrait des médecins de Germanie qui furent quelque temps en vogue, 128.

Medellin, petite ville de l'Estramadure, patrie de Fernand Cortez, XIX, 60.

Médicis (Catherine de). Elle fait de la fraise son principal ornement, III, 21. Assiste au siége de Rouen par les troupes de Charles IX, XIII, 147. Fait enfermer le prince de Condé dans le château d'Onzain, après la bataille de Dreux, XXVI, 24. Son séjour au château de Freschines, 25. Diane de Poitiers lui cède le château de Chaumont, 29. Son exil et sa captivité au château de Blois, 63. Cour voluptueuse qu'elle réunissait dans ce lieu, 65.

Médicis (Marie de). Elle se fait tirer les cartes par l'intrigante Galigai, I, 303. Elle donne à la fraise une direction plus favorable au cou, III, 21. Prédilection qu'elle avait pour la résidence de Saint-Germain-en-Laye, XIII, 13. Embellissements qu'elle fit exécuter au château de Blois, XXVI, 66.

MÉDIOCRITÉ (la) est la première cause de la dégradation que l'on remarque dans tous les genres, dans la politique et la religion, dans la morale et les belles-lettres, dans les sciences et les beaux-arts; circonstances dont elle a profité pour établir sa puissance ; elle a usurpé les premiers emplois au préjudice de la vertu à talent, XV, 204. Elle entrave la prééminence qui nous serait infailliblement acquise, si les hommes de génie et de talent n'étaient pas exclus des fonctions publiques, 205.

MÉDIOMATRICIENS (les) qui s'étaient répandus dans l'Alsace, XI, 180, 461.

MÉGE (M. du), voyageur et antiquaire distingué, VIII, 407. Recherches qu'il a faites pour prouver l'authenticité de l'existence de Clémence Isaure, 415. Ses droits à la renommée, 431.

MÉGRIN-LA-CHENETTE, vignoble voisin d'Auxerre, XXVI, 482.

MÉGUILLET (M.), l'un des principaux manufacturiers d'Héricourt, XI, 163.

MEHEMET, frère d'Aline, XIII, 302.

MEHEMET (Ibrahim), l'un des ambassadeurs envoyés à l'Ile-de-France, par Tippô-Saeb, XVIII, xvj.

MÉHUL, célèbre compositeur, I, 15. Il prononce un discours d'adieux sur la tombe de Grétry, III, 295. Talent qu'il déploya dans la musique des *Amazones*, XIX, 229; XXI, xj. Conseils qu'il donna à l'auteur sur le rhythme d'un passage de cet opéra, XXII, 255, 265.

MEHUN (Jean), satirique qui faisait son profit, pour le roman de *la Rose*, des agaceries de Jeanne de Navarre et du grand écuyer, V, 256.

MEILHAN (M. de), auteur d'un ouvrage intitulé *les Portraits*, III, 340.

MEILLAN (la marquise de), femme qui a trouvé le moyen de se persuader qu'elle avait mal aux nerfs, V, 77.

MEILLERAYE (le maréchal de La) assiégeait Angers lors des guerres de la fronde, XXV, 385.

MEILLONAS (M. de), ancien major de Royal-Dragons, IV, 319.

MEINADIER, maréchal-de-camp, né dans le département du Gard, IX, 210.

MEISTER (M.), de Zurich, ami de Diderot, et auteur des *Lettres sur l'Imagination*, X, 441.

MÉJAN (M.), ancien secrétaire-d'état du royaume d'Italie, IX, 137.

MÉJANES (M. de), particulier qui légua sa bibliothèque à la ville d'Aix, IX, 296.

MÉLANCOLIE (la) Charmes qu'elle présente quelquefois, I, 295. Elle n'est point une manière d'être habituelle, mais un accident de notre nature, qui nous surprend quelquefois au sein du bonheur même, VI, 237. On peut la regarder comme le dernier degré de la civilisation, et comme créant les solitudes, 238.

MELCHIOR (Adam), cité, XXIV, 182.

MELCOURT (madame de). Sa contenance dans une réunion, I, 376.

MELCOURT (M. de), ancien militaire, habitant du Marais. Intérieur de son ménage, VII, 251. Ses qualités comme époux, 252.

MELDA (la), petite rivière, au-dessous de laquelle est située la ville de Méry-sur-Seine, XXVI, 496.

MÉLICK, fakir qui se faisait fort de guérir les fous de la cour de Nouschirvan-Scha, II, 274.

MELLO (don Francisco de) surprend le duc de Grammont au village d'Honnecourt, XII, 39.

MELUN (Charles de), pour avoir défendu les intérêts du peuple contre la tyrannie de Louis XI, est renfermé au château Gaillard, où il souffre les plus épouvantables tortures, XIII, 46.

MELUN, ville du département de Seine-et-Marne, située à quelque distance de Paris, XXVI, 541.

MÉLUSINE (la fée), célèbre au quinzième siècle, XXVI, 166.

MÉMOIRE (la). Avantage qu'elle présente aux beaux-esprits de la société, I, 283. Inconvénients des mémoires artificielles, 284.

MÉNAGE (Gilles), modèle des pédants, homme instruit de tout ce qu'il est inutile de savoir, XXV, 407.

MÉNARD (M.), général. Caractère qu'il déploya durant les réactions politiques de 1815, à Carcassonne, VIII, 441; IX, 210.

MÉNARS (M.), manufacturier de Lodève, IX, 57.

MÉNARS (le château de), actuellement propriété du duc de Bellune, XXVI, 19.

MENDELSOHN (Moses), de Berlin, traduisit en hébreux le *Phédon*, IX, 274.

MENDICITÉ (la). Efforts tentés par le gouvernement pour la détruire, et mettre à profit les bras d'une grande partie de ceux qui l'exerçaient, I, 179. Ses progrès en France, et ses nuances suivant les diverses classes de la société, IV, 246. Manières révérencieuses qu'emploient les mendiants, 247. Noms honnêtes dont on couvre le métier de mendiant, 248. Conditions pour le remplir avec quelques succès, *ib*. Lois en vigueur chez les anciens contre la mendicité, 249. Ordonnances rendues inutilement en France contre cette plaie de la société, 251. Livrée que revêtaient les mendiants pour s'attirer la compassion; le coryphée des mendiants à bel habit, 252. Les mendiants de réputations littéraires, 253. La mendicité est un véritable abus, VI, 388. Les mendiants sont une sorte de vermine qui s'attache aux riches, XIV, 351. Anciens établissements où ils étaient à l'abri d'un dénuement complet, et où ils devenaient laborieux; hypocrisies et mensonges auxquels les mendiants recourent, 352. L'aspect des mendiants accuse le gouvernement qui leur doit des secours, s'ils sont infirmes, et de l'occupation, s'ils sont en état de travailler, 354. Plan à suivre pour détruire la mendicité, 355. Les mendiants sont, avec les marchands de chansons, les véritables interprètes des mystères de la politique, XVI, 415.

MÉNESTRIER, savant, né en Bourgogne, XXVI, 471.

MENGIN (Isidore), savant médecin, né à Saint-Mihiel, XI, 439.

MENGS (Raphaël) pense que le beau dans la nature et dans les arts est le résultat des contrastes, XV, 176.

MÉNIL-LAHORGUE, village à quelque distance de Commercy, XI, 435.

MÉNIPE, personnage se disant homme de lettres, est dévoré de fiel et d'envie, VI, 306.

MENJAUD (M.), peintre. Ses tableaux de la *Mort de l'abbé Edgeworth*, et de la *naissance de Louis XIII*, XXII, 51.

MÉNÉVILLETTE (le marquis de), personnage cité par l'Ermite, II, 379.

MENNE (M.), commerçant estimé d'Agen, VIII, 294, 300.

MENNEVILLE, personnage auquel des maladroits appliquent quelques observations de l'Ermite, II, 384.

MÉNOPHILE, prototype des hommes qui ne voient dans le titre des gens de lettres qu'un moyen de s'insinuer et d'intriguer auprès des grands, V, 278.

MENOU (le général). Durant l'expédition d'Égypte, il se fait Turc, sous le nom du général Abdhala, et adopte tous les usages des mahométans, IV, 385. Inutilité de ses efforts pour défendre la ville de Saumur contre les Vendéens, XXV, 423.

MENOU (le Père), jésuite et confesseur de Stanislas, duc de Lorraine. Son ascendant sur les idées religieuses de ce prince, XI, 307.

MENOUX (Joseph), prédicateur de Stanislas Ier, roi de Pologne, XI, 42.

MENSONGE (le) est un des agents les plus accrédités de la corruption, et s'étend à toutes les classes de la société, XV, 162. Le mensonge politique, agissant dans un cercle plus étendu, a pour agents les ministres, les hommes d'état, les diplomates; c'est à lui qu'il faut attribuer les paroles violées, les contrats rompus, les promesses trahies, les marchés frauduleux, 163.

MENTEL ou MENTELIN (Jean), célèbre imprimeur, fit paraître, en 1466, la première Bible allemande, XI, 269.

MENU (l'abbé), jésuite, combine, dans un entretien avec Escobar et Lainez, les moyens de renverser peu à peu la Charte constitutionnelle de France, d'abolir toutes les institutions que l'on doit au retour de la légitimité, et de s'arroger un pouvoir absolu, XVI, 28 *et suiv.*

MER, bourg situé sur les rives de la Loire, XXVI, 56.

MÉRANGE, prototype des tartufes de franchise, I, 55.

MÉRANGE (madame de) accorde une pension à un jockey dont elle était devenue mère en l'absence de son mari, II, 314.

MÉRANGE (M. de), habitant d'une maison dans l'île Saint-Louis. Soins qu'il donne à l'éducation de sa fille; son caractère, VI, 319. Réunion de sa famille au déjeuner, 320. La lecture des journaux, 323 Plan de vie adopté par M. de Mérange, 324. Bienfaisance de sa femme, *ibid.* Occupations agricoles du maître de la maison ; la conversation durant le dîner, 325. Caractère de madame de Mérange, 326. Il trace le portrait, et expose les opinions d'un candidat pour les élections, qui fait ses affaires lui-même, et pense qu'il sera nommé député, VII, 133. Approbation qu'il donne au discours de Walker sur la corruption des mœurs, 193.

MÉRANGE (madame de) reçoit chez elle madame de Bodlosquet, XV, 166 *et suiv.*

MÉRANGÉA (la grotte de), à une lieue d'Orgelet, et dans laquelle les habitants de cette ville cherchèrent un refuge contre les ennemis, en 1636 et 1674, XI, 18.

MERCIER, écrivain moraliste, I, 24. Son vœu pour la prolongation de ses jours, V, 127.

MERCIER (les deux), nés à Uzès, IX, 186.

MERCIER, mécanicien distingué, né à Brest, XII, 520.

MERCIER (M.), propriétaire du château de Lonray, a formé à Alençon une fabrique de mousselines brodées en *points à jours*, XXV, 112, 118.

MERCŒUR (le duc de), profitant des troubles qui agitent la France, lève l'étendard de la révolte, et fixe sa résidence à Nantes, d'où il brave toutes les résistances que l'on oppose à ses prétentions sur la Bretagne, XII, 386. Il obtient son pardon de Henri IV, et perd le gouvernement de Bretagne, *ibid.* Ses efforts pour décider les Nantais à la révolte contre Henri III, 579.

MERCŒUR, personnage qui s'est fait une réputation sur un bon mot dont il n'était pas l'auteur, III, 204.

MERCY, général au service de Bavière, combattit vaillamment Condé et Turenne, XI, 496.

MERCY-LE-BAS, où l'on trouve quelques manufactures, XI, 499.

MÉRENS (le comte de) rencontre l'Ermite à Marseille, et lui donne quelques détails sur son histoire particulière, et sur les horreurs dont les Anglais désolèrent Toulon en 1793, IX, 367 *et suiv.*

MÉRICOURT (Théroigne de), femme de la révolution, s'applaudit de la fatale influence qu'elle a exercée à cette époque, IV, 341; XVI, 83 à 98.

MÉRIEL (madame de), propriétaire d'une terre considérable à Saint-Brice, II, 418.

MÉRILHOU (M.), avocat, I, 17; XIV, 415.

MÉRINDAL, village situé au sein de la montagne du Luberon, IX, 217.

MÉRINVAL, cité comme écrivain lourd et ennuyeux, III, 401.

MÉRIPPE, avocat, prototype de ces sots qui savent tout hors ce qu'il convient qu'ils sachent, VI, 348.

MÉRIVAL, ancien jurisconsulte, rempli de préventions contre les femmes, se décide à épouser une aventurière, V, 267.

MERIVAL (M. de), pour imiter les personnes avec lesquelles il vit, s'efforce chaque jour de défigurer son caractère, VII, 69.

MERLE (M.), auteur dramatique, s'est distingué dans la peinture des mœurs populaires, IX, 135; XXI, xv.

MERLE (le capitaine), baron de Salavas, né à Issoire, XXVI, 280.

MERLEN DE LA BOULAYE, botaniste savant, né à Angers, XXV, 407.

MERLERAULT, bourg situé à quelque distance de Nonant, XXV, 93.

MERLIN (madame la comtesse), distinguée par sa beauté et son rare talent comme cantatrice, XI, 128.

MERLIN (Charles), à qui l'Alsace doit une grande partie de ses mécaniques, de ses filatures et de ses fabriques, XI, 274.

MERLIN (Louis), fils du précédent, habile paysagiste, XI, 274.

MERLIN, enchanteur célèbre que l'on dit être né dans l'île de Sein, XII, 533.

MERLIN DE DOUAI, célèbre jurisconsulte, né au village d'Arleux, 67, 173, 181.

MERMET (l'abbé), érudit distingué, XI, 11,

MERNIEZ, village où naquit le comte de Mosbourg, VIII, 280.

MÉROVÉE, roi des Francs, repousse Attila qui ravageait l'Alsace, XI, 182, 240.

MERSAN (M.), ecclésiastique disgracié pour la tendance de ses opinions au jansénisme. Il rencontre l'Ermite à Tours, XXV, 465. Il le retrouve dans cette dernière ville, et parcourt avec lui différentes régions de la France, XXVI, 130 et suiv. Jugement qu'il porte de Fénélon, 192. Il raconte la bienveillante sollicitude dont il a été l'objet de la part du comte Regnaud de Saint-Jean-d'Angely, 223 Il se sépare de l'Ermite à Périgueux, 239. Lettre où il parle de sa visite au château de Montaigne, et décrit cette résidence, 267.

MERSENNE (le Père), ami et disciple de Descartes, joignait beaucoup d'esprit à ses connaissances exactes, XXV, 373.

MERVÈGE (Bernard de), écrivain, voyageur, et secrétaire de la chambre de Henri IV, XXV, 406.

MERVEILLE (la), édifice somptueux situé à quelque distance de Cancale, servait d'habitation aux Templiers, XII, 393.

MERVIEUX (M. de), personnage qui fait des dupes en surprenant l'opinion politique des autres, pour les dénoncer ensuite, V, 264.

MERVILLE, prototype des tartufes d'ambition, I, 56.

MERVILLE, ancienne connaissance de l'Ermite, III, 69.

MERVILLE, situé dans le département du Nord, XII, 296.

MERVIN (M. de), habitant de l'Ile-de-France, s'est fait une réputation dans l'art d'estropier les mots, ou de les détourner de leur signification, VIII, 361.

MÉRY-SUR-SEINE, ville peu considérable, où il y eut une attaque terrible entre le général

Blucher et la division Boyer de la garde impériale; les Prussiens s'en éloignent après que toutes les maisons eurent été réduites en cendres par l'artillerie, XXVI, 496.

MESCHAWAS (le fort), en Amérique, où se trouvait une garnison prête à voler au secours de la colonie de Beauvoir, XXIV, 324.

MESLAY, construit sur les ruines d'un ancien château qui avait servi de quartier-général au vainqueur de la ligue pendant le siège de Vendôme, XXVI, 28.

MESMER, fameux par sa découverte du magnétisme animal. Effets de ce nouvel agent de la nature sur les femmes, III, 80.

MESNARDIÈRE (madame de La), convive de madame Guillaume. Malgré sa surdité, elle prend une part très active à la conversation, ce qui amène de singuliers quiproquo, V, 166.

MESNIÈRE (la commune de la), située à quelque distance d'Alençon, et dominée par des collines, XXV, 115.

MESNIL (le), manoir à quelque distance de l'abbaye du Jumiéges, où Agnès Sorel mourut en couche, XIII, 218.

MÉTASTASE fut l'un de ceux qui les premiers revêtirent la tragédie des formes lyriques, XXII, 236.

METEZEAU (Clément), architecte, construisit la fameuse digue de La Rochelle, XXVI, 100, 169, 171, 173.

METRA, célèbre nouvelliste de l'arbre de Cracovie, IV, 145.

METTRIE (La Bigorre Julien Offray de La), médecin, qui, par ses opinions et son incrédulité, se fit un grand nombre d'ennemis; pour fuir le courroux de la faculté, il s'expatrie à Leyde, et se retire ensuite à Berlin, où il devient le médecin de Frédéric-le-Grand, XII, 411.

METZ. Mouvement qui anime la population de cette ville un jour de petite guerre, XI, 459. Origine de Metz; accroissement rapide de sa prospérité sous la domination de ses vainqueurs; désastres qu'elle essuya des Allemands et d'Attila, 461 Elle devient le siège du royaume d'Austrasie; Charlemagne la réunit à son empire et l'embellit; elle passa successivement sous la domination de Henri-l'Oiseleur, du grand Othon, et de Conrad de Lorraine qui la livra au pillage; elle se constitue en ville libre sous la domination immédiate des empereurs, 462. Elle repousse les atteintes portées à sa liberté, et résiste à Charles VII qui vient l'assiéger; cruautés que ses habitants éprouvèrent d'un homme qu'ils avaient mis à leur tête, 463. Guerre qui la désola en 1727, 464. Son courage contre Charles-Quint qui était venu l'assiéger, 465. Pertes qu'elle fit pendant ce siège; elle prête serment de fidélité à la couronne de France, 466. Complot dont elle faillit être victime de la part des cordeliers, 467. Situation de Metz; ses fortifications, 469. La cathédrale, 470. Le bâtiment dit *le Gou-*

vernement; l'ancienne abbaye de Saint-Arnould; le bâtiment de l'intendance; l'hôpital militaire, 471. Autres établissements de bienfaisance et d'utilité, 472. Système adopté dans l'école d'artillerie et du génie, 473. Intérieur de cette école, 474. Restes de monuments antiques que l'on voit dans les rues de la ville, 475. Aspect des villages environnants, 476. L'ancienne naumachie; l'ancien palais des empereurs romains, 477. Vestiges de monuments que l'on trouve dans les caves de l'église des trinitaires, *ibid.* Les pépinières; campagnes qui environnent Metz, 485. Les fruits que l'on récolte dans le territoire de cette ville, 489. La promenade de Metz, 491. L'ancienne citadelle; établissements d'instruction, 492. Caractère et malpropreté des juifs de Metz, 493. Hommes célèbres nés dans cette ville, 495. Penchant des Messins pour l'art militaire, 497. Leur commerce et leur industrie, 498. Etablissements d'instruction qu'ils possèdent; leurs compatriotes célèbres dans les sciences, dans les lettres et les arts, 506. Leur caractère politique, 509. Leur ancienne crédulité superstitieuse, procession burlesque qui se faisait plusieurs fois par an dans les murs de Metz, 510. Mœurs des habitants; leur luxe, 511.

MEUBLES (les) Leur première qualité, c'est d'être commodes, XXII, 418. Perfectionnements introduits dans l'art de les construire, 419.

MEULAN, ville du département de Seine-et-Oise. Aspect de la route qui conduit de ce lieu à Mantes, XIII, 14.

MEUNG (Jehan de), troubadour, XXVI, 243.

MEURTHE (le département de la). Branches d'industrie exploitées dans cette contrée, XI, 289. Cours de la Meurthe, 312. Productions du département auquel elle donne son nom, 317. Ses vins, 318. Usage observé aux mariages dans les campagnes de cette contrée, 322.

MEUSE (la). Le cours de cette rivière, XI, 417, 425, 450. Etat de l'agriculture, de l'industrie, et des exploitations commerciales du département auquel elle donne son nom, 452. Cadeaux et plaisirs en usage parmi les jeunes amants des villages, 454.

MEXIQUE (le), empire dont Fernand Cortez fit la conquête, XIX, 60. L'événement de cette conquête est peut-être de tous les événements de l'histoire moderne celui qui inspire le plus d'étonnement et d'admiration, 61.

MEYER D'ARBON (M.) concourt à l'introduction à Mulhausen de l'impression sur soie, XI, 198.

MEYLAN, situé à quelque distance de Grenoble, X, 107.

MEYNIER (M), peintre distingué. Son tableau de l'*Exil des cendres de Phocion*, XXII, 143.

MEYRAND (M.), agriculteur renommé, X, 92.

MÉZARD (M.), magistrat recommandable, fut persécuté avec un acharnement sans égal pour avoir cherché à mettre un terme aux horreurs dont le département de Vaucluse était le théâtre, IX, 253.

MÈZE, ville du département de l'Hérault, renommée pour ses manufactures et son commerce d'esprit-de-vin, IX, 86.

MÉZERAY, le meilleur et le plus indépendant de nos anciens historiens. Manière dont il parle de l'entrée de Charles VII à Paris, IV, 17. Ce qu'il dit de la conférence entre François Ier et Henri VIII, appelée le champ du *Drap-d'Or*, 337; XXV, 89.

MÉZERAY (le hameau de), dans le département de l'Orne, XXV, 89.

MIAULAND (l'abbé), victime d'une ascension qu'il exécuta dans une montgolfière, VI, 118.

MICA (M.), savant montagnard auvergnat, plein d'un enthousiasme fanatique pour ses montagnes, XXVI, 326.

MICHALON (M.), peintre distingué. Son tableau de *la Mort de Roland*, XXIII, 132.

MICHAUD (M.), auteur d'une *Histoire des Croisades*, I, 9. Jugement porté sur cet ouvrage, III, 338; XXV, 53.

MICHEL (le lieutenant-général), XI, 99.

MICHEL, paysan, acolyte du prince de Hohenlohe, pour ses cures miraculeuses, XIV, 504.

MICHEL (M.), médecin français à l'île Maurice, XXII, 462.

MICHEL-ANGE. On lui doit l'invention des caricatures, IV, 163.

MICHEL-LE-PAPHLAGÉNIEN, empereur grec, duquel Geoffroy Martel tenait la relique de la Sainte-Larme, XXV, 382.

MIDDLETON, lieutenant anglais, concourut à l'incendie de Toulon en 1793, IX, 377.

MIDOU (le), rivière qui se perd dans l'Adour, VIII, 47.

MIÉRIS, peintre flamand, auteur d'un *Enlèvement des Sabines*, XXV, 402.

MIGNARD, célèbre peintre, né dans le département de Vaucluse, IX, 219; XII, 246.

MIGNARD, peintre du second ordre qu'il ne faut pas confondre avec Mignard dit *le Romain*, IX, 276.

MIGNET (M.), historien publiciste, I, 21.

MIGNOLET (M.), horloger de Ferney. Ses relations avec Voltaire et Mirabeau, X, 438.

MIGNON-VILLARS, bourg dans le voisinage duquel se trouvent des carrières de marbres, XI, 43.

MIGNOT (Claudine), surnommée la Lhauda. *Voyez* LHAUDA.

MILHAUD. Son antiquité; ardeur de ses anciens habitants à adopter et à défendre la réforme; troubles qui s'en suivirent, IX, 51. Goût des Milhaunais pour la fréquentation des cafés; leur commerce; hommes célèbres qu'ils s'honorent d'avoir pour compatriotes, 52.

MILHAUD, village du département du Gard, IX, 157.

MILHAUD (le général) attaque les hussards prussiens qui s'étaient emparés du village de Maisières, XXVI, 499.

MILHOMME, sculpteur, né à Valenciennes, XII, 131.

MILLE (M. Auguste), fabricant à Lille, XII, 297.

MILLE (le chevalier de) fut

condamné à mort, pour avoir, de concert avec de Horne, assassiné un riche agioteur, XIV, 515.

MILLE (M.), auteur d'une histoire de la Bourgogne, XXVI, 443.

MILLER (Jean), auteur de comédies, X, 99.

MILLERET (M.), fabricant d'acier, XXII, 438.

MILLEVOYE, poète, élève de Parny, I, 5. Ses funérailles, VII, 85.

MILLIN (M.), historien et antiquaire. Erreur qu'il commet en décrivant un bas-relief qui décore la salle de la mairie d'Aix, IX, 293. Ce qu'il dit de l'origine du nom de Châtellerault, XXVI, 147. Ses recherches sur la ville d'Autun, 410.

MILLOT (l'abbé), historien et littérateur, né à Besançon, XI, 125.

MILON (M.), auteur du ballet de Nina, III, 343; XXII, 280.

MILON tue Clodius, et se voit condamné à l'exil et à la confiscation de ses biens, XVI, 326.

MILTON, célèbre poète anglais, ne retire que dix livres sterlings de son *Paradis Perdu*, IV, 204. Il n'a pas reconnu l'identité qui existe entre la morale des individus et celle des peuples, XIV, 5. Il obtient sa grace par l'entremise de sir William Davenant, et lui rend le même service, XXI, 3.

MIMEREL, sculpteur à qui l'on doit une statue de la Vierge qui se trouve dans la chapelle du pont du *Change* à Lyon, X, 365.

MIMEREL et YON (MM.), fabricants de Roubaix, XII, 288.

MIMISAN, village des Landes, qui faillit être enseveli sous les sables des dunes, sans les semis que l'on exécuta dans cette contrée, VIII, 50.

MINA, fameux guerrier espagnol, est renfermé à Sainte-Pélagie par les ordres de Napoléon, XV, 19. Distraction qu'il imagina dans sa captivité; il est mis en liberté, 20. Ce qu'il dit de la guerre que Napoléon porta en Espagne, et de sa propre influence sur cette campagne, 34.

MINABOL (M. de), personnage traducteur d'un poeme épique moderne. Ses réflexions sur l'amour-propre permis aux gens de lettres, VI, 208. Mérite de sa traduction, 211.

MINDER (M.), manufacturier de Sainte-Marie-aux-Mines, XI, 223.

MINERVE (la grotte de), VIII, 448. Ancienne importance du village de ce nom; massacres qu'y commit Simon de Montfort; misère actuelle de ce lieu, 450.

MINOS, l'un des juges des enfers, XIV, 300.

MINUTIA, vestale, périt victime de l'amour, XIX, 5.

MIOLLIS (le lieutenant-général), défenseur de Mantoue, IX, 309.

MIRABEAU, le plus célèbre des orateurs modernes. Motion qu'il fit à l'assemblée constituante pour que l'on créât une noblesse ascendante, au lieu d'une noblesse descendante, et que l'on honorât le père d'un héros ou d'un homme célèbre, pour le récompenser d'avoir donné à l'état un grand citoyen, V, 384, IX, 310. Dialogue où il répond à tous les griefs que M. de Serre établit contre lui; motifs par lesquels il justifie ses opinions et sa conduite, XVI, 56 à 70.

MIRACLES (les) ont été inventés par les prêtres pour justifier et sanctionner leur mission ; ne sont guère connus que par tradition; la génération vivante n'en est jamais témoin, XIV, 35; ils ont trouvé des incrédules, 36. Depuis long-temps, et dans tous les cultes, ils sont l'effet de la physique expérimentale, 504.

MIRANDE, remarquable par une place d'où l'on voit les quatre portes de la ville, VIII, 257.

MIRAVAL (Raymond de), troubadour, né à Carcassonne, VIII, 464; IX, 29.

MIRBEL (le général). Son dévouement dans la première guerre d'Espagne, IX, 24.

MIRBEL (l'ancien château de), qui se trouvait dans les environs de Beaume-les-Messieurs, XI, 30.

MIRCOURT, ennemi de la constitution que Louis XVIII a donnée à la France, IV, 130.

MIRECOURT (M. de), ami trompé par les louanges excessives d'un ami, I, 328.

MIRECOURT. Etymologie de son nom; son commerce et son industrie, XI, 416. Ses fabriques de violons, *ibid.*

MIREMONT (le président de), un des habitués les plus notables du balcon de l'Opéra, III, 60.

MIRNE (de), lieutenant, qui, dans une lettre à l'Ermite, manifeste son amour pour tout ce qui touche à la gloire de la patrie, VII, 354.

MIRSADEK, ministre de Tippô-Saeb, trahit son maître, et est massacré par quelques cipahis, XVIII, xvij.

MISON, seigneur de Montlhéry, fatigua Philippe Ier pendant tout son règne, jusqu'à couper toute communication entre Paris et Orléans, XVI, 296.

MISSESSIQUES, auteur d'un livre intitulé l'*Arrimage des vaisseaux*, IV, 8.

MISSIONNAIRES (les) ont fait presque autant de mal à la France que les armées qui l'ont envahie, XVI, 198. Objet de leurs déclamations, 199. Jadis ils recommandaient la guerre civile, 200. Ils avaient des démêlés continuels avec le parlement, 201. De nos jours et à l'ombre de la Charte, ils prêchent l'intolérance et la superstition, 202. Encouragements publics qu'ils reçoivent de l'autorité; décret que Henri IV rendit contre eux, 203. Ils déclament ouvertement contre le gouvernement de leur pays, 204. Ils ne peuvent faire impression que sur des ignorants et des fanatiques; leurs jongleries, leur amour de l'argent; ce sont de véritables comédiens, 206. Résultat de leurs pompes extravagantes, 208. Défaut d'imagination que l'on remarque dans leurs sermons, 209. Détails sur une prédication de missionnaires à Bourges, 211. Doctrine politique qu'ils professent dans leurs sermons, 213. L'un d'eux fait singulièrement l'éloge des prêtres, 214. Leur acharnement contre

Voltaire, 216. Menaces qu'un missionnaire adresse publiquement à une jeune femme de son auditoire, 217. Foudres qu'ils lancent contre les écrits des philosophes, 218. Leur vanité, 220. Leurs succès à Toulouse, à Bayonne, 221. La sortie de leurs sermons offre le spectacle d'une sortie de l'Opéra, 223. Ils trouvent dans la Charte même le droit de leur impunité et de leur fanatisme, 224. Exemple de leur intolérance frénétique, 225. Inconvenance de la plupart de leurs prédications, VIII, 472.

MITHRIDATE, roi de Pont. Sylla marche contre lui, XVIII, 221.

MITOUARD, professeur de physique expérimentale, II, 325.

MITSACH (le château de), dont un seigneur fit périr par la main d'un vassal tous ceux qui n'avaient pas voulu payer un tribut plus qu'arbitraire dont il voulait les frapper, XI, 206.

MODÉRATION (la). Ce qu'elle est aujourd'hui dans un certain monde, VII, 272.

MODES (les). Ridicules que les Français y introduisent, III, 5. Intérieur de la maison d'un homme d'affaires s'astreignant en tout à la mode, et chez qui tout rappelle des souvenirs chevaleresques, 6. Etat de la mode chez les premiers Français, 11. Différentes phases qu'elle subit ensuite parmi eux : sous Louis IX, 12 ; sous Philippe-le-Bel, 13; sous Charlemagne, 15; du temps de la féodalité, ibid.; sous François Ier, ibid. ; sous Louis XIV, 16; sous ses successeurs et durant la révolution, ibid. Les caprices de la mode sur la chevelure et la barbe, 17. La mode est particulièrement réglée par les idées bizarres des femmes, 19. L'usage des paniers, 22. Uniformité de la mode vers la fin du règne de Louis XIV, 23. Changements qu'elle subit durant la régence du duc d'Orléans, 24, sous Louis XV, 25. Mode adoptée pour la coiffure vers la fin du règne de ce prince, 28. Modes en vigueur durant la révolution, 29. Dépenses qu'exigent les modes actuelles, 31. Le costume des hommes depuis Henri III, 32.

MOERÉA, jeune Gauloise, aimait passionnément Cléovir, et, furieuse de le voir voler dans les bras d'une étrangère, se retira au collége des druidesses, où elle conçut le dessein de venger son amour. *Voyez* CLÉOVIR.

MOEURS (les). Dans une grande ville, les bonnes mœurs sont le partage de certaines familles, et non le privilége de certain quartier, IV, 178. Exemples de certaines inconséquences remarquées dans nos mœurs, à propos des duels, des séducteurs, de l'infidélité conjugale, des joueurs, et des maisons de jeu, V, 196 *et suiv*. Caractère des mœurs des femmes galantes, VI, 155. Amélioration morale des femmes, VII, 194. Etat des mœurs françaises en 1817, 328. Elles trouvent les garanties de leur conservation dans les classes moyennes de la société, XIV, 458. Ce qu'elles étoient en France avant la révolution, 459. Au moment de cette terrible catastrophe, le respect des convenances était le mobile des gens du grand monde, et non la pratique des vertus: la femme qui nourrissait son enfant n'était point regardée comme une bonne mère de famille; les pères confiaient leurs fils à des gouverneurs aussi dépravés qu'ignorants, 460. Les actes arbitraires de vengeance étaient assez fréquents; les maris vivaient dans l'éloignement de leurs femmes, 461. Comment se fit le passage des mœurs anciennes aux mœurs nouvelles, 462. Moyens à employer pour assurer leurs progrès; amélioration que l'on remarque dans celles des basses classes, 466. Les mœurs qui ont pour base la morale sont meilleures que celles dont le principe est l'honneur, 468. La révolution dans les mœurs, ainsi que dans le caractère national, s'est achevée sous l'influence des lumières et de la philosophie; état des mœurs actuelles, XIV, 469 *et suiv*. Mœurs actuelles des gens de robe, d'épée, d'église, et des courtisans, 472.

Mogrebi, écrivain, s'est occupé de recherches sur l'histoire des Maures, XIX, 235.

Mohler (M.), manufacturier de Sainte-Marie-aux-Mines, XI, 223.

Moïses (les). Observations sur leur prétendu concours à la renaissance des lettres, XXV, 9.

Moirans, ville située sur la rivière de Morges, et dont les guerres de religion ont de beaucoup réduit la population et l'étendue, X, 46.

Moiré (M.), rémouleur et poète du Mans, XXV, 363.

Moissac, l'une des principales villes du département de Tarn-et-Garonne, VIII, 339. Son activité industrielle, 348.

Moisson (M.), négociant de Rouen, XXV, 211.

Moitte, sculpteur, I, 14.

Molard (M.), à qui l'on doit un vocabulaire d'expressions populaires, X, 371.

Molard, l'un des fondateurs du conservatoire des arts et métiers, XI, 11.

Molard (MM.), inventeurs de plusieurs modèles de charrues, XXII, 343.

Molard, graveur, XXV, 36.

Molay, village de la Franche-Comté, où naquit Jacques de Molay, dernier grand-maître des Templiers, XI, 96.

Molé, comédien célèbre, commença sa réputation sur le théâtre des Variétés de Bordeaux, I, 15; VIII, 43.

Molé (Jacques) prétend que les commissions judiciaires sont établies par une politique inhumaine qui a moins pour objet des crimes que de décerner des peines arbitraires pour des offenses particulières, XIV, 314.

Molière. Sa critique des tartufes de religion, I, 54. Destinée qu'éprouvait chacun de ses ouvrages; haine et jalousie qui le poursuivirent jusque dans son tombeau, III, 293. Il s'est attaché à saisir les grands traits de la nature humaine; il a écrit pour tous les siècles, V, 283. Son opinion sur la médecine, VI, 126. Ses premiers essais dramatiques à Pézénas; ses visites fréquentes chez le nommé Gély, barbier de cette ville, IX, 66. Adresse avec laquelle il censura les ridicules et quelques vices des grands, XIV, 404. Son respect pour la Divinité; ridicule qu'il versait sur la bigoterie hypocrite, et sur les grands infatués de leur noblesse, XVI, 48. Sa maison natale aux Piliers des halles, VII, 245; XVI, 437. La hauteur où il est parvenu dans le genre comique l'isole au-dessus de tous les écrivains qui l'ont précédé ou qui l'ont suivi, XX, 2. Sa supériorité dans le genre de la farce, XXI, XV.

MOLIÈRE (mademoiselle), actrice de l'Odéon. Ses succès dans le rôle de Maria-Régina Desroches, de la comédie du *Mariage de M. Beaufils*, XX, 231.

MOLINET, précurseur et maître de Marot, XII, 351.

MOLITOR (le maréchal), XI, 496.

MOLLERAT (M.), chimiste, a démontré, par plusieurs expériences, que l'on pouvait extraire du bois, de meilleur vinaigre que de toute autre substance, XXII, 382.

MOLLEVILLE (M. Bertrand de), auteur d'une histoire de la révolution de Bretagne qui précéda celle de la France entière, XII, 448.

MONACO (la princesse Joseph de) fut détenue à la Conciergerie, et mourut sur l'échafaud, VII, 216.

MONALDESCHI, amant de Christine de Suède, XIV, 208.

MONARCHIE (la) constitutionnelle est, après la démocratie, le seul mode de gouvernement qui puisse garantir aux peuples la jouissance de la liberté, XIV, 92; trace aux rois les limites de leurs devoirs et s'oppose à la transgression de ces mêmes devoirs, 93; sous une monarchie constitutionnelle, l'avénement d'un prince nouveau n'excite ni légitimes craintes, ni ambitieuses espérances, 94. Le principe de toute monarchie est que les lois seules doivent être menaçantes, 128.

MONCEL, village remarquable par ses carrières de gypse transparent, XI, 289.

MONCEY (le maréchal), duc de Conégliano, pair de France, XI, 127.

MONCEY (le colonel), fils du précédent, IX, 440. Sa présence à la défense de la barrière de Clichy, XXII, 184.

MONCHEVREUIL (comte de), connu par quelques faits d'armes de peu d'importance, II, 10.

MONCK enchaîna la liberté de l'Angleterre, XIV, 206.

MONCLAR, procureur-général au parlement de Provence, IX, 308.

MONCRABEAU (l'ermitage de). Sa position, VIII, 294. Description de son intérieur; pélerinage qu'y fit Anne d'Autriche, épouse de Louis XIII, 295. Origine de la célébrité que s'est acquise cette petite ville, 299.

MONCRIF, auteur de jolies romances, excelle sur-tout dans

la romance historique, VI, 311; XVII, 56.

MONDONOIHE (Jeanne de) expia dans un couvent le double tort d'avoir fait du bien et d'avoir déplu aux jésuites, VIII, 425.

MONDONVILLE, compositeur, VIII, 466.

MONET (Jean), chansonnier, auteur de vaudevilles, XVII, 29; XXI, x.

MONETIER-ALLEMONT (le), montagne des Hautes-Alpes, où l'on a découvert plusieurs tombeaux romains, X, 273.

MONGE, écrivain militaire, dont l'école d'artillerie et du génie de Metz possède plusieurs manuscrits, I, 13; XI, 474.

MONGE (Gaspard), créateur de la géométrie descriptive, fondateur de l'école polytechnique, XXVI, 431.

MONGESOYE, village de la Franche-Comté, XI, 77.

MONGEZ (M.), auteur d'un Mémoire sur les antiquités de la ville de Lisieux, XXV, 53.

MONGIRON (le château de), remarquable par son élégance, XXVI, 30.

MONLAC, écuyer de Raoul, sire de Coucy, XII, 85.

MONNERAT, colporteur, gémit long-temps dans les cachots infects de Bicêtre, et dut sa liberté aux remontrances que M. de Malesherbes adressa au roi, XVI, 138.

MONNERON (M. de), député de Pondichéry, de qui le Franc-Parleur se réclama pour obtenir sa liberté lorsqu'il était renfermé à l'Abbaye, IV, 13.

MONNIER (le général), né dans le département de Vaucluse, IX, 218.

MONNIER (M.), riche manufacturier de Morey, XI, 12.

MONNIER (M.), commerçant de Dunkerque, XII, 324.

MONSABERT est célébré dans des couplets, XVI, 417.

MONSABRÉ (Alphonse de), camarade de l'Ermite, VI, 330.

MONSIEUR (le canal de), XI, 106.

MONSIGNY, célèbre compositeur, I, 15. Caractère de ses opéras, III, 291; XII, 351. Il a contribué à légitimer au Parnasse le genre de l'opéra-comique, XXI, x. Il concourut à la révolution que Gluck opéra dans la musique, XXII, 259.

MONSTRELET (Enguerrand de), historien, né à Cambrai, XII, 69.

MONTABEN, l'un des principaux ballons des Vosges, sur lequel la Meurthe a l'une de ses sources, XI, 312.

MONTAGNAC, remarquable par les vignobles qui l'environnent, IX, 84.

MONTAGNE PERCÉE (la), ouvrage de luxe sans grandeur ni utilité, VIII, 461.

MONTAGNE-GRISE (la grotte de la), située aux environs de la vallée de Campan, VIII, 231.

MONTAGNEZ, hameau situé près de la ville de Pesme, XI, 155.

MONTAIGNE. Sa définition de l'amitié, I, 322. C'est à tort qu'on le taxe d'égoïsme, puisqu'il ne parle de lui-même que comme réunissant les germes des vices et des vertus naturels à tous les hommes; peinture résultant de l'étude du cœur humain qu'il avait faite sur lui-même, IV, 55. Il est un des écrivains qui ont le plus contribué à la splendeur de notre gloire nationale, VIII, 32. Maison qu'il occupait à Bordeaux, 33. Description de son château; habitation particulière qu'il s'y était choisie, XXVI, 268. Appartement qu'y occupa Henri IV, 269.

MONTAIGNE-SAINT-MICHEL, village où se trouve l'antique demeure du philosophe Montaigne, XXVI, 267.

MONTAIGU, village où l'on voit les restes d'un temple des druides, XI, 23.

MONTAIN (les frères), médecins de Lyon, dont l'aîné, compromis dans une affaire de conspiration, et condamné à cinq ans de détention, fut sauvé par son frère, qui prit sa place; tous deux furent rendus à la liberté, XV, 200.

MONTAUBAN. La promenade du Cours, VIII, 322. Origine de la ville, 323. Prétentions des anciens seigneurs et des moines de ce fief, auxquels plusieurs comtes de Toulouse firent quelques concessions, 324. Introduction de la réforme à Montauban, ibid. Vexations et vicissitudes qu'essuyèrent successivement les Montalbanais protestants, 325. Ils sont réhabilités dans leurs droits civils par Louis XVI; dangers qu'ils coururent pendant la révolution, 326. La Place-Royale, le pont du Tarn, la promenade des Carmes, l'église cathédrale, le cercle Puligneux ou salon des Nobles, 328. La croix de mission sur la place d'Armes; le salon Behsseu, 330. Caractère des Montalbanais, 331. Leur vanité et leur amour pour le travail, 332. Leur indifférence pour la littérature et les arts; leur passion pour les romans, ibid. Activité du faubourg de Ville-Bourbon, 337. La caserne, 338. Maisons de campagne aux environs de Montauban, 339. Le patois montalbanais, 341. Littérateurs et savants dont s'honore cette ville, 344. La société des sciences, agriculture et belles-lettres; membres de cette société, 345. Le théâtre bourgeois de Montauban, 362.

MONT-AUX-MALADES (le), situé à quelque distance de Rouen, XIII, 151.

MONTAUSAN, jésuite qui, dans des commentaires sur les Œuvres de Busembaum, a soutenu que le meurtre était permis dans certains cas, XIV, 63.

MONTAUT (les barons de). Vasselage auquel ils étaient soumis à l'égard des archevêques d'Auch, lorsque ceux-ci prenaient possession de leur siège; privilèges dont ils jouissaient dans cette rencontre, VIII, 286.

MONTAUSIER. Soin qu'il mettait à éloigner les flatteurs du dauphin, IV, 280.

MONTAZET (le château de), construit sur l'emplacement de celui de Plassac, XXVI, 219

MONTBAILLY, que Voltaire arracha à l'échafaud, X, 457.

MONTBARD, lieu où était situé le château de Buffon, XXVI, 470. Aspect de ce château, 471.

MONTBAZON (la duchesse de), XIV, 489.

MONTBÉLIARD. Sa situation et son ancienne dépendance des ducs de Wurtemberg; sa réunion à la France pendant la guerre de la révolution; son industrie, XI, 164.

MONT-BENOÎT, séjour du général, comte Morand, XI, 73. Aridité de son sol, *ibid*

MONTBRUN (le général), XXVI, 537, 540.

MONTCALM (Louis de), prieur des bénédictins de Milhaud, épousa l'abbesse du couvent de l'*Aspajonie*, pour cimenter l'alliance contractée par les catholiques et les protestants de cette ville, IX, 52.

MONTCALM, guerrier célèbre par son patriotisme et sa valeur dans la guerre d'Amérique, IX, 191.

MONTCARVILLE (M. de), aide-de-camp, XXII, 223.

MONT-CENIS, situé dans la Bourgogne, XXVI, 398.

MONT-CHAUVE (le), dont le nom indique la stérilité, XI, 279.

MONTCHRÉTIEN, poete médiocre et esprit querelleur, né à Falaise, XXV, 86.

MONTCOMBRE, littérateur agréable, XI, 507.

MONT-DOR, village remarquable par ses eaux thermales, et par quelques belles ruines romaines, XXVI, 297. Grossièreté et sauvagerie de ses habitants, 346.

MONTDOUBLEAU, village dans les environs duquel on trouve les debris d'un vieux manoir feodal, XXVI, 57.

MONTEAUROCHE (M. de), prototype des personnes dont les manières et les habitudes ont un tel caractère d'étrangeté, qu'on les croirait sorties de l'autre monde, VII, 226.

MONTEBOURG, à une demi-lieue duquel se trouve un camp romain, connu sous le nom de *petit camp de Mont-Castre*, XXV, 265.

MONTECH, l'une des principales villes du département de Tarn-et-Garonne, VIII, 329.

MONTÈGRE, médecin estimé, mourut à Saint-Domingue où il s'était rendu dans le seul desir d'être utile à l'humanité, II, 279. Mérite de l'explication qu'il a faite du talent extraordinaire de M. Comte, physicien, V, 39 Empressement avec lequel il se rend auprès de la malade Ottaly, VI, 134.

MONTÉGUT (le président), savant archéologue et littérateur agréable, VIII, 425.

MONTÉGUT (madame de), Toulousaine célèbre par ses productions littéraires, VIII, 428.

MONTEIL (M.), ancien professeur de l'école centrale du département de l'Aveyron, IX, 15.

MONTÉLÉGIER (le général), IX, 459.

MONTEIOT, position qui fut le théâtre de quelques opérations militaires en 1814, XXVI, 537.

MONTEMONT (Albert de), jeune littérateur, XI, 345.

MONTEREAU, ville agréablement située, et remarquable par la beauté de ses environs. Mouvements militaires dont elle fut le théâtre en 1814, XXVI, 536.

MONTFERMA (Ardennes), lieu renommé par une manufacture de verres cylindriques, XXII, 405.

MONTESPAN (madame de), célèbre par sa vanité et ses faiblesses, XXVI, 166.

MONTESQUIEU, l'un des écrivains qui ont le plus contribué à la splendeur de notre gloire nationale, VIII, 32. Son château de la Brède, 34. Son entretien avec un président de Pau, à l'occasion des hôtels de cette ville et de ceux de Paris, 175. Il n'a considéré les religions que sous le rapport du bien que l'on en tire dans l'état civil, XIV, 27. Son sentiment sur le célibat, 66. Il donne le sein des républiques pour sanctuaire à l'honneur, à la réputation, à la vertu, 92. Ce qu'il dit de l'inviolabilité de la personne du roi, 131. Il accuse de lèse-majesté les ministres qui cherchent à tourner en despotisme le principe de la monarchie ; soutient que ceux qui conseillent mal leur prince doivent être recherchés et punis, 132 ; pensait que, si la nation anglaise devenait le centre des négociations de l'Europe, elle y porterait plus de bonne foi et de probité que les autres, 133. Ses remarques sur l'affranchissement que les princes chrétiens ont accordé aux esclaves, 149. Il reconnaît qu'il n'y a que deux sortes de guerres justes, 174. Ses réflexions sur les causes injustes de la plupart des guerres; il prétend que le droit de la défense naturelle entraîne quelquefois la nécessité d'attaquer, 176 ; que les bons princes n'ont pas besoin d'espions, 228. Ses observations sur le style dans lequel doivent être rédigées les lois, 242, 243; sur les ressources nombreuses que savent trouver les tyrans, 249; sur l'exercice de la justice confié par les princes à quelques individus, 293. Règle qu'il établit pour la levée des impôts, 378. Ses réflexions au sujet des taxes extraordinaires mises sur le vin à Paris, 387. Il fit connaître et chérir aux Français le gouvernement représentatif, 413. Ce qu'il dit de l'éducation de la plupart des peuples anciens, 431 ; des libéralités des princes, 549; des persécutions menaçant l'écrivain qui a de la noblesse dans l'esprit et de la droiture dans le cœur, XV, lxxxv. Traits sous lesquels il peint le caractère de Sylla, XVIII, 223.

MONTESQUIOU, capitaine des gardes du duc d'Anjou. Ce qu'il fit du cadavre du prince de Condé tué à la bataille de Jarnac, XXVI, 230.

MONTEUX, petite ville du département de Vaucluse, où le sang coula en 1815, IX, 252.

MONTÉVAL (le major), personnage franc et jovial qui se trouve aux eaux de Bagnères, VIII, 286. Mystification qu'il fit essuyer, à Lille, à un jeune Parisien, mais que plus tard il paya chèrement dans un duel, 231. Il retrouve l'Ermite à Avignon, et lui donne des renseignements sur cette ville, IX, 208.

MONTÉZUMA, prince mexicain, XIX, 106.

MONT-FERRAND, dont on voit les

ruines magnifiques sur la droite du Doubs, XI, 143.

MONTFERRAT (le marquis de) fit partie de la quatrième croisade, XXVI, 453.

MONTFLEURY, comédien, né à Angers, XXV, 407.

MONTFORT (Simon de) fait brûler vifs, pour crime d'hérésie, quatre mille habitants des deux sexes du village de Minerve, VIII, 450. Horreurs dont il désole Béziers, 462.

MONTFORT (Jean de) s'empare de plusieurs villes de la Bretagne, et déclare à ce pays une guerre qui fut longue; il s'allie avec les Anglais, et fait les préparatifs de son couronnement, XII, 371. Les Nantais le livrent par trahison; il est fait prisonnier, 372. Il s'évade et meurt de fatigue à Hennebon en 1345, 373.

MONTFORT (Jean de), surnommé le Conquérant, gouverne d'abord paisiblement la Bretagne; ensuite il eut plusieurs guerres à soutenir et se trouva dépouillé de ses états à diverses reprises, XII, 375. Il est déchu de ses droits; ensuite rappelé lorsque Charles V voulait asservir la province; il institue l'ordre de l'Hermine, et termine son règne tranquillement, 376.

MONTFORT (Bertrade de), femme remarquable par sa beauté, et de laquelle Philippe-Auguste devint amoureux, XIII, 44.

MONTFORT, lieu qui se recommande par les ruines de ses anciennes fortifications, XIII, 119.

MONTFORT (M.), figurant dans l'atelier d'Horace Vernet, XXII, 223.

MONTFORT (le comte de), personnage du roman de *Cécile.* (*Voyez* madame et CÉCILE DE CLÉNORD, PAULINE D'AMERCOUR, madame DE NEUVILLE, ANATOLE DE CÉSANE, CHARLES D'EPIVAL.)

MONT-FORTIN (le), situé à quelque distance de Rouen, XIII, 151.

MONTFRAULT, situé à l'angle sud est du parc de Chambord, XXVI, 30.

MONTGAILLARD, ancien régent du collège d'Auch, VIII, 286.

MONTGENET (madame de), modèle de toutes les vertus, vivant dans l'indigence, VI, 253.

MONTGERON, situé à quelque distance de Paris, XXVI, 546.

MONTGLAT (la marquise de), fameuse par son inconstance, XXVI, 474.

MONTGLONNE, célèbre par une abbaye dont le patron était saint Florent, XXV, 415. Séparation des religieux de ce monastère, 416. Ils rentrent dans leur couvent, 417.

MONTGOLFIER, célèbre aéronaute, conçoit la première idée des aérostats, et fait un premier essai à Annonay, VI, 116 On lui doit plusieurs machines hydrauliques, XXII, 346.

MONTGOMMERY (M.), écrivain anglais, l'un des inventeurs de la *Nature poétique*, XV, 228.

MONTGOMMERY (Robert de), dit le Diable, aussi craint dans le Maine que dans la Normandie, XXV, 122. Il est pris dans les murs de Domfront, 157. Ses tentatives pour s'emparer de

Cherbourg, 287. Il prend Saint-Lô, 305.

MONTHOLON (Jean), personnage dont on voit le tombeau dans l'une des églises d'Autun, XXVI, 414.

MONTIGNY, village à quelque distance de Salins, XI, 72.

MONTIGNY (l'ancienne abbaye royale de), où les chanoinesses de l'ordre de Sainte-Claire menaient une vie heureuse et tranquille, XI, 162.

MONTIGNY (madame de) a obtenu des succès dans la littérature, XII, 68.

MONTIGNY, ville de Bourgogne, dont le curé disait la messe dans un appareil à moitié militaire, XXVI, 426.

MONTIL (Ademar de) avança la construction de la cathédrale de Metz, XI, 470.

MONTILS (les), bâtiment très simple qu'environne un paysage délicieux, et dont on ne voit plus que les ruines, XXVI, 29.

MONTIS (madame Eléonor de). Voyez madame d'ETTIVALE.

MONTIVILLIERS. Position de cette ville; son importance comme place forte au quatorzième siècle; ses anciennes fabriques de draps, XXV, 4. L'église de l'abbaye qu'elle possédait; lieu où l'on croit que les Saxons séjournèrent particulièrement lors de leurs invasions dans les Gaules, monotonie des paysages qui environnent Montivilliers, 5.

MONT-JEU (le), situé à quelque distance d'Autun, et remarquable par la vue immense et délicieuse que l'on embrasse de sa hauteur, XXVI, 410.

MONTLIVAULT (M. de), préfet actuel du Calvados, XXV, 212, 245.

MONTLIVERI (madame de), épouse de Guillaume, le Franc-Parleur. Ses préparatifs pour aller voir Louis XVIII, à son entrée à Paris, IV, 15. Sa querelle avec son mari sur l'économie domestique, 33. Son caractère, 34. Elle résiste aux tendres déclarations d'un officier tartare, 92 Elle dispute avec son mari au sujet d'une promenade au jardin Turc, 171. Sentiments divers qui l'animent à la vue d'un jeune enfant confié à son époux, et que celui-ci vient d'apporter à la maison, 232. Elle fait les préparatifs d'un souper où elle n'a invité que des femmes, V, 161. Elle y admet difficilement son mari, 162.

MONTLOSIER (M. de). Ses réflexions sur le drapeau blanc et sur le drapeau tricolore; il pense qu'en maintenant celui-ci on eût évité bien des haines et des animosités, XVI, 288 à 293. Ses efforts pour réduire en système ou en théorie les cratères éteints de l'Auvergne, XXVI, 330. Caractère de son talent, 352.

MONTLUC (Blaise de), ancien propriétaire du château d'Estillac, et qui traita les Huguenots avec la dernière atrocité, VIII, 296. Barbaries qu'il exerça dans la ville de Penne, 356.

MONT-MARIN, jolie habitation que l'on découvre à l'opposite de La Brillantais, XII, 398.

MONT-DE-MARSAN. Les approches de cette ville; l'hôtel de la préfecture, VIII, 71. Les édi-

fices les plus remarquables ;
la promenade de Montrevel,
72. Réunions rares des habitants ; le quartier du port; le
port; améliorations que l'on
remarque dans la ville, et qui
sont dues à deux préfets de
Mont-de-Marsan, 73. Costumes des jeunes servantes ;
usage de quelques femmes
de la haute classe ; les courses
de taureaux, 74. Le nouveau
pont construit sur l'Adour ;
anecdote racontée par le Solitaire des Landes, et relative
à une fête de Mont-de-Marsan, 76.

Mont-Méré, l'un des lieux circonvoisins du camp de Châtelher, XXV, 97.

Monimirail, ville témoin des
mouvements des troupes, en
1814, et où les Français remportèrent plusieurs avantages,
III, 464; XXVI, 518.

Montmorency (Anne de), connétable. Maison qu'il occupait, II, 400.

Montmorency (Bouchard de).
Manière dont fut payée une
somme considérable qu'il devait à Adam, abbé de Saint-
Denis, II, 233. Louis VI est
obligé de marcher contre lui
pour défendre l'abbé de Saint-
Denis, XVI, 296.

Montmorency (la vallée de), à
quelque distance de Paris, remarquable par son site pittoresque, et par les petites caravanes qu'on y rencontre,
III, 182. Château moderne
n'ayant rien de commun avec
celui où se retirait le connétable Anne, 183.

Montmorency (le maréchal de),
victime du pouvoir de Richelieu. Son tombeau dans le
couvent de la Visitation, à
Moulins, XXVI, 362. Ce que
Henri IV disait de ce grand
homme; largesses que répandait Montmorency ; il
accueillit Gaston d'Orléans
dans le Languedoc ; il est décapité, 363.

Montmorency (madame de),
qui fut digne d'un homme des
plus aimables, XXVI, 475.

Montmorency Dunville, très
bel homme que Marie Stuart
désirait épouser, XXII, 17.

Montmorel (l'abbaye de), dont
les religieux soignaient mal
les lépreux, XXV, 165.

Mont-Morot, commune de la
Franche-Comté, sur laquelle
se trouve l'établissement des
salines, XI, 29.

Mont-Mourreau (M.), fabricant
de limes, XXII, 438.

Montmouth (le duc de) fut
enveloppé dans la conspiration de *Rye-House*, XIV, 325.

Montolieu (madame de), remarquable par une grande délicatesse de sentiment et de
style, I, 22.

Monton, petit village d'Auvergne, XXVI, 279,

Montorient (le comte de). *Voy.*
Vernier.

Montoron (M. de), trésorier de l'épargne. Flatterie
qu'il reçut de P. Corneille,
IV, 273.

Montozon (le vicomte de), ancien sous-préfet de Saint-
Quentin, homme instruit,
calme sage et modéré qui sut
rapprocher et confondre toutes les nuances d'opinions,
XII, 23, 194.

Montpellier. Son origine, IX,
93. Sa prospérité depuis les
premiers jours du consulat

jusqu'à la fin du régime impérial, 99. Fanatisme politique de quelques partis, 100. Religion de la classe ouvrière; les confréries de pénitents, 101. Les diverses réunions d'hommes, 102. La place du Peyrou, qui fut dédiée à Louis XIV par les états du Languedoc, 106. Situation de l'école de médecine, 107. Le jardin des plantes, 108. Le commerce de la ville, 111. Caractère et penchants des Montpelliérains; leurs relations, 113. Esprit de la jeunesse; portrait des grisettes, 114. La réunion de la loge; remarques critiques sur quelques uns de ses membres, 115 à 120. Le spectacle, 121. Origine et antiquité de l'école de médecine, 123. Serment que prêtent les jeunes docteurs le jour de leur réception, 124; médecins célèbres sortis de l'école de Montpellier, 125. Séance pour la réception d'un docteur, 126. L'académie des sciences; la bibliothèque de l'école de médecine, 129. Personnages distingués natifs ou habitants de Montpellier, 130. Personnages diplomatiques sortis de cette ville, 136.

MONTPENSIER (Gilbert, duc de) prend d'assaut la ville de Dol, XII, 358.

MONTPENSIER (madame de) s'applaudit du régicide qu'elle fit commettre par Jacques Clément, XVI, 83 et suiv.

MONT-PERDU (le), au pied duquel se trouve la grotte magique de l'enchanteur Atlant, VIII, 242.

MONTS-DE-PIÉTÉ (les) sont des institutions immorales, en ce qu'ils contribuent à éteindre l'amour du travail, et imposent à la classe indigente des intérêts énormes, XIV, 356.

MONTPLAISIR (la campagne de), à quelque distance de Lodève, possédée par un personnage qui a été membre de plusieurs assemblées législatives, IX, 57.

MONTREDON (les rochers de), qui s'élèvent derrière le fort de Notre-Dame-de-La-Garde, à quelque distance de Marseille, IX, 327.

MONTREMBLET (M.), prototype de ces hommes qui, indifférents aux souvenirs du passé, et rejetant tout espoir pour l'avenir, se bornent exclusivement aux jouissances du présent, comme étant ce qu'il y a de plus positif; contraste entre lui et son neveu Alfred, dont les vues ne se portent que sur un temps qui n'est pas encore, et M. de Hautesource, qui regrette tous les priviléges de l'ancien régime, XVI, 387 à 392.

MONTRICHARD, village remarquable par les ruines de son château, dont Philippe-Auguste ne put s'emparer qu'après un long siège, XXVI, 56.

MONTRIEUX, où se fit la première édition des Lettres Provinciales, XXVI, 27.

MONT-ROLAND (le), au pied duquel est située la ville de Dôle, XI, 95.

MONT-SALÉON (le), montagne des Hautes-Alpes, où Magnence fut vaincu par les généraux de l'empereur Constance, X, 273.

MONTSURMONT (le marquis de), personnage qui a renoncé à la carrière de la poésie pour figurer dans le monde, et que

Chapelle, revenu momentanément à la vie, engage a reprendre ses anciennes occupations, XVI, 43 *et suiv.*

Monvel, auteur et comédien tout à-la-fois, I, 15. Il a contribué à légitimer au Parnasse le genre de l'opéra-comique, XXI, x. Sa supériorité dans la pastorale dramatique, xj.

Montville (M. de), pair de France, XIII, 209.

Moore, voyageur. Reproche qu'il fait aux Français dans ses *Lettres sur la France*, I, 60.

Moore, l'un des chansonniers anglais qui portèrent le genre érotique à sa perfection, XVII, 38.

Morse, personnage se disant homme de lettres, et qui vend sa plume au dernier enchérisseur, VI, 306.

Moquart (M.), jeune avocat distingué, I, 17.

Morale (la) est la science pratique des devoirs, XIV, 13. Est la connaissance la plus nécessaire à l'homme; subit autant de modifications qu'il y a de caractères et d'intérêts; a son premier fondement dans la conscience de l'homme, 14; est une science aussi facile à pénétrer, à saisir, que les vérités mathématiques, 16. Quelques uns des axiomes fournis par la morale, 17. Celle-ci est universelle, et ses lois sont nées avec la société, 18. On peut la regarder comme antérieure à toute religion: malgré les absurdités de différents cultes, elle s'est toujours montrée uniforme, 19; est plus ancienne que le christianisme, 20. Vérités métaphysiques d'où découle la morale, 21. Proportion d'après laquelle elle récompense les sacrifices qu'elle impose, 22. Elle existe toujours, même sans la foi, 23. Objet de la science morale, 24. La morale est, aux yeux de certains publicistes, une chimère philosophique, ou l'indice d'un caractère sans fermeté, d'un esprit sans étendue, 106. Nature, objet, et fondement de la morale des hommes d'état, 107. Causes et circonstances qui concourent à la corruption de la morale, 108. Celle-ci est applicable aux rois comme aux sujets, 112. Les rigueurs des lois morales doivent être appliquées aux individus-peuples comme aux particuliers, 137. La morale n'a point de secrets, 226. La charité est son premier précepte, 260. Elle n'avoue que trois sortes d'établissements: ceux qui portent les citoyens au travail, ceux qui leur offrent un asile contre l'excès de l'indigence et des secours contre les maladies, ceux enfin où sont séquestrés les violateurs des lois de la société, 351.

Morambert (le château de), situé sur un roc très escarpé, à quelque distance de Pesme, XI, 154.

Morainville (M.), l'un des principaux fabricants de Louviers, XIII, 87.

Morand, domestique de Voltaire, qu'il suivit à Paris, et dont il garda fidèlement le souvenir, X, 441.

Morand (le général d'artillerie), retiré à Mont-Denoit, XI, 73.

Morangiès (la famille baronniale), admise aux états du Languedoc, IX, 97.

Morangiès (le comte de), dont Voltaire prit la défense, X, 457.

Moranne (Julien de), docteur de Sorbonne, signa une exhortation aux fidèles pour les engager à tuer Henri III, XV, 217.

Morantin (le), ruisseau qui baigne une partie de la ville de Romorantin, XXVI, 55.

Moraud-Cartier (M.), magistrat de Carpentras, que la fureur des factieux n'épargna pas en 1815, IX, 253.

Morbier (le), l'un des sommets imposants des Vosges, XI, 370.

Morbihan (le département du). Horreurs dont il fut le théâtre de la part des chouans et des Vendéens; le calme y est rétabli à la voix du général Bonaparte, XII, 556.

More (Thomas), chancelier d'Angleterre. Son opinion sur le mariage, I, 332. Ses efforts pour établir sur la base d'une raison absolue, des empires chimériques, XIV, 10. Sa fille partage sa prison et l'accompagne jusque sur l'échafaud; elle est accusée de nourrir, par la lecture des ouvrages de son père, des sentiments hostiles contre le gouvernement; elle n'est pas condamnée, XV, 89.

Moreau (le général). Monument qu'on avait commencé à lui élever à Strasbourg, sur la promenade de Contades, XI, 254. Après avoir vaincu à Hohenlinden sous les drapeaux français, il mourut sous la bannière de l'étranger, XII, 503.

Moreau (André), peintre, né à Bar-le-Duc, XI, 444.

Moreau mit en musique les chœurs d'*Athalie* et d'*Esther*, XXV, 407.

Morel (M.), personnage recommandable comme homme public, IX, 214.

Morel (Hyacinte), connu par une épitre contre les matérialistes, IX, 219.

Morel (M.), substitut du procureur du roi à Carpentras, distingué comme jurisconsulte, comme érudit, et comme littérateur, IX, 259.

Morel (Jean), né à Embrun, X, 250.

Morel, commandant de la ville d'Arbois, qui, dans une place peu fortifiée, arrêta l'armée du duc de Buron, et fut pendu par les ordres de ce dernier en punition de sa résistance; chapelle que sa mère fit élever à sa mémoire; honneurs funèbres dont il était chaque année l'objet, et qui se renouvelèrent avec grande pompe, lorsque ses restes furent transportés à l'église d'Arbois, XI, 54.

Morellet (l'abbé), écrivain célèbre. Son caractère social, VI, 302. Il figure au nombre des amis de Voltaire, X, 459. Ce qu'il dit des exactions commises pour arrêter les progrès de l'industrie et du commerce, XXII, 322.

Morellet (M.), neveu du célèbre abbé de ce nom, XII, 550.

Morels, célèbre typographe, XXII, 374.

Morel-Vindé (M. de), pair de France, auteur de quatrains moraux à la portée des enfants, XVII, 72.

MORETON (le général) commandait la place de Lille lorsque cette ville fut assiégée, en 1792, par les Autrichiens. Sa conduite pendant le siège, XII, 230.

MORETTE, bourg du département de l'Isère, X, 45.

MOREY, où l'on fabrique l'horlogerie dite *de comté*, en fer, cuivre, acier ou bois, et où l'on voit plusieurs forges, XI, 12.

MORGES, rivière sur laquelle est située la ville de Moirans, X, 46.

MORGIER, littérateur, IX, 186.

MORIER, coutelier a Brest, XII, 520.

MORIN (M.), philosophe d'une espèce singulière. Son opinion sur le duel et le suicide, XVI, 185 *et suiv.*

MORIN (Simon), brûlé vif, pour avoir composé un ouvrage, fruit d'une imagination en délire, XIV, 506.

MORIN (la dame), condamnée aux travaux forcés pour tentative d'assassinat, II, 73.

MORIN (Jean), érudit, né à Blois, XXVI, 69.

MORIN (Etienne), savant ministre protestant, XXV, 237.

MORINS (les), l'un des peuples les plus puissants des Gaules, et dont les Boulonnais ont la prétention de descendre, XII, 343.

MORLAIX, village du département de la Meuse, où s'est formé le premier établissement orthopédique, XI, 446.

MORLAIX, ville remarquable par sa position, son grand port, par de belles fabriques et des jardins anglais ; elle est ravagée, en 1522, par les Anglais, XII, 498. L'hôtel-de-ville, 499.

Les églises ; la bibliothèque publique, *ibid.* Les quais ; activité commerciale des habitants ; aspect et irrégularité des rues et des maisons, 500. Le marché et les lavoirs ; le grand hôpital, 501. Qualités des Morlaisiens ; leur peu de goût pour les sciences, 502.

MORLIÈRE (le chevalier de La) jouissait, chez Procope, d'une bruyante réputation, et passait, au foyer de la Comédie-Française, pour un amateur de grande espérance, V, 151.

MORMAL (la forêt de), voisine du Quesnoy, XII, 97.

MORMANT, lieu qui fut témoin de quelques operations militaires en 1814, XXVI, 521.

MORNEUIL, personnage qui s'est fait une réputation d'homme profond par son silence qui ne tient qu'à la pauvreté de ses idées, III, 205.

MORONVAL (madame de), personnage d'une faiblesse ridicule pour les enfants, et chez qui l'Ermite a observé tous les inconvénients de la mauvaise éducation de l'enfance, et sur-tout de cette liberté irrévérencieuse que les parents prennent quelquefois pour de gracieuses espiègleries, VI, 39.

MORT (la). Vérités dont elle devrait principalement imposer la méditation aux grands, aux femmes, aux gens de lettres, aux prêtres, aux magistrats, XVI, 348.

MORTAGNE, village du département du Nord, XII, 217.

MORTAGNE, l'un des chefs-lieux du département de l'Orne ; état de ses fabriques de toiles, XXII, 397, XXV, 100, 115.

MORTAIN, ville dont le chapitre se faisait remarquer par l'in-

TABLE GÉNÉRALE, T. XXVII.

conduite de ses membres, XXV, 165.

Morte (la rivière de), ainsi nommée à cause de l'extrême lenteur de son cours, XI, 148.

Morteau (la vallée de), sur la frontière de la Suisse, XI, 76. Fête qui s'y célèbre tous les ans au mois de juillet, *ibid.*

Mortellier, bourg du département de la Drôme, IX, 446.

Mortier (le maréchal), duc de Trévise, XII, 78.

Mortrée, bourg situé dans le département de l'Orne, XXV, 97.

Mortreux (M. l'abbé des), conservateur de la bibliothèque de Vire, XXV, 190.

Morval, prototype des mendiants de cour, IV, 254.

Morvan, issu des premiers comtes de Léon, est porté au trône de Bretagne; il est battu et tué par Louis-le-Débonnaire, XII, 364.

Morville (madame de) tenait des réunions à l'instar de celles de madame de Tencin, II, 248. Son ostentation mêlée de parcimonie, *ibid.*

Morvilliers, situé dans la Champagne, fut le théâtre d'opérations militaires en 1814, XXVI, 501.

Mosbourg (M. le comte de), premier ministre et ami de Murat, VIII, 280.

Moscherosch (Michel), littérateur, XI, 270.

Moselle (la), rivière qui donne son nom à l'un des départements de la France, XI, 468. Préjudices que ses débordements amènent dans la culture des terres, *ibid.* Qualités de ses eaux, 469. Etat de l'agriculture dans le département de la Moselle; misère de la plupart des pays de cette contrée; leur attachement opiniâtre à la routine, 486 *et suiv.* Les vignobles, 488. Les diverses productions territoriales que l'on y récolte, 489; mines diverses, 490; houilles et carrières, *ibid.* Sources d'eaux minérales, 491. Usines en exploitation, 499. Mœurs des habitants de cette contrée, 505.

Moskow. L'armée française y pénétra en 1812, II, 465.

Moskowa (la), fleuve de Russie sur les bords duquel Napoléon gagna une bataille mémorable, II, 465.

Mosson (la), terre où l'on voit les ruines d'une très belle maison construite par un trésorier de la province, qui s'est ruiné par cette entreprise, IX, 149.

Moti-Lullah, fils du calife Mansoul. Il monte au trône après la mort de son père, et reçoit les hommages de ses ministres-courtisans, IV, 267.

Motte-Beuvron (le château de la), édifice de construction récente, et qu'habita un seigneur étranger, XXVI, 25.

Motte-Brfdar (M), fabricant de Roubaix, XII, 288.

Motte de Vesoul (la), montagne au pied de laquelle est assise la ville de Vesoul, XI, 159.

Mouche (Jean de La), prélat de Dol, auquel le pape Innocent III enleva son titre d'archevêque, XII, 357.

Mouchet, fils (M), fabricant de fil-de-fer, XXII, 438.

Mouchy (la maréchale de) fut détenue à la Conciergerie, VII, 216.

Mouile (M Auguste), jeune

poete, couronné par plusieurs académies, XXVI, 103.

MOUGINOT (M.), commerçant de Lunéville, XI, 289.

MOUHY (M. le chevalier de), auteur d'un roman sur le *Danger des spectacles*, V, 281.

MOULINEAUX, petit village où l'on voit les ruines du château de Robert-le-Diable; perspective que l'œil embrasse de la crête du mont que dominait ce château, XIII, 127.

MOULINS. Ornements bizarres de ses maisons; graces des femmes, XXVI, 361. Intérieur de la ville, 362. Fertilité du terrain qui l'environne; attachement des paysans à la routine, 364.

MOULY, village situé au revers des coteaux que l'on remarque en sortant de Lisieux, XXV, 64.

MOUNIER (le Père), l'un des premiers apôtres de la liberté en France, X, 99.

MOUREAU (M), de Vaucluse, sauva, en 1793, la vie à plusieurs de ses concitoyens, et fut proscrit en 1815, IX, 264.

MOURET, musicien distingué, IX, 277.

MOURET, vieux concierge du château des Bruyères, et qui se laissait épouvanter à l'idée des prétendus revenants qui habitaient une des ailes de ce manoir, XXIV, 144.

MOURET, valet-de-chambre favori du maréchal de Saxe, XXVI, 49.

MOURGUE (M. Scipion), inventeur d'un semoir à graines rondes, XXII, 344.

MOURGUES, auteur de quelques ouvrages politiques, IX, 132.

MOURILLON (les marais de) d'où s'exhalent des vapeurs nuisi-

bles, et où Vauban avait conçu le projet de creuser un port, IX, 404.

MOUSBACH, remarquable par de belles forges, XI, 501.

MOUSSEL (M.), inventeur d'un moulin à cribler le blé, XXII, 347.

MOUSSINOT (M.), propriétaire, personnage qui mesure l'estime dont il honore les autres sur leur plus ou moins d'exactitude à payer les termes, IV, 37. Sa résolution de se suicider, 121. Caractère de sa femme, 210. Célébration de la fête de M.Moussinot; pompe et ostentation déployées en cette circonstance, 211. Ses emportements en considérant, le lendemain, toutes les folles dépenses faites à cette occasion, 216. Il soutient que tout le mal vient de ce qu'on a voulu s'éloigner des mœurs et des usages de nos pères, 255. Indifférence apathique qu'il témoigne pour les événements de la révolution, V, 3. Il ne voit, dans tous les événements qui ont rempli l'année 1814, que la *sortie* de Bonaparte et l'entrée de Louis XVIII, 13.

MOUSSON, village où l'on trouve un grand nombre d'antiquités, XI, 322.

MOUTERHAUSEN, remarquable par de belles forges, XI, 501.

MOUTHIER, village de la Franche-Comté, XI, 77.

MOUTIER, où l'on voit quelques manufactures, XI, 499.

MOYENVIC, petite ville arrosée par la Seille, n'a d'importance que par les beaux établissements qui servent à l'exploitation des sources d'eau salée de ses environs, XI, 290 Inté-

23.

rieur de l'un de ces établissements, 291.

MOYEUVRE-LA-GRANDE, remarquable par de belles forges, XI, 500.

MOYSANT-DE-BRIEUX (M.) ouvrit dans sa maison, à Caen, un cabinet de lecture qui fut le berceau de l'académie des sciences, arts et belles-lettres de cette ville, XXV, 223.

MOYSE (l'abbé), ancien évêque constitutionnel du Jura, XI, 63.

MOZART, compositeur célèbre, XXII, 259. Il excelle dans l'invention des chants simples et faciles, 264, 277.

MUCIA, vestale, périt victime de l'amour, XIX, 5.

MUGRON, ville des Landes, VIII, 77.

MULDORF (le baron de), gentilhomme prussien qui entraine à sa suite la jeune Fauchette-Estelle, II, 424. Il l'installe dans un appartement magnifique, et lui-même est bientôt conduit à Sainte-Pélagie, 425.

MULHAUSEN. Sa position; beauté de son intérieur; origine de son nom, XI, 193. Son ancienne indépendance que lui procurèrent les cantons protestants; forme simple de gouvernement qu'elle adopta lorsqu'elle s'érigea en petite république; singulières ordonnances qu'elle rendit à cette époque; sa neutralité pendant les guerres entre la France et les états d'Allemagne, 194. Dangers que son commerce courut lorsque la Suisse eut rejeté son alliance; elle se réunit définitivement à la France, en 1798, 195. Un commis y introduit l'impression sur toile de coton; accroissements rapides de cette industrie, 196; entraves que les jurandes mirent momentanément à ce commerce de la rubannerie; les maroquineries, 197; les établissements d'impression sur soie et en couleurs solides, des dessins à l'imitation de ceux de l'Inde, 198. Etat des divers établissements industriels de Mulhausen, 200.

MULLEN (les frères), propriétaires d'une belle filerie de fer à Champagnole, XI, 43. Particularités sur le mariage de M. Jacob Muller, 44.

MULLER, graveur célèbre, de Strasbourg, XI, 274

MULLUHEIM (les), l'une des plus puissantes familles de Strasbourg. *Voyez* LORN.

MUMMOL (Ennius), patrice, sous lequel les Lombards furent massacrés dans la plaine de Chalmes, X, 210.

MUNCER, chef d'anabaptistes, XI, 284.

MUNSTER, village situé dans la vallée de Saint-Grégoire, XI, 216. Son activité industrielle et manufacturière, 225.

MUNTZTHALL, où l'on voit la plus belle verrerie du département de la Moselle, XI, 502.

MURAT (M. le comte de), préfet du département du Nord, n'a négligé aucun moyen de favoriser, dans cette contrée, les progrès des lumières et de la civilisation, XII, 251.

MURATEL (le général), VIII, 479.

MURET, ancien régent du collège d'Auch, VIII, 286.

MURET, dans le voisinage de Toulouse, patrie de Daleyrac, VIII, 428.

MURBACK (l'abbaye de) dont quelques religieux périrent dans les troubles de l'Alsace, en 917 et 926, XI, 184.

Murner (Thomas), Strasbourgeois, occupe le premier rang des poètes satiriques de son temps, XI, 270.
Muscari, Napolitain, fut condamné à mort pour s'être montré partisan zélé de la république, XIV, 562.
Musique (la). Chaque siècle et chaque peuple a son genre de musique; les variations de celle-ci dans tous les temps et chez tous les peuples peuvent faire croire qu'elle n'a point de base fixe; degrés au-delà desquels on crut successivement qu'elle ne pouvait aller, XXII, 257. Elle n'est pas imitative, mais expressive, 261. L'expression musicale a deux sources différentes, la mélodie et l'harmonie, 262. Caractère de la mélodie, *ibid.*; de l'harmonie, 263. Qualités de la musique théâtrale. *Voyez* Opéra.
Musson, célèbre par ses facéties, I, 391.
Mustapha, empereur de Turquie, XIII, 302.
Mutelau (Jean de), chancelier du roi d'Ecosse, faillit être assassiné à l'instigation du père Criethon, XVI, 125.
Mutzig, situé dans le Bas-Rhin, et où l'on remarque une belle manufacture d'armes, XI, 410.
Muy (Félix du), lieutenant général, a combattu pour la liberté américaine, IX, 309.
Mytilène, ville qui fut détruite pendant la guerre du Péloponèse, XIV, 171.
Mysore (le), royaume des Indes orientales; son ancienne dépendance politique; son indépendance à la suite des progrès des armes musulmanes dans l'Indoustan, XVIII, xj.

N.

Nadal (l'abbé), cité à propos des Vestales qu'il comparait à nos religieuses, XIX, 4. Son pays natal, XXVI, 159.
Nages, petit village qui jadis, avec le titre de ville, avait une certaine importance, IX, 154.
Nagu (madame de), propriétaire de la terre de La Mailleraye. Sa bienfaisance, XIII, 124.
Naillac (les seigneurs de) bâtirent le château d'Onzain, XXVI, 24.
Naix, petit village dans les environs duquel on trouve une grande quantité d'objets antiques qui rappellent la splendeur romaine, XI, 446.
Najac (M. de), ancien préfet du Rhône, à qui l'hospice de la Visitation de Lyon doit sa réorganisation, X, 349.
Nancret, peintre estimé, né à Metz, XI, 509.
Nancy. Sa position, XI, 311. Epoque de sa fondation; son accroissement rapide; elle est prise par Charles-le-Hardi, duc de Bourgogne, et ses habitants sont réduits à la dernière extrémité, 312. Embellissements exécutés, établissements construits dans cette ville sous Léopold et Stanislas, ducs de Lorraine, 313. Places publiques de Nancy, 314. Cause de la solitude que présentent les rues, *ibid.* Commerce et industrie des habitants, 315. Luxe des femmes dans leur toilette, 316. Activité que recevrait Nancy de l'établissement de camps d'instruction pour l'infanterie et la cavalerie, 317. Hommes cé-

lèbres dont cette ville s'honore, 318.

NANGIS fut le théâtre de quelques opérations militaires en 1814, XXVI, 537.

NANINE, danseuse de la foire Saint-Germain, dont l'Ermite devint amoureux, et qu'il emmena, sous l'habit de mousse, à la côte de Malabar, III, 322. Elle abandonne son amant, 324. Son portrait, VI, 330. Motif pour lequel elle détourne son amant du dessein de l'épouser, 331. Elle s'embarque avec lui; impression que sa vue cause à tout l'équipage, 333. Egards qu'elle reçut du capitaine de vaisseau, 334. On la fait débarquer pour mettre fin à la discorde que sa présence commençait à exciter sur le vaisseau, 336. Lettre où elle annonce à l'Ermite qu'elle cesse de l'aimer, 337.

NANSOUTY (le général). Ses mouvements militaires en 1814, XXVI, 514.

NANTERRE, village célèbre par la naissance de Sainte-Geneviève, et par un puits miraculeux. Tableau que présente la halte d'une diligence dans cet endroit, XIII, 9. Aspect de la route qui mène de ce village à Saint-Germain, 11.

NANTES. Tableau que présente l'intérieur de cette ville, XII, 575. Le vieux château, où le cardinal de Retz fut renfermé par ordre de Mazarin, ibid. Supériorité de Nantes sur Rennes; son activité commerciale, 576. Son asservissement sous César, et son indépendance sous Maxime; diverses dominations qu'elle subit; fléaux qu'elle essuya, 577. Les Nantais livrent le comte de Montfort à Charles de Blois, 578. Ils embrassent le parti de la Ligue, et se déclarent plus tard pour celui de Henri IV, 579. Elle est assiégée par l'armée vendéenne, 581, 583. L'infame Carrier y organise les noyades, 584. La cathédrale de Nantes, 586. Ancienne église détruite par les Normands; l'hôtel de la préfecture, 587. Le cours Saint-Pierre; le quartier La Fosse; bienfaiteurs du peuple nantais, 588. Le quartier de l'île Feydeau; hommes célèbres nés à Nantes, 591.

NANTEUIL (M.), Toulousain, auteur dramatique, VIII, 433.

NAPLES. On y érige en 1799, sous le nom de *junte*, un tribunal d'inquisition, XIV, 556. Caractère de ses membres, *ibid.* Ils rappellent au gouvernement les lois de la justice, 557. Leurs principes diffèrent de ceux de la cour, *ibid.* La cour se lasse des soins importuns qu'ils prenaient pour reconnaître et sauver les innocents, 558. Loi que rendit cette junte après sa réorganisation, 559. Massacres dont elle se souilla, 561 *et suiv.*

NAPOLÉON. Affaiblissement de sa puissance; ses revers en Espagne; il conçoit le projet de la campagne de Russie; il entre en vainqueur dans plusieurs villes, plante sa tente au Kremlin, voit son armée désolée par le froid et la faim; il revient en France, II, 463 *et suiv.* Moment où il se saisit du pouvoir, III, 437. Tous les peuples du Nord se liguent contre lui, 463. Il est battu en Espagne et refuse la paix qu'on lui propose sur les bords du Rhin ; ses courtisans déclament contre sa tyrannie, 464. Ce qu'il disait d'un illustre mendiant, IV, 248. Flatteries ridicules et outrées dont il fut l'objet, 283. Il revient a Paris, en 1815, après avoir traversé la France sans rencontrer aucun obstacle, V, 118 *et suiv.* Son ambition démesurée, ses projets sur Moskow ont été cause de sa chute, 129. Les infractions à la charte ont contribué à le ramener en France, 136. Espoir qu'il donna en remontant au trône, 147. Jamais il ne fit rien pour la liberté, 252. Assemblée nationale qu'il convoqua en Champ-de-Mai, le 4 juin 1815, 257. Depuis dix ans, les vrais Français formaient une coalition tacite pour mettre un terme, ou du moins un frein à son ambition et à son despotisme, 301. Ses manœuvres habiles à l'attaque de Toulon en 1793, IX, 371. Réflexions sur sa fortune, son règne, sa gloire, et sa déchéance, X, 53 à 69. Pour encourager le commerce, il fit don à la ville de Saint-Quentin des fortifications qu'elle possédait et du terrain qui en dépendait, XII, 12. Singulier débat dont il fut l'objet au théâtre de Dunkerque où il assistait, 317. Améliorations et activité qu'il introduisit dans la marine de Boulogne, 345. Il visite les travaux de cette place, 346. Fête que l'on y célébra en son honneur, 347. Il rétablit le calme dans le Morbihan, 556. Soin avec lequel il fit relever le monument que le duc de Penthièvre avait érigée dans l'endroit où Henri IV vainquit Mayenne, à Ivry, XIII, 104. Système arbitraire des punitions qu'il infligeait aux écrivains, XV, vj. Il fait renfermer Mina à Sainte-Pélagie, 19. Manière dont il démontrait les inconvénients des mariages diplomatiques, 31. Il inflige un châtiment à l'un de ses courtisans qui, dans une pièce à laquelle le prince devait assister, avait fait changer un vers séditieux, XVI, 372. Sa mémoire est nationale, et c'est en vain que la bassesse et la haine voudraient en déshériter la patrie, 376. Réflexions sur sa captivité à Sainte-Hélène, et sur les lâches qui insultaient à son infortune, 410 à 415. Le but de son expédition d'Égypte était de détruire la puissance colossale des Anglais dans les Indes, XVIII, 93. Il assiste à la première représentation de la tragédie de *Tippô-Saeb*, 99. Son goût littéraire, 100. Ses notes critiques sur cette pièce, 101. Rapprochements entre son caractère et son système politique, et ceux de Sylla, 227. Il assiste à l'opéra de *la Vestale*, XIX, 53 ; à une représentation des *Bayadères*, 171. Il donne au maréchal Berthier le domaine de Chambord, à charge par ce dernier d'en achever les constructions, XXVI, 50. Ses mouvements militaires en 1814 ; il essaie de dégager Troyes en livrant le combat de la Rothière, 493 ; découvre l'armée ennemie, attend l'explosion de l'obus qui éclate à ses pieds, et vole à de nouveaux dangers ; secours qu'il envoie aux Sœurs de la Charité d'Arcis, 497. Il se mêle parmi les artilleurs, et pointe lui-même les pièces; poursuit Blucher, 498; court à l'ennemi qui avait pris possession du château, 499; veille seul pour éviter les surprises; est sur le point d'être pris par des cosaques; tristes pensées qui agitent son âme à la vue des ravages que le combat avait faits autour de lui, 500. Il se porte au village de la Rothière, où la victoire demeure indécise, 501. Il est rejoint à Saint-Dizier par le duc de Vicence auquel il ordonne de reprendre les négociations au congrès de Châtillon; il s'établit à Doulevant, 507; enfonce les coalisés qui battent en retraite et laissent aux Français Saint-Dizier; enthousiasme avec lequel il est accueilli par les gens du pays; il fait relever les murailles de Vitry-le-Français, 508; est obligé de l'abandonner après plusieurs tentatives pour s'en rendre de nouveau le maître, 509. Il veut réunir son armée à Châlons, *ibid.*; se reporte sur Vitry, fait rétrograder les ennemis qui s'étaient emparés de Châlons, 510; ordonne au général Corbineau de reprendre Reims, 514. Attaque où il se trouve près Laon; ses dispositions étant rompues, il ordonne la retraite; arrive près de Reims que les coalisés avaient pris, 515; passe la nuit dans la ferme des Créneaux, 518; entre à Château-Thierry, 519; établit son quartier-général à Meaux, 520; fait fortifier Nogent; adhère en partie aux propositions que lui fait' le congrès de Châtillon, 522; culbute les alliés sur la hauteur de Surville, 537. Pensées qui l'occupent alors, 539. Il quitte Montereau, déjeune à Bray, arrive à Nogent, 541. Maison qu'il occupait à Paris, avant d'être empereur, 556

NARBONNE (le comte de), officier-général, recommandable par toutes les qualités du cœur et de l'esprit, VIII, 301.

NARBONNE. Aventure d'un préfet de cette ville, VIII, 455. Son climat; beauté des dames et des grisettes narbonnaises, 456. Ancienne importance de Narbonne; son enceinte et sa population; le *Champ du sang*; passion des Narbonnais pour la musique, 457. Leur superstition; les confréries de pénitents, 458. Personnages célèbres nés à Narbonne, 465; IX, 24. Cette ville était la principale de la Septimanie, 95.

NARCISSE, fille du poète Young. Son tombeau dans une des allées basses du jardin des Plantes à Montpellier, IX, 109.

NARSÈS conduit, avec l'impératrice Théodora, l'intrigue par l'effet de laquelle Bélisaire, son rival, fut jeté dans les fers, XVIII, 121.

NARSINGUE (le royaume de) fait partie de la souveraineté nominale de Nyzam-Aly, XVIII, 92.

NASSAU (les princes de) furent faits prisonniers à la bataille de Denain, XII, 144.

NASSAU (le prince Maurice de) est assassiné par les jésuites, XVI, 308.

NAST (M.), fabricant de porcelaines, XXII, 411.

NAT DE MONS, troubadour toulousain, VIII, 424.

NATALIS (Pierre), écrivain cité, XII, 528.
NATOIRE, peintre nimois, IX, 190.
NATTIER, fabricant de garnitures de Kamélia, III, 169.
NAUDÉ, savant mathématicien, né à Metz, XI, 507.
NAUDET (M.), professeur distingué, VII, 115.
NAUFLES (la Tour de), que l'on découvre sur les bords de l'Epte, XIII, 75.
NAURTAL (M.), anagramme du nom de M. Arnault l'académicien, VI, 209, 211. (*Voy.* M. ARNAULT)
NAUZE (M. de La), auteur d'un Essai sur la poésie légère. Ce qu'il dit des premières chansons de table, XVII, 33.
NAVAIL, commune où est située la maison de campagne de Prépatour, XXVI, 28.
NAVARRE (la), province d'Espagne, dont la population se compose en grande partie de Basques, VIII, 95.
NAVARRE (la Basse-), l'un des trois cantons dont se compose le territoire des Basques français, VIII, 95.
NAVARRE (Henri de), aïeul de Henri IV. Son portrait et son caractère, ce qu'il exigea de sa fille pendant sa grossesse, VIII, 183. Il préside à la naissance du Béarnais; système qu'il mit en usage pour l'éducation de son enfance, 185.
NAVARRE (le château de), séjour charmant, qui servait jadis de résidence aux comtes d'Evreux, XIII, 99. Etat d'abandon dans lequel on laisse languir ce manoir, 180. Pavillon bâti près du château, 101.
NAVIUS (Atius), Romain, coupa,

dit-on, une pierre avec un rasoir, XIV, 504.
NECKER (M.), ministre. Ce qu'il dit des ouvrages sur l'économie politique, III, 368. Ce fut à Montpellier, pendant l'exil qu'il y passa, qu'il prit l'idée de son doublement du tiers, IX, 96. Insuffisance de ses moyens malgré ses bonnes intentions, XIV, 125. Vœu qu'il formait en faveur des personnes détenues injustement, 372. Ce qu'il dit de la fermeté d'un ministre des finances, 395. Il faut mettre en liberté le seul condamné qui ait survécu aux affreux supplices des cachots de Bicêtre, XV, 57. Son habileté morale opposée, dans des couplets pleins de sel et d'esprit, à l'immoralité habile de M. de Calonne, XVI, 417.
NEEFFS (Peter), célèbre peintre, XXVI, 438.
NÉEL, auteur du *Voyage de Paris à Saint-Cloud par terre et par mer*, XIII, 196.
NÉGREPLISSE, l'une des principales villes du département de Tarn-et-Garonne, VIII, 339.
NELSON (l'amiral) attaque sans succès la flottille boulonnaise, XII, 346. Reconduit le roi de Naples dans sa capitale, et le rend témoin des massacres et des dévastations auxquels ses sujets sont en proie, XIV, 558.
NEMOURS (le duc de), la dernière victime qui fut exécutée aux Halles, en 1479, III, 302; V, 101.
NEMOURS (le duc de) ruine le couvent des Cordeliers de Sainte-Colombe, X, 285. Il pénètre dans Lyon, s'empare du château de Pierre-Scise où il est retenu captif; il s'en

échappe, et se venge de sa prison par des pillages et des dévastations sur les terres des Lyonnais, 323.

NEMOURS-ARMAGNAC (Jean de). Sa mort. *Voyez* LOUIS XI.

NÉOLOGISME (le). Ses progrès dans certains livres, à certains théâtres, et dans certains salons, III, 201.

NÉRAC, ville du département de Lot-et-Garonne. La halle et le marché au charbon, VIII, 304. Le château; la fontaine Saint-Jean, 305. Réunions de l'ancienne cour dans ce château, *ibid.*

NERE (Emmanuel), architecte du bon Stanislas, XI, 509.

NERET, secondé de ses deux fils, ouvrit à Henri IV les portes de Paris, XXII, 18.

NÉRIS (M. de), personnage honoré dans la société, bien qu'il ait séduit plusieurs filles, V, 204.

NÉRON. Cruautés bizarres auxquelles le portait son féroce despotisme; son goût pour les harangues et les vers, XIV, 83. Flatteries dont l'enivraient ses courtisans; son apathie politique à la nouvelle des désastres qui menaçaient Rome; il est poursuivi par des songes effrayants, 84. Moyens divers qu'il tenta pour se soustraire aux regards du peuple et s'arracher la vie, 85. Le sénat le condamne au supplice des esclaves, 86. Il se donne la mort, secondé par un esclave, 87.

NERVA, empereur, régna par la justice et les lois, XIV, 81. Son amour pour les lettres, 408.

NERVIENS (les), l'un des peuples les plus puissants et les plus braves de la Gaule. Pays qu'ils occupaient jadis, XII, 98. Leur caractère; courageuse résistance qu'ils opposent à l'armée de César, 99. Privilèges que celui-ci leur accorde après leur défaite, 101. Estime que Rome avait conçue pour cette nation, *ibid.*

NÉTUMIÈRES (M. de), propriétaire actuel de la maison qu'occupait à Vitré madame la marquise de Sévigné, XII, 461. Somptuosité qu'il a déployée dans le château des Rosiers qui lui appartient aussi, 464.

NEUFBOURG (le). Aspect animé qu'il présente les jours de marché, XIII, 107. L'opéra prend naissance dans ses murs, 108.

NEUFCHATEAU. Sa situation; son aspect riant et agréable; cruautés que Charles II, duc de Lorraine, exerça sur une grande partie de la population qui se plaignait de ses ravages, XI, 417. Restes d'un camp retranché que l'on trouve dans un bois près de la ville, 418.

NEUFCHATEAU (le comte François de), ministre et littérateur, XI, 415, 422.

NEUFCHATEL (le prince de), l'un de ceux qui insistèrent sur la nécessité de se résoudre aux délibérations du congrès de Châtillon, XXVI, 522.

NEUILLY, village à quelque distance de Paris, XIII, 9.

NEUSTRIE (la), nom que portait jadis la province de Normandie, XIII, 28.

NEUHOFF (Théodore de), dont le fils était mendiant à Londres, XIV, 530.

NEUVE-LIRE, village du département de l'Eure, XIII, 113.

NEUVILLE (Jean, sire de). Il ad-

DES MATIÈRES. 363

met dans son château, pour lui apprendre les fonctions préparatoires au grade de chevalier, le jeune Bérenger de Presles, dont il était le parrain, III, 127. Aspect du château de ce seigneur, 128. Sa situation, 129. Reproches que ce châtelain adresse à Bérenger au sujet d'une satire attribuée à ce dernier, 134.

NEUVILLE (l'abbé), l'un des ennemis de Voltaire, X, 459.

NEUVILLE (madame de), personnage du roman de *Cécile*, XXIII, 49. Son portrait, 109. (*Voyez* madame de CLÉNORD, CÉCILE DE CLÉNORD, CHARLES D'EPIVAL, ANATOLE DE CÉSANE.)

NEVERS, ville à laquelle conduit une route délicieuse à partir de Moulins, et qui doit sa célébrité au perroquet chanté par Gresset, XXVI, 364.

NEVEU (M.), l'un des propriétaires qui s'occupent le plus utilement de perfectionner la race des chevaux français, XXV, 92.

NEVILLETTE (M. de), personnage d'un commerce très peu sûr, et qui néanmoins est accueilli dans la société, VII, 42. Caractère de sa sottise et de sa méchanceté, 45. Divers traits décelant sa noirceur au collége, 46; à l'armée; dans ses aventures galantes, 47; à la cour; dans la carrière des lettres, 49.

NEVIZAN, XXIV, 183.

NEW-MARKET, lieu où les Anglais font les courses annuelles de chevaux, III, 273.

NEWTON assigne des bases à la véritable philosophie, XXII, 296.

NEY (le maréchal), guerrier à jamais célèbre, commanda la retraite de Russie, XI, 496. Son courage près Craone, XXVI, 515; à Montmirail, 518.

NOAILLES (la famille baroniale), admise aux états du Languedoc, IX, 97.

NOAILLES (le cardinal de) ne craignit pas de se mesurer avec les jésuites, XXVI, 298.

NOBÉCOURT (M.), commerçant de Saint-Quentin, XII, 16.

NOBLOT (M.), l'un des principaux manufacturiers d'Héricourt, XI, 163.

NODIER (M. Charles), littérateur instruit, d'une imagination féconde et brillante, XI, 126.

NOE (M. de), ancien évêque de Lescar, littérateur distingué, VIII, 167.

NOEL (M.), maître de forges à Clairvaux, XI, 21.

NOEL (Marc), citoyen de Calais, se distingua par son dévouement pour des naufragés, XII, 340.

NOEL, auteur d'*Essais sur le département de la Seine-Inférieure*, et d'une *Histoire des pêches dans les mers du Nord*, XIII, 146; XXV, 36.

NOGARET fut envoyé en Italie pour s'emparer du pape Boniface VII, V, 256.

NOGARET (Guillaume de), chancelier de France, VIII, 424.

NOGARET (M. le baron de), préfet de l'Hérault. Prospérité dont jouit ce département pendant son administration, IX, 99.

NOGENT, village de la Bretagne, aux environs duquel se trouve une carrière d'ardoises exploitée à ciel ouvert, XII, 458.

NOGENT-LE-ROTROU. Aspect pittoresque de ses environs; le

château qui domine cette ville, XXVI, 76.
NOGENT-LE-ROULFBOIS, village à quelque distance de Dieux, XXVI, 76.
NOGENT-SUR-SEINE, ville que Napoléon fit fortifier en 1814, XXVI, 522. Aspect qu'elle offrit après la bataille, 541.
NOGUIER (M.), officier en retraite dont la maison a Nimes fut démolie durant les troubles du Gard, IX, 165.
NOLLET (l'abbé), professeur de physique, VI, 114.
NOMINOÉ, lieutenant-général de Louis-le-Débonnaire dans la Bretagne, prend, à la mort de ce dernier, le titre de roi de sa province, et cherche à réprimer les désordres du clergé, sur-tout la simonie à laquelle il se livrait, XII, 364. Il meurt devant Chartres qu'il assiégeait, 365.
NOMAAT, ville remarquable par ses environs tout-à-fait pittoresques, XXV, 93.
NOVANT-PIERREFCOURT (la famille) posséda, pendant le dix-huitième siècle, La Ferté-Humbault, à titre d'héritage, XXVI, 28.
NONIUS MARCELLUS fait remonter à Tatius, roi des Sabins, l'origine des étrennes, I, 398.
NONOTTE, peintre, restaura un tableau de l'hôtel-de-ville de Lyon, X, 341.
NONOTTE (l'abbé), jésuite, l'un des détracteurs de Voltaire, qui lui fit une si plaisante immortalité, X, 459; XI, 126; XVI, 158.
NOORD PFENE, lieu où s'appuyait la gauche de l'armée française, en 1793, XII, 300.
NORBERT (le Père), connu par ses écrits sur les Indes, XI, 444.
NORD (le département du). Anciennes institutions monacales qui couvraient cette contrée, XII, 37. Parallèle entre les habitants de ce pays et ceux de la Gascogne, 42. Caractère de la haute société dans le département du Nord, 43; celui des classes inférieures; portrait physique des habitants, 46. Principaux traits du caractère du peuple, *ibid.* Amour des habitants de ces contrées pour les divertissements et les plaisirs, 47. Leur aptitude pour les spéculations commerciales et industrielles, *ibid.* Mœurs des femmes; moyens de réussir auprès des Flamands, 48. Effets de la superstition répandue dans ces contrées, 89.
NORMANDIE (la). Goût de ses habitants pour les pommes et le cidre; origine singulière de cette boisson, XIII, 22. Division de la Normandie par départements, 27. Ses divisions primitives, 28. Importance qu'avaient ses principales villes, 29. Autorité aristocratique à laquelle elle était asservie, 30. Influence que les druides exercèrent sur ses habitants, 31. Première incursion des Normands en France, sous Charles-le-Chauve; leur marche sur Paris; commandés par Roul, ils dévastent la Bourgogne, 36. Concessions que leur fait Charles-le-Simple; origine des ducs de Normandie; bienfaits que cette province dut à Roul, 37. Changements que la conquête de l'Angleterre par Guillaume-le-Conquérant amène dans les

rapports politiques entre la France et la Normandie, 38. Soumission des Normands aux rois de France, 39. Privilèges dont ils stipulèrent la jouissance, 40. Cause de l'identité que l'on remarque encore aujourd'hui entre les noms de plusieurs familles normandes et anglaises, *ibid*. Droits et privilèges que les Normands conservèrent jusqu'à Louis XIV, 41. Défaut de communications dans certaine partie de la Normandie, XXV, 51. Les anciennes subdivisions de la Basse-Normandie; caractère et industrie de ses habitants, 150. Désordres d'une partie de l'ancien clergé de la Normandie, 164. Cette province est regardée comme le berceau de la poésie française, 171.

NOROY, village situé à peu de distance de Pont-à-Mousson, éprouva, en 1817, une sorte de déplacement physique, XI, 321. Antiquités découvertes dans des carrières qui l'environnent, 322.

NORT, village que l'armée républicaine défendit vaillamment, et qui fut enlevé par d'Autichamp, XII, 582.

NORVILLE (le docteur), prototype des médecins du bel air. Intérieur de son cabinet; légèreté avec laquelle il étale ses prétentions politiques, VI, 130 *et suiv*.

NORVILLE, joli village situé dans dans la Normandie, XIII, 221.

NORVINS (M. de), auteur d'un tableau de la révolution et d'un poeme de l'*Immortalité de l'ame*, I, 13.

NORWÈGE (la). Etat de prospérité où l'élève le perfectionnement de la culture et des engrais, XXII, 299.

NOSSENCOURT (la forêt de), située dans le département des Vosges, XI, 329.

NOSTRADAMUS, ancien régent du collège d'Auch, VIII, 286.

NOTRE-DAME DE LAUS, lieu où l'on remarque une chapelle à laquelle se rendent un grand nombre de pèlerins, et où l'on vit une femme qui prétendait avoir eu plusieurs entretiens avec la Vierge et posséder le don des miracles, X, 221.

NOTRE-DAME-DES-NEIGES (le hameau de), situé dans les environs du Havre, XIII, 273.

NOUBEL (M. Raymond), imprimeur et littérateur à Agen, VIII, 298.

NOURRISSON (M.), agronome distingué, ancien membre de la chambre des députés, et propriétaire de l'ancienne abbaye de Corneux de l'ordre des Prémontrés, XI, 150.

NOURRIT, acteur de l'Opéra, III, 65; VII, 22. Son talent dans le rôle de Fernand-Cortez, de l'opéra de ce nom, XIX, 107.

NOURRY, général d'artillerie, XIII, 98.

NOURTIER, marchand d'étoffes, et de fichus dit *Bayadères*, I, 336; III, 169.

NOUSCHIRVAN-SCHA, cité, II, 274.

NOUVEAU-MONDE (le). Sa découverte a exercé sur les destinées du genre humain une grande, une féconde influence; cet événement est aussi très remarquable sous le rapport dramatique, XIX, 59.

NOUVELLISTES (les) peuvent être divisés en trois familles; objets sur lesquels chacune s'exerce, IV, 145. Le nouvelliste des

Tuileries, 147; ceux du café Manoury, 148; autre prototype de nouvellistes, 150.

NOVAINI, écrivain, s'est occupé de recherches sur l'histoire des Maures, XIX, 235.

NOVEMPOPULANIE, nom que porta la province de Bordeaux, IX, 94.

NOVERRE (M.). Ses efforts inutiles pour introduire sur le théâtre de l'Opéra la danse du *mouchico*, VIII, 136.

NOVI (Michel-Ange), Napolitain, termina ses jours dans les cachots de la Famignana, XIV, 562.

NOVION (M.), médecin habile et savant studieux, VIII, 148.

NOZAGUET (madame), remarquable par sa laideur et son goût variable pour la politique, VII, 224. Intérieur de son appartement, XV, 237. Portrait de sa nièce, 238. Assemblée de famille où elle stipule avec un riche Anglais les conditions auxquelles elle prétend lui céder cette jeune personne, danseuse à l'Opéra, 239 *et suiv.*

NOZEROY, bourg de la Franche-Comté. Etymologie de son nom; son origine, XI, 40. Edifice qui servait de résidence aux princes d'Orange; tableau que l'on voyait dans l'ancienne maison du chapitre de Nozeroy, 41. Personnages qui ont illustré ce bourg; sa position; eaux minérales et marbres qui se trouvent dans son territoire, 42.

NOZEU (le château de), situé non loin de celui de Ménars, XXVI, 22.

NICOU (M.), avocat distingué, XI, 10.

NICOLAI (le baron), conseiller d'état, président de l'académie de Saint-Pétersbourg, et l'un des poètes les plus féconds de l'Alsace, XI, 272.

NICOLAS (M.), habile fabricant de violon à Mirecourt, XI, 416.

NICOLAS (Henri), professeur d'hébreu, XI, 452.

NICOLE, écrivain de Port-Royal. Sa modestie dans ses jugements, IV, 57. Ce qu'il dit des intentions de l'homme de bien, VII, 191; du hasard par lequel sont acquises les distinctions de la naissance et de la fortune, XIV, 550. Son pays natal, XXVI, 100. Ses écrits et son attitude fière et indépendante ont contribué à développer le patriotisme en France, 192.

NICOLE (M.), fabricant à Rouen, XIII, 184.

NICOLO, compositeur distingué, XXI, xi.

NICOT (Jean), auquel on doit l'importation du tabac en France, IX, 184.

NIÉDER-MUNSTER (la vallée de), où Odile fonda un monastère et un hôpital; fontaine que la chronique dit avoir été formée par les pleurs de cette sainte et dont l'eau a la vertu de guérir les maladies des yeux, XI, 282.

NIEMEN (le), rivière de Russie, franchie par l'armée française, en 1812, II, 464.

NIEUPORT, situé dans le département du Nord, XII, 324.

NIGER (le), fleuve d'Afrique, à l'embouchure duquel les Dieppois formèrent, en 1365, des etablissements, XXV, 19.

NIMES. Sa population; caractère des nobles qui l'habitent, IX, 158. Mœurs des bourgeois;

caractère du peuple, 159. Branches du commerce de cette ville; esprit de secte qui divise les habitants, 160. Le faubourg des Bourgades, 162; celui du chemin d'Uzès; celui du chemin d'Avignon, 163; celui du chemin de Montpellier; le *Cours-Neuf;* la *Tour-Magne*, 164. Vestiges des cruautés exercées dans cette ville, en 1814 et 1815, 165. Le café Martin, 166; le café Bolze; le jardin Grailhe; esprit de la société qui se réunit dans ce dernier lieu, 168. La promenade de l'Esplanade, 170; spectacle animé qu'elle présente lors de la foire de Beaucaire, 171. Les promenades du Vistre, 172. Goût des Nimois pour les représentations théâtrales, 173. Les arênes: combats des taureaux, 174. Intérieur de la ville; costume des habitants, 176; celui des grisettes; branches de l'industrie nimoise, 177. Le collège, 181. L'académie, 182. Vicissitudes qu'elle essuya, 183. La société de l'ordre de la Boisson, 186. Antiquité de l'amphithéâtre, 192. La Maison carrée, 194. Autres monuments de Nîmes, 195.

NINETTE, jeune fille d'Yvetot, remarquable par sa beauté. Elle passe son enfance sous les auspices du prieur d'une abbaye du voisinage, qui l'éloigne au moment où il allait mourir, XV, 293. Elle arrive à Paris, où elle épuise promptement ses ressources; est rencontrée et adoptée par la Fillon, directrice du harem fondé par le cardinal Dubois; 295; devient l'amante d'un jeune Portugais attaché à une ambassade, 298; reçoit les adieux de cet étranger, 299; sort du vice, va dans une maison de pénitence, expier ses erreurs, et retourne dans son pays où elle épouse un jeune descendant de la famille souveraine d'Yvetot, 301.

NINON DE L'ENCLOS. Son ardeur à défendre avec M. le Prince et Boileau, le *Britannicus* de Racine, contre les oppositions que cette pièce rencontrait, II, 13. Ses réunions réglaient la galanterie de la ville, 190. Maison où elle demeurait à Paris, 400; VII, 243.

NINUS fait périr le roi de Babylone et toute sa famille, XIV, 184.

NIORT. Fertilité du pays qui conduit de Poitiers à cette ville; monuments druidiques que l'on y rencontre, XXVI, 160. Constructions qui peuvent faire de Niort une ville assez importante; les halles, 161. La prison du château de Niort, 162. Son commerce d'angélique, 163.

NIPLIUS (Augustin), XXIV, 183.

NITIOBRIGES (les), ancienne nation des Gaules dont Agen était la capitale, VIII, 352.

NIVE (la), rivière qui se perd dans l'Adour, VIII, 47. Son cours et sa navigation, 129.

NUGENT, général autrichien, se trouvait à Aix, lorsque le maréchal Brune fut arrêté à Avignon, IX, 225.

NUITS, renommé pour ses vins, XXVI, 431.

NUMÉRIS, que l'on dit avoir peuplé les rives de la Basse-Loire, XII, 362.

NIZAM-ALY, souba du Décan, et allié d'Hyder-Aly-Kan. Il abandonne ce dernier qui est obligé de tourner les armes contre lui, XVIII, xiij; il s'unit aux Anglais et leur fournit des troupes, xvi; il a trahi successivement la cause de tous les princes indiens en faveur des Anglais dont il est sujet et tributaire, 92.

O.

OB, magicien, fit au roi Saül le portrait du prophète Samuel, V, 39

OBERKAMPF (M.), fondateur de la belle manufacture de toiles peintes, qui fait toute la célébrité du village de Jouy; degrés de perfectionnement par lesquels il fit passer l'art de l'impression sur toiles, XXII, 370.

OBERLIN, pasteur du Ban-de-La-Roche. Son presbytère, XI, 387. Ardeur avec laquelle il sollicite, de concert avec son épouse, cette misérable cure, 389. Il y fait construire des écoles, 390 Entreprend l'éducation normale des maîtres qui doivent présider à celle des enfants; met ces derniers sous la surveillance de conductrices qu'il instruit lui-même, 391. Plan qu'il trace pour l'éducation des deux sexes, 392. Moyens d'encouragement dont il se sert pour imprimer aux écoles organisées une marche plus régulière et plus solennelle, 393. Il se réserve l'éducation religieuse, et emploie de nouveaux moyens pour inspirer le desir de l'instruction; il fonde une société d'agriculture, 394. Il répare, élargit les chemins vicinaux, construit de nouvelles routes, 395; donne à l'agriculture de grands accroissements, 396; introduit et propage l'industrie, 397; établit un magasin d'outils et un mont-de-piété, 398; fonde un cabinet de consultations et un laboratoire de pharmacie; consacre au profit de ses paroissiens ce qu'il recueillait de plusieurs enfants de familles opulentes; termine un procès qui existait depuis long-temps entre le Ban-de-La-Roche et le propriétaire des forêts et usines de ces lieux, 399. Sa sollicitude envers les villages catholiques qui entourent sa paroisse, 400. Intérieur de son appartement; son portrait, 401. Il dit qu'en soulageant les malheureux il n'a fait qu'obéir à l'impulsion de son cœur, 402. Respects et hommages dont il est l'objet de la part des paysans, 403. Sa dignité dans le service divin, 404. Eloge qu'il fait de M. Legrand qui le seconde dans ses travaux, 405. Quelques détails sur les goûts et les études de son enfance, 406. Eloge de sa femme, dont les vertus et la bonté déterminèrent enfin sa sublime résolution, 407.

OBERT GIFANIUS, cité, XXIV, 182.

OBIOUX (le mont), dont la cime s'élève à plus de 2,800 mètres au-dessus de la Méditerranée, X, 174.

OBLIQUET (Pacôme), personnage dont tout l'être est un mensonge, et qui jouit d'une réputation de droiture dont personne n'est dupe, XV, 248.

OBRECHT OBRY, Strasbourgeois remarquable par ses vastes con-

naissances en tout genre, XI, 270.
Obson (mademoiselle), gouvernante de Cécile de Clénord, XXIV, 158.
Occitanie, nom que portèrent les régions situées vers l'ouest de la France, IX, 94.
Ocellates (la maison des) dont deux sœurs, qui étaient vestales, périrent victimes de l'amour, XIX, 5.
Ochin (Bernardin), cité, XXIV, 182.
Ocquincourt (le maréchal d'), XIV, 489.
Octave, empereur romain. Flatterie dont il devint l'objet de la part de son peuple, IV, 271. Son arrivée à Lyon à l'occasion d'une irruption des Sicambres et de la défaite de Lollius, X, 302. Détournant la loi de lèse-majesté, il condamna Cassius Sévérus, auteur d'écrits satiriques contre lui et ses familiers, XIV, 248.
Octavie, épouse de Néron, est tuée par ce dernier, XIV, 83.
Odéon (le théâtre de l'). Ses mauvaises spéculations en 1813, III, 345.
Odet, rivière, descend des montagnes Noires, et donne, par sa navigation, une grande activité au commerce de Quimper, XII, 538.
Odevard (M.), peintre, auteur du tableau du *Sacrifice d'Iphigénie*, XXVII, 26.
Odier (M.), propriétaire d'une fabrique de cotons, XXII, 365.
Odile, jeune fille que son père Atticus dévoua à la mort, parcequ'elle était aveugle, et qui, ayant recouvré la vue, et après le crime de son père, fonda plusieurs monastères qu'elle gouverna d'après la règle de Saint-Augustin, XI, 280.

Odillon-Barrot (M.), célèbre avocat qui plaida en faveur du malheureux Wilfrid-Regnault, VIII, 372; XIV, 415.
Odiot (M.), fabricant de Beaumont-le-Roger, XIII, 114.
Odiot (M.), commandant de la douzième légion de la garde nationale, lors de la défense de la barrière de Clichy, XXII, 183, 440.
Odoacre, roi des Saxons, détruit dans les Gaules jusqu'au nom romain, X, 308. Il s'empara de l'Anjou à deux reprises différentes, XXV, 378.
Odolant-Desnos (Pierre-Joseph), historien de la ville d'Alençon, XXV, 129.
Odon (Clément), abbé de Saint-Denys. Manière dont il obtint l'archevêché de Lyon, X, 331.
Odon-Rigault, archevêque de Rouen. Désordres qu'il découvrit parmi le clergé soumis à sa juridiction, XXV, 165.
Ofareli (M.), ingénieur, élargit et consolida l'arche du pont de Vieille-Brioude, XXVI, 307.
Offrandes (les) ont été imaginées par les prêtres, afin qu'ils y trouvassent une source de richesses, XIV, 39.
Ogier-le-Danois, l'un des preux de la cour de Charlemagne, et auquel on fait remonter la fondation d'Orgelet, XI, 17.
Ognon (l'), petite rivière qui traverse le canal du Languedoc, VIII, 460.
Ohmach, sculpteur, habitant de Strasbourg, à l'embellissement duquel il consacre son habile ciseau, XI, 255, 270, 273.
Oiselay (le sire d'), tuteur de la châtelaine, dernière héri-

tière de la maison de Beaujeu, XI, 151.

OISELEUR (Henri l'), empereur d'Allemagne, dispute l'Alsace à René de Bourgogne, XI, 184; confère à la ville de Toul les titres et privilèges de ville impériale, 428; s'empare de Metz, 462.

OISI, village situé à quelque distance du Mans, XXV, 373.

OISIVETÉ (l'). Elle nous ôte la force de la vaincre; son caractère chez les femmes et chez les hommes, V, 68.

OISSEL (les coteaux d'), couverts jadis de vignobles qui avaient quelque réputation, XIII, 139.

OLAUS BORRICHIUS, XXIV, 183.

OLAUS MAGNUS, auteur d'une histoire des peuples du Nord. Ce qu'il dit des Lapons lorsqu'ils veulent connaître ce qui se passe loin des lieux où ils se trouvent, V, 57.

OLIERGUES, petite ville d'Auvergne, dont le climat est insalubre, XXVI, 310.

OLIVE (d'), savant jurisconsulte toulousain, VIII, 427.

OLIVET (l'abbé d'), bon grammairien, écrivain laborieux, VI, 108; X, 460; XI, 71.

OLIVIER, fameux par ses jongleries, III, 82, 281.

OLIVIER (d'), officier de port, chez qui une imagination ardente arrêta les élans du génie, XII, 520.

OLIVIER BASSELIN, poëte virois, regardé comme le véritable père du vaudeville français, XXV, 173. Caractère de ses poésies, 174. Monument à élever à ce poète, 179.

OLIVIER-LE-DAIM, barbier et ministre de Louis XI. Il coopère à l'assassinat de Jean de Nemours-Armagnac, XXV, 451 et suiv.

OLIVIER DE SERRES s'efforça vainement d'acclimater le mûrier sur les bords de la Loire, IX, 179.

OLLIVIER-LANGE, jeune Marseillais, voulut partager le trépas de son père, et mourut percé de coups, IX, 347.

OLLO (Catherine d'), religieuse carmélite, XII, 592.

OLONNE (d'), contre lequel Racine lança une épigramme à propos de son *Andromaque*, II, 15.

OLONNE (la comtesse d'), fameuse par l'usage qu'elle fit de sa beauté, XXVI, 475.

OLONZAC, gros bourg du département de l'Aude, administré avec sagesse par M. Delaur, VIII, 450.

OLTFRIED, de Vissembourg, auquel on doit une traduction paraphrasée de l'Evangile en vers et en langue tudesque, XI, 271.

OMAR n'incendia la bibliothèque d'Alexandrie que parce que, selon lui, tout ce qui n'était pas dans le Coran était erreur et mensonge, XIV, 27.

OMER TALON, auteur des *Institutions oratoires*, XII, 19.

OMMEGANCK, célèbre paysagiste, XXVII, 47.

O'MORAN (le général) est conduit dans les prisons d'Amiens, lors de la révolution, IV, 334. Son campement à Cassel, en 1793, XII, 298. Terme de sa carrière militaire, 301.

ONANTHYA, jeune indien, personnage du roman de *Cécile*, XXIV, 307, 311, 315, 318, 321, 324.

ONCET (le lac d'), situé dans les Pyrénées, VIII, 245. Riant tableau qui s'offre à l'œil sur les bords de ce lac, 246.

ONDRES, village des Landes, VIII, 78.

ONEYDAS (les), tribu indienne qui s'éloigna à l'approche des colons de Beauvoir, mais qui bientôt conclut la paix avec ces derniers, XXIV, 307, 311. Leur courage dans la guerre contre les Chicawhaws, qu'ils dispersent, 325.

ONZAIN (le château d'), qui rappelle des souvenirs variés et antiques, et dans lequel Voltaire composa deux chants de sa *Pucelle*, XXVI, 24.

OPALINSKI (Catherine), épouse de Stanislas, duc de Lorraine, morte à Lunéville en 1747, et inhumée dans l'église de Bon-Secours, située près de Nanci, XI, 309.

OPÉRA (l'). Qualités nécessaires à son succès et à sa gloire, I, 26. Description d'un bal masqué à ce théâtre, II, 54. Influence du balcon de l'Opéra sur le sort des pièces nouvelles, III, 60. Actrices qui faisaient jadis les délices des habitués de ce théâtre, 61. Ses progrès dans la musique et la danse, 64. Son état, en 1813, sous le rapport de la poésie, de la musique et de la danse, 341. Pièces importantes qu'on y joua dans le cours de cette année, 342. Cause de sa décadence, V, 288. Une répétition générale à ce théâtre, VII, 16. Spectacle animé et bizarre qu'offrent alors la scène et les coulisses; indifférence des artistes pour concourir à la réussite de l'ouvrage, 17 *et suiv.* Inconvénance du titre que porte ce théâtre, XXII, 229. Origine du genre de pièce, dit *opéra*, XIII, 108. A-propos qui se rattache à la question de l'opéra au milieu des débats politiques, XXII, 227. Inconvenance de la qualification d'*opéra*; naissance du véritable opéra; ce qu'il est, 229. Talents divers nécessaires à la composition du drame lyrique, 230. Conditions requises pour ce travail; le véritable opéra ne se trouve que chez les Français, 232. Sources où le poete doit puiser son sujet; qualités dont il doit le revêtir, 233. L'emploi du merveilleux, 234. Nature du sujet à choisir, 235. Défauts et inconvenance de la tragédie lyrique, 236. Qualités principales d'un bon opéra, 238, 239, 241. Bases de l'intérêt dans un opéra, 242. Caractère des chœurs, 243. Le poete lyrique doit fournir un nœud assez puissant pour motiver le prodige qui peut seul le rompre; l'intrigue doit être simple, 244. Le caractère du dénouement, 245. Sous quelque forme que le poete présente son sujet, on doit y reconnaître son origine épique, 246. Le *comique* de situation est le seul que l'opéra doive s'approprier; le drame pastoral doit avoir de la noblesse, 247. Autres conditions nécessaires à cette espèce de drame, 248. Essais tentés vainement pour introduire au théâtre le genre bouffon; niaiserie de ceux qui veulent exclure de l'opéra toute pièce gaie, 249. Source où les poetes lyriques peuvent puiser des chants ravissants, 250. Il faut bannir de l'opéra le style maniéré, 251. Conditions qui font le mérite principal de ce poème, 252. Qualités du rhythme lyrique, 253. Révolutions successives que subit la musique de l'opéra, 258. Caractère qu'elle doit avoir suivant le sujet et les sentiments, 261, 265. La justesse de la déclamation est la base essentielle du succès de la musique théâtrale, 266. Autres qualités nécessaires au compositeur, 268 *et suiv.* Mérite du véritable chorégraphe, 278. Qualités que doivent offrir les ballets, 279. Vérité nécessaire dans les costumes, 280; dans les décors, 281. Défaut remarqué dans la manière d'éclairer la scène, *ibid.*

OPÉRA-COMIQUE (l'). Sa situation durant l'année 1813, III, 345. Dignité à laquelle s'est élevé le genre de l'opéra-comique, V, 288. Son origine, XXI, ix. Anathème que Voltaire a lancé contre ce genre; auteurs qui l'ont légitimé au Parnasse; ses améliorations successives, x. Abus d'esprit dans le dialogue reproché à certains auteurs d'opéras-comiques; ce que doit être une pièce de ce genre; limites qui doivent lui être assignées, xij.

OPIMIA, vestale, périt victime de l'amour, XIX, 5.

OPPÈDE (le baron d'), ambassadeur à Venise, sous Charles VIII, IX, 276.

OPPERMANN (M.), négociant du Havre, XIII, 272.

OPPIA, vestale, périt victime de l'amour, XIX, 5.

OPPORTUNE (sainte), abbesse du couvent d'Almenèches. Miracle singulier qu'on lui attribue, XXV, 94.

OPTAL (M. d'), séducteur de bon ton, honoré dans la société, V, 204.

OQUETONVILLE (d'), gentilhomme, assassina le duc d'Orléans, X, 102.

ORANIENBAUM, château favori de Pierre III, et dans lequel Catherine-la-Grande fit construire un établissement de montagnes en bois, VII, 103.

ORATEURS POLITIQUES. *Voy.* ÉCRIVAINS.

ORB (l'), rivière qui coule au bas de Béziers, VIII, 461.

ORBESSON (le président d'), savant archéologue et littérateur agréable, VIII, 425.

ORBEY (la vallée d'), située à la hauteur de Fellering, à trois lieues de Thann, XI, 208.

ORCHAMPS, bourg remarquable par ses rues bien percées, ses bonnes auberges, et un pont de pierre sur le Doubs; maison forte que l'on y voit encore, XI, 111.

ORCHIES, petite ville du département du Nord. Son ancienne franchise, XII, 207. Prospérité dont jouissait son commerce; diverses dominations qui ont pesé sur elle, 208. État de l'agriculture dans son territoire, 209.

ORCHOMÈNE, endroit où Sylla fut vainqueur, XVIII, 222.

ORCIÈRES, commune des Hautes-Alpes. Anecdote relative à un villageois de ce lieu que l'on accusait d'être sorcier, X, 218.

ORDINAIRE (Jacques), ancien recteur de l'université et de l'académie de Besançon, maintenant à la tête de l'institution Morin, à Paris, XI, 126.

ORÉNOQUE (l'), grande rivière d'Amérique, VI, 71.

ORESME, précepteur de Char-

DES MATIÈRES.   373

les V, né à Caen, XXV, 235.
ORFEUIL (le baron d'), modèle de l'amitié indifférente, I, 326.
ORGELET. Sa position, son industrie, et son origine; franchises que cette ville obtint de Jean de Châlons, XI, 17. Momeries et pratiques superstitieuses des habitants du canton d'Orgelet, 19. Ignorance des curés du pays, 20. Usages observés aux funérailles et le premier dimanche de Carême, 21.
ORGIFS, montagne qui domine la ville d'Orgelet, XI, 17.
ORGON, ville du département des Bouches-du-Rhône, où Bonaparte courut des dangers en 1814, IX, 289.
ORIOLES (M. David), vieux commerçant estimé, tenant à l'ancien système des spéculations financières, et rejetant les opérations de bourse. Sages avis qu'il donne à l'Ermite au sujet du placement de quelques fonds, VI, 50, 57. Ce qu'il dit des déclamations perpétuelles de certains moralistes contre ce qu'ils appellent luxe, VII, 197.
ORITHYE, amazone, commandait ses compagnes lorsqu'elles se répandirent dans l'Attique, XIX, 181.
ORIVAL, village situé près d'Elbeuf, renommé pour ses noix, XIII, 137, 139.
ORLÉANS (le duc d'), régent. Désordres auxquels il se livre, et mesure qu'il emploie pour satisfaire ses passions, II, 192. Changements qu'il fit subir aux modes, III, 24. Manière dont il s'informait de la santé de Louis XIV, IV, 277. Jugement qu'il portait des flatteurs, 279. Ouvrages où est contenu le manifeste des mœurs de sa cour, XIV, 404.
ORLÉANS (le duc d'), prince à bonne fortunes, fut assassiné par les ordres du duc de Bourgogne, II, 186.
ORLÉANS (le duc d') exécute une ascension dans une montgolfière, VI, 117.
ORLÉANS (Catherine d') introduit à Estrepagny la fabrication de la dentelle, XIII, 77.
ORLÉANS (Gaston d'), frère de Louis XIII. Manière dont il souscrivait ses dépêches officielles, XIV, 490. Il se révolte, et est accueilli dans le Languedoc par le maréchal de Montmorenci, XXVI, 363.
ORLÉANS (le duc d'), frère de Charles VI, dispute la régence à Jean-sans-Peur, qui le fait assassiner, XXVI, 460.
ORLÉANS (le Père d'), jésuite, né à Bourges, XXVI, 370.
ORLÉANS. Aspect de quelques uns de ses édifices, XXVI, 124. Le monument elevé à Jeanne d'Arc, 125. Activité industrielle des Orléanais, 126. La cathédrale de Sainte-Croix, 127. Hommes célèbres nés dans cette ville; domination romaine sur Orléans; elle est réunie à la couronne; devient l'apanage des enfants de France; est délivrée par Jeanne d'Arc; les calvinistes la ravagent; des conciles s'y assemblent, 128.
ORLEN (la chapelle de Saint-), fameuse par ses miracles, XXV, 146.
ORLOF (le comte). Ce qu'il dit des concubines des prêtres du royaume de Naples, XIV, 512.
ORLOF (Alexis), officier russe, l'un des favoris de Catherine II, VII, 103; XIV, 528.

ORME (le marquis d'), ministre de Victor-Amédée et de Charles-Emmanuel, rois de Sardaigne. Son ingratitude envers le premier à qui il devait tout, XIV, 570.

ORMES (le château des), patrimoine de la famille d'Argenson, XXVI, 141.

ORMESSON (l'intendant d'). Jugement qu'il porte sur l'aptitude des Auvergnats pour les arts, et sur leur caractère social, XXVI, 345.

ORNAIN (l'), rivière, traverse d'orient en occident la ville basse de Bar-le-Duc, XI, 441.

ORNANO (le maréchal d') meurt dans la forteresse de Vincennes, XV, 238.

ORNANS, petite ville du département du Doubs, XI, 81. Le puits de Brême, ibid.

ORNE (le département de l'). Quelques réflexions sur les fabriques militaires que l'on retrouve dans cette contrée, XXV, 98. Statistique de ce département, 100. Améliorations à introduire dans l'agriculture de son territoire; caractère des paysans; indifférence qu'ils apportent à leur bien-être, 101. Leurs demeures, leur costume; travaux pénibles auxquels sont livrées les femmes, 102. Leurs croyances superstitieuses, 103. État de la navigation de la rivière de l'Orne, et améliorations que l'on pourrait y introduire, 208.

ORNEUIL (la marquise d'). Entretien où elle décline avec emphase toute sa parenté noble, et explique, à la faveur de son égoïsme, la bienfaisance qu'elle accorde aux malheureux, XV, 119.

ORPHÉE devina, dans l'enfance des siècles, les plus profonds secrets de la philosophie, XIX, 177.

ORRY (M.), directeur-général des bâtiments, établit, en 1740, le retour périodique des concours de peinture, et en régla les conditions, XXVII, 15.

ORTELLIUS, écrivain, attribue à Charlemagne la fondation de la ville de Château-Châlon, XI, 39.

ORTHÈS (le vicomte d'), commandant de Bayonne, refusa d'exécuter les ordres de Charles IX, relativement aux massacres de la Saint-Barthélemy, VIII, 163.

ORTHÈS, ville d'un aspect agréable, et où l'on remarque un mouvement utile, celui du travail, VIII, 166.

OSMAN (Topal). *Voyez* VINCENT ARNIAUD.

OSSAT (le cardinal d'), qui lui-même se proclama pape, au grand étonnement des conclavistes, VIII, 258, 285; XXVI, 254.

OSSELLES, remarquable par une grotte dont l'intérieur est divisé en plusieurs salles, et où l'on voit des figures formées et changées successivement par l'eau qui tombe dessus, XI, 135. Atmosphère de cette caverne, 138.

OSSÈS, village considérable du pays basque, VIII, 117. Fertilité de son territoire, 118.

OSSISMIENS (les), formant l'un des anciens états de la Bretagne, XII, 362.

OSSONE (le duc d'), vice-roi à Naples, réhabilite dans ses droits un héritier auquel des capucins ne laissaient qu'une

très faible part de la succession, V, 312.
OSTENBACH, dont les houilles sont d'un rapport très important, XI, 490.
OTHON, empereur, fait passer les habitants de Gap sous la domination des comtes de Provence, X, 211; s'empare de Metz, XI, 462. Sur la plainte de Jean de Béthune, évêque de Cambrai, et pour ôter aux habitants de cette ville les moyens de rassemblement, il leur défend d'avoir un beffroi, XII, 71.
OTHON IV, empereur, combat contre Philippe-Auguste, qui est secouru par Eudes III, roi de Bourgogne, XXVI, 453.
OTHONVILLE (d'), gentilhomme et écuyer de Jean-sans-Peur, qui le chargea d'assassiner son rival, le duc d'Orléans, XXVI, 460.
OTOMACAS (les), peuple de l'Amérique, voisin de la tribu des Zangais. Fréquentes incursions qu'ils faisaient chez ces derniers, VI, 358. Ils sont battus et dispersés, 361.
OTTAIN (l'), rivière, baigne les environs d'Etain, XI, 456.
OTTALI, femme attachée au service de l'Ermite de la Guiane, VI, 19. Evénement qui amena pour elle cette nouvelle condition, 78. Sa maladie et sa guérison, 129.
OTTANGÉ, remarquable par des usines dont l'origine remonte au dixième siècle, XI, 500.
OTTE (Guillaume), fait cession à la couronne de France du duché de Bourgogne, XXVI, 450.
OTWAY, écrivain dramatique anglais, mourut dans un grenier, V, 281; XV, 52; XXI, 268.

OUCHE (l'), rivière dont les eaux baignent la ville de Dijon, XXVI, 440.
OUDARD DE MOCIEUX, pour légitimer ses richesses, fit quelques libéralités à l'Hôtel-Dieu de Paris, III, 313.
OUDART (MM.) se sont distingués dans l'artillerie légère, où ils obtinrent le grade de capitaines, et maintenant exploitent au village de Villers-au-Tertre, une fabrique de sucre de betteraves, l'une des plus importantes de France, XII, 153.
OUDE (les états d'), dont l'Angleterre se réserva la possession, XXII, 453.
OUDENARDE, ville de Hollande, fameuse par ses teintures, XXII, 396.
OUDET (le colonel), né dans le département du Doubs, et tué à Wagram, XI, 127.
OUDINOT (le maréchal), duc de Reggio, XI, 444.
OUGNON (l'), rivière qui baigne le pied du château de Morambert, XI, 154.
OULTREMON (Henri d'), auteur d'une histoire de Valenciennes, XII, 129.
OURSIKOW, colonel russe, faisait singulièrement la cour à madame de Courville, V, 171.
OUTIS (M.), personnage qui accompagne l'Ermite dans le Béarn. Ses réflexions sur les hommes et sur le monde, VIII, 153. Il donne quelques détails sur sa naissance, ses parents et sa fortune, 155; sur ses nombreux dangers pendant la révolution, 158. Son opinion sur Henri IV, 170; sur le système de l'éducation moderne, 186. Mystification qu'il fait essuyer à une vieille marquise entichée du temps passé,

222. Il s'éloigne de Bagnères, 225.

OUTREVILLE (d'), prototype de ces militaires qui visent à la triple réputation de séducteur, de joueur et de duelliste, XV, 290.

OUVÈZE (l'), rivière, se forme par un torrent, et se trouve à sec pendant une partie de l'année, IX, 261.

OUVILLE, village dans l'ancienne abbaye duquel on avait établi un haras, XXV, 16.

OVIGNFUR (M.), capitaine des canonniers bourgeois de Lille en 1792. Son héroïsme lors du siège de cette ville, XII, 234.

OXELARE, position qu'occupait le lieutenant-général O'Moran, en 1793, XII, 300.

OXENSTIERN dévoile un des plus admirables secrets de l'art du ministère dans les gouvernements absolus, XIV, 129

OYATOE, chef d'une partie de la tribu des Zangais, VI, 25.

OYSTREHAM, situé à quelque distance de la ville de Caen, XXV, 208.

OZANNE (Prosper), horloger né à Brest, XII, 520

OZON (l'), petite rivière qui prend sa source vers Heyrieux et va se jeter dans le Rhône, X, 325.

OZORIUS, jésuite. Son opinion sur la manière d'entendre la messe, XVI, 36.

P.

PABLO DE LA ROCCA (don), écrivain espagnol, III, 395.

PABLO DE LA TORREDA (don), bibliothécaire de l'Escurial, en Espagne. Son opinion sur le changement des mœurs espagnoles, IV, 123.

PAGANEL (M.), l'un des fondateurs de la société d'agriculture d'Agen, VIII, 278, 301.

PAGANINUS GAUDRUTIUS, XXIV, 183.

PAGEOT (M.), habile fabricant de violons à Mirecourt, XI, 416.

PAGÈS (M.), écrivain politique distingué, I, 19.

PAGEVILLE (le chevalier de), pseudonyme de l'Ermite de la Guiane, VI° et VII° vol. des Essais sur les mœurs.

PAGNY, situé dans le département de la Meurthe, et renommé pour ses vins, XI, 318.

PAILLASSON (MM), propriétaires d'une vaste filature à Marseille, IX, 304, 361.

PAILLETTE (M), l'un des premiers filateurs de Saint-Quentin, XII, 15.

PAJOL (le général), XI, 127. Il raconte à l'Ermite les guerres de Champagne, en 1814, auxquelles il prit part, XXVI, 491 et suiv. Réparations qu'il a faites, et fabrique de quincaillerie qu'il a établie au Paraclet, dont il est le propriétaire, 533. Éloge de son épouse, 535. Il appuie le mouvement des gardes bretonnes et reprend le pont de Montereau, 538.

PAJOU (M.), peintre. Son tableau de *Napoléon au milieu d'un groupe de grenadiers*, XXVII, 39.

PALADRU (le lac de), le plus grand de ceux que forment les eaux tombant des montagnes situées sur les rives de l'Isère, X, 13.

PALAPRAT, auteur dramatique, VIII, 427.

PALERME, magistrat de Lyon, mit, de concert avec Laubar-

demont, Cinq-Mars à la torture, X, 357.
PALIÈRE, peintre célèbre né à Bordeaux, VIII, 22.
PALISSOT, littérateur, XI, 319.
PALISSY (Bernard de), grand physicien, fils d'un potier de terre, fit à Charles IX une réponse énergique, VIII, 296.
PALLAVICINI fut décapité pour avoir blâmé Urbain VIII de la guerre qu'il faisait à Edouard Farnèse, XIV, 505.
PALLIERNE, l'un de ceux qui se distinguèrent d'abord dans l'insurrection des Chouans, XII, 554.
PALMO (Benedetto), jésuite de Venise, un de ceux qui excitèrent Guillaume Parré au meurtre de la reine Elisabeth, XVI, 125.
PALOMBA, Napolitain que Speziale fit mettre à mort, XIV, 565.
PALUD (la), campagne située dans le département de Vaucluse, IX, 218.
PALUSTE-LUPIN (M.), manufacturier de Cateau-Cambrésis, XII, 78.
PANARD, auteur de chansons satiriques, VI, 313. Occupations exclusives qu'il attribuait aux femmes de Paris, XV, 96. Son mérite dans l'ancien vaudeville, où il sut rendre la morale gaiement populaire, XVII, 27. Plusieurs de ses couplets, *ibid.* Son pays natal, XXVI, 102.
PANCKOUCKE père, éditeur de l'*Encyclopédie*, par ordre de matières, l'un des hommes qui ont su le mieux servir les lettres, XII, 280.
PANEL (Alex.-Xavier), jésuite, précepteur des infants d'Espagne, et auteur de plusieurs ouvrages, XI, 42

PANSEMONT (M. de), évêque de Vannes, contribue à la pacification du Morbihan, et meurt à la suite d'un traitement infame qu'il éprouva de quelques échappés du parti des Chouans, XII, 556.
PANTALEONE DEL TITOLO, seigneur italien, fier de ses quartiers de noblesse. Il cherche, dans un cimetière, la tombe d'un parent sur laquelle il croit devoir trouver des preuves de son antique illustration; il n'y voit que des traces de l'abandon où est mort ce noble cousin, XVI, 376, 380.
PAPEBROCK, chroniqueur peu véridique, XXVI, 202.
PAPES (les). *Voyez* PRÊTRES.
PAPIN (Denis) peut passer pour le véritable inventeur de la machine à vapeur, XXVI, 68
PAPIN (les trois), nés à Blois, XXVI, 69.
PAPIRIUS CURSOR, inventeur d'un cadran solaire, XXII, 425.
PAQUET SYDHORIFN (M.), auteur d'un voyage historique et pittoresque dans la ci-devant Belgique et les départements voisins, XII, 21.
PAQUIER (M.), fabricant de vinaigre à Saint-Dié, XXVI, 42.
PARACELSE recourut à la chimie pour ses folies médicales, XXII, 352.
PARACLET (le), asile où Héloise expia ses amours, maintenant possédé par le général Pajol, XXVI, 527, 533.
PARADIN (Jean), historien de la Bourgogne, s'est montré écrivain servile et crédule, XXVI, 415, 442.
PARANT, sculpteur, né à Carcassonne, VIII, 464.
PARAY, lieu devenu désert, depuis que la révocation de l'é-

dit de Nantes en a éloigné les habitants, XXVI, 381.
PARAY, abbé de Citeaux, évêque de Palestrine, archevêque de Reims, et cardinal, XXVI, 381.
PARCEVAL-GRANDMAISON (M.), poete, et membre de l'académie française, I, 4
PARDIER, jésuite, né dans le Béarn, VIII, 196.
PARFAIT DUROFLÉ (Louis-Robert), poete, né à Elbeuf, XIII, 134.
PARIS. Inconvénients qu'offrent presque toutes les maisons de cette ville, 1, 99. Progrès qu'y a faits l'architecture, 101. Améliorations d'utilité publique qu'a reçues Paris, 102. Incommodités fréquentes que l'on y rencontre, 104. Usages bizarres de la haute société, 106. Les enseignes des magasins, 108. Les chasseurs suisses, ibid. Industrie bien étrange exercée par certaines gens, 109. Contraste que présentent les différents quartiers de Paris, 138. Améliorations et embellissements opérés a l'Hôtel-Dieu, 141. Ressources et réunions diverses que l'on rencontre au Palais-Royal, 142. Esquisse morale des habitués du jardin des Tuileries, 144. Curiosité des Parisiens, 145. Nécessité d'éloigner de la vue du public certaines monstruosités qu'on étale à ses regards, 147. Travaux et agrandissement du palais et du jardin du Luxembourg, ibid. Les décorations extérieures des boutiques, 149. Gaieté et sérieux des Parisiens, 150. Leur goût pour le jeu, 152. Le cimetière de Montmartre, 156. Celui de Mont-Louis, 161. La promenade du boulevart Italien, 181. Les cafés et sortes de gens qui les fréquentent, 182. Divers spectacles populaires de Paris, 186. Allure morale et conversations des Parisiens, 253. Originaux que l'on rencontre parmi eux, 285. Divertissements que les gens du peuple trouvent sur les boulevarts, 306. Aspect animé que présentent les magasins de Paris à l'époque du jour de l'an, 400. Admiration que les Parisiens portent de préférence à des artistes étrangers, II, 28. Le Palais-Royal en 1762, et sa physionomie nouvelle, sous le rapport de ses constructions, de ses habitants, et des individus qui le fréquentent aux diverses heures du jour, 153. Quelques personnes faisant des emplettes dans les boutiques du Palais-Royal, 158. Le café Touchard, lieu de réunion des divers acteurs de province qui cherchent de l'emploi, 163. Physionomie de Paris aux différentes heures du jour, 173. Intérieur de la prison de Sainte-Pélagie; vie agréable qu'y mènent plusieurs détenus, 239. La Bibliothèque royale; son origine, son architecture, son intérieur, 292. Le Mont-de-piété, 310. Goût des Parisiens pour les fleurs, 326. Le marché aux fleurs, 328. Source d'observations curieuses et philosophiques que présentent les principaux monuments de Paris, 399 L'hôtel de Carnavalet rendu célèbre par madame de Sévigné, 400. Embellissements exécutés au café Procope, III, 199. Ce qu'étaient, sous Louis XIV, les lieux de rassemblement, 200

Les réunions du café Tortoni, 223. Goût de la plupart des Parisiens pour les assises des tribunaux criminels, 281. Foule qui assiège les avenues du Palais de Justice, le jour d'une cause intéressante, 282. Boutiques que l'on remarque sous les vastes galeries du Palais, 283. Ouvertures des audiences, 284. Une séance des assises, 285, 287. Délassements variés que les Parisiens vont chercher au tribunal de police correctionnelle, 288. Leur empressement à aller voir une exécution en Grève, 299. La place de l'Hôtel-de-Ville destinée, depuis le quatorzième siècle, aux exécutions criminelles, 301. Lieu où se faisaient auparavant les exécutions, 302. Travaux exécutés en 1813; plusieurs monuments achevés ou réparés; des marchés élégants construits; des abattoirs transportés aux barrières; des quais superbes longeant les rives de la Seine depuis le jardin des Plantes jusqu'à l'Ecole Militaire, 330. Quelques uns des ridicules remarqués à Paris dans le cours de cette année, 347. Position du pont des Arts, 405. Point de vue dont on jouit de ce pont : le Louvre, 406; le palais de l'Institut, 407; l'hôtel des Monnaies, 408; la pointe de l'île de la Cité, la *Samaritaine*, les quais depuis le Louvre jusqu'aux Champs-Elysées, *ibid*. Spectacle qu'offrait Paris lorsqu'il fut pris en 1814, 430. Magnificence de cette ville, ivresse de ses habitants à l'entrée du roi, IV, 22. L'église Notre-Dame, 23. Quelques détails sur l'ancienne statue de Henri IV, 29. La Morgue; spectacle horrible qu'elle présente, 44. Les voûtes de l'ancien Châtelet, servant de Morgue, 45. Description de la nouvelle Morgue, 47. Ce qui causait la joie bizarre et démesurée des Parisiens à la vue des troupes étrangères campées dans leur ville, 89. Campement de quelques unes de ces troupes aux Champs-Elysées, 90. Les heures des repas, 127. Bigarrure remarquée dans les équipages, *ibid*.; dans les habits, 128; dans la conduite, *ibid*. Les divers établissements de bains, 158. Les bains de Tivoli; magnificence et commodités de cet établissement, 160. Intérieur et administration du bureau des nourrices, 240. Habitude casanière assez généralement répandue parmi les Parisiens, 286. L'hospice des Enfants-Trouvés : la chapelle; les magasins de layettes; la crèche et les infirmeries, 364. Nombre approximatif des enfants reçus chaque année dans cet hospice, 367. L'hôtel d'Angleterre, repaire de joueurs, V, 14. Situation morale des Parisiens lors du retour de Napoléon en 1815, 121 *et suiv*. Spectacle affligeant qu'offrait Paris environné d'ennemis qui voulaient l'envahir, 131. Marque de l'inconséquence du caractère parisien, 352. Dans les fêtes de campagne, les habitants ne s'éloignent jamais beaucoup de la ville, VI, 91. L'éclat de Paris tient particulièrement au besoin que chacun éprouve de sortir de sa sphère, 147. La plupart des hommes à Paris règlent leurs opinions sur le préjugé de l'époque, ou sur le caprice du jour; on y trouve aussi peu d'hommes qui aient un caractère, une volonté, un jugement à eux, VII, 43. Aspect de cette ville un jour de dimanche, 75. Tableau gai et animé qu'offent ce jour-là les rues des environs du Palais-Royal, 76. Avantages dont les *montagnes* favorisent les tendres rendez-vous, 106. Aspect monotone qu'offre Paris, passé minuit, 152. Cercle étroit dans lequel cette ville était jadis renfermée, 153. Antiquité de l'église Notre-Dame, *ibid.* Intérieur du café des Mille-Colonnes; luxe déployé dans cet établissement; élégance des *garçons* qui y servent le public; qualité des liqueurs que l'on y débite, 204 *et suiv.* Le parloir de la Conciergerie, la chapelle, 213. Le cachot où fut plongée Marie-Antoinette; embellissements que l'on y a exécutés, 214. Solitude que l'on a remarquée quelque temps dans le quartier Saint-Germain, 276. Edifices qui en sont le plus bel ornement, 277. Paris est le lieu où il faut considérer le Français, parcequ'il y est plus français qu'ailleurs, 327. Il est aujourd'hui plus que jamais la ville des contradictions et des contrastes, XV, 178. Moyen de parvenir à bien connaître le caractère général des Parisiens, et la physionomie particulière de leur cité, XXVII, 2. (*Voyez* Divers.)

Paris (Mathieu), écrivain, donne quelques détails sur l'établissement de l'Université, XIV, 441.

Paris-Duvernet. Ses héritiers soutiennent un procès que leur intente Beaumarchais, III, 286.

Parisot (M.), bibliothécaire d'Epinal, homme aussi instruit qu'aimable, XI, 377.

Parmentier, navigateur rouennais honorablement cité dans les annales de la marine, XIII, 180.

Parmentier (les frères), navigateurs dieppois qui découvrirent l'île de Fernambouc, XXV, 19.

Parny (Evariste-Desiré de), I, 4. Sa naissance et ses premières inclinations, XVI, 9. Parallèle entre lui et Bertin, son compatriote et son ami; il retourne dans sa patrie, et, en aimant, il sent naître son talent, 10. Caractère de ses premières poésies; poursuivi par d'amers chagrins, il revient en France, et s'y dérobe aux plaisirs brillants du monde, 11. Sa mélancolie lui inspire ces élégies où sont renfermés tous les mystères, tous les enchantements, toutes les douceurs de l'amour; vague inquiétude dont il était tourmenté; il retourne à Bourbon, 12; accompagne à la côte de Coromandel M. le vicomte de Souillac; rencontre l'auteur, et lui donne des conseils sur la poésie; il revient en France et accroît sa réputation par des productions remarquables, 13. Physionomie de son talent, 14; parts bien distinctes qui divisent sa carrière poétique, 15. Il dut la puissance de son talent à la sensibilité de son cœur, 16. Ses amours avec une jeune créole; mérite de ses poésies érotiques, 21.

il fut le poete de la nature et de l'amour; vivacité de l'amitié qui l'unissait à Bertin, 23. Caractère qu'il montra lors de la révolution française; ses qualités morales, 24. Sa reconnaissance; son amour de la patrie et de la liberté, 25. Bonheur qu'il trouve dans l'hymen, et gloire que lui procure sa réception à l'académie française; mérite du discours qu'il prononça dans cette dernière circonstance; son mépris pour les richesses, 26. Courage avec lequel il mourut; regrets qui le suivirent, 27. Quelques unes de ses chansons érotiques méritent d'être citées comme modèles, XVIII, 41.

Parodie (la), genre d'ouvrage dramatique; son caractère, XXI, xv. Qualités qu'elle doit réunir, xvj.

Parquins, habile joueur de paume, vint exprès d'Espagne pour vaincre son rival Crutchatty, VIII, 135.

Parrain (Jacques) a commenté la Bible et traduit Lucrèce, XXV, 321.

Parné (Guillaume), Anglais, fut encouragé au meurtre d'Elisabeth, reine d'Angleterre, XVI, 125.

Parrhasius, peintre de l'antiquité grecque, XXII, 289.

Parrocel (Pierre), peintre célèbre d'Avignon, IX, 276.

Partas, prototype de ces sots qui font parade d'érudition, XV, 254.

Pascal. Son opinion sur le mot *je*, IV, 57. Lieu où il fut enterré, VII, 247. Il n'a point reconnu l'identité qui existe entre la morale des individus et celle des peuples, XIV, 5. A son avis, on peut présenter à la foi de l'homme des mystères au-dessus de son esprit, mais non pas contraires à sa raison, 33. Il reproche aux ecclésiastiques ses contemporains de souffrir parmi eux des hommes débordés, 52. Ce qu'il dit du langage tolérant de l'Evangile, 59; des princes qui veulent entreprendre la guerre pour reculer leur empire, 181; des respects que l'on rend aux grands, 222. Ses observations sur la justice, 285; sur la liberté dans une république, 514. Il mesura la hauteur de l'atmosphère, XXII, 295. Ses écrits et son attitude fière et indépendante ont contribué au développement du patriotisme en France, XXVI, 192. Son pays natal, 277. Quelques détails sur sa vie et ses ouvrages, 348.

Pascal, maréchal de camp, tué au siége de Gaete, IX, 210.

Pascal-Lacroix (M.), président de l'académie de Cambrai, homme aussi distingué par ses connaissances que par l'urbanité de son caractère, XII, 54.

Pascalis (le général), poete et auteur dramatique, IX, 357.

Paschasius Justus, auteur d'un ouvrage sur le moyen de se guérir de la passion du jeu, V, 81.

Pasquier, historien, refuse de siéger aux états-généraux convoqués en Champ-de-Mai par Philippe-le-Bel, V, 257.

Pasquier (Etienne), ancien membre du parlement. Dans un dialogue nocturne avec Denis Pasquier, ex-préfet de police, il lui reproche de n'être plus digne du nom qu'il porte, XVI, 117. Il le blâme d'avoir souffert la réapparition des jésuites, et, après s'être élevé contre l'ambition, l'esprit d'envahissement et la fourberie de cet ordre, il engage son arrière-petit-neveu à les chasser de France, 120 *et suiv.*

PASQUIER (M. Denis) occupa successivement plusieurs places éminentes. *Voyez* le précédent.

PASQUIEN, gendre du roi Salomon, se met à la tête de la révolte formée contre ce prince, XII, 561.

PASSAVANT, commune du département du Doubs, où l'on remarque une glacière naturelle dont l'intérieur a quelque chose de pittoresque, XI, 131. Température de la grotte, 132.

PASSOT (M.), artiste, peintre en miniature, XXII, 149.

PASTORET (M.). Son opinion sur l'influence de la religion comme moyen d'affermir le pouvoir temporel, XIV, 44. Il regarde comme un service rendu à l'humanité l'action d'immoler ceux que l'on a vaincus à la guerre, 185. Suivant lui, la suprématie que le prince exerce sur le pouvoir judiciaire, est le complément du despotisme, 301. Ce qu'il dit des serments que font les tyrans, 522.

PATER, peintre distingué, né à Valenciennes, XII, 131.

PATOUILLET (l'abbé), l'un des ennemis de Voltaire, X, 459.

PATRIOTISME (le). Ses progrès dans l'esprit de la nation française, VII, 198.

PATRIX, ami de Voiture, poète original, né à Caen, XXV, 236.

PATRONAGE (le) était autrefois généralement exercé par des gens d'esprit, et sollicité par des hommes plus enclins à l'orgueil qu'à la bassesse, XV, 279. Celui qui est exercé par un homme que distinguent ses vertus et son mérite n'est pas de longue durée, parcequ'ils ne gardent pas leur place longtemps, 284. Ressort par lequel le patronage des hommes corrompus se soutient, 85.

PATTERSON (les), famille étrangère qui figura long-temps dans la classe du *haut commerce* de Bordeaux, VIII, 15.

PATTRI (M.), membre de la société des antiquaires de Caen, XXV, 226.

PATTU (M.), architecte sous la direction duquel fut construit le pont du Vey, XXV, 263.

PATU, l'un des habitués du parterre de la Comédie-Française, II, 254. Il compose les *Adieux du goût*, critique dirigée contre les bouffons italiens, III, 59.

PAU, capitale du Béarn. Statue de Louis XIV élevée sur la place royale de cette ville, VIII, 173. Description de cette place, 174. Aspect des Pyrénées; vues de l'esplanade située hors de Pau, 176. Effet magique des eaux qui courent entre les montagnes et la ville; ressemblance de cette dernière avec celle de Lausanne, 177. Délabrement où l'on a laissé tomber le château de Pau, 178. Ressemblance de cet édifice avec le château de Blois, 179. Motifs de l'architecture guerrière du château de Pau, 181. Portraits qui en ornaient jadis une des salles, 182. Manufactures de mouchoirs de Pau, 194. Ses jambons de Bayonne, 195. Etat de l'instruction publique de cette ville, 198.

PAUL, danseur célèbre, né à Bordeaux, VIII, 23.

PAUL, domestique de l'Ermite, III, 424.
PAUL, fils d'une lavandière de Marseille, et qui mourut vice-amiral, IX, 334.
PAUL (saint) abandonna l'Angleterre, sa patrie, et aborda en Bretagne, où il devint évêque de Saint-Pol-de-Léon, XII, 528.
PAUL III, pape, engagea François I" à établir l'inquisition en France, XIII, 94.
PAUL, moine, historien du onzième siècle, XXVI, 98.
PAULE (la belle), Toulousaine, se montrait au peuple deux fois par semaine, VIII, 383.
PAULÉE (M.), l'un des plus riches propriétaires de France, XII, 197.
PAULHAN, campagne du département de l'Hérault, IX, 64.
PAULHIAN, jésuite maltraité par Voltaire, IX, 186.
PAULIN (M.), vieil officier de marine, accompagne l'Ermite dans ses courses à Brest, XII, 513.
PAULIN (saint), XXVI, 159.
PAULINE, épouse de Sénèque, s'ouvre les veines près de son mari expirant, XV, 142.
PAULMIER, navigateur d'Honfleur, fit, en 1503, un voyage aux terres australes, XXV, 48.
PAULMIER (Jacques Le) s'est distingué dans la poésie grecque, et maniait l'épée avec non moins de succès que la plume, XXV, 236.
PAULY (M.), inventeur de nouvelles armes à feu, III, 223.
PAUSANIAS, cité à propos des Amazones, XIX, 178.
PAVENET (M.), inventeur d'une machine cylindrique pour les engrenages, les échappements des horloges, etc., XXII, 432.
PAVIE (M B.), fabricant à Rouen, XIII, 184.
PAVIE, lieu illustré par la victoire que le connétable de Bourbon remporta sur François I", XXVI, 359.
PAVIN (le lac). Aspect imposant et pittoresque qu'il présente, XXVI, 295.
PAVY (M.), négociant de Lyon, attribue aux corporations et aux jurandes la prospérité industrielle de cette ville, X, 371; XXII, 332.
PAYSAN-DESCOUTURES (M.), fabricant de la ville de Caen, XXV, 211.
PAYSSÉ (M.), maître de forges à Creutwald-la-Houve, XI, 501.
PEAGE (le), bourg que l'on traverse en arrivant à Romans, IX, 449.
PECH, médecin et naturaliste, VIII, 466.
PECH (le docteur), auteur d'un mémoire sur les coquilles qui se trouvent depuis l'embouchure de l'Aude jusqu'au cap Leucate, IX, 279.
PECHMEJA, célèbre par ses connaissances littéraires et son amitié constante pour Dubreuil, médecin, IX, 39.
PECH-PALAJANEL (M.), maire de Carcassonne. Caractère qu'il déploya durant les réactions politiques de 1815, VIII, 441.
PÉCLET, savant distingué, né dans la Franche-Comté, XI, 170.
PECQUET (Jean), célèbre médecin, né à Dieppe, XXV, 35.
PECQUEUR (M.), inventeur d'une pendule qui marque sur deux cadrans jusqu'aux secondes du temps sidéral et du temps moyen qu'elle indique, XXII, 433.

PÉGARIOLLES, village situé au bas de l'Escalette, renommé pour son vin, IX, 56.
PÉGOT (les généraux), VIII, 430.
PEINE (la), village à quelque distance de Marseille, IX, 344.
PEINES (les). *Voyez* SUPPLICES.
PEINTURE (la). Causes de ses progrès et de sa decadence; l'imitation fut d'abord son premier et son unique but, XXII, 5. Progrès que la peinture a faits successivement, 6. La multiplicité des écoles contribue à retarder sa décadence, 7. Secours qu'elle reçoit de l'imitation rigoureuse à laquelle s'appliquent quelques hommes médiocres; système d'imitation qui peut hâter sa décadence, 8. Supériorité de l'école française sur l'école flamande et sur l'école vénitienne, 9. Caractère de la peinture moderne, *ibid.* Sa division en deux classes : tableaux d'histoire et tableaux de genre, 40. Il est un genre d'expression qui semble être plus particulièrement une révélation du génie, 56. A toutes les époques de l'art, les peintres de portraits les plus renommés ont été en même temps les peintres d'histoire les plus célèbres, 62. Les jeunes peintres, pour faciliter leur essor, doivent abandonner les lieux communs de piété traités cent fois par les premiers artistes, 78. En 1819, la peinture n'a guère offert que des sujets de religion, 81. Les différentes écoles d'Italie, 121. Le paysage est à la peinture ce que le poeme descriptif est à la poésie, 124. Pour l'élever à la dignité d'un genre, il doit être historique, 126. Majesté des salles où l'on expose les tableaux envoyés au concours, XXVII, 14, 16. Motifs de l'empressement général qui conduit la foule au salon, 17. Remarques sur les diverses classes d'observateurs qui examinent les tableaux, 19. Enthousiasme populaire pour la peinture, 20. Mérite que celle-ci doit posséder; opinion qui doit fonder notre jugement à son égard, 22. Critique de quelques tableaux exposés en 1812, 24 *et suiv.*

PEIRESC, conseiller au parlement d'Aix, et protecteur infatigable des sciences, des lettres et des arts, IX, 307.

PÉLAGE (don), frère de Rodrigue, roi des Visigoths, se réfugie dans les montagnes des Asturies, après la mort de ce dernier; il demeure quatorze ans dans cet exil; plusieurs provinces espagnoles s'étant soulevées en sa faveur, à la voix d'Alphonse, duc de Biscaye, il rentre dans ses états, et mérite le titre de restaurateur de la monarchie espagnole, XIX, 292.

PELÉE (l'île), située en face le port de Cherbourg, XXV, 292.

PELICOT (M.), chargé de la surveillance spéciale de l'hospice des Enfants-trouvés, IV, 364.

PELISANNE, village à quelques lieues d'Aix, IX, 308.

PELISSARD (le général), mort dans les champs glorieux de Friedland, XI, 100.

PELISSON, célèbre par sa fidélité à la disgrace de Fouquet qu'il suivit au sein des cachots, VIII, 467; XV, 49.

PELLEGRIN (l'abbé), né à Marseille, IX, 335.

PELLET (M.), homme de lettres et avocat, XI, 334.

PELLET, auteur d'un poeme sur les montagnes, XI, 422.

PELLETAN (M.), professeur de médecine à l'Hotel Dieu, III, 316.

PELLETIER, renommé pour les soirées qu'il donnait, III, 70.

PELLETIER (M.), fabricant de Saint-Quentin, XII, 17.

PELLETIER (Jacques), médecin, auteur d'un *Traité de la Peste*, et d'un *Commentaire d'Euclide*, XXV, 368.

PELLETIER (de), l'un des conseillers chargés de faire arrêter et de faire condamner à Clermont les nobles accusés ; XXVI, 340.

PÉNANECH (M.), à qui l'on doit la plantation des jardins anglais que l'on remarque a Morlaix, XII, 498.

PENAUTIER, personnage cité par l'Ermite, II, 379.

PENCHAUD (M.), directeur des travaux publics dans le département des Bouches-du-Rhône, IX, 357.

PENNE, ville qu'assiégea Blaise de Montluc, et dont il maltraita les habitants avec une horrible atrocité, VIII, 356.

PENSÉE (la). Celle d'un peuple est exprimée par la littérature, XIV, 401. Plus active, plus puissante par les entraves qu'on lui donne, elle brise ou franchit les barrières qu'on lui oppose, et poursuit son cours avec plus de rapidité ; comme les eaux d'un fleuve, elle s'empreint à sa surface des couleurs et des qualités du sol où elle a creusé son lit, 402. Chez un peuple esclave, elle est absorbée tout entière par le sentiment de l'oppression, 403.

PENTHÉSILÉE, amazone, XIX, 178.

PENTHIÈVRE (Jeanne de), femme de Charles de Blois, continue la guerre que son mari avait commencée contre Jeanne de Flandre, XII, 373.

PENTHIÈVRE (Marguerite de Chisson, comtesse de) met en danger les jours de Jean V, duc de Bretagne ; elle l'arrête avec Richard, son frère, XII, 377.

PENTHIÈVRE (le duc de). Monument qu'il avait élevé à l'endroit où Henri IV vainquit Mayenne, XIII, 104.

PÉPIN-LE-BREF prend la souveraineté de Lyon, X, 309; s'oppose aux Allemands qui ravageaient l'Alsace, XI, 183. Se précipite sur la Saintonge, dont il extermine tous les habitants, XXVI, 202. Vœu qu'il avait fait pour expier l'assassinat de Waistre, qu'il avait repoussé du Châlonais, 209, 383.

PÉPIN-LE-GRAND convoque à Orléans l'armée des nations qui composaient le peuple de la monarchie, et il y tient son conseil de guerre, V, 252. Les querelles élevées entre ses enfants et la première maison ducale d'Aquitaine font beaucoup souffrir le Charolais, XXVI, 383.

PÉPINVILLE, où s'élève une belle verrerie à bouteilles, XI, 503.

PERCHE (le), région dont les forêts, et celles qui couvraient autrefois le territoire chartrain, étaient le siège principal du culte druidique, XXVI, 105.

PERCIER, architecte distingué, I, 14.

PENCY (le baron), célèbre anatomiste retiré au hameau de Montagnez, XI, 155.

PERDRIT, artisan, élevé au poste de maire pendant le régime de la terreur, gouverna Rennes avec un sentiment de justice qui en assura le repos, XII, 615.

PÉRÉE (Gilbert de La), théologien, contemporain d'Abeilard, XXXI, 157.

PÉREFIXE, historien. Ce qu'il dit de l'entrée de Henri IV a Paris, IV, 17; de la passion de ce prince pour le jeu, V, 83.

PEREUIL, village de la Bourgogne assez bien bâti, XXVI, 404.

PERECSE (M. de) s'est distingué au siège de Harbourg, III, 366.

PEREZ (Antoine). Ce qu'il disait de l'amour des rois pour la vérité, VI, 275.

PÉREZ DE HITA, historien, s'est occupé de recherches sur l'histoire des Maures, XIX, 235.

PERGOLÈSE, célèbre compositeur italien, III, 291; XXIII, 263.

PÉRIAUX (la famille) se distingua dans l'art typographique, XIII, 211.

PÉRICARD, renommé pour ses vignobles, VIII, 292.

PÉRICLÈS, pour ne pas rendre compte des deniers publics, allume le premier la guerre du Péloponèse, XIV, 171.

PÉRIER frères, (MM.) contribuèrent à porter la fonte du fer au degré de perfection où elle est arrivée, XXII, 349.

PÉRIGNON (le maréchal), VIII, 429.

PÉRIGORD (le). Maîtres sous lesquels cette province passa successivement; confisquée par Charles VI, elle devient l'apanage de Louis, le second fils de ce monarque; elle reste à la maison de Penthièvre et à celle d'Albret, jusqu'à ce que Henri IV la réunit à la couronne, XXVI, 234. Ses richesses géologiques, 236. Son commerce de truffes, 240. Ses hommes célèbres, 241.

PÉRIGUEUX. L'ancien amphithéâtre que l'on voyait dans cette ville, XXVI, 235. Division de Périgueux en ville vieille et nouvelle; la cathédrale; l'hôtel de la préfecture, 236. Ancien nom de Périgueux; temple que l'on dit avoir été dédié à Vénus, 237. Stérilité du sol et mauvais état de la culture dans les campagnes aux environs de cette ville sur la route de Lyon, 240, 245. Castel féodal à quelque distance de Périgueux, 246.

PERNELLE (madame), épouse de Nicolas Flamel, III, 197.

PERNELLE (le mont), situé à quelque distance de Saint-Waast, XXV, 276. Aspect qu'il présente, 277.

PERNES, village du département de Vaucluse, IX, 219.

PÉRONNE, l'un de ceux qui se distinguèrent d'abord dans l'insurrection des Chouans, XII, 554.

PÉROUSE, village dont le minerai alimenté l'usine de Béfort, XI, 176.

PÉROUZET (M. de), voyageur qui court après sa femme sans pouvoir l'atteindre, non plus que le ravisseur contre lequel il a obtenu sentence, VIII, 365.

PERRACHE (M.), sculpteur, conçut le projet de forcer le Rhône de changer de lit, et d'aller se marier à la Saône, X, 343.

PERREAU (Raoul de), maître-d'hôtel sous Philippe le-Bel, V, 255.
PERRECIOT, né à Baume-les-Dames, XI, 134.
PERRENOT. *Voyez* GRANVELLE.
PERRIER (M. Casimir), député, orateur, I, 16; XII, 104.
PERRIER (M. Joseph), l'un des régisseurs des houilles d'Anzin, XII, 104.
PERRIER (M. Augustin), propriétaire du château de Lesdiguières, où il a établi une grande et riche manufacture de toiles peintes qui fournit du travail à presque toute la population de Vizille, X, 274. Établissement d'une école à la Lancastre, que l'on doit encore à MM. Perrier, 275.
PERRIERS (le château des), aux environs duquel on trouve plusieurs monuments gaulois, XXV, 373.
PERRIN, premier peintre d'un roi du Nord, XI, 56.
PERRIN (Léonard), jésuite, recteur de l'Université de Pont-à-Mousson, XI, 457.
PERRIN (l'abbé), auteur de parodies lyriques, XXII, 229.
PERRON (le cardinal du) concourut à la conversion de Henri IV, et intervint dans les débats de ce prince avec la cour de Rome, XIII, 97.
PERSEIGNE (la forêt de), située à quelque distance d'Alençon, XXV, 115.
PERSES (les). Chez eux, plusieurs familles se consacraient au service du temple et de la Divinité, XIV, 66; les femmes étaient esclaves de leurs maris, et ceux-ci l'étaient de tout le monde, 481.
PERTINAX, empereur romain. Disputes qui s'élevèrent, à sa mort, entre Albin et Sévère, X, 306.
PERTINAX, prototype de ces sots dont la vanité opiniâtre fatigue tout le monde, XV, 254.
PERTUSIER (M.), officier supérieur d'artillerie, XI, 72.
PÉRUGIN (le), peintre, dont le Musée de Lyon possède une *Ascension*, X, 384.
PÉRUSSEAU (l'abbé), l'un des ennemis de Voltaire, X, 459.
PFSCHER (M.), inventeur du chronomètre français, XXII, 435.
PESME, petite ville du département du Doubs, remarquable par une chapelle célèbre dans la contrée, et un monument dit de la *Renaissance*, XI, 155.
PÉTAU, savant, né à Orléans, XXVI, 128.
PETERS, lieutenant de marine anglais, concourut à l'incendie de Toulon en 1793, IX, 377.
PÉTION, membre de l'assemblée constituante, XXVI, 103.
PETIT (Samuel), érudit célèbre du seizième siècle, IX, 184.
PETIT, ami de Corneille, éditeur de ses œuvres, et auteur de poésies légères, XIII, 195.
PETIT fut pendu et brûlé pour avoir composé des vers moins licencieux que ceux de l'abbé Grécourt, XIV, 505.
PETIT (Jean), cordelier, fit l'apologie de l'assassinat du duc d'Orléans par Jean-sans-Peur; sa doctrine sur le régicide fut applaudie par les nobles de la faction de Bourgogne, et appuyée par le clergé, XIV, 61; XVI, 312; XXVI, 460.
PETIT, médecin, fit beaucoup de recherches pour prouver l'existence des Amazones, XIX, 178.
PETIT (M.), maître d'un hôtel à Dieppe, XXV, 16.
PETIT-JEAN (M.), ancien maire

d'Arbois, enveloppé dans la proscription, en 1793, se réfugia dans les ruines du château de Varlans, XI, 63.

PETIT-JEAN (madame), peintre, auteur d'un tableau représentant un *Mari malade*, XII, 275.

PETITOT (M.), sculpteur distingué. Sa statue d'*Ulysse*, XXII, 161.

PETITE-VILLE, joli village situé dans la Normandie, XIII, 221.

PETIT-THOUARS (Aristide du), officier de vaisseau, se distingua dans plusieurs combats maritimes, XXV, 428.

PETIT-THOUARS (Aubert du), frère du précédent, savant distingué, XXV, 429.

PÉTRARQUE, poete célèbre, amant de Laure, IX, 237. Colonne qu'on a elevée en son honneur près de la fontaine de Vaucluse, 238. Cause à laquelle il attribue le non-succès de la mission dont Philippe-le-Hardi avait été chargé auprès des cardinaux, XXVI, 457.

PÉTROCORIE, nom d'une ville antique qui s'élevait auprès de Périgueux, XXVI, 235.

PÉTRONAS, charlatan, vivait du temps d'Hippocrate, et n'avait qu'un remède pour guérir tous les maux, XV, 191.

PÉTRONE, l'épicurien, né à Marseille, IX, 328. Ce qu'il dit des petits miroirs qui se trouvaient au fond des coupes des voluptueux romains, XVI, 361. Il peut être regardé comme l'un des premiers romanciers latins, XXIII, 10.

PEUNIER (Jean), ancien écheviu de Lyon, X, 343.

PEUPLE. Un peuple qui joint à des sensations rapides une grande sociabilité est le plus éminemment dramatique, XX, 1.

PEUQUOI, artisan, l'un des habitants de Saint-Quentin qui échappèrent au massacre de cette ville en 1557, XII, 8.

PEUTINGER, auteur de tables chronologiques, XXVI, 478.

PEYRAMOUS (le rocher de), au pied duquel la rivière d'Argent-Double prend sa source, VIII, 445.

PEYREHOURADE, bourg remarquable par un château flanqué de deux grosses tours, VIII, 163.

PEYRON, peintre, ancien directeur de la manufacture des Gobelins, IX, 310.

PEYRONNET (M.), avocat de Bordeaux, VIII, 22. Ce qu'il dit du procès des frères Faucher condamnés sans défenseurs, XV, cij.

PEYROT (Claude), prieur de Pradinas, né à Milhaud, IX, 52.

PEYROUSE (La), célèbre navigateur, né à Alby, IX, 8.

PEYRUS-MONCABRIÉ, chef d'escadre, VIII, 430.

PEZAI (le château de), où prit naissance le marquis Masson de Pezai, poete de l'école de Dorat, XXVI, 22.

PÉZÉNAS. Branches de son commerce; l'auberge de *la Paix* construite sur l'emplacement d'une chapelle de pénitents, IX, 65. Le fauteuil de Molière chez le barbier Gély, 67. Le *Poulain* qui sert dans les grandes solennités; le collège; perspective que l'œil embrasse de la plate-forme du château, 68. Caractère politique des habitants de Pézénas, 69. La maison qu'occupait le malheureux duc de Montmorenci à l'époque de son procès; la société littéraire de cette ville, 73. Hommes célèbres qui y sont nés, 74 Maison de campagne aux environs de Pézénas, occupée par un ancien guerrier qui répand maintenant des bienfaits sur les villageois, et s'adonne avec sa famille à des études scientifiques et littéraires, 75.

Pézénas (l'abbé), l'un des ennemis de Voltaire, X, 459.

Pfeffel (Conrad), poete allemand, XI, 222.

Pfirt (le comte de), dont les seigneurs de Bollwiller étaient vassaux, XI, 207.

Phalaris (le), fleuve de Béotie, XVIII, 312.

Phalempin, où l'on remarque les ruines de l'ancien château de Plouy, un des apanages de Henri IV, XII, 221.

Pharon (le fort du), en avant de Toulon, IX, 386.

Phénicie (la). On y égorgeait des enfants en l'honneur de Saturne, XIV, 37.

Phélippeaux (la famille) eut en apanage le château d'Herbault, XXVI, 23.

Phélixius Egnaticus, médecin, dédia *aux mères augustes* un bas-relief que l'on voit encore à Lyon, X, 346

Phidias, statuaire de l'antiquité, XXII, 68.

Philantropène (Alexis), tyran qui fut mutilé, XIV, 518.

Philibert (saint), premier chef de l'abbaye de Jumièges, XIII, 216.

Philibert de Savoie commandait, pour le roi d'Espagne, les troupes qui attaquèrent Saint-Quentin, XII, 8.

Philidor, le plus grand joueur d'échecs de son temps, et compositeur célèbre, concou- rut à la révolution que Gluck opéra dans la musique, III, 291; XXII, 259; XXVI, 102.

Philippe, duc de Bourgogne. Bérenger de Presles mérite son attention et sa bienveillance, III, 137.

Philippe, roi de Macédoine. Flatterie dont il fut l'objet de la part de ses courtisans, IV, 270.

Philippe, comte de Poitou, fils de Philippe-le-Bel, assiste à l'assemblée convoquée par le roi son père, V, 255.

Philippe II, roi de France, met l'inquisition en vigueur, XII, 291. Il offre une forte somme et la noblesse à qui tuerait le prince d'Orange, ou aux héritiers de l'assassin, XIV, 153; conseille à son successeur de profiter des occasions de guerre qui se présentaient, 180; protége et récompense les délateurs, 335.

Philippe-Auguste. Sous son règne, les halles sont établies d'une manière stable et définitive, V, 100. Il gagne la bataille de Bouvines, XII, 220. Son armée brule la ville de Séclin, 223; prend Lille, 229. Il cite au tribunal des Pairs, Jean-sans-Terre, qui avait assassiné son neveu, le jeune Arthur, 367. Ses amours avec Bertrade de Montfort qu'il fit asseoir sur son trone, XIII, 44. Il brûle une église d'Évreux que Henri Ier, duc de Normandie, avait fait reconstruire après avoir incendié cette ville, 96 Il prend Lisieux, en 1203, XXV, 59; cède à Jean d'Argouges le terrain sur lequel repose Granville, 315; prend, brule et reconstruit à ses frais le couvent du Mont-Saint-Michel,

326; fait la conquête du Poitou, XXVI, 165; enlève le Limousin aux Anglais, 260. Combattant contre Othon IV et le comte de Flandre, il reçoit des secours d'Eudes III, roi de Bourgogne, 453.

PHILIPPE-LE-BEL réprime le luxe de la bourgeoisie qui marchait de pair avec la cour, III, 12. Statue qui lui fut élevée dans l'église cathédrale de Paris, en mémoire des actions de graces qu'il alla y rendre à Dieu après sa victoire de Mons-en-Puell, IV, 24. Pour réprimer la tyrannie des despotes féodaux, il convoque une assemblée générale de la nation, où le peuple obtint une ombre de représentation ; description de cette assemblée à Notre-Dame de Paris ; paroles qu'y prononça le roi ; l'assemblée se sépara sans avoir rien produit, V, 254. Il est obligé de s'éloigner de Douai, qu'il était venu assiéger pour se venger de la défaite que ses armées avaient éprouvée à Courtray, XII, 188. Ses troupes pillent la ville de Séclin, 223. Il assiège Lille, 229; élève Calais à l'état de ville et l'entoure de fortes murailles, 335; donne à Jean de Richemont le titre de pair de France, 369; refuse d'obéir à un ordre de Boniface VIII, fait mettre en prison l'évêque de Pamiers, et adresse au pape une lettre où il lui dit que les rois ne sont pas soumis à la chaire de Pierre, en ce qui concerne le temporel, XIV, 507. Il bâtit un manoir royal à Vilcena, aujourd'hui Vincennes, XV, 230.

PHILIPPE-LE-BON, duc de Bourgogne. Rue où il demeurait à Paris, VII, 244. Il ouvre, à Séclin, avec les Gantois, des conférences qui n'ont aucun succès, XII, 223; tient à Lille le second chapitre de l'ordre de la toison d'or, 248. Dans le dessein de venger la mort de son père, Jean-sans-Peur, il contracte avec les Anglais, contre la France, un pacte dont les résultats ne furent pas heureux pour lui, XXVI, 462. Il revient à de meilleurs sentiments et enlève son appui aux Anglais; actes de sa générosité; il demeure fidèle à la France, 463. Il assiste au sacre de Louis XI, et donne à ce prince de sages avis dont il ne profite pas ; il est obligé de suivre le parti formé contre le roi dans la guerre du bien public, 464. Il forme des établissements utiles; donne de nouvelles lois à la Bourgogne, et protège l'industrie; son goût pour la magnificence, les fêtes et les femmes; il dote richement ses enfants naturels; larmes que ses sujets répandirent sur sa tombe, 465.

PHILIPPE-DE-BEC, évêque de Nantes, travailla efficacement à ramener les habitants de cette ville au parti de Henri IV, XII, 579.

PHILIPPE-LE-HARDI, duc de Bourgogne, abandonne ses droits sur Lille et ses châtellenies, XII, 229. Il achète le Charolais, XXVI, 382; épouse Marguerite de Flandre, qui lui apporte en dot plusieurs comtés, 456; obtient la charge de régent lorsque Charles VI est éloigné du gouvernement à cause de sa folie; il est député aux états d'Avignon pour mettre fin au schisme qui désolait l'Eglise ; sa mission n'a aucun succès ; de retour dans ses états, il veille à leur administration comme à celle de la France; sa mort, 457. Son caractère; son amour pour les lettres, 458.

Philippe de Rouvre, duc de Bourgogne, eut pour tutrice Jeanne de Boulogne, sa mère, et mourut sans enfants, XXVI, 455.

Philippe de Valois fait décapiter les trois Normands qui servaient les vues d'Edouard, roi d'Angleterre, sur la ville de Saint-Lô, XXV, 304. Il confère à l'abbé du couvent de Saint-Michel le titre de commandant de la place, 326.

Philippe II, roi d'Espagne, traite avec inhumanité les Français qui se trouvaient à la Floride, XXV, 20. Après avoir obtenu le Charolais, il cède ce comté à sa fille aînée, XXVI, 383.

Philippe IV, roi d'Espagne, cède aux magistrats de Lille le palais qui sert aujourd'hui d'hôtel-de-ville, XII, 249. Il obtient le Charolais, XXVI, 383.

Philippe V fait transporter avec pompe dans l'église d'Ecouis le corps d'Enguerraud de Marigny, XIII, 54.

Philippe VI, pour récompenser la fidélité des bourgeois de Calais chassés de leur ville par Edouard III, les répartit dans son royaume, leur assigne des fonds pour vivre, et veut que les emplois vacants leur soient donnés, XII, 336.

Philippe, personnage que Louis XI fit précipiter avec Bérengère, son amante, dans les oubliettes du château des Bruyères, XXIV, 151. La machine qui devait les faire périr les respecte; Philippe se débarrasse de ses liens, ainsi que son amante, 152; rappelle les sens de cette dernière ; va chercher des provisions ; pénètre jusqu'à la chambre de Tristan qu'il poignarde, 153. Revenu à son souterrain, il cherche et trouve une issue, 154; alors ils conçoivent le dessein de ne plus rentrer dans la société, s'établissent dans la partie d'une colline qu'ils jugent la plus commode, et par suite de l'épouvante qu'ils inspirent, ils restent maîtres de la tour des Bruyères, 155.

Philippe, archiduc d'Autriche. Charles VIII lui restitue le Charolais, XXVI, 383.

Philis de la Tour-du-Pin (mademoiselle de la Charne) livra plusieurs combats dans les défilés des Alpes, remporta plusieurs avantages, et obtint de Louis XIV une pension militaire, X, 226.

Philogène (M.), personnage qui fournit à l'Ermite beaucoup de renseignements sur la ville de Montpellier, XI, 90.

Philosophes (les). La plupart d'entre eux ont interverti l'ordre naturel des lois morales et des lois religieuses, dans l'espoir de grandir l'homme à ses propres yeux, ou d'accorder avec un principe tout personnel les devoirs de l'existence sociale, XIV, 22.

Phocéens (les). Une de leurs colonies pénètre dans les Gaules, y fonde Marseille, et y met en honneur les arts de leur pays, XXII, 308.

Phocion boit la ciguë, XV, 48.

Photius, patriarche, auteur de

la *Bibliothèque*, ouvrage qui l'a fait regarder par quelques uns comme l'inventeur des journaux, I, 352.

PIAT (saint), patron de la ville de Séclin, où il fut enterré après avoir souffert le martyre à Tournay, XII, 222.

PIAZELTA, peintre dont le musée de Lille possède quelques ouvrages, XII, 246.

PIBER, évêque de Toul, auquel le pape Grégoire VII écrivait que les apôtres sont les maîtres des fidèles, des princes et des rois, XI, 428.

PIBRAC (Gui du Faur de), célèbre par ses talents diplomatiques et ses quatrains, VIII, 424; XVI, 71; XXVI, 369.

PICARD (M.), auteur comique, I, 6. Son roman d'*Eugène et Guillaume*, III, 340; XX, 6. Caractère principal de sa comédie de *la vieille Tante*, 289.

PICAULT, exempt que Laubardemont envoya au cardinal de Richelieu pour lui annoncer la condamnation de Cinq-Mars et de Thou, X, 357.

PICCINI, compositeur célèbre, concourut à la révolution que Gluck avait commencée dans la musique, III, 113; XXII, 237, 259, 276.

PICCIP exécuta le jeu d'orgues que l'on remarque dans la cathédrale de Dôle, XI, 88.

PICHARD, artisan, cité dans le roman de *Cécile*, XXIII, 189.

PICHEGRU (le général), XI, 56.

PICOLOMINI (le général) taille en pièces l'armée de Feuquières qui attaquait Thionville, XI, 481.

PICOT (M.), peintre. Son tableau de l'*Amour et Psyché*, XXII, 90. Sa *Mort de Saphira*, 91.

PICOT DE LA PEYROUSE (M.), savant naturaliste, VIII, 407, 432.

PIE VI, pape. Ses titres à l'admiration et à la reconnaissance des amis des arts et des philanthropes, IX, 441.

PIE VII, pape. Son séjour à Lyon, X, 347, 353.

PIERRE Ier, dit le Grand, empereur de Russie. Hôtel où il logea à Paris, lors de son voyage en France, VII, 243. Son étonnement sur ce que, dans plusieurs états d'Europe, on eût laissé subsister le célibat des prêtres, XIV, 66. Il chasse les jésuites de son royaume, XVI, 309. Il est le premier et le seul qui ait donné l'exemple du despotisme appliqué à la civilisation d'un grand peuple, XXII, 360.

PIERRE II, duc de Bretagne, venge la mort de Gilles, promulgue de nouvelles lois, détermine la mesure de la lieue bretonne, rend une ordonnance contre les blasphémateurs, et déclare que tout roturier est incapable d'acquérir un bien noble ou d'en jouir; il meurt sans enfants, XII, 379.

PIERRE II faisait tour-à-tour de pieuses stations à l'abbaye du Val-Dieu, et de douces retraites chez madame de Blandé, XXV, 122.

PIERRE III de Savoie fait une capitulation avec les citoyens de Lyon, X, 318

PIERRE (Jean de la), prieur de Sorbonne, fit venir à Paris les deux premiers imprimeurs-libraires qui s'y établirent, VI, 103.

PIERRE-BUFFIÈRE (le château de), possédé autrefois par des seigneurs considérables, rois féodaux des pays d'alentour, XXVI, 259.

PIERRE-CHATEL, situé non loin du département des Hautes-Alpes, X, 172.

PIERRE-LE-CRUEL est renversé de son trone, X, 320

PIERRE DE DREUX, arrière-petit-fils de Louis-le-Gros, épouse Alix, fille de Guy Thomas, XII, 367. Ses efforts pour diminuer le pouvoir excessif du clergé et de la noblesse bretonne; il bat les seigneurs bretons qui avaient appelé les Normands à leur secours, 368, 578.

PIERRE-FONTAINE, commune du département du Doubs, sur le territoire de laquelle on remarque une glacière naturelle, XI, 133.

PIERRE-GANTE (le roc de), d'où l'œil embrasse une vaste perspective, XIII, 224.

PIERRE DE LORRAINE, évêque de Chartres, prélat bienfaisant, qui embellit la ville, XXVI, 117.

PIERRE-PONT où l'on trouve quelques manufactures, XI, 499.

PIERRE-LA-RAMÉE, connu sous le nom de Ramus dans le monde savant, auteur de cinquante traités, et l'une des victimes de la Saint-Barthélemy, XII, 18.

PIERREVERT (le chevalier de), ancien ami de l'Ermite, II, 94.

PIERRO, père de la Lhauda, X, 107 et suiv.

PIERRON (madame), excellente femme, maîtresse d'un hôtel à Avignon, et que l'on a, dit-on, mise en scène, IX, 268.

PIERSON (M Félix) possède à Caen des écuries où il élève des chevaux de belle race, XXV, 212.

PIÉTÉ FILIALE (la). Marque touchante et bizarre à-la-fois de ce sentiment, I, 165.

PIÉTON (M.), l'un des principaux fabricants de Louviers, XIII, 87.

PIETTE (M.), premier médecin des bains de Bagnols, XXV, 144.

PIEYRE (M.), auteur dramatique, IX, 189.

PIGANIOL DE LA FORCE. Ce qu'il dit des habitants de la ville d'Issoire, XXVI, 280.

PIGAULT-LEBRUN, romancier dont les ouvrages offrent quelques tableaux de mœurs populaires, III, 36; XII, 342

PIGEAU (M), professeur de droit, I, 386.

PIIS (M.), auteur, et l'un des fondateurs du théâtre du Vaudeville, XXI, xiv.

PIMENTEL, aventurier italien, que Henri IV admettait au Louvre pour jouer avec lui, V, 83.

PILATRE DESROSIERS (M.), victime d'une ascension qu'il exécuta dans une montgolfière, VI, 117; XI, 507.

PILON (Germain), célèbre sculpteur, exécuta le monument élevé dans la cathédrale du Mans, à Guillaume de Bellay, XXV, 364

PILLOIS, jardinier de madame de Sévigné, au château des Rochers, XII, 471.

PILPAY. Ce qu'il dit du bonheur, III, 415.

PIN (le haras du), le dernier établissement d'utilité publique dû à Louis XIV. Architecture des différentes parties de ce haras; activité que l'approche des courses répand au Pin, XXV, 90. La bruyère de la Bergerie, théâtre ordinaire des courses; autres parties du haras; 91. Propriétaires qui envoient les plus beaux chevaux à la lice du Pin ; aspect de la route que l'on suit du haras à Nonant, 92.

PINAIGRIER (Jean), le plus habile peintre sur verre de son temps, XXVI, 99.

PINARIA, vestale, périt victime de l'amour, XIX, 5.

PISCHON légua à la ville de Vire sa bibliothèque particulière composée de trois mille volumes, XXV, 190.

PINGRET (M.), jeune dessinateur de Saint-Quentin, XII, 21, 22.

PINON, village de l'Auvergne, a dû sa prospérité à l'esprit d'association de ses habitants ; leurs anciennes mœurs patriarcales, XXVI, 314. Mode de gouvernement adopté parmi eux, 315. Aisance et tranquillité dont ils jouissaient, ibid. Leur amour de l'hospitalité ; privilège accordé au maître des Pinons, 318. Destruction de cette petite république par le partage des biens qui naguère étaient en commun, 319.

PINSON, jurisconsulte, né à Bourges, XXVI, 370.

PIRATES (les). Lieux qu'ils choisissent pour leurs brigandages, V, 230. Les états chrétiens traitent avec eux pour le rachat de leurs captifs, 231. Efforts impuissants de Louis XIV pour les réprimer, ibid. Peuples divers dont se composait l'agrégation des pirates ; siège principal de leurs brigandages ; descentes qu'ils effectuaient quelquefois sur terre ; les négociations mercantiles ne firent que favoriser leurs excès ; humiliations qu'ils firent subir aux puissances européennes, 232. Ces puissances entretenaient des consuls auprès des diverses régences barbaresques ; traitements indignes essuyés par plusieurs de ces personnages diplomatiques, 233. Sort affreux que les pirates réservaient aux esclaves chrétiens ; infamies qu'ils commettaient à l'égard des femmes, 234. Violences et brutalités exercées envers une dame sicilienne et ses cinq filles qui avaient échu en partage au premier ministre de la marine du bey de Tunis, 235. Dissolution de la coalition européenne formée en 1815 pour venger l'humanité des horreurs dont l'accablaient les barbaresques, 236.

PIRELLI, napolitain recommandable, fut condamné à un exil perpétuel, XIV, 562.

PIRMET (M.), armurier de Paris, I, 149.

PINON. Maison où il habitait à Paris, VII, 247. Il se trouve à une réunion des principaux écrivains dramatiques discutant sur leur mérite respectif, XVI, 432. Ses vaudevilles sont de beaucoup inférieurs à ceux de Panard, XVII, 29. Son épigramme contre Desfontaines, 67. Mérite de sa *Métromanie*, XX, 3. Son pays natal, XXVI, 470.

PISAN (Christine de), à laquelle Jean-sans-Peur donna une forte somme pour deux livres qu'elle lui offrit, XXVI, 462.

PISISTRATE s'empare d'Athènes, et charge de fers ses habitants, XIV, 258.

PISON (Cn.) fait à Tibère des représentations courageuses, par suite desquelles Granius

Marcellus est rendu à la liberté et à la vie, XIV, 252.

PISTOLET, surnom d'un individu qui, en 1815 et 1816, s'abandonna à de grandes violences, et dirigea les troubles et les bacchanales d'Armentières, XII, 295.

PITHOU (les frères), célèbres jurisconsultes, furent les élèves de Cujas; XXVI, 369.

PITOT, ingénieur, IX, 186.

PITOT (M.), secrétaire-général de la commune du Port-Louis, XXII, 466.

PITRES, lieu célèbre par l'assemblée qu'y tint Charles-le-Chauve, en 864, et par un édit sur les monnaies, XIII, 81.

PITT (William), ministre anglais. Ses maximes sur les consciences des hommes en place, XIV, 119. Il arracha le portefeuille des mains de Georges III, 126. Caractère de sa politique à l'égard de la France, durant la révolution, 529.

PIZAMI, statuaire auquel on doit le buste en marbre de Pie VI, que l'on voit dans l'église de Saint-Jean, à Besançon, XI, 121.

PIZARRE, aventurier, conquit le Pérou et en extermina les habitants, XIX, 63.

PLACETTE (de La), auteur d'un écrit sur le jeu, V, 81.

PLAN (la côte du), renommée pour ses vins, X, 22.

PLANAT (le château de) fut habité et embelli par madame de Vernage, XXVI, 26.

PLANCHEMINIER, remarquable par des mines qui attirent l'attention des voyageurs, XXVI, 228.

PLANCHER (dom), bénédictin, a fait l'histoire de la province de Bourgogne, XXVI, 443.

PLANCUS (Plotius), que son frère fit inscrire sur les listes de proscription, X, 300.

PLANCUS LUCIUS MUNATIUS, à qui certains écrivains attribuent la fondation de Lyon, X, 297.

PLANTADE, astronome, mourut sur la Hourquette-des-Cinq-Ours, VIII, 246.

PLANTIN, imprimeur renommé pour ses bonnes éditions, VI, 111.

PLANTIN (Christophe), dont François Raphelenques était le collaborateur, XII, 286.

PLANTINES, célèbre typographe, XXII, 374.

PLASSAC, où le duc d'Epernon avait un château fort auquel on attribue une magnificence romanesque dont il ne reste plus aucun vestige, XXVI, 219.

PLATÉE, ville de la Grèce, dont les habitants furent égorgés pendant la guerre du Peloponèse, XIV, 171.

PLATON. Ses efforts pour établir sur la base d'une raison absolue, des états chimériques, XIV, 10. Son opinion sur les célibataires, 65. Bases qu'il assigne à la liberté publique, 456. Il est en proie à d'odieuses accusations, XV, 48. Selon lui, l'art de la poterie fut une des premières inventions de l'esprit humain, XXII, 407.

PLENNIER (le père), botaniste savant, IX, 335.

PLEREN (la lande de), habitation jusqu'à laquelle le pays, depuis Vannes, est remarquable par sa beauté et sa fertilité, XII, 566.

PLESSIS (M.), agronome distingué, VIII, 284.

PLESSIS (le château du), remarquable par son élégante construction et par de beaux jardins, XXVI, 26.
PLESSIS-LEZ-TOURS (le château de). Fortifications qui environnaient cet édifice, XXV, 448. Son architecture, 115. Terreurs que les habitants du village de Plessis-lez-Tours concevaient de ces fortifications et de ce château, 449. État actuel de ce bâtiment, 463.
PLEUVRY, prédicateur de la cour, et auteur d'une *Histoire du Havre*, XIII, 277.
PLINE convient de l'existence des Amazones, XIX, 178.
PLOMBIÈRES, ville célèbre par ses eaux thermales. Établissements de bains : le *bain des dames*, XI, 347 ; le *bain des pauvres* ; le *bain tempéré* et le *bain royal*, 349. Les arcades sous lesquelles se promènent les buveurs, 352. La fontaine dite *Savonneuse*, 353. Situation et aspect de Plombières, 355. L'église et l'hôpital, 356. Lieu sauvage appelé *le Désert* ; chemin qui mène à la fontaine de Stanislas, 357. Description de cette fontaine ; inscriptions gravées sur les rochers en l'honneur du bon Stanislas, 358. La ferme *Jacquot* ; plaisirs et divertissements en usage aux bains de Plombières, 360. Caractère des habitants de cette ville, 369 ; III, 235, 236.
PLOUVAIN (M.), conseiller à la cour royale de Douai, savant chronologiste, XII, 184.
PLOUY (l'ancien château de), l'un des apanages de Henri IV, et dont on voit les ruines à Phalempin, XII, 221.

PLUCHART-BRABANT (M.), l'un des principaux commerçants de Saint-Quentin, XII, 15.
PLUCHE, né à Reims, XXVI, 516.
PLUMER (M.), commerçant de Pont-Audemer, XIII, 121.
PLUMEY (l'abbé), ancien principal du collège d'Arbois, excellent professeur de mathématiques et prédicateur distingué, XI, 63.
PLUMONT (la colline de), qui domine la ville de Dole, et sur laquelle était un temple dédié à Plutus, XI, 96.
PLUNKET, évêque catholique et primat d'Irlande, fut condamné à mort comme prévenu d'une conspiration contre Charles II, XIV, 323.
PLUQUET (M.), antiquaire, connu par plusieurs mémoires pleins de recherches curieuses sur les poëtes et les trouvères normands, XXV, 226, 257.
PLUTARQUE. Ses propos de table, V, 138. Indignation qu'excitait en lui l'immoralité de la politique, XIV, 6. Ce qu'il dit du témoignage du gouvernement devant les magistrats, 335. Son aveu en faveur de l'existence des Amazones, XIX, 178.
POCCIANTI, cité, XXIV, 182.
POCOCKE, personnage qui voyageait au hasard, et cependant avec beaucoup de prétentions, XXVI, 267.
POÉSIE LÉGÈRE (la) est celle qui par sa nature semble devoir échapper le plus facilement à l'entrave des règles, XVII, 1 ; est à la haute poésie ce qu'une saillie est à un trait d'éloquence ; son origine, 2. Différents genres de poésies légères, 3. La chanson. *Voyez* CHANSONS.

POINTRE, village de l'arrondissement de Dôle, XI, 99.

POISSON (mademoiselle), plus connue sous le titre de marquise de Pompadour. *Voyez* POMPADOUR.

POISSONNIÈRE (le château de La), dans la commune de Couture, XXVI, 27.

POISSY, ville fameuse par son marché hebdomadaire, XIII, 14.

POIS-VENTRE, bourgade de la Saintonge, XXVI, 221.

POITEVIN, ancien propriétaire d'un établissement de bains, IV, 158.

POITEVIN (M.), président à la cour royale de Paris, XII, 616.

POITIERS. Air de tristesse et solitude que présente cette ville; le champ de bataille où le roi Jean fut défait par le prince Noir, XXVI, 148. Couleur de la chevelure des Poitevins, 153. Vicissitudes de leur ville; son école de droit, 154. Son état judiciaire, administratif et universitaire; la bibliothèque; l'église Notre-Dame, 155. Souveraineté dont les chanoines de cette église jouissaient annuellement et pendant trois jours; industrie de Poitiers; l'église Sainte-Radegonde, 156; celle de Saint-Hilaire; miracles singuliers qui se rapportent à la précédente, 157. Tombeau que l'on remarque dans la cathédrale, 158. Personnages célèbres nés à Poitiers, 159.

POITOU (le). Aspect de la végétation sur son territoire, XXVI, 139. Quelques détails sur l'histoire de cette province et les différentes dominations sous lesquelles elle passa, 165

POITTEVIN (le général), guerrier distingué, IX, 134.

POLICE (la) avait à Rome des formes sombres et cruelles, XIV, 345. Elle a été perfectionnée en France par Louis XI, et se montra avec les caractères les plus tyranniques, *ibid.* Maintenant elle est au milieu de nous comme des ressorts huilés qui se meuvent sans autre force que celle que la loi leur imprime; la justice l'admet comme son auxiliaire, 346. Ses agents pénètrent jusque dans les secrets les plus cachés de la vie domestique, pour avoir des victimes à immoler, 347. Afin d'assurer leur triomphe, ils cherchent des accusations vraisemblables et presque impossibles à détruire; ils jouissent ordinairement de l'impunité; sortent des classes les plus viles de la société, 348.

POLIGNAC (le vicomte de). Ses efforts pour élever un tombeau à la fille du poète Young, IX, 109. Produit des laines de ses troupeaux mérinos, XXII, 359. Il obtint, en 1782, la jouissance de Chambord, XXVI, 49.

POLIGNAC (le cardinal de) charme sa prison en composant son *Anti-Lucrèce*, XV, 49.

POLIGNY. Sa position; son ancienne importance; son aspect intérieur; ses boucheries, XI, 47. Antiquité de son origine; son ancienne dénomination, 48. Vestiges du fort Griemod, résidence des ducs et comtes de Bourgogne, 49.

POLINCHOVE (M. de), ancien premier président au parlement de Flandre, XII, 172, 174.

Politique (la) se divise en intérieure et en extérieure; est fille de l'intérêt et de l'ambition, et même de la sédition et de la révolte; a toujours été décevante, XIV, 96; conseilla tous les grands crimes qui ont ensanglanté la terre; voiles dont elle couvre ses infamies; elle est devenue l'art de tromper les hommes et de les asservir, 97; doit avoir, comme la philosophie, sa source dans la morale, c'est-à-dire dans la conscience universelle; maxime adoptée par les publicistes pour justifier tous les crimes politiques, 99. Le salut des peuples, objet de la politique, ne peut se trouver que dans le respect de la justice, *ibid*. La politique, dans la seule acception honorable que ce mot puisse recevoir, est l'art d'appliquer la morale à la science du gouvernement, 100. Moyens dont elle se servit pour empêcher les peuples de s'entendre entre eux, 143. Source d'où sortent les maximes lâches et cruelles de la vieille politique, 213. On ne trouve, avant le douzième siècle, aucune trace de la politique élevée à la dignité de science, 215. Révolution qu'elle éprouve, à cette époque, à la suite de la découverte d'un code, 216. Langage qu'elle devrait tenir pour être conséquente à sa conduite, 217. Elle ne doit pas avoir de secrets, 226. Lorsque les vengeances sont assouvies, et que la patience des peuples paraît épuisée, elle fait succéder aux proscriptions générales les proscriptions individuelles, et les amnisties aux lois de colère, 278. La politique s'accuse en cherchant à se rapprocher de la justice, 285; emploie les espions comme la médecine emploie les poisons, 346; peut tirer parti de l'influence maligne des maux qui sont les conditions de l'existence philosophique; XIV, 365. Caractère de la politique des puissances européennes à l'égard de la France durant la révolution de ce pays, 529. Ses maximes contradictoires sur l'éducation du peuple, XV, 182.

Poll (sir), pour lequel le jeu est un état dans le monde, VII, 287.

Pollard (Scipion de), ancien prevôt-général du Dauphiné, X, 290.

Pollet (M.), commerçant de Turcoing, XII, 289.

Pologne (la) Le sénat de ce royaume viole les conventions qu'il a faites et qu'il a solennellement jurées, XIV, 163. L'industrie n'a jamais pu s'y naturaliser à cause d'une aristocratie tyrannique, ignorante et ambitieuse, XXII, 300.

Polwillen (le baron), au moment où il se disposait, avec l'armée allemande, à livrer assaut à Vesoul, fut contraint, par la crue du Frais-Puits, de se retirer, XI, 161.

Pomenars (le marquis de), XII, 460.

Pommeraye (D.), historien des raretés et merveilles de la cathédrale de Rouen, XIII, 161.

Pommereul (M. de), ancien préfet du département du Nord, XII, 242.

Pommery (M.), l'un des principaux apprêteurs de toiles à Saint-Quentin, XII, 15.

Pommet (le fort du), en avant de Toulon, IX, 386.

Pompadour (la marquise de), II, 197. Elle meurt au milieu d'une foule de courtisans qui s'étaient empressés autour de son lit, et parmi lesquels on remarquait des prélats, XIV, 53. Sommes énormes qu'elle sut obtenir de Louis XV; domaines que ce prince lui donna, 393. Sa résidence au château de Ménars, XXVI, 19.

Pompée, lieutenant de Sylla. Edifice qu'il construisit à Vienne, lorsqu'il devait se rendre en Espagne, pour s'opposer aux progrès de Sertorius, X, 288.

Pompeia, dame romaine, répudiée par Jules-César, son époux, XIV, 477.

Pompéi, ville détruite par une éruption du Vésuve, VI, 206.

Pomponne, ministre sous Louis XIV, IV, 277.

Ponce, moine espagnol, un des premiers qui tentèrent des essais pour l'instruction des sourds-muets, II, 390.

Poncelet (M.), officier du génie, concourut, à Metz, à l'ouverture d'un cours gratuit de géométrie et de mécanique appliquées aux arts et métiers, XI, 498.

Poncet-Delpech fils (M.), poète littérateur montalbanais, VIII, 346.

Ponchalon (le général), né à Romans, IX, 459.

Pons (M.), concierge de l'Observatoire de Marseille, est devenu astronome-pratique, IX, 358.

Pons, petite ville de la Saintonge, située en partie sur la Seigne, et remarquable par son château qui présente un coup d'œil très pittoresque, XXVI, 215. Puissance et caractère féroce des anciens seigneurs de Pons; siège que cette ville soutint de la part de Louis XIII; sa dépendance de la maison de Lorraine avant la révolution; concile qui fut tenu dans ses murs et dont se prévaut encore son clergé, 216.

Pont-l'Abbé, petite ville dans le voisinage de laquelle on trouve la *Torche de Penn-Marck*, XII, 614.

Pont-de-l'Arche, jadis place forte, la première qui se soumit à Henri IV, XIII, 81.

Pont-Audemer. Sa situation; origine de son nom; ses anciennes fortifications, XIII, 120. Son commerce de cuirs, 121. Esprit constitutionnel de ses habitants, 122. Système administratif de cette ville; hommes distingués dont elle s'honore, 123.

Pont-du-Chateau, situé en Auvergne, XXVI, 331.

Pont-l'Evêque, ville renommée pour ses fromages; la prison, XXV, 48. Le palais de justice; goûts agricoles et judiciaires des habitants de cette ville; fertilité des prairies qui l'environnent, 49. Hommes distingués nés à Pont-l'Evêque et dans les environs, 50. Aspect de la route de Pont-l'Evêque à Lisieux, *ibid.*

Pont-Levé, situé dans le département du Doubs, XI, 138.

Pont-a-Mousson, ville qui se fait remarquer par sa situation, son ancienne importance, son commerce et son industrie actuelle, et par la beauté de ses constructions, XI, 321.

Pont-Percé, situé à quelque distance d'Alençon, et remarqua-

ble par des carrières granitiques, XXV, 125.
PONT-SAINT-PIERRE, où l'on trouve des moulins à foulon, XIII, 81.
PONT-EN-ROYANS (la côte de), renommée pour ses vins, X. 22.
PONT-SCORFF, bourg situé à trois lieues de Lorient, XII, 569.
PONT-DE-VAUX, situé a quelque distance de Mâcon, XXVI, 390.
PONT-DE-VESLE, neveu de madame de Tencin, et que l'on pourrait regarder comme l'auteur des romans que cette dame fit paraître sous son propre nom, II, 125.
PONTANUS, historien romain, XVIII, 131.
PONTARLIER. Sa situation au milieu de collines qui offrent un aspect enchanteur, XI, 79. Son origine; ses incendies fréquents; édifices et curiosités que cette ville possède, 80.
PONTAS, casuiste, né à Avranches, XXV, 320.
PONTAUTHOU, village situé dans le département de l'Eure et où l'on remarque plusieurs établissements industriels, XIII, 117. Activité des habitants de ce lieu, 118.
PONTECOULANT (M. de), pair de France, orateur, I, 17. Ses efforts pour détruire la mendicité, lorsqu'il était préfet de Bruxelles, 179; IV, 251. Il fonde un établissement pour les aliénés dans le département de la Dyle, II, 282; VI, 388; XIV, 355.
PONTÉCOULANT (le), village situé dans le Bocage, XXV, 161.
PONTENX, position des Landes, où M. l'Arreilhet établit des forges, VIII, 52.
PONTENX (M. le comte de), ancien propriétaire du château de Castillon situé dans les Landes, VIII, 52.
PONTGIBAUD, situé en Auvergne, et où l'on rencontre des mines d'argent, XXVI, 331.
PONTHEUIL, comédien estimé à Toulouse, VIII, 406.
PONTHIEU (Boizard de), collaborateur de Panard, Piron, et Favart, XIII, 194.
PONTLONG, remarquable par de vastes landes, VIII, 201.
PONTOISE. Sa situation et origine de son nom, III, 190. Aspect riant et fertilité des campagnes environnantes; ancienne splendeur de la ville, 191. Habitants riches et aisés, *ibid.* Emplacement du palais où Louis IX, dans les accès d'une maladie violente, fit vœu d'entreprendre une croisade qui fut si fatale à la noblesse française, 193. La ville est prise par Charles VII, et reprise plus tard par Henri IV, *ibid.* La fontaine d'Amour, connue jadis sous le nom de fontaine des Fresnes, *ibid.* Le collége de Pontoise, 194. Les curiosités que l'on remarque dans la ville, 196. Hommes célèbres nés dans son enceinte, *ibid.* L'Ermitage de Bernardin de Saint-Pierre, 197.
PONTUS DE LA GARDIE, VIII, 464.
POPE, célèbre écrivain anglais. Jugement qu'il porte des femmes, XIV, 492. Sa supériorité dans l'épigramme, XVII, 66. Parti heureux qu'il a su tirer de la mythologie cabalistique dans son poeme de la *Boucle de cheveux*, XIX, 318.
POPÉE, femme remarquable par sa beauté, et dont les attraits charmèrent Rollon, XXV, 248.
POPELINIÈRE (madame de La),

renommée par ses soupers, III, 69.

POPILIA, vestale, périt victime de l'amour, XIX, 5.

POPPÉA reçoit la mort des mains de Néron, XIV, 83.

POPPÉE, dame romaine, fameuse par la dissolution de ses mœurs, XIV, 482.

PORBUS (François), peintre dont l'on voit un tableau dans l'église Saint-Eloi à Dunkerque, XII, 315.

PORCELAINE (la). La fabrication en est, chez les Français, une acquisition toute moderne, XXII, 410. Supériorité de nos produits en ce genre sur ceux de l'Asie; la manufacture de Sèvres; état de la peinture sur porcelaine, 411.

PORCIUS, fils aîné de Caton, que la ville d'Uzès reconnaît pour son fondateur, IX, 205.

POUÉE (le Père), l'un des amis de Voltaire, X, 460.

PORENTRUI, village dont les ateliers d'horlogerie sont alimentés par l'établissement de Beaucourt, XI, 178.

PORETE (Marguerite), la première victime dont le sang coula sur la place de Grève, en 1310, III, 301.

PORPHYRE accuse Socrate de débauche, XV, 48.

PORTAIL (André), architecte, né à Nantes, XII, 592.

PORTAL (M.), conseiller d'état, VIII, 348.

PORTALIS (M.), ancien magistrat d'Aix, IX, 310.

PORTE-DE-LION (la côte de la), renommée pour ses vins, X, 22.

PORTEFAIX (M.), premier bijoutier de Nîmes, IX, 156.

PORTELANCE, auteur tragique, ami de Patru, l'un des habitués du parterre de la Comédie-Française, II, 254.

PORT-LAUNAY, petite ville naissante, et dont l'activité commerciale reçoit chaque jour de nouveaux accroissements, XII, 531.

PORT-LOUIS, ville de l'Ile-de-France, est incendiée presque entièrement au mois de septembre 1816, XXII, 457; en 1819, 458.

PORT-SUR-SAÔNE, bourg dont les environs sont remplis de mines de fer, XI, 159.

PORTMORT, lieu où la reine Blanche fut mariée à Louis VIII, XIII, 44.

PORRO-CARRÉRO (l'abbé), neveu de l'ambassadeur portugais, parvint à tromper la surveillance du régent et de son ministre, XV, 298. Il est arrêté à Poitiers, 300.

PORTUGAL (le). Efforts qu'il tente vainement pour étendre les limites de la monarchie constitutionnelle, XIV, 140. Devenu maître d'une partie des trésors du Nouveau-Monde, ce royaume dédaigna l'industrie, XXII, 297. Son aventureuse industrie tient davantage à l'histoire de la navigation qu'à celle des manufactures et des fabriques, 303.

POSSEL (M.), fabricant de Saint-Quentin, XII, 11.

POSTEL, orientaliste, né à Avranches, XXV, 320.

POTERIE (la). *Voyez* VASES.

POTHIER, savant jurisconsulte, né à Orléans, XXVI, 128.

POTHIN (saint), regardé comme le premier archevêque de Lyon, X, 351.

POTIEZ DE FROOM (M.), commissaire de police à Douai, l'un de ceux qui ont concouru à

former les collections d'antiquités que l'on trouve dans le musée de cette ville, XII, 176, 192.
POTTER (Paul), paysagiste célèbre, XXVII, 47.
POUCHARD, orientaliste, né à Domfront, XXV, 159.
POUCHET (M.), fabricant de Bolbec, XIII, 235.
POUILLET (M.), professeur distingué de physique à la faculté des sciences de Paris, XI, 134.
POUJOL (famille baroniale), admise aux états du Languedoc, XI, 97.
POULAIN GRANDPRÉ, XI, 415.
POULDU (la baie de), éloignée de Lorient de deux lieues, XII, 571.
POULE (l'abbé), auteur de sermons estimés, IX, 219.
POULE (M.), magistrat de Carpentras, que la fureur des factieux n'épargna pas en 1815, IX, 253.
POULINGER, célèbre jurisconsulte, élève de Cujas, XXVI, 369.
POULINIÈRE (le vicomte de La), l'un des convives de la pension bourgeoise de madame Dubourg, VI, 221.
POULLIN-LUMINA, historien. Ce qu'il dit de la retraite de l'archevêque Aymeri Guerry à son château de Pierre-Scise, X, 330.
POUPARD (l'abbé), prédicateur, sur la beauté duquel spécule le marguillier Durenard, V, 114.
POUPART (MM.), l'un avocat, l'autre médecin, nés à Pont-l'Évêque, XXV, 50.
POUPART (Pierre), l'un des plus anciens traducteurs d'Hippocrate, XXVI, 106.
POUPET (le mont) surpasse en hauteur tous ceux dont la ville de Salins est environnée, XI, 68.
POUQUEVILLE (M. Charles-Hugues-Laurent de), ancien consul en Grèce, et auteur d'un ouvrage qui a répandu beaucoup de clarté et d'intérêt sur la situation des Hellènes, XXV, 93.
POURCEAUGNACS (la famille des), plaisamment immortalisée par Molière, XXVI, 262.
POURGONIA, l'une des bourgades formant le village d'Ustaritz, VIII, 142.
POURRET (l'abbé), botaniste distingué, IX, 25.
POUSSIN (le). Définition qu'il donne de la peinture, XXII, 6. Son tableau du *Testament d'Eudamidas*, 41.
POUTROYE (La), petite ville du Haut-Rhin, près de laquelle on trouve des curiosités naturelles qui ne sont pas sans intérêt, entre autre le lac Noir et le lac Blanc, XI, 224.
POUVREAU, ancien professeur à l'école de droit de Poitiers, XXVI, 155.
POUY (le), charmante propriété du chevalier de Borda, VIII, 78.
POY, village des Landes, où naquit Vincent de Paule, VIII, 63.
POYDENOT (M.), négociant de Bayonne, VIII, 88.
POYER, chancelier de France, subit, en 1548, un jugement honteux, XXV, 406.
PRABERT (le), la plus petite montagne du Dauphiné, sur la route de Romans à Grenoble, X, 12.
PRADEL (le), vallon du Dauphiné, renommé pour ses mûriers, IX, 433.
PRADEL (M. Eugène), impro-

visateur français. Ruse que son dévouement lui inspira pour faire évader le colonel Aimé Duvergier de Sainte-Pélagie, où lui-même était détenu pour dettes, XV, 23.

Pradier (M.), habile médecin, XIII, 87.

Pradon, poete médiocre, élevé au-dessus de Racine, par l'effet d'une cabale, II, 121; XIII, 194.

Pradt (M. de), écrivain politique remarquable par la vivacité de son esprit, I, 13; XXVI, 352.

Praxitèle, statuaire de l'antiquité, XXII, 68.

Precipiano (Ambrosio), ingénieur génois, releva les remparts de la ville de Gray, XI, 146.

Précy (M. de), par l'effet d'une convention secrète, s'échappa de Lyon, en 1793, avec les troupes qu'il commandait, X, 411.

Préneste, ville devant laquelle Sylla mit le siège, et dont il extermina tous les habitants, XVIII, 222.

Prepatour, maison de campagne qui a conservé le titre de closerie de Henri IV, dont elle avait été la propriété, XXVI, 28.

Presfat (M,), l'un des principaux fabricants de Louviers, XIII, 87.

Prêt (les maisons de). *Voyez* Monts-de-Piété.

Pretot, village de Normandie, situé sur la route de Montivilliers à Fécamp, XXV, 5.

Prêtres (les) ont inventé dans toutes les religions des miracles pour justifier et sanctionner leur mission, XIV, 35. Ont établi les sacrifices de toute espèce, en prétendant que tout est permis quand il s'agit de l'honneur des dieux, 36. Ont prêché aux peuples que, pour se rendre la Divinité favorable, il fallait surcharger les autels de dons et d'offrandes, 39. Ont de tout temps fait servir la religion à leurs vues ambitieuses, 44. Attitude des prêtres catholiques au convoi du pauvre et à celui de l'homme riche, 47. Motifs qu'ils avancèrent pour établir le sacerdoce, 49. Caractère des premiers prêtres catholiques; dépravation progressive de leurs successeurs, 50. Débordements auxquels ils se livrèrent après avoir confondu les intérêts du ciel avec ceux de la terre, 51. Bénéfices et privilèges qu'ils surent attirer a eux, *ibid.* Ils s'adonnent à des spéculations usuraires, 56. Effet de l'orgueil intolérant des papes à l'égard des princes temporels, 58. Humiliations qu'ils exigent a titre d'hommages; langage grossier et inconvenant dont la plupart des évêques se servent dans leurs mandements, 59. Ostentation avec laquelle ils distribuent leurs aumônes, 69. Ils ne tardèrent pas à conformer leurs maximes à leur conduite, 60. Leurs mœurs actuelles, 473. Le mariage ne leur est nullement interdit par l'Evangile; le concile de Nicée ne leur défend que le concubinage; s'ils étaient mariés, l'état et la morale y gagneraient, 513. Exemples des excès d'intolérance, de domination et de fureur auxquels les porte leur fanatisme, XVI, 232. Caractère, doctrine, système, intolérance, et ambition des prêtres de la grande et de la petite église, 247 et suiv. L'état canonique des prêtres, dans leurs rapports avec le beau sexe, a totalement et souvent changé depuis la fondation de l'Église, XXV, 388.

PRÉVAL (le général de), né dans le département du Doubs, XI, 127. Sa retraite au château de Beauregard, avec ses filles, XXVI, 21.

PRÉVILLE, acteur distingué, II, 78. Ses débuts, V, 155.

PREVOST (M.), artiste distingué, peintre de panorama, I, 189.

PREVOST (mademoiselle), actrice de l'Opéra-Comique, III, 60.

PRÉVOST, garçon du café Tortoni, III, 223.

PREVOST (M.), vieillard respectable, l'un des derniers captifs de la Bastille, a puisé dans l'étude des livres saints les principes de morale et de liberté qui ont été la règle de sa vie, XIII, 112.

PREVOST (M. le), versé dans les antiquités de Normandie, XIII, 112.

PRÉVOST (M. Le), jardinier de Rouen, distingué par ses connaissances en botanique, XIII, 209.

PRÉVOST (l'abbé), romancier, XIV, 64.

PREYSSAC, patrie du général Bessières, VIII, 279.

PRIARUS, roi des Lentiens, est défait par l'empereur Gratien, près de l'ancien Argentuaria, XI, 219.

PRIE (la marquise de), maîtresse du premier ministre sous Louis XV, II, 229.

PRIÈRE (la) a été recommandée par les prêtres comme un moyen d'apaiser la Divinité, et de se la rendre favorable, XIV, 39. Ce n'est pas à elle qu'il faut recourir dans les fléaux qui désolent quelquefois les nations, 40. L'habitude de la prière et de la méditation, jointe à une vie oisive, conduit peu à peu aux fureurs du fanatisme, 64.

PRIMATICE (le), architecte, homme de génie, que François Ier chargea de dessiner le plan du domaine de Chambord, obtint de ce prince une abbaye, et mourut sans avoir achevé cet imposant édifice, XXIII, 290; XXVI, 45, 47, 48.

PRIMAUQUET, gentilhomme breton, l'un des capitaines de vaisseaux français qui, en 1512, se battirent contre la flotte anglaise sur les côtes de Bretagne ; son courage dans cette rencontre, XII, 363.

PRIMUS (Marcus-Antonius), sénateur romain, célèbre par sa valeur et son éloquence, se déclara pour Vespasien, vainquit Vitellius, et, refusant la couronne qui lui était offerte, assura le sceptre à celui dont il avait embrassé la cause, et mourut dans l'exil, VIII, 422.

PRINCES (les). Observations sur leurs amours, VIII, 307. Ils sont devenus meilleurs, XIV, 570

PRISONS (les). Ce qu'elles étaient autrefois; traitements qu'y essuyaient les détenus, XIV, 367. Améliorations introduites dans leur régime; état actuel des prisons, 368. Barbaries exercées envers un jeune homme détenu injustement, 369. L'emprisonnement étant une peine obscure, perdue

DES MATIÈRES. 405

pour l'exemple, est une peine d'autant plus immorale qu'on s'est accoutumé à la considérer comme une punition légère, 371. Prodigalité avec laquelle cette peine est chaque jour prononcée, 372. Nécessité d'accorder des dédommagements aux personnes qui ont été détenues injustement, *ibid*. La prison, dégagée des souffrances physiques qui l'accompagnent, peut devenir un séjour utile à l'étude de soi-même; elle facilite les méditations de l'homme de lettres, XV, 197; ajoute toujours quelque chose à la meilleure ou à la plus mauvaise réputation, 198. On ne parle jamais mieux de liberté qu'en prison, 199.

Privat (M.), ancien maire de Mèze, commerçant distingué de Pézénas, IX, 69. Sa manufacture d'esprit-de-vin, 85.

Prix (les distributions des) Parallèle entre ces solennités d'aujourd'hui et celles d'autrefois dans les maisons d'éducation de jeunes demoiselles, I, 78. Matières des examens publics dans cette circonstance, 83. Convenance qu'il y aurait à alterner le prix d'honneur, dans les distributions des prix de l'université, en l'accordant tantôt au discours latin, tantôt au discours français, VII, 115. Comment se font maintenant les proclamations dans ces solennités littéraires, *ibid*. Droit que se réservent aujourd'hui les collégiens de siffler certaines nominations; mode adopté pour la correction des *copies* du concours, 116. Manière dont on fait la liste des lauréats; attitude qu'avait autrefois celui qui proclamait les prix; faveur accordée aux élèves appartenant à des familles en réputation, 117.

Probité (la). Ce qu'elle est dans les différentes classes de la société, IV, 39. Aux yeux d'un certain monde, elle ne mène à rien, VII, 273.

Probus, empereur romain, fait planter la vigne sur les coteaux voisins de Châlons sur-Saône, XXVI, 400. Défait et chasse du Rhin les Bourguignons, 445.

Procida, ville du royaume de Naples, où Speziale ouvrit une boucherie de chair humaine, XIV, 556.

Procope, historien romain, XVIII, 131.

Professorat (le). Qualités qu'il exige de celui qui l'embrasse; espèce d'obscurité à laquelle il est réduit, XIV, 427. Injustices dont on accable souvent ceux qui l'exercent avec le plus de talent et d'applaudissements, 428.

Proneurs (les). Leur caractère, VII, 273.

Properce, amant de Casima. *Voyez* Casima.

Propreté (la). Avantages qu'elle procure, IV, 157.

Prost (M.), propriétaire d'un hôtel à Clairvaux, XI, 22.

Prostitution (la) est resserrée, en Italie, dans des limites assez étroites, et jouit, en France, en Angleterre, en Allemagne, d'une licence scandaleuse, XIV, 375. Chez les Français sur-tout, cette licence est d'autant plus effrénée qu'elle est autorisée par la police, 376. Dans certains pays de l'antiquité, elle fut ordonnée comme un acte de religion, 503.

PROTOGÈNFS, peintre de l'antiquité, XXII, 68.
PROUVY, village situé à quelque distance de Valenciennes, XII, 138.
PROVENCE (la), contrée saccagée plusieurs fois par les Sarrasins qui s'y maintinrent ; prospérité dont elle a joui sous le roi René, IX, 306. Elle ne peut pas revendiquer seule l'honneur d'avoir donné naissance à la poésie française, XXV, 170.
PRUDHON, l'un des peintres les plus célèbres de l'école française, I, 14; XI, 126. Son *Assomption de la Vierge*, XXII, 136. Son *Adonis*, XXVII, 37.
PRUNELET (M. le marquis de). Ses rapports avec M. Morellet, XII, 550.
PRUNELLE, médecin sorti de l'école de Montpellier, IX, 125.
PRUSSIENS (les) n'effectuent leur retraite de Méry-sur-Seine qu'après que leur artillerie eut mis en feu et réduit en cendres toutes les maisons de la ville, XXVI, 496. Ils sont forcés de prendre la fuite, 499. Ils évacuent Soissons, 515. Ils sont battus à Montmirail, 525.
PAYEN (Guillaume-Antoine), Anglais, qui subit d'affreuses tortures pour avoir écrit contre les comédiens, les bals, et les mascarades, XIV, 505.
PUBLIC (le). Effets de ses caprices et de ses jugements bizarres, I, 110. Idée que l'on s'en forme assez généralement, 114. Chaque classe a son public, II, 110 : celui d'un auteur applaudi, et celui d'un auteur sifflé, 112; celui d'un médecin, *ibid.*; celui des guinguettes de la Courtille, 113; celui des théâtres des boulevarts, 115 ; le public oisif du Marais, *ibid.* ; celui de la Comédie-Française jugeant une pièce nouvelle, 116; celui des plus brillants salons, *ibid.* Physionomie générale de ces différents publics, 117. Le peuple à un spectacle *gratis*, III, 208. Disposition de son esprit à une représentation de *Zaire*, 214.
PUFFENDORF. Résultat des ménagements qu'il employa en réclamant quelques uns des droits du genre humain, XIV, 11. Il ne fit que polir le système de Grotius, 103.
PUGET (Pierre), sculpteur, peintre et architecte distingué, IX, 331, 335; XXII, 70.
PUISIEUX (M. de), ministre, V, 210.
PUITS (la commune du), remarquable par ses mines, XI, 175.
PUJOL (de), homme fort recommandable, ancien prevôt de Valenciennes, et fondateur de l'académie de peinture et de sculpture que possède cette ville, XII, 130.
PUJOL (M. Abel de), l'un des peintres les plus distingués de l'époque actuelle, XII, 131. Son tableau de *saint Etienne*, XXII, 32; son plafond représentant *la Renaissance des arts*, 80; sa *Vierge au tombeau*, 102.
POLIARIUS (Antoine) fut étranglé et brûlé pour avoir réclamé la tolérance en faveur des luthériens, XIV, 505.
PURRIS (M de), auteur dramatique, né à Montauban, VIII, 347.
PUTON, père et fils (MM.), le premier, capitaine, le second colonel, XI, 414.
PUTTELANGE-CRÉANGE, dont les

houillères sont d'un rapport très important, XI, 490.
Puy (M.), ancien maire d'Avignon, dont la fermeté échoua contre les hommes et les événements de 1815, IX, 214. Ses efforts pour s'opposer à la fureur des Avignonais qui voulaient s'emparer du maréchal Brune, 226.
Puy-de-Dôme (le), la plus haute des montagnes de l'Auvergne, et remarquable par la majesté de son cône et la végétation qui la pare, XXVI, 326. Fécondité que la nature déploie à la cime de ce pic, 327. Horizon pittoresque que l'œil embrasse de ce point, 328. Accident de nuages que l'on y remarque, 333.
Puymaurin (M. le baron de), VIII, 431.
Puy-Merdeux, bourgade de la Saintonge, XXVI, 221.
Puyoo, village du Béarn, d'un aspect pittoresque, VIII, 164.
Puysaie (le comte de), que les chouans et les Vendéens réunis nommèrent leur chef, XII, 555. Accusé d'incapacité et de trahison par les gens de parti, il a cruellement rétorqué l'accusation contre eux, dans les mémoires qu'il a publiés à Londres en 1803, XXV, 115.
Py (M.), auteur de Mémoires sur les villes de Narbonne et de Carcassonne, IX, 279.
Pyrénées (les). Indigence des pâtres qui habitent le sommet de ces montagnes, tandis que l'opulence règne dans les lieux bas, VIII, 241. Graces et costumes des jeunes bergers de cette contrée, 244. Perspective que l'œil embrasse du haut des Pyrénées, 245.
Parallèle entre les Alpes et les Pyrénées, 246. Les chants des bergers de ces dernières montagnes, 247.
Pythéas, fameux navigateur de l'antiquité, IX, 328.

Q.

Quatrain, sorte de poésie légère. Ce qui le constitue, XVII, 71. Les quatrains moraux, 72.
Québec, ville du Canada, fondée par des navigateurs dieppois, est devenue possession anglaise, XXII, 454; XXV, 19.
Quelen (M. de), archevêque de Paris, XII, 440.
Quenesson (M.), commerçant de Saint-Quentin, XII, 16.
Quérat (M.), ancien principal du collège de Saint-Malo, XII, 406.
Quérière (M. de La), antiquaire distingué, prépare un ouvrage sur les plus anciennes maisons de Rouen, XIII, 208.
Querqueville (la pointe de), située à gauche du port de Cherbourg, XXV, 292.
Quesné (M), l'un des fondateurs de la filature de Pontauthou, XIII, 117, 131.
Quesnel (M.), négociant de Rouen, XIII, 184.
Quesnel (M.), négociant du Havre, XIII, 272.
Quesnoy (le), place forte, distante de trois lieues de Bavai, XII, 97.
Quevilli, où l'on prétend que les anciens ducs de Normandie avaient un parc destiné à la chasse des bêtes fauves, XIII, 152.
Quévremont (M.), l'un des banquiers les plus accrédités de Rouen, XIII, 184.

QUEYRAS (le), vallée située dans le département des Hautes-Alpes, X, 190.

QUIBERON, lieu tristement célèbre, XII, 556.

QUILLEBOEUF, petite ville servant aujourd'hui de résidence aux pilotes qui guident, à travers les bancs de sable toujours changeants dont l'embouchure de la Seine est obstruée, les vaisseaux qui remontent ce fleuve jusqu'à Rouen, XIII, 226.

QUIMPER-CORENTIN. Son importance administrative et commerciale, XII, 538. Sa position; le quartier de Terre-au-Duc; origine de la ville, 539. Son aspect intérieur; les quais; la promenade du Pennity; la cathédrale, 540. Hommes célèbres nés à Quimper, 542. Coutumes et superstitions qui régnaient parmi les anciens habitants de cette ville, 544. Manière dont ils célébraient la fête de sainte Cécile; leur amour pour les lettres; leur urbanité; leur attachement au régime constitutionnel, 545.

QUIMPERLÉ. Sa position; son aspect intérieur; l'église de Saint-Colomban; bâtiments occupés autrefois par des bénédictins, et où se réunissent maintenant toutes les autorités de l'arrondissement, XII, 540. Personnages célèbres dont cette ville s'honore, 550. Son commerce, 552.

QUINAULT se trouve à une assemblée des principaux auteurs dramatiques conversant sur leur mérite respectif, XVI, 430. Il est l'inventeur du véritable opéra, XXII, 229. Abus qu'il a fait du merveilleux, 234.

QUINAULT (mademoiselle) figure parmi les amis de Voltaire, X, 461.

QUINETTE, l'un des commissaires de la Convention qui furent échangés contre la duchesse d'Angoulême, XII, 216.

QUINGEY, petite ville du département du Doubs, XI, 135.

QUINTE-CURCE convient de l'existence des Amazones, XIX, 178.

QUINTIN. État de ses fabriques de toiles, XXII, 397.

R.

RABA (les), famille juive considérée de Bordeaux, VIII, 16. Leur campagne, 38.

RABAUD (M.) fit des efforts généreux à Marseille pendant l'anarchie de 1815, IX, 347.

RABAUT (Paul), ministre protestant dont la mémoire est en vénération à Nîmes, IX, 165.

RABAUT Saint-Etienne, fils du précédent, IX, 165, 185.

RABE (les bois du), où le général Le Marrois a entrepris des défrichements considérables, XXV, 274.

RABELAIS, prêtre, et poete licencieux, l'un de ces bouffons qui ont attaqué les ridicules jusque sur l'autel, jusque sur le trône, et dont les bouffonneries n'ont pas servi la morale, XIV, 11, 64; XXVI, 135.

RABNÉ (Alain) construisit à Châteaulin un château dont il ne reste plus qu'une partie transformée en hôpital, XII, 531.

RACAN, poete. Maison où il demeurait à Paris, VII, 243. Son pays natal, XXVI, 136.

RACHER (le mont), à quelque distance de Briançon, X, 49.

RACINE (J.). Accueil que l'on fit

à son *Britannicus*, lors de la première représentation de cette pièce, II, 11. Cabale formée contre son *Athalie*, 122. Etat de sa fortune à l'époque de son mariage ; produit, estimé sur un calcul approximatif, de ses ouvrages depuis sa mort, IV, 202. Une de ses petites filles a été arrachée à la plus affreuse indigence par les bienfaits de la reine, 203. Maison qu'il occupait à Paris, VII, 246. Pavillon où il composa sa première tragédie, IX, 204. Lieu où il passa sa jeunesse, 205 Vers dans lesquels il appelle le courroux du ciel sur les favoris de cour, XVI, 49. Son entretien, dans l'autre monde, avec Shakespeare dont il loue les productions, 171 *et suiv*. Son Buste dans une des salles des Français, 435. Son mérite dans l'épigramme; celles qu'il a faites sur le *Germanicus* de Pradon, et sur *Andromaque*, XVII, 66. Objet principal de ses tragédies de *Bajazet* et de *Britannicus*, XVIII, 231. Circonstance dans cette dernière tragédie où il s'est écarté de l'histoire, XIX, 7.

RADEGONDE, à la mort de son père, Lothaire, fut répudiée et alla ensevelir sa douleur dans la solitude du cloître, XXVI, 156.

RADEPONT, village remarquable par de beaux jardins, XIII, 81.

RADET (M.), auteur de vaudevilles, XXI, xiv.

RADIG (la mère), cabaretière de la Villette. Aspect de son cabaret, VII, 56. Son portrait, 57. Classes du peuple qui vont chez elle, *ibid*. Intérieur hideux de la grande salle, 58. Vogue dont jouit ce repaire, 59. Parallèle de la mère Radig et de Ramponeau, 60.

RADIGUET (M.), l'un des principaux commerçants de Landernau, XII, 508.

RAFFIÉ (M.), fondateur d'une fabrique de faux et de limes, à Foix, (Arriège), XXII, 437.

RAFFRAY (M.), ancien principal du collège de Saint-Servan, XII, 406.

RAGOT (M.), commerçant d'Armentières, XII, 294.

RAGOULO, ancien procureur, faillit être assassiné par une jeune fille, II, 73.

RAGUSE (le duc de). *Voyez* Marmont.

RAIGNAULT WARIN, littérateur, né à Bar-le-Duc, XI, 444.

RAIMBAUD (madame), marchande d'objets de toilette, II, 34.

RAINFROI, maire du palais, est défait à Crèvecœur, XII, 39. Il obtient le comté d'Anjou, XXV, 379.

RAISON (la) est une des deux puissances qui règnent dans le monde; elle acheva la conquête de l'Amérique; n'est point encore abjurée dans certaines contrées de l'Europe, XIV, 70.

RALEIGH compose dans un cachot son *Histoire du monde*, XV, 49.

RAMEAU, célèbre compositeur français, III, 59; X, 460. Révolution qu'il opéra dans la musique, XXII, 258. Son pays natal, XXVI, 471.

RAMEL (le général), commandant de la place de Toulouse, en 1815. Ses efforts inutiles pour arrêter l'audace des *verdets*; sa fermeté lorsqu'ils viennent assaillir son hôtel; au moment où il leur ordonne de se retirer, il est atteint d'une balle; les séditieux pénètrent dans ses appartements; armés de coutelas, ils déchirent leur victime et se disputent ses membres palpitants, VIII, 398.

RAMÈS (M. de), personnage qui fait des dupes en multipliant des dettes qu'il ne paie pas, V, 263.

RAMOND (le baron), conseiller d'état, membre de l'institut, et ancien préfet de Clermont-Ferrand qu'il embellit, XI, 271; XXVI, 275.

RAMPONEAU, cabaretier de la Courtille. Parallèle entre la mère Radig et lui, VII, 60.

RAMUS. *Voyez* PIERRE-LA-RAMÉE.

RANCE (la), rivière remarquable par sa beauté, XII, 395.

RANCÉ (l'abbé de), auteur d'une *Dissertation sur la Trinité*, XXV, 110.

RANCRIN, connu par un triolet, IX, 132.

RANCOGNE, nom que porta primitivement Taillebourg, XXVI, 202.

RANTZAW (le comte de). Secours qu'il apportait à la ville de Saint-Jean-de-Losne, lorsqu'elle était assiégée par les troupes de Galéas, XXVI, 433.

RAOUL fortifia la ville de Nanci, XI, 312.

RAOUL Ier, duc de Normandie, fait ceindre Rouen de hautes murailles, XIII, 143.

RAOUL, jeune villageois, frère de lait de Mathilde d'Anfreville-les-Monts, avec laquelle il passa les années de son enfance; il se sépare avec un grand chagrin de sa jeune amie que son père avait fait venir à son château; par un effet de la bonté de Mathilde à laquelle cède momentanément le seigneur d'Anfreville, il devient capitaine des chasses de ce dernier; après l'avoir sauvé de la dent d'un sanglier, il lui avoue son amour pour Mathilde, et demande la main de cette jeune fille; il essuie d'abord le courroux violent du baron, qui lui promet enfin d'acquiescer à sa demande, à la condition qu'il transportera sa bien-aimée au sommet d'une montagne escarpée; Raoul se charge du précieux fardeau, gravit le mont, et expire en arrivant au terme de cette cruelle épreuve ; désespérée alors, Mathilde s'élance, avec les restes de son amant, du sommet de la roche, et vient mourir aux pieds de son père ; celui-ci, pour expier sa barbarie, fait construire un couvent là où avaient péri ces deux victimes de l'amour ; et depuis ce temps, la montagne porte le nom de *Côte des deux amants*, XIII, 59 *et suiv.*

RAOUL, fils de Richard-le-Justicier, devient duc de Bourgogne, XXVI, 450. Il se déclare contre Charles-le-Simple, est élu après la mort de ce dernier, et meurt sans laisser de postérité, *ibid.*

RAOUL DE PRESLES. Antiquité qu'il assigne à la ville de Paris, VII, 152.

RAPHAEL, célèbre peintre. Genre d'imitation par lequel il surpassa ses prédécesseurs, XXII, 6. Altération que ses élèves firent subir à son système d'étude en voulant partir d'un point plus rapproché

du but, 7. Tableaux que l'on remarque de lui au musée de Lille, XII, 246.
RAPHELENQUES (François), professeur d'hébreu et d'arabe, collaborateur et beau-fils de Christophe Plantin, XII, 286.
RAPIN (le Père), jésuite, auteur de vers latins fort estimés, XXV, 445.
RAPIN (Nicolas), l'un des principaux auteurs de la *Satire Ménippée*, XXVI, 159.
RAPONDE (Denis), duquel Philippe-le-Hardi acheta un Tite-Live enluminé de lettres d'or et d'images, XXVI, 458.
RAPONDE (Jacques), duquel Jean-sans-Peur acheta plusieurs romans, XXVI, 462.
RAPP (le général), aide-de-camp de Napoléon, s'est distingué par son courage et ses talents militaires, XI, 223. Pendant le blocus de Strasbourg en 1815, il se trouve à la discrétion du sergent Dalouzy, jusqu'à ce que les troupes soient payées, et il obtient alors la grace de ce rebelle, 234.
RASTEPHAN (le château de), remarquable par son architecture et la distribution des pièces qui le composent, XII, 554.
RATEAU, sous-officier dans la garde de Paris, compromis dans la conspiration de Mallet, III, 444.
RATTIER (M. J.), propriétaire de la maison de plaisance de Verveine, située sur la route qui mène aux eaux de Bagnoles, XXV, 135.
RATZANHAUSEN (l'abbé prince de) construisit, en 1766, à Guebwiller, l'église de Saint-Léodegart, XI, 213.

RAUCOURT (mademoiselle), comédienne célèbre, II, 96.
RAURAQUES (les) s'étaient répandus dans l'Alsace, XI, 180.
RAVAILLAC assassina Henri IV, à l'instigation des jésuites, XIV, 63, XVI, 126, 308.
RAVENTIN (la côte de), renommée pour ses vins, X, 32.
RAVET, compositeur, à qui l'on doit la musique du *Jaloux corrigé*, de Collé, XIX, x.
RAVEZ (M.), avocat, VIII, 22.
RAVRIO (M.) à qui l'on doit ces jolis bronzes destinés à l'ornement de nos demeures, I, 403; XXII, 421.
RAYMOND, serviteur fidèle de Bérenger de Presles. Son maître le charge d'une missive pour Alix, III, 136.
RAYMOND IV, comte de Toulouse, se distingua par son courage et ses conquêtes dans la Terre-Sainte, où il mourut après avoir fondé la dynastie des comtes de Tripoli, VIII, 423.
RAYMOND V, comte de Toulouse, transigea avec les moines de Montauban, leur céda une partie de cette souveraineté, se distingua par ses exploits et la protection qu'il accorda aux troubadours, VIII, 324, 424.
RAYMOND VI, comte de Toulouse, célèbre par ses infortunes et son courage, et dont les sujets furent exterminés par l'ordre du pape, VIII, 424; XVI, 298.
RAYMOND VII, comte de Toulouse, célèbre par son infortune et son courage, VIII, 424.
RAYMOND, architecte toulousain, VIII, 428.
RAYMOND (M. de), frère de ce-

lui qui fut *nabab* dans les Indes, VIII, 413.

RAYMOND, comte de Provence, IX, 306.

RAYMOND (le chevalier de), colonel du régiment du Luxembourg, dans l'Inde, mourut sous les murs de Colombo, XVIII, 91.

RAYMOND, officier français au service de Nyzam-Aly, se distingua par ses grandes qualités, XVIII, 92.

RAYMOND (M.), peintre. Son tableau d'*OEdipe et Antigone*, XXII, 130.

RAYMOND, compositeur, mit en symphonie les *Aventures de Télémaque*, XXII, 262.

RAYNAL (l'abbé), l'un de ceux qui ont découvert l'identité existant entre la morale des individus et celle des peuples, IX, 15; X, 459; XIV, 5.

RAYNOUARD (M.), poete tragique et savant grammairien, I, 7.

RÉ (l'Ile de) se trouve entourée de rochers dont l'aspect a quelque chose d'imposant, XXVI, 181. Son port, ses forteresses, ses redoutes; siége qu'y soutint le général de Toyras contre les calvinistes et les Anglais, 182.

RÉALON, commune des Hautes-Alpes, dont les habitants firent périr une pauvre femme qu'ils accusaient de jeter des maléfices sur les hommes et sur les bestiaux, X, 220.

RÉALVILLE, situé dans le département de Tarn-et-Garonne, VIII, 349.

RÉAUMUR, célèbre ingénieur opticien, né à La Rochelle, se retira à la Bermondière, et le premier observa que le verre peut se dévider comme un écheveau de fil, XXII, 404; XXV, 138; XXVI, 175.

REBOUL (M. Henri) a introduit à Pézénas la fabrication de la potasse et des produits chimiques, IX, 65.

REBOUL fut décapité à Rome, XXIV, 188.

RÉCAMIER (M.), professeur de médecine à l'Hôtel-Dieu, III, 316.

RECH (M.), jurisconsulte de Montpellier, IX, 135.

RECOUVRANCE, gros bourg, fait partie de la ville de Brest, quoiqu'il en soit séparé par le port, XII, 511. Aspect physique de ses habitants, 515.

REDORTE (La), retraite du lieutenant-général Maurice Mathieu, s'y fait bénir par tous les villageois, VIII, 445.

REDOUTÉ (M.), célèbre peintre de fleurs. Ses *Roses*, XXII, 167 à 171. Sa découverte pour imprimer en couleur au moyen d'une seule planche, 376. Son patriotisme, 377.

REFUGE (Pierre), trésorier de Louis XI, rebâtit le château de Fougères, XXVI, 32.

REGELSBERG (Marie de), femme de Grotius, tire son mari de prison par un stratagème que lui inspire la tendresse conjugale; traduite devant le tribunal pour ce fait, elle est acquittée et louée par tout le monde, XV, 54.

REGGIO (le duc de), XXVI, 521.

RÉGICIDE (le) a trouvé de nombreux apologistes parmi les ecclésiastiques, XIV, 60 *et suiv*.

REGIOMONTANUS, l'un de ceux qui se disputent l'honneur d'avoir découvert l'horlogerie mécanique, XXII, 426.

Régis, ancien régent du collège d'Auch, VIII, 286.

Regnacaine obtient la ville de Cambrai en partage, et y est massacré par les ordres de Clodion-le-Chevelu, XII, 51.

Regnard, auteur dramatique, VI, 148.

Regnault (madame), chanteuse de l'Opéra-Comique, III, 296.

Regnier (Mathurin), poète satirique, né Chartres, XXVI, 99.

Reichenbach (M.), l'un des hommes les plus recommandables et les plus distingués de Saint-Quentin, XII, 28.

Reichenweyer, renommé pour ses vins, XI, 222.

Reille (le général) se distingua à la bataille de Toulouse, VIII, 387.

Reims, ville de la Champagne, célèbre par ses pains d'épice et sa Sainte-Ampoule, XXVI, 513. Mouvements militaires dont elle fut le théâtre ou le témoin en 1814, 514, 516.

Reimzey (madame), personne qui réunit chez elle des savants et des hommes de lettres, VI, 379.

Reine, épouse d'Eldebert, comte d'Ostrevant, XII, 139.

Relfc (l'ancienne abbaye de), dont on voit encore les bâtiments à Morlaix, XII, 498.

Religion (la). Son influence consolante à l'heure de la mort, I, 245. Son excellence et son utilité, VI, 397. Abus qui peuvent résulter du culte extérieur, 399. Spectacle attendrissant que présente une première communion, 402. Quelques unes des vérités enseignées par la religion sont la base de toute morale, XIV, 21. Toutes les religions ont une origine commune et céleste, la morale, 30. Aucune religion ne doit être contraire à la morale, 33. La religion est devenue entre les mains des prêtres un moyen de gouvernement qu'ils ont confié aux puissances de la terre, après l'avoir employé contre elles, 45. Privilèges qu'elle accorde contrairement aux lois de la morale et de l'Evangile, 48. Ascendant qu'elle s'est arrogé sur les affaires du monde : elle saisit l'homme dans les principales circonstances de sa vie; s'immisce aux embarras de la politique; des torrents de sang coulent en son nom, 54. Les gouvernements l'invoquent pour sanctifier leur perfidie et leurs délits politiques, 231.

Rélinde, abbesse du couvent de Saint-Odile, cultiva les lettres et la poésie avec succès, XI, 272.

Remeldoff, remarquable par de belles forges, XI, 501.

Remiremont, jolie ville que sa position contribue à rendre le centre d'un commerce considérable; routes qui y aboutissent; son aspect intérieur; l'hôpital; le Calvaire; perspective que l'œil embrasse du haut de ce mamelon, XI, 336. Origine de l'abbaye de Remiremont, 337. Prérogatives dont jouissaient les religieuses de ce monastère, 338. Hommages que leur rendaient annuellement les paroisses voisines, 339. Observations critiques sur quelques personnages de Remiremont, 343.

Remoiville (M. de), riche propriétaire dans le département de la Meuse, et inventeur d'une charrue qui devait n'exiger que deux chevaux, XI, 453.

REMONOT, village de la Franche-Comté, où l'on voit une église élevée au-dessus d'une grotte naturelle qui lui sert de fondements, XI, 76.

REMORAY (le lac de), dans la Franche-Comté, XI, 76.

REMUZAT (M.), premier chambellan sous le régime impérial. Censure maladroite qu'il exerça sur l'opéra de *la Vestale*, et qui faillit amener sa disgrace, XIX, 53.

RENANCOURT (le château de), singulièrement situé au milieu d'une prairie inondée par les eaux, XXVI, 83.

RENAU ELISSAGARAY, Béarnais, introduit, par la force de son génie, d'utiles innovations et des améliorations dans la manœuvre sur mer, invente les galiotes à bombes, se distingue par plusieurs exploits maritimes, s'empare de deux vaisseaux anglais richement chargés, et se fait une égale réputation dans la guerre sur terre, VIII, 189.

RENAUD (Cécile), détenue à la conciergerie, et mise à mort, VII, 216.

RENAUD Ier, comte de Sens, fonda Joigny, et battit les Saxons, XXVI, 489.

RENAUD II, petit fils du précédent, prince méchant, persécuta son archevêque, XXVI, 489.

RENAUDIÈRE (M. Lanou de La), auteur d'un poeme de la *Fête-Dieu*, XXV, 183.

RENAUDOT (Théophraste), médecin, qui le premier publia, en 1631, la *Gazette de France*, I, 353; XXVI, 159.

RENAULT (M.), libraire à Rouen, XIII, 211.

RENÉ, roi de Sicile. Séjour qu'il fit à Montpellier, IX, 130. Prospérité dont la Provence jouit sous son règne, 306. Il tâche de se maintenir dans le palais des ducs d'Alençon contre la politique insidieuse de Louis XI, XXV, 122. Sa domination sur l'Anjou, 384.

RENÉ II fortifie la ville de Nanci, XI, 312.

RENÉ DE BOURGOGNE dispute l'Alsace à Henri-l'Oiseleur, XI, 184.

RENEURELLE (Benoite), bergère de la commune de saint Étienne, dans les Hautes-Alpes, prétendait avoir eu avec la vierge plusieurs entretiens, et posséder le don des miracles; cette *sainte* fut renvoyée à Grenoble et mise dans une maison de charité, X, 221.

RENNES. Son origine et son antiquité, XII, 442. Son état paisible sous les empereurs romains; cette ville tombe sous la domination de Survanz, meurtrier du roi Salomon, 443; sous celle de Guillaume Cadoudal; elle est assiégée par le duc de Lancastre et défendue par Duguesclin, 444. Esprit des Rennois pendant la ligue; ils offrent à Henri IV les clefs de leur ville, 446. Révoltes partielles qui troublèrent la paix de Rennes, 447. Restes de monuments antiques que l'on remarque dans ses murs, 448. La place du palais, 450. Le palais de justice, *ibid*. L'hôtel-de-ville; la bibliothèque publique, 451. Le palais épiscopal; l'ancienne porte mordelaise; le musée, 452. Le musée d'histoire naturelle; le jardin botanique; la cathédrale, 453. L'église du Calvaire; celle de Saint-Sauveur; la caserne; les promenades de Rennes, 454. Le quartier neuf, 455. Le climat de la ville, 456. Personnages célèbres dont elle s'honore, 473, 475. Le barreau de Rennes, 479.

Renommée (la) est le miroir des âges, et réfléchit l'image des hommes illustres, VII, 239. La renommée des hommes célèbres est comme ces essences qui embaument l'espace où elles s'évaporent, 240. Celle des hommes criminels ne peut être nuisible après leur mort, 241. Effets de l'amour de la renommée, VIII, 31.

Renouard (M.), conservateur de la bibliothèque du Mans, savant qui joint à l'érudition la connaissance du monde, XXV, 360.

Renty (M.), commerçant de Lille, XII, 266.

Repos (le), l'un des lieux circonvoisins du camp du Châtellier, XXV, 97.

Républiques (le gouvernement des). *Voyez* Démocratie.

Réputations (les). Stratagèmes et ressorts employés par ceux qui spéculent sur les réputations à faire, IV, 139. Dialogue entre un de ces entrepreneurs et un candidat, 140.

Requet (l'abbé), né dans la Franche-Comté, XI, 170.

Resaguliers, physicien habile, né à La Rochelle, XXVI, 174.

Resse, historien, né à Carcassonne, VIII, 464.

Resseguier (M.), négociant estimable de Toulouse, VIII, 434.

Restout, peintre distingué, né à Rouen, XIII, 202.

Retau Defresne (madame), biographe des hommes illustres de Cherbourg, XXV, 302.

Retif de La Bretonne, auteur des *Contemporaines*, dans la préface desquelles il a esquissé une assez mauvaise peinture d'une *Nuit de Paris*, V, 186. Son cynisme et sa trivialité cachaient quelques étincelles d'un génie brut et hardi, XXVI, 481.

Retz (le cardinal de). Description qu'il fait d'une des assemblées tumultueuses de la Fronde, III, 438. Il devient maître de la ville de Commercy, XI, 434. Sa détention au vieux château de Nantes, XII, 576. Eloge exagéré qu'il faisait de lui-même, XIV, vj; XXVI, 179.

Retz (le maréchal de), un des conseillers des massacres de la Saint-Barthélemi, XXII, 17.

Reubell (Jean), bâtonnier des avocats au conseil souverain de Colmar, membre de l'assemblée constituante en 1789, et du directoire exécutif en 1795, XI, 223.

Reuilhe (le chevalier de), grand amateur de spectacles, I, 44.

Réval (le torrent du) menace, chaque année, de couvrir de ses ondes fangeuses le bourg de Tullins, X, 46.

Rever (M.), savant, retiré dans les environs de Pont-Audemer, XIII, 123; XXV, 226.

Reverchon (M.), riche manufacturier de Morey, XI, 12.

Revest (mademoiselle), artiste peintre. Sa *Toilette de Psyché*, XXII, 148.

Reville (la pointe de), située à quelque distance de Saint-

Waast, et où l'on remarque un fort, XXV, 277.

REVOIL (M.), peintre, X, 417 Son tableau de la *Convalescence de Bayard*, XXII, 51. Celui de *Jeanne, mère de Henri IV*, 117. Celui de *Jeanne d'Arc, prisonnière à Rouen*, ibid.

RÉVOIRE (M.), commerçant de Lille, XII, 266, 268.

RÉVOLUTION (la). Elle a diminué les crimes d'infanticide et fait gagner en humanité aux filles-mères ce qu'elles avaient perdu en pudeur, IV, 240. Institutions précieuses nées de la révolution, 259. Améliorations qu'elle a opérées dans les arts, 261; dans l'industrie, 262. Changements qu'elle a produits dans le caractère des Français, 326. Motifs qui auraient dû anéantir dans les cœurs jusqu'à ses dernières traces, 327. Réflexions contre les écrivains dont les ouvrages tendent à alimenter les haines, les discordes révolutionnaires, 328. Caractères des hommes qui ont spéculé sur la révolution, 337. Caractère qui la distingua particulièrement, V, 128. Ce qu'elle a fait et ce qu'elle a défait, 142 et *suiv.* Jamais les révolutions ne changeraient la face des empires, si les institutions des peuples suivaient invariablement la marche de leur civilisation, 251. Une des institutions utiles qu'on doit à la révolution française, c'est l'établissement de la garde nationale, VI, 168. La plupart des négociants demeurèrent étrangers à ses fureurs, VII, 198. Elle a détruit la vieille jurisprudence de la monarchie française, XIV, 237. Elle a interrompu la chaîne de certaines renommées, 414; a beaucoup perfectionné l'éducation de la famille, 433. Causes éloignées qui ont fait moralement la révolution française, bien avant qu'elle n'éclatât, 454. Si elle n'a pas eu les heureux effets que l'on en attendait, c'est qu'elle n'a point été faite par ceux qui l'avaient conçue, 458. Elle a complétement opéré la régénération des mœurs, 463; a détruit les inégalités immorales qui existaient entre les fortunes des citoyens; a favorisé la répartition des lumières, 465; a aboli les lois criminelles qui infligeaient les plus horribles supplices, *ibid.*; elle a ennobli le commerce, en épurant les richesses aux mains de ceux qui les possèdent, 471, 472.

REY (le lieutenant-général), IX, 53

REY (M.), avocat de Grenoble, auteur de quelques brochures, X, 99.

REYN (Jean), peintre de Dunkerque, dont on voit un tableau dans l'église Saint-Eloi de cette ville, XII, 315, 323.

REYNIÈRE (madame de La), renommée pour ses soirées, III, 70.

REYNIER-MICHEL, personnage flétri par un procès honteux, III, 282.

REZZONICO, auteur d'un ouvrage sur le tremblement de terre de Catane, XXIV, 198.

RHADAMANTE, l'un des juges des enfers, XIV, 300.

RHIN (le Haut-). Aspects variés et industrie de ce département, XI, 227. Cours du

DES MATIÈRES.   417

Rhin; établissements qu'il alimente en Alsace, 251.
RHODEMACH, ville du département de la Moselle, XI, 480.
RHODIUS (Jean), cité, XXIV, 182.
RHÔNE (le), fleuve, donne son nom à un département de la France, dont Lyon est le chef-lieu, X, 280. Sa jonction à la Saône, 343.
RHONÉ (M.), fabricant de batistes à Valenciennes, XII, 118.
RI, village situé dans le département de l'Orne, XXV, 89.
RIARD DE BEAUVERNON, l'un des auteurs et provocateurs des massacres de Lyon en 1793, X, 409.
RIAUX (M.), jurisconsulte distingué, éditeur d'un *Recueil consulaire*, et d'un *Projet d'ordonnance pour le commerce*, XIII, 200.
RIAUX (M.), archiviste de la chambre du commerce à Rouen, et possesseur éclairé d'une des bibliothèques les mieux choisies, XIII, 208.
RIAUX (M.), membre de la société des antiquaires de Caen, XXV, 226.
RIBARD (M.), député de la Seine-Inférieure, XIII, 171, 184.
RIBAUD (le capitaine Jean), le premier Français qui aborda dans la Floride, XXV, 19.
RIBEAUWILLER, renommé pour ses vins, XI, 222.
RIBERAC tue Maugiron en duel, II, 368. Lieu de ce combat, VII, 243.
RIBIÈRES, commune du département des Hautes-Alpes, X, 243, 272.
RIBOULEAU (M.), l'un des principaux fabricants de Louviers, XIII, 87.
RICARD (le général), pair de France, VIII, 479. Son courage à Montmirail, XXVI, 518.
RICCOBONI (madame), femme célèbre par ses écrits, XVI, 20.
RICHARD Ier, duc de Normandie, érige la ville d'Évreux en comté, en faveur de Robert, son second fils, XIII, 95. On lui attribue la fondation de l'abbaye de Fécamp, XXV, 7.
RICHARD III, roi d'Angleterre, se fit remarquer par sa laideur et sa méchanceté, X, 277. Bon mot qu'on lui attribue et qui fut l'origine du nom que porte la ville de Cherbourg, XXV, 286.
RICHARD (François), mécanicien ingénieur, né à Lunéville, XI, 290.
RICHARD, frère de Jean V, duc de Bretagne, est arrêté avec ce dernier par Marguerite de Clisson, comtesse de Penthièvre, XII, 378.
RICHARD (M.), peintre distingué, l'un des fondateurs de l'école de Lyon. Son *Vert-Vert*, X, 386. Intérieur de son atelier, 387. Ses tableaux *de la duchesse de Montmorenci et de madame de La Vallière*, XXII, 52. Son *Ermitage de Vaucouleurs*, et son *Tanneguy du Châtel*, 122; XXVII, 48.
RICHARD, auteur d'une mauvaise histoire universelle, XXVI, 159.
RICHARD, comte de Sens, mourut sans postérité, XXVI, 489.
RICHARD-COEUR-DE-LION, roi d'Angleterre, XIII, 39. Il récompense deux troubadours périgourdins qui s'étaient appelés l'un l'autre à un singulier défi poétique, XXVI, 241.
RICHARD DE LA HAUTIÈRE (M.), négociant, remplit les fonctions de juré dans le premier

TABLE GÉNÉRALE, T. XXVII.   27

procès de l'auteur, XV, lxxxvij.

RICHARD-LE-JUSTICIER devient premier duc héréditaire de Bourgogne, XXVI, 450.

RICHARD-LENOIR (M.), fondateur de la filature de coton que possède la ville de Séez, XXV, 96.

RICHARD-SANS-PEUR, dont les droits furent défendus, pendant sa minorité, par Harald, roi de Danemarck, XXV, 65.

RICHARDSON, romancier anglais, XVI, 20. Caractère de son talent, XXIII, 15. Rempli d'une rare sagacité dans l'observation, c'est lui qui a donné au roman de mœurs le plus de portée et d'étendue, 16. Éloges outrés dont il a été l'objet de la part de ses admirateurs, *ibid.* Il a cru que, la nature devant se reproduire elle-même, la forme épistolaire convenait le mieux au roman, 17.

RICHÉ (mademoiselle), peintre de fleurs, XXII, 151.

RICHELIEU (le cardinal de). Sous son ministère la flatterie se présente à la cour avec plus d'art ; son despotisme attira vers lui les hommages de tous les adulateurs, IV, 272. Flatterie singulière qu'il reçut du duc de Grammont, 274. Il fait arrêter et conduire au château de Pierre-Scise, à Lyon, Cinq-Mars et de Thou, et obtient un jugement qui les condamne à la peine capitale, X, 355 *et suiv.* Son caractère au milieu des intrigues de la cour, XIV, 126. Conditions qu'il imposait à quiconque accuserait les ministres devant le roi, 243. Son système politique, XXVI, 144. Parallèle entre son caractère et son génie et celui du prince de Talleyrand, *ibid.* Ses efforts pour étendre, par le siége de la Rochelle, les prérogatives dont jouissaient les habitants de cette ville, 169. Caractère et effets de son despotisme, 178. Disgrâce dont il accable le général de Toyras après le siége qu'il soutint dans l'île de Ré, 182.

RICHELIEU (Alphonse de), frère du fameux cardinal, fait bâtir le palais nouveau des archevêques de Lyon, X, 347.

RICHELIEU (le maréchal de). Ses succès et ses bonnes fortunes, II, 194. Il engage le roi à lever tous les obstacles qui s'opposaient à la présentation de madame Dubarry, XIV, 572.

RICHELIEU (le bourg de), où l'on voyait un château maintenant détruit de fond en comble, XXVI, 143.

RICHEMONT, ville anciennement fortifiée, XI, 479.

RICHEMONT (Jean, comte de) seconde Philippe-le-Bel au siége de Courtray, et en reçoit le titre de Pair de France; il périt à Rome sous les debris d'un échafaudage, XII, 369.

RICHER, historien, a écrit un ouvrage sur les grands évènements produits par les petites causes, XXV, 321.

RICHER, poete, a laissé un recueil de fables et de poésies légères, XXV, 16.

RICHER, jurisconsulte, né à Avranches, XXV, 321.

RICHER (Edmond), né à Langres, XXVI, 506.

RICHERS (le château de) fut une des propriétés du connétable Duguesclin, XII, 390. Vue dont on jouit de la plate-forme de ce château, 391.

RICHIER, paysan, sculpta une

statue représentant un cadavre, laquelle se voit dans l'église de Saint-Pierre, à Bar-le-Duc, XI, 442.

RIDICOVI, l'un des complices de l'assassin de Henri IV, XIV, 65.

RIDICULES (les). A Paris, ils sont plus préjudiciables qu'un vice, II, 244. Définition du ridicule d'après Duclos, 246. Esprits qui en sont comme les fléaux, *ibid.* Plusieurs exemples de ridicules, 247. Exemple qui montre que le ridicule, en France, s'attache aux choses les plus importantes comme aux plus frivoles, IV, 64.

RIENZI (M. Domeny de), ancien capitaine, dernier rejeton du tribun Rienzi, IX, 354.

RILUX (Jean de), maréchal de France, ancien propriétaire d'une maison appartenant à l'Ermite, II, 402.

RIEUX (le prieur de), tourmenté de la fureur de composer des vers satiriques, III, 129. Il compose et fait copier par Bérenger de Presles une satire contre le duc de Berri, 131.

RIGAUD (M.), Dauphinois, s'est distingué par sa bienfaisance envers les pauvres, IX, 437.

RIGAUD DE LISLE (M.), neveu et héritier du précédent, agriculteur distingué, IX, 437.

RIGAY (le général), VIII, 430.

RIGNAC, ville du département de l'Aveyron, IX, 17.

RIGNY, village du département du Doubs, XI, 148.

RIGOLET, infatigable nouvelliste de l'arbre de Cracovie, IV, 145.

RIGORDY (M.), magistrat considéré de Marseille, IX, 356.

RILLE (la), rivière, arrose et fertilise plusieurs sites du département de l'Eure, XIII, 113.

RIOM. Effets des prédications des missionnaires dans cette ville, IX, 42.

RIPPA (Charles). Traits sous lesquels il représente la science, XVI, 360.

RIQUET DE CARAMAN, à qui l'on doit le grand ouvrage du canal du Languedoc, VIII, 411. Son pays natal, 466.

RIUPEREUX se distingua au siège de Montauban, VIII, 325.

RIVAGE (M.), commerçant de Saint-Quentin, XII, 16.

RIVALON, le premier qui porta le titre de comte de Dol, dont il fut souverain particulier, XII, 357.

RIVALS (Antoine), peintre toulousain, VIII, 428.

RIVARD (le docteur), lithotomiste célèbre, né à Lunéville, XI, 290.

RIVARD, mathématicien, né à Neufchâteau, XI, 422.

RIVARES, ancien commerçant béarnais, VIII, 195.

RIVAROL, I, 327. Son pays natal, IX, 186.

RIVERY (M.), fabricant de cylindres cannelés, XXII, 439.

RIVET, ministre protestant, né à Poitiers, XXVI, 159.

RIVET (Antoine), auteur d'une histoire littéraire de France, XXVI, 159.

RIVIÈRE, médecin sorti de l'école de Montpellier, IX, 125.

RIVIÈRE (La), médecin de Henri IV, XXV, 86.

RIXHEIM, village situé à peu de distance de Mulhausen, et renommé pour ses vins délicats, XI, 201. Manufactures de papiers peints que l'on y remarque, *ibid.*

ROAIX, troubadour toulousain, VIII, 424.

ROARD (M.), minéralogiste, XXII, 390.
ROBAIS (Van), manufacturier, vint s'établir en France sous le règne de Louis-le-Grand, XXII, 315.
ROBERT, peintre, s'égara dans les catacombes de Rome, II, 428.
ROBERT, comte d'Artois, frère de Louis IX, est le premier à enfreindre les ordonnances que ce prince avait rendues contre le jeu, V, 82. Transfuge, il commandait la flotte anglaise lors du débarquement de ses bâtiments, XII, 373.
ROBERT, libraire distingué par ses connaissances en littérature, VI, 102.
ROBERT, roi de Naples, et ami de Pétrarque. Préférence qu'il accorde au titre d'homme de lettres sur celui de souverain, VI, 301.
ROBERT (le général), guerrier célèbre, IX, 218.
ROBERT (le docteur), médecin de Marseille, IX, 336.
ROBERT (M.), fameux restaurateur de Lons-le-Saulnier, XI, 25.
ROBERT, gentilhomme, donna son nom à la presqu'île de la Robertsau, à Strasbourg, où il demeurait avec une nombreuse famille, XI, 252.
ROBERT (M. Antoine), maître de forges à Folck, XI, 501.
ROBERT (Louis), maître de forges à Remeldoff, XI, 501.
ROBERT (M.), fabricant de Saint-Quentin, XII, 17.
ROBERT (M.), militaire qui fut détenu à Sainte-Pélagie, XV, 75.
ROBERT, duc de Normandie, ayant été un jour à la chasse sans rien rencontrer, conçoit le dessein de s'en venger sur les pelletiers de Falaise, et principalement sur un nommé Verprey qui, pour se soustraire au courroux de Robert, offrit à ses regards sa fille Harlet, dont le prince devint amoureux, et de laquelle il eut Guillaume-le-Conquérant, XXV, 71.
ROBERT, marquis de France, conduit les Français qui disputent aux Bretons la possession de l'Anjou, XXV, 380.
ROBERT, sixième fils de Louis IX, épouse Béatrix, et par cette union, le Bourbonnais entre dans la maison de France, XXVI, 357.
ROBERT II, duc de Bourgogne, soutient la guerre contre les grands vassaux qu'il ne contenait qu'à peine; il assassine son beau-père, et périt lui-même, à son tour, d'un accident tragique, XXVI, 450.
ROBERT II, fils et successeur de Hugues IV, au duché de Bourgogne, XXVI, 454.
ROBERT DE BERNOUVILLE, poète, né aux Audelys, XIII, 51.
ROBERT DE COURÇON, légat du Saint-Siège, donna des statuts à l'université, XIV, 442.
ROBERT-LE-DIABLE, duc de Normandie, fameux par son audacieux courage, XIII, 39.
ROBERT-LE-FORT, premier auteur de la race des Bourbons, est tué par l'Angevin Hastings, XXV, 380.
ROBERT-GUISCARD, célèbre par ses exploits, XXV, 313.
ROBERT-LEFÉVRE, peintre de Caen, dont le musée de cette ville possède quelques tableaux, XXII, 137; XXV, 227; XXVII, 46.
ROBERT DE VAUGONDY, auteur

d'une mappemonde, III, 97.
ROBERTSAU (la), village situé à quelque distance de Strasbourg, et où l'on remarque plusieurs établissements industriels; il sert de promenade aux Strasbourgeois, XI, 252.
ROBERTSON (M.) fit plusieurs expériences d'aérostat, VI, 129.
ROBERTSON, écrivain anglais. Ce qu'il dit des Basques, dans son histoire d'Amérique, relativement à la découverte du Nouveau-Monde, VIII, 106.
ROBESPIERRE. Maison où il demeurait à Paris, VII, 248.
ROBINE (le canal de la), situé près d'Aigues-Mortes, IX, 288.
ROBINET, auteur inconnu du *Système de la Nature*, attribué au baron d'Holbach, XII, 474.
ROCH (saint), IX, 130.
ROCHAMBEAU doit toute son illustration au maréchal de France de ce nom, XXVI, 27.
ROCHE (le château de la), dont les vignes ne produisent que des vins de médiocre qualité, X, 292.
ROCHE (Yvet-Marie), capitaine de vaisseau, infatigable dans le combat, hardi dans les entreprises, et prudent dans l'exécution; il sauva l'Ile-de-France de la famine, XII, 410.
ROCHE-AIMON (La). Sa réponse à Louis XIV qui se plaignait de n'avoir plus de dents, IV, 275.
ROCHE-COURBE (la montagne de), dans le Dauphiné, dont l'ombre immense enveloppe au loin la campagne, IX, 438.
ROCHEFORT (Jean), ancien échevin de Lyon, X, 343.
ROCHEFORT (le comte de), l'un des amis de Voltaire, X, 461.
ROCHEFORT, ancien bourg à une lieue de Dôle, où se trouvait un château dépendant du domaine, et qui a été le siège d'une prévôté royale, XI, 110.
ROCHEFORT n'était dans le dix-septième siècle qu'une baronnie assez pauvre, avec un château mesquin; importance que lui donna Louis XIV, en en faisant un port militaire, XXVI, 183. Aspect de ce port, 184. Ilots dont la ville est composée, 185. L'hôpital militaire; l'arsenal; le bâtiment de la corderie, 186. Effets nuisibles des marais de Rochefort qu'il serait urgent d'assainir, 188. Hommes célèbres nés dans cette ville, 190.
ROCHEFOUCAULD (La), auteur des *Maximes*. Sa définition de l'amitié, I, 323. Mesure d'après laquelle il juge le cœur humain, XIV, 15.
ROCHEFOUCAULD-LIANCOURT (le duc de La), fondateur de l'école des arts et métiers de Châlons-sur-Marne, XXVI, 511.
ROCHEJAQUELEIN (Henri de La), bat Westerman à la Flèche, et se dirige sur le Mans, qu'il prend après un rude assaut, XXV, 367. Il pénètre dans Saumur, et s'en assure la possession, 423.
ROCHELLE (La). Aspect imposant que présente cette ville; indépendance dont elle a joui; ses accroissements successifs, XXVI, 167. Sous Charles V, ses habitants secouent le joug que leur avait imposé l'Angleterre, et ils se donnent volontairement au roi de France; la reforme y est provo-

quée par les vices du clergé; les Rochelais offrent des secours à Henri IV; force qu'ils présentaient sous Louis XIII, 168. Quelques détails sur le siège de cette ville par les troupes du cardinal de Richelieu, 169. Le port; le havre; le carénage, 171. Edifices publics que possède La Rochelle, 172. La cathédrale, 173. Hommes célèbres nés dans cette ville, 174. Expéditions lointaines des Rochelais; leur goût pour les sciences et les arts, 177. La bibliothéque où l'on trouve un tableau et une médaille représentant Richelieu comme maître suprême de l'état, et Louis XIII se laissant conduire par ce cardinal ministre, 178.

ROCHEMAURE (M. de), que son grand âge avait retenu au château de Clisson, lors de l'insurrection de Bretagne; conseils qu'il donne à madame de Josselin, sur la conduite à tenir dans une semblable conjoncture, XII, 595. Projet qui avait été formé pour son évasion et celle de sa fille, 603. Il remet cette dernière entre les mains d'Isidor de Josselin, bénit ces deux amants, et se donne la mort, 605, 607.

ROCHEMAURE (Hortense de) amante d'Isidor de Josselin. *Voyez* ce dernier.

ROCHERS (le château des), ancienne propriété de madame de Sévigné, appartenant aujourd'hui à M. de Nétumières, XII, 463 Somptuosité de ce bâtiment, 465. La chapelle de ce château, 466. Le cabinet de toilette de madame de Sévigné, 467. Le parc des Rochers; le jardin, 471. Echo que l'on y remarque, *ibid.*

ROCHER (M.), maître de forges dans le département de la Cote-d'Or, XXII, 437.

ROCHETTE (La), commune du département des Hautes-Alpes, X, 204.

ROCHON, machiniste, né à Brest, XII, 521.

ROCHON DE CHABANNES, auteur d'opéras, VIII, 202.

RODE, artiste célèbre sur le violon, VIII, 22.

RODELLE (le canal de La) débouche dans l'étang de Mauguio, IX, 288.

RODERIC DE TOLÈDE, écrivain, s'est occupé de recherches sur l'histoire des Maures, XIX, 235.

RODEZ. Portrait et caractère de ses habitants, IX, 15. Situation et aspect intérieur de cette ville, dont les maisons sont mal bâties et les rues malpropres; hommes distingués qui y ont reçu la naissance, 16.

RODIER, auteur d'ouvrages de jurisprudence, VIII, 464.

RODOLPHE, empereur, confirme les droits que Conrad II avait accordés aux archevêques d'Embrun, X, 247.

RODOLPHE, élu roi de la Bourgogne transjurane, est couronné à Saint-Maurice en Valais, XXVI, 449.

RODRIGUES, roi des Visigoths, meurt dans les plaines de Xérès, XIX, 292.

ROEDERER (M.), ancien homme d'état, retiré au château de Boisroussel, où il s'adonne à l'agriculture et à l'étude des lettres, XXV, 112, 116.

ROEMER, physicien, vint en France sous le règne de Louis-le-Grand, XXII, 315.

Rogé (M.) ouvrit à Vambaix une carrière de pierres à bâtir, XII, 40.

Roger d'Ampois, ancien possesseur de la ville d'Ampuis, X, 290.

Roger d'Andely, poète, né aux Andelys, XIII, 51.

Roger II, vicomte de Béziers, dont la femme céda à l'amour d'un troubadour périgourdin, XXVI, 242.

Roger, guerrier célèbre par ses exploits, XXV, 313.

Rognon du Dauphiné (le), côte d'où l'œil se promène au loin sur un immense paysage, admirable par la variété des aspects, X, 45.

Rohan (le prince Victor de), commandant la corvette *la Badine*, sur laquelle le tonnerre tomba, près de Samos, en 1789, malgré les paratonnerres dont elle était armée, VII, 165.

Rohan (le duc de), protestant, se signala par sa valeur en défendant la ville de Montauban, VIII, 325.

Rohan (Gaston de) commença le château royal que l'on voit à Strasbourg, XI, 258.

Rohan (Louis, prince de), cardinal, grand-aumônier, etc. Soupçons que fait naître l'ordre que le roi lui a donné de rester avec lui, XIV, 509. Son entretien avec le monarque sur l'affaire du collier, 511. Son exil à la Chaise-Dieu, XXVI, 308.

Rohan (le duc de) défendait la ville d'Angers pendant les guerres de la fronde, XXV, 385.

Rohan-Soubise (la famille baroniale), admise aux états du Languedoc, IX, 97.

Roi, auteur de quelques épigrammes, XVII, 69.

Rois (les). Morale qu'ils se sont faite; leurs vices prennent des noms honorables, dès qu'ils sont montés sur le trône; leurs vols de provinces sont appelés conquêtes, XIV, 109. Impunité qui leur est assurée lorsqu'ils commettent un meurtre; hommages que l'on rend à leurs passions, 110. La morale leur est applicable comme aux sujets, 112. Ils ne marchent au secours de leurs alliés qu'autant qu'ils en reçoivent de gros subsides, 186. Méritent toujours des marques de respect, mais n'ont droit à l'estime qu'autant qu'ils peuvent revendiquer le titre d'honnête homme, 221. Leur égalité naturelle avec les autres hommes, 222. Les rois justes n'ont jamais de révolte à craindre, 223. Ils n'ont pas besoin d'espions, 228. Les actions des rois doivent toujours être conformes à leurs discours; ne prendre pour leurs représentants que des hommes dont les vues s'accordent avec les leurs, 232; doivent punir leurs ministres lorsqu'ils traversent leurs desseins, 233 Pour que nul ne se plaigne de leur autorité, il faut qu'ils règnent par les lois, 253. Le roi qui substitue des juges forcés aux organes ordinaires des lois annonce le besoin de satisfaire des vengeances, 315 Les rois ne sont que les dépositaires des revenus dont ils jouissent; la plus belle splendeur de leur trône, c'est l'éclat que donnent les hautes vertus réunies au pouvoir d'être l'appui de la foiblesse et le frein de la force, 390. Selon certains hommes d'état, ils ont le droit de disposer à leur gré des deniers publics, 392. Ce qu'ils font dans la fabrication de la monnoie, 399. Lorsqu'ils seront philosophes, les états seront heureux, 408.

ROLAND (madame), héroïque épouse du ministre de ce nom, VII, 216; XV, 143.

ROLAND (le général), glorieusement mutilé au champ d'honneur, IX, 271.

ROLAND (M.), sculpteur, ancien professeur de l'académie des beaux-arts, XII, 280.

ROLLE, géomètre, né en Auvergne, XXVI, 302.

ROLLEBOISE, petit village à quelque distance de Rosny, XIII, 18. Aspect riant et fertilité des campagnes que l'on découvre du haut de la côte de ce lieu, 19.

ROLLIN, recteur de l'université. Logement qu'il occupait, lorsqu'il n'était que professeur, VII, 246. Cité à propos des Vestales qu'il compare à nos religieuses, XIX, 4.

ROLLIN (Nicolas), chancelier de Bourgogne, XXVI, 415. Hôpital qu'il fonda à Beaune, 428.

ROLLIN (les deux Jean), successivement cardinaux et évêques d'Autun, XXVI, 415.

ROLLON. *Voyez* ROUL.

ROMAGNAC (M.), négociant considéré de Marseille, IX, 356.

ROMAGNE, village dans les bois duquel on voit un terrain où se trouvait le palais des Templiers, XI, 447. Tableau que l'on remarque dans l'église de Romagne, *ibid.*

ROMAIN (Jules), peintre dont le musée de Lille possède quelques ouvrages, XII, 246. Caractère de son talent, XXII, 7.

ROMAIN (M.), architecte de Caen, sur les plans duquel on a construit la prison de Pont-l'Evêque, XXV, 48, 213.

ROMAIN-MALIN (M.), avocat distingué de Grenoble, X, 91.

ROMAINS (les). Signes auxquels ils reconnaissaient les jours heureux ou malheureux, II, 69. Leurs lois contre la mendicité, IV, 250. Après avoir méprisé la flatterie, ils atteignirent le sublime de la bassesse, 271. Ils pouvaient exposer les enfants qu'ils ne voulaient pas nourrir, 362. Leurs représentations dramatiques, V, 282. Leur manie de dégrader les arts et sur-tout celui du théâtre, VI, 361. Espèce de divinités subalternes auxquelles les Romains du moyen âge rendaient un culte particulier, X, 286. Cambrai devient le centre de leurs établissements dans les Gaules, XII, 51. Idée qu'ils avaient de la Divinité, XIV, 31. Ils regardaient le célibat comme une impiété, 65. Tout Romain avait le droit de recourir à la force pour renverser les tyrans, 80. Tant qu'ils combattirent pour leur indépendance et la défense de leur liberté, la vertu fut le principe de leur gouvernement, 88. Il était défendu de mettre à mort un citoyen romain, 90. Limite qu'ils donnaient au bien et au mal que les nations doivent se faire dans la guerre et dans la paix, 137. Leur conduite avant et après la guerre, 157. Leur peu de bonne foi dans l'accomplissement de leurs serments et de leurs traités, 159. Ils font périr Jugurtha, 184. Courage et patriotisme de leurs soldats, 194. Chez eux les proscriptions étaient exécutées par la garde gauloise, 196. Leur ville resta libre tant qu'elle fut défendue par ses citoyens, 198. La loi de lèse-majesté qu'ils avaient faite punissait les actions et non les paroles, 248. Les empereurs s'arrogent la puissance tribunitienne, afin que le peuple demeure sans défenseur; ce que devint leur loi de lèse-majesté, 249. Leurs lois défendaient de faire subir la torture aux esclaves, 260. Serment que prêtaient leurs juges, 298. Conditions que devaient réunir ceux qui déposaient devant les magistrats, 331. Les Romains ne souffraient pas que des esclaves, des espions, des délateurs portassent témoignage contre des citoyens, *ibid.* Origine des révolutions morales et politiques qu'ils subirent, 455. Leur empire fut très florissant durant l'existence de la loi *Porcia*, 465. Culte qu'ils rendaient à l'honneur et à la vertu, 467. Lorsqu'ils perdirent la liberté, ils se souillèrent d'une corruption effroyable, 475, 477. Sous l'empire, les femmes romaines en perdant leurs mœurs perdirent leur ascendant, 482. Objets miraculeux que l'on remarquait dans leur culte, 504. Leurs magistrats travaillaient de concert à enrichir la république, XV, 203. La grandeur en toute chose parait avoir été leur élément, XVIII, 219. Etat dégénéré de leur ville à l'époque où Sylla annonçait déjà des desseins de tyrannie, 220. Vénération profonde dont le peuple environnait les vestales, XIX, 3. Etat où se trouvait l'industrie chez les Romains, XXII, 290. Manière dont on leur annonçait le milieu du jour, 425.

Roman (le). Goût des Français pour les productions de ce genre, XXIII, 5. Ouvrages que l'on peut appeler romans chez les anciens, 8. Causes qui en arrêtèrent parmi eux la naissance, 9. Moments de l'apparition du roman, 10. Le roman de passions fut créé par les femmes, 12. Objet du roman, 13. Son développement chez les Anglais, 14. La forme épistolaire lui est essentiellement convenable, 18. Son influence mesurée sur les progrès de la civilisation, 19. Altérations que subit le roman par lettres, 26. Antiquité et caractère du roman historique, 27. Ses prétentions, son but, ses ressources, 28. Estime dont jouit le roman par lettres, 36. Par sa nature il doit survivre à l'espèce d'anathème lancé contre lui, 37.

Roman (M.), l'un des directeurs de la fabrique de Wesserling, XI, 210.

Romance (la) se composait autrefois de vieilles historiettes écrites en vers faciles; on donne maintenant le nom de romance à toutes les chansons où dominent la plainte et la douleur, XVII, 56.

Romanée (La), vignoble estimé des gourmets, XXVI, 431.

Romanelli, peintre dont le musée de Lille possède quelques ouvrages, XII, 246.

Romans, ville du département

de la Drôme. Guerriers célèbres qui y sont nés; son aspect, IX, 459. Industrie de ses habitants et union qui règne entre eux, 460.

ROMANTIQUE. Abus que l'on fait de cette expression, VII, 274.

ROMARIC (saint), comte d'Habsbourg en Sicambrie, persécuté d'abord par Brunehaut, et réintégré ensuite dans tous ses biens, ne tarde pas de s'éloigner du monde et de la cour, et se retire avec ses filles et les principaux seigneurs de sa maison, à Luxeuil où ils suivent la règle de saint Colombeau; plus tard il convertit son château en un couvent et une église, élève des constructions pour les vierges de son monastère qui prirent dans la suite le titre de chanoinesses de Remiremont; sa mort et sa sépulture, XI, 337.

ROME (le général), né dans le département du Doubs, XI, 127.

ROMETTE, commune du département des Hautes-Alpes, X, 204.

ROMIGUIÈRES (M.), avocat de Toulouse, VIII, 433.

ROMILLY, village où l'on voit une des plus belles fabriques de cuivre qu'il y ait en France, XIII, 81; XXII, 437.

ROMIYE (la côte de), dominant la ville de Milhaud, IX, 54.

ROMME (de), relieur sous le règne de Louis XIV, VI, 106.

ROMORANTIN, ville qui portait jadis un nom attestant une certaine importance, XXVI, 18. Différentes dominations qu'elle subit; ses vicissitudes politiques, 55.

ROMULPHE, premier prince de la cour de Théodebert, roi d'Austrasie, est massacré par Théodoric, roi de Bourgogne, XI, 337.

ROMULUS passait pour fils de Mars et de la vestale Ilia, XIX, 3.

RONCENNE (M.), professeur distingué à l'école de droit de Poitiers, XXVI, 155.

RONCEROLLES (le baron de), personnage passionné pour la vénerie dont il défendit ridiculement la supériorité sur la fauconnerie, III, 251. Son empressement insensé à effectuer les préparatifs d'une chasse, 253. Déconvenue qu'il essuie dans cette circonstance, 255.

RONDE (la fontaine) présente une curiosité naturelle assez remarquable, XI, 80.

RONDEAUX (M.), négociant et savant distingué de Rouen, XIII, 184, 208.

RONDEAUX (M.), négociant distingué du Port-Louis, XXII, 466.

RONDELET (Nicolas), argentier du roi Charles V, et ancien propriétaire d'une maison appartenant à l'Ermite, II, 401.

RONDELET, médecin sorti de l'école de Montpellier, IX, 125.

RONDINIÈRE (Mathieu Loison de la), malouin, se distingua dans la guerre de 1774, XII, 410.

RONMY (M.), paysagiste, né à Rouen, XIII, 202. Son tableau d'une *Vue de Genesano*, XXII, 57.

RONSARD, poete, né à La Poissonnière, dans la commune de Couture, se vengea, par des satires, de la jalousie de Mellin de Saint-Gelais, XXVI, 27, 231.

ROPPE, village dont le minerai

alimente l'usine de Béfort, XI, 176.

Roque (Antoine de la), né à Marseille, IX, 334.

Roque (le gouffre de la), IX, 431.

Roque (Gilles-André de La) s'est livré à des recherches sur les noms, la noblesse, et les antiquités de Caen, XXV, 237.

Roquebert, célèbre capitaine de vaisseau, VIII, 89.

Roquecourbe, remarquable par un vieux château, dont le maître s'est ruiné par l'établissement et l'entretien d'un harem, VIII, 445.

Roquefeuille (comte de) fit la guerre à un roi de Mayorque, IX, 130.

Roquefort, petite ville des Landes, renommée pour son miel et ses laines, VIII, 71.

Roquelaure (la famille baroniale), admise aux états du Languedoc, IX, 97.

Roque-Magnoac (la), patrie du cardinal d'Ossat, VIII, 285.

Roques (M.), montalbanais, aveugle de naissance, auteur d'une lettre sur l'éducation des aveugles, VIII, 347.

Roquette (l'abbé de la), poète thermal très couru dans la saison des eaux, III, 243. Singularité d'une salle de spectacle qu'il construisit à Pyrmont, 244.

Roquette (la vallée de la), remarquable par des roches du plus beau granit, et dans l'une desquelles saint Dominique se reposa de ses sanglantes expéditions contre les Vaudois, IX, 30.

Rorbach, bourg du département de la Moselle, XI, 483.

Rosa (Salvator), peintre dont le musée de Lille possède quelques ouvrages, XII, 246.

Rosa (Santa), général espagnol, tué en Grèce pour la cause de cette liberté qu'il ne pouvait plus défendre dans son pays, XXV, 127.

Rosambo (madame de), détenue à la Conciergerie, VII, 216.

Rosambo (M. de). Réflexions à propos de ses réclamations contre les éloges que des écrivains décernèrent à M. de Malesherbes, XVI, 142.

Rosans, commune des Hautes-Alpes, dont les habitants s'adonnent spécialement à la culture des vers à soie, X, 272.

Roscius, comédien romain, à qui l'on donnait, par représentation, une somme considérable, III, 209; IX, 328; XVIII, 234

Roscoff, situé à quelque distance de Saint-Pol-de-Léon, et où se trouve le port de cette dernière ville, XII, 527.

Rose (le père), moine, prit les armes dans le temps de la ligue. Il invite plusieurs fanatiques de son espèce à louer Dieu du régicide commis par Jacques Clément, XV, 220 et suiv.

Rose (la). Caractère de sa souveraineté sur les autres fleurs, XXII, 167. Partout où elle peut s'acclimater, elle reçoit les mêmes hommages, 168. Les anciens l'associaient à leurs plaisirs et à leurs douleurs; son culte est encore universel chez les modernes, 169.

Rose, habile tanneur que Henri IV envoya en Hongrie pour en rapporter le mode de tannerie adopté dans ce pays, XXII, 391.

ROSETTE (M.), avocat de Carpentras, que la fureur des factieux n'épargna pas en 1815, IX, 253.
ROSIER (M.), agronome distingué, VIII, 284.
ROSIÈRES (François de), archidiacre de Toul, aussi intéressant par ses malheurs que par ses écrits, XI, 444.
ROSIÈRES-AUX-SALINES, ville ainsi désignée, à cause des sources salées qui sillonnent son territoire, XI, 325.
ROSIERS (le bourg des), situé à quelque distance de Saumur, XXV, 411.
ROSILLY (le chevalier de) entraîne le comte de Glaneuil à une partie de jeu, où celui-ci perd une somme considérable, VI, 385.
ROSIMBOS (Claude de), poete né dans le département du Nord, XII, 178.
ROSNAY, village de Champagne, où le général de Wrède fut culbuté par le duc de Raguse, XXVI, 502.
ROSNY (le château de), propriété de madame la duchesse de Berri. Améliorations que l'on remarque sur la route qui conduit au village du même nom ; hospice et chapelle qu'y a fait construire la princesse, XIII, 17.
ROSS fut enveloppé dans la conspiration de *Rye-House*, XIV, 325.
ROSSA (Antoine de), membre de la junte napolitaine, XIV, 558.
ROSSEAU (la tour de), édifice construit à quelque distance de Saumur, et du haut duquel un père qui venait de marier sa fille unique, allait chaque jour regarder le village où elle était établie, XXV, 410.

ROSSET, artiste distingué, né dans la Franche-Comté, XI, 170.
ROSSIGNOL (M.), écrivain public avec lequel traite l'Ermite. Il lui explique son savoir-faire, et lui parle de son ancienne fortune, III, 148. Personnages qui viennent réclamer le secours de sa plume, 149.
ROSSIGNOL remet au général Marceau le commandement en chef d'une armée à la tête de laquelle ce dernier marchait déja sur le Mans, XXV, 367.
ROSSINI, compositeur célèbre, XXII, 259. Sa supériorité dans le *finale*, 275, 277.
ROSTAN (M. Casimir), commerçant de Marseille, distingué par la variété de ses études et de ses connaissances, IX, 354, 356.
ROSTAN (M. Alexis), négociant très éclairé de Marseille, IX, 355.
ROSTUFLE ou ROBERT, vaillant capitaine, fut nommé comte de Seran, XXV, 379.
ROTHAU, village où l'on remarque de belles forges appartenant à M. Champi, XI, 409.
ROTHIÈRE (la), village de la Champagne, fut, en 1814, le théâtre de mouvements militaires sans résultat favorable pour les armées françaises, XXVI, 501.
ROTT, membre distingué du barreau de Douai, XII, 173.
ROTROU, poete, cède son *Venceslas* pour vingt pistoles, IV, 203. Son buste dans une des salles des Français, XVI, 435 ; XXVI, 76, 100.
ROUARD, situé dans le département de la Meurthe, XI, 312.
ROUANIE (La) se déclare le défenseur de la cause de la monarchie contre celle de

la république, et ourdit sa conspiration au château de La-Fosse-Lugant, XII, 394, 554.

ROUAULT (Joachim de) aida Charles VIII à chasser les Anglais de la Guienne, XXV, 407.

ROUBAIX. Prodigieuse extension que l'industrie a prise dans cette ville; sa population; valeur des terrains dans ses environs; ses principaux fabricants, XII, 287 Produits de ses fabriques, 288.

ROUBEAU. Sa définition de la vogue, II, 59.

ROUCHER, poete, périt sur l'échafaud, la veille de la mort de Robespierre, IX, 132.

ROUEN. Etymologie de son nom, XIII, 142. Quelques détails sur ses désastres et ses vicissitudes politiques, 143. Son aspect intérieur; insalubrité et population des bas quartiers, 144. Améliorations que l'intendant, M. de Crosnes, introduisit dans le quartier situé au pied de la montagne Sainte-Catherine, 145. La forteresse de ce mont, de laquelle Catherine de Médicis assista au siége de Rouen par les troupes de Charles IX, 147. Le faubourg Saint-Sever, 148. Le port, 149. Bâtiments publics et diverses églises, 150. Les boulevarts extérieurs; promenades riantes qu'offrent les villages des environs, 151. Tableau de Rouen comme ancienne place forte, 152. Ancien état de cette ville, 154. Bâtisses élevées sur les rives de la Seine, 155. Le pont de bateaux; la maison de Pierre Corneille, 156. Celle où naquit Fontenelle; la place de la Pucelle; monument élevé à Jeanne d'Arc; architecture des monuments publics de Rouen, 159. La cathédrale, 160. La tour de beurre; raretés et merveilles de la cathédrale, 161. Monuments funéraires que l'on remarque dans cette basilique, 162. La place de la cathédrale; le palais de Justice; la rue Grand-Pont, 164 Celle des Carmes, 165. Aspect moral des Rouennais, 167. Analogie de leur caractère avec celui des Anglais, 168. Leur régime constitutionnel, 169 Concours de marchands des villes voisines le jour de halle, 173. Origine des bâtiments des halles, 174. Intérieur de ces constructions, 175. Usage bizarre qui s'observait le jour de l'Ascension. 176. La halle aux rouenneries, 177. Ancienne activité commerciale de Rouen, et son industrie actuelle, 180. La Bourse, 183. Les principaux négociants, banquiers et fabricants, 184. Observations critiques sur quelques originaux de la ville, 185 à 191. Personnages célèbres que les Rouennais s'honorent d'avoir eus pour compatriotes, 193. Le Musée, 201. La bibliothèque, 203. L'académie des sciences, des belles-lettres et des arts, 204. Membres de cette académie, 206 La commission des antiquités, 208. La société libre d'émulation; membres de cette société, 209. Progrès de l'imprimerie et de la librairie à Rouen, 210. Les divers théâtres de cette ville, 211. Mérite des acteurs qui jouent sur ces théâtres, 212. Aspects variés que présente la route des anciens jours en sortant de Rouen, 213.

Rouer, habile sculpteur né à Arbois, XI, 56.

Rouffach, ville de l'Alsace, XI, 213 Sa situation; son église paroissiale, où l'on voit une inscription relative aux malheureux juifs que l'évêque Berthol de Bruhech fit brûler, 214.

Rougeard (M.), personnage qui va en consultation auprès du docteur Norville, VI, 133.

Rougemont (Thibaud de), ancien archevêque de Vienne, punit les habitants de Sainte-Colombe d'une injure qu'il avait reçue des officiers du roi de France, X, 283.

Rougemont (M. de), littérateur, XII, 68.

Rougeoux, administrateur habile qui consacre à la ville de Brest les dernières années d'une carrière environnée d'estime, XII, 616.

Rouge-Perrier, campagne où vit retiré M. Dupont, député de l'Eure, XIII, 111.

Rouget (M. le général), commandant le département de Lot-et-Garonne, VIII, 302.

Rouget (M.), peintre, XIII, 202. Son tableau des *Derniers moments de saint Louis*, XXII, 35.

Rouget de Lisle, poete lyrique, auteur de la *Marseillaise*, VIII, 303; XI, 38.

Roul ou Rollon, guerrier intrépide, s'avance, à la tête des Normands, sur Paris; les dirige ensuite vers la Bourgogne qu'il dévaste, XIII, 36. Il obtient de Charles-le-Simple la Neustrie et la Bretagne, avec la main de sa fille, 37. Son caractère; bienfaits que lui doit la Normandie, *ibid*. Il se laisse charmer par les attraits de la belle Popée, XXV, 148; obtient le Maine de Charles-le-Simple, 365; assiège la ville de Chartres, XXVI, 114.

Rouland (M.), l'un des banquiers les plus accrédités de Rouen, XIII, 184.

Rouland (M.), armateur de Saint-Waast, XXV, 275.

Roumare (la forêt de), remarquable par son étendue, XIII, 127.

Roumois (le), formant l'une des anciennes subdivisions de la Basse-Normandie, XXV, 150.

Roupnel, jurisconsulte, né à Avranches, XXV, 321.

Roure (la famille baroniale du), admise aux états du Languedoc, IX, 97.

Rousseau (J.-J.). Sentiments que doit inspirer son ermitage, I, 312. Son livre d'*Emile* réveille, pour quelque temps, dans le cœur des mères le besoin le plus conforme à la nature, celui d'allaiter elles-mêmes leurs enfants, IV, 236. Ses théories sur l'éducation des enfants, VI, 38. Son jugement sur l'état de nature et sur la civilisation, 70 Maison où il demeurait à Paris, VII, 246. Sa maison à Genève, XI, 4. Parallèle entre ce philosophe et Voltaire, 5. Description qu'il fait de l'île de Saint-Pierre, située au milieu du lac de Bienne; bonheur qu'il y goûta, 188. Ce qu'il dit de la conservation du traité social, XIV, 69. Il pose en principe que la fin de la guerre est la destruction de l'état ennemi, 176. Son opinion sur les déclarations de guerre, 211. Caractère auquel il reconnait les lois, 234. Il assigne la cause et l'origine de l'inégalité parmi les hommes, 414. Définition qu'il donne de la vanité, XVI, 194. Ce qu'il dit du miroir de la vérité, 361. Il éleva le roman à la dignité d'une œuvre philosophique, XXIII, 20. Caractère de sa *Nouvelle Héloïse*, ibid. But qu'il s'était proposé en adoptant, dans la composition de ce roman, la forme épistolaire, 22.

ROUSSEAU (J.-B.). Son mérite dans l'épigramme, XVII, 67; il excelle sur-tout dans l'épigramme cynique, 68; celles, *le Confesseur accommodant* et *le Théâtre du monde*, ibid.

ROUSSEAU (M.), entrepreneur de bâtiments à Riom. Incident dont il fut sur le point d'être victime par suite des prédications des missionnaires, IX, 42.

ROUSSEL (le docteur), médecin, né à Domfront, VIII, 198; XXV, 159.

ROUSSEL, frère du précédent, professeur de droit à Caen; XXV, 159.

ROUSSEL (Audroin), ancien maire échevin de Metz, qui, apprenant que cette ville avait perdu son indépendance, en mourut de douleur, XI, 466.

ROUSSEL (M.), propriétaire actuel de Gay-la-Guette, XXVI, 27.

ROUSSEL-DAZIN (M.), fabricant de Roubaix, XII, 287.

ROUSSELET (François), médecin alchimiste, XI, 159.

ROUSSET, auteur d'un poème de l'agriculture, IX, 132.

ROUTOT, village de Normandie, situé sur la route de Montivilliers à Fécamp, XXV, 5.

ROUTRAIS (Raoul), né à Chartres, XXVI, 99.

ROUVRAY (la forêt de), remarquable par son étendue, XIII, 127.

ROUX, situé près de Sénones, et où l'on trouve une fabrique d'outils pour la sellerie et la cordonnerie, XI, 414.

ROUX DE ROCHELLE, ministre plénipotentiaire à Hambourg, XI, 38.

ROUXEL, fameux professeur, né à Caen, XXV, 235.

ROUXFIOS, guerrier qui se signala par sa valeur au siége de Montauban, VIII, 325.

ROUY (M. Charles), directeur d'un spectacle uranographique, VII, 14.

ROVERAY (M. du), négociant du Havre, XIII, 272.

ROVIGO (M. le duc de), ministre de la police. Son sentiment sur la tragédie de Tippô-Saeb, XVIII, 97.

ROY (M.), horloger célèbre, XXII, 433.

ROYER, jésuite, a éclairci quelques points des annales bourguignones, XXVI, 443.

ROYER-COLLARD (M.), orateur, I, 16.

ROYOU (M.), auteur de plusieurs abrégés historiques, et d'une tragédie qui n'a pas eu de succès, XII, 543.

ROZAN (M. de), missionnaire, IX, 41.

RU-DE-LONGEAU (le), qui baigne les environs d'Etain, XI, 456.

RUAULT (le général) se trouvait à Lille lors du siége de cette ville, en 1792, XII, 232.

RUAUX, village situé à peu de distance de Remiremont, et remarquable par ses belles forges, XI, 341.

RUBENS, peintre célèbre dont le musée de Lyon possède une *Adoration des Mages*, X, 384; XII, 246.
RUBIS (de), écrivain du seizième siècle. Ce qu'il dit des privilèges industriels de Lyon, XXII, 330.
RUE (M. de La), fabricant de draps à Elbeuf, XIII, 131.
RUE (l'abbé de La), savant antiquaire. Ce qu'il dit de l'abbaye de Saint-Etienne à Caen, XXV, 202.
RUFAT (M.), professeur de droit romain à Toulouse, VIII, 401; IX, 34.
RUFFEY (M. de). Ce qu'il dit des salines de Lons-le-Saulnier, XI, 29.
RUFFIN (le général), fait prisonnier en Espagne par les Anglais, mourut, pendant la traversée, des blessures qu'il avait reçues avant de tomber en leur pouvoir, XIII, 237.
RUFFO, auteur de la capitulation de Naples, en 1799, XIV, 558.
RUGLES, lieu renommé par ses fabriques d'épingles, XIII, 107.
RUINART, bénédictin, né à Reims, XXVI, 516.
RUIS, village où naquit Lesage, XII, 474.
RUISCH, peintre distingué dont le musée de Lille possède quelques ouvrages, XII, 246.
RULHIÈRES, dont l'éloquence fut si favorable aux protestants, en 1787, XVI, 132.
RUMBOLE (le colonel) fut enveloppé dans la conspiration de *Rye-House*, XIV, 325.
RUMIGNY (le chevalier de), enseigne de vaisseau, personnage que l'on croyait savant, et qui, au fond, avait une science extrêmement bornée, II, 212.
RUMILLI (le château de) fut renversé pour l'emplacement de la citadelle de Cambray, XII, 53.
RUOLZ (M.), avocat distingué de Lyon, X, 402.
RUPFROU (M.), ancien député des Côtes-du-Nord, XII, 440.
RUSSES (les). Leur goût pour les montagnes de glace, VII, 101. Usage qu'observe annuellement leur empereur; moment de la course; leurs montagnes d'été, 102. Au moyen du système de colonisation militaire, ils augmentent beaucoup leurs forces, XIV, 201. Aspect nouveau que reçut leur pays du développement de son industrie, XXII, 299. Ils s'emparent du château de Brienne, XXVI, 499. Leurs autres opérations militaires en 1814, 501, 514, 515, 516, 521, 525.
RUSSEL (lord), personnage remarquable par son courage, sa bonté, sa vertu, et son attachement à la liberté. Il est enveloppé dans la conspiration de *Rye-House*, XIV, 327. Son procès, 328; ses adieux à sa femme, 329; sa mort héroïque, 330.
RURY (le comte), pair de France, et premier inspecteur-général d'artillerie, XI, 127.
RUYR, chanoine, auteur des antiquités des Vosges, XI, 422.
RUYTER, amiral hollandais, fut vaincu par le fameux Abraham Duquesne, XXV, 21, 31.
RYER (du), académicien et historiographe de France, est obligé de se mettre aux gages d'un libraire, IV, 203.

DES MATIÈRES. 433

S.

Sabatier, l'un des détracteurs de Voltaire, XVI, 158.
Sabattier, médecin recommandable, né à Brest, XII, 520.
Sabine, fille de l'architecte Erwin, concourut aux travaux de construction de la cathédrale de Strasbourg, XI, 256.
Sablière (M. de La), auteur d'un joli madrigal, XVII, 64.
Sablon, chanoine de Chartres. Ce qu'il dit de la prétendue souveraineté de la Vierge sur cette ville, XXVI, 109.
Sacchini, compositeur célèbre, III, 119; XXII, 237, 276.
Sacken, général russe. Ses opérations militaires en 1814, XXVI, 501, 514, 518.
Sackville, écrivain anglais, XXIV, 188.
Sacquepée, peintre, né à Rouen, XIII, 202.
Sacrifices (les) ont été imaginés par les prêtres qui en désignèrent le rite; ce qu'ils étaient au commencement et ce qu'ils devinrent par la suite, XIV, 36. Les sacrifices humains étaient en usage dans beaucoup de pays, 37. Le nombre s'en multiplia chez les chrétiens, *ibid.* Férocité qu'y déployaient les Espagnols, 38. Cause qui en a arrêté la renaissance au commencement du dix-neuvième siècle, *ibid.*
Sacrovir, Éduen, voulut rendre la liberté à sa patrie, fut battu, et se donna la mort, XXVI, 419.
Sades (M. de), auteur de *Justine*. Caractère de sa folie, II, 284.
Sagny, ville de Bourgogne, dont le curé disait la messe dans un appareil à moitié militaire, XXVI, 426.
Sail de Scola, troubadour périgourdin, XXVI, 243.
Sainclair, jeune et brillant étourdi, courant après les bonnes fortunes, VII, 174.
Saint (M.), peintre en miniature, XXII, 148; XXV, 308.
Saint-Affrique, ville dont la situation est d'un effet pittoresque, et le territoire fertile; animosité constante qui règne parmi ses habitants, divisés en catholiques et en protestants; hommes célèbres dont elle s'honore, VIII, 481.
Saint-Alphège (la baronne de), prototype de ces femmes qui, s'immisçant dans les intrigues et les menées sourdes de la police, soldent des agents secrets chargés de poursuivre et de compromettre les innocents, et de donner naissance à des complots séditieux dans lesquels s'enveloppent nombre de victimes, X, 142 *et suiv.*
Saint-Aignan (M. de), se distingua par sa bienfaisance, et la sagesse de son administration, lorsqu'il était maire de Nantes, XII, 590.
Saint-Amand (le vallon), renommé pour son site et son aspect pittoresque, IX, 28.
Saint-Amand, village du canton d'Orgelet, où s'observent des usages singuliers, aux épousailles, aux obsèques, et le premier dimanche de carême, XI, 21.
Saint-Amand, petite ville bâtie sur la Scarpe, et où l'on voyait autrefois une abbaye de Bénédictins qui menaient une vie assez mondaine, XII, 213. Productions des environs et commerce de Saint-Amand,

TABLE GÉNÉRALE, T. XXVII. 28

214. Etablissement d'eaux minérales fondé a quelque distance de la ville, 315.

SAINT-AMAND, poete très médiocre, XIII, 198.

SAINT-AMAND, situé dans le Berri, XXVI, 377.

SAINT-AMANS (M. de), attaché à la manufacture de cristaux de Mont-Cénis, auteur du procédé des incrustations, XXII, 402.

SAINT-AMANT (M. de), auteur d'un Voyage aux Pyrénées et dans les Landes, VIII, 300.

SAINTE-AMARANTHE (madame), fondatrice d'un tripot qui fut très en vogue avant la révolution, V, 85.

SAINT-AMARIN (la vallée de). Sa position, et sa division en vallée haute et basse; son étendue; productions de son sol, XI, 204. Industrie, bonheur et aisance de ses habitants; chapelles fameuses par les pèlerinages qui s'y font; divertissements en usage aux fêtes communales; coiffure que les filles sages ont seules le droit de porter, 205. Vestiges de féodalité que l'on retrouve dans ce pays, 206. Son ancienne dépendance du chapitre de Guebwiller dont il brûla tous les titres au commencement de la révolution, 208.

SAINT-ANDRÉ (la côte de), renommée pour ses vins, X, 22.

SAINT-ANDRÉ (le président). Particularités anecdotiques sur une promenade (celle de la Graille), qu'il établit à Grenoble, et a laquelle il voulait donner son nom, X, 76.

SAINT-ANDRÉ DE ROSANS, remarquable jadis par un couvent que détruisit le connétable de Lesdiguières, X, 214.

SAINT-ANDRÉ (le maréchal de), descendant des princes d'Albon, X, 417.

SAINT-ANDRÉ (le fort), situé sur l'une des montagnes qui couronnent Salins, XI, 69.

SAINT-ANDRÉ, commune du département de l'Eure, remarquable par ses plaines fertiles, XIII, 106.

SAINT-ANDRÉ DE VALBORGNE, ville du département du Gard, IX, 210.

SAINT-ANDRIEN (la roche de), visitée par tous les artistes, XIII, 82.

SAINT-ANGE (mademoiselle de), habile brodeuse, XXII, 152.

SAINTE-ANNE, village célèbre par la foire qui s'y tient, et par les miracles qui s'y opèrent tous les ans, XXV, 126.

SAINT-ANTONIN, l'une des principales villes du département de Tarn-et-Garonne, VIII, 339.

SAINT-AUBERT (le château de) fut renversé pour l'emplacement de la citadelle de Cambrai, XII, 53.

SAINT-AUBIN, joli village, situé près d'Elbeuf, XIII, 137.

SAINT-AUBIN (madame), actrice de l'Opéra-Comique, XXI, xij.

SAINT-AUBIN, situé à quelque distance de Mâcon, XXVI, 390.

SAINT-AULAIRE. Sa réputation fondée sur un quatrain, III, 204. Son madrigal à la duchesse du Maine, XVII, 63.

SAINT-AVOLDT, ville près de laquelle on aperçoit des vestiges de monuments romains, XI, 483.

SAINT-BALMONT (madame de), à la tête des paysans d'Ernecourt, repoussa avec succès les corps français et lorrains qui ravageaient le pays, XI, 445.

SAINTE-BAUME (la), mont où la pécheresse Madeléne expia, dit-on, ses erreurs, IX, 290.

SAINT-BERAIN, village de la Bourgogne, où l'on trouve une verrerie, XXVI, 404.

SAINT-BLAIN, village situé dans le département des Vosges, XI, 381, 385.

SAINT-BLAIR (M. de), séducteur de bon ton, honoré dans la société, V, 204.

SAINT-BOMER, situé dans le Bocage, XXV, 159.

SAINT-BONNET, commune des Hautes-Alpes, fut incendiée le jour de la naissance et le jour de la mort du connétable de Lesdiguières, X, 214.

SAINT-BONNET, chancelier, né en Auvergne, XXVI, 347.

SAINT-BRESSON, remarquable par une papeterie, XI, 158.

SAINT-BRIEUX. Son origine et sa fondation; son commerce, XII, 494. La cathédrale; l'hôtel du marquis de Maillé, 495. Autorité dont jouissaient les anciens évêques de cette ville; usage bizarre auquel était soumis le propriétaire d'une maison sur laquelle le prélat touchait un droit honorifique; ancienne importance de la cathédrale comme citadelle; la tour de Cesson, 496.

SAINT-BRIS (M.), fabricant de limes, XXII, 438.

SAINT-CENERI, village au sud d'Alençon, doit son nom à un solitaire italien qui vint y mourir en 666, XXV, 125.

SAINT-CHAFFREY, village voisin de Briançon, dont les habitants opposèrent une courageuse résistance aux Piémontais, et virent brûler leurs maisons plutôt que de se rendre, X, 262. Leur caractère et leur amour pour le travail, *ibid.*

SAINT-CHAMANS (M. de), ancien préfet de Vaucluse, s'efforça vainement de contenir les furieux qui assassinèrent le maréchal Brune, IX, 225.

SAINT-CHAMOND, ville du département de la Loire, remarquable par l'extension donnée à son industrie, XXII, 333.

SAINT-CHAUMONT, personnage tellement égoïste qu'il n'a jamais eu d'idées ni de sentiments étrangers à sa personne, IV, 60.

SAINT-CLAIR, petite ville, était l'un des boulevarts des états des ducs de Normandie, XIII, 75.

SAINT-CLAIR-SUR-EPTE, lieu où fut passé en 912 le traité qui confirmait les concessions que Charles-le-Chauve fit à Roul, chef des Normands, XIII, 37.

SAINT-CLAUDE, petite ville assez bien bâtie. Désastres qu'elle essuya par la peste et l'incendie, XI, 9. Personnages distingués nés dans ses murs ou dans ses environs, 10. Affranchissement du pays de Saint-Claude de la servitude où le tenaient les moines de l'abbaye de cette ville; extension que ces derniers donnèrent à leurs priviléges, à leur despotisme féodal et à leur barbare superstition, 11.

SAINT-CLAUDE, situé en face du château de Ménars, XXVI, 22.

SAINT-CLÉMENT, commune du département des Hautes-Alpes, X, 251.

SAINT-CLOUD, village près Paris, remarquable par une belle fête annuelle. Personnages qui se rendent à cette fête : un vieux mercier, VI, 94; un petit commis tranchant du riche négociant; les voyageurs en *coucou*, 95. Autres de diverses conditions; aventure qui troubla le calme de la galiote allant à Saint Cloud, 96. Effroi qui saisit les passagers lorsqu'ils voient le bâtiment engravé, 97. Confusion qui règne sur le pont de Saint-Cloud le jour de la fête, 98. Intérieur de la foire; dîners champêtres, 99. Les cascades; foule qui circule dans le parc à la clarté des lumières des boutiques, 100.

SAINTE-COLOMBE, commune à quelque distance de Vienne. Interdit lancé contre ses habitants par un archevêque de cette ville, X, 283 La tour qu'y construisit Philippe de Valois; établissement des cordeliers dans cette commune, 284. Couvent de femmes qui y fut érigé, 285. Etendue du sol de Sainte-Colombe; sa population, 289. Ardeur de ses habitants pour le travail, *ibid.* Personnages nobles qu'ils ont possédés parmi eux, 290.

SAINT-CRISTOL (M.), ancien père de l'Oratoire, et restaurateur du collège de Pézénas, IX, 68.

SAINTE-CROIX (le baron de), membre de l'Institut, IX, 258.

SAINT-CYR (le maréchal) pense qu'il y a sûreté, honneur et profit, à se passer du secours de troupes auxiliaires, XIV, 193. Avantages qu'il présentait à la France dans l'institution des vétérans, 201.

SAINT-CYRAN. Ses écrits et son attitude fière et indépendante ont contribué au développement du patriotisme en France, XXVI, 192.

SAINT-CYR-BAUDIN (M.), à qui appartiennent les usines d'une filature de coton que l'on voit dans la vallée de Saint-Donat, X, 16.

SAINT-CYR NUGUEZ (le général), IX, 459.

SAINT-DENIS, petite ville aux environs de Paris, remarquable par une abbaye où sont déposées les tombes royales, III, 180.

SAINT-DIDIER, commune du Dévouly, dont les habitants sont portés à la superstition, X, 181.

SAINT-DIDIER, à qui le pape reprocha son amour pour les lettres, et qui osa faire de sévères remontrances à l'atroce Brunehaut, XXVI, 415.

SAINT-DIÉ, bourg considérable, entouré de beaux vignobles, et qui fut jadis très commerçant; son industrie actuelle, XXVI, 42.

SAINT-DIEZ, ville de la Lorraine, d'abord mal bâtie, et que Stanislas releva sur un nouveau plan, à la suite d'un incendie, XI, 379 Sa situation, ses usines, son industrie, 380.

SAINT-DIZIER, ville de la Champagne, fut le théâtre de quelques opérations militaires en 1814, XXVI, 507.

SAINT-DONAT (la vallée de), remarquable par les usines d'une filature de coton, X, 16.

SAINT-ÉLOI (le mont), situé dans le département du Nord, XII, 222.

SAINT-ESPRIT (le), vaste faubourg de Bayonne, où commence le département des Basses-Pyrénées, VIII, 79. Sa position et sa population, 83. Mœurs des Juifs de cette ville, 84. Leur amour du travail et des arts libéraux; leurs synagogues, 85.

SAINT-ÉTIENNE, commune du Dévoluy, dont les habitants sont portés à la vengeance, X, 181.

SAINT-ÉTIENNE, ville du département de la Loire; remarquable par l'extension donnée à son industrie, XXII, 333.

SAINT - EVREMONT. Hommages qu'il rend à Ninon de l'Enclos, II, 191. Son pays natal, XXV, 313.

SAINT-EVROULT (l'ancienne abbaye de), monastère où l'on trouvait une bibliothèque dont celle d'Alençon possède quelques débris, XXV, 110.

SAINT-FELIX, chef d'escadre, VIII, 430.

SAINT-FERRÉOL (le bassin de), destiné à alimenter le canal du Languedoc, VIII, 478.

SAINT-FLORENTIN (M. de) eut, pendant long-temps, le monopole des lettres de cachet, XV, 57.

SAINT-FLOUR. Aspect et situation de cette ville, XXVI, 302. Son intérieur; objets de son commerce; insalubrité de son atmosphère; sa population; fontaines qui l'arrosent, 303. Malignité des habitants de son territoire, 346.

SAINT-FOIX, un des habitués de la Croix de Malte, et auteur des Essais sur Paris, I, 226; II, 254. Utilé étendue qu'il aurait pu donner à son ouvrage, 398. Ses remarques sur l'exécution des hautes œuvres aux halles, V, 101. Rue où il demeurait, VII, 247. Il figure au nombre des amis de Voltaire, X, 460; XII, 474. Il se trouve à une assemblée des principaux auteurs dramatiques discutant sur leur mérite respectif, XVI, 431.

SAINT-GARDE (Carel de), auteur d'un très mauvais poeme, XIII, 198.

SAINT-GÉLAIS (Mellin de), fils naturel de l'évêque d'Angoulême Saint-Gelais, auteur de poésies naïves et spirituelles; sa jalousie contre Ronsard qui se vengea de lui par des satires, XXVI, 231.

SAINT-GENEST (madame de), amie intime de madame Détieville. Elle lui parle des préparatifs qu'elle a faits pour leur départ pour les eaux, XV, 123.

SAINT-GENIEZ, poète latin du dix-septième siècle, IX, 277.

SAINT-GEORGES (l'ancienne abbaye de) située à quelque distance de Rouen, et dont les bâtiments ont été convertis en manufacture; architecture de l'église de ce monastère, XIII, 215.

SAINT-GEORGES, fameux par ses vignobles, XXVI, 431.

SAINT-GEORGES D'ORQUES, renommé pour ses vins rouges, IX, 149.

SAINT-GEOURS, village des Landes, VIII, 78.

SAINT-GERMAIN, village situé au sud d'Alençon, XXV, 124.

SAINT-GERMAIN, poète, a laissé plusieurs jolies pièces en style marotique, XXV, 159.

SAINT-GERMAIN opposa la puissance de la raison et l'autorité de la religion aux volontés d'une tyrannie sans frein, XXVI, 415.

SAINT-GERMAIN-EN-LAYE. Château bâti par Henri IV pour la belle Gabrielle, et que l'on remarque à une petite distance de la côte de cette ville; prédilection de Marie de Médicis pour la résidence de Saint-Germain, XIII, 13. Le château; le parc de Noailles, 14.

SAINT-GUILLAUME (le mont), dominant la ville d'Embrun, X, 242

SAINT-GUILLIEN-DU-DÉSERT, où l'on voit une grotte qui présentait à l'œil un précipice obscur et profond; le commerce de cette commune, IX, 139. Produits de son territoire et de son industrie, 148. Manière dont ses habitants passent l'Hérault, 149.

SAINTE-HÉLÈNE (l'île). Faibles avantages qu'elle offre à la navigation, XXII, 451.

SAINT-HÉRAN refuse d'exécuter l'ordre donné par Charles IX de massacrer les huguenots, XIV, 208.

SAINT-HILAIRE (M. de), capitaine du vaisseau sur lequel l'Ermite s'était embarqué avec Nanine, VI, 333.

SAINT-HILAIRE (la commune de), département de l'Isère, dans laquelle on trouve une manufacture dont les machines sont l'ouvrage du célèbre Vaucanson, X, 18.

SAINT-HILAIRE-DE-HARCOUET (l'abbaye de), dont les religieux n'observaient pas les lois de l'abstinence, XXV, 165.

SAINT-HUBERTY (madame), actrice distinguée de l'Opéra, XIX, 231.

SAINT-IMIER (le val de), où se confectionnent des montres façonnées, et un nombre considérable de mouvements, XI, 178.

SAINT-JACQUES-DES GUÉRETS, commune où est situé le château de Planay, XXVI, 26.

SAINT-JEAN (l'étang), qui baigne les murs de la ville de Nanci, XI, 313.

SAINT-JEAN-D'ACRE. La levée du siège de cette ville a été une des causes qui se sont opposées à l'exécution du dessein formé par Napoléon de détruire la puissance anglaise dans les Indes, XVIII, 94.

SAINT-JEAN-D'ANGELY, ville située dans le département de la Charente-Inférieure, XXVI, 222.

SAINT-JEAN-D'ANGELY (la comtesse Regnault de), distinguée comme statuaire, XII, 201.

SAINT-JEAN D'ANGELY (le comte Regnault de), ministre d'état sous Napoléon auquel il resta dévoué. Quelques réflexions sur sa bienfaisance, sur son zèle et son talent dans l'administration; sur sa disgrâce, sa mort, et ses premiers pas dans les fonctions publiques, XXVI, 222.

SAINT-JEAN-DE-GARDONENQUE, petite ville du département du Gard, IX, 191.

SAINT-JEAN-DE-LOSNE, ville de la Bourgogne, célèbre par le courage héroïque que ses habitants; en petit nombre et sans aucun secours, opposèrent aux troupes nombreuses du grand-duc Galéas, qu'ils forcèrent à lever le siège, XXVI, 432. Ils refusent les titres de noblesse par lesquels Louis XIII voulait récompenser leur dévouement; leur réponse à Napoléon qui leur reprochait de n'avoir pas montré le courage de leurs ancêtres; leur intrépidité lors de la seconde invasion, 434.

SAINT-JEAN-DE-LUZ, bourgade où se fit le mariage de Louis XIV. Son ancienne prospérité qu'il ne serait pas impossible de lui rendre, VIII, 107.

SAINT-JOUAN, joli village, remarquable par l'air d'aisance et de propreté qui règne dans la moindre chaumière, XII, 396.

SAINT-JULIEN (le chevalier de), personnage cité dans le roman de *Cécile*, XXIII, 186.

SAINT-JULIEN, historien de la Bourgogne, s'est montré écrivain servile et crédule, XXVI, 442.

SAINT-JUST (la terre de), propriété de M. le maréchal Suchet, XIII, 21.

SAINT-LAMBERT, poete célèbre. Son tombeau, I, 159. La maison où il passa les dernières années de sa vie, III, 185. Il figure au nombre des amis de Voltaire, X, 461. Son pays natal, XI, 319.

SAINT-LAMBERT (madame de) s'étonne qu'on ne puisse parler des femmes avec une juste modération, XV, 97.

SAINT-LAURENT, fameux ligueur, avait juré de pénétrer en vainqueur dans la tour de Cesson, à Saint-Brieux, XII, 496.

SAINT-LAURENT, général d'artillerie, commanda en chef celle de l'armée d'Italie, XII, 329.

SAINT-LAURENT (la côte), dominant un vallon dont le passage fut long-temps redoutable aux voyageurs, XXV, 62. Campagnes fertiles que l'on découvre de sa hauteur, 63.

SAINT-LAURENT-DU-PONT, à quelque distance de la Chartreuse, et où l'on n'arrive, en venant de ce monastère, qu'à travers une route bordée d'abymes et de précipices, X, 168.

SAINT-LEU, village à quelque distance de Paris, III, 186.

SAINT-LÔ. Sa fondation et son antiquité, XXV, 303. Fortifications dont Charlemagne l'environna; quelques particularités sur son histoire; dominations sous lesquelles cette ville passa successivement, 304. Son commerce et son industrie; aspect qu'elle présente, 305. L'église; l'hotel de la préfecture; la prison, 306. Le Champ-de-Mars, 307. Hommes célèbres nés à Saint-Lô, 308.

SAINT-LOUIS, village à quelque distance de Marseille. Caractère des divertissements auxquels se livrent ses habitants un jour de fête, IX, 321.

SAINT-LOUP, petite ville dont l'industrie principale consiste dans la confection de chapeaux de paille, XI, 164.

SAINT-LUDAN, petite ville de l'Alsace, XI, 229.

SAINT-MALO. Construction de ses remparts avec les propres fonds de ses habitants; opérations commerciales des Malouins, XII, 398. Leur caractère; leur attachement pour leur ville; les différentes classes de la noblesse malouine, 399. Probité remarquable des commerçants; principaux armateurs et négociants de Saint-Malo, 400. Le collège, 406. Personnages célèbres nés dans cette ville, 408. Particularités sur les vicissitudes de Saint-Malo; amour des Malouins pour l'indépendance; ils offrent un asile au comte de Richemond, 421. Leur resistance courageuse au duc de Lancastre; débat entre l'évêque et le seigneur de Saint-

Malo,. 422. A l'époque de la Ligue, ils se gouvernent en pleine indépendance, et, en 1594, ils reconnaissent l'autorité de Henri IV, 423. Leur courage à Dinan qu'ils emportent d'assaut, *ibid*. Saint-Malo est bombardé à plusieurs reprises par les Anglais qu'inquiétaient les corsaires malouins, 424. Ancien commerce de cette ville avec l'étranger, 425. Son activité commerciale actuelle, 426. Elégance des maisons et des édifices de Saint-Malo ; la pompe communale; la salle de spectacle, 427.

SAINT-MARCELIN, l'une des plus jolies villes du Dauphiné. Sa situation; fertilité de son terroir, X, 21. Ses vignobles, 22. Son commerce de chanvre et de laine, 23.

SAINT-MARCOUF (les îles) apparaissant comme deux points noirs sur la mer, XXV, 277.

SAINTE-MARIE (la montagne de), dans le département de la Meuse, riche en curiosités fossiles, XI; 440.

SAINTE-MARIE (M. de), ancien administrateur de la ville de Pont-Audemer, XIII, 123.

SAINTE-MARIE-AUX-MINES, petite ville, après Mulhausen, la plus manufacturière de tout le Haut-Rhin ; branches de son industrie, XI, 223. Mines qu'elle possède, 224.

SAINT-MARIN, petite république d'Italie. Principes d'après lesquels elle a conservé son indépendance, XIV, 154.

SAINTE-MARTHE (la famille des), distinguée par son érudition, XXVI, 159.

SAINT-MARTIN (l'ancienne abbaye du mont), derrière l'enclos de laquelle l'Escaut prend sa source, XII, 37.

SAINT-MAUR (le château de), remarquable par l'aspect pittoresque de ses ruines, XXVI, 139.

SAINT-MAURICE (la forêt de), située dans le département des Vosges, XI, 329.

SAINT-MAURICE, joli village situé dans la Normandie, XIII, 221.

SAINT-MAURICE (le baron de), personnage du roman de *Cécile*, déshérita deux neveux dont il blâmait la conduite, XXIII, 100.

SAINTE-MÈRE-EGLISE, village situé à quelque distance de Carentan, XXV, 265.

SAINT-MICHEL (le prieuré de), situé à Saussereuse, et dont les moines menaient la vie la plus déréglée, XXV, 166.

SAINT-MICHEL (le mont) fut d'abord occupé par les druides, et portait un nom paien, XXV, 324. Dérèglements des moines qui y demeurèrent ensuite, 325. Fortifications qui entourèrent leur couvent; vicissitudes de ce monastère comme forteresse, 326. Louis XI y institue l'ordre de Saint-Michel; décadence de l'abbaye, 327. Anciens bâtiments qui en dépendaient, 328. Personnages illustres qui visitèrent ce monastère, 329 Origine des pélerinages dont ce lieu était l'objet, 331. Nouvelle destination des bâtiments de l'abbaye, 332.

SAINT-MIHIEL. Sa position; son origine; ancienne abbaye de bénédictins que l'on y remarquait, XI, 437. Désastres qu'y exerça Louis XIII pour se venger des périls qu'il y avait courus en l'assiégeant ; intérieur de l'église de Saint-Mihiel, 438 Commerce de cette ville; ses hommes célèbres, 439.

Saint-Mont (le), l'une des montagnes des Vosges, XI, 328.

Saint-Morand, près d'Altkirch, où s'établit, en 1800, la première manufacture de rubannerie, XI, 191.

Saint-Nazaire, village situé sur les bords de l'Isère, et dont l'aspect enchante les regards, X, 18.

Saint-Nestier (M. de), ancien magistrat d'une cour souveraine, regrette beaucoup la déchéance des parlements, et donne à l'Ermite des détails sur l'histoire de Dipan, XII, 429 et suiv.

Saint-Nicolas-du-Port, petite ville remarquable par une chapelle dédiée à Saint-Nicolas et où se rendent une foule de pèlerins; par son ancienne importance et sa prospérité; et par une église que les bénédictins commencèrent, et qui dut son achèvement aux libéralités des ducs de Lorraine, XI, 324.

Saint-Nicolas-de-la-Taille, village très étendu, dont l'église est de construction moderne et d'une beauté remarquable, XIII, 232. Tombeau d'un ancien curé de ce village; vénération dont ce pasteur est l'objet, ibid.

Saint-Olive (M.), l'un des principaux commerçants de Lyon, X, 371.

Saint-Oswald (le château de), remarquable par sa beauté, XI, 230.

Saint-Ouen (madame de), éditeur des OEuvres choisies de Stanislas, duc de Lorraine, XI, 323.

Saint-Ouen (M. de), ancien sous-préfet de Mirecourt, XI, 414.

Saint-Ouen (la côte du port), au sommet de laquelle la sensible Nina se rendait tous les jours, pour attendre l'arrivée de son amant, XIII, 82.

Saint-Paterne, lieu dont la route était jadis impraticable, XXV, 116.

Saint-Pe, bourg du pays basque, entouré de vallées fécondes, VIII, 117.

Saint-Phal (M.), acteur distingué du Théâtre-Français, XVIII, 315.

Saint-Pierre (Bernardin de), prosateur plein de grâce, d'élégance et de sensibilité, I, 8. Son ermitage à Pontoise, III, 197. Son pays natal, XIII, 276.

Saint-Pierre (l'île de), sur les côtes de la Sardaigne. Traitements affreux que ses habitans essuyèrent, à plusieurs reprises, des corsaires algériens, V, 235.

Saint-Pierre (l'abbé de), auquel étaient soumises les religieuses de Sainte-Colombe, X, 285.

Saint-Pierre (Eustache de), l'un des six nobles bourgeois de Calais qui se dévouèrent pour leurs concitoyens, et ne durent la vie qu'aux supplications de la reine d'Angleterre, XII, 336.

Saint-Pierre (l'abbé de), auteur du fameux projet de paix perpétuelle; conseils qu'il donnait aux rois pour le bonheur des peuples, XIV, 113. Ce qu'il dit des avantages que l'état et la morale retireraient du mariage des prêtres, 513; XXV, 313.

SAINT-PIERRE et MIQUELON, île que l'Angleterre restitua à la France, après en avoir ruiné les établissements, XXII, 453.

SAINT-PIERRE-EGLISE, situé dans le département de la Manche, XXV, 301.

SAINT-PIERRE-DE-GOULT, lieu situé dans le voisinage du camp du Châtellier, XXV, 97.

SAINT-POINT (le, lac), dans la Franche-Comté, XI, 76.

SAINT-POL (Guy de) se porte l'un des accusateurs du pape Boniface VII, V, 256.

SAINT-POL-DE-LÉON. Fertilité de son territoire; paresse de ses habitants; leur langage, XII, 527. Origine de la ville, 528. Commerce de chevaux dans le Bas-Léonais, 529.

SAINT-POURÇAIN, ville du Bourbonnais, doit toute sa célébrité a une statue représentant un *Ecce Homo*, XXVI, 355.

SAINT-PRIEST (M. de), ancien ministre de la maison du Roi, rentra dans Reims, en 1814, à la tête des Russes, IX, 136; XXVI, 515.

SAINT-QUENTIN. Aspect du faubourg au moment d'un incendie, XII, 5. Antiquité de la ville; debris de monuments romains que l'on y remarque; l'Hôtel-de-Ville, 7. Courage des Saint-Quentinois contre les troupes de Philippe II, roi d'Espagne; à cette époque la ville est livrée au pillage et au massacre, 8. La cathédrale, 9. Cause du nouvel essor donné à l'industrie de Saint-Quentin, 11. Bâtiments industriels élevés sur l'emplacement des anciennes fortifications, 12. Les principales maisons de commerce, 13. Les principales blanchisseries, 15. Personnages distingués dans les sciences, les arts, les lettres et la carrière militaire dont s'honore Saint-Quentin, 18. Remarques critiques sur quelques personnages de cette ville, 26. Attachement des Saint-Quentinois au régime constitutionnel, 27. Parallèle entre leur ancienne activité industrielle et leur nouvelle prospérité commerciale, 29. Construction du canal de Saint-Quentin, 31. Intérieur de ses souterrains, 32.

SAINTE-RADEGONDE (la montagne de), sur laquelle on remarque une glacière naturelle, XI, 133.

SAINTE-RADEGONDE, campagne située à quelque distance de Saumur, XXV, 411.

SAINT-RÉAL (l'abbé de) doit être regardé comme l'un des créateurs du roman historique, XXIII, 27.

SAINT-ROMAIN, victime d'une ascension qu'il exécuta dans une montgolfière, VI, 117.

SAINT-ROMAN, château fort qui appartenait à la famille des Brancas, IX, 283.

SAINT-ROMUALD (Pierre de), de l'ordre des feuillants, X, 290.

SAINTE-RUFFINE, bourg renommé pour ses vignobles, XI, 488.

SAINT-SAUVE, village, un des faubourgs de Valenciennes, XII, 133.

SAINT-SAUVEUR (l'abbaye de), dont les membres exerçaient mal l'aumône, XXV, 165.

SAINT-SAUVEUR, bourg situé dans le département de la Manche, sur la route de Saint-Lô, XXV, 301.

SAINT-SEVER, ville des Landes, VIII, 77.

Saint-Sever (la forêt de), située dans le Bocage, XXV, 153.

Saint-Servan, ville très rapprochée de Saint-Malo, dont elle était anciennement faubourg. Soin avec lequel ses habitants cherchent à dissimuler leur dépendance de la métropole; urbanité, simplicité de mœurs des Servanais, XII, 404. Esprit de leurs sociétés; population de leur ville; cause de son embellissement et de son activité, 405. Le collège, 406.

Saint-Symphorien, situé en Bourgogne, et où fut trouvé le métal *urane oxydé lamelliforme*, XXVI, 410.

Saint-Symphorien-d'Ozon, commune à quelque distance de Lyon, X, 324.

Saint-Télier, demeure de M. Magon, frère du brave amiral tué à Trafalgar, XII, 395.

Saint-Théoffrey, situé non loin du département des Hautes-Alpes, X, 172.

Saint-Valery, petit port situé à quelque distance de Fécamp, XXV, 15..

Saint-Valier (la présidente de), grand'tante de l'Ermite, III, 419.

Saint-Véran (M. de), antiquaire d'une vaste érudition, IX, 258.

Saint-Véran (la côte de), renommée pour ses vins, X, 22.

Saint-Victor (M), poète distingué, I, 11.

Saint-Vincent (madame de), connue par son procès avec le maréchal de Richelieu, IX, 52.

Saint-Vincent (M. le président), correspondant de l'Institut, et propriétaire d'une belle collection d'antiquités, IX, 306, 307.

Saint-Vincent (la présidente de), personnage cité dans le roman de *Cécile*, XXIII, 273.

Saint-Waast. Aspect de la route qui conduit de Valognes à cette ville; vue que présente Saint-Waast, XXV, 274. Aisance et activité de ses habitants, 275.

Saint-Wandrille (l'abbaye de) rivalisait par ses richesses et ses monuments avec celle de Jumièges, XIII, 219.

Saint-Ylie, village situé à une lieue de Dôle, XI, 96.

Saint-Ymien, la plus jolie bastille des environs de Grenoble, et qui est habitée par le général Marchand, X, 130.

Saint-Yon, cité comme un écrivain visant à l'esprit, à la légèreté et à la malice, III, 401.

Sainteny (l'abbaye de), dont les moines menaient une vie déréglée, XXV, 166.

Saintes. Beauté du paysage qui l'environne; irrégularité de ses constructions, XXVI, 204. Double architecture du pont; monument que les Saintongeois élevèrent à Germanicus après sa mort, 205. L'ancien amphithéâtre, 206. Nom que Saintes porta d'abord, 208. La cathédrale; le clocher de cette basilique, 209. La fontaine de Sainte-Castelle fréquentée par les jeunes Saintoises qui vont y faire des pèlerinages pour obtenir des maris, 211. Mécontentement des Saintois de ce qu'on a enlevé à leur ville le titre de préfecture, 214.

Saintine (M. Boniface), littérateur distingué, XI, 68.

Saintonge (la), par la douceur, la tolérance et la fermeté de Fénelon, est exempte des rigueurs dont ailleurs on frappait les calvinistes, XXVI, 194. Cette province est régie d'abord par des rois; se constitue en république; est conquise par les Romains, s'associe à la confédération des Gaules; est vaincue par César; fait de vains efforts pour reconquérir sa liberté; elle se résigne à l'esclavage civilisé que les Romains imposaient au monde; elle est réunie à la seconde Aquitaine; embrasse le christianisme, 201. Elle tombe sous la domination visigothe; est dévastée par les armées de Pepin-le-Bref; est désolée par les armées normandes; passe sous le sceptre anglais, 202. Elle est réunie à la couronne de France par du Guesclin; est en proie aux troubles des guerres religieuses et aux désastres de la révolution, 203. Les fontaines de Douches et de Vénérand; la pile de Pirelongue; autres monuments que l'on trouve dans la Saintonge, 212. Fertilité du territoire de cette contrée, 219. Progrès que l'industrie y fait chaque jour; prononciation bizarre et singularité de quelques noms saintongeois, 220.

SAINVILLE (madame de), propriétaire de la terre de Luçon, à la suite d'un procès qu'a gagné son mari, II, 73.

SAINE (la), rivière dont le cours est sinueux, XXV, 277.

SALAIGNAC (Gérard de), troubadour, né à Sarlat, IX; 20.

SALARS, ville du département de l'Aveyron, IX, 17.

SALES (M.), ancien maire de Pézénas, fut modéré pendant l'exercice de sa charge, IX, 70. Manière dont il rétablit la concorde entre les catholiques et les protestants de Villeveyrac, 71.

SALGUES (M.), écrivain publiciste. Influence de son livre des *Préjugés répandus dans la société*, I, 46. Caractère de ses écrits politiques, III, 339.

SALICETTI, l'un des députés qui commencèrent la haute fortune du maréchal Victor, IX, 385.

SALINS. Sa situation, XI, 65. Les salines dont elle tire son origine et son nom, 66. Détails sur son incendie en 1825, *ibid*. Vestiges d'un vieux château fort où furent détenus plusieurs personnages illustrés; édifices remarquables que possède Salins, 68. Cette ville sert d'entrepôt général pour le sel et le vin; carrières qui se trouvent dans son territoire; amélioration introduite dans la culture des prairies artificielles, 70. Hommes célèbres nés à Salins, 71.

SALISBURY (Jean de), évêque de Chartres, prélat aussi humain qu'éclairé, XXVI, 117.

SALLÉ (mademoiselle), actrice de l'Opéra, dont le bailli Descares fut *l'attentif*, III, 60.

SALLÉ, ami de Crébillon fils. Ouvrage qu'il fit, en société avec lui, sur un voyage de Paris à Saint-Cloud, IV, 287.

SALLIER (M.), habitant d'Aix, qui possède une belle collection d'antiquités, IX, 305.

SALLIES, village du Béarn, où l'on prépare les jambons, dits jambons de Bayonne, VIII, 195.

SALLO (M. de), ancien conseiller au parlement de Paris,

publia, en 1665, le *Journal des Savants*, I, 353.

SALLONIUS, évêque de Gap, contribua au massacre qui fut fait des Lombards, dans la plaine de Chalmes, X, 210.

SALLUSTIUS CRISPUS conseille à Livie de garder le silence sur les services et les menées secrètes des ministres et des agents de l'autorité, XIV, 224.

SALMERON, jésuite, professa la doctrine du régicide, XVI, 39, 306.

SALMON (M.), l'un des premiers filateurs de Saint-Quentin, XII, 14.

SALMON, juge de paix en Angleterre. Cité au banc du roi, il confond l'avocat-général, et prononce sa condamnation, XIV, 319.

SALOMON monte sur le trône de Bretagne, après avoir assassiné son cousin Erispoé; par de grandes vertus, il fait oublier le crime qu'il avait commis; il n'en est pas moins massacré par ses sujets qui s'étaient révoltés, XII, 365.

SALOMON II est le dernier qui porte le titre de roi de Bretagne, XII, 366.

SILVANDY (M.), écrivain politique distingué, I, 20.

SAMAROBRIVA, nom sous lequel la ville de Saint-Quentin fut d'abord connue des Romains, XII, 7.

SAMBRE (la), rivière sur laquelle est située la ville de Landrecies, XII, 79.

SAMBULI, membre de la junte napolitaine, XIV, 558.

SAMSON (saint), archevêque d'Yorck, fonde, à Dol, un monastère qui contribua à l'accroissement de la population de cette ville, XII, 356.

SANADON, traducteur d'Horace, XIII, 196.

SANCERRE, ville du Berri, remarquable par sa position pittoresque, et fameuse par ses vins estimés des gourmets, XXVI, 377.

SANCHE-D'ARAGON, que secourut Hugues Ier, duc de Bourgogne, et qui fut vaincu par les Sarrasins, XXVI, 451.

SANDHERR (M.); l'un des premiers directeurs de la fabrique de Wesserling, XI, 210.

SANÉ (M.), traducteur du roman de Pérez de Hita, XIX, 236.

SAN-FELICE (la), napolitaine, condamnée à mort pour avoir découvert une conspiration qui était sur le point d'éclater, XIV, 561.

SANNIA (M.), prototype des personnes que l'on peut combattre au moyen de l'exagération à laquelle elles se laissent aller, VII, 225.

SANRANS (M. le marquis de), député du Doubs, XI, 118.

SANTAREL, jésuite, reconnaissait au pape un pouvoir absolu sur la couronne et la vie des souverains, XIV, 62. Il publie un ouvrage où il soutient la doctrine du régicide; son opinion est appuyée par les ecclésiastiques, et trouve un noble adversaire dans l'évêque de Chartres, qui y répond par une déclaration sage et raisonnable en faveur de l'indépendance des rois, XVI, 313.

SANTÉ (la) est préférable à tous les biens, à tous les trésors, VII, 3. Elle trouve son aliment dans l'amour du travail et la sagesse, 11.

SAÔNE (la), rivière à laquelle le Rhône se joint à Lyon, X,

343. Elle devient navigable à Gray, XI, 146. Usines du département de la Haute-Saône, 157. Autres branches d'industrie exploitées dans cette contrée, 158.

SAPEY (le), situé dans l'arrondissement de Grenoble, X. 133.

SAPHO, poete célèbre de l'antiquité, XVII, 4.

SAPIDUS (Jean), Strasbourgeois, ami d'Erasme, XI, 272.

SARGUEMINES, ville du département de la Moselle, XI, 483. Productions territoriales de son arrondissement, 489. Belle faïencerie qu'elle possède, 503. Ressources que le canton de Sarguemines tire de la fabrication des tabatières de carton, dont le secret est dû à un meunier de Nassau, 504.

SARLAT, ville du département de la Dordogne. Empressement de ses habitants à acquitter leur dette envers l'état, IX, 18. Limites dans lesquelles son commerce se trouve renfermé; son origine; son ancienne importance; ruines et antiquités que l'on remarque dans ses murs, 19. Ses hommes célèbres, 20. Esprit politique de cette ville, 22. Qualités des dames de Sarlat, 73.

SARMATES (les), désespérant de vaincre les Romains, demandèrent la paix pour cent ans, mais sous la restriction mentale de la rompre deux années après, XIV, 160. Leur pays formait l'une des subdivisions du royaume des Amazones, XIX, 181.

SARRET (la baronne de). Prétentions qu'elle affiche dans sa toilette et dans ses manières malgré son âge avancé, III, 71.

SARRALBE, village près duquel on a trouvé des indices de mines d'or, XI, 490.

SARRAZIN, né à Caen, doit être regardé comme l'un des créateurs du roman historique, II, 78; XXIII, 27; XXV, 236.

SARRAZIN (le général), VIII, 303.

SARRAZIN (le), rivière dont la source est dans le Jura, près de Salins, X, 8.

SARRE, bourg du pays basque, entouré de vallées fécondes, VIII, 117.

SARRE (la), rivière qui se jette dans la Moselle, XI, 468.

SARREBOURG, petite ville qui n'est importante que par sa situation sur la grande route conduisant de Nanci à Strasbourg, XI, 285. Branches de son commerce et de son industrie, 286. Plantations que l'on trouve dans son arrondissement, ib.

SARREBRUCK (Jean de) affranchit les bourgeois de Commercy, XI, 434.

SARRE-LOUIS, ville du département de la Moselle, XI, 496.

SARRON (M.), directeur de l'enseignement mutuel à Arbois, homme d'un vrai mérite, d'une conduite exemplaire, fut persécuté en 1815, et contraint de s'expatrier, XI, 61.

SARSPOTERIE, où l'on remarque des fers, des bois et des cendres fossiles, XII, 81.

SARTHE (la), rivière qui donne son nom à l'un des départements de la France, XXV, 376.

SARTO (del), peintre dont le musée de Lille possède quelques ouvrages, XII, 246.

SARTORY, peintre-décorateur, né à Brest, XII, 520.

SARTRE-DE-SALIT (M.), commerçant montalbanais, VIII, 348.

Sassenio, peintre dont le musée de Lille possède quelques ouvrages, XII, 246.

Sasselot, village de Normandie situé sur la route de Montivilliers à Fécamp, XXV, 5.

Saturin (l'abbé), personnage que l'Ermite rencontre a Toulouse. Son caractère; ses opinions religieuses; son intimité dans la maison d'un habitant de cette ville, VIII, 377. Ses Reflexions philosophiques sur la vieillesse, 390. Eloge qu'il fait d'un de ses neveux qui, pendant la révolution, a secouru avec la plus grande générosité deux de ses frères, et plusieurs de ses amis, 392.

Saturne, divinité païenne en l'honneur de laquelle on égorgeait des enfants dans la Phénicie et à Carthage, XIV, 37.

Saubade, jeune basquèse, fille d'un riche pasteur du pays de Labour. Ses amours, dès son enfance, avec Laorens, jeune pécheur orphelin; pour renverser les obstacles que le père de Saubade opposait à leur union, ils se dirigent un matin vers les bords de la mer, s'y endorment dans la jouissance des plus doux plaisirs, sont surpris par les flots, et cherchent vainement un refuge parmi les rochers où ils périrent, VIII, 110.

Sauciet (le père), jésuite, né à Bourges, XXVI. 370.

Sauget (M.), l'un des premiers filateurs de Saint-Quentin, XII, 14.

Saulnier fils (M.), préfet de Carcassonne. Caractère qu'il déploya durant les réactions politiques de 1815, VIII, 441.

Saulnier (M.), l'un des principaux apprêteurs de toiles à Saint-Quentin, XII, 15.

Saulnier (M), président du conseil général de la commune du Port-Louis, XXII, 466.

Saumaise, grammairien, né en Bourgogne, XXVI, 471.

Saumane (Hugues de Sades, seigneur de) épousa la belle Laure, amante de Pétrarque, IX, 237.

Saumery (le château de) fut habité, jusqu'à la révolution, par la famille de ce nom, XXVI, 23.

Saumur, IX, 26. Aspect de la route qui conduit d'Angers à cette ville, XXV, 409. Le faubourg de Fenet; auberge qui fut le berceau de Saumur; la caserne, 413. La halle et la salle de spectacle; l'île Poneau, 413. La ville est prise par Foulques-Nera, et incendiée par le comte de Poitiers; elle est gouvernée par Guill. Desroches; du Guesclin y établit un quartier général; Charles VII y tient sa cour; les habitants embrassent le protestantisme, et sont en proie aux horreurs de la Saint-Barthelemi, 418. Prospérité dont jouit Saumur sous le gouvernement de Duplessis-Mornay, 419 Décadence de cette prospérité; contraste de sa position industrielle avec l'aspect riant et la fertilité de son territoire, 421. Autres vicissitudes de Saumur, 422. Les Vendéens s'en emparent, 423. L'église de Notre-Dame des Ardilliers, 425. L'hôtel de ville; les bains publics, 426. Le château; le Dolmen de Bayeux; l'abbaye de Florent; l'église de Nantilly, 427.

SAURIN, le plus célèbre des prédicateurs protestants, IX, 185.

SAURIN (Joseph), de l'académie française, l'un des amis de Voltaire, et auteur de quelques épigrammes, IX, 277; X, 460; XVII, 69.

SAUSSAYE (M. Petit de La), aussi savant agronome que magistrat intègre, XIII, 209.

SAUSSEIEUSE, où se trouvait le prieuré de Saint-Michel, XXV, 166.

SAUVAGE, médecin sorti de l'école de Montpellier, IX, 125.

SAUVAGES (M. des), agronome estimé de Carpentras, IX, 260.

SAUVAL. Origine qu'il assigne au duel dans ses *Antiquités de Paris*, II, 367. Etymologie qu'il donne au nom de cette ville, VII, 152.

SAUVAN LEGOUVÉ (madame Adèle). Son tombeau, I, 158.

SAUVÉ (M.), avoué de Carpentras, fut tué, en 1815, d'un coup de fusil, IX, 252.

SAVART (M. G.), aux talents duquel l'école d'artillerie et du génie à Metz doit de beaux instruments de mathématiques, XI, 474.

SAVARY (Nicolas), voyageur et antiquaire, né à Vitré, XII, 462.

SAVARY, auteur de poésies latines, entre autres d'un poeme sur la chasse au lièvre, XXV, 236.

SAVERNE, petite ville sur la frontière du département du Bas-Rhin, XI, 283. Chapelle consacrée à Saint Guy, lequel, suivant l'opinion générale, guérissait de la passion déréglée de la danse, *ibid.*

SAVIGNAC (la comtesse de) laissa au procureur Dufain une liquidation d'affaires très importante, VI, 83.

SAVIGNI (l'abbé) rassemble les catholiques de Lyon, marche à leur tête contre Maligny, qui est forcé de s'éloigner, X, 322.

SAVINES, bourg des Hautes-Alpes, est exposé aux ravages de la Durance, X, 239.

SAVINIEN (Saint), premier évêque de Sens, XXVI, 489.

SAVOIR (le). *V.* LITTÉRATURE.

SAVOLI (Henri de), personnage qui, dans sa jeunesse, eut une entrevue avec Marguerite de Valois, sa mère, dont il portait le nom en anagramme; il dut à cette princesse son avancement militaire, XXVI, 287, 288.

SAVOLI (Louis de), fils du précédent, remet à son enfant, Henri, des papiers attestant la splendeur de son origine, XXVI, 286.

SAVOLI (Henri de), fils du précédent, jeune homme qui, tourmenté par de vagues désirs d'ambition, s'était fixé à Saint-Germain, pour se rapprocher de la cour, dont il s'était jusque-là tenu éloigné, XXVI, 285. Il révèle à sa sœur Hélène la splendeur de son origine, 286, 288. Sa fierté et son caractère impétueux, 289. Il cherche à prémunir sa sœur contre tout amour indigne de son rang, *ibid.* Par une indiscrétion de cette dernière, il est arrêté et conduit aux îles Sainte-Marguerite, 291.

SAVOLI (Hélène de), sœur du précédent. Sa beauté, sa solitude, et son éducation entre les mains d'une vieille dévote, XXVI, 284. Son éloignement de la cour, 285. Elle apprend quel est l'éclat de son origine, 286, 288. Son frère cherche à la prémunir contre tout amour indigne de son rang, 289. Son caractère; tandis qu'elle est sous les ombrages de la forêt de Saint-Germain, elle est surprise par Louis XIV, qui lui déclare sa flamme, 290. Elle répond aux desirs du prince, et lui fait une confidence qui perd son frère, et l'oblige elle-même à prendre le voile, 291.

SAVONAROLA (Jérôme), brûlé vif pour s'être élevé contre les désordres du clergé, XIV, 507.

SAVONIÈRE-LES-TOUL, ancienne prevôté dont Toul etait le chef-lieu, XI, 431. L'ancien palais construit par les rois de la seconde race, 432.

SAVOUREUSE (la); petite rivière qui prend sa source au ballon de Giromagny, XI, 179.

SAXE (le maréchal de) Réponse qu'il faisait lorqu'on lui demandait pourquoi il n'était pas marié, XIV, 470 Son séjour à Chambord avec son régiment de hulans, XXVI, 49.

SAXE (la). Son industrie a reçu de grands développements du concours des protestants, XXII, 301.

SAXE-TESCHEN (Albert de), général autrichien, assiégea Lille en 1792, XII, 231.

SAXE-WEIMAR (le duc de) détruit le château de Friedberg et celui de Saint-Amarin, XI, 206.

SAY (M.), écrivain - philosophe économiste, I, 11.

SCALDE, auteur d'une chanson militaire, XVII, 4.

SCALFORT (le baron), maréchal-de-camp, XII, 182, 194.

SCALIGER (Jules-César), VIII, 297.

SCARLATI, compositeur italien, III, 59.

SCARPE (la), rivière sur laquelle est bâtie la petite ville de Saint-Amand, XII, 213.

SCARPONNE, hameau qui renferme beaucoup de ruines attestant la splendeur de son origine, XI, 320.

SCARRON. Ses jeux de mots, V, 311. Logement qu'il occupait à Paris avec sa femme, VII, 245. Quelques réflexions sur son séjour au Mans, XXV, 358. Sa mésaventure dans les marais de l'Huisne, 372.

SCAURUS est mis à mort par l'ordre de Tibère, pour avoir fait une tragédie d'*Atrée*, XIV, 251.

SCAURUS (Marcus), gendre de Sylla, orna de carreaux mosaïques le second étage d'un théâtre qu'il fit construire, XXII, 381.

SCAVENIUS (Pierre), cité, XXIV, 182.

SCEPEAUX, général vendéen, combattant sous les ordres de Cathelineau, XII, 582.

SCEY (l'ancien manoir de), dont il ne reste plus que quelques ruines, XI, 78.

SCEY (M. de), ex-préfet du Doubs, décora les jardins de la préfecture de Besançon des plus belles stalactites de la grotte d'Osselles, XI, 138.

SCHALLER JACOLÉ, poete alsacien, XI, 273.

SCHEEN (Martin), désigné sous le nom de Martin de Colmar, le plus ancien des graveurs connus, et le premier qui ait gravé sur métaux, XI, 223.

SCHEER (la), rivière qui se trouve près de Saint-Ludan, dans l'Alsace, XI, 229.

SCHEFFER, peintre, né à Strasbourg, XI, 273. Son tableau

du *Dévouement des bourgeois de Calais*, XXII, 94.

SCHELESTADT, ville remarquable par ses fortifications, sa cathédrale, et l'ancien collège des Jésuites, XI, 229.

SCHILLER, auteur dramatique allemand, V, 281.

SCHIPANI, napolitain, condamné par Speziale, XIV, 556.

SCHIRMECH, petite ville bâtie dans le fond de la vallée qui suit les montagnes des Vosges, et sert de passage et d'entrepôt au commerce de ces montagnes, XI, 409.

SCHIRVEN, l'une des trois personnes de la divinité des Indes orientales, qui prit aussi le nom de Devendren. Son peuple le presse de donner un successeur à l'empire, XIX, 113.

SCHLUMBERGER (M.), propriétaire d'une belle filature à Guebwiller, XI, 213, 219; XXII, 334.

SCHLUMBERGER (MM.), fabricants de Mulhausen, XXII, 371.

SCHULPELBERGIUS, XXIV, 183.

SCHMALYER introduit à Mulhausen l'impression sur toile de coton, XI, 196.

SCHNETZ (M.), peintre. Son tableau de *Jérémie pleurant sur les ruines de Jérusalem*, XXII, 142.

SCHNEYDER (M.), fondateur du musée de Vienne; X, 295.

SCHOCTKENDEUR (le comte de Labourdounaye de), chef de chouans, XII, 554.

SCHOEFFER, célèbre typographe, XXII, 374.

SCHOELER (M.), fabricant de porcelaines, XXII, 411.

SCHOEPFLIN, l'un des plus illustres professeurs de l'ancienne université protestante de Strasbourg, XI, 271.

SCHOMBERG. *Voyez* LIVAROTTE.

SCHOUWALOFF, l'un des amis de Voltaire, X, 459.

SCHWAERTZ, théologien, concourut à l'introduction de la réforme en Alsace, XI, 185.

SCHWART (M. Edouard), manufacturier de Sainte-Marie-aux-Mines, XI, 223.

SCHWARTZEMBERG (le prince de) se dirige sur la Champagne, XXVI, 493. Il se rend à Arcis, 496. Napoléon lui dispute le passage de la Seine à Nogent, 522, 541.

SCIARRA-COLONNE, ennemi particulier de Boniface VII, seconda Nogaret lorsqu'il s'empara de la personne de ce pape, V, 257.

SCIOPPIUS, grammairien, XXIV, 188.

SCIPION (Emilien), Romain, combattit contre Marc-Antoine, et porta plainte devant le peuple contre Cotta que l'on renvoya absous, X, 300; XIV, 302.

SCORFF (le), rivière immense à l'époque du reflux, et dont le bord ne présente qu'un marais infect lorsque la mer se retire, XII, 569.

SCRIBE (M.), auteur dramatique. Sa supériorité dans le genre du vaudeville, XXI, xiv.

SCRIVE (MM.), fabricants de cardes, à Lille, au moyen de mécaniques fort ingénieuses, XII, 268.

SCUDÉRI a commencé avec sa sœur la réputation littéraire du Havre, XIII, 275.

SCUDÉRI (mademoiselle) met en usage les ruses les plus spirituelles pour procurer à Pélisson tout ce qui était nécessaire à sa justification, XV, 90. Caractère de ses romans, XXIII, 26.

Sculler, graveur célèbre, né à Strasbourg, XI, 274.

Sculpture (la) a quelque chose de plus positif que la peinture; pourquoi l'esprit se prête-t-il plus facilement à l'idée d'animer le marbre que la toile? quoique plus près de la nature, la sculpture n'en offre pas moins de difficultés, XXII, 67. Il est probable qu'elle précéda la peinture, 68. La prééminence des Français dans la sculpture moderne, 69. Nos premiers statuaires sont moins estimés à l'étranger que nos premiers peintres, 70. Le domaine de la sculpture est bien moins vaste que celui de la peinture, 73.

Scythes (les). Une de leurs colonies va s'établir parmi les peuples du Pont-Euxin, se ligue contre eux, les massacre tous à l'exception des femmes qu'ils croient pouvoir traiter en esclaves; mais ils sont égorgés par ces dernières, XIX, 179.

Sébastiani (le général), député distingué par ses talents oratoires, I, 16; XIV, 569. Son courage à Arcis-sur-Aube en 1814, XXVI, 498.

Sébastien (le Père), gardien d'un couvent de capucins, VI, 244.

Sebire (M.), amateur de Saint-Malo, XII, 411.

Sèche-Bec, bourgade de la Saintonge, XXVI, 221.

Séclin, jolie petite ville bien bâtie; ce que l'on rapporte de son origine, XII, 222. Son ancien chapitre de chanoines; hôpital qu'y fonda Marguerite de Dampierre; désastres qu'il

essuya de la part de Philippe-Auguste lors de la bataille de Bouvines; conférences qu'y ouvre Philippe-le-Bon; courage des habitants contre les gueux en 1566, et contre les Autrichiens en 1794; la porte d'entrée du cimetière de cette ville, 223.

Secousse, savant, né à Orléans, XXVI, 128.

Sedaine, auteur dramatique, a contribué à légitimer l'opéra-comique au Parnasse, XXI, x. Caractère de son talent, xj. Son pays natal, XXVI, 481.

Sedatus, professeur de rhétorique à Toulouse, VIII, 422.

Sées (le val de), d'où sort la population nomade des chaudronniers, des étameurs et des rémouleurs qui parcourent la France, XXV, 317.

Séez. Aspect de cette ville, XXV, 93. Antiquité de son siège épiscopal, ibid. Particularités sur quelques uns de ses évêques, 94. Industrie de la ville de Séez, 96.

Secoberg, fille de saint Romaric, XI, 338.

Seguier, savant archéologue, à qui l'on doit la découverte de l'inscription de la maison carrée à Nîmes, IX, 163, 182.

Seguier (la famille), originaire du Languedoc, XXVI, 355.

Séguier (M. de), évêque d'Auxerre, fit ouvrir, en 1636, les cryptes de l'abbaye de Saint-Germain de cette ville, XXVI, 480.

Séguin (M. François), imprimeur à Avignon, IX, 277.

Séguin (M.) tenta des essais pour la prompte préparation du cuir, et tâcha d'illustrer les premiers efforts de l'industrie des Bocains, ses compatriotes, dans les sciences et les belles-lettres, XXII, 389; XXV, 180.

Ségur (M. de), historien distingué, I, 10, Esprit de son livre sur les femmes, XV, 128.

Ségur (M. de), pair de France, orateur distingué, I, 17.

Ségur (M. de), auteur distingué de vaudevilles, et dont plusieurs chansons érotiques méritent d'être citées comme modèles, XVII, 41; XXI, xiv.

Sehom (M.), l'un des principaux manufacturiers d'Héricourt, XI, 163.

Seigne (la), rivière sur laquelle est bâtie en partie la ville de Pons, XXVI, 215.

Seignelay (M. de), jeune seigneur, soutenait le droit de persécuter les hérétiques; inutilité des ordres qu'il donnait à Fénelon de persécuter les protestants de la Saintonge, XXVI, 196.

Seille (la), dont les sources se trouvent dans le Jura, à deux lieues de Nozeroy, XI, 8, 31, 290. Sa jonction à la Moselle, 469.

Sein (l'île de). Sa position; croyances superstitieuses auxquelles elle a donné lieu, XII, 532. Les druides en font un de leurs principaux colléges; misère et pureté de mœurs de ses habitants actuels, 533. Leur costume, 534. Leur penchant à l'hospitalité; leur attachement à leur pays; périls que présente le passage de l'île à la terre ferme, 535. La chapelle et l'ermitage de Saint-Corentin, 536.

Seine (la), fleuve qui donne son nom à l'un des départements de la France, et qui, en s'avançant toujours vers son embouchure, anime de riants paysages, XIII, 219 et suiv. Améliorations à introduire dans la navigation de la Seine; travaux que réclament ces améliorations, 228.

Seldem compose en prison tous ses ouvrages, XV, 49.

Sélim, empereur de Turquie, XIII, 302.

Selles-sur-Cher (le château de). Sa construction remonte aux premières années du dix-septième siècle; il est devenu la propriété d'une compagnie de négociants, XXVI, 25.

Sellier, ancien conservateur de la bibliothèque royale de Paris, II, 301.

Sélomont (la forêt de), au centre de laquelle des débris attestent l'existence d'une ancienne cité, XI, 479.

Sélune (le val de), remarquable par son aspect riant, sa fertilité, et son commerce de bois, XXV, 317.

Selves (M.). Sa fureur processive, VIII, 351.

Semilli, village à une lieue de Saint-Lô, et que certains antiquomanes regardent comme le berceau de cette ville, XXV, 303.

Sémiramis, reine d'Égypte, aima mieux enrichir les prêtres que les craindre, XIV, 50.

Semur, jolie ville arrosée par la rivière de l'Armançon, XXVI, 473.

Semur-en-Brionnais, petite ville assez fertile, où l'on remarque les ruines d'une ancienne châtellenie, XXVI, 382.

Senac de Meilhan (M.), intendant du Hainaut, fit élever à Denain la première pyramide qui rappelait la victoire de Villars, XII, 143.

SENANGES (M. de), ancien membre du parlement de Bordeaux. Préparatifs du mariage de sa fille troublés un instant par une lettre anonyme, II, 81.

SÉNECÉE, poete élégant, s'est distingué par des vers malins pleins de saillie et d'imagination, XXVI, 390.

SÉNÈQUE. Ce qu'il dit de la vie, V, 67. Sa mort commandée par Néron, XIV, 83. Ce qu'il disait des hommes amis des ténèbres, 407; du miroir d'un jeune fat, XVI, 361. Tableau qu'il fait des crimes et des folies qui présentent au sage mille motifs de se courroucer, XXIV, 68. Terme qu'il assigne à cette colère, 70.

SENNEMONT (madame de), fameuse par ses intrigues, ses perfidies et ses calomnies, II, 86.

SENNETERRE (le vicomte de), I, 324.

SENNETERRE (Léon de). Son mariage avec mademoiselle Victorine Dawn, I, 335.

SENNEVILLE (le marquis de), modèle d'une amitié perfide, I, 328.

SÉNONES (l'abbé de). Son jugement sain, sa logique serrée au sujet des revenants, des vampires et des apparitions, V, 40.

SENONES, petite ville qui possédait jadis une abbaye de bénédictins réformés, et où l'on trouve maintenant de belles papeteries, XI, 413.

SÉNOSAN (madame de) fut détenue à la Conciergerie, VII, 216.

SENS. Ses remparts et ses promenades; la cathédrale, XXVI, 485. Curiosités que renferme cette basilique, 486. Exploitations industrielles de la ville; débris de monuments qu'elle possède; courage des Sénonois lorsque Brennus entra dans Rome, 488. Ils sont gouvernés par des comtes; titres que prenaient leurs archevêques; conciles tenus à Sens, 489.

SENSIBILITÉ (la). Exemples de l'affectation de ce sentiment dégénérant en ridicule, I, 312. Sorte de sensibilité qui détourne nos regards des malheurs d'autrui, III, 310.

SENSIER, joaillier, I, 337.

SEPRAIN, village remarquable par un minerai de bonne qualité, XI, 176.

SEPTÈMES (les gorges de), où l'on a construit plusieurs fabriques d'oxide et de soude factice, IX, 316.

SEPTIMANIE, nom que porta la Gaule narbonnaise, IX, 94.

SEPT-MONCEL, village du Jura, près duquel se trouve une forêt de sapins où l'on remarque un *écho singulier*, XI, 12.

SÉPULVÉDA, moine espagnol, composa un écrit pour prouver que le meurtre était permis contre les Américains, XIV, 63.

SEQUANIENS (les). Les guerres perpétuelles qu'ils soutenaient contre les Eduens étaient la source des inimitiés nationales des Jurassiens, XI, 36.

SERAN, ville de l'Anjou, devint la capitale de l'une des parties de cette province divisée par Charles le-Chauve, XXV, 379.

SERCEY (le contre-amiral), commandant une embarcation où se trouvaient des commissaires civils qui menacèrent l'Ile-de-France de ce typhus politique auquel avait succombé Saint-Domingue, XXII, 449.

SERCY, libraire de Paris, au dix-septième siècle, dont la boutique était fréquentée par des poetes, VI, 104.

SERENUS (Vibius), jeune Romain, dénonça son père comme ayant dressé des embûches à Tibère, XIV, 555.

SERGIS (M. de), victime de son ambition. Bonheur dont il jouissait au sein de sa famille, dans son château, VI, 179. Idées ambitieuses qui germent dans son ame; résultat de ses premières démarches, 181. Motifs qu'il donne à son ambition, 182. Désastres qui accablèrent sa maison, du moment qu'il eut atteint le faîte des honneurs, 184. Inquiétudes et soucis qui le dévorent; consolation froide et aride qu'il trouve au milieu de son infortune, 185. Ses funérailles, VII, 82 et suiv.

SÉRIGNAC, commune du département de Tarn-et-Garonne, où naquit le général Raymond, VIII, 478.

SÉRINGAPATNAM, capitale des états myzoréens, XVIII, xvij.

SERLON, évêque d'Alençon, fameux par sa haine contre les longues barbes et les longs cheveux qui étaient fort à la mode de son temps, XXV, 95.

SERPENTINE (la), torrent qui se précipite d'un rocher, XI, 42.

SERRE (M. de) fait des observations à la chambre des députés sur l'emprisonnement dont on menaçait les auteurs de delits politiques, XV, 60. Ses reproches à Mirabeau sur ce qui a fait de ce dernier un tribun factieux, XVI, 56 à 70.

SERRE-DU-BUIS, défilé situé entre les communes de Saint-Clément de Châteauroux dans les Hautes-Alpes, X, 251.

SERRES, commune des Hautes-Alpes, dont les habitants s'adonnent spécialement à la culture des vers à soie, X, 272.

SERRES DE LA ROCHE (M.), agronome, X, 271.

SERRUR (M.), peintre, né à Lille, XII, 276.

SERS, soldat gascon, devint chef de Marattes, et, revenu en France à l'époque de la révolution, porta sa tête sur l'échafaud, VIII, 82.

SERVAN (le général), né à Romans, IX, 459.

SERVAN, avocat-général au parlement de Grenoble, IX, 459.

SERVAN, l'un des amis de Voltaire, X, 459.

SERVET, évêque constitutionnel, VIII, 426.

SERVET, médecin et savant espagnol, condamné au feu pour certaines propositions que l'on taxait d'hérésie, XIV, 505.

SERVEY (mademoisèlle), jeune personne dont on fait les apprêts de mariage, III, 169.

SERVIÈRE (M. de La), écrivain couronné par plusieurs académies de France, XXV, 130.

SERVIÈRES (madame), artiste peintre. Son tableau de *Blanche de Castille, mère de Saint-Louis*, XXII, 114; celui de *Marguerite d'Ecosse et Alain Chartier*, 116.

SERVIN (Nicolas), estimable avocat, auteur d'une *Histoire de Rouen*, et d'un ouvrage sur la législation criminelle, XXV, 36.

SERVOIS (l'abbé), vice-président de l'académie de Cambrai, homme d'esprit, de goût, et de talent, XII, 66.

Sésanne (madame' de), nièce de madame de Lorys, amie de l'Ermite. Elle visite les catacombes avec ce dernier, II, 431. Sa fille reçoit du baron d'Apreville de tendres aveux qu'il croit adresser à elle-même; ils se reconnaissent et se promettent de s'épouser, IV, 356. Déconvenue qu'elle fait essuyer au jeune comte de Glaneuil, VI, 384.

Sésanne (M. de), colonel, parle du goût que les Russes ont pour le plaisir des montagnes de glace, VII, 101.

Sevaistre (MM.), manufacturiers de draps à Bernay, XIII, 113.

Sevaistre (M.), fabricant de draps à Elbeuf, XIII, 131.

Sévère est proclamé empereur par les légions d'Illyrie, X, 306.

Sévigné (madame de). Son jugement sur Racine, II, 12. Hôtel qu'elle occupait à Paris, VII, 243 Quelques réflexions sur le mérite de ses lettres et sur son caractère, XII, 467. Supériorité de ses épîtres sur toutes celles des femmes de l'Europe, XVI, 19.

Sévigné (le marquis de), XII, 460, 463.

Sevraise (la), rivière sur les bords de laquelle est situé le village des Andrieux dans les Hautes-Alpes, X, 223.

Sèvres, bourg à quelque distance de Paris, remarquable par une manufacture de porcelaines supérieures à celles du Japon et de la Chine, XXII, 411.

Sévry (M.), riche armateur de Dieppe, fit transporter en Angleterre, sur un de ses bâtiments, 150 prêtres réfugiés à Dieppe; il fut récompensé de cette bonne action par la confiscation de 18 bâtiments de commerce composant toute sa fortune, XXV, 37.

Sewrin (M.), auteur de vaudevilles, XXI, xiv.

Sextilia, vestale, périt victime de l'amour, XIX, 5.

Sey, renommé pour ses vignobles, XI, 488.

Seyfert (M.), peintre paysagiste. Son tableau d'une *Vue prise entre Géménos et la Sainte-Beaume*, XXII, 58.

Seynes (M. Alphonse de), dessinateur, IX, 195.

Seyssel (Claude de), savant évêque, prétend que le parlement a le droit de s'opposer au roi, si le roi ordonne une chose déshonnête, XIV, 298.

Seyssuel (la côte de), renommée pour ses vins, X, 22.

Sèze (M. de), VIII, 22.

Sforza (François) enchaîna la liberté de Milan, XIV, 206.

S'Gravesende, l'un des amis de Voltaire, X, 461.

Shaftbury, l'un des amis de Voltaire, X, 460.

Shakespeare, V, 281. Il s'entretient, dans l'autre monde, avec Racine, et loue le mérite des ouvrages de ce dernier, XVI, 170 et suiv. Il invite les poètes à présenter à la nature humaine un miroir où elle se voie tout entière, 362. Sa supériorité dans la poésie fondée sur la mythologie cabalistique, XIX, 318.

Shalomon, fameux rabbin, enseignait dans la ville de Lunel, IX, 151.

Sha-Zeman, prince mahométan, souverain des Abdalis, devint l'allié de Tippô-Saïb, XVIII, 94.

Shee (M.), ancien préfet du Bas-Rhin, XII, 80.

Sheridan, auteur dramatique anglais. Esquisse qu'il a tracée du caractère du nouvelliste, IV, 152. Mérite de son *Ecole de la médisance*, XX, 2.

Sibbald (M.), médecin de l'île Maurice, XXII, 460.

Sicard (l'abbé), instituteur des sourds-muets. Perfectionnements qu'il a apportés dans le système de l'abbé de l'Epée, II, 391; VIII, 433.

Sidney, Anglais attaché à la dynastie de Charles II, fut enveloppé dans la conspiration de *Rye-House*,'et périt sur l'échafaud, XIV, 325; XXIV, 188.

Sidonius Apollinaris livre la ville de Lyon à Théodore II, empereur des Visigoths, X, 307.

Sierck, bourg où l'on fabrique des alènes et des poinçons, XI, 502.

Sierra-Leone, rivière d'Afrique, à l'embouchure de laquelle les Dieppois forment des établissements, dont l'Angleterre se réserva la possession, XXII, 453; XXV, 19.

Sigalon (M.), peintre nimois, IX, 190.

Sigeric, roi des Visigoths, s'empare de la Saintonge, XXVI, 202.

Sigfrid, fils aîné de Sigismond. Ce dernier l'étrangle, à l'instigation d'une esclave qu'il avait épousée; Théodoric, roi des Ostrogoths, venge sa mort, XXVI, 448.

Sigismond, empereur. Son séjour au palais de Luxhof, à Strasbourg, XI, 259.

Sigismond, roi de Bourgogne, épouse une esclave qui le pousse au crime; il étrangle son fils Sigeric; son repentir; mépris dont il est l'objet de la part du peuple; il est attaqué par les fils de Clotilde, XXVI, 448. Livré par des moines, il est jeté dans un puits avec toute sa famille, 449; X, 308.

Sigovèse, prince gaulois, XIV, 558.

Silanus, Romain que son gendre Caligula força à se couper la gorge, X, 304.

Silberrad, Strasbourgeois distingué par ses connaissances variées, XI, 271.

Silence, Basque, habile joueur de paume, VIII, 135.

Silhouette (M. de), Basque, traduisit l'*Essai sur l'homme* de Pope, parvint au ministère des finances, et le quitta brusquement sans qu'on entendit plus parler de lui, VIII, 108.

Silli (l'ancienne abbaye de), où l'on trouvait une bibliothèque dont celle d'Alençon possède quelques débris, XXV, 110.

Silvanès, petite ville renommée pour ses eaux thermales, VIII, 482.

Silvange, village renommé pour ses belles poires, XI, 489.

Siméon (le baron), conseiller d'état, IX, 309, 310.

Simier, habile relieur, VI, 106.

Simon, ecclésiastique, l'un des deux habitants de Saint-Quentin, qui échappèrent au massacre de cette ville en 1557, XII, 8.

Simon (M. Victor), littérateur de Dunkerque, où il a fondé un salon d'exposition, XII, 322.

Simon (Richard), oratorien, auteur de nombreux ouvrages

qui attestent un vaste savoir et une patience inaltérable, XXV, 35.

SIMON (Denis), cardinal, né à Chartres, XXVI, 100.

SIMONET (l'abbé), l'un des ennemis de Voltaire, X, 459.

SINGIER (M.), directeur du théâtre de Nîmes, IX, 173.

SIN-LE-NOBLE, village où l'on voyait une abbaye de religieuses, XII, 156.

SIR-HENRY (M.), coutelier de la faculté de médecine. Quelques uns des produits de sa fabrique, XXII, 384.

SIROD (les rochers de), dans le Jura, à deux lieues de Nozeroy, XI, 8.

SIRVEN, que Voltaire arracha à l'échafaud, X, 457.

SISMOND-SISMONDI (M.), écrivain génevois, I, 10.

SISTRE (M.), dont le fameux sermon fit la réputation d'un curé de village, IX, 135.

SIXTE-QUINT, pape, fait l'apologie de l'assassin Jacques Clément, XIV, 61. Il lance une bulle contre Henri IV, où il le déclare incapable de régner, 508.

SIZELS (le chevalier), l'un des chefs des Chouans, XII, 554.

SLODTS, sculpteur, a qui l'on doit le monument élevé à Jeanne d'Arc, à Rouen, XIII, 159.

SMITH (Adam). Réfutations de la maxime fondamentale de son système sur la richesse des nations, XXII, 362.

SMOLENSK, ville de Russie, dans laquelle Napoléon entra vainqueur, II, 464.

SNAYER, célèbre peintre, dont le musée de Lille possède quelques ouvrages, XII, 246.

SOANEN, évêque de Senez, prélat distingué par ses vertus évangéliques. Son exil à la Chaise-Dieu, XXVI, 308, 349.

SOBIESKI (Jean), roi de Pologne, à la mort duquel Stanislas fut porté au trône, XI, 301.

SOCIÉTÉ (la). Parallèle entre celle d'aujourd'hui et celle d'autrefois, I, 122. Empire que les *vieilles* femmes y exerçaient, 123. Egards que l'on se doit mutuellement dans les lieux de réunion, 185. Physionomie mobile de la société, et progrès des arts de luxe observés à l'Opéra, 266. Avantages qui résultent pour la société du commerce des gens de lettres avec les gens du monde, II, 215. Conditions morales nécessaires au bonheur d'une société, IV, 54. Causes qui, dans l'état actuel de la société, s'opposent à ce que la plupart des mères nourrissent elles-mêmes leurs enfants, 236. Les mendiants de toute espèce sont également nuisibles à la société, 249. La table est souvent une occasion de réconciliation, V, 137. Civilisation de la friponnerie dans la société, et corruption qu'elle y propage, 260. Le commerce a pour elle de grands avantages, VII, 90. Sa frivolité et son esprit d'emprunt, 201. Lorsqu'une société se forme, ses membres contractent les uns envers les autres des devoirs indispensables, XIV, 2. Quel est le devoir universel des sociétés envers les individus; quel est leur crime, 3. Elles se rendent coupables des crimes qu'elles punissent, 4. Toute société doit concourir à la conservation de la vertu, de la liberté, de l'égalité, de la raison et de la justice; aucun de ses membres n'a le droit de commettre un crime pour sa propre conservation, 70. Les classes moyennes de la société sont toujours, et par-tout, les conservatrices des mœurs, 459. Au moment de la révolution, elle reposait, non sur la pratique des vertus, mais sur le respect des convenances, *ibid.*

SOCRATE. Ses efforts pour enseigner la sagesse aux peuples; peine à laquelle il fut condamné, XIV, 10. Douleur qu'excite son souvenir parmi les Athéniens, 319. Il accepte sa sentence de mort comme un acte de soumission aux lois de son pays, 406. Il meurt par suite de la cabale qu'avaient organisée Anytus et Aristophane, II, 120.

SOIE (la). Le secret de sa fabrication, perdu depuis long-temps, fut découvert par les moines; avant le cinquième siècle, tout ce qui regardait la soie était mystérieux, XXII, 416. Chez les Romains elle était l'apanage du luxe et de la débauche; elle a fourni à la peinture de riches nuances et des effets inconnus jusqu'alors; c'est en Chine que se trouve la soie la plus fine; tissus de soie française, 417. Améliorations à introduire dans les dessins de ces tissus, 418.

SOISSONS (le comte de). Ce qu'il dit à Joinville au milieu du carnage de la bataille de la Massoure, XIV, 488.

SOISSONS, ville qui fut le théâtre de quelques mouvements militaires en 1814, XXVI, 515.

SOISY (le château de), à quelque distance de Paris, où l'Ermite passe quelques moments, III, 189.

SOKOLNICKI (le général), commandant les Polonais qui, en 1814, payèrent un tribut d'hommages à la mémoire de Stanislas, duc de Lorraine, avant de retourner dans leur patrie, XI, 310.

SOLANDRES (la), petite rivière qui alimente plusieurs manufactures, IX, 56.

SOLANGES (madame de), épouse de l'ancien militaire Melcourt, et remarquable par toutes les qualités qui rendent une femme aimable, VII, 252.

SOLANGES (la baronne de), personne dont le premier soin a toujours été de faire parler d'elle; ses prétentions au titre d'auteur; manière dont elle passe ses matinées, V, 71.

SOLBACH, l'un des villages composant la paroisse du Ban-de-La-Roche, XI, 381.

SOLDATS (les). *Voyez* GUERRE.

SOLEIN, évêque de Chartres, prodigua ses biens, ses soins et sa vie pour réparer les maux que le peuple avait soufferts, XXVI, 112.

SOLIÉ, compositeur, acteur distingué de l'Opéra-Comique, XXI, xij. Sa supériorité dans l'opéra de *Milton*, 5.

SOLIGNAC (le lieutenant-général), retiré à la Baume, IX, 53. Bienfaits qu'il répand parmi les villageois des environs; bonheur qu'il goûte au sein de sa famille, 55.

SOLIMANI, chimiste, revendiqua l'invention de l'appareil d'Édouard Adam pour la préparation des eaux-de-vie, IX, 179.

SOLIO, architecte, continua les

travaux du château de Chambord, XXIII, 290.
SOLOGNE (la). Premier aspect de cette contrée, XXV, 472; XXVI, 5. Innocence primitive et honnêteté naturelle de ses habitants; leur ignorance et leur pauvreté, 6. Inutilité des exercices de mission parmi eux; exemple de leur honnêteté, 7. Moyens d'améliorer l'agriculture dans cette région, 9. Croyances superstitieuses des Solonais, 12. Cérémonies et divertissements qui accompagnent leurs noces, 13. Manière dont ils célèbrent les principales fêtes chômées, 15. Vestiges de féodalité que l'on trouve dans la Sologne, 20.
SOLTYKOW, l'un des favoris de Catherine II, XIV, 528.
SOMAIL, petit hameau du département de l'Aude, VIII, 460.
SOMMANVILLE, libraire, prit à ses gages l'académicien Du Ryer, IV, 203.
SOMMIÈRES, bourg remarquable par plusieurs manufactures d'étoffes de laine, IX, 155.
SOMMIERS, archevêque de Césarée, né à Saint-Dié, XI, 422.
SOMNAMBULISME (le). Scandale et niaiserie de cette jonglerie, mis à nu par une expérience que l'abbé Faria en fait dans une pension de demoiselles, III, 81 et suiv.
SONDRES (la source de) porte bateau dès sa naissance, et dont les eaux sont chaudes en hiver et froides en été, XXVI, 228.
SONNA-SINDI, ville des Indes, remarquable par de riches pagodes, XIX, 116.
SOPHIE, habitante du Bau-de-La-Roche, veuve et sans fortune, s'était chargée de neuf orphelins, et les élevait dans la piété et l'amour du travail, XI, 403.
SOPHOCLE est traîné devant un tribunal par ses enfants, XV, 48.
SORBIEN, maréchal-de-camp du vice-roi d'Italie, IX, 210.
SORCY, situé sur la rive droite de la Meuse, XI, 433.
SOREL (Agnès). Ses amours avec Charles VII, qu'elle rendit à l'honneur, II, 187. Elle introduit l'usage des diamants dans les bracelets et les colliers, III, 20. Son manoir de Mesnil qu'elle avait choisi pour être plus près de son royal amant, qui se trouvait à l'abbaye de Jumièges, et où elle mourut en couches, XIII, 218; XIV, 489; XXVI, 135.
SORÈZE, petite ville, doit son existence à une ancienne abbaye de bénédictins, et sa renommée à une école célèbre fondée en 1766, et dirigée par M. Ferlus, VIII, 476.
SORGUE (la), rivière, baigne les murs d'une ville du département de Vaucluse, IX, 234.
SORHAITS (M.), avocat distingué, VIII, 148.
SORNAY (le chevalier de), prototype des hommes qui font des dupes au jeu, V, 263.
SORRET (l'abbé). Son sentiment sur les missionnaires, leurs cérémonies, leurs opinions, leur intolérance, et leurs prédications, XVI, 199 et suiv.
SORRENDE, Basque, célèbre joueur de paume, VIII, 135.
SOTIATES (les), ancien peuple des Gaules, que le grand Jules fut obligé de combattre en personne, VIII, 352.
SOTS (les) peuvent se diviser en trois espèces, VI, 348; sont

d'autant plus dangereux qu'on les dédaigne davantage, 352; ont du caractère, *ib.*; leur empressement à poursuivre la fortune, dont ils épient toutes les chances, *ib.*; ont accru considérablement leur force numérique, XV, 250; dominent le monde, 251; sont ingrats et capricieux; ont fait triompher par toute la terre les idées les plus absurdes; éteignent chez les autres les dernières lueurs de raison, 252. Leur empire est fondé sur la fausseté des idées et des jugements, 253. Ils forment une masse contre laquelle s'amortissent les plus vigoureux efforts, 256.

SOTTEVILLE, célèbre par la saveur de ses laitages, XIII, 152.

SOUCHET, auteur d'une histoire du pays chartrain, XXVI, 117.

SOUFFLOT, célèbre architecte, fournit les dessins de la loge du change à Lyon, X, 366; du grand théâtre de cette ville, 379; XXVI, 471.

SOUFFREY DE CALIGNON, auteur d'une *Histoire des choses les plus nouvelles arrivées en France dans les années* 1587, 1588 et 1589, X, 98.

SOUILLAC (M. le vicomte de), gouverneur des établissements français dans les Indes, XVI, 13.

SOUILLAC, ville située dans le département de la Dordogne, XXVI, 256.

SOULE (la), l'un des trois cantons dont se compose le territoire des Basques français, VIII, 95.

SOULOISE (la), rivière sur le bord de laquelle sont situés les villages de Saint-Étienne et de Saint-Didier, X, 182.

SOULT (le maréchal) commandait les Français, à la bataille de Toulouse, en 1814, VIII, 386.

SOULT (le général), frère du précédent, VIII, 387.

SOUMET (M.), écrivain dramatique, I, 19; VIII, 432.

SOUPRE (M.), curé dans le département de la Gironde, et fondateur de quatre communautés de femmes, XVI, 236.

SOUQUET (M.), Nîmois, dont la maison fut rasée durant les troubles du Gard, IX, 165.

SOURDAC (le marquis de), grand amateur de mécanique, fit représenter dans son château la première tragédie à machines, mêlée de chant, qui ait été composée en France, et à laquelle on fait remonter l'origine de l'opéra, XIII, 108.

SOURDIS, directeur d'un manège, III, 169.

SOURIER (le), docteur de Sorbonne, né à Coutances, XXV, 313.

SOUTHEY (M), écrivain anglais, l'un des inventeurs de la *nature poétique*, XV, 228.

SOUVENIR (le). Caractère des impressions qu'il cause à l'âme, IV, 44.

SOUVRE (le commandeur de), personnage qui tenait la meilleure table de Paris, II, 12.

SPA, petite bourgade du pays de Liége, célèbre par ses eaux thermales, dont les sources ont été ouvertes par un prince de la confédération germanique, III, 230. Détails de la vie que l'on mène dans cet endroit, et des plaisirs qu'on y trouve, 233.

SPANET (M.), garde national de Marseille, blessé mortellement dans les scènes affreuses du

DES MATIÈRES.   461

mois de juin 1815, IX, 342.
Spano, Napolitain, condamné par Speziale, XIV, 556.
Sparte, république, resta libre tant qu'elle ne confia sa défense qu'à ses citoyens, XIV, 198. Les femmes y étaient libres et vénérées, 481.
Speklin (Daniel), l'un des plus habiles architectes du quinzième siècle, XI, 270.
Spencer (le comte de) fit imprimer à grands frais un seul exemplaire d'*Horace*, VI, 109.
Spencer Smith (M.), savant anglais, XXV, 226.
Sperburg (le château de), dont il ne reste plus que des ruines, XI, 279.
Speziale, Napolitain, ouvre dans Procida une boucherie de chair humaine, XIV, 556; devient membre de la junte napolitaine, 558. Jugements atroces qu'il rendit; massacres dont il se souilla, 561 et suiv. Plaisir qu'il éprouvait à tourmenter les malheureux détenus dans les prisons, 563. Imperturbabilité qu'il affectait dans l'exercice de sa magistrature, 564.
Spin (le), rivière, arrose la plaine au sein de laquelle est située la ville de Dieuze, XI, 294.
Spira, jésuite, fut mandarin à la Chine, XII, 179.
Spizelius, cité, XXIV, 182.
Sponde (Jean de), traduisit Homère et Hésiode, XXVI, 175.
Spontini, compositeur, I, 15. Mérite sa musique dans l'opéra de *la Vestale*, XIX, 53. Cabale dont il fut victime au théâtre Feydeau, 54. C'est par l'opéra de *Milton* qu'il commença sa réputation, XXI, 4; XXII, 259, 265, 275, 277.

Sporus, affranchi de Néron, proposa à ce dernier un asile dans sa ferme, XIV, 86.
Sprée (la), fleuve. Limites que les habitants de ses bords assignent à la liberté, XV, 41.
Squirre (Edouard) fut député en Angleterre pour y empoisonner la reine Elisabeth et le comte d'Essex, XVI, 125.
Stabia, ville détruite par une éruption du Vésuve, VI, 205.
Stabili (François), poete, brûlé vif, pour avoir professé dans ses vers l'astrologie et la philosophie, XIV, 506.
Stace, cité à propos d'une danse particulière aux Amazones, XIX, 182.
Stach tenta les premiers essais pour obtenir des verres bleus, XXII, 400.
Staeber, poete alsacien, XI, 273.
Stael (madame de), femme célèbre par ses écrits, I, 11. Ce qu'elle dit des avantages que procure la situation d'un pays libre, XIV, 72; de l'égalité civile, 74. Elle reproche aux Allemands de n'avoir pas assez de préjugés nationaux, 144. Ce qu'elle dit des guerres entreprises pour de simples intérêts politiques, 179; des établissements de charité de Hambourg, 356; de l'aversion des tyrans pour les occupations de l'esprit et l'indépendance philosophique, 521. Elle dit que l'homme trouve les éléments de son propre malheur dans l'accumulation de la pensée, XV, 250. Ses réflexions sur l'inconstance du système politique en France, XVI, 99 à 116. Ce qu'elle dit des avantages que la suppression des maîtrises et des jurandes fit

reprendre au commerce et à l'industrie, XXII, 326. Caractère de son roman de *Delphine*, XXIII, 23. Elle a concouru à decréditer le roman épistolaire, 24.

STALFORD (le vicomte de), membre catholique de la chambre haute, fut conduit à la mort sur la déposition de faux témoins, XIV, 324.

STANISLAS, roi de Pologne, duc de Lorraine, X, 459. Son éducation; vœux et suffrages qui le portèrent au trône de Pologne, XI, 301. La fortune l'en fait descendre, et ce n'est qu'après de longues instances qu'il consent à y remonter, 302. Bientôt il le quitte, et va se fixer dans la Lorraine dont il accepte la souveraineté jusqu'à sa mort; amour qu'il avait pour ses nouveaux sujets; le jour même de son arrivée, il travaille à pourvoir à leurs besoins, et repousse les importuns hommages des courtisans, 303. Bienfaits, établissements de toute nature que lui doit la Lorraine, 304. Il favorise l'éducation publique, et lui donne de nouvelles formes; cultive lui-même les lettres, et répond à un discours de Rousseau, 305. Franchise, douceur et gaieté qui régnaient à sa cour; il prend sous sa protection les enfants de son rival, Frédéric-Auguste, chassé de la Pologne, 306. Sa dévotion minutieuse dans sa vieillesse, 307. Affreuse catastrophe qui termina sa vie; résignation et gaieté qu'il montra dans ses derniers moments, 308. Son tombeau dans l'église de Bon-Secours, située près de Nanci, 309. Hommages que les guerriers polonais rendirent à sa mémoire, en 1814, avant de retourner dans leur patrie, 310. Son séjour au château de Ménars, XXVI, 19; à Chambord, 49.

STASSART (M.), ancien préfet de Vaucluse, IX, 221.

STEELE, écrivain, moraliste observateur, I, 24.

STÉHELIN (M.), propriétaire d'un haut fourneau à Bitschwiller, et à Willer, XI, 209.

STFIBELT, compositeur distingué, VI, 225.

STEIR (le), ruisseau, prend sa source à quelques lieues de Quimper, et traverse trois communes rurales qu'il fertilise, et sur lesquelles il fait mouvoir quelques usines, XII, 538.

STELLA, peintre distingué, X, 384.

STERNE, écrivain anglais. Incohérence d'idées, de sentiments, d'observations que l'on remarque dans ses voyages, IV, 191. Il peut être regardé comme le père de la nombreuse famille des voyageurs sentimentaux, VIII, 9. Il n'usa du roman que pour peindre, sous des traits fantastiques, les bizarreries du cœur humain, XXIII, 19.

STEUBE (M.), peintre. Son tableau de *Pierre-le-Grand*, XXVII, 34.

STUAL (de), l'un de ceux qui préparèrent la grande révolution qui s'est opérée dans la doctrine chimique, XXII, 352.

STILICON, patrice. Par suite de sa perfidie, Strasbourg tombe au pouvoir des Bourguignons, des Allemands et des Vandales, XI, 240. Après avoir trahi l'empire, il rentre dans la Lyonnaise avec les Bourguignons et d'autres peuples, XXVI, 445.

STOCK, chef d'anabaptistes, XI, 284.

STOCGRAD, le premier qui annonça le secret de peindre des camaïeux sur toiles, et de les orner de fleurs d'or ou d'argent, XXII, 368.

STOWE (John), auteur et tailleur anglais, a laissé des monuments précieux sur les modes de son pays, III, 21.

STRASBOURG. Aspect des campagnes qui conduisent à cette ville en sortant du Haut-Rhin, XI, 229. Noms divers qu'elle porta jadis, 237. Origine de celui qu'elle porte maintenant; sa fondation, 238. Devenue le quartier d'hiver des Romains sur la ligne du Rhin, elle est détruite par Julius Trévirien; obtient le droit de cité romaine après avoir été rétablie par Trajan; est désolée à plusieurs reprises par divers fléaux; rentre sous la domination romaine, 239. Tombe au pouvoir des Bourguignons, des Allemands et des Vandales; est détruite par Attila, qui est vaincu à son tour par Mérovée; elle passe sous la domination de Clovis; importance et tranquille prospérité dont elle jouit sous les rois francs, 240. Son indépendance des ducs et des comtes qui gouvernaient l'Alsace; nouveaux désastres qu'elle essuya; elle est ravagée en 1349 par la peste que les habitants attribuent aux juifs, et, par vengeance, ils brûlent un grand nombre de ces derniers, 241. Elle essuie de nouvelles dévastations de la part des Bretons et du marquis de Bade; les nobles et les bourgeois déposent leurs haines réciproques; fixent d'une manière invariable la forme du gouvernement, 242. Les privilèges de Strasbourg sont reconnus comme droits par le traité de Westphalie en 1648, 243. Elle perd en 1681 son indépendance, et est bientôt réunie à la France, 244. Accroissements que sa prospérité reçut à cette époque; la révolution double les progrès de son industrie, 246. Prééminence qu'obtient la langue française, sur-tout dans les réunions les plus distinguées; dialecte allemand en usage à Strasbourg, 247. La citadelle et les fortifications, 249. Etablissements que le Rhin alimente dans cette ville, 251. La presqu'île de la Robertsau, ibid. Le jardin Baldner; le polygone, dont le terrain a été concédé spontanément par les habitants, 253. Obélisque que l'on y a élevé en l'honneur de Kléber; monument que l'on avait commencé à élever au général Moreau; promenades aux environs de Strasbourg, 254. Monument élevé au général Desaix; aspect intérieur de Strasbourg, de ses maisons et de ses édifices; la cathédrale, 255. La tour de cette basilique, 257. Intérieur de cette église; le château royal, 258. L'hôtel de la préfecture, l'hôtel-de-ville; celui des Deux-Ponts; le bâtiment appelé Luxhof; l'église de Saint-Etienne, 259. L'école d'artillerie; la fonderie de canons, 260. L'arsenal; l'église de Saint-Pierre-le-Vieux; celle de Saint-Pierre-le-Jeune; celle de

464 TABLE GÉNÉRALE

Saint-Thomas; monument que l'on remarque dans ce temple, 261. Industrie strasbourgeoise; la culture et l'exploitation du tabac, 264. Le palais de justice; goût des Strasbourgeois pour les belles-lettres et les arts, 265. Origine de l'académie de Strasbourg, et priviléges dont elle a joui; le séminaire protestant, 266. Richesses que possède l'académie de cette ville, 267. Les bibliothèques publiques, 268. Littérateurs et artistes distingués nés à Strasbourg, 270, 273. Agglomération singulière que présente sa population, 274. Caractère des Strasbourgeois, 275. Aspect des environs de Strasbourg, 279. Goût des Strasbourgeoises pour la walse; particularités sur l'origine de la maladie appelée danse Saint-Guy, 283.

STUART, général anglais, commandant l'armée du Malabar, qui marchait contre Tippô-Saeb, XVIII, xvj.

STUBER (M.), ancien pasteur du Ban-de-La Roche dont il avait commencé la régénération, achevée par le pasteur Oberlin, XI, 390.

STUENBEN, peintre. Son tableau de *Saint-Germain*, XXII, 83.

STULZELBROUN, où l'on voit des sources sulfureuses et bitumineuses qui ont beaucoup de vertus, XI, 491.

STURM (Jean), sous les auspices duquel furent établis en 1537 à Strasbourg une société littéraire et un gymnase, XI, 265.

SUARD, secrétaire perpétuel de l'académie française, XI, 125.

SUBLIGNY, personnage qui s'attacha à parodier quelques tragédies de Racine, II, 13.

SUBOW (Platon), l'un des favoris de Catherine II, impératrice de Russie, XIV, 528.

SUBSTANTION, ancienne ville bâtie par les Romains, IX, 93.

SUCHET (le maréchal), II, 463; X, 417.

SUCHET (M.), l'un des propriétaires qui s'occupent le plus particulièrement de perfectionner la race des chevaux français, XXV, 92.

SUDRÉ (M.), peintre albigeois, élève de David, IX, 7.

SUÈDE (la) se trouve dans un état affreux de dépopulation à la mort de Charles XII, XIV, 170. Ignorance où elle était de toute industrie; révolution que l'industrie opéra bientôt sur son sol, XXII, 299.

SUÉTONE, cité à propos de l'invraisemblance de ses récits, XIX, 177.

SUEZ, ville d'Égypte, III, 384.

SUFFREN (le bailli de), célèbre amiral, auquel Hyder-Aly-Kan, rajah de Mysore, accorda son estime et son amitié; il dut le succès de la plupart de ses entreprises à l'empressement des créoles des îles de France et de Bourbon, II, 10; XVIII, xiij; XXII, 448. C'est lui qui en 1782 s'empara du port de Trinquemale, 453.

SUGER, abbé de Saint-Denis, fut économe des deniers publics lorsqu'il devint ministre, et rétablit l'ordre dans l'administration, XIV, 123.

SUICIDE (le), jugé relativement à l'inconvenance de son à-propos, IV, 113. Exemples de ce suicide, 116. Il y a toujours un faux calcul à se suicider, 119. Il est presque toujours une action courageuse, mais jamais une bonne action, 122. Le suicide est un des fléaux auxquels la société reste plus particulièrement en proie, XIV. 468. C'est une action blâmable, ou du moins la conséquence d'un faux raisonnement; il est occasioné souvent par un excès de démence, XVI, 192. Il a sa source dans une disposition pléthorique du corps social, 193.

SUIDAS, historien romain, accusa Socrate d'avarice, XV, 48; XVIII, 131.

SUISSES (les) trafiquent de troupes mercenaires, XIV, 197. Leur industrie a reçu de grands développements du concours des protestants, XXII, 302. Ils perfectionnèrent l'impression sur toile, 368.

SULLY, ami et ministre de Henri IV. Bois immenses qu'il vendit pour aider son maître à conquérir son trône, XIII, 17. Les trésors qu'il défendait n'auraient pas été pillés à la mort de Henri IV, si le gouvernement constitutionnel eût existé, XIV, 94. Il fut irréprochable dans sa longue administration, 124. Il soutenait que les princes ne renvoyaient jamais leurs ministres pour les fautes que ces derniers auraient commises, 233. Sagesse avec laquelle il administra les finances du royaume, 383. Ses remarques sur le système politique des trois races qui composent la suite des rois de France, 522. Forme de gouvernement qu'il propose pour le bonheur des peuples; causes qu'il assigne à la ruine et à l'affaiblissement des monarchies, 548. Dialogue dans lequel il expose les difficultés des temps où il était ministre, le plan qu'il a suivi, les efforts qu'il a tentés pour procurer et affermir le bonheur des Français, XVI, 71 à 82. Son attitude auprès de son maître, lorsque celui-ci fit son entrée à Paris, XXII, 16.

SULPICIUS, tribun, se mit à la tête des sicaires que Marius avait déchaînés, XVIII, 221.

SULZEMALT, où se trouvent des eaux minérales qui ont une certaine réputation dans le pays; situation de ce village où l'on voit aussi une filature de coton, XI, 213.

SUMÈNES, ville du département du Gard, IX, 210.

SUNDGAU (le), pays dont Béfort était la capitale, XI, 172.

SUPERSTITION (la) a enfanté des coutumes bizarres, déshonnêtes ou cruelles, XIV, 503.

SUPPLICES (les). Motifs de leur invention, XIV., 262. Leurs divers genres, 263. Leur douceur contribue à l'amélioration des mœurs, 264. La torture est le seul moyen de sauver les coupables et de perdre les innocents, 266. Les Français l'ont abolie les premiers, mais les Anglais la maintiennent encore, 268. Causes qui souvent entraînent avant le jugement la punition des innocents, 269. Cas où le prisonnier peut être condamné au secret, châtiment contraire aux droits de l'humanité, 270. La mise à prix des têtes est presque toujours abandonnée à l'arbitraire d'un suppôt de justice, 271. La peine capitale ne peut être infligée par la justice, 273. Elle n'a d'effroyable que sa pompe; on y dévrait substituer d'autres châ-timents, 275. Elle ne devrait pas atteindre les crimes politiques et de convention, *ibid.* Nécessité d'un délai raisonnable entre la condamnation et le supplice, 276. Les peines ne sont infligées ni dans l'intérêt de l'autorité, ni dans un esprit de vengeance, 370. Une peine juste infligée dans le secret est un acte de vengeance, 371. La justice ne doit point établir de distinction dans la répartition des peines, 515.

Sûn (la), rivière qui se jette dans la Moselle, XI, 468.

Surcouf (M. R.), armateur de Saint-Malo, distingué par ses hauts faits dans l'Inde, XII, 400.

Survanz, l'un des meurtriers du roi Salomon, se crée lui-même comte de Rennes, XII, 443.

Surville (Clotilde de), célèbre par sa galanterie, et les poésies de Wanderbourg, II, 183.

Surville, position qui fut le théâtre de quelques opérations militaires en 1814, XXVI, 537.

Suse (madame de la), célèbre par sa galanterie, II, 183.

Susquéhanna (la), fleuve qui arrose et fertilise plusieurs plaines de la Pensylvanie, XXIV, 300.

Suzon (la), rivière dont les eaux baignent la ville de Dijon, XXVI, 440.

Swertius, cité, XXIV, 182.

Swift, écrivain anglais, fit sentir le ridicule qui s'était peu à peu glissé avec l'arbitraire au sein d'une religion divine, X, 460; XIV, 11. Son opinion sur la légitimité du mensonge politique, XVI, 421.

Swinburne, voyageur célèbre, cité à propos de la magnificence des édifices des Maures, XIX, 238.

Sydenham meurt dans une maison de détention, XV, 53.

Sydney-Smith (sir), commandant anglais, en 1793, se réserva la destruction des chantiers, des magasins et des arsenaux de Toulon, IX, 373.

Sylla enseigne aux généraux romains à violer l'asile de la liberté, XIV, 206. Remords qui le déchirèrent dans ses dernières années, 321. Son caractère public; il passe ses premières années au milieu des discordes civiles, XVIII, 220. Elan qu'il propage dans les camps; ses nombreuses victoires; il obtient le commandement des troupes envoyées contre Mithridate; ramène son armée à Rome, 221; s'empare de Préneste, en extermine tous les habitants, et revient à Rome où il se proclame dictateur universel; sang-froid avec lequel il parcourut la carrière des proscriptions; il croyait ne pouvoir réveiller dans l'esprit de ses concitoyens le sentiment de l'existence que par la douleur et les supplices, 222; il abdique; influence favorable que Montesquieu attribue à son despotisme et à sa tyrannie, 223. Il se croyait protégé par son génie; son éloquence, 224. Traits auxquels se décélait l'amertume de son ame; amour que ses soldats avaient pour lui; chacune de ses paroles avait force de loi; caractère de sa superstition, 225. Ses succès constants dans les armées; il fut le nouveau législateur de Rome, 226. Rapprochements entre son caractère et son système politique et ceux de Napoléon, 227.

Siron, bourg de la Franche-Comté, remarquable par des forges importantes, qui forment une petite population, XI, 39.

T.

Tabaret (M.), vieillard respectable et riche propriétaire, qui, pour se soustraire à un mandat d'arrêt lancé contre lui par *mesure de haute police*, avait cherché une retraite sur le toit d'une maison, d'où on le fit descendre en tirant sur lui plusieurs coups de fusil, X, 19.

Tabouna. *Voyez* Wolfstein.

Tacite regarde comme une guerre légitime celle qui est entreprise dans le dessein de reculer les bornes de l'empire, XIV, 180. Loue Drusus d'avoir entretenu la discorde parmi les Germains, 181. Peinture qu'il fait de la société à Rome, sous Tibère, 250. Il retrace le caractère féroce des successeurs des Bructères, XVI, 424. Il ne saurait être mis au premier rang des écrivains philosophes et des amis de l'humanité, 425.

Taconet, acteur comique, II, 203.

Taffin (M. Pierre), procureur-général du conseil provincial du Hainaut, fit beaucoup de sacrifices pour l'exploration des houilles d'Anzin, XII, 104, 177.

Taffin de Sorel (M.), savant jurisconsulte, président de chambre à la cour royale de Douai, XII, 104.

Taffin d'Heursel (M.), l'un des régisseurs des houilles d'Anzin, XII, 104.

Taillebourg, lieu célèbre par la victoire que Louis IX y remporta sur les Anglais, XXVI, 203.

Taillefer (le comte Wlgrin de), antiquaire. Ses conjectures sur l'ancien amphithéâtre de Périgueux, XXVI, 235.

Talbot (le général). La maison qu'il occupait à Pontoise, lorsque Henri IV s'empara de cette ville, III, 193.

Talbot (Robert), Rouennais, subit la peine de mort pour un crime dont il était innocent, XIII, 164.

Talbot construisit en 1430, lorsqu'il était gouverneur de Falaise, le donjon de cette ville, XXV, 83.

Talleyrand (le prince de). Son système politique, XXVI, 144. Parallèle entre son caractère et celui du cardinal de Richelieu, 145.

Talma, célèbre tragédien, I, 15. Sa supériorité sur Le Kain dans la dernière partie du rôle d'Oreste, d'*Andromaque*, II, 98. Ses manières aimables en société, III, 111. Enthousiasme avec lequel il fut accueilli à Toulouse, VIII, 404. Ses tentatives pour élever un tombeau à la fille du poète Young, IX, 109. Talent avec lequel il remplissait le rôle de Tippô-Saeb de la tragédie de ce nom, XVIII, 103. Son attitude et sa supériorité dans le rôle de Sylla de la tragédie de ce nom, 234. Sa maison de campagne à Brunoy, XXVI, 543. Quelques unes de ses réflexions sur les classiques et les romantiques, 544; sur le genre de déclamation qu'il avait adopté dans ses premiers débuts sur la scène, et les améliorations qu'il y apporta, 545.

TALMONT (le prince de) fit des prodiges de courage à l'attaque du Mans en 1793, XXV, 367.

TALON (M.), fabricant à Rouen, XIII, 184.

TALVAS (les), personnages fameux par leur cruauté, et qui ont habité le palais des ducs d'Alençon, XXV, 121.

TAMERLAN. Son passage fut annoncé par des lueurs sinistres, XIV, 170.

TANCARVILLE (Raoul de), d'abord gouverneur, et ensuite chambellan de Guillaume-le-Conquérant, fondateur de l'église contiguë à l'abbaye de Saint-Georges, XIII, 215. Ses dissensions avec le sire d'Harcourt, 223. Les ruines du château de Tancarville, 224, 231.

TANCRÈDE, guerrier célèbre, XXV, 313.

TANJAOR (le royaume de), XXII, 453.

TANNEGUY DU CHATEL, grand-écuyer, avança la somme nécessaire pour les funérailles de Charles VII, roi de France, X, 103. Il frappa Jean-sans-Peur au moment où celui-ci allait s'emparer du Dauphin, XXVI, 462.

TANNEGUY-LEFEBVRE, prêtre catholique, ministre protestant et critique célèbre, XXV, 237.

TANNERIE (la) est un des besoins physiques de l'état social où les Français sont approchés le plus près et le plus vite de la perfection; son origine remonte au berceau de la civilisation; il n'y a pas un siècle qu'elle était encore dans l'enfance, XXII, 386. Entraves qui arrêtèrent ses progrès, 387. Elle reçut un mouvement rapide de l'abolition du droit de marque en 1790; extension donnée à cette branche d'industrie, 388. Nouveau système adopté pour la tannerie, 389. Introduction en France de la fabrication des cuirs de Hongrie, 390.

TARASCON (le château de), où l'on renouvela en 1795 le crime épouvantable de la glacière d'Avignon, IX, 283.

TABAYNE (le général), XIV, 569.

TARBES. Sa situation au milieu d'une plaine fertile; noms que cette ville porta successivement; son aspect intérieur; ses édifices publics; son commerce, VIII, 201. Indifférence de ses habitants pour la littérature et les arts; personnages célèbres dont elle s'honore, 202.

TARBÈS (M.), médecin distingué, VIII, 432.

TARDE (Jean), géographe mathématicien du seizième siècle, IX, 21.

TARDIEU, graveur, I, 14.

TARDIEU (M.) occupe un des premiers rangs parmi les notables de Marseille, et se distingue autant par ses qualités morales que par son profond savoir, IX, 355.

TARDIEU (M.), peintre, a fait de Rouen sa patrie adoptive, XIII, 202. Son tableau de *Jean Bart à Versailles*, XXII, 49.

TARDIF (M.), fabricant de dentelle à Bayeux, XXV, 250.

TARENTE (le duc de). Ses opérations militaires en 1814, XXVI, 510.

Tarif Abenzarca commandait les Maures lorsqu'ils remportèrent une victoire sur les Visigoths, XIX, 291.

Tarlier (M.), habile musicien, né à Douai, XII, 192.

Tarn (le saut du), célèbre par le tragique souvenir des amours d'Adrienne et Saho, IX, 4.

Tarn-et-Garonne (le département de). Fertilité et productions de son sol; ses principales villes, VIII, 339. Importance des moindres bourgs aux environs de Montauban; influence qu'exerce sur les habitants l'esprit de ceux qui leur sont préposés, 340. Patois de ces bourgades, ibid. Cérémonies des noces des villageois protestants, 341. Usages qu'observent les paysans aux neuvaines et anniversaires de décès, 342. Force de l'amour augmentée chez eux par la différence des religions; leurs prétextes de mariage, 343.

Tarquinpol, village situé dans une petite île, et où l'on rencontre de nombreuses antiquités, XI, 295.

Tartares (les) observent rigoureusement les droits de conquête qui les assimilent à des assassins, XIV, 138.

Tartas, ville assez importante des Landes, VIII, 77.

Tarte-y-Fume, bourgade de la Saintonge, XXVI, 221.

Tasse (le). Parallèle qu'il établit entre l'Italie d'aujourd'hui et celle des anciens Romains, XV, 203.

Tassin, moine distingué par sa science, auteur de l'*Histoire littéraire de l'ordre de Saint-Maur*, XXV, 159.

Tastu (madame Amable), connue par des poésies qui lui assignent un rang distingué parmi les femmes poètes, XI, 508.

Tatihou (l'île), que l'on distingue du sommet du mont Pernelle, XXV, 277.

Tatius, roi des Sabins. Fête qu'il établit en l'honneur de la déesse de la force, et qui donna naissance à ce que nous appelons étrennes, I, 398.

Tau (la montagne de), faisant partie des Pyrénées, VIII, 239.

Taunay (M.), statuaire. Son buste de *M. Ducis*, XXVII, 41.

Tauzein (M.), l'un des principaux apprêteurs de toiles à Saint-Quentin, XI, 15.

Tavaux, village de la Franche-Comté, nouvellement incendié, XI, 98.

Taylor (l'évêque), l'un des amis de Voltaire, X, 461.

Tectosages (les), anciens habitants de Toulouse, VIII, 422.

Tedenat (M.), ancien recteur de l'académie universitaire de Nîmes, IX, 189.

Teissier (M.), savant dont les soins infatigables firent prospérer le troupeau de race espagnole que Louis XVI avait introduit en France, IV, 263.

Teissière (M.), à qui la population du bourg d'Oyssans doit l'établissement d'une école à la Lancastre, X, 275.

Téléphe, grammairien, auteur de l'*Art des bibliothèques*, I, 352.

Teil (Guillaume), fondateur de la liberté helvétique, XIV, 439.

Tellier, jésuite, confesseur de Louis XIV, né à Vire, XXV, 181.

Témoins (les). Conditions qu'ils devaient réunir à Rome, XIV, 331. Dans certains pays, les délateurs, les agents provocateurs, les espions, ne sont pas entendus en justice comme témoins, mais simplement pour fournir des renseignements, 334. Dans les accusations pour délits politiques, les agents salariés de l'autorité ne doivent pas déposer comme témoins, *ibid.*

Temple (lord). Remarque qu'il fait sur la marche rétrograde des affaires en Angleterre, XV, 201.

Templemars, village situé dans la Flandre française, et auquel des chroniqueurs attribuent une origine romaine, XII, 223.

Temps (le). La lecture des livres qui traitent de son emploi est un des moyens de le perdre, V, 67. Il ne perd rien quoique bien des gens cherchent à le tuer; il est l'ami de l'homme laborieux, VII, 23; jamais il n'est neutre, 25. Manières de l'employer, 26. Il n'est point à charge à celui qui sait goûter les plaisirs de l'esprit, 27; détruit les impressions défavorables aux objets sur lesquels il a passé, 121.

Tencin (madame du), d'abord chef d'une cabale financière, et ensuite d'une cabale littéraire pour le succès de ses romans, II, 125. Son mérite dans le genre romantique, XXIII, 13.

Tencin (le cardinal de), né à Embrun, X, 249. Il présida le concile provincial qui condamna Soanen à l'exil, XXVI, 308.

Tende (le comte de) refusa d'exécuter l'ordre donné par Charles IX de massacrer les huguenots, XIV, 208.

Tendon, (M. Auguste), auteur de fables estimées, IX, 135.

Tendon, village des Vosges. Sa position pittoresque; aspect riant du chemin qui remonte le long de la vallée en sortant de ce village, XI, 371. Approches de la cascade de Tendon, 372. Description de cette cascade, 375. Caractère des habitants de cette contrée, 376.

Ténériffe (le pic de), volcan fameux, II, 26.

Tercy (madame de), née Ménageot, auteur de plusieurs romans agréables, XI, 39.

Térence. Défaut d'exception où il est tombé dans une de ses comédies, XX, 287.

Terilles, cité, XXIV, 183.

Termes (les), l'une des familles qui ont fondé en Auvergne des associations volontaires où l'égalité de chacun est soumise à une loi commune, XXVI, 314.

Ternaux (M.), à qui l'on doit l'importation des chèvres du Thibet, XXII, 358. Produits des manufactures de MM. Ternaux, 360; XIII, 87.

Terrage (la baronne du), personnage cité dans le roman de *Cécile*, XXIV, 130.

Terray (l'abbé) pose la première pierre de l'hôtel des monnaies, III, 408. Difficulté avec laquelle il remplit un emprunt qu'il avait fait, XIV, 395. Son opinion sur le système de la dette publique, 396.

Tlaheri, juge napolitain, accusé par Vanni, XIV, 567.

Terrier de Montciel, ancien ministre de Louis XVI, vieil-

DES MATIÈRES. 471

.lard vertueux et savant, XI, 101.

TESSAN (M. Dortel de), sous-préfet de Lodève. Sagesse de son administration pendant les réactions de 1815, IX, 60.

TESSIER (M.), riche parfumeur de Paris, I, 149, 337.

TESSIER DE MARGUERITTES, député à l'assemblée constituante, IX, 185.

TESTE (le général), IX, 210.

TESTE (M. Baptiste); frère du précédent, orateur éloquent et courageux, IX, 210.

TESTELIN-WARESQUELLE (M.), commerçant de Lille, XII, 266.

TISIU-BRISSY (M.) exécuta une ascension équestre, VI, 120.

TÉTRICUS, l'un des prétendants à l'empire, ruine la ville d'Autun, XXVI, 419.

TEULON (M.), protestant de Nîmes, dont la maison fut démolie pendant les troubles du Gard, IX, 157.

TEUTATÈS, divinité gauloise à laquelle on sacrifiait des victimes humaines, XIV, 37.

TEUTONS (les), barbares qui menaçaient l'empire romain, sont détruits par Marius, IX, 291.

TEVENIN, fameuse courtisane, II, 197.

THALESTRIS, amazone, XIX, 178.

THANN. Sa position; privilèges dont cette petite cité jouissait autrefois; l'église de Saint-Théobald, XI, 202. Ses nombreuses manufactures; qualités de ses vins, 203.

THAU (l'étang de), où pénètre le canal du Languedoc, VIII, 463.

THÉAGÈNE, prototype de ces ministres faux dévots qui veulent tout asservir à l'autorité spirituelle, et ne font que propager l'hypocrisie et tous les vices qu'elle cache, XV, 282.

THÉATRES (les). Leur situation en 1814, V, 11. Les anciens foyers des grands théâtres, 152. Influence du parterre sur le sort des pièces, 156. Difficulté de la police des spectacles, 157. Intrigues des foyers actuels, 158. Avantages qu'y trouvent les jeunes acteurs et les auteurs, 159. Le théâtre n'est point une école de mœurs, 281. Nature du danger du spectacle, ibid. Il ne présente pas un tableau fidèle des mœurs des nations; ce qu'étaient, à cet égard, les représentations dramatiques chez les anciens, 282. Le théâtre est plutôt le miroir des mœurs, 283. Défaut de style et de noblesse dans les théâtres de Paris, 284. Nécessité d'un ministère spécial chargé de favoriser l'éclat de nos théâtres, 286. Cause de leur solitude momentanée, VII, 202. Niaiserie de ceux qui vont y chercher des allusions forcées, XVI, 368 à 374. Influence du théâtre, en France, sur l'opinion, XVIII, 119. Cause de la vérité dans le système théâtral, 230. Les différents genres de comédie, 231. La tragédie de caractère, 232.

THÉLÉSIS, roi des Bulgares, accueille la famille de Bélisaire, et se prépare à marcher sur Byzance, après plusieurs avantages qu'il a remportés sur les Romains, XVIII, 122.

THELU-VANDALLE (M.), commerçant de Dunkerque, XII, 324.

THÉMINES (le chevalier de), né à Béziers, VIII, 466.

THÉMISCIRE, ville, était l'un des trois siéges du royaume des Amazones, XIX, 181.

THÉMISTOCLES cherche vainement à assurer aux Athéniens la supériorité sur la Grèce, XIV, 287. Il est exilé, XV, 48.

THÉNARD, savant distingué, I, 13.

THENNIÈRES (M. de), personnage cité dans le roman de *Cécile*, XXIII, 251.

THENON, village du Périgord, au-delà duquel les campagnes présentent un aspect assez riant, XXVI, 248.

THÉODEBERT, roi d'Austrasie, est massacré par Théodoric, roi de Bourgogne, et son frère, XI, 337.

THÉODORA, dame romaine, fameuse par la dissolution de ses mœurs, XIV, 482.

THÉODORA, impératrice, conduit avec Narsès l'intrigue par l'effet de laquelle Bélisaire fut jeté dans les fers, XVIII, 121. Lorsque le peuple de Bysance se révolte pour délivrer Bélisaire, elle chasse de la ville ce héros après lui avoir fait brûler les yeux, 122.

THÉODORE (saint), fondateur du monastère et du bourg de Montauriol. Droits de *prélibation* auxquels prétendaient les moines ses successeurs, et dont ils usèrent un peu trop largement, VIII, 324.

THÉODORE II, roi des Visigoths, auquel Sidonius Apollinaris livra la ville de Lyon, X, 307.

THÉODORE, jeune enthousiaste que l'Ermite rencontre à Epinal, et qui lui esquisse rapidement le tableau des sites variés que présente le département des Vosges, XI, 326 et suiv.

THÉODORIC, roi de Bourgogne, massacre son frère Théodebert, roi d'Austrasie, et Romulphe, XI, 337. Il brûle la ville de Chartres, XXVI, 114.

THEODORIC Ier est le premier qui porte le titre de comte de Châlons, et règne également sur Mâcon, XXVI, 402.

THÉODORIC, roi des Ostrogoths, venge la mort de son petit-fils Sigeric, XXVI, 448.

THÉOLE (la rivière de) divise en deux parties la ville d'Issoudun, XXVI, 373.

THÉOLOGIENS (les) ont écrit presque tous sur des objets de croyance, ou de discipline, mais la plupart ont négligé la morale, XIV, 28.

THÉOPHILE, personnage exaltant tous les partis suivant l'occasion, VI, 305.

THÉOPHRASTE, le plus ancien observateur moraliste, IV, 220. Ce qu'il dit de l'avantage des lettres, VI, 300.

THÉOPOMPE accuse Socrate de mensonge, XV, 48.

THERMES (les), endroit situé aux portes de Paris, et remarquable par l'ancien établissement des montagnes russes, VII, 104.

THERMES (le chevalier des) se bat en duel, à Bagnères, avec M. Outis, VIII, 216.

THERMODON (le), rivière, sur les bords de laquelle était la ville de Thémiscire, XIX, 181.

THERMOPHILE, modèle des baigneurs, IV, 154. Ses débats avec l'aumônier d'un vaisseau sur les bains des anciens, 155.

THÉROUANE, ville que Binnecourt épargna en 1553, XI, 479.

THERY-BONTE (M), commerçant d'Armentières, XII, 294.

THESAC, renommé pour ses vignobles, VIII, 292.

THÉSAN (la famille baronniale), admise aux états du Languedoc, IX, 97.

THÉSÉE emmène prisonnière à Athènes, Hippolyte, reine des Amazones, et défait celles-ci qui ravageaient l'Attique, XIX, 181.

THÉVARD, inventeur des glaces coulées, XXII, 404.

THEVENEAU, poete. Quelques-uns de ses vers sur le spectacle déchirant qu'offrent les hospices, III, 311.

THÉVENET (le général), XII, 329.

THIANCOURT, lieu situé dans le département de la Meurthe et renommé pour ses vins, XI, 318.

THIBAUDEAU (M.), XXVI, 166.

THIBAULT, comte de Champagne, composa, en l'honneur de la reine Blanche, dont il était éperdument amoureux, des tensons et des sirventes qui l'ont fait surnommer le roi des troubadours, II, 185; XIV, 486.

THIBAUT, théologien, concourut à l'introduction de la réforme en Alsace, XI, 185.

THIÉBAUT V fut un des gardiens du monastère de Luxeuil, XI, 162.

THIBAUT-LE-TRICHEUR, premier comte de Chartres, grand homme d'armes de son temps, étendit beaucoup son territoire, XXVI, 115.

THIÉBAULT. (le général). commença, en 1818, sur les hauteurs de Vic, des recherches pour arriver à la découverte d'une mine de sel gemme, XI, 292.

THIEMET, ventriloque, V, 42.

THIERRY, petit-fils de Brunehaud, prend la souveraineté de Lyon, X, 309.

THIERRY, évêque de Metz, entreprit de construire la cathédrale de cette ville en expiation de sa révolte, XI, 470.

THIERRY, roi, donne aux moines de Saint-Denis la terre d'Estrepagny, XIII, 77.

THIERRY (M.). Ses observations résultant de l'analyse qu'il avait faite des eaux de Bagnols, XXV, 137.

THIERRY, roi de Bourgogne, pille et incendie Chartres, XXVI, 113.

THIERS (M.), historien publiciste, I, 21.

THIERS (Jean du), secrétaire de Henri II, et l'un de ceux qui commencèrent à embellir le château de Beauregard, XXVI, 22.

THIERS (Jean Baptiste), bachelier de Sorbonne, auteur du *Traité des perruques*, XXVI, 101.

THIERS, ville d'Auvergne. Insalubrité de son atmosphère; ornements que l'on remarque à la plupart de ses maisons; aspect pittoresque de son horizon; activité industrielle de ses habitants; objets sur lesquels elle s'exerce, XXVI, 311. Vie industrieuse et rurale des paysans aux environs de Thiers, 313. Douceur et sociabilité de ses habitants, 346.

THIONVILLE. Sa situation; son antiquité, XI, 486. Prise par le maréchal de Vieilleville, elle est rendue l'année suivante au fils de Charles-Quint; elle est attaquée une seconde fois par Feuquières, dont l'armée est taillée en pièces; elle reste définitivement à la France; ses fortifications, siège mémorable qu'elle soutint, en 1792, contre les Autrichiens et les Prussiens, 481.

THIRIOT, ingénieur, construisit la fameuse digue durant le siège de la Rochelle, XI, 436.

THOLAY, village dans les environs duquel on trouve des amas considérables de manganèse oxidé, XI, 490.

THOLY (le marquis de), avocat, XI, 345.

THOMAS (M.), procureur du roi, à Saint-Dié, XI, 380.

THOMAS (M.), négociant riche et distingué, ancien maire de Saint-Malo, XII, 401.

THOMAS (M.), homme d'un mérite transcendant, IX, 350.

THOMAS, académicien. Il a pesé les femmes au lieu de les peindre, XV, 128. Ce qu'il dit de l'*Aristippe* de Balzac, XXVI, 232. Son pays natal, 277. Parallèle entre son style et celui de Chamfort, 350. Sa loyauté à l'égard de Marmontel, 351.

THOMASSIN, célèbre chirurgien, né au village de Rochefort, XI, 111.

THOMINE-DESMASURES (M.), membre de l'académie universitaire de Caen, XXV, 222.

THOMINE, marchand de meubles, I, 403.

THOR (le), village du département de Vaucluse, où le sang coula en 1815, IX, 252.

THORE (M.), médecin et botaniste très distingué, VIII, 78.

THOU (de), ancien conservateur de la Bibliothèque royale de Paris, II, 301.

THOU (de) est arrêté par les ordres du cardinal de Richelieu, et conduit au château de Pierre-Scise à Lyon. Sa procédure et son supplice, X, 355 *et suiv.*

THOURET, né dans la petite ville de Pont-l'Evêque, XXV, 50.

THOYRAS (Rapin), auteur d'une *Histoire d'Angleterre*, VIII, 479.

THRASYBULE rétablit la liberté d'Athènes, XIV, 439.

THRITÈME (l'abbé), écrivain cité, XII, 529.

THUN, village du département de Seine-et-Oise, XIII, 15.

THUR, rivière qui prend sa source au Grand-Ventron, sur la limite du département des Vosges, XI, 202. La chute de cette rivière, 208.

THURET (M.), négociant du Havre, XIII, 272.

THUROT, commandant d'une escadre sur les mers du Nord. Il est empêché d'opérer une descente à Belfast, en Irlande, II, 226.

TIBÈRE, empereur. Ses débauches et ses cruautés pendant son séjour à Rhodes, X, 305. Il écrit au sénat, en faveur de Cotta, une lettre où il montre combien il est tourmenté par de cruelles inquiétudes, XIV, 80 ; fait massacrer, comme complices de son favori Séjan, tous ceux qui se trouvaient détenus pour une cause quelconque, 250 ; comble de faveurs et de récompenses les délateurs et les accusateurs ; regarde toutes les actions comme crimes de lèse-majesté, 251 ; malgré tous ses forfaits, il reçoit les noms de *clément*, de *miséricordieux ;* renvoie absous Granius Marcellus, sur les représentations courageuses de Cn. Pison, 252. Il avait fait vendre les esclaves de Libon, afin qu'ils pussent déposer contre ce dernier, 260. Protection et récompense qu'il accorda aux délateurs, 332. C'est à lui que remonte l'invention de la police, de ce grand corps invisible qui était par-tout, et ne se trouvait nulle part, 345.

TIBERGHIEN-CASTEL (M.), commerçant de Turcoing, XII, 289.

TIBERIUS-GRACCHUS. Pont qu'il construisit à Vienne, lorsqu'il traversa cette ville pour se rendre en Espagne, X, 281.

TIL (M.), avocat distingué du barreau de Rouen, XIII, 207.

TILLET (Charles de), neveu de madame de Mériel, ravisseur d'une villageoise, femme-de-chambre de mademoiselle de Mériel, II, 421.

TIMOLÉON délivra la Sicile des fers de Denys, XIV, 439.

TIMON, prototype de ces hommes qui ne voient, dans la république des lettres, que l'indépendance à soutenir, et qui ne tiennent aucun compte de l'opinion publique, V, 277.

TIMOPHANES, tyran de Sicile, XIV, 439.

TIMUR-LEM, prince mahométan, avait pris le surnom de prince destructeur, XVIII, 95.

TINCHEBRAY, bourgade insignifiante, où Henri Ier, duc de Normandie, vainquit et fit prisonnier Robert, son frère et son souverain légitime, XXV, 159.

TINDALL, brûlé vif pour avoir traduit la Bible en anglais, XIV, 506.

TINTENIAC montra, lors du combat des trente, un féroce acharnement, XII, 438.

TINTENIAC, petite ville de la Bretagne, avait, avant la révolution, quelque importance; on remarque dans ses environs plusieurs établissements industriels, XII, 438.

TINTENIAC (le comte de) amène aux habitants de Lorient, assiégés par les Anglais, un faible secours, et délivre cette ville, XII, 571.

TINTORET (le), peintre, X, 384.

TIPPÔ-SAEB, fils de Hyder-Aly-Kan, soutient contre les Anglais la lutte qu'avait commencée son père, et il y obtient quelques avantages, XVIII, xiv. Il fait périr au milieu des flammes le général anglais Matews, *ibid*. La paix signée entre la France et l'Angleterre, en 1783, suspend ses vengeances; il envoie des ambassadeurs a la cour de Versailles pour obtenir une coalition contre la puissance britannique; il n'en obtient qu'un renouvellement d'alliance; les Anglais forment contre lui une ligue sécrète, et fondent à l'improviste sur ses états, xv. Il envoie à l'Ile-de-France des ambassadeurs qui n'en reviennent qu'avec un faible secours d'hommes; il accepte la guerre plutot que de souscrire à la demande des Anglais qui exigeaient la cession de toutes ses provinces maritimes; marche contre le général Stuart, remporte sur lui un premier avantage, dont il perd le fruit; il se dirige contre le général en chef de l'armée anglaise, et, dans sa lutte contre ses troupes, il se montre moins grand capitaine que soldat intrépide; son armée est mise en déroute; il s'enferme avec son armée dans les murs de Séringapatnam; il est trahi par le ministre Mirsadek, xvij. Il s'abandonne tranquillement au plaisir, dans sa tente, lorsqu'il était assiégé par le colonel Wellesley; bientôt, il se précipite au lieu de la principale attaque, y tue un grand nombre d'ennemis; mais, resté presque seul, il veut se retirer dans son palais, pour y périr, et il tombe frappé d'un coup mortel, XVIIJ. Sa superstition, 92. Sa mort a empêché l'exécution du dessein formé par Napoléon de détruire la puissance des Anglais dans les Indes, 94.

TIRAQUEAU, ancien professeur à l'école de droit de Poitiers, XXVI, 155.

TIREL (M.), l'un des fabricants de draps qui se distinguèrent par leurs efforts pour les fournitures nécessaires à l'armée d'Italie, XXV, 187.

TIRTÉE, poète lyrique de la Grèce, XVII, 16.

TISSOT (M.), député près du roi et de l'assemblée constituante, concourut à la réunion d'Avignon et du comtat Venaissin, IX, 265.

TISSOT (M.), professeur de poésie ancienne au collège de France, I, 11: Talent qu'il déploya dans ses fonctions; applaudissements qu'il y reçut; persécutions dont il fut l'objet, XIV, 428.

TISSOT le jeune (M.), mécanicien, inventeur de machines propres à teiller le lin et le chanvre sans rouissage, XXII, 351.

TITE-LIVE revendique les droits de la morale, même au sein de la guerre, XIV, 6. Il est cité à propos du supplice des Vestales, XIX, 5.

TITELBERG (l'antique forteresse), des débris de laquelle avait été construit un château que l'on voyait à Longwy, XI, 482.

TION DU TILLET, auteur du Parnasse en bronze que l'on voit à la Bibliothèque royale de Paris, II, 295.

TITURIUS SABINUS fait échouer le projet que les Ebroïciens ayaient formé de secouer le joug des Romains, XIII, 91.

TITUS, empereur. Ses derniers moments; regrets que cause sa mort, XIV, 82.

TOESNY ou TROSY, village de Normandie, XIII, 44.

TOLBIUS (Jérôme), cité, XXIV, 182.

TOLÉRANCE (la) est peu pratiquée aujourd'hui par ceux même qui se vantent le plus d'observer le précepte de la charité, XIV, 41. Sa voix est dédaignée dans toutes les religions, dans toutes les sectes; intolérance fanatique que l'on trouve chez les prêtres de l'église catholique, 42; elle doit sa naissance au démon de l'orgueil et au monstre de l'intérêt, 43.

TOMASINI, érudit, XXIV, 185.

TOMBE (M.), chef de bataillon au corps royal du génie, et auteur d'un voyage dans les Indes orientales, XII, 21.

TOMBEAUX (les). Culte touchant que leur rendent les peuples dits sauvages ou barbares, I, 155. Soins à donner aux sépultures, 160. Influence de la vue des tombeaux sur les mœurs, 248. La morale publique n'est pas moins intéressée que la religion à consacrer le culte des tombeaux, VIII, 187. Les mausolées que l'on admire comme ouvrages de l'art, appartiennent à des familles de la classe moyenne de la société, 188. Exemple de la vanité que beaucoup de

DES MATIÈRES.   477

riches étaient dans leurs tombeaux, XVI, 196. Aspect du cimetière de Mont-Louis aux rayons du soleil, 378. L'enceinte destinée à la sépulture des pauvres, 379. Convoi d'un homme de cette classe, *ibid*.

TOMBLAINE, mont situé à quelque distance de la ville d'Avranches, XXV, 332. Origine de son nom, 333. Détails historiques sur ce rocher, 334.

TONNAY-CHARENTE, ville de la Saintonge. Particularités sur le châtiment qu'un seigneur de ce lieu, dont un moine avait séduit la fille, infligea au monastère entier, XXVI, 199.

TONNEINS, ville renommée pour ses tabacs, VIII, 293.

TONSALDA DE BERGERAC (Elias), troubadour périgourdin, XXVI, 243.

TORAISE, petit village du département du Doubs, où se trouve le canal de *Monsieur*, XI, 139. La *percée de Toraise*, 143.

TORCY, ministre sous Louis XIV, IV, 277.

TORICELLI découvre la pesanteur de l'air, XXII, 295.

TORNÉ (l'abbé), aumônier du roi Stanislas, et depuis archevêque constitutionnel de Bourges, VIII, 202.

TORQUIL (Etienne Le), auteur d'un ouvrage contre les protestants, XXV, 181.

TORRENO (M. de), compagnon de captivité de Mina, à Sainte-Pélagie, XV, 20.

TORRIJOS, général espagnol, chercha une retraite dans la ville d'Alençon, XXV, 128.

TORTON, colonel anglais à demi-paie, prévenu *d'indépendance*, et que Jefferies tut forcé d'absoudre, XIV, 319.

TOUCHE (le château de La), à quelque distance d'Alençon, XXV, 126.

TOUL, ville soumise par Jules-César, et cédée plus tard à Henri l'Oiseleur qui lui conféra de grands priviléges; prérogatives dont jouirent plusieurs de ses anciens évêques, XI, 428. Ses établissements militaires, 429. Bataille que se livrèrent, sous ses murs, Thierri, roi de Bourgogne, et Théodebert, roi d'Austrasie, *ibid*. La cathédrale, *ibid*. Industrie de Toul, 430. Beauté des campagnes environnantes, *ibid*.

TOULET (le colonel), VIII, 464.

TOULLIER (M.), jurisconsulte du barreau de Rennes, XII, 477.

TOULON. Prise, incendies, pillage, et massacre de cette ville en 1793 par les Anglais, IX, 369 *et suiv*., 385 *et suiv*. Situation de Toulon, 390. La place au Foin, remarquable par une fontaine abondante qui la décore, 391. L'école d'enseignement mutuel, 397. L'ancienne tour des Phocéens, 398. Les caryatides de l'hôtel-de-ville sculptées par le Puget, 399. La statue de saint Jean-Baptiste qui se trouvait dans l'ancienne église des Minimes; les cartes de sûreté en 1816, 400. La prison; la salle de spectacle; le champ de bataille, 401. Misère des marins toulonnais, 404. Régime observé pour la surveillance des forçats, 405. La promenade dite la Lice, 407. Le port de Toulon, 408. Les vaisseaux-bagnes; fonctions exercées par des forçats, 409. Régime intérieur du bagne sous M. de Gatines, 411.

TOULONGEON (le général), membre de l'Institut, distingué par ses connaissances variées et des qualités estimables, XI, 148. Ce qu'il dit de la livraison de la ville de Toulon en 1793, XV, xxxv.

TOULOT (la montagne de), dans le département de la Drôme, IX, 453, 455.

TOULOUSE. L'hôtel-de-ville où l'on remarque les portraits de plusieurs célèbres Toulousains, et dans la cour duquel le duc de Montmorenci fut décapité, VIII, 379. Passion des Toulousains pour les lettres; stagnation de leur commerce; anciennes prérogatives de leur ville, 381. Enthousiasme des habitants pour la beauté, 382. La rue *Croix-Baragnon*, 383. La rue de *l'Inquisition*, 385. Les promenades publiques: l'Esplanade; le cours de Dillon, 385. Charmes des grisettes; les allées du pont de Montaudran; bataille de Toulouse en 1814, 386. Guerriers qui s'y distinguèrent, 387. Fermeté que la garde nationale de la ville déploya à cette époque, 389. Caractère et vanité des Toulousains; beauté des dames toulousaines, 395. Mœurs de la bonne compagnie; celles des classes inférieures; luxe et économie des habitants, 396. Processions en usage à Toulouse, 397. Les fêtes funèbres; la bande des *verdets*, 398. L'école de droit: esprit, caractère, habitudes, des étudiants de cette école, 400. Enthousiasme avec lequel les Toulousains accueillirent Talma, 404. La salle de spectacle; mérite des acteurs de ce théâtre, 406. Les sociétés savantes de la ville; application spéciale des habitants à l'histoire naturelle, aux mathématiques, à la physique, et à la chimie; les bibliothèques publiques, 407. Le Musée; l'école spéciale des sciences et arts, 408. L'école d'artillerie; le jardin botanique; les journaux de Toulouse, 409. Industrie et commerce de cette ville, 410. Débouchés que lui offre le canal de Languedoc, 411. Personnages célèbres nés à Toulouse, 415 à 434.

TOUQUE (la), rivière qui traverse Pont-l'Evêque, et doit son nom ou a donné le sien au château dans lequel certains auteurs prétendent que Guillaume-le-Conquérant assembla les états où fut arrêtée la fameuse expédition contre l'Angleterre, XXV, 49.

TOUR (la), terre magnifique, était jadis un apanage de l'ordre de Malte, et présente maintenant le spectacle d'une rare fertilité, IX, 63.

TOURAINE (la). Aspects variés et pittoresques que présente son territoire, XXV, 470. Vestiges de féodalité que l'on retrouve dans cette province, XXVI, 20. Coup d'œil sur son ensemble, 130. Inspirations que ses sites et les mœurs de ses habitants peuvent fournir aux poetes et aux peintres, 131.

TOUR-D'AUVERGNE (le castel de la), manoir féodal, dont les derniers seigneurs se sont éteints de notre temps, XXVI, 301.

TOUR-DU-PIN (le vicomte de La). Son tombeau, I, 158.

TOURBEIL (le bourg du), remarquable par une tour dite *tour de Galles*, XXV, 411.

TOURET, célèbre avocat du barreau de Rouen, XIII, 207.

TOURET, orateur distingué, mort sur l'échafaud, XIV, 568.

TOURETTE (le marquis de La); ancien préfet de Clermont-Ferrand, qu'il essaya d'aligner et d'embellir, XXVI, 275.

TOURNEFORT, célèbre botaniste, IX, 307.

TOURNEMINE (le Père), jésuite, XII, 474, 543.

TOURNIER (Lucien), né à Saint-Claude, XI, 10.

TOURNON (le cardinal de), archevêque d'Auch, remarquable par sa modestie et sa simplicité. Décision qu'il adopta pour la fondation du collège d'Auch, VIII, 286.

TOURNON (M.), médecin, VIII, 432.

TOURNUS, petite ville située sur la rive droite de la Saône, et que l'industrie a élevée, depuis la révolution, au niveau des villes de troisième ordre les plus florissantes, XXVI, 392. Accroissements de sa population; souveraineté despotique des anciens bénédictins de Tournus, 393.

TOURNFIL, Toulousain, traduisit *Démosthène*, VIII, 425.

TOURRETTE (la famille baronniale de La), admise aux états du Languedoc, IX, 97.

TOURRIS (madame de), passionnée pour les procès, IV, 353.

TOURROF (M.), orfèvre renommé pour ses vaisselles doublées d'or et d'argent, XXII, 440.

TOURS. Avantages que l'on en peut tirer comme place forte, X, 404. Tableau qu'offre l'aspect de cette ville, XXV, 437. Caractère des habitants, 438. Différentes dominations qu'ils subirent, 440. Les états-généraux de France sont convoqués à Tours; mœurs des dames tourangeaines, 441. Édifices publics; la promenade du mail; la place Joséphine; caractère grandiose de Tours, 442. Le château féodal, *ibid*. La bibliothèque publique; commerce des soieries que Louis XI introduisit dans la ville, 443. Décadence de cette branche d'industrie; source actuelle de la richesse de Tours; personnages célèbres nés dans ses murs, 444.

TOURVILLE (l'amiral de). Motifs qui doivent excuser et justifier sa défaite à la Hogue, XXV, 275.

TOUSSAINT-LOUVERTURE, général nègre, d'Haïti, fut renfermé dans le château-fort de Joux, XI, 82.

TOUT-Y-FAUT, bourgade de la Saintonge, XXVI, 221.

TOUZET, fameux mystificateur, III, 70.

TOYRAS (le général de) résiste, dans l'île de Ré, aux attaques des calvinistes et des Anglais, et n'obtient, pour ce service, que la haine du cardinal Richelieu, IX, 191; XXVI, 182.

TRACY (M. de), écrivain politique, I, 11.

TRADUCTEURS (les). Inconvenance et dangers de leurs efforts pour transporter dans une langue moderne certains détails que l'on trouve dans les ouvrages de l'antiquité, I, 52.

TRAFAVEN (le vieux château de), sur la rive droite du Scorff, et jadis habité par un esprit follet, XII, 569.

TRAJAN. Sa bienfaisance, X, 306. Il rétablit la ville de Strasbourg, XI, 239. Il régne par la justice et les lois, XIV, 81. Pour faciliter l'instruction, il fonde des bibliothèques et des écoles publiques, et devient le protecteur des lettres, 408.

TRALLEIHE (M.), l'un des principaux commerçants de Lyon, X, 371.

TRAMOY (M.), propriétaire de moulins situés à Gray, et inventeur de plusieurs machines qui servent à purger le grain de toutes matières hétérogènes, XI, 147.

TRANSTAMARE (Henri de) disputa la couronne d'Aragon à Pierre-le-Cruel; il reçoit des secours de Duguesclin, X, 320; XXVI, 456.

TRAPPE (la), monastère où l'on voyait une bibliothèque dont celle d'Alençon possède quelques débris, XXV, 110, 115.

TRAUCAT, jardinier de Nimes, introduisit dans le midi la plantation du mûrier, IX, 178, 184.

TRAVANCOR (le royaume de), dont l'Angleterre se réserva la possession, XXII, 453.

TRAVEL, prototype de ces sots qui, dénués de toute perfection, parviennent au pouvoir, poussés par d'autres sots, XV, 255.

TRAVOT (le général), condamné à mort; il perd la raison, XI, 49.

TREBONS, village situé dans les Pyrénées, VIII, 204.

TRÉGUIER, ville, doit son origine à un monastère fondé par Lugdical; sa situation, XII, 525. Son port; sa population, ibid. Ravages qu'y exercèrent les Espagnols en 1592; la tour de Hasting, 526.

TREILHARD (le général) amène un renfort à Napoléon campé auprès du village de Guignes, XXVI, 521.

TRÉLIS (M.), ancien secrétaire perpétuel de l'académie de Nimes, IX, 183.

TRÉMEAU (M.), l'un des principaux fabricants de Louviers, XIII, 87.

TRÉMOILLE (les La), race de princes, XXVI, 166.

TRÉMOILLE (le prince de La). Il entre dans la Bretagne et gagne sur le duc François II, la bataille de Saint-Aubin du Cormier, XII, 381. Ses prétentions au sujet de Tonnay-Charente dont il était seigneur, et que l'on voulait fortifier, XXVI, 184.

TRENIS, fameux comme danseur de société; il meurt à Bicêtre privé de sa raison, II, 286; VIII, 23.

TRESCA-DANNIAUX (M.), commerçant de Turcoing, XII, 289.

TRESCLEOUX, commune des Hautes-Alpes, dont les habitants s'adonnent spécialement à la culture des vers à soie, X, 272.

THESSAN (le comte de), le plus célèbre des auteurs que le Maine ait produits, et qui fit long-temps les délices de la cour de Lorraine dont il fut éloigné par les intrigues du père Menou, X, 460; XI, 307; XXV, 369.

TRESSONS, joli village sur la rive de l'Adour, XXIV, 54.

TREVEREY, village du département de la Meuse où l'on voit de belles forges, XI, 427.

TRÉVES (Gilles de), fondateur du collège de Bar-le-Duc, XI, 441.

TRÉVIRIEN (Julius) détruit la ville de Strasbourg, XI, 239.

TRÉVISE (le duc de), ne pouvant conserver Troyes, recule en battant l'ennemi, XXVI, 493. Son courage à Montmirail, 518.

TRIAL, ancien acteur de l'Opéra-Comique, XXI, xj.

TRIE-CHATEAU, lieu où J. J. Rousseau passa quelque temps auprès du prince de Conti, XIII, 76.

TRIEL, village remarquable par ses carrières de plâtre, XIII, 14.

TRIEN, rivière sur les bords de laquelle est située la ville de Guingamp, XII, 497.

TRIGAN, docteur de Sorbonne, né à Coutances, XXV, 313.

TRIGAULT, jésuite, devint mandarin à la Chine, XII, 179.

TRIMALCION, personnage de l'antiquité, dont la table était chargée de vases étrusques et d'amphores de Corinthe, XXII, 407.

TRINITÉ (la), possession anglaise en Amérique, XXII, 454.

TRINQUEMALE (le port de), conquis par l'amiral Suffren, restitué bientôt aux Hollandais, et dont les Anglais se réservèrent la possession, par le traité de paix de 1814, XXII, 453.

TRIPET (M.), jardinier, II, 333; V, 322. Sa réclamation contre une lettre d'un mari qui se plaignait de la manie dispendieuse de sa femme pour les fleurs; il prouve que le goût des fleurs nécessite moins de dépenses que l'amour du luxe et de la parure, 353.

TRIPIER (M), avocat, XIV, 415.

TRISSINO, auteur d'informes essais tragiques, XXII, 229.

TRISTAN (le chevalier) sauva la vie à Philippe-Auguste, lors de la bataille de Bouvines, XI, 457.

TRISTAN-L'ERMITE, agent de Louis XI, précipite par l'ordre de son maître, dans les oubliettes des Bruyères, Philippe et Bérengère, XXIV, 152. Il est poignardé par Philippe qui était parvenu à sortir de son abyme, 154. Il coopéra à l'assassinat de Jean de Nemours Armagnac, XXV, 452 et suiv.

TRITHÈME (l'abbé), condamné à être brûlé pour avoir inventé une sténographie, XV, 51.

TROCORÉGES, l'un des professeurs que Duplessis-Mornay appela à Saumur, XXV, 420.

TROGOLF (M.), amiral anglais. Sa conduite à Toulon en 1793, IX, 370.

TRONCHIN, médecin, l'un des amis de Voltaire, X, 460.

TRONÇON. DUCOUDRAY, célèbre avocat dont la révolution n'étouffa pas la voix, XIV, 415.

TROTYANE et compagnie (MM.), maîtres de forges à Ottange, XI, 500.

TROUPES (les). *Voyez* ARMÉES.

TROUSSET DE VALINCOURT (Henri du), auquel Boileau adressa sa satire sur l'homme, XII, 12.

TROUVÉ (M. le baron), IX, 279.

TROYES, capitale de la Champagne, fut témoin de grandes opérations militaires en 1814, XXVI, 492, 494.

TRUBLET (l'abbé), célèbre compilateur, fut membre de l'académie française et de celle de Berlin, XII, 414. Ce qu'il dit de la vanité, XVI, 194.

TRUCHEY, hameau composé de quelques cabanes, et faisant partie du Ban-de-La-Roche, XI, 386.

TRUDAINE (M. de) visite Voltaire dans son château de Ferney, et devient le principal objet d'une fête qui se donne dans ce séjour, X, 439. Par ses soins et sous son ministère, fut établi le vieux port de Cherbourg, XXV, 288.

TRUILHAS, très belle terre boisée du Languedoc, VIII, 461.

TSCHOUDY, littérateur, poete et savant agronome, né à Metz, XI, 508.

TUDELA, campagne de la Navarre, où croissent les plus beaux oliviers, VIII, 462.

TUFFEAUX (le bourg des), où le voisinage d'un camp romain fort bien conservé attira fréquemment les antiquaires, XXV, 411.

TULLINS, gros bourg situé sur le torrent de Réval, qui menace chaque année de le couvrir de ses ondes fangeuses, X, 46.

TULLONE (Gilles), né à Chartres, XXVI, 99.

TUNÈBE (Adrien), un des savants les plus profonds, des critiques les plus éclairés du seizième siècle, XIII, 51.

TURCKHEIM, petite ville de l'Alsace, célèbre par la bataille qu'y gagna le maréchal de Turenne, XI, 225.

TURCOING, bourg riche, et dont le commerce rivalise avec celui de Roubaix; branches de son industrie; caractère de ses habitants, XII, 289.

TURCS (les). Usage qu'ils observent à la mort d'un père de famille, IV, 235. Ils font la guerre avant de la déclarer, XIV, 210; s'entendent très bien à régler le tarif des têtes qu'ils mettent à prix, 271. C'est à tort que l'on vante outre mesure la chasteté de leurs femmes, 476. Bases qu'ils assignent à la liberté, XV, 39.

TURÈGE (le Père), moine, prit les armes du temps de la Ligue, XV, 220.

TURENNE (le maréchal de). Hôtel où il demeurait à Paris, VII, 244. Il prend la ville de Vesoul, XI, 159; respecte l'indépendance de Mulhausen, 195; ravage la Lorraine, 300; gagne la bataille des Dunes, XII, 308. Flétrissure qu'il répandit sur son nom, en incendiant les cabanes des paysans du Palatinat, XIV, 209. Son caractère, XV, 307.

TURENNE (le comte de) est chargé par Napoléon de porter des secours aux sœurs de la charité d'Arcis, en faveur des blessés, XXVI, 497.

TURGIS (M.), l'un des fondateurs de la filature que l'on remarque au village de Pontethou, XIII, 117, 131.

TURGIS (Jean), Rouennais, subit la peine de mort pour un crime dont il était innocent, XIII, 164.

TURGOT, ministre philosophe, II, 98; X, 460. Sa famille devient propriétaire de la terre d'Estrepagny, XIII, 77. Circonstance singulière qui détermina le roi à le nommer ministre, 78. Pendant le cours de son administration, il fit des actes d'une grande utilité, XIV, 124. Ce qu'il dit des pères qui, avant la révolution, confiaient leurs fils à des gouverneurs aussi dépravés qu'ignorants, 460. Ses efforts pour rompre les entraves qui enchaînaient l'industrie et le commerce, XXII, 325. Ses tentatives pour établir à Brioude une manufacture de draps, XXVI, 306.

TURGOT (Jacques et Nicolas), souche de la famille sur laquelle le ministre du même nom a jeté un si grand éclat, XXV, 236.

TURNÈBE, ancien régent du collège d'Auch, VIII, 286.

TURNÈBE, écrivain, cité à propos d'une danse particulière aux Amazones, XIX, 182.

TURNER (M.), savant anglais, XXV, 225.

TUROT (le capitaine), tué dans un combat contre les Anglais, XII, 351.

TURPIN, auteur d'un *Éloge de Molé*. Ce qu'il pense du silence que l'on gardait sur la doctrine du régicide, XIV, 62.

TURPIN (le comte de), peintre, XXII, 12. Son tableau de la *Cour intérieure du château de Wuflens*, 57; XXV, 182.

TURRIANUS, jésuite. Son opinion sur la manière d'entendre la messe, XVI, 36.

TUSFY (le château de), où se tint, en 855, sous le règne de Lothaire, un concile composé des évêques de quatorze provinces soumises à ce prince et à Charles-le-Chauve, XI, 426.

TUSSAC (M. de), colon de Saint-Domingue, et directeur du jardin botanique d'Angers, XXV, 403.

TUTOIEMENT (le) ne détruit pas le respect qu'un enfant doit avoir pour ses père et mère; il est au contraire le langage le plus conforme à la tendresse, I, 363.

TYCHUS, de Béotie, auquel Pline attribue l'invention de l'art de tanner, XXII, 386.

TYRANS (les) peuvent être renversés par le même moyen qui les a élevés; ont pour auxiliaires des hommes corrompus, XIV, 78; n'ont de pensée que celle de leurs plaisirs; redoutent les occupations de l'esprit; se rendent secrètement justice, 79. Leurs premiers actes ont pour but d'énerver, d'amollir, d'abrutir les hommes, et de les plonger dans l'ignorance, 80. Leur vie n'est qu'un long supplice, *ibid*. Ils sont sans cesse menacés de la mort, 81; ne manquent jamais d'instruments de leur tyrannie, 249. Joie que leur mort cause aux peuples, 253. La tyrannie peut être exercée par la multitude comme par un seul homme; actes qui la constituent, 520. Les tyrans populaires sont en péril comme les tyrans royaux; l'établissement de la tyrannie est l'outrage le plus funeste à la morale et à l'humanité; destin des tyrans, 521. Pour eux les serments sont une des plus vaines ressources, 522.

TYRSE, l'un des disciples de saint Polycarpe qui prêchèrent le christianisme dans la Bourgogne, XXVI, 444.

U.

ULRIC, roi des Visigoths. Par sa mort il laisse la Saintonge à Clovis, XXVI, 202.

ULTROGOTHE, épouse du roi Childebert, concourut à la fondation de l'Hôtel-Dieu de Lyon, X, 337.

UNIVERSITÉ (l'). Ce qu'y étaient autrefois les distributions de prix, et ce qu'elles y sont aujourd'hui. *Voyez* PRIX. L'université a, dans certaines circonstances, mal rempli les obligations que lui imposait son titre de fille aînée des rois, XIV, 440. Le système d'enseignement qu'elle suivait jadis était en contradiction avec la morale et le perfectionnement des facultés humaines, 441. Epoque de sa fondation qui est l'ouvrage des prêtres, 442. Manière dont l'on s'y prit pour classer dans les quatre facultés l'université des connaissances humaines, 443.

UPIE, village du département de la Drôme, IX, 439.

URBAIN II, pape, excommunia Hugon, comte de Gap, et délia ses sujets du serment de fidélité, X, 210. Les croisades qu'il fit prêcher allégèrent beaucoup le joug féodal, et favorisèrent les développements de l'industrie, XXII, 311.

URBAIN IV, pape, autorise l'archevêque d'Embrun à conférer à un autre prince l'autorité que le dauphin exerçait dans Embrun, si le dauphin ne se reconnaissait pas son vassal, X, 247.

URBAIN V, pape, XXVI, 457.

URBAN (le comte Fortia d'), auteur de *Considérations sur l'origine et l'histoire ancienne du globe*, IX, 277.

URBINIA, vestale, périt victime de l'amour, XIX, 5.

URBINIA, autre vestale, fut relevée de ses vœux et se maria, XIX, 7.

URCURAY, village du pays basque, berceau de MM. Harriet, VIII, 122.

URFÉ (d'). Caractère de son roman, XXIII, 12.

URIE, époux de Bethsabée, est mis à mort par ordre de David, XIV, 34.

URRUGNE, bourgade du pays basque, VIII, 105.

URSINS (Jean des), chancelier, resta seul auprès du corps de Charles VII, après la mort de ce prince, X, 103.

URSINS (la princesse des). Son séjour au château de Chanteloup, XXVI, 52.

URVILLE, point de débarquement des Anglais en 1758, XXV, 301.

USBEK reconnaît que la guerre est, dans le droit public, l'acte de justice le plus sévère, XIV, 178.

USSON (le château d'), dont on voit encore les ruines sur un rocher volcanique, et qui servait de retraite à la sœur de François Iᵉʳ, Marguerite de Valois, XXVI, 280.

USTARITZ, village du pays basque, dont le vicaire, homme tolérant, possède au plus haut degré l'éloquence de la chaire appropriée à la langue, à la vie, et aux mœurs des cantons basques, VIII, 121. Bourgades dont il est composé; prérogatives dont il jouissait, 142. C'est dans son enceinte que se convoquait le bilçar, assemblée des propriétaires, des chefs de famille, auxquels étaient soumises les questions administratives de toutes les communes du Labour; les prêtres et les nobles étaient exclus de cette assemblée, qui se tenait sur une éminence dominant la commune d'Ustaritz, 143. Etat actuel de ce village, 144. Hommes distingués dont il s'honore, 145, 147.

UTSCHNEIDER (M.), l'un des directeurs de la fabrique de po-

DES MATIÈRES.   485

teries de Sarguemines, XI, 503; XXII, 409.

UXELLODUNUM, ancienne ville, dernier rempart des Gaules contre l'ambition de César, VIII, 280.

UZA, position des Landes où M. l'Arreillet établit une forge, VIII, 52.

UZERCHES, ville située sur la cime d'un rocher, et remarquable par ses nombreuses tourelles, qui offraient, en 1815, un spectacle pittoresque, XXVI, 258.

UZÈS, ville où furent commises de grandes horreurs pendant l'année 1815, IX, 203. Les ruines du temple des druides; les jardins de l'évêché; le pavillon où Racine composa sa première tragédie, 204. Personnage que cette ville reconnaît pour son fondateur; littérateurs qu'elle a produits, 205. Palais dit le *Majorat de Castille*, 206.

V.

VACARIE cadet (M.), fabricant de Saint-Quentin, XII, 16.

VADANS, village remarquable par un antique château, dont il ne reste plus qu'une tour démantelée, et où une tradition rapporte que l'on voit paraître de temps à autre la fée Mélusine, XI, 62. Divers propriétaires auxquels cette forteresse appartint, 63.

VADÉ, écrivain, a esquissé quelques scènes des mœurs populaires, dans le langage des halles; il est l'un des auteurs du premier opéra-comique dont il soit fait mention, I, 308; III, 36; V, 102; XXI, x.

VAFFLARD (M.), peintre. Son tableau de *saint Ambroise*, XXII, 103.

VAGNEY, petit village dont les habitants rendaient annuellement certains hommages aux chanoinesses de Remiremont, XI, 339. Ses fabriques de fromages, 341. Mines de pierres précieuses qui se trouvent dans son voisinage, *ibid.*

VAIDY (le docteur), membre de la société d'agriculture de Lille, XII, 250.

VAILLANT (M.), horloger distingué, XXII, 431.

VAILLE (la), rivière sur laquelle est situé Lons-le-Saulnier, XI, 24.

VAIRE, petit village d'Auvergne, XXVI, 279.

VAISSETTE (dom), auteur d'une *Histoire générale du Languedoc*, VIII, 423.

VALAIS (M. de), propriétaire d'un bel hôtel à Besançon, XI, 118.

VALAZÉ, général du génie, se poignarda pour se soustraire au supplice auquel l'avait condamné le tribunal révolutionnaire, XXV, 128.

VAIBELLE (le comte de), II, 97.

VALBONNAIS (le président de), auteur de *Mémoires pour servir à l'histoire du Dauphiné*, X, 97.

VALBREUSE, jeune misanthrope, propriétaire à Veuves. Son caractère; il propose à l'Ermite de l'accompagner dans la Sologne, XXV, 469.

VALDAHON (M.), major dans la garde-royale, à qui l'on doit l'invention des fusils de rempart, XI, 101.

VAL-D'AMOUR (le), charmant vallon que parcourt le Doubs depuis Saint-Vitt jusqu'à Dôle, XI, 86.

VALDECK, lieutenant-général. Accueil et promesse qu'il fait au baron d'Apreville sur une demande que ce dernier lui adresse, IV, 351.
VALDÈS (Louis de), personnage cité dans le roman de Gusman d'Alfarache, IV, 247.
VAL-DIEU (le), ancienne abbaye dont la bibliothèque d'Alençon possède une grande partie des riches ornements, XXV, 109.
VALDO, riche marchand de Lyon, vendit ses biens, devint pauvre, et se fit apôtre, X, 314.
VALENÇAY (le château de), situé à quelque distance de celui des Ormes, XXVI, 143.
VALENCE (le général comte de), VIII, 302.
VALENCE. Curiosités que l'on remarque dans la cathédrale de cette ville, IX, 440. Appartement que Bonaparte y occupa, 441. Le cabinet littéraire du libraire Borel, 442. Esprit politique des Valentinois, 444. La prison, 445. Paysages que l'on rencontre, en sortant de la ville, sur la route de Romans, 446.
VALENCE (Guillaume de), ancien archevêque de Vienne, accorda des indulgences à tous ceux qui prieraient pour ses proches, X, 283.
VALENCE-D'AGEN, ville du département de Lot-et-Garonne, VIII, 355.
VALENCIENNES, peintre toulousain, VIII, 434.
VALENCIENNES. Son commerce de toiles ou batistes, XII, 117. Ses fabriques de dentelles, 120. Désastres que cette ville essuya lorsqu'elle fut assiégée en 1793, 121. Etat de la librairie, de l'imprimerie, et de la littérature à Valenciennes, 122, 123. La bibliothèque publique; la société des sciences, arts, commerce et industrie; l'hôpital général, 124. Nécessité d'une navigation intérieure pour la prospérité des habitants, 125. La grande place d'armes; la salle de spectacles, 127. Personnages célèbres nés à Valenciennes, 128.
VALENS, empereur, que la ville de Lyon sollicita pour l'engager à détruire la ville de Vienne, et qui fut massacré par le grand Constantin, X, 302; XIV, 518.
VALENTIN, peintre, pouvait se faire une réputation distinguée, s'il n'eût pas renoncé à la palette pendant la révolution, où il se servit aussi de sa plume et de son épée, XII, 544.
VALENTINE, épouse du duc d'Orléans, qui fut assassiné, XIV, 488.
VALENTINOIS (la duchesse de), célèbre par sa beauté et sa galanterie, II, 189.
VALÉRY (mademoiselle de) se distingua par des actions du plus grand courage, VIII, 482.
VALETS (les). Difficulté d'en rencontrer de fidèles, I, 237. Caractère brutal des valets de grosses maisons à l'égard des gens sans apparence, 238. Leur empressement officieux envers les personnes accueillies de leurs maîtres, 242.
VALETTE (M.), procureur du roi à Carcassonne. Ses efforts pour comprimer les excès des réactions politiques de 1815, VIII, 441.
VALETTE (M. Gaspard de La),

fils du marquis de ce nom, fut persécuté à Carpentras en 1815, IX, 253.

VALGODEMARD (le), commune des Hautes-Alpes, X, 272.

VAL-HEUREUX (le), l'un des lieux circonvoisins du camp du Châtellier, XXV, 97.

VALHUBERT (le général), tué à Austerlitz, XXV, 320.

VALIDÉ, sultane. *Voyez* ALINE DUBUC.

VALIÈRE (M. de), officier général d'artillerie. Sa conduite à la bataille de Denain, XII, 145.

VALLE (Louis), citoyen de Calais, se distingua par son dévouement pour des naufragés, XII, 340.

VALLÉE (M.), libraire de Rouen, XIII, 211.

VALLÉE, auteur de la *Béatitude du Chrétien*, fut pendu et brûlé pour une espèce de morale relâchée, XIV, 506.

VALLETTE (madame de La). *Voy.* madame D'ETTIVALE, anagramme de son nom.

VALLETTE (le village de la), où les habitants de Toulon vont faire des parties de campagne, et où les villageois se réunissent pour danser des farandoles, IX, 405. Aspect intérieur de ce village; costume des paysannes qui l'habitent, 406.

VALLIER LAPEYROUSE (le général), guerrier distingué, auteur d'un ouvrage inédit sur le système militaire qu'il conviendrait d'adopter pour la défense des Alpes, X, 246.

VALLIÈRE (M. de), lié avec l'Ermite, et observateur des ridicules de la société, II, 247.

VALLIÈRE (madame de La), maîtresse de Louis XIV, fut victime de son amour; manière

dont elle apprend la nomination du duc de Vermandois à la charge d'amiral, II, 11; XXVI, 136.

VALLONGUE, ville du département du Gard, IX, 210.

VALLOUISE (la), commune dont les habitants furent réduits à la misère par le connétable de Lesdiguières, X, 214.

VALMÉNIL (madame de) devient l'épouse de Nevilette, par suite d'une noirceur dont ce dernier se rendit coupable envers son premier époux, VII, 47.

VALMONT (M. de). Sensibilité que lui et sa femme éprouvent au sujet l'un de l'autre, I, 315.

VALMONT (le vicomte de), personnage qui renouvelle connaissance avec l'Ermite, avec lequel il avait voyagé dans les Indes, VII, 121. Son costume bizarre, 122. Il fait le portrait des locataires de la maison où il demeure, 123 *et suiv.*

VALMONT (Pierre De Lorraine de), auteur d'un *Traité de la Baguette divinatoire*, etc., XIII, 123.

VALMY (Kellermann, duc de), entré jeune au service, parvint bientôt au grade de maréchal-de-camp; il reçoit une couronne civique de la part des habitants de Landau; son courage dans les plaines de Valmy; monument qu'il voulut qu'on érigeât dans ce lieu; XI, 233. Ses opérations militaires en 1814, XXVI, 510.

VALOGNE (la), rivière située dans le département des Vosges, et près de la source de laquelle se trouve une glacière naturelle, XI, 370.

VALOGNES. Sa nullité commerciale; l'hôtel du Grand-Turc,

XXV, 266. Extérieur des maisons de cette ville; l'ancienne Alauna, berceau de Valognes; l'hôpital, 267. Etat actuel de la société de ce lieu; personnages célèbres nés dans cette ville et aux environs, 268.

VALOIS (Philippe de). Tour qu'il éleva dans la commune de Sainte-Colombe pendant le séjour qu'il y fit, X, 284.

VALOUSE (la), rivière sur laquelle est situé Orgelet, XI, 17.

VAL-DE-SCIE (le), situé à quelque distance de Valognes, XXV, 269.

VALTIN (le), montagne des Vosges, sur le penchant de laquelle la Meurthe a l'une de ses sources, XI, 312.

VALTZBRAUN, où il existait une source fort curieuse fréquentée dans le quinzième siècle, XI, 491.

VALVERDE (Vincent), prêtre fanatique, commit toutes sortes d'excès et de fureurs à l'égard des Indiens, XIV, 274.

VAMBAIX, où se trouve une carrière de pierres à bâtir, XII, 40.

VANBLAREMBERG (M.), l'un des conservateurs du musée de Lille, XII, 246.

VANBRÉE (M.), peintre. Son tableau de l'*Atelier de Vandael*, XXII, 52.

VANDAEL (M.), paysagiste distingué. Son *Tableau de fleurs*, XXII, 62.

VANDAMME (le général), retiré à Cassel, XII, 303. Intérieur de son habitation; sites qui l'entourent, 305.

VANDEDEM (le général). Fermeté qu'il déploya, en 1815, dans le Jura, dont il était commandant, XI, 60.

VANDEL (M.), riche manufacturier de Morey, XI, 12.

VANDEPERS (M. Gaspard), commerçant de Dunkerque, XII, 324.

VANDERBURCK (François de), archevêque de Cambrai, fonda, à Sainte-Agnès, une maison d'éducation et de bienfaisance pour les jeunes filles, XII, 58. Son tombeau, 59.

VANDERBURGH père, peintre. L'un de ses tableaux dans l'église Saint-Maurice de Lille, XII, 247.

VANDER-GRAFT, gouverneur de l'île de Ceylan, XXIII, 89.

VANDERHELST, peintre distingué dans le portrait, XXII, 64.

VANDER-KERCKHOVE, auteur d'une traduction latine de l'histoire de Guichardin, XII, 322.

VANDER-VOF, peintre, XXVI, 438.

VANDERWALEN (madame), l'une des filles du comte Fernig, XII, 219.

VANDICK, célèbre peintre, XII, 246.

VANDOEUVRE (M. de), ancien préfet du Calvados. Ce qu'il fit pour l'embellissement et l'utilité de la ville de Caen, XXV, 201, 208.

VANGRIS (le coteau de), à quelque distance de la ville d'Ampuis; qualité des vins qu'il produit, X, 291.

VAN-HELMONT recourut à la chimie pour ses rêveries mystiques, XXII, 352.

VANIÈRE (le Père), jésuite, auteur d'un poème latin intitulé: *Prædium rusticum*, VIII, 466.

VANIÈRE (madame de), mère d'une jeune fille aveugle dont elle raconte les amours avec le fils de sa sœur, également aveugle; elle peint aussi leur

trépas funeste, IX, 241 à 247.
VANIÈRE (M.), premier secrétaire de Voltaire, X, 440.
VANIÈRE, personnage enthousiasmé d'abord pour le mode d'éducation adopté par les frères de la doctrine chrétienne, et qui bientôt, convaincu par l'expérience d'une année, préfère l'enseignement mutuel, XV, 182.
VANINI (Jules-César), brûlé vif, comme taxé d'hérésie, XIV, 507.
VANITÉ (la) se réduit à deux espèces, la vanité des gens d'esprit et celle des sots ; définition qu'en donne Rousseau, XVI, 194. Il y a une sorte de vanité bien noble, *ibid.* Elle ne cherche jamais de jouissances hors de ce monde, 195. C'est dans les tombeaux qu'elle étale tout son faste et tout son ridicule, *ibid.*
VANLOO (les), peintres distingués, IX, 309.
VANLOO (Carle), peintre, manqua, par un mauvais système d'imitation, de précipiter l'art dans la barbarie, XXII, 8. Son tableau de *la première neige d'automne* aux environs de Gand, 58.
VANNES. Ses environs; son ancienne importance, XII, 557. Son aspect intérieur, 559. Ses anciennes expéditions maritimes; quelques détails historiques sur cette ville, 560. Elle est ravagée par les Normands, *ibid.* Reliefs qui sont encore parmi les habitants l'objet de contes absurdes, 562. Le cours de la Garenne, 563. Croyances superstitieuses des habitants de Vannes, 564.
VANNI, juge napolitain, se souilla de meurtres et de crimes; son portrait, XIV, 566. Il meurt abandonné de la cour qu'il avait servie, 567.
VANNOZ (madame de), auteur d'une épître en vers sur la *Conversation*, III, 337; XI, 319.
VANOIE-DELANGRE (M.), commerçant d'Armentières, XII, 294.
VAN-OS, célèbre peintre de fleurs, dont le musée de Lille possède quelques ouvrages, XII, 256 ; XXII, 151.
VAN-OSTADE, célèbre peintre, XXVI, 438.
VAN-PRAET (M.), conservateur de la bibliothèque royale de Paris, II, 301; IX, 297.
VAN-SPAENDONCK, célèbre peintre de fleurs, XXII, 151.
VANSTABLE (l'amiral), célèbre marin, né à Dunkerque, XII, 328.
VAQUEYRAS, renommé pour ses eaux minérales, IX, 220.
VARADE, jésuite, excita Pierre Barrière au meurtre de Henri-le-Grand, XVI, 126, 308.
VARANDA, médecin, IX, 186.
VARAX (M. le comte de), ancien propriétaire du château d'Onzain, XXVI, 24.
VARDIS (le marquis de), célèbre par l'élégance de ses manières et par les succès qu'elles lui avaient procurés, II, 191.
VARENILLA (Claudia), fille du consul Claudius Varennus, XXVI, 158.
VARENNES, lieu dont le nom est célèbre par l'arrestation d'augustes fugitifs, XI, 447.
VARENNES, situé dans la Normandie et remarquable par de grosses forges, XXV, 146.
VAREUIL, prototype des mendiants de la haute classe, IV, 253.

VARICOURT (mademoiselle Reine de), depuis madame la marquise de Villette, que Voltaire dota généreusement, et surnomma *belle et bonne*, X, 440.

VARIENTI, Espagnol, prétend que c'est un grand honneur pour un général d'entretenir la discorde parmi le peuple qu'il se propose d'attaquer, XIV, 181.

VARIN (M.), pâtissier, II, 140.

VARLET (mademoiselle), artiste peintre en miniature, XXII, 149.

VARRON (Terentius), lieutenant de Pompée dans la guerre contre les pirates, VIII, 465.

VASCOSAN, traducteur de Plutarque, VI, 108.

VASES (les). Ce qu'ils étaient d'abord chez les anciens, XXII, 406. Platon prétend que l'art de les préparer fut une des premières inventions de l'esprit humain; honneurs accordés, chez différents peuples, à quelques potiers, 407. Produits de poteries de MM. Fabry et Utschneider, de Sarguemines, 409. Produits des fameuses terres de Wedgewood, *ibid.*

VASSÉ (Louis), sculpteur, commença le tombeau de Stanislas, duc de Lorraine, XI, 310.

VASSEBOURG (Richard de), historien, né à Saint-Mihiel, XI, 439.

VASSEUR (M.) exploite à Dunkerque une genièvrerie, dite de Pondichéry, et l'une des plus considérables du pays, XII, 324.

VAST, village devenu important par les créations industrielles que l'on y remarque, XXV, 282. Apathie que manifeste la population des environs pour son bien-être, 283.

VATAN, terre située dans le Berri, et possédée jadis par les seigneurs de Culant, XXVI, 376.

VATIGLIANI, Napolitain, montra la plus grande intrépidité dans ses derniers moments, XIV, 565.

VATOT (M.), chef de bataillon en retraite, XI, 345.

VATRY (M. Amédée de), ami de l'auteur, conçut le premier l'idée d'un nouveau spectacle appelé *Cliorama*, XXVI, 544.

VATTEAU (M.), l'un des conservateurs du musée de Lille, XII, 246.

VAUBAN. Ses travaux de fortification au Saint-Esprit, VIII, 84. Son projet de creuser un port dans les marais de Montmorillon, IX, 404. Ses travaux à Béfort, XI, 173; à Schelestadt, 229; à Strasbourg, 249; à Verdun, 448; à Thionville, 481; à Bitsche, 484; à Saint-Quentin, XII, 12; à Maubeuge, 94. Il dirige à Saint-Amand l'exécution du pavillon des fontaines, 216. Ses travaux à Lille, 231; au Havre, XIII, 273. Canal qu'il avait projeté de construire à Dieppe et qui se serait réuni à la Seine et à l'Oise, XXV, 32. Système de navigation qu'il avait projeté pour la rivière de l'Orne, 209. Projet qu'il avait formé d'un port pour faire face à celui de Portsmouth, 295. Son pays natal, XXVI, 470.

VAUBLANC, renommé pour ses fers de forge, XII, 494.

VAUCELS (M.), ancien commis du bureau des affaires étrangères. Partie de campagne qu'il réalise pour la convalescence de sa femme, II, 138.

VAUCHAMP (la plaine de) où les Français culbutèrent l'ennemi en 1814, XXVI, 520.

VAUCLUSE (le hameau de), dont la vue présente un contraste singulier, IX, 234. L'hôtel de Laure et Pétrarque, 235. Le bassin de la fontaine de Vaucluse, 236. La source de cette fontaine, 237. Colonne élevée en l'honneur de Pétrarque, 238. Le château qui, dit-on, fut bâti par ce poete, 239.

VAUCOULEURS, petite ville agréablement située, XI, 425. Elle fut souvent choisie pour le siège de conférences plus ou moins importantes, 426.

VAUDEMONT (le prince de), ayant obtenu la souveraineté de Commercy, démolit l'ancien château, et fit construire le moderne palais que l'on admire encore dans cette ville, XI, 434.

VAUDEVILLE (le), genre d'ouvrage dramatique. Son origine; la vogue qu'il obtint alarma les comédiens français qui en firent restreindre les prérogatives; limites où il était alors renfermé, XXI, xiij. Améliorations qu'il a reçues; conditions qui doivent assurer son succès, xiv. Sa naissance, XXV, 173.

VAUDREVANGES, où l'on remarque une fabrique de poterie, XI, 503.

VAULCHIER (mademoiselle), à qui l'église des jésuites, à Dôle, doit un tableau représentant le Sauveur, XI, 91.

VAULTIER (M.), membre de l'académie des sciences, arts et belles-lettres de Caen, XXV, 224.

VAUMARCELLE (madame de), personnage cité dans le roman de *Cécile*, XXIII, 249.

VAUNAGES (la), canton composé de plusieurs campagnes qui se trouvent avant Nimes, IX, 154. Mœurs, religion, aisance et costume des habitants de cette contrée, 155. Luxe des Vaunajoles, 156.

VAUQUELIN, chimiste, né dans les environs de Pont-l'Evêque, XXV, 50. Ses observations résultant de l'analyse qu'il avait faite des eaux de Bagnols, 137.

VAUSSENVILLE (Roberger de), mathématicien, né à Vire, XXV, 182.

VAUTEUR (Nicolas), auteur de la science de l'amour conjugal, XXVI, 175.

VAUTOUR (M.), négociant, remplit les fonctions de juré dans le premier procès de l'auteur, XV, lxxxvij.

VAUVENARGUES (le château de), berceau du moraliste de ce nom, IX, 290, 308.

VAUVERT, grand village dont les habitants, vignerons, ont la passion du spectacle, et ont fait bâtir une salle à leurs frais, IX, 156.

VAUX, village peu remarquable du département de Seine-et-Oise, XIII, 15.

VEDÈNES, village du département de Vaucluse, IX, 263.

VÉE, petite rivière qui parcourt le parc de Bagnols, et sur les rives de laquelle se trouvent les diverses parties des bains de cet endroit, XXV, 139.

VELASCO, Napolitain, se fit périr lui-même, pour ne pas mourir par l'ordre de Spéziale, XIV, 565.

VÉLASQUEZ (dom), secrétaire de l'ambassade portugaise, concourut au projet d'une conspiration; il devient amoureux de Ninette, jeune fille d'Yvetot, XV, 298; lui fait ses adieux, et est arrêté à Poitiers, 300.

VÉLIOCASSIENS (les), ancien peuple de la province de Normandie, XIII, 29.

VELOTE, joli village situé sur la rive droite du Doubs, XI, 140.

VEMY (le mont de), situé dans le département du Nord, XII, 222.

VENAISSIN (le comtat). Sa division politique en parti *français* et en parti *papiste*; vengeance fanatique de ce dernier, IX, 212.

VENANCE DOUGADOS (le Père), capucin, auteur de poésies, périt sur l'échafaud, VIII, 464.

VENCE (la rivière de) a ses sources dans les montagnes calcaires d'Ancelle, et se jette dans la Durance, X, 201.

VENDÉENS (les) franchissent la Loire, débouchent en Bretagne, et se réunissent, aux Chouans, XII, 554. Ils se portent sur Nantes, 581; s'emparent du Mans, XXV, 366; y essuient une déroute complète, 368; entrent en triomphe dans Angers, où ils sont bientôt immolés, 385. Ils s'emparent de Saumur, 423.

VENDEL (M. de), député de la Moselle, propriétaire de belles forges à Hayange, XI, 500.

VENDÉMIAN, village dont les habitants se croyaient atteints d'une épidémie, IX, 61.

VENDÔME (le grand-prieur de), président de la *société du Temple*, réunion épicurienne, II, 194.

VENDÔME (César, duc de) est arrêté par Louis XIII au château de Blois, XXVI, 64. Henri IV, dont il était le fils naturel, lui donne le domaine de Vendôme, 71.

VENDÔME. Prérogatives dont jouissaient ses anciens comtes; assemblée du parlement dans cette ville; nullité de l'industrie de ses habitants; la tour de César, XXVI, 71.

VENEL, chimiste distingué, et l'un des plus utiles collaborateurs de l'*Encyclopédie*, IX, 74.

VENEL, médecin sorti de l'école de Montpellier, IX, 125.

VENERILLA, vestale, périt victime de l'amour, XIX, 5.

VÉNÈTES (les), formant l'un des anciens états de la Bretagne, dont Vannes était la capitale, et qui s'étant, assure-t-on, établis dans l'Italie, devinrent les fondateurs de Venise, XII, 362, 558.

VENISE, ville célèbre, a perfectionné tout ce qui tenait aux besoins du luxe, XXII, 297. Richesses qu'elle acquit par la fabrication des glaces, 403.

VENISSAN (M. de), Auvergnat que l'Ermite rencontre sur la route de Lorient, et qui l'instruit de tout ce qui concerne cette ville, XII, 563. Il accompagne l'Ermite dans ses courses en Auvergne, XXVI, 272 *et suiv.*

VENTOUX (le mont), première colonne des Alpes, IX, 216.

VENTRILOQUES (les). Ce qu'ils étaient chez les anciens, V, 39. Leur utilité pour les prêtres du paganisme, 40.

VÉOMADE vint jusqu'à Bar-le-Duc, au-devant de Chilpéric, fils de Mérovée, XI, 440.

VÉRAZAN, l'un des navigateurs dieppois auxquels la France

dut ses premiers établissements dans le Canada, XXV, 19.

VERBACH (le), rivière qui arrose la plaine au sein de laquelle est située la ville de Dieuze, XI, 294.

VERBERIE (M. de La), cousin de l'Ermite, personnage travaillé de la manie de vouloir rétablir la chevalerie, et dont la femme a des prétentions de jeunesse et d'illustre origine. Intérieur de leur famille au moment de la distribution des étrennes le jour de l'an, VI, 282.

VERCINGÉTORIX force César à capituler dans Alexia, XXVI, 337. Il ne peut empêcher ce guerrier d'effectuer la soumission totale de la Gaule, 444.

VERCLIVES, campagne appartenant à M. Bignon, député, XIII, 79.

VERDIER (le général), guerrier distingué, VIII, 430.

VERDIER (madame), née à Uzès, IX, 186, 206.

VERDIER DE LAGRÈNE s'attira de justes éloges par la rédaction de ses voyages, XII, 520.

VERDUN. Rochers calcaires que l'on remarque à quelque distance de la porte qui conduit à cette ville, en sortant de Saint-Mihiel, XI, 439. Fortifications de Verdun; résistance que ses habitants opposèrent, en 1792, aux troupes du roi de Prusse; trahison dont ils furent victimes, 448. Massacre de plusieurs filles de Verdun, 449. Principaux édifices de cette ville, 450. Son commerce; carrières de marbre qui l'avoisinent; sa population; ses hommes célèbres, 451.

VERGÉTE (André), chiffonnier littérateur, qui va ramassant des lambeaux de papier, et en compose un recueil amphigourique où l'absurde figure à côté du ridicule; il donne quelques détails sur son enfance; son logement, sa bibliothèque, XVI, 443 à 451.

VERGNE (le chevalier de), vieillard octogénaire. Ses opinions misanthropiques sur la société; son ardeur à signaler les inconséquences dans nos mœurs; haute estime qu'il fait de la maréchaussée destinée à défendre constamment la tranquillité des citoyens; ses remarques sur les duellistes, qu'il nomme *assassins de bonne compagnie*; son jugement sur trois personnes qui ont fait le déshonneur et le désespoir de plusieurs familles honnêtes; sur l'infidélité conjugale; sur les joueurs et les maisons de jeu, 196 *et suiv.*

VERGNIAUD, avocat, né à Bordeaux, VIII, 22.

VERGNIAUD, orateur distingué, mort sur l'échafaud, XIV, 568.

VERGY (Gabrielle de). Son ancienne habitation à deux heues de la ville de Gray, XI, 148. Ses amours avec Raoul, seigneur de Coucy; elle épouse Aubert de Fayel, homme sombre et jaloux, qui lui fit servir, sous la forme d'un mets préparé avec soin, le cœur de son amant; de désespoir, elle se laisse mourir de faim, XII, 84.

VERGY (Manussès de), le premier qui porta le titre de comte de Beaune, XXVI, 430.

VERGY (Guérin de), l'un des seigneurs français demeurés

fidèles à Louis-le-Débonnaire, XXVI, 449.

VERGY (Alix de), mère d'Eudes IV, prend la régence, et gouverne avec sagesse et fermeté, XXVI, 454.

VERMANDOIS (le duc de) est revêtu de la charge d'amiral, II, 11.

VERMANTON, vignoble voisin d'Auxerre, XXVI, 482.

VERMENIL (M.), riche célibataire, se met en route pour parcourir l'Europe. Motifs de ses voyages, VII, 140. Regrets qu'il éprouve de ne plus avoir la goutte, 141. Sa voiture verse; son indifférence pour les choses remarquables d'Amiens, 142. Ses plaintes sur tout, 143. Son émotion à la vue de la planche étroite sur laquelle il pénètre jusqu'au paquebot; désappointement que lui cause le mal de mer, 146. Ses plaintes convulsives, 147. Sa déconvenue lorsque la douane visite ses paquets, 148.

VERMONT (madame de), femme remarquable par sa beauté, par l'éclat dont elle brille au milieu du monde, et par son attachement à ses devoirs domestiques, V, 69.

VERNAGE (madame de), femme du premier médecin de Louis XV. Son séjour au château de Planay qu'elle embellit, et où elle exerça la bienfaisance, XXVI, 26.

VERNET (Joseph). Son tableau de *Paul Emile*, d'après lequel il fut reçu à l'académie de peinture, XXII, 223.

VERNET (Horace), I, 14; IX, 219. Son tableau de la *Bataille de Tolosa*, XXII, 38; celui de *la Bataille*, 51; son *Massacre des mamelucks dans le château du Caire*, 85; sa *Revue du deuxième régiment des grenadiers à cheval de la garde*, 112; une de ses marines représentant un combat entre des forbans algériens, ravisseurs d'une jeune femme, 134; son *jeune Trompette* tué sur le champ de bataille, 140; sa *Bataille de Jemmapes*, 172; son tableau de la *Défense de la barrière de Clichy*, 182; sa *jeune Druidesse*, 187; sa *Folle de Bedlam*, 190; une *Marine grecque*, 195; son *Odalisque tenant un sablier*, et sa *Madeleine pénitente*, 198; son *Soldat de Waterloo*, 203; son *Soldat laboureur*, 206; sa *Redoute de Kabrunn*, 210; sa *Défense d'Huningue*, 214; son *Capucin en méditation devant un poignard*, 217; son *Atelier*, 220. Tableaux qu'il exposa en 1812, XXVII, 48.

VERNIER, comte de Montorient, ancien sénateur, et auteur de plusieurs ouvrages estimés, XI, 39.

VERNIMEN, magistrat du barreau de Douai, XII, 174.

VERNON (madame), artiste peintre. Sa sensibilité au sujet de M. Maurice, I, 315.

VERNON, ville remarquable par un hôpital qu'y fonda saint Louis, XIII, 20.

VERNOUILLET (M), fabricant de vinaigre à Saint-Dié, XXVI, 42.

VÉRON, navigateur rouennais, compagnon de voyage de Bougainville, XIII, 181.

VÉRONE (la vallée de), remarquable par la beauté de son site, et où se trouve l'antique manoir des Scaliger, VIII, 295.

VÉRONÈSE, célèbre peintre dont

le musée de Lille possède quelques ouvrages, X, 384 ; XII, 246.

VERPREY, pelletier de Falaise. *Voyez* ROBERT, duc de Normandie.

VERRE (le) est le plus étonnant produit de l'industrie humaine; formes qu'il est propre à recevoir; usages divers auxquels on l'emploie, XXII, 378. Chez les anciens il était un objet de luxe et d'agrément; ce n'est que sous Néron qu'il commença à être d'un usage plus commun; destination que lui donnent les modernes , . 379. Progrès que l'on remarque dans la fabrication des verres de couleur, et des cristaux, 400. État des fabriques de glaces, 403.

VERREUX (le château de), retraite du lieutenant-général Delort, XI, 51. La chapelle dite de Saint-Roch élevée, en face de ce château, à la mémoire de Morel, commandant de la ville d'Arbois, 54. .

VERSEPUY, marchand d'étoffes de Lyon les plus riches, I, 403.

VERSEUIL, solliciteur empressé au moment de la révolution, IV, 129.

VERTHAMON (M. de), ancien évêque de Montauban, fondateur de la Société des sciences, agriculture et belles-lettres que possède cette ville, VIII, 345.

VERTOT (l'abbé de) doit être regardé comme un des créateurs du roman historique, XXIII, 27.

VERTPRÉ (M. L.). Ses remarques sur la manie dispendieuse de sa femme pour les fleurs, V, 321. Réfutation de sa lettre, 353.

VERTU (la) est nulle aux yeux d'un certain monde, VII, 274.

VÉRUNE (la), campagne appartenant jadis aux évêques de Montpellier, et possédée aujourd'hui par une femme recommandable, IX, 149.

VERVEINE (le château de), situé à quelque distance d'Alençon, XXV, 125, 135.

VÉSÈRE (la), vallée fameuse par les recherches métallurgiques dont elle a été l'objet, XXVI, 248.

VESOUL. Son commerce; sa position, XI, 158. Ses édifices publics; sa destruction de fond en comble par Charles-d'Amboise; sa prise par Turenne, 159. Le Frais-Puits, à une lieue de Vesoul; inondation qu'il cause quelquefois dans la plaine environnante, 160. Par une de ses crues extraordinaires, il délivra Vesoul, en 1557, de l'approche des troupes allemandes, 161.

VESPASIEN. Ardeur avec laquelle ses soldats combattaient dans l'espoir du pillage, XIV, 191. Il met un impôt sur les urines, 386.

VESTALES (les) formaient à Rome une sorte de magistrature dont la pureté et la beauté étaient une condition essentielle ; étaient l'objet d'une vénération profonde parmi le peuple; la destinée de l'empire semblait confiée à leurs mains, et leur institution a survécu quelque temps à la chute du polythéisme ; rapport secret que l'on remarquait entre leur culte et les dogmes nouveaux du christianisme, XIX, 3. Elles ne doivent pas être comparées à nos religieuses; influence et autorité des vestales, 4. Supplices qu'elles s'exposaient à subir en laissant éteindre le feu céleste ; causes qui se réunissent pour jeter de l'intérêt sur ces prêtresses, 5. Rapprochement entre elles et les Bayadères des Indes, 111.

VÉTRO, petit village à l'est de Lunéville, XI, 290.

VEUVES, petit village situé sur la rive droite de la Loire, XXV, 468.

VEZELIZE, ville du département de la Meuse, dont la culture des pavots fait la principale richesse, XI, 431.

VEZIAN (M. de), personnage plein d'une vanité qu'il se plait à étaler au théâtre Feydeau, I, 234.

VEZOUZE (la), rivière, qui prend sa source au milieu des forêts limitrophes des Vosges, XI, 286.

VIAL, dessinateur ingénieur, travailla pour *l'Encyclopédie*, XII, 520.

VIART-DELACROIX (M.), commerçant d'Armentières, XII, 294.

VIAUX (Théophile de), à qui le jésuite Garasse fit une réputation d'athéisme, et qui fut brûlé en effigie, VIII, 297.

VIBISQUES (les) habitèrent les premiers la ville de Bordeaux, VIII, 12,

VIC, remarquable par la fameuse mine de sel gemme découverte dernièrement et qui attire l'attention générale, XI, 292. Intérieur de cette mine, *ibid.*

VIC, marin célèbre, après avoir combattu pour sa patrie, passa au service de la république de Gênes, XII, 592.

VICAIRE (Antoine), auteur d'un traité sur le plan de *l'Enéide*, XII, 19.

VICE (le) soumet ses transactions aux règles établies; exemple à l'appui de cette assertion, XV, 236 *et suiv.*

VICEL (le château du), remarquable par sa situation pittoresque, XXV, 282.

VICENCE (Caulincourt, duc de), guerrier célèbre, XII, 24. Il rejoint Napoléon à Saint-Dizier, et va reprendre les négociations au congrès de Châtillon, XXVI, 507, 523, 524.

VIC-FEZENZAC, petite ville du midi, VIII, 258.

VICQ-D'AZIR, né à Valognes, XXV, 269.

VICTOIRE (la montagne de la), plaine célèbre par la destruction des Teutons et des Cimbres qui menaçaient l'empire romain, IX, 291.

VICTOR-AMÉDÉE, roi de Sardaigne, abdique en faveur de son fils, Charles-Emmanuel; se retire près du lac de Genève; est visité par son fils à qui il reproche son ingratitude; est accusé d'une conspiration pour remonter sur le trône et est conduit dans un château fort, tandis que sa femme est renfermée avec des prostituées, XIV, 570 et 571.

VICTOR (le maréchal), duc de Bellune. Son habitation de Ménars, XXVI, 19. Ses opérations militaires en 1814, 501. Il est blessé près Craone, 515. Son courage près Guignes, 521. Sa marche sur Nangis, 537.

VICTORIN-FABRE (M.), écrivain distingué, I, 19.

VICTORINUS, poète célèbre, et lâche citoyen, né à Toulouse, VIII, 423.

VIDA, jeune guerrier, né dans le

département de Vaucluse, IX, 219.

Vidal, médecin, né à Orthès, VIII, 167.

Vidal (Pierre), troubadour toulousain, VIII, 424.

Vidal (M.) s'est fait un nom par d'importantes découvertes, VIII, 432.

Vidourle (le), rivière qui coule au pied de Massillargues, IX, 152.

Vie (la). Réflexions sur sa fragilité, I, 293. Sénèque la compare à un drame, V, 67. Sa brièveté seule empêchant que les méchants n'expient ici bas leur triomphe, une autre vie est nécessaire, XIV, 30.

Vieille-Anesse (la), bourgade de la Saintonge, XXVI, 220.

Vieille-Lire, village du département de l'Eure, XIII, 113.

Vieille-Loye (la), où se trouve la seule verrerie qui existe dans le Jura, XI, 103.

Vieilles-Neiges (le pic des), dans les Pyrénées, VIII, 246.

Vieillesse (la). Discrédit où elle est tombée dans notre siècle, I, 163. Conditions préparatoires qu'il faut apporter à cet âge, pour n'en pas sentir avec autant de force les désagréments, III, 160. Plaisirs qu'un esprit raisonnable peut goûter dans la vieillesse, 161. Jouissances de cet âge, 206. Légèreté, prodigalité, bouffonnerie, indiscrétion que l'on rencontre chez certains vieillards, 216. Raison du peu de respect qu'inspire aujourd'hui la vieillesse, 217. Motif qui peut excuser l'égoïsme qu'elle montre parfois, 428. La vieillesse est l'âge où il faudrait travailler, parcequ'alors il n'y a plus d'illusions qui trompent, plus de charmes qui arrêtent, plus d'erreurs qui égarent, VIII, 238.

Vieilleville (le maréchal de) reçoit les clefs de la ville de Lyon, X, 322. Il déjoue le complot que les cordeliers de Metz avaient formé pour livrer cette ville à la reine de Hongrie; il marche au-devant des troupes ennemies et les met en déroute, XI, 467. Il prend Thionville sur les Espagnols, 481.

Vien, peintre célèbre, surnommé le restaurateur de l'école française, IX, 133. Caractère de son talent; progrès dont l'art lui est redevable, XXII, 8.

Vienne. Diverses dénominations que reçut cette ville; amour de ses anciens habitants pour la liberté et l'égalité, X, 276. Débris de monuments païens et de statues antiques que l'on y voit encore, 277. Son état actuel sous le rapport politique et administratif; privilèges dont jouissaient ses archevêques, 278. Sa situation; embellissements qu'y firent les Romains, 280. Trahisons et fureurs auxquelles elle fut en proie; le pont construit par Tibérius Gracchus, 281. Ordonnance fiscale rendue par un ancien grand-vicaire pour la réparation de ce pont, 282. Divinités subalternes des Romains du moyen âge, 286. Anciens sépulcres appelés *ergastules*, 287. Ravages causés dans cette ville par les Arabes d'Espagne, 288. La cathédrale de Saint-Maurice; le palais archiépiscopal; l'abbaye de Saint-Pierre; aspect des dehors de Vienne; obélisque élevé à un empereur romain, 293. Les restes d'aqueducs; les anciennes naumachies; le palais des rois de Bourgogne servant de théâtre; porte triomphale d'ordre corinthien, 294. L'église de Notre-Dame-de-la-Vie; le fort Pipet, 295.

Viennet (M.), guerrier, poete, et auteur dramatique, I, 18.

Viennot de l'Abergement, physicien, condamné à une forte amende pour n'avoir pas guéri les malades qu'il avait entrepris de rendre à la vie, XXVI, 459.

Vierge. Acceptions que l'on donne à ce mot dans un certain monde, VII, 275.

Vierzon, petite ville industrieuse, située dans un canton fertile et pittoresque, XXVI, 376.

Vieuville (M. le comte de La), ancien préfet, ancien chambellan du roi de Naples, et maintenant membre de la chambre des députés, XII, 395.

Vieux, situé près de Caen, et remarquable par de belles carrières de marbres, XXV, 196.

Vigan (le), ville du département du Gard, IX, 210.

Vigano, chorégraphe italien, traduisit en ballet l'opéra de la Vestale, XIX, 55.

Vigée, poète de l'école de Dorat, possesseur d'une collection de tabatières, II, 339.

Vigier, propriétaire de plusieurs établissements de bains sur la Seine, IV, 158.

Vigne (M. Victor), fabricant d'huiles à Lille, XII, 270.

Vignoles (Alphonse des), chronologiste, IX, 186.

Vignolle (le lieutenant-général), IX, 154.

Vignot, petit bourg situé près de Commercy, XI, 436.

Viguemale (le pic de), dans les Pyrénées, VIII, 246.

Viguerie (M.), médecin distingué, VIII, 432.

Viguier (M. le chevalier), possesseur d'une belle collection de médailles, et habitant de Narbonne, IX, 24.

Vilaine (la), rivière qui, conjointement avec l'Ille, a donné son nom à l'un des départements de la France, XII, 458.

Vilandry, parasite du commandeur de Souvré, II, 12.

Vilarmont (M. de), ancien capitaine de vaisseau, I, 297.

Vilarmont (Robertine de), fille du précédent. Sa mort inopinée, I, 297. Ses funérailles, 301.

Vilarmose (le commandeur de), oncle du baron Desverrières, revient en France avec des prétentions sur les biens de ce dernier, V, 29.

Villages (les). Les jeux de hasard exposent leurs habitants à de grands dangers; exercices par lesquels on pourrait les remplacer, VIII, 169.

Villain (l'abbé), historien de madame Pernelle, III, 197.

Villana (le marquis de). Expression de sa haine contre le connétable de Bourbon, XXVI, 359.

Villandry (Breton de), secrétaire des finances, fit construire, sous François Ier, le château de Ville-Savin, XXVI, 23.

Villarceaux (madame de), amie de madame de Sévigné, II, 12.

Villarceaux (M. Rolland de), ancien préfet du Gard, IX, 287.

Villard-d'Arènes (le), village

des Hautes-Alpes, est privé pendant cent jours des rayons du soleil, X, 223.

VILLARET-JOYEUSE (l'amiral) perdit la bataille navale du 13 prairial an 2, VIII, 349.

VILLARET-DE-JOYEUSE, lieutenant colonel d'artillerie, député par l'Ile-de-France pour plaider sa cause auprès du directoire et du conseil des cinq-cents, XXII, 449.

VILLARS (le maréchal de). Le plus beau jour de sa vie était celui où il avait eu un prix au collége, VII, 118; X, 461. Sa victoire à Denain, XII, 143. Il reprend Bouchain, 150; s'empare de Douai, 189; XV, 308; XXVI, 363.

VILLARS (M.), professeur de botanique à Grenoble, X, 93.

VILLARS (le docteur). Idée qu'il se faisait des habitants du Dévouly, X, 181.

VILLARS (le duc. de), l'un des amis de Voltaire, X, 461.

VILLÉ (le val de), situé en Alsace et remarquable par sa beauté, XI, 279.

VILLEBRUNE, personnage n'ayant d'autre existence que celle qu'il tire de son talent pour le jeu, III, 243.

VILLECOURT, jeune Strasbourgeois, mort à vingt-deux ans, marchait sur les traces de Pascal, XI, 271.

VILLEDIEU (madame de), née à Alençon, XXV, 130.

VILLEFRANCHE (Aveyron). Sa situation, IX, 31. Quelques-uns de ses bâtiments publics; son aspect intérieur; galanterie des membres de l'ancien présidial qui siégeait dans ses murs, 32. Le collége; système adopté par le principal de cet établissement, 33. Mœurs des habitants; graces et costume des grisettes, 34. Leur penchant à l'ivrognerie, sur-tout parmi le peuple, 35. Les réunions du salon *Panissol*, 37. Ancienne administration de Villefranche, 38.

VILLEFRANCOEUR (la commune de), où se trouve le château de Freschines, XXVI, 25.

VILLEFRANQUE, commune du pays basque, VIII, 141.

VILLE-ISSEY, village où le cardinal de Retz avait une maison de campagne bâtie sur le bord de la Meuse, XI, 433.

VILLEJUIF (M. de), personnage qui se croit appelé à tout, parcequ'il a l'impudence de tout entreprendre, VIII, 224.

VILLÈLE (M. de), ministre des finances, VIII, 431. Empressement qu'ont pour lui ses parents depuis qu'il a le portefeuille, XXVI, 368.

VILLELOSET (le château de), remarquable par sa position tout-à-fait gothique, XXVI, 22.

VILLEMAIN (M.), membre de l'académie française, professeur de philosophie, I, 19.

VILLEMAIN (M.), député qui, dans diverses sessions de la chambre, a défendu les intérêts des Lorientais, ses concitoyens, XII, 574.

VILLENAUXE, situé dans la Champagne, XXVI, 492.

VILLENEUVE (Eymard de), échanson de Charles VII, X, 290.

VILLENEUVE (la donna de), contemporaine et amie de Clémence Isaure, VIII, 428.

VILLENEUVE-LÈS-AVIGNON, d'où l'on découvre une partie de la Provence et tout le comtat Venaissin, IX, 207. Le pont du Gard, *ibid.*

VILLENEUVE-BARGEMONT (M. de),

32.

ancien préfet de Lot-et-Garonne, VIII, 303.

VILLENEUVE-SUR-LOT. Son ancienne importance, VIII, 352. Son origine; elle portait jadis le nom d'*Eysses*, 353. Franchises dont elle jouit, 354. Fertilité et productions de son territoire, 355. Bonheur et tranquillité de cette ville, lorsqu'elle fut gouvernée par Sully, 357.

VILLENEUVE-LE-ROI, situé dans le département de l'Yonne, et où l'on remarque une porte triomphale érigée par les Sénonais à la mémoire du dauphin, père de Charles X, XXVI, 483.

VILLEROI (le maréchal de). Son inhabileté dans le commandement amena les malheurs qui pesèrent sur la France à la fin du règne de Louis XIV, II, 229. Réponse singulière par laquelle il flattait ce monarque, IV, 275. Mot flatteur qu'il adressa à ce prince encore enfant, 280.

VILLERS (M.), historien, I, 10.

VILLERS, petit hameau où naquit le Poussin, XIII, 50.

VILLERS-AU-TERTRE, village où l'on voit une fabrique de sucre, l'une des plus importantes de France, XII, 153.

VILLERUPT, remarquable par une belle forge, XI, 500.

VILLE-SAVIN (le château de), où l'on trouve des fragments de peinture sur cristal, très bien conservés, XXVI, 23.

VILLETTE (la), village aux portes de Paris, fameux par un grand nombre de guinguettes, VII, 56.

VILLETTE (M. de), ancien propriétaire de la maison où demeurait Voltaire à Paris, VII, 246.

VILLETTE (le marquis de) cité comme un des hommes les plus spirituels, et comme une des plus fortes lames. Début de sa *Critique du salon*, XXVII, 13.

VILLEVEYRAC, dont les habitants catholiques et protestants, exaspérés les uns contre les autres, furent réconciliés par M. Sales, ancien maire de Pézénas, IX, 71.

VILLEVIEILLE (le marquis de), l'un des amis de Voltaire, X, 461.

VILLIERS (Jean), seigneur de l'Ile-Adam, fit massacrer plusieurs évêques et des personnages de distinction, X, 103.

VIMOUTIERS. Ses fabriques de toiles de ménage sont des premières de France, XXII, 396.

VINAY (M.), substitut du procureur de la commune, concourut à la réunion d'Avignon et du comtat Venaissin, IX, 265.

VINAY, bourg du département de l'Isère, X, 45.

VINÇART (Jean), littérateur, né à Lille, XII, 279.

VINCENNES (la forteresse de), située à quelque distance de Paris. Son origine, XV, 229. Personnages qui l'habitèrent ou qui furent renfermés sous ses voûtes, 230.

VINCENS (M. Alexandre), professeur de littérature ancienne, IX, 190.

VINCENS DE SAINT-LAURENT (M.), membre de l'académie de Nîmes, IX, 183, 189.

VINCENT (le Père), personnage remarquable par son génie industrieux, par l'hospitalité qu'il accorde aux voyageurs et sa bienfaisance envers les pauvres, III, 236; XI, 367.

VINCENT (l'abbé), grand amateur de la chasse. Ruse qu'il emploie pour ne pas trahir l'inconvenance de cet exercice chez un homme de son caractère, III, 263.

VINCENT (madame), aubergiste à Besançon, s'empresse de faire un don considérable en faveur des incendiés de Salins, XI, 113.

VINCENT DE PAULE fonde l'hospice des Enfants-Trouvés; discours qu'il prononça pour engager des dames à cette bonne œuvre, IV, 363. Son pays natal, VIII, 63.

VINCI (Léonard de), peintre célèbre, est un de ceux à qui l'on doit l'apparition des premières caricatures, IV, 163.

VINCI, nom que portait anciennement le village de Crèvecœur, XII, 39.

VINDALIUM, ville antique, fut détruite par Domitius OEnobarbus, IX, 263.

VINDEX, romain, se révolta contre Néron, XIV, 84.

VIRE. Aspect du paysage qui environne cette ville; les ruines du donjon de Vire, XXV, 162. Quelques poetes virois, 172. Hommes célèbres nés à Vire, 181. Image que présente aujourd'hui cette ville, 184. Son origine et son antiquité; son importance primitive, 185. Son ancienne activité commerciale et son industrie actuelle, 186. Les restes du donjon; quelques particularités relatives à l'histoire de Vire, 188. Anciennes haines religieuses des Virois, 189. La bibliothéque publique, 190.

VIRE (la), rivière dont les chutes donnent le mouvement aux usines de Saint-Lô, XXV, 305.

VIRET, cordelier, l'un des ennemis de Voltaire, X, 459.

VIRGILE, prêtre irlandais, condamné pour avoir soutenu qu'il y avait des antipodes, XIV, 507.

VIRGILE, évêque de Salzbourg, est brûlé pour avoir soutenu que la terre était ronde, XV, 51.

VIRIDORIX, chef auquel les Ebrociens s'étaient réunis dans l'intention de secouer le joug des Romains, XIII, 91.

VIRSZLIPULZLI, divinité mexicaine à laquelle on sacrifiait des enfants, XIV, 37.

VISAPOUR (le royaume de) fait partie de la souveraineté nominale de Nysam-Aly, XVIII, 93.

VISÉ, journaliste que Boursault mit en scène, II, 40.

VISTRE (le), petite rivière qui se jette dans la Méditerranée, et sur les bords de laquelle les Nimois font annuellement des promenades d'apparat, IX, 172.

VITAL (Ordéric), auteur d'une histoire de Normandie, cité à propos du port de Dieppe, d'où il prétend que Guillaume-le-Conquérant mit à la voile pour son second voyage en Angleterre, XXV, 22, 110. Ce qu'il dit de la conduite de l'évêque Audouin, lors de l'incendie de la ville d'Evreux par Henri Ier, duc de Normandie, XII, 96.

VITALIS (M. de) fut persécuté à Carpentras, en 1815, IX, 253.

VITALIS (M.), chimiste, secrétaire de l'académie de Rouen, pour les sciences, XIII, 206.

VITELLIUS. Excès féroces auxquels ses troupes se portèrent, XIV, 191.

VITON, homme courageux et féroce que les habitants de Metz mirent à leur tête, lorsque leur ville était indépendante ; cruautés dont il se souilla, XI, 463.

VITRÉ. Sa population; son aspect intérieur, XII, 458. Son commerce ; ses murailles ; luxe momentané dont les Vitréens furent témoins au temps de madame de Sévigné, 459. Maison qu'occupait cette marquise, 460. Chaire en pierre à l'extérieur de l'église Notre-Dame ; beauté du paysage qui environne Vitré; hommes célèbres nés dans cette ville, 461.

VITRUVE, écrivain ancien, laissa un ouvrage sur l'architecture, III, 402.

VITRY (l'abbé de). L'hospice de la Visitation de Lyon ressentit plus d'une fois les effets de son zèle infatigable et de sa piété généreuse, X, 349.

VITRY-LE-FRANÇAIS, ville de la Champagne, d'origine moderne, et que Napoléon fit fortifier en 1814, XXVI, 508.

VIVARAIS (le) n'avait qu'une baronnie qui entrât chaque année aux états du Languedoc, IX, 96.

VIVONNE (le duc de). Scène qu'il eut avec Chapelle lorsqu'il leur prit fantaisie d'imiter Polyeucte, XVI, 46.

VIZELLE, situé non loin du département des Hautes-Alpes, X, 172.

VIZILLE, lieu charmant remarquable par le château qu'y fit construire le connétable Lesdiguières, X, 274.

VOCONCES (les), anciens habitants de la ville de Grenoble, X, 124.

VOET (de), auteur d'un écrit sur le jeu, V, 81.

VOGUE (la). Moyens de l'obtenir aujourd'hui, II, 59. Elle sort toujours de l'obscurité, VII, 208.

VOÏD, bourg du département de la Meuse, où l'on fabrique d'excellents fromages, XI, 432.

VOIRE (la), rivière au passage de laquelle le général de Wrède fut culbuté, XXVI, 507.

VOIRON, jolie petite ville où il se fabrique une grande quantité de toile, X, 48.

VOISENON (l'abbé de), III, 245.

VOLNEY (M.), célèbre écrivain philosophe, I, 11. Son pays natal, XXV, 407.

VOLSANGE (M. de), prototype des personnes qui, avec des vertus et des qualités, sont incommodes aux autres. Son portrait; son indifférence pour la noblesse de l'origine, VII, 36. Effets de sa prétendue modestie, 37. Sa franchise désobligeante, ibid. Son ton magistral dans la conversation, 39. Ses importunités à l'égard des autres dans la société, 40. Son attitude aux théâtres, 41 ; à table, ibid. Son affectation à publier les services qu'il rend, 42.

VOLSANGE (madame de), prototype des personnes qui sont autres qu'on ne les représente et qu'il faut entendre pour les voir ; elle accueille l'Ermite avec obligeance, et s'engage dans le récit de ses aventures, VII, 220. Sa doctrine sur la littérature, les arts et le spectacle, 223.

VOLTAIRE. Sa satire des cabales, II, 119. Avantage qu'il retire de son admission à la cour de Sceaux, 194. Causes qui retardèrent son admission à l'académie française, 229. Ce qu'il dit de la pensée de la mort, 430. Impression que sa tragédie de *Zaïre* produit sur toutes les classes de spectateurs, III, 214. Son jugement sur les fonctions de journaliste, 396. Sa *Henriade*, IV, 200. Ses efforts pour introduire la vérité à la cour de Potsdam, 281. Réflexions sur ses droits au titre du plus grand génie qui ait éclairé le monde, X, 433. Quelques unes de ses saillies morales et philosophiques, 443. Observations sur sa gloire et ses détracteurs, 451, à 462. Parallèle entre Voltaire et J.-J. Rousseau, XI, 5. Séjour de Voltaire aux environs de Cirey avec madame du Châtelet, 286. Résumé qu'il fait de la sagesse humaine, XIV, 29. Il semble croire que la paix perpétuelle est une chimère, 168. Ce qu'il dit des prières qui précèdent et suivent les guerres, 172; des lois qui doivent être faites selon les temps et les besoins, 237; des condamnations au secret, 270. Devenu le chef de la république des lettres, il dirigea ses premiers efforts contre le fanatisme et l'intolérance, 413. On lui doit la révolution qui s'est faite dans nos mœurs et dans notre littérature, 417. Inconvenance et injustice des attaques dirigées contre lui par ses détracteurs, 418. Il a conquis, par des chefs-d'œuvre dans tous les genres, le titre d'*homme prodigieux* qui lui fut décerné par le grand Frédéric, 419. C'est sur l'ensemble de sa doctrine et de ses œuvres qu'il doit être jugé, 420. Motifs des emportements que l'on blâme en lui, 421. Injustice de ceux qui le taxent de démagogie et d'athéisme, 422. Base sur laquelle reposent ces accusations, 423. Bienfaits qu'on lui doit; services éminents qu'il a rendus, *ibid.* Il traça à la Bastille le plan de sa *Henriade*, XV, 49. Eloge que fait de lui M. de Malesherbes, XVI, 149. Il a été proclamé la lumière des âges et le bienfaiteur de l'humanité, 153. Inconvenance des attaques dirigées contre lui, 154. Il a été l'homme du génie le plus *excentrique*, de l'esprit le plus universel, 155. Mesure d'après laquelle on doit le juger, *ibid.* Principes des cris d'impuissance et de rage dont il est devenu l'objet, 156. Causes probables de ses saillies outrées, 157. Il faut mesurer l'estime qu'on lui doit sur la liste de ses amis et de ses ennemis, 158. Son aversion pour la démagogie, 159. Services qu'il a rendus à l'humanité, *ibid.* Propagation de ses œuvres, 160. Ses écrits contribuent beaucoup à familiariser les peuples étrangers avec l'idiome français, 163. Ses romans sont principalement goûtés en Allemagne, 164. Il doit être regardé comme le type du génie français, 165. Mérite de ses ouvrages, 166. Mérite et morale de ses tragédies, 173. Son buste dans une des salles des Français, XVI, 435. Il doit être regardé comme le type du genre d'esprit qu'exige la poésie fugitive, XVII, 1.

Une de ses chansons philosophiques, 24. Ce qu'il pense des madrigaux de Bertaut et de M. de La Sablière; celui qu'il adressa à la princesse Ulrique de Prusse, 64. Quelques autres de ses poésies légères, 65 à 73. A propos de ses pièces de théâtre, il se plaignait des docteurs de Sorbonne ; ce qu'il aurait dit des censeurs dramatiques d'aujourd'hui, 117. Objet principal de quelques unes de ses tragédies, 231. Anathème qu'il lance sur le genre de l'opéra-comique, XXI, x. Fin pour laquelle il se servit du roman, XXIII, 20.

VONDEL compose ses tragédies dans une échoppe, XV, 52.

VONHEMERT (les), famille étrangère qui figura long-temps dans la classe du *haut commerce* de Bordeaux, VIII, 15.

VOREPPE, situé dans le département de l'Isère, X, 48.

VOSGES (le département des). Ses montagnes, XI, 327. Ses forêts; ses rivières; ses sources vives, 329. Fertilité, sites pittoresques de ses campagnes, 330. Son industrie, 331. Usages qui s'observent dans les villages à l'égard des jeunes fiancées; signes auxquels les villageois reconnaissent les bonnes ou les mauvaises dispositions des filles à marier, 340. Glacières naturelles que l'on trouve dans le département des Vosges, 370. Caractère et patriotisme des Vosgiens, 418. Leur amour de la liberté, 419. Caractère belliqueux des femmes de cette contrée, 420. Goûts des habitants; leur nourriture; leur ardeur pour le travail, 421.

VOSSIUS. Son opinion sur le rhythme principalement dans la langue française, XXII, 254.

VOÛTE (la), bâtiment moderne, dont l'aspect est noble et régulier, XXVI, 26.

VOYAGEURS (les). Qualités nécessaires à un historien voyageur, VIII, 238.

VOYART (madame Elise), femme auteur; jugement sur ses écrits, I, 23.

VOYER-D'ARGENSON, l'un des amis de Voltaire, X, 461.

VUEZ (Arnould de), peintre dont le musée de Lille possède quelques ouvrages, XII, 246.

VULFOADE, fondateur de l'abbaye à laquelle la ville de Saint-Mihiel doit son origine, XI, 437.

VULGODEMANT (le), commune des Hautes-Alpes, fut désolée par des avalanches, X, 228.

W.

WACE (Robert), chantre des exploits des ducs de Normandie. Vers où il retrace quelques circonstances de la première entrevue de Robert avec Harlette, XXV, 72.

WADRINAU (la digue de), destinée à détourner la Moselle pour l'introduire dans la ville de Metz, XI, 469.

WAGNER (M.), horloger, XXII, 430.

WAISTRE, petit-fils d'Eudes, chef de la Saintonge, est attaqué par Pépin-le-Bref, et bientôt assassiné, XXVI, 202, 283.

WALBROD, Flamand, servait dans l'armée de la Ligue, XV, 219.

WALCOTE, Anglais, fut enveloppé dans la conspiration de *Rye-House*, XIV, 325.

WALDBACH, l'un des villages composant la paroisse du Ban-de-La-Roche, XI, 381, 385. Sa situation; fertilité de son sol; son aspect intérieur, 386.

WALINGFORD, l'un de ceux qui se disputent l'honneur d'avoir découvert l'horlogerie mécanique, XXII, 426, 431.

WALKER émet son opinion sur la considération que méritent les acteurs, VI, 361. Son caractère social, VII, 14. Il conduit l'Ermite à une répétition au grand opéra, 16 *et suiv.* Ce qu'il dit des noirceurs, 45; de la supériorité du commerce sur les autres professions, 91; de l'importance des fonctions d'électeur, et de la nécessité de les remplir rigoureusement, 137. Opinion qu'il rapporte sur la corruption des mœurs, 191. Il se rend au café des Mille-Colonnes avec l'Ermite, 204; ses réflexions sur la vogue, 207; sur la renommée, 241. Il va voir avec l'Ermite plusieurs maisons où demeurèrent des hommes célèbres, 242.

WALLER, juge de paix en Angleterre, sous le règne de Charles II, XIV, 322.

WALLIS, mathématicien anglais, l'un des premiers qui tentèrent des essais pour l'instruction des sourds-muets, II, 390.

WALLIS (Jean), écrivain anglais, XXIV, 188.

WALPOLE (Horace). Publication de sa correspondance avec madame du Deffant, I, 291; X, 461.

WALPOLE (lord), ministre anglais. Il déclare qu'il a le tarif des consciences parlementaires, XIV, 117.

WALPOLE (Richard) députa Edouard Squippe en Angleterre, pour y empoisonner la reine Elisabeth et le comte d'Essex, XVI, 125.

WALTER-SCOTT n'a pas de droits au titre de créateur du roman historique, XXIII, 28. Caractère de son génie et de ses romans dits historiques, 31; couleurs dont il les a empreints, 35.

WAMPS, artiste de Lille, dont l'église Sainte-Catherine de cette ville possède un tableau, XII, 252.

WANDULFE (saint), chroniqueur, a laissé une description du château de Plessis-lez-Tours, XXV, 448.

WAREM. Etat de sa fabrique de toiles, XXII, 397.

WARENGHIEN, magistrat de Douai, XII, 174.

WARENGHIEN (le chevalier de), maréchal-de-camp, XII, 182.

WARTON, poete anglais, représente la mélancolie les yeux baignés de pleurs, assise, croisant les bras et soupirant, VI, 237.

WARWICK, sous les coups duquel la ville de Domfront succomba, en 1418, après une glorieuse résistance, XXV, 157.

WASBERG (le comte de), seigneur suzerain de Richemont, XI, 479.

WASHINGTON, l'un des plus célèbres généraux et le plus grand citoyen des temps modernes, XIV, 207.

WAST (saint) prêcha le christianisme dans la ville de Famars, XII, 135.

WASTNER (Guillaume), l'un des anciens propriétaires du château de Wildenstein, XI, 207.

WATEL. Vérités hardies qu'il pro-

clama sur le droit public, XIV, 139.
WATELET (M.), peintre distingué. Son *paysage historique*, XXII, 57. Son *paysage romantique, exécuté d'après des études faites dans les Vosges*, 129.
WATERLOO, bourg de la Belgique, célèbre par la défaite qu'y essuya l'élite de l'armée française en 1815, V, 303.
WATIÉSART, situé dans le département du Nord, XII, 222.
WATON (M.), magistrat de Carpentras que la fureur des factieux n'épargna pas en 1815, IX, 253.
WATON (M.), médecin philosophe, a introduit une nouvelle méthode dans l'éducation des vers à soie, IX, 260.
WATTEAU, peintre gracieux, né à Valenciennes, XII, 130.
WATTEN, situé dans le département du Nord, XII, 307.
WATTEVILLE (madame Félicie de), auteur de jolis portraits en miniature, XII, 277.
WATTINES-DERVAUX (M.), commerçant de Turcoing, XII, 289.
WAVRECHAIN, village à quelque distance de Bouchain, XII, 151.
WAZEMMES, bourg très peuplé, et dont les maisons sont d'une construction élégante; son commerce; ses fabriques, XII, 225.
WECHELS, célèbre typographe, XXII, 374.
WEISEN se distingua par son courage à l'attaque de Saumur par les Vendéens, XXV, 423.
WELCHE (M.), ancien député, administrateur habile, distingué par sa modération et sa justice, XI, 334.

WELDEUZ (les comtes de), ducs de Bavière, introduisent la confession d'Ausbourg au Ban-de-La-Roche, XI, 382.
WELLESLEY (le colonel), aujourd'hui lord Wellington, assiége Tippô-Saeb, et le défait entièrement, XVIII, xviij.
WELLINGTON (le duc de), II, 463.
WELTZ (M.), négociant de Rouen, XIII, 184.
WERNER (M.) a su faire, dans la construction des meubles, un heureux emploi des bois indigènes, XXII, 353, 419.
WERNHER (l'évêque) force Hermann, duc de Souabe, à s'éloigner de la place de Strasbourg, XI, 241. Il entreprend en 1015 de réédifier la cathédrale de cette ville, 256.
WESSERLING (l'ancien château de) converti en un vaste établissement où l'on fabrique des indiennes, XI, 210. Extension progressive de cette fabrique, *ibid.* Innovations qu'on y introduisit pour l'impression des toiles, 211. Intérieur de cet établissement; égards et bienveillance des propriétaires envers leurs ouvriers, 212.
WESTERMAN, battu par les Vendéens, perd le Mans et reprend bientôt cette ville, secondé par Marceau, XXV, 366.
WESTHUSE (le chevalier Jean de) apparut, dit-on, huit jours après sa mort, dans l'assemblée des nobles de Strasbourg, XI, 268.
WESTPHALE (Joachim), XXIV, 182.
WETZEL (M.), propriétaire d'une filature à Thann, XI, 209.
WEYLER (Jean), peintre, a excellé, ainsi que sa femme,

dans la miniature sur émail, XI, 273.

WICQUEFORT écrit, dans une prison d'état, son *Traité des Ambassades*, XV, 50.

WIDON. *Voyez* GREY.

WIÉLAND, auteur allemand. Parti heureux qu'il a su tirer de la mythologie cabalistique dans son poeme *d'Obéron et Titania*, XIX, 318.

WIGTNSTFIN, général russe, attaque les ducs de Bellune et de Reggio, XXVI, 521.

WILDENSTEIN (le château de) que sa position rendait presque imprenable. Epoque de sa construction; différents propriétaires auxquels il appartint avant de passer à l'abbaye de Murbach qui en fit l'acquisition en 1536; il est ruiné complètement en 1644, XI, 207. Verrerie qui se trouve au village de Wildenstein, à une demi-lieue du château, 208.

WILFRID-REGNAULT. Indifférence du public pour sa cause, VIII, 372.

WILLARS, aventurier, fit une fortune considérable en vendant l'eau de la Seine comme une panacée universelle, III, 79.

WILLER, village où l'on remarque de belles forges et une superbe et vaste filature établie par M. Isaac Kœchn, XI, 209.

WIMPFEN (le général) déploya beaucoup d'activité et une grande bravoure dans la défense de Thionville en 1792; ses restes reposent dans un cimetière abandonné, près de Bayeux, XI, 481; XXV, 245.

WINCESTER, évêque anglais, fit bâtir le château connu maintenant sous la dénomination de *Bicêtre*, et situé à quelque distance de Paris, XXVII, 3.

WINCKELMAN, auteur d'un ouvrage intitulé: *Monumenti antichi inediti*, III, 402; XIX, 6.

WINKEL, petit village fécond en mines de fer, XI, 188.

WINSLOW, anatomiste, vint en France sous le règne de Louis-le-Grand, XXII, 315.

WINSOR (M. de), auteur d'un poeme de *l'Immortalité de l'ame*, VI, 211.

WINTZINGERODE, général russe. Ses opérations militaires en 1814, XXVI, 514.

WISNOU, divinité indienne à laquelle on sacrifiait des victimes humaines, XIV, 37.

WITESPSK, ville de Russie dans laquelle Napoléon entra vainqueur, II, 464.

VOEBER (M.), propriétaire d'une manufacture de siamoise à Mulhausen, XI, 200.

WOIPPT, village à peu de distance de Metz, et dont le maire était obligé de porter le ridicule mannequin que les Messins promenaient dans leurs murs, à certaines époques, XI, 510.

WOLFF (Constantin). Son opinion sur l'origine des journaux, I, 352.

WOLFSTEIN (Andréas), missionnaire danois naufragé, est recueilli par Tabouna, jeune Otaïtienne avec laquelle il passe trois années dans une grotte où elle l'avait conduit, XV, 258. Il lui explique les principales parties qui forment le corps de la civilisation européenne, 261. Il est découvert par un pêcheur, revient dans sa patrie et meurt au fond d'un cachot où il avait été enfermé à cause de ses liaisons avec la jeune sauvage, 264.

WOLKONSKY (le prince), propriétaire de l'établissement des montagnes en bois de Christophsky, VIII, 102.

WOORTMANN (M.), fabricant à Lille, XII, 267.

WORMHOUT, position, au-delà de laquelle on aperçoit les maisons de plaisance des négociants et armateurs de Dunkerque, XII, 307.

WORONSOF, général russe. Ses opérations militaires en 1814, XXVI, 514.

WOUVERMANS, peintre, cité à propos des environs de Brives-la-Gaillarde, XXVI, 257.

WRÉDE (le prince de), commandant l'armée austro-bavaroise en 1815, fait respecter les propriétés du général Becker, à titre de réciprocité pour sa noble conduite et sa générosité, XXVI, 321. Il est culbuté par le duc de Raguse, dans le village de Rosnay, 502. Son attaque contre les ducs de Bellune et de Reggio, 521.

WULPEN, situé dans le département du Nord, XII, 324.

WURMSER (les deux), Strasbourgeois, inventeurs de la peinture à l'huile, XI, 273.

WUSTEMBERG (les), famille étrangère qui figura long-temps dans la classe du *haut commerce* de Bordeaux, VIII, 15.

WYER, domestique de Cornelius Agrippa, XXIV, 185.

X.

XÉRÈS, ville d'Espagne, dans les plaines de laquelle les Maures remportèrent une victoire sur les Visigoths, XIX, 292.

XERTIGNY, village situé à peu de distance de Remiremont, et remarquable par ses belles forges, XI, 341.

XIMENÈS (M. de), doyen du Parnasse et de la littérature française, II, 77; X, 460.

XYLANDER, savant professeur qui, pour quelques boisseaux de froment, vendit sa traduction de *Dion Cassius*, IV, 203.

Y.

YAMROU, prince des Affghans, punit de mort des courtisans qui avaient flatté son portrait, XVI, 371.

YARD (Marie), peintre distingué, né à Bar-le-Duc, XI, 444.

YART (l'abbé), auteur d'une *Idée de la poésie anglaise*, XIII, 196.

YBERT, marchand des étoffes de Lyon les plus riches, I, 403.

YGER DE LAUNAI (Jean), avocat de Rennes, pour la fille duquel Henri IV conçut de l'amour, lors de sa visite en Bretagne, XII, 447.

YLIE (saint), martyr, donna son nom à un village de la Franche-Comté, XI, 96.

YONNE (l'), rivière sur le bord de laquelle est située la ville d'Auxerre, XXVI, 478.

YORCK (le duc d') assiège la ville de Valenciennes en 1793, XII, 121. Ses opérations militaires en 1814, XXVI, 518.

YOUNG (Arthur). Ce qu'il dit de la pensée de la mort, II, 430; de l'ingrat, IV, 137; du canal de Saint-Quentin, et d'une inscription que l'on y remarque, XII, 34; de l'agriculture en France, 285; des rues de Clermont-Ferrand, XXVI, 275.

YVART (M.), membre de l'Institut, XII, 351.
YVES (saint), patron des avocats et des avoués, honoré à Tréguier, XII, 525; XXVI, 98.
YVES-DE-BELESME contribua, par la sagesse de ses Conseils, à soustraire le jeune duc Richard aux soins intéressés de Louis d'Outre-Mer, et reçut pour récompense tout le territoire qui se trouve entre Domfront et Alençon, XXV, 120.
YVETOT. Origine de la royauté des seigneurs de cette ville, XIII, 244. Le titre de roi fut plus d'une fois confirmé à ces seigneurs, 246. Ancienne indépendance d'Yvetot; ce qu'est cette ville aujourd'hui, 247. Produits de ses fabriques, 248. Ses hommes célèbres, *ibid*.
YVON (le capitaine) s'est distingué par sa bravoure à la bataille d'Austerlitz, XIII, 278.

Z.

ZACHARIE (le Père), capucin, né à Lisieux, XXV, 60.
ZALEUCUS, législateur des Locriens, se punit lui-même et son fils d'une infraction aux lois qu'il avait établies, XIV, 235. Quelques-unes des lois qu'il porta en faveur de la conservation des mœurs, 264.
ZAMBECCARI (le docteur) fit plusieurs expériences d'aréostat, VI, 120.
ZAMÉO, jeune sauvage au service de l'Ermite. Remontrances qu'il adresse au capitaine de vaisseau sur la mobilité de ses opinions politiques, VI, 18. Impressions qu'il éprouve à Bordeaux, 19. Ses débats violents avec un garçon limonadier du Chartron, 21. Quelques-unes de ses remarques sur notre état de civilisation, 24. Il rappelle une guerre excitée entre les habitants de la tribu des Zangais, 25. Son étonnement à la vue des hommes de loi qu'il aperçoit au Palais-de-Justice à Paris, 80. Il part pour la promenade avec une jeune étrangère, VII, 54. Joie qu'il manifeste, lorsqu'il lui est permis d'aller revoir son père, 326.
ZANGAIS (les) forment une tribu des bords de l'Orénoque, VI, 25. Leur pays est de tout point favorisé par la nature, 71. Accueil qu'ils font à l'Ermite; bienveillance qu'ils lui témoignent; ressources qu'ils lui procurent, 72. Leurs lois et leurs mœurs, 74. Jeux scéniques que l'Ermite fit représenter devant leur tribu, le jour de la fête du Grand-Fleuve, 359. Ils battent et dispersent les Otomacas qui faisaient chez eux de fréquentes incursions, 360.
ZARA, négresse qui a élevé l'enfance d'Aline, et à laquelle elle prodigue les soins et la tendresse d'une mère, XIII, 285 *et suiv*.
ZÉGRIS (les) forment une tribu des Maures de Grenade, XIX, 236.
ZEMÈS, divinité américaine que ses prêtres faisaient parler au moyen d'un long tuyau caché dans un bois épais, XIV, 35.
ZENO (Apostolo) fut l'un de ceux qui les premiers revêtirent la tragédie des formes lyriques, XXII, 236.

ZETHUS était fils de l'amazone Antiope, XIX, 183.
ZEUXIS, peintre de l'antiquité, XXII, 68.
ZIX (Benjamin de), peintre, a laissé de belles vues d'Alsace, XI, 273.
ZOROASTRE. Quelques unes de ses maximes de morale, XIV, 67.
ZUENTIBOLE, roi de Lorraine, XI, 478.

ZUID PEENE, lieu où s'appuyait la gauche de l'armée française en 1793, XII, 300.
ZURCHER (MM.), fabricants distingués de Cernay, XXII, 372.
ZURITA, écrivain, s'est occupé de recherches sur l'histoire des Maures, XIX, 235.
ZUYDERZÉE (le), III, 98.

FIN DE LA TABLE GÉNÉRALE.

TABLE.

Supplément. Le Départ de la Chaîne.......... Page   1

Le Salon de Mil huit cent douze....... xiij

Table générale des matières................... 1

FIN DE LA TABLE.

www.ingramcontent.com/pod-product-compliance
Lightning Source LLC
Chambersburg PA
CBHW060752230426
43667CB00010B/1538